지은이 플로 콘웨이·짐 시겔만

21세기 기술과 문화의 접점을 이해하기 위해서는 다재다능한 천재였던 노버트 위너의 이야기를 반드시 알아야 한다. 이 기념비적인 전기에서 수상 경력이 있는 이 두 저자는 막연하게 가려져 있던 위너의 천재성을 세상에 드러내어 우리의 삶에 지대한 영향을 미치고 있는 그의 혁명적 아이디어들을 다방면에서 탐색했다.

플로 콘웨이(Flo Conway)와 짐 시겔만(Jim Siegelman)은 저널리스트이자 통신 연구자이고 『스내핑(Snapping: America's Epidemic of Sudden Personality Change)』과 『신성한 테러(Holy Terror: The Fundamentalist War on America's Freedoms in Religion, Politics, and Our Private Lives)』의 저자다.

옮긴이 김성훈

치과 의사의 길을 걷다가 번역의 길로 방향을 튼 엉뚱한 번역가. 중학생 시절부터 과학에 대해 궁금증이 생길 때마다 틈틈이 적어온 과학 노트가 지금까지도 보물 1호이며, 번역으로 과학의 매력을 더 많은 사람과 나누기를 꿈꾼다. 현재 바른번역 소속 번역가로 활동하고 있다.
《단위, 세상을 보는 13가지 방법》,《아인슈타인의 주사위와 슈뢰딩거의 고양이》,《세상을 움직이는 수학개념 100》,《브레인 버그》,《좀비 꿈속의 양도 좀비인가》 등을 우리말로 옮겼으며,《늙어감의 기술》로 제36회 한국과학기술도서상 번역상을 수상하였다.

정보시대의
다크 히어로

Dark Hero of the Information Age

Copyright © 2005 by Flo Conway and Jim Siegelman
Korean-language edition copyright © 2023 by Hyungju Press
Published by agreement with Perseus Books
through Duran Kim Agency, Korea.

이 책의 한국어판 저작권은 듀란킴 에이전시를 통한
저작권사와의 독점 계약으로 형주출판사에 있습니다.
저작권법에 의해 한국 내에서 보호를 받는 저작물이므로
무단전재와 복제를 금합니다.

정보시대의 다크 히어로

글쓴이 플로 콘웨이, 짐 시겔만
옮긴이 김성훈
표지 일러스트 David Levine

1판 1쇄 인쇄 2023. 12. 10.
1판 1쇄 발행 2023. 12. 20.

펴낸곳 형주 | **펴낸이** 주명진
표지 · 편집 디자인 예온

신고번호 제 333-2022-000002호 | **신고일자** 2022. 1. 3.
주소 부산광역시 해운대구 마린시티 2로 38 2동 2710호
전화 051-513-7534 | **팩스** 051-582-7533

© Hyungju Press, 2023

ISBN 979-11-977647-7-6 03550

정보시대의
다크히어로

사이버네틱스의 아버지,
노버트 위너의 발자취를 따라서

플로 콘웨이, 짐 시겔만 지음
김성훈 옮김

현재의 시간, 과거의 시간은
어쩌면 둘 다 미래의 시간 속에 존재하는지도 모른다.
그리고 과거의 시간 속에 담긴 미래의 시간은
기억 속에 메아리로 발소리를 남긴다.
우리가 가보지 않은 길을 따라
한 번도 열어보지 않은 문을 향해
그 장미의 정원으로 말이다.
그리하여 나의 언어는 너의 마음속에 메아리로 울린다.
하지만 정녕 무슨 소용이란 말인가.

- T. S. 엘리엇, 〈불타버린 노튼 Burnt Norton〉

차례

프롤로그 _ 과거의 시간, 현재의 시간 8

제1부 | 코끼리 새끼

1장 _ 세상에서 제일 놀라운 소년 23
2장 _ 어린 위너 70
3장 _ 신동과 교수 부인 104
4장 _ 약전류, 가벼운 컴퓨터 132
5장 _ 위너웨그 I 166
6장 _ 한 과학의 탄생 205

제2부 | 사이버네틱스의 법정에서

7장 _ 순환적 인과관계 기사단 253
8장 _ 메이시에서의 아침식사 294
9장 _ 빅뱅: 사이버네틱스 324
10장 _ 위너웨그 II 364
11장 _ 관계의 단절과 배반 397

제3부 | 그 이후

12장 _ 한 과학자의 반란 439
13장 _ 정부의 반응 468
14장 _ 위너웨그 Ⅲ 496
15장 _ 코끼리 새끼에 대한 경의 538
16장 _ 어린 시절의 끝 568

후기 _ 미래:글로벌 사회에서 살아남기 613
참고문헌 631

프롤로그
과거의 시간, 현재의 시간

그는 정보시대의 아버지다. 그의 연구는 수백만 명 사람들의 삶에 영향을 미쳤다. 그의 발견은 세계의 경제와 문화를 바꾸어 놓았다.

그는 20세기에 가장 머리가 좋은 사람 중 한 명이자, 세계 최고 수준의 천재이자 선지자로 자라날 신동이자, 전설로 남을 정도로 넋을 놓고 다니는 기벽이 심한 교수이자, 미국의 첨단기술 호시절에는 심심하면 사람들의 입에 이름이 오르내리던 베스트셀러의 저자였다.

오늘날 그의 발자취는 실리콘에 새겨져 사이버공간을 떠돌며 일상의 구석 어디에나 남아있다. 그럼에도 그가 남긴 말들은 기억 속에서 숨죽인 메아리로만 남아 있다.

이 책은 정보시대의 틈새로 추락하고만 다크 히어로, 그리고 이제는 전설로 남은, 인류를 위한 그의 투쟁에 관한 이야기다.

20세기로 들어서는 문턱에서 태어난 노버트 위너Norbert Wiener는 동유럽 랍비이자, 학자로 알려진 중세의 유대인 철학자 모세 마이모니데스Moses Maimonides의 후손이었다. 그는 열한 살의 나이에 대학에 들어갔고 열여덟 살에는 하버드대학교에서 박사학위를 받았고, 저명한 유럽의 수학자 밑에서 견습생으로 배웠고, 1919년에는 매사추세츠공과대학교^{MIT}의 교수진에 합류했다.

그의 초기 수학연구는 전기이론에서 공학자들이 수십 년 동안 해답을 찾기 위해 씨름했던 실용적인 문제를 해결해 주었다. 1920년대에 그는 최초의 현대적 컴퓨터 설계에 관해 연구했고, 제2차 세계대전 동안에는 최초의 지능형 자동기계를 만드는 것을 도왔다. 전쟁 시기 동안 위너가 품었던 상상은 통신, 컴퓨터, 자동제어 등이 뒤섞인 새로운 학제간 과학으로 자라나 공학, 생물학, 사회과학을 선도하게 됐다. 그의 아이디어는 컴퓨터의 선구자 존 폰 노이만$^{John\ von\ Neumann}$, 정보이론학자 클로드 섀넌$^{Claude\ Shannon}$, 인류학자 마거릿 미드$^{Margaret\ Mead}$와 그레고리 베이트슨$^{Gregory\ Bateson}$ 등 다방면의 과학자와 학자들을 끌어들였다. 위너는 자신의 새로운 과학에 '사이버네틱스^{cybernetics}'(인공두뇌학)라는 이름을 붙여 주었다. 운전자^{steersman}를 의미하는 그리스어에서 따온 이름이었다.

그가 1948년에 내놓은 책 『사이버네틱스: 동물과 기계의 제어 및 커뮤니케이션』은 과학 혁명과 기술 혁명을 촉발했다. 그리고 10년도 되지 않아 모든 산업 분야에서 일상적인 노동의 형태를 바꾸어 놓았고, 전쟁 후 사회에 황홀한 장치들이 물밀 듯이 쏟아져 나오게 만들었다.

위너는 '피드백^{feedback}'이라는 단어에 그 현대적인 의미를 부여하고, 대중적 용어로 변모시켰다. 그는 '정보^{information}'라는 새로운 대상의 본질을 최초로 지각한 사람이었다. 그는 저명한 생물학자 및 신경생리학자들과의 공동 연구를 통해 인간 신경계의 통신암호를 해독하고, 공학자들과의 공동 연구를 통해 이 암호를 프로그램화가 가능한 최초의 '전자두뇌' 회로에 병합했다. 그는 의료진을 이끌어 사용자의 생각으로 제어되는 최초의 생체공학 팔을 만들어냈다.

그는 상상 속에서 이제 막 동터 오는 새로운 세상에서 기술의 발전이 무엇을 약속하고 있는지 내다보았고, 당시는 그 누구도 생각하기 힘들었던 현대의 경이를 목격했다. 하지만 그는 동료들 틈새에서 홀로 새로운 사이버네틱스 시대의 어두운 측면도 보았다. 그는 컴퓨터와 자동화가 처음 대규모로 적용되었을 때 수면으로 부상할 전 세계의 사회적, 정치적, 경제적 격변을 내다보았다. 그는 놀라운 속도와 효율을 갖추고 가차 없이 발전해 나갈 지능형 기계와 맞서 경쟁해야 할 인간의 미래를 내다보았다. 그는 새로운 시대가 열려 시간과 노동력을 절약해 주는 새로운 기술이 등장하면 사람들이 기계에 굴복해서 목적의식, 정신적 능력, 그리고 그 중에서도 가장 소중한 힘인 선택의 능력마저도 모두 내려놓게 되지 않을까 걱정했다.

그리고 그는 인류의 미래를 걱정했다.

위너는 말년을 정부, 기업, 노동조합, 대중에게 일과 일상에 찾아오고 있는 거대한 변화에 대해 쉬지 않고 경고하며 보냈다. 그는 경험을 통해 학습하고, 무제한으로 번식하고, 인간 창조자가 미처 내다볼 수 없었던 방식으로 행동할 지능형 기계에 대해 경고한 최초의 인물이었다. 그리고 그는 생산력과 파괴력이 급속히 커지고 있는 시대에 과학자와 기술자들의 도덕적, 사회적 책임이 더 커져야 한다고 주문했다. 위너는 수십 년이 지나서야 닥쳐올, 인간의 가치관, 자유, 영성에 가해지는 위협에 대해 열정적으로 연설하고 글을 썼다. 이런 노력을 통해 그는 전미도서상과 함께 미국에서 가장 인정받는 과학상인 미국 국가 과학훈장을 수상했다.

하지만 그의 새로운 개념들이 미국과 전 세계를 장악해 나가고 있었음에도 불구하고 앞을 내다본 위너의 선지적 과학은 침몰하고 있었다. 1950년대 후반 즈음 사이버네틱스는 거기서 파생되어 나온 특수 기술분야와 하위 학문분야로 대체되고 있었고, 위너 자신은 자신이 이끌어낸 혁명에서 밀려나 있었다. 그의 동료, 그리고 첨단기술 장치에 만족한 소비자들은 그가 제시한 도덕적 입장을 거부했고, 그가 내놓은 암울한 예측들은 늙은 괴짜 지식인이 지껄이는 저주에 불과한 것으로 무시당했다. 그는 1964년에 유럽으로 여행을 갔다가 69세의 나이로 갑자기 사망했다. 그가 예측했던 수많은 일들이 현실에서 벌어지고 있던 시기였다.

* * *

위너의 혁명적 기여는 지금까지도 확실히 파악할 수 없는 어떤 이유로 인해 대부분 잊히고 말았다. 이 책은 정보시대의 역사에서 이 버려진 구간으로 시간여행을 떠날 것이다. 이 구간은 시간 속에서 지워지고 말았지만 21세기의 모든 삶에 영향을 미치고 있는 기술 및 사회적 현실과 긴밀하게 맞닿아 있다. 이 책은 조숙한 아동기에서 시작해서 사이버네틱스 혁명이 포문을 열어젖히던 시기를 지나, 뒤이어 폭발적으로 찾아온 정보시대의 첫 파도에 이르기까지 연대를 따라 위너의 삶과 연구에 대한 이야기를 풀어갈 것이다. 하지만 위너가 기술적 유산만 남긴 것은 아니다. 그의 글에서도 분명히 나와 있듯 사이버네틱스는 그저 협소한 기술 분야가 아니었다. 이것은 기술만이 아니라 생명에 대해서도 생각하는, 세상에 대한 새로운 사고방식이었고, 그 전의 무엇과도 다른 방식이었다.

위너의 과학은 인간 유전체genome의 작동방식, 인간 소통의 흐름, 오늘날 전 세계 경제와 월드와이드웹World Wide Web, WWW 네트워크의 역학에 이르기까지 현대의 온갖 복잡성을 이해할 수 있는 새롭고 막강한 도구를 제공해 주었다. 위너의 연구로 인해 가능했던 여러 가지 혁신, 그리고 인류가 자신의 창조물을 계속 통제할 수 있어야 한다고 여겼던 그의 공식 입장은 그 시절 그를 영웅의 반열에 올려놓았고, 그의 사망 이후에도 충성스러운 일부 사람들에게 여전히 그는 영웅으로 남았다. 하지만 그의 이야기는 전 세계적으로 유명한 과학자가 된 이 신동에 대한 사실 말고도 알려지지 않은 부분이 아주 많다.

1980년에서 1990년 사이에 발표된 두 개의 학술 전기, 과학 학술지에 수박 겉핥기식으로 실린 전문분야 관련 회고록, 그리고 1950년대에 출판된 위너의 두 권짜리 자서전을 통해 그의 유년 시절과 수학자로서의 말년에 대해 통찰을 얻을 수 있었다. 하지만 한 인간으로서의 위너에 대해서는 여전히 알려진 바가 별로 없다. 그가 45년 동안 몸담았던 MIT에서 나오는 공식적인 평가는 당연히 칭찬일색이지만 기록과 그 아래서 덜커덩거리고 있는 불편한 진실 사이에는 커다란 간극이 존재한다. 그가 과학과 사회와 관련해서 경고한 내용들은 대중의 시야에서 사라진 지 오래지만, 그가 우려했던 수많은 일들이 다시 머리를 내밀고 있는 지금이야말로 역사가 외면한 노버트 위너의 연구를 다시 꺼내어 그가 남긴 유산을 재평가하고, 그가 오래 전에 남겼던 경고가 얼마나 정확한 식견이었는지 되짚어 보고, 그의 삶을 둘러싸고 그의 사망 이후로 40년 동안 풀리지 않고 남아있던 미스터리를 파헤쳐볼 시간이라 생각된다.

그런 미스터리를 들어보자면, 압박이 심했던 위너의 어린 시절이 성년이 되어 일어났던 사건에 미친 영향에 관한 의문, 사이버네틱스 혁명의 초기시절에 장애물로 작용했던 그와 그의 동료 간의 격동적인 인간관계에 관한 소문, 노동자를 옹호하고, 그가 말하는 소위 사회의 권력자에게 반항했던 위너의 활동에 대한 정치적 질문, 그리고 인생 말년의 영적인 외도와 사람과 기계 사이의 관계에 관해 그가 마지막으로 남긴 수수께끼 같은 메시지에 관한 더욱 심오한 철학적 질문 등이 있다.

사이버네틱스의 운명에 관한 질문도 마찬가지로 중요하다. 위너의 과학적 주장이 세상에 기여할 수 있는 것은 무엇인가? 무르익을 대로 무르익었던 사이버네틱스가 위너가 사망하고 10년 만에 미국 현장에서 거의 사라지다시피한 이유는 무엇인가? 기술적 도전과 글로벌 정보 사회의 인간적 복잡성 문제를 해결하기 위해 고심하고 있는 젊은 세대들이 그의 혁명 중에서 다시 되찾아야 할 잃어버린 퍼즐 조각은 무엇일까?

지금까지 살아있는 위너의 동료 및 가족과 광범위하게 대화를 나누고, 정보시대의 기록들을 철저하게 검토해 본 결과 이런 의문들 중 상당수는 그 해답을 찾을 수 있었다.

위너의 전설을 들춰보면 그의 천재성과 기벽을 보여주는 흔적들로 가득하다. 그의 위너웨그^{Wienerwegs}(MIT 캠퍼스, 보스턴 교외, 뉴잉글랜드의 시골길을 정처 없이 산책한 위너의 습관)의 원동력이 되어준 그의 사교성과 호기심을 말해주는 이야기들도 넘쳐난다. 그는 이 산책을 통해 신선한 통찰을 구하고, 최근에 떠오른 생각에 대해 귀를 기울여줄 사람을 찾았다. 그리고 그가 동료가 강연을 하는 동안 귀가 먹먹해질 정도로 크게 코를 골며 졸았다는 엉뚱한 이야기도 셀 수 없이 많다(가끔 불이 붙은 시가 담배가 그의 입에 위태롭게 매달려 있는 경우도 많았다).

하지만 위너는 만화 속에 등장하는 그런 천재가 아니었다. 전설과 익살스러운 행동 너머에는 그가 스스로 '구부러진 가지'라 묘사했던 위너의 어두운 그림자가 드리워져 있었다. 빠른 길만 쫓아갔던 어린 시절의 교육환경이 성인이 된 그에게 다시 찾아와 그의 인간관계를 망쳐놓은 것이다. 가까운 지인들로 이루어진 그의 작은 사회집단은 다른 사람들은 거의 알지 못하는 은밀한 내용을 다루었다. 그래서 위너는 자신의 탄생에 도움을 준 새로운 기술에 내재된 사악한 힘에 대해 깊이 우려하는 와중에 자기 내면의 악마와도 평생을 싸워야 했다. 그의 분노는 어린 시절에 받은 깊은 정신적 상처, 그리고 그 뒤로 수십 년간 이어진 조울증과의 싸움에서 솟아난 것이었다.

잘 나가던 시절에 위너는 패기만만하고, 충동적이었고, 심통 사나울 때도 많았다. 바닥을 치던 시절에는 아무것도 할 수 없을 정도로 심한 우울증의 포로가 되어 가족이나 MIT 동료들과 함께 있을 때 죽어버리겠다는 소리도 많이 했다. 하지만 극단적인 면을 따지면 그의 아내도 여러 면에서 위너 못지않았다. 그 아내는 전형적인 구시대의 깐깐한 교수 부인 스타일이었다. 예민하기 그지없는 남편을 지키고 보호하려는 의무감에 마거리트 위너Margaret Wiener는 위너의 동료, 그와 가까운 여성들, 그리고 남편의 명성에 위협이 된다고 생각되는 사람은 누구든 무력화시키기 위한 조치를 취했다. 특히 그 중 한 계략은 오히려 역효과를 낳아 위너에게 개인적으로나, 직업적으로 재앙을 낳기도 했다.

십 년 동안 위너는 선구적인 신경과학자 워렌 맥컬럭Warren McCulloch, 월터 피츠Walter Pitts와 생산적으로 연구를 진행했다. 맥컬럭과 피츠는 사이버네틱스의 다음 세대에 해당하는 젊은 천재들이었다. 맥컬럭, 피츠, 그리고 사이버네틱스를 발전시키기 위해 MIT로 찾아온 다른 재능 있는 젊은 과학자들과의 협력 관계가 갑자기 끝이 난 것은 위너, 그리고 그와 관련된 모든 사람들에게 위기였다. 이 결별은 결정적인 시기에 사이버네틱스 혁명에 치명적인 일격을 가했고, 새롭게 열린 기술 시대의 진로를 바꾸어 놓았다. 그리고 그 영향은 오늘날까지도 이어지고 있다.

위너의 행동주의 성향으로 말미암아 정치적으로 위험한 시기에 표적이 되기 쉬웠다. 새로 공개된 정부 기록에 따르면 그는 냉전 초기에 군사연구에 노골적으로 반대 의견을 표현하는 바람에 FBI로부터 체제 전복 획책과 공산주의 지지 혐의로 조사를 받기도 했다. 냉전의 칼바람은 위너의 과학에도 타격을 가했다. 1950년대 중반에 소련의 과학자와 정부 관료들이 사이버네틱스를 받아들이자 CIA는 그 위협을 평가하고 상쇄하기 위한 조치를 취했다.

하지만 여러 해에 걸친 비밀 조사로도 미국의 정보기관들은 사이버네틱스의 힘을 제대로 깨닫지 못했고, 일부 정부 관료들은 사이버네틱스에 노골적으로 적대적인 태도를 보이게 됐다. 냉전이 정점을 찍었을 때 미국에서는 사이버네틱스 연구에 지원되는 연구자금이 거의 말라붙었다. 사이버네틱스 이론의 전진과 응용은 거의 기어가듯 느려졌고, 결코 원래의 속도를 회복하지 못했다. 이런 정치적 반응은 위너가 무명의 나락으로 빠져들게 된 여러 이유 중 하나에 불과할지도 모르겠으나, 미국에서 사이버네틱스 연구가 내리막길을 걷고, 21세기 지식기반에서 확연히 부재하게 된 중요한 요인으로 작용했을 수도 있다.

* * *

위너의 연구가 과학적인 의미에서 혁명적이었음은 시간이 지나 확인됐다. 그는 우주를 구성하고 있는 새로운 근본적 실체를 발견했다. 메시지, 정보, 그리고 일상의 영역에서 관찰할 수 있는 기본적인 통신과 제어 과정이 그것이다. 그는 수세기 동안 철학자와 과학자들이 이해할 수 없었던 물질과 정신 양쪽 모두의 현상을 이해의 영역 안으로 끌고 들어왔다. 그의 혁명은 최초의 학제적 과학혁명이었고, 처음으로 무생물만이 아니라 살아있는 생명체, 그리고 인간의 일상 행동에도 똑같이 기반을 두고 일어난 혁명이었다. 그리고 미국에서 일어난 최초의 과학혁명이자, 미국에서 처음으로 기원하여 펼쳐진 혁명이기도 했다.

사이버네틱스는 인공지능에서 인지과학, 환경과학, 현대 경제이론에 이르기까지 수십 가지 새로운 기술 분야와 과학 분야를 탄생시키거나 영감을 불어넣거나 발전에 기여했다. 하지만 위너의 기여 중 상당수는 부정당하거나, 묵살당하거나, 타인의 업적으로 인정됐고, 그의 연구 중 가장 심오한 측면들 중에는 거의 분석되지 않고 남아 있는 것도 있다. 위너는 자신의 발견이 걷게 될 운명에 대해 그토록 걱정하고 있는 이유를 우리에게 명확히 전달하고, 우리가 스스로를 구원하는 데 도움이 될 기본적 지침을 남기기 위해 그 어떤 과학 혁명가들보다 열심히 노력했다. 그는 우리의 가장 큰 과제는 결국 우리가 인간으로서 끌어안고자 하는 목적과 가치관이 무엇인지, 그리고 우리가 자신의 형상을 따라 창조한 기계와 어떤 공존을 선택할 것인지 결정하는 문제가 될 것임을 분명하게 밝혔다.

위너가 내놓은 가장 끔찍한 예측은 아직 벌어지지 않았지만 그의 유산은 21세기 글로벌 사회에서 계속 펼쳐지는 중이다. 이것은 시장을 새로운 기술에 대한 기대로 요동치게 만든 취약한 거품에서도 보이고 (위너는 그런 거품이 형성되고 터지는 모습을 수십 년 동안 지켜보며 열렬한 투자자들에게 몸을 사릴 것을 경고하기도 했다), 제조업과 새로운 기술 산업에서 벌어진 전 세계적 오프쇼링offshoring(기업들이 경비를 절감하기 위해 생산, 용역 및 일자리를 해외로 진출시키는 현상) 움직임에서도 보인다.

그리고 그의 유산에서 또 한 가지 중요한 부분이 이제야 등장하기 시작했다. 그의 연구는 디지털 혁명을 위한 길을 닦았지만 위너를 움직이게 만드는 열정은 아날로그에 있었다. 그의 상상력은 1과 0의 문자열이 아니라 사람의 근육과 팔다리 움직임을 흉내 내는 자동화 기계, 그리고 인간의 뇌와 정신이 수행하는 과업을 모방하는 지능형 장치에서 영감을 받았다. 디지털 기술의 발전으로 많은 아날로그 과정이 방목되기에 이르렀지만, 오늘날에도 아날로그 기술은 21세기 과학의 다크호스로 머리를 내밀고 있다. 생물공학biotechnology, 유전공학, 로봇공학, 센서기술, 그리고 잡힐 듯 잡히지 않는 새로운 영역인 나노기술에 이르기까지 최신의 혁신적 돌파구는 우리의 일상생활, 나아가 삶 그 자체를 지금까지 등장한 모든 디지털 기술보다도 더 심오하게 바꾸어 놓을 것이라 약속하고 있다. 이런 기술들은 가공할 새로운 힘을 세상에 풀어놓고 있으며, 이 힘은 인류에게 이롭게 작용할 수도, 시나리오에 따라서는 인류를 멸종시킬 수도 있을 것이다. 이 새로운 아날로그 우주가 위너의 과학과 사회적 우려에 다시 주목하게 만들고 있다. 그리고 이와 함께 그가 초기에 했던 경고를 떠올리게 하고 있다. "사이버네틱스 기술은 양날의 검이기 때문에 머지않아 당신을 깊숙이 찌르고 들어올 것이다."

* * *

생전에도, 사후에도 오래도록 위너는 제일 가까운 사람들에게조차 알 수 없는 수수께끼 같은 존재로 남았지만, 그가 영적인 외도에 나섰을 때만큼 심했던 적은 없었을 것이다. 마이모니데스Maimonides(1장에서 설명 예정)의 돌아온 탕아이자 자칭 불가지론자였던 위너가 말년에 스와미swami(힌두교 종교 지도자)와 은밀하게 매주 모임을 열었다는 이상한 보고도 있었는데, 이것은 사실로 밝혀졌다. 동양 문화에 대한 그의 평생의 관심은 1950년대에 그를 인도로 이끌었다. 그리고 그곳에서 그는 인도 정부의 요청으로 인도를 기술 강국으로 도약시키기 위한 장기 프로그램을 계획한다. 그 덕에 인도의 과학자와 기술자들은 오늘날 전 세계 정보경제학에서 일류의 자리를 다툴 수 있게 됐다.

신기술 시대의 이 거인은 고대의 문화에서 따온 암울한 우화를 인용해서 자신의 경고를 극적으로 보이게 만들기를 좋아했었지만, 그 자신도 지혜로 가득한 우화의 또 다른 장르를 몸소 구현하고 있었다. 러디어드 키플링Rudyard Kipling의 『바로 그런 이야기들Just So Stories』에는 '코끼리 새끼Elephant's Child' 이야기가 실려 있다. 위너가 무척 아끼고, 한편 닮기도 했던 이 캐릭터처럼 위너도 채워지지 않는 호기심으로 가득 했고, 이런 호기심이 그를 위대함으로 이끌었다. 여러 개의 얼굴을 가진 그의 페르소나 또한 유명한 또 다른 코끼리 우화를 떠올리게 만든다. 코끼리와 각자 자기만의 방식으로 그 코끼리의 모습을 이해하고 묘사하기 위해 애쓰던 맹인들이 등장하는 힌두교 이야기다. 실제로 그의 삶을 목격했던 많은 이들이 노버트 위너를 서로 다르게 묘사했고, 때로는 서로 양립하기 어려운 모습으로 묘사하기도 했다. 어떤 이는 똑똑한 위너를, 어떤 이는 어딘가 모자라 보이는 위너를 묘사하기도 했으며, 활기 넘치는 위너와 무기력한 위너, 장난기 많은 위너와 분노에 찬 위너, 경쟁심이 강한 위너와 아량 넓은 위너, 자신감 없는 위너와 독선적인 위너, 자화자찬하는 위너와 겸손한 위너의 모습이 동시에 묘사되기도 했다. 많은 역사적 인물과 마찬가지로 위너도 모순투성이 인간이었지만 그는 가장 찬양받는 천재들 중에서도 극단적이었다.

옛날의 다크 히어로와 현대 문화에 등장하는 안티히어로처럼 그는 관습과 사회의 피상적인 규범을 무시하고 더 깊은 목적과 더 높은 진리를 추구했다.

주변의 우주에 미치는 영향을 통해서만 그 존재를 추론할 수 있는 암흑물질dark matter처럼 그의 과학과 개념들은 지금까지도 계속해서 우리 세상의 모든 차원에 영향을 미치고 있다.

제 1 부

코끼리 새끼

The Elephant's Child

NORBERT WIENER

1장

세상에서 제일 놀라운 소년

코끼리가 한 마리 있었다. 새로 태어난 새끼였다.
이 코끼리는 채워지지 않는 호기심으로 가득 차 있었다.
질문이 정말 많았다. 그 코끼리는 자기가 보고, 듣고, 느끼고, 냄새 맡고, 만져본 모든 것에 대해 물었다. 삼촌과 고모들에게 엉덩이를 맞아가면서도
그 코끼리는 '채워지지 않는 호기심'으로 가득했다!
— 러디어드 키플링, 『바로 그런 이야기들』

1906년 뉴잉글랜드의 어느 상쾌한 가을 아침, 20세기의 첫 신동이 자기 방에서 내려와 〈더 월드〉 잡지와 만났다.

조셉 퓰리처 Joseph Pulitzer의 주력 신문사에서 일하는 기자가 '미국 역사상 가장 어린 대학생'을 만나보기 위해 뉴욕에서 북쪽으로 보스턴까지 찾아왔다. 그 기자는 매일 새로 찾아낸 천재, 놀라운 발견, 그리고 사회를 새로운 기계의 시대로 바꿔놓고 있는 휘황찬란한 발명품에 관한 뉴스들을 크게 다루었다. 그보다 1년 전에는 알베르트 아인슈타인이라는 이름의 스물여섯 살짜리 스위스 특허청 심사관이 세 편의 난해한 논문을 이름 없는 학술지에 발표했는데, 이 논문들은 물리학의 혁

명을 이끌 선구자로 칭송받고 있었다. 전 세계 신문기자들은 그 다음에 찾아올 큰 건의 냄새를 맡기 위해 코를 벌름거리고 있었다. 이 기자는 한 작은 꾸러미에서 그의 큰 이야기를 찾아냈다.

"엄마, 나 학교(대학교) 갈 시간 안 됐어요?" 계단 꼭대기에서 아이의 목소리가 들렸다.

"시간 됐지!" 기자를 맞아준 젊은 부인이 대답했다. 그리고 그 소년의 후닥닥 발자국소리가 계단의 달그닥 소리로 바뀌었다.

기자는 11살의 '보스턴 꼬마 영재'를 보자마자 빠져들고 말았다. 기자는 며칠 후에 이렇게 적었다.

"무릎에 구멍이 난 무릎양말과 블라우스를 입고 금색 안경을 쓴 평범한 소년이 후닥닥 거실로 뛰어 들어왔다. 겨드랑이에 책을 한 권 끼고 있었다. … 존 그리어 히벤의 『철학의 문제들Hibben's The Problems of Philosophy』"

"안녕하세요?" 소년이 딱 부러지는 억양으로 말했다. 기자의 귀에는 그 나이의 아이치고는 예스럽고 특이한 말투였다. 아이는 예의바르게 자리에 앉아 기자의 질문에 답했다.

"네, 이 책은 재미있어요. 하지만 어리다는 이유만으로 저에게 흥미를 느끼는 이유는 잘 모르겠네요. 다른 아이들도 어리기는 마찬가지잖아요. 공부를 좋아하는 게 뭐가 대단한 건지 모르겠어요. 저는 공부하고 싶지 않았다면 공부하지 않았을 거예요." 아이가 거실 창문 너머로 뜰에서 자기를 부르고 있는 강아지를 몰래 훔쳐보며 말했다.

하버드대학교에서 슬라브어와 슬라브 문학을 가르치는 레오 위너Leo Wiener 교수의 조숙한 아들에 대한 이야기는 이미 케임브리지Cambridge(하버드 대학교 소재의 도시) 너머로 퍼져나가고 있었다. 이 소년의 이름은 노버트Norbert였고 생후 18개월에 글자를 익혔다. 아버지의 지도 아래 만 세 살부터 글을 읽기 시작했고, 다섯 살에는 그리스어와 라틴어를, 그리고 곧이어 독일어까지 읽었다. 그리고 일곱 살에는 화학을, 아홉 살에는 대수학, 기하학, 삼각법, 물리학, 식물학, 동물학을 배우고, 열한 살이 된 그 해 가을에는 정식 학교 교육을 받은 지 불과 3년 반 만에 이웃 도시 메드퍼드에 있는 터프츠대학교Tufts College에 입학했다.

기자는 어째서 열한 살짜리 꼬마가 헨젤과 그레텔보다 헉슬리Huxley와 다윈을 더 좋아하는지 이해할 수 없었다.

"동화보다는 철학이 더 재미있어서요. 그것뿐이에요. 사실 저에게는 철학이 바로 동화의 나라예요." 어린 노버트가 자신 있게 말했다. 소년이 인기 많은 19세기 자연철학자 에른스트 하인리히 헤켈Ernst Heinrich Haeckel에 대한 짧은 이야기로 자신의 주장을 설명하자 기자는 놀라서 바쁘게 받아 적었다. 헤켈은 '생태학ecology'이라는 용어를 만들고 '개체발생은 계통발생을 반복한다'(발음하기도 난해한)라는 발생반복설을 주장한 사람이었다. 노버트는 독일어로 접한 자연에 대한 헤켈의 통찰이 그가 그리스어로 접했던 호머나 다른 고전 시인들의 찬가보다 더 마음에 들었다. 노버트가 기자에게 말했다. "헤켈은 우주의 수수께끼를 풀려고 노력했잖아요. 호머는 그냥 이야기만 지어냈죠."

때가 되면 이 소년은 그 양쪽을 모두 다 하게 되겠지만 지금은 대학에서 요구하는 공부와 어린 시절이 아니면 누릴 수 없을 즐거움 사이에서 균형을 잡으면서 충분한 공부를 하고 있었다. "저도 노냐고요? 당연히 놀죠!" 기자가 속보이게 소년 노버트의 진실성을 떠보려 하자 노버트가 이렇게 받아치며 말했다. "저는 수영을 잘 해요. 하지만 공부하는 것도 좋아요. 아이들과 놀고 난 후에는 헉슬리나 스펜서Spencer 를 찾아요. 나는 그들의 이야기에 귀를 기울이죠. 그럼 그 이야기들이 더 위대한 것들을 생각하도록 나를 이끌어줘요. 하지만 저는 그 중에서 수학이 제일 좋아요."

예쁘고 단정한 베르타 위너Bertha Wiener 부인이 아들을 다시 방으로 들여보내고 기자와 따로 이야기를 나누었다. "물론 우리도 노버트를 자랑스럽게 여깁니다. 세상 어느 아빠, 엄마가 그렇지 않겠어요?" 그녀가 부드럽게 말했다. 하지만 다시 이렇게 강조했다. "저희는 노버트를 다른 사내아이들처럼 키우려고 노력하고 있습니다. 절대 그 애가 자기가 다른 아이들과 다르다고 생각하게 만들지 않았어요. 우리는 아들이 평범한 아이가 되기를 바라요." 그녀가 방을 향해 소리쳤다.

"노버트, 방문 닫아야지!"

"네, 엄마." 위층에서 작은 목소리가 들렸다.

그녀가 속삭였다. "저는 무슨 일이 있어도 아이더러 우리가 자기를 특별한 존재로 여긴다고 생각하게 만들지 않을 거예요. 하지만 물론 우리도 이 아이가 특별하다고 생각하죠."

이 기자가 쓴 황홀한 이야기 "세상에서 제일 놀라운 소년The Most Remarkable Boy in the World"은 신문의 1면을 가득 채웠고, 그 다음에는 1906년 10월 7일 일요일에 〈월드 매거진〉에도 실렸다. 그 날은 뉴욕에서 런던까지 5일 만에 갈 수 있다는 증기선 모레타니아호Mauretania의 진수식 기사도 있었고, 맨해튼 어퍼이스트사이드의 아파트를 저렴하게 월 11.6달러에 세를 준다는 광고도 나온 날이었지만, 노버트의 기사에 묻히고 말았다.

실제 크기의 절반 정도 되는 큰 사진이 신문 한 면을 꼭대기에서 바닥까지 가득 채웠다. 그 사진 속에서 사춘기도 시작되지 않은 이 소년은 쾌활한 세일러복을 입고, 팔꿈치를 양옆으로 펴서 양손은 허리 주머니에 넣고, 검은 스타킹에 하이버튼high-button(단추로 잠그는 발목 부츠) 신발을 신고 서 있었다. 이 더없이 행복해 보이는 사진을 화려하게 양장된 다윈의 『종의 기원』과 플라톤의 『대화』 위에 자세를 잡고 있는 노버트의 모습을 그린 삽화 위에 겹쳐 놓았다.

기사에서는 노버트를 신의 아이처럼 묘사해서 작은 헤라클레스의 이미지를 반영해 놓았다. "아주 건강한 소년이다. … 뚱뚱하다 싶을 정도로 건장한 체구에 팔과 다리는 두껍고, 가슴은 넓다. 피부는 매끈하고 근육은 탄탄하다. 머리는 보통 크기다."

기자는 이렇게 선포했다. "하지만 진짜 이야기는 그의 눈이 전하고 있다. 검은색의 눈은 크고 이글거린다. 그 시선 속에는 거의 초자연적으로 보이는 무언가가 들어 있다. 소년의 말을 빌리자면, 이 눈은 이미 우주의 수수께끼를 푼 것처럼 보인다."

그 다음에 기자는 레오 위너 교수를 하버드대학교 내 그의 사무실에서 인터뷰했다. "저는 제 아들에 대한 이야기는 하고 싶지 않습니다." 레오는 거짓말로 시작했다. "아이가 자랑스럽지 않아서가 아니라 이 이야기가 아이의 귀에 들어가 아이를 망칠까 두려워서요." 교수는 아들의 '예리한 분석적 태도'와 '엄청난 기억력'을 칭찬했다. "제 아이는 앵무새처럼 암기를 통해 배우지 않습니다. 추론을 통해 배우죠." 교수는 아들이 카이사르, 키케로, 오비디우스, 베르길리우스, 그리고 비교 문헌학에 통달한 것을 칭찬했다.

"하지만 아이의 마음은 항상 철학을 향하고 있습니다." 교수는 수학을 좋아한다고 한 아들의 말을 부정하면서 이렇게 말했다. 그리고 자기 아들은 "게을러서 그 나이의 다른 사내아이들만큼 공부하지 않는다"라고 주장했다.

인색한 칭찬에 기자는 약간의 혼란이 느껴지고 자신의 취재대상이 어떤 운명을 겪게 될지 확신할 수 없었다. 그는 자신의 기사를 시작할 때처럼 번드르르한 말과 주의로 마무리했다.

"장차 어떤 인물로 자라든 노버트 위너는 전 세계로 보면 모르겠으나 적어도 미국에서는 역사상 가장 어린 대학생이다."

언론의 과대포장 기술이 아직 걸음마 단계였고, 신문이 나라의 주요 정보원이었고, 무선통신은 실험 단계에 있었고, 전기 자체도 기적으로 여기는 사람이 많았던 그 단순한 시대에 훗날 정보시대의 아버지가 될 아이가 세상의 무대로 걸어 나와 미국 언론의 사랑을 듬뿍 받은 첫 인물이 되었다.

* * *

이 보스턴의 신동은 여러 면에서 오래된 지식체계를 좋아하는 아이였다. 그의 철학적 선조는 그리스와 로마로 거슬러 올라간다. 그의 과학적 개념들은 고전물리학과 미적분의 창시자인 뉴턴과 라이프니츠로부터 유래했고, 또 빅토리아 여왕의 기나긴 통치 기간 동안 영국에서 생물학을 개척한 학자들과 유럽대륙의 생물학 개척자들로부터 유래했다.

하지만 위너가 갖고 있는 소년의 유전자는 다른 줄기를 따라갔고, 이것이 그의 삶과 사고방식에 구체적인 방식으로 영향을 미치게 된다. 그는 1953년에 발표된 자신의 자서전, 『신동 출신Ex-Prodigy: 나의 유년기와 청년기』의 도입부에서 이렇게 말했다. "나 자신은 철저한 유대교인이다." 그의 아버지나 할아버지 모두 종교적으로는 유대교가 아니었음에도 그는 의식 같은 것은 개의치 않고 유대교인으로서의 뿌리와 자신의 선조들이 전해준 가치관을 받아들였다. 성인이 된 위너는 자신의 성공을 수 세기에 걸쳐 민족적, 종교적 편견을 극복하면서 생겨난 유대교의 '인생을 향한 태도' 덕분이라 여겼다. 그는 유대교의 배움에 대한 사랑을 찬미했고, 위너 가문의 혈통에 있는 저명한 탈무드 학자들의 흔적을 추적하며 자부심을 느꼈다.

가족의 전설에 따르면 위너 가문은 12세기 유대인 철학자 겸 의사인 모세 마이모니데스로 거슬러 올라간다. 유대교도들에게는 '제2의 모세', 혹은 히브리어 앞 글자를 따서 그냥 '람밤the Rambam'으로 알려진 존경받는 모세 벤 마이몬Moses ben Maimon(=모세 마이모니데스)은 1135년에 스페인 코르도바에서 태어났다. 노버트 위너처럼 그도 신동이었다. 1159년에 그의 가족은 이슬람교 광신도들이 코르도바의 유대인들을 박해하는 것을 피해 스페인에서 달아나 이집트에 정착했다. 이집트에서는 유대인을 환영해 주었다. 어린 마이모니데스는 재능 있는 통역가이자 치유자로 명성을 얻었고, 카이로의 술탄 살라딘의 개인 주치의로 임명됐다. 람밤은 그 당시 지식의 저장고이자 중세의 가장 중요한 유대교 학자였다. 그의 최고의 작품인 『당황한 이들을 위한 지침서 The Guide of the Perplexed』는 중동의 유대교도와 이슬람교도뿐만 아니라 유럽에서도 널리 읽혔는데, 특히 도미니크 수도회의 토마스 아퀴나스에게 큰 영향을 미쳤다.

노버트 위너는 마이모니데스와 자신 사이의 인연의 줄이 약하다는 것을 항상 인정했다. 가족사에 따르면 그의 친할아버지가 1800년대 말에 폴란드에서 화마가 집을 덮쳤을 때 하나밖에 없는 족보를 잃어버렸고, 남아 있던 과거와의 연결고리도 제2차 세계대전 당시 나치가 해당 지역의 유대인 마을들을 약탈했을 때 단절되고 말았다고 한다. 위너도 이렇게 인정했다. "시간이 많이 흐르면서 우리 선조들의 이야기도 아주 희미한 전설이 되고 말았다." 하지만 세속주의자였음에도 불구하고 위너는 역사적으로 자신이 고귀한 선조들과 연결되어 있다는 사실에 뿌듯함을 느꼈다.

몇 년 후에 위너의 사촌 한 명이 자기 가문의 혈통을 프랑스 혁명 이전으로 거슬러 올라가 폴란드의 프리퍄치 습지Pripet Marshes까지 추적했다. 이 습지는 레오 위너의 선조들이 비아와강Biala river의 범람원에 야영지를 차렸던 곳이다. 그곳에서 다른 계보학자들이 마이모니데스가 남긴 현대의 후손 수백 명과의 연결고리를 찾아내어 위너와 람밤의 연관성에 정황상의 증거를 제공해 주었다. 알고 보니 폴란드 동부와 인접 리투아니아 지역에 있는 마이모니데스의 자손들은 노버트 위너의 아버지가 태어난 바로 그 장소를 중심으로 긴밀한 삼각지대를 형성하고 있었다. 이곳이 바로 전설로 남은 비아위스토크Bialystok의 폴란드 마을이다.

* * *

1800년대 말에는 유럽의 마지막 들소가 비아와강의 강둑을 거닐었었다. 당시 비아위스토크와 그 주변 지역은 러시아 제국의 반자치 구베르니아gubernia(러시아 제국이 18세기에 설정한 행정구역 – 옮긴이)가 되어 있었다. 레오 위너의 외할아버지인 살로몬 라비노비치Salomon Rabinowicz는 이곳에서 1810년에 태어났다. 목재상이었던 그는 비아위스토크 주도로 끝에 큰 호텔을 지었다. 이 주도로는 양옆으로 가로수가 드리워진 넓은 대로로 기차역에서 시장까지 이어져 있었다. 목이 좋은 유대인 거주지역ghetto 입구에 세워진 이 호텔은 폴란드 귀족에서 가난한 탈무드 학자에 이르기까지 신분의 높낮이를 가리지 않고 모든 여행객들의 사랑을 받았고, 이들은 살로몬의 아내 로사가 식당에서 주최하는 안식일 만찬에서 대접을 받았다.

로사 라비노비치Rosa Rabinowicz는 자브우도프Zabludow의 인접 마을에 살았던 부유한 무두장이 가문 출신이었다. 이 가문 사람들은 우체국 관료와 정부상대업자까지 올라 비아위스토크의 '세습 명예시민'이 됐다. 이것은 러시아 제국에서 유대인이 오를 수 있는 최고의 자리였다. 로사는 전형적인 유대인 어머니는 아니었다. 그녀는 매주 단식을 진행했지만 부활절이 되면 아이들에게 색칠한 계란을 주고, 달아놓은 커튼 뒤로 몰래 크리스마스트리를 설치하기도 했다. 이 부부는 여섯 명의 자녀를 키웠고, 그 중 가운데 딸인 프리다Freida가 후에 레오 위너의 엄마가 된다.

레오의 아버지 살로몬 위너는 가문의 천재성을 지킨 사람이었다. 키가 작고 다부진 체격에 튼튼한 어깨와 레슬링 선수의 목을 지녔던 그는 1838년에 크로-토스친Kro-toschin에서 태어났다. 이곳은 독일의 이웃 행정구역과 긴밀한 유대를 유지하고 있던 구베르니아에 있는 큰 도시로, 비아위스토크에서 수백 킬로미터 떨어진 서쪽에 위치하고 있었다. 그는 쾨니히스베르크Königsberg에서 유럽의 고등학교에 해당하는 클래식 김나지움에서 교육 받았고, 이곳에서 그는 독일이와 독일문학에 푹 빠져들었지만 청각에 문제가 있어서 대학에는 입학하지 못하고 쾨니히스베르크의 우체국에 일자리를 얻었다. 연로한 살로몬 라비노비치는 비스와강Vistula River을 따라 목재 뗏목을 운반하러 갔다가 젊은 살로몬 위너를 만났다. 그는 실의에 빠져 있는 그 우체국 사무원에게 비아위스토크로 이사 오라고 재촉했다. 그곳의 사업체에서 독일어 강사와 독일 사업체에 파견할 특파원을 간절히 찾고 있었기 때문이다. 당시 비아위스토크에는 여러 언어가 다양하게 섞여 있었다. 유대인들은 대부분 독일어, 히브리어, 슬라브어가 뒤섞인 이디시어Yiddish를 사용했고, 대부분의 비유대인은 폴란드어나 러시아어를 사용했다. 그리고 부유한 집안의 자녀들은 가정교사에게 독일어와 프랑스어로 배웠다.

1859년에 21세의 나이로 살로몬 위너는 비아위스토크로 이사해서 도시의 부유한 공장 소유주와 상인들에게 독일어 서비스를 제공했다. 2년 후에 그는 프리다 라비노비치Freida Rabinowicz와 결혼했다. 살로몬은 정신력이 뛰어나고 신념도 강했다. 그리고 그의 아들과 손자 역시 이런 점에서는 그의 뒤를 따랐다. 그는 집안을 '광란의 분노'로 엄격하게 다스렸다. 계몽주의자이자 모제스 멘델스존Moses Mendelssohn이 시작한 독일-유대 개혁운동의 열성적 추종자였던 그는 여섯 자녀를 학교에서 가르쳤고, 집에서 동유럽 유대인들의 잡탕언어로 말하는 것을 금지했다. 프리다는 이디시어만 말할 수 있었기 때문에 몇 년이 지나고 나서야 남편 및 자녀들과 대화할 수 있을 수준으로 독일어를 배울 수 있었다.

살로몬은 위너 가문의 여느 남성들처럼 한시도 가만히 앉아서는 못 있는 사람이어서 습관적으로 산책을 다녔다. 그리고 멍한 상태로 넋을 놓고 다니는 가족적 성향도 타고났다. 그는 한 번에 며칠씩 집을 비우기도 하다가 어느 날은 세 아들과 세 딸의 양육을 자녀들과 대화가 간신히 가능한 아내에게 남긴 채 완전히 사라져 버렸다.

살로몬 위너와 프리다 위너의 여섯 자녀 중 첫째인 레오 위너는

1862년에 태어났다. 프로이센에 뿌리를 둔 아버지의 개혁운동의 원칙에 따라 그가 처음 배운 언어는 독일어였지만, 그는 곧 비아위스토크의 다양한 언어들을 습득했다. 그는 지역 교사에게 히브리어를 배웠고, 머지않아 이디시어는 자연스럽게(그리고 비밀리에) 익히게 됐다. 레오는 일곱 살에 사촌의 가정교사에게 프랑스어를 배웠고, 여덟 살에는 삼촌에게 러시아어를 배웠다. 그는 아홉 살에 벌써 가르치는 일을 시작했다. 자기가 배우는 러시아어 강습을 친구에게 그대로 전하면서 수업료로 구스베리 열매를 받은 것이다.

어린 시절의 재택교육 이후로 레오는 전문학교와 가정교사를 두루 찾아다니며 공부했다. 살로몬과 프리다는 아들의 필요에 맞추기 위해 거듭해서 가족과 이사를 다녔다. 레오와 그 아내 역시 나중에는 아들 노버트를 위해 그렇게 자주 이사를 다녔다. 레오는 어린 시절부터 신동으로 주목을 받았다. 1873년에는 열 살의 나이로 고등학교 입학시험을 치렀다. 그 다음 해에 그는 벨로루시 민스크Byelorussia Minsk에 있는 클래식 김나지움에 입학했고, 그곳에서 라틴어, 그리스어, 독일 방언을 비롯해서 더 많은 언어를 배웠다. 민스크에서 1년이 지난 후에 그는 바르샤바의 김나지움으로 전학을 갔다. 그리고 그곳에서 폴란드어와 이탈리아어를 배우고, 브뤼셀에서 공부한 또 다른 사촌으로부터 네덜란드어도 익혔다. 졸업을 한 후로 그는 베를린공대에서 공학을 공부했다. 그리고 그곳에서 그는 동료 학생으로부터 크로아티아어를 배우고, 또 다른 친척으로부터 덴마크어를 배웠다. 불과 십대 시절에 그가 익힌 언어가 10가지가 넘었다. 이윽고 그는 40개가 넘는 언어를 유창하게 말할 수 있게 되었다.

레오도 아버지처럼 키가 작아서 150센티미터를 간신히 넘겼고, 체중은 45킬로그램 정도였다. 하지만 그는 위너 가문 남성들의 다부진 체격과 체력을 물려받았다. 젊은 시절의 레오는 행동에서 자신감이 묻어났고, 그의 검은 머리, 덥수룩한 콧수염, 가는 테 안경은 머리가 좋아 보이는 그의 모습을 더욱 두드러져 보이게 했다. 그는 하이킹과 산책도 열심이었지만, 말도 많아서 대화를 독차지하는 경향이 있었다. 그는 조숙하게 정치적이기도 했다. 민스크의 김나지움에서 그는 1870년대에 그 도시로 모여든 학생 혁명론자들과 어울려 지냈다. 베를린에서 그는 이상주의적인 톨스토이 협회에 가입했다. 그리고 술, 담배, 고기를 멀리하겠다고 맹세하고 끝까지 그 맹세를 지켰다. 가족은 그에게 멘델스존 은행에서 좋은 직장을 구하라고 설득했지만 그는 평범하고 따분한 삶에 정착할 생각이 전혀 없었다.

* * *

스스로를 '젊은 슬라브인 공학도'라고 불렀던 선동가 레오는 바로크양식으로 화려하게 수놓아진 프로이센 수도를 보고 움츠러들었다. 그곳에서는 제국에 대한 열망이 대중 속에서 고동쳐 흐르고 있었다. 그는 화려한 운터덴린덴Unter den Linden을 따라 걸으며 러시아식 이상주의의 막다른 길에서 빠져나가 과학과 맥주가 나란히 함께 하는 독일식 속물주의로 흘러들어 갈 수 있는 제3의 방법을 찾으려 했다. 그는 바우어 카페에서 여러 밤을 보내며 '과학이 더 고귀한 생각으로 이어지고, 이상이 현실이 되는 곳'을 찾기 위해 전 세계 신문을 뒤졌다. 그리고 모든 신호가 '바다 건너 신세계'를 가리키고 있었다. 톨스토이 협회 동료들과의 만남에서 레오는 당시 중앙아메리카 열대지역의 영국 식민지였던 벨리즈에 '채식주의 인도주의 사회주의 공동체'를 세우기 위한 선지적 계획을 발표했다. 그의 동지들이 식민지 성명서의 서문에 사용할 언어를 두고 여전히 싸우고 있는 동안 이제 부패한 유럽에 대한 혐오로 가득한 '장발의 러시아인'이 된 레오는 원피스 옷에 긴 프린스 앨버트 프록코트frock coat(당시 유럽의 신사용 대례복이자 정장) 한 벌을 아무거나 하나 걸쳐 입고 혼자 신세계로 출발했다.

레오는 1882년 2월에 19세의 나이로 함부르크에서 항해에 나섰다. 리버풀에서 잠시 머무는 동안 그는 수 권의 영문법 책을 읽으며 영어를 독학했다. 하바나까지 긴 항해 동안에는 라코루냐La Coruña에서 승선한 승객들에게 스페인어를 배웠다. 그는 주머니에 든 단돈 25센트를 갖고 뉴올리언스에 도착했다. 그리고 그 돈도 프렌치쿼터에 있는 과일 가게에서 플랜틴 바나나와 다른 맛있는 열대과일을 이것저것 맛보느라 바로 써 버렸다.

벨리즈로의 여행은 돈이 없어서 중단되고 말았지만 레오는 단순 노동의 낭만을 즐길 마음의 준비가 되어 있었다. 그는 공장에서 목화를 퍼내는 일을 하다가, 미시시피 주로 가서 철도에서 일하다가, 다시 러시아 지식인들과 미국의 정신주의자들이 10년 전에 세웠던 진보주의 공동체가 남긴 폐허 위에 채식주의 공동체가 건설 중이라고 들은 캔자스 주로 갔다. 그가 도착했을 때 그곳은 사람들에게 버림 받은 장소였다. 레오는 혼자만의 힘으로 그 망가진 땅과 무너진 건물을 다시 복구했다. 그는 땅콩과 멜론을 심고, 종다리와 함께 노래를 부르고, 대평원을 휩쓸고 지나가는 천둥과 폭우를 바라보며 경외감에 젖기도 했다. 그는 베를린에 있는 동지들에게 기쁨의 편지를 써서 자기와 함께 하자고 손짓을 했지만, 아무도 찾아오지 않았다.

1년 후에 그는 긴 머리를 자르고 다시 문명으로 돌아왔다. 그리고 이번에도 역시 무일푼으로 미시시피 주 캔자스시티에 도착했다. 그는 포목점에서 관리인 일자리를 얻었지만 그곳에서 고위층 여성들의 오만한 태도를 견뎌야 했다. 그는 그 일을 그만두고 신분이 낮은 행상인이 됐다. 그리고 어느 날 도시의 공공 도서관을 우연히 발견했다. 그는 영문학과 고전문학에 빠져들었고, 언젠가 그 도시 대저택에 사는 가문 사람들에게 자신이 그들과 동등하거나 그 이상의 인물임을 보여주겠노라고 마음먹었다. 그리고 어느 날 그는 꼬질꼬질 먼지투성이였던 프린스 앨버트 프록코트를 벗어버리고 공공학교의 교육감을 방문했다. 다음 날 아침 지역신문에서는 땅콩을 팔던 까무잡잡한 노동자가 고등학교에서 학생 가르치는 일을 맡게 된 이야기를 전했다.

레오는 자기 아들을 가르치듯 학생들을 가르쳤다. 그래서 기계적으로 암기해서 배운 규칙을 따르기보다는 자신의 삶의 원동력이 되어 주었던 세련된 감성들을 전달하려 했다. 그 감성은 호머와 키케로, 괴테와 실러, 언어학, 대수방정식의 디오판토스 해법에 대한 사랑이었다. 그는 학생들을 데리고 도시의 언덕과 숲으로 하이킹을 나가고, 포포나무를 감나무와 구분하는 법도 가르쳤다. 그리하여 그는 머지않아 그 지역의 철학 협회에서 인기인으로 자리잡았다. 그는 자신의 언어 모음에 촉토족 언어Coctaw와 다코타 족 언어Dakota를 추가했고, 이어서 중국어, 반투 족 언어Bantu, 게일어Gaelic도 추가했다. 몇 주 만에 그는 그 도시의 아일랜드 협회장 자리에 올랐고, 캔자스시티 문화 원로들에게 '러시아 아일랜드인'이라는 별명을 얻었다. 그는 고위층 사람들과 어울리며 자신의 맹세를 실현했고, 그가 '브라우닝 컬트Browning cult'라 부르던 것을 특히 좋아했다. 브라우닝 컬트는 로버트 브라우닝과 엘리자베스 브라우닝의 시를 신의 계시와 같은 경지로 끌어올린 19세기 지역 문화 운동의 한 장이었다.

어느 날 저녁 브라우닝 여성 클럽에서 강연을 하고 난 후에 레오는 젊고 어여쁜 베르타 칸Bertha Kahn이라는 여성을 만났다. 그녀는 세인트 조세프에 있는 백화점 소유자인 헨리 칸Henry Kahn의 딸이었다. 헨리 칸의 가족은 한 세대 전에 독일 라인 지방에서 미시시피 주의 강변 저지대로 넘어왔었다. 베르타의 어머니는 유대인의 피가 절반 섞인 남부 미녀였다. 그녀의 아버지 쪽 가문은 1820년대에 독일에서 이민을 왔다. 칸 가문은 완전히 이곳에 동화되어서 많은 독일계 유대인들이 동유럽과 러시아에서 나중에 넘어온 가난한 유대인들을 향해 보여주었던 적대감을 숨기려 하지 않았다. 베르타는 부드러운 이목구비에 피부가 하얗고, 체구는 작았지만 레오처럼 강인해 보였다. 그리고 엉뚱한 생각에 빠져 있는 남자친구를 더욱 교양 있는 사회 구성원으로 만들겠다는 의도를 처음부터 가졌다.

1892년에 레오는 처음 대학 강사로 활동을 하고 난 후에 컬럼비아의 미주리대학교에서 현대언어 교수 자리에 올랐다. 그와 베르타는 그 다음 해에 캔자스시티에서 결혼했다. 그들의 첫 아이는 아들이었고, 1894년 11월 26일에 컬럼비아에 있는 교수 관사에서 태어났다. 그리고 로버트 브라우닝의 인상적인 시 〈발코니에서〉에 나오는 남자 주인공의 이름을 따서 '노버트'로 이름을 지어주었다.

노버트는 어린 시절부터 조숙함의 기미를 보였다. 생후 18개월이었던 1896년 여름에 그는 보모가 가족이 새로 마련한 집 근처 모래사장에서 글자를 쓰는 것을 보면서 이틀 만에 알파벳을 배웠다. 그 해에 레오는 교수진을 재편하는 과정에서 교수직을 잃게 된다. 미주리 주에는 인맥이 별로 없었기 때문에 그는 가족과 함께 보스턴으로 이사하기로

제1부 코끼리 새끼 ○─○ 37

마음먹는다. 그는 그곳이 대학교가 많은 곳이니까 언어학자 겸 강사로서의 자신의 재능을 펼치기에 좋은 장소일 것 같다는 사실 말고는 보스턴에 대해 아는 것이 하나도 없었다. 그는 즉시 저명한 교수 밑에서 세르비아의 민요를 번역하는 일자리를 구했다. 그 교수는 레오가 하버드대학교에서 슬라브어와 슬라브 문학 강사 자리를 얻을 수 있게 도와주었다. 미국에서 이런 자리는 처음 생긴 것이었다. 얼마 안 되는 강사의 봉급을 보충하기 위해 레오는 길을 따라가면 있는 새로 생긴 여자대학인 래드클리프대학교에서도 교편을 잡았다. 그리고 메리엄-웹스터 사전Merriam-Webster Dictionary에서도 어원 편찬 작업을 맡았다.

가족은 뉴잉글랜드(미국 동북부 지역)에 바로 반했고, 케임브리지의 지적 환경에 아주 잘 적응해서 살았다. 1897년 가을에 레오는 엘리베이터도 없는 비좁은 아파트에서 살던 가족을 데리고 하버드 광장에서 떨어진 힐리어드 가Hilliard Street에 있는 작은 정원이 딸린 좋은 집으로 이사 갔다. 베르타는 매일 정원에서 노버트에게 책을 읽어주었다. 노버트가 좋아하는 이야기 중에는 인도 출신의 영국 작가 러디어드 키플링의 화려한 정글 이야기도 있었다. 만 세 살이 되자 이제는 노버트가 엄마에게 책을 읽어주기 시작했다.

노버트는 예민한 아이였다. 불치병 환자들이 있는 병원 앞을 산책하는 것만으로도 노버트는 기분이 침울해졌다. 한번은 말에게 밟혀서 발가락이 뭉개진 대장장이를 찾아갔다가 마음속에 고통과 신체적 기형에 대한 혐오감이 평생 그를 따라다녔다. 그의 머릿속에 가장 선명하게 남아있는 기억 중 하나는 그의 집을 채우고 있던 머리카락을 쭈뼛서게 만드는 끔찍한 글들이었다. 그 글에는 동물에 대한 잔인한 행동이 묘사되어 있었다. 마음이 여린 나이에 그런 경험을 하니 노버트도 아버지처럼 평생 엄격한 채식주의자로 살게 됐다. 하지만 다른 대부분의 측면에서 보면 그는 이웃 아이들과 함께 뛰어놀고, 힐리어드 가를 따라 줄에 전투함을 매달아 끌고 다니며 노는 평범한 소년이었다.

노버트의 교육은 아버지의 서재 바닥에서 시작됐다. 그곳에서 노버트는 아버지의 커다란 나무 책상 아래에서 놀면서, 아버지의 서재에서 예쁜 목판화 그림과 자신이 이해할 수 있는 글들을 찾아 읽었다. 온갖 종류의 과학서적이 그의 마음을 사로잡았다. 세 번째 생일에 가족의 친구 한 명이 그에게 자연사에 관한 책을 한 권 가져다주었다. 그리고 머지않아 노버트는 아동을 위한 그림 과학책 속에서 온갖 경이로운 것들을 발견했다.

1898년 봄에는 노버트의 여동생 콘스턴스Constance가 태어났다. 이 이름 역시 브라우닝의 시 〈발코니에서〉에서 따온 것이었다. 그리고 그 해 가을 만 4세가 되기 전에 노버트는 케임브리지에서 유치원에 다니기 시작했다. 이곳은 학교라기보다는 유아원에 가까웠다. 하지만 집에서는 이미 레오의 감독 아래 힘든 공부가 진행되고 있었다. 그 해에 노버트는 『이상한 나라의 앨리스』를 읽고 토끼굴로 떨어져 이상하고 비논리적인 존재들로 가득한 세상에 떨어진 어린 소녀를 걱정했다. 그리고 『아라비안나이트』를 읽고도 마찬가지로 걱정에 빠졌다. 복수심에 불타는 램프의 요정 지니의 어두운 이야기는 그의 마음속에 계속 머물렀다. 그리고 그가 대중을 위한 글을 쓰면서 마법처럼 보이는 장치 속에 내재되어 있는 위험을 생생하게 비유할 때마다 여러 차례 등장했다.

노버트가 태어나고 5년 만에 새로운 세기가 시작되었고, 그 해 봄에 레오는 자신의 뿌리인 땅으로 돌아갔다. 가르치고 번역을 하면서 모은 돈으로 그는 보스턴 남쪽 폭스보로Foxboro에 오래 된 농장을 샀다. 시골 도로 위에 있는 개오동나무로 둘러싸인 농장이었다. 가족은 여름을 개오동나무 농장에서 보냈고, 그곳에서 노버트는 경이로운 뉴잉글랜드의 식물과 동물에 대해 배웠다. 그리고 지렁이를 둘로 잘랐을 때 놀라운 회복력을 보인다는 것도 알게 됐다(이것은 잔인한 행동이었지만 너무도 매혹적인 일이었고, 지렁이 역시 그 과정에서 큰 불편을 겪지 않는 것이 분명했기 때문에 양심의 가책이 크지는 않았다). 레오는 노버트를 들판과 숲으로 데리고 다니며 자기가 좋아하는 식용버섯 채집법을 가르쳤다. 그 해 여름에 노버트는 뉴욕에 사는 친척들과도 처음 만나게 됐다. 노버트의 할머니인 프리다 위너는 레오의 형제자매와 함께 미국으로 이민을 온 상태였다. 그녀와 노버트의 고모와 사촌 몇몇은 신선한 공기를 마시기 위해 도시를 떠나 개오동나무 농장으로 찾아와 레오의 가족을 만났다. 할머니는 이상한 언어로 쓰인 신문을 들고 왔는데 노버트는 나중에야 그것이 이디시어라는 것을 알게 됐다. 하지만 당시에는 아무도 노버트에게 할머니나 가족 중 다른 누군가가 유대인이라는 것을 말해주지 않았다.

노버트의 공식 학교 교육에는 문제가 있었다. 그는 폭스보로에 있는 마을 학교에 다녔지만, 레오는 며칠 후에 노버트를 그 학교에서 빼내어 좀 더 먼 곳에 있는 학교로 전학시켰다. 노버트는 신체적으로는 아직 미성숙한 상태였지만 지적 성장 속도는 또래들을 훨씬 능가했다. 그리고 1901년 가을에 레오는 개오동나무 농장을 팔아 노버트를 케임브리지에 있는 진보적인 피바디학교Peabody School에 입학시켰다. 노버트는 3학년으로 들어갔다가 4학년으로 올라갔지만, 역시나 그의 수준에는 맞지 않았다. 그의 읽기 능력은 탁월했다. 다만 수학적 기술은 부족해 보였다. 만 7세가 되어서도 노버트는 여전히 손가락으로 셈을 하고, 곱셈표도 외우지 못했다. 아들에게 이것저것 물어본 레오는 아들이 전통적 교육방법에 따른 무분별한 기계적 암기를 지겨워한다는 것을 알게 됐다. 차라리 자기가 직접 가르치는 것이 낫겠다고 확신한 그는 노버트를 다시 학교에서 빼내어 그 후로 3년 동안 대단히 실험적인 재택교육을 시작했다.

2년 후에 레오는 아들에게 자신의 전문분야인 언어와 문학을 비공식적으로 가르치기 시작했다. 처음에는 그리스어와 라틴어 강의로 시작해서 자기가 좋아하는 독일의 시와 철학자로 넘어갔다. 그리고 이제 레오는 여기에 다윈, 헉슬리 그리고 다른 과학자들을 아들의 교육과정에 추가했다. 아들에게 과학정신을 불어넣기 위함이었다. 노버트는 동물학과 식물학에 매료됐다. 그는 다윈과 다른 유명한 동식물 연구가들의 탐험 원정을 되짚어 따라갔다. 그리고 그는 거기서 더 나가 정신의학, 주술, 트로이 발굴에 대해 다룬 아버지의 책들을 탐독했다. 그는 조지 웰스H. G. Wells와 쥘 베른Jules Verne의 공상과학 소설의 열렬한 팬이 됐다. 노버트가 아버지의 서재에 있던 책들을 모두 섭렵하고 나자 레오는 하버드대학교 도서관에서 물리학, 화학, 빛의 본질, 전기라는 이상하고 새로운 힘에 관한 책과 학술지를 가지고 와서 읽게 했다.

노버트 위너에 대해 전해지는 전설과 달리 레오가 처음부터 천재 소년을 만들어 보겠다고 작정하고 달려들었던 것은 아니다. 하지만 레오가 자기만의 교육 방식이 놀라운 결과를 내는 것을 보고 이른 시기부터 그런 목표를 확고하게 세운 것은 사실이다. 그래서 그는 자신의 교육방식에서 주요 원칙을 뽑아내기 시작했다. 레오는 자신의 교육방식을 '눈치 빠른 강요'라고 불렀다. 그가 지역 언론과 전국 언론에서 장황하게 설명한 바에 따르면 이 방식의 목표는 아이의 말과 행동을 지속적으로 지켜보면서 아이의 지적 능력과 관심사를 파악하고, 기계적 암기를 피하고, 아이에게 질문을 던지며 스스로 생각하게 만드는 것이었다. 그는 또한 아들이 '실수의 축복'을 알기를 원했다. 레오는 이렇게 주장했다. "아이들이 문제를 해결할 수 있게 친절한 방식으로 유도해야 합니다. 그래야 무언가에 통달했다는 느낌, 승리의 기쁨을 느낄 수 있기 때문이죠. 그럼 그것이 그 자체로 또 다른 노력을 기울일 동기가 되어줍니다."

* * *

노버트의 기억은 달랐다. 『신동 출신』에서 그는 아버지 레오를 발달 중인 자신의 지능과 상상력을 자극하기 위해 고통스러울 정도로 애쓰는 멘토로 묘사했다. 그리고 노버트는 실제로 고통을 선명하게 느꼈다. 다른 사람의 이목이 없는 곳에서는 레오의 태도가 친절하지 않았다. 그는 고전문학, 수학, 그리고 다른 과목들을 군대와 같은 정확성과 훈련교관 같은 태도로 반복 교육을 통해 주입했다. 그의 강제적 접근 방식은 지독한 질책에 의한 형식적 암기와 사전에 계획된 '체계적인 깎아내리기systematic belittling' 프로그램을 결합한 것이었다.

50년이 지난 후에도 그 시련은 여전히 생생하게 노버트의 머릿속에 남아 있었다. "아버지는 하버드대학에 제출할 자기 과제를 하고 계시면 나는 아버지 곁에 서서 암기한 내 수업 내용을 암송해야 했다. 심지어 여섯 살에 불과했는데도 그리스어로 암송해야 했다. 그럼 아버지는 나를 무시하고 계시다가 내가 아주 사소한 실수라도 하면 나를 먼지만도 못한 녀석이라고 깎아내렸다." 노버트가 무언가 잘못 말하면 레오는 영어, 독일어, 그리고 자신이 유창하게 말할 수 있는 40가지 다른 언어로 '짐승 같은 놈!', '바보!', '멍청이!'라며 가차 없이 그를 혼냈다. 아주 어린 시절부터 노버트는 책상 밑에서 아버지를 친절한 사람이자, 그만큼 근엄하고 차가운 사람으로 우러러보며 자랐다. 하지만 레오의 재택교육 동안에는 더 어두운 모습이 드러났고, 간단한 대수방정식을 놓고도 갑자기 공포가 엄습하기도 했다.

위너는 이렇게 기억했다. "아버지는 일상에서 접하는 편안한 말투로 말씀을 시작하셨다. 그런 말투가 이어지다가 내가 수학에서 첫 실수를 하는 순간 끝났다. 그럼 친절하고 사랑스러운 아버지의 모습에서 피의 복수를 하러온 아버지로 바뀐다." 레오의 말은 위너를 깊게 찌르고 들어왔다. "아버지의 말투는 나의 감정을 최고조로 끌어올리기 위해 계산된 것이었고, 여기에 비꼬고 빈정대기까지 하면 그 말은 채찍이 되어 나를 후려쳤다." 아버지의 수업은 똑같은 장면으로 끝나는 경우가 많았다. "아버지는 불같이 화를 내시고, 내가 흐느껴 울고 있으면, 어머니는 나를 옹호하려고 최선을 다하셨다. 하지만 그것은 어머니가 항상 지는 싸움이었다." 레오는 저녁식사 자리에서, 그리고 사람들이 있는 자리에서 노버트를 조롱했다. 아들을 겸손하게 만들기 위한 것이라고 했다. 그는 아들의 철없는 어리석음을 나무라며 노버트가 도덕적으로 모든 면에서 미숙하다고 느끼게 믿들었다.

노버트는 더 잘 하기 위해 분투했다. 그는 더 열심히, 더 오래 공부했지만 수업을 듣기 위해 매일 엄청난 양의 책을 읽다보니 1년도 되지 않아 심한 근시가 생겼다. 불과 여덟 살의 나이였음에도 눈의 피로가 너무 심해서 가족주치의는 노버트가 아예 시력을 잃을 것을 우려해서 아예 6개월 동안 책을 읽지 말 것을 처방했다. 이 가혹한 처방 덕분에 노버트는 한숨을 돌릴 수 있었지만, 이것은 학계에서 자체적으로 생명력을 얻고 있던, 아동교육에 관한 아버지의 실험을 망칠 수도 있는 위협이었다. 레오는 그리스의 비극을 알고 있었다. 그는 장남을 눈멀게 만들고 싶은 생각이 없었다. 하지만 그렇다고 자신의 실험을 포기할 준비도 안 되어 있었다. 그래서 아내 베르타 위너를 시켜서 노버트에게 수업 내용을 큰 소리로 읽어주게 했다. 일주일에 한 번씩 레오는 래드클리프 대학교 학생 중 한 명을 집으로 보내서 아들의 라틴어 어형 변화와 독일어 발음을 점검하게 했다. 그는 하버드대학교 화학과 학생을 고용해서 노버트에게 화학반응에 대해 가르치고, 집에 임시변통으로 실험실을 만들게 했다.

그리고 6개월 동안 레오는 아들에게 온갖 추론, 생각, 산수를 머릿속으로 하게 시켰다.

그 결과는 심오했다. 만 8세의 나이에 노버트는 대수학, 기하학, 삼각법을 종이에 쓰면서 하는 것이 아니라 머릿속에서 하는 법을 배웠다. 그는 거의 사진처럼 정확한 기억력을 발전시켰고, 아버지처럼 언어에 대한 감각도 날카로워졌다. 나중에 위너는 MIT의 한 동료에게 이렇게 말했다. "그 해에 나는 세상을 새로 배웠네. 내 정신이 완전히 열렸어. 그 전에는 결코 볼 수 없었던 것을 보게 됐지." 그리고 그때부터 그의 정신은 나중에 스스로 돌아봐도 여전히 놀랍기 그지없는 일들을 할 수 있게 됐다.

실제로 이미 노버트는 학문의 경계를 자유롭게 넘나들며 여러 가지 프로젝트를 동시에 진행하는 평생의 습관을 시작한 것이었다. 다시 책을 읽어도 좋다는 허락이 떨어지자 그는 아동용 과학잡지를 공부하면서 동물의 골격과 자연에서 보이는 다른 구조물 사이에서 유사성을 찾아냈다. 그는 이제 막 싹을 틔운 분야인 전기학과 이미 성숙한 과학 분야인 생물학 사이에서 밝혀지고 있던 새로운 연관성에 특별히 관심이 있었다. 그는 전기자극electrical impulse이 금속을 통해 전달될 때와는 완전히 다른 방식으로 신경섬유를 따라 전파된다는 최신 발견에 대해 읽고 크게 놀랐다. 당시 전기는 전류의 지속적인 흐름으로 묘사됐는데 그의 표현에 따르면 신경의 전기는 '블록이 일렬로 떨어지는 것과 비슷하게' 전파됐다.

어린 노버트로서는 이해하기 힘든 주제도 있었다. 신출내기 과학자였던 그는 식물과 동물의 성생활에 매력을 느꼈다. 아홉 살 즈음에는 체세포분열, 발생학의 기초, 그리고 난자와 정자의 차이도 이해할 수 있었지만 척추동물의 번식에 대한 세밀한 사항은 이해할 수 없었다. 부모님은 그런 질문을 하지 못하게 막았다. 그러다 그는 주문을 제대로 외우면 인형을 아기로 만들 수 있다는 터무니없는 생각을 어디서 주워들었다. 그리고 1903년에는 그보다 현실적인 생각을 하게 됐다. 그리고 그것은 그의 평생의 소망으로 자리잡게 된다. 동물과 인간의 행동을 흉내 낼 수 있는 기계장치를 만드는 것이었다. 그는 나중에 이것을 '준생명체 오토마타quasi-living automata(오토마타는 스스로 움직이는 기계를 뜻한다 - 옮긴이)'라고 불렀다.

그 시절에 노버트에게 가장 중요한 영향을 미친 사람 중 한 명은 아버지의 친구 월터 캐넌Walter Cannon이었다. 그는 하버드대학교의 저명한 생물학자이자 신경생리학의 개척자였다. 캐넌은 미국 의학계에서 X선을 이용해서 질병을 진단하고 치료하는 길을 열었고, 위기에 당면했음을 인식했을 때 나오는 신경계의 선천적인 반응에 '투쟁-도피 반응'이라는 이름을 붙이고 설명했다. 그리고 1920년대에 그는 신체가 자기규제 행동과 반응의 균형을 통해 건강하고 안정적인 내부 평형 상태를 유지하는 유기적 메커니즘을 표현하기 위해 '항상성 homeostasis'이라는 용어를 만들어 냈다. 몸이 과열되면 땀을 흘려 식히고, 호르몬을 분비해서 기관과 신경세포의 행동을 자극하거나 억제하는 것이 모두 이 항상성에 해당하는 과정이다. 훗날 캐넌의 원리는 위너의 새로운 과학에서 핵심 교리로 자리잡게 된다.

노버트는 캐넌의 실험실을 둘러보며 경이롭고 새로운 과학 장비에 마음을 빼앗겼다. 그의 동물학과 식물학에 관한 소년다운 관심이 궁극의 모범이 되어줄 사람을 찾아냈고, 나날이 커져가는 전기학에 관한 관심은 실험과 실전 응용이라는 새로운 출구를 발견한 것이다. 레오는 자기 아들이 철학을 하고 싶어 한다고 철석같이 믿고 있었고, 노버트도 충실하게 그 길을 따라 걷기 시작했다. 하지만 노버트는 조용히 캐넌을 추종하며 아버지의 바람과는 다른 목표를 처음으로 세웠다. 현대적인 장비를 가지고 연구하는 동식물연구가가 되는 것이었다.

* * *

케임브리지에서의 시절은 노버트와 위너 가족의 중요한 형성기였다. 1902년 봄에는 셋째로 딸이 태어나 어머니의 이름을 따라 베르타 Bertha로 이름 지어졌다. 가족은 하버드광장 북쪽에 있는 아본 가Avon Street로 다시 이사했고, 그곳에서 레오는 제대로 된 서재와 큰 뒤뜰이 딸린 기분 좋은 오래 된 집을 구입했다. 두 집 건너에는 하버드대학교의 저명한 대수학자 겸 기하학자인 막심 보처Maxime Bôcher 교수가 살았다. 그는 미국 수학계의 창시자로 널리 인정받던 사람이었다.

당시 케임브리지는 저명한 학자와 부유한 보스턴 사업가들이 몰려 사는 곳이었지만, 비포장 도로, 말이 끄는 화물차, 어린 사내아이들이 놀 수 있는 공터 등이 있어서 여전히 조용한 시골 마을의 느낌을 갖고 있었다. 그리고 레오와 아들 노버트가 식용 버섯을 공짜로 채집할 수 있는 공간도 있었다. 이 편안한 길가와 야생의 들판에서 노버트는 다른 하버드대학교 교수의 자녀들과 눈싸움을 하고 놀았고, 한 번은 박식한 놀이친구들과 어울리다 튀르키예인들을 싸워 물리치고 억압받는 아르메니아인들을 구하는 놀이를 하면서 집에서 가출을 감행하기도 했다. (이들은 하버드야드에서 동쪽으로 몇 블록 떨어져 있는 센트럴 광장까지 갔다가 임무를 포기하고 돌아왔다)

1903년에 레오의 경력이 하나의 전환점을 맞이하게 된다. 그리고 이것이 노버트와 가족 전체에 영향을 미치게 된다. 그는 보스턴의 한 출판사로부터 톨스토이의 전작 24권을 10,000달러의 번역료에 영어로 번역해 달라는 의뢰를 받아들인다. 권당 가격으로 따지면 쥐꼬리만 한 번역료지만 당시에 일시불로 지급되는 액수로는 적지 않은 돈이었다. 레오는 톨스토이 본인의 작업만큼이나 가치 있는 이 금욕적인 작업을 2년 만에 마무리했다. 하지만 이를 위해서 그는 숨을 돌리며 작업할 공간이 필요했었고 출판사에서 선불로 지급한 번역료를 가지고 1903년 여름에 그는 보스턴에서 북서쪽으로 45킬로미터 정도 떨어진 마을 하버드(하버드대학교와는 아무 관련도 없다)에 농장을 다시 구입해서 가족과 함께 그 시골로 이사했다.

목가적이었던 개오동나무 농장과 달리 올드빌 농장은 실제로 운영되고 있는 농장이어서 수와 말, 남북전쟁 전에 지어진 농장 건물, 커다란 곳간, 작은 호수, 30에이커(0.2 제곱킬로미터)의 과수원과 야생화가 만발한 초원이 있었다. 노버트는 어린 동식물연구가로서 자기 앞에 펼쳐진 새로운 삶을 맘껏 즐겼다. 그는 근처에 있는 두꺼비, 올챙이, 거

머리 등을 종마다 구분할 수 있었고, 꽃과 고사리들도 분류할 수 있었다. 하지만 그는 아본 가에서 함께 놀던 친구들, 그리고 그 친구들과 함께 즐기던 탐험이 몹시도 그리웠다. 그는 이웃 농장의 사내아이들과 친구가 되어 새로 무모한 장난을 시작했다. 한번은 아마추어 무선통신 실험을 하다가 감전사고를 당할 뻔도 했다. 하지만 전원에서 즐기는 이 모든 모험에도 불구하고 노버트는 올드밀 농장에 고립되어 있는 듯 외로움을 느꼈다.

레오는 농장 일을 거들고, 케임브리지로 장거리 통근을 하고, 기관차처럼 빠른 속도로 톨스토이의 작품을 번역하느라 몹시 바빴다. 그는 더 이상 아들의 교육을 꼼꼼하게 챙길 시간이 나지 않아서 주변 지역에서 학교를 알아보았고, 1904년 가을에 당시 아홉 살이었던 노버트는 아이어Ayer 근처에 있는 공립고등학교에 입학하게 됐다. 그 학교 여교사는 노버트를 2학년(미국은 고등학교가 4년제로 우리나라의 고등학교 1학년에 해당)부터 다니게 했다. 노버트는 자신이 라틴어, 독일어 영문학에 통달했음을 입증해 보였고 대수학과 기하학 수업 시간에도 참을성 있게 앉아 있었다. 레오의 엄격한 교육법 덕분이었다. 집에 오면 레오는 저녁마다 계속 아들에게 자신의 수업 내용을 암송하게 시켰다. 그리고 그동안 자신은 타자기 앞에서 톨스토이 작품 번역을 이어갔다. 그런데도 신기하게 그는 아들의 실수를 기가 막히게 잡아내서 타자기에서 눈도 떼지 않고 아들을 말로 혼냈다. 고등학교 첫 해가 끝날 무렵 노버트는 졸업반으로 올라갔다.

그 해 여름에 열 살의 나이로 노버트는 자신의 첫 철학 논문을 썼다. 모든 지식의 불완전성에 관한 논문이었고, "무지론The Theory of Ignorance"이라고 용감하게 제목을 달았다. 논리의 전개과정이 엄격함과는 거리가 멀었고, 설명 또한 분명 아이의 티를 벗어나지 못한 것이었지만 그의 '이론'은 더욱 심오한 주제의 전조였다. 그 어린 나이에 벌써 노버트는 인간이 무언가에 대해 확실히 아는 것이 불가능하다고 확신하고 있었다. 그는 "자신의 지식에 한계가 없다는 인간의 추정"을 격렬하게 반박했고, "개념이 정신 속에 들어가 자리 잡기 위해서는 반드시 통과해야 하는 불확실성"의 여러 가지 이유를 분석했다. "불확실성의 문제에 대한 적절한 고려가 없는 철학은 무가치"하며 "불확실성의 문제가 무시되는 경우가 너무 많다"라고 주장했다. 그는 과학에서도 역시 모든 실험에 불확실성이 딸려온다고 주장하며 다음과 같이 결론 내렸다. "사실 인간의 모든 지식은 근사치에 기반을 두고 있다."

물론 그의 이론은 자신만만한 소년이 자신의 주장을 구색을 갖추어 표현한 것에 불과하지만 그가 확신하고 있는 이 전제는 머지않아 20세기 철학과 과학의 토대를 흔들어놓을 징후를 잘 잡아내고 있었다.

그의 기민한 정신은 기록적인 속도로 발전하고 있었지만, 정신이 앞으로 달려 나가고 있는 동안 육체, 정서, 사회성에서의 발달은 뒤처지고 있었고, 아동 발달의 한 영역은 문제가 생기고 있었다.

아이어 고등학교 졸업반 시절에 열한 살이었던 노버트는 학교 콘서트에서 피아노를 연주한 열다섯 살의 주근깨 소녀와 사랑에 빠졌다. 수십 년이 지난 후에도 그는 여전히 그 첫사랑을 한낱 아이의 치기어린 열병 이상의 것으로 기억했다. "덧없는 것이긴 해도 그것은 진정한 사랑이었으며, 이성에 대해 무관심한 미성숙한 아이의 애착에 불과한 것이 아니었다." 하지만 그의 욕망은 탁월한 지적 능력에도 불구하고 자신의 마음에서 무슨 일이 일어나고 있는지, 자기 몸을 찾아와 두드리는 새로운 힘이 무엇인지 모르는 철부지 애송이에 불과한 현실 앞에 누그러들고 말았다. 그의 부모는 그에게서 욕정이 싹트는 것을 알아차리고 그 소녀가 노버트의 영혼을 지옥으로 이끌지 않고 있음을 확인하기 위해 그 소녀에 대해 조사를 해보았다. 그런 위험은 조금도 보이지 않았다.

하지만 레오와 베르타는 이 부분에 있어서는 아들에게 거의 아무런 도움도 되지 않았다. 노버트가 어린 시절 친구를 사귈 때 나이 차이는 항상 문제가 됐다. 첫사랑이 덧없이 실패로 돌아가자 그것은 그에게 극복할 수 없는 장벽이 되었다. 그는 이렇게 회상했다. "나는 자라고 싶지 않았지만, 또래 여자 아이들과의 교류가 전혀 없이 성숙을 향해 달려가고 있었다." 이 문제는 그 후로 오랫동안 그에게 영향을 미쳤다. 그도 이렇게 인정했다. "20대에 들어서도 나는 여전히 그 위기에서 벗어나지 못하고 있었다."

1906년 초에 노버트의 마지막 형제 프레드릭Frederic이 태어났다. 이 동생은 나중에 프리츠Fritz라는 이름으로 알려지게 된다. 그해 봄에 노버트는 수석으로 아이어 고등학교를 졸업하지만 다른 모든 면에서는 동급생보다 훨씬 뒤처진 상태였다. 부모는 농장에서 졸업파티를 열어주었지만 그는 낄 곳이 아닌 곳에 와 있는 것처럼 느꼈다. 그보다 나이가 많은 소년, 소녀들이 응접실에서 춤을 추며 서로 관심을 보이고 있는 동안, 노버트는 아버지 책상 아래 웅크리고 앉아 그 모습을 지켜보기만 했다. 그는 너무 어렸기 때문에 이제는 들어가 있기도 벅찬, 안전하고 익숙한 그 공간에서 나와 댄스파티에 낄 수 없었다. 같이 온 친구들이 그의 위에서 춤을 추고 있는 동안 노버트는 그렇게 마룻바닥에 웅크리고 앉아 순진무구의 마지막 순간을 보냈다.

***

레오는 이미 아이어와 케임브리지 주변에서 명사가 된 아들을 하버드대학에 입학시켜 신동 소리를 들으며 학교에 다니게 하고 싶지는 않았다. 대신 그는 터프츠대학교를 선택했다. 터프츠대학교는 하버드 광장에서 북쪽으로 3킬로미터 떨어진 곳에 위치한 메드퍼드 근처의 괜찮은 대학이었다. 레오는 메드퍼드 힐사이드에 밝은 새집을 구입했다. 노버트는 그곳에서 걸어서 통학할 수 있었고, 레오는 전차를 타고 케임브리지로 통근할 수 있었다. 그리고 1906년에 노버트는 당시 소년을 성인남성과 구분하는 상징이었던 반바지를 입은 채 대학에 다니기 시작했다.

한 달 후에 〈뉴욕 월드〉 신문은 노버트를 역사상 가장 어린 대학생으로 지명했지만 그 기사에는 무언가 잘못된 것이 있었다. 그 기사 사진에 나온 '세상에서 가장 놀라운 소년'은 조셉 퓰리처의 일요일 증보판에서 묘사했던 탄탄한 몸과 자신감 넘치는 자세, 그리고 뚫어볼 듯 이글거리는 눈동자를 갖춘 흠 잡을 데 없이 완벽한 천재소년이 아니었다. 노버트는 어린 시절 대부분을 신체적인 문제들로 고통 받았다. 〈뉴욕 월드〉에서도 인정했듯이 그는 "뚱뚱하다 싶을 정도로 건장한 체구"였다. 아마도 너무 이른 나이부터 탄수화물이 많은 채식식단을 고집하는 바람에 배가 많이 나왔을 것이다. 시력은 어린 시절의 지나친 독서 때문에 위기에 빠졌다가 살아남기는 했지만 근시가 너무 심했다. 그는 운동 조절 능력이 부족하고 근육의 협응도 잘 되지 않아서 실내나 실외에서 행동이 굼떴다. 아본 가에서 친구들과 놀던 철부지 시절 이후로 그의 민첩함은 계속 떨어져서 결국은 공도 잡기 어려운 지경이 됐다. 날아오는 공이 잘 보이지 않았던 것도 거기에 한몫했다.

자신의 아버지가 여러 가지 언어를 동원해서 혀로 가한 채찍질은 그에게 더욱 큰 상처를 남겼다. 수년 간 언어폭력에 시달리다 보니 이 세상에서 제일 어린 대학생은 자신의 조숙한 정신이 아무런 쓸모 없는 것이라는 느낌과 몸이 얼어붙는 것 같은 불안한 느낌을 받았다. 이것이 평생 그에게는 짐으로 남는다.

레오는 아들을 자꾸 철학 쪽으로 밀었지만 노버트는 동물학을 전공하겠다고 마음먹고 있었다. 하지만 그 길에는 장애물이 곳곳에 도사리고 있었다. 그는 몸이 땅딸막하고, 심한 근시에 행동까지 굼떠서 실험실 연구나 손재주가 필요한 다른 모든 활동에서 낙제생이었다. 그의 손글씨는 읽을 수는 있었지만 알아보기 힘들었고, 그림은 형편없었다. 그의 신체적 장애를 아무리 좋게 봐준다고 해도 그의 정신은 몸보다 훨씬 빨리 작동했고, 실행을 담당하는 신체 기관들을 한마디로 압도했다. 그의 화학실험은 "아마도 터프츠대학교 학부생 사상 실험당 가장 많은 실험기구를 희생하며 진행되었을 것이다." 생물학에서 고통이나 신체가 훼손되는 것을 생각만 해도 몸이 움츠리던 이 온화한 채식주의자에게 해부를 맡기면 돔발상어, 고양이, 기니피그의 몸에 서투른 칼자국만 남았다. 그래서 그에게는 생체해부가 평생의 적으로 남았다.

아버지를 달래기 위해 그는 2학년에 철학 강의도 몇 개 들었다. 그는 하버드대학에서 윌리엄 제임스William James의 강의에도 출석했다. 그는 철학, 그리고 갓 태어난 철학의 의붓자식인 심리학의 저명한 실력자로, 미국에서 최초의 실험심리학 연구소를 창립하기도 했다. 그는 또한 실용주의 철학파도 함께 창립했다. 실용주의는 철저히 현대적이고, 철저히 미국적인 새로운 원칙으로 허세 가득한 철학이론들을 거부하고 일상생활에서의 유용성만을 바탕으로 평가한 현실적인 행동을 우선시했다. 제임스는 레오를 통해 간접적으로 노버트의 어린 시절에 영향을 미쳤었다. 레오가 자신의 취사선택적 교육방법에 제임스의 교육이론을 참고했기 때문이다. 레오는 심지어 제임스의 집에서 아들을 위해 독대 자리도 마련해 주었다. 하지만 노버트가 나중에 말하기를 자신은 제임스의 논리보다는 그의 화려한 스타일을 더 존경했다고 했다. 그의 논리는 사춘기도 안 된 그가 보기에도 약점이 많고 체계가 없었다.

과학에 대한 열정이 노버트를 점점 철학에서 멀어지게 만들었다. 그는 여가시간에는 새로운 세기의 힘의 상징이었던 전기를 만지작거리며 보냈다. 수작업은 나이가 더 많은 학생들에게 맡기고 그는 기초적인 전기 장치로 작은 변전소를 조립했다. 그리고 실험실에서 재앙의 신기록을 세운 후로 노버트는 수학에 매력을 느끼기 시작했다. 그는 수학에 만족하며 이런 기록을 남겼다. "펜으로 선 하나만 그으면 자신의 실수를 교정할 수 있는 분야." 터프츠대학교에서 제일 어려운 상급 대수학 강좌를 정복한 후에 그는 전공을 바꾸었다. 그는 추상기호와 수학함수로 가득한 미분과 적분도 정복했다. 그리고 머지않아 그의 수학 교수는 아예 그에게 강의를 맡겨 버렸다.

1909년 봄, 노버트는 수학 학사학위를 받고 대학을 3년 만에 졸업하지만 터프츠대학교에서 전력질주하듯 힘을 쓴 것이 결국 문제를 일으킨다. 높은 성취를 보이던 그의 유넌 시절에서 처음으로 노버트는 육체적으로나, 정신적으로 소진되어 버린다. 그는 나중에 이렇게 적었다. "나는 돌아가는 바퀴를 멈출 수도, 쉴 수도 없었다." 그는 약한 열병 속에 그 해 여름을 보냈다. 정서적으로 그는 마치 할 일이 없어진 것 같고, 너무 이른 시기에 아동기를 벗어난 것 같고, 대학에서 내동댕이쳐진 것 같고, 그 다음에 찾아올 일에 대한 이런저런 생각으로 가득 차 있었다. 졸업식에 참석할 때는 순간적으로 기쁨이 찾아오지만 새로 대학을 졸업한 사람은 누구에게나 걱정이 찾아온다. 특히 신동 소리를 듣고 자란 사람들은 더욱 그렇다. 하지만 노버트에게는 그 모든 것이 혼자만의 짐으로 느껴졌다. "나는 앞으로 무엇을 해야 할까? 내게 과연 성공의 희망이 있을까?"

이 질문은 노버트의 머리를 강하게 두드렸으며, 10대 초반부터 그의 건강을 공격하고 역사적인 성취로 얻어낸 그의 자부심을 조각조각 앗아가고 있었다. 그는 우등반으로 졸업을 했지만 파이 베타 카파회Phi Beta Kappa Society(미국 대학 우등생들로 구성된 친목단체)의 일원으로 선정되지는 못했는데, 그 이유는 다음과 같았다. "신동의 (불확실한) 미래가 (회원으로서의) 명예를 정당하게 보증할지 의구심이 든다." 이 모욕을 노버트는 뼛속까지 깊이 받아들였다. "나는 내가 자연의 별종으로 여겨질 수도 있다는 생각을 처음으로 들게 한 순간이었다. 그리고 나는 그러한 나의 일부가 실패를 야기할까 의심하기 시작했다."

화살처럼 빨리 흘러간 3년 전에 〈뉴욕 월드〉에서 그가 선보였던 남자다운 자신감은 빠르게 잦아들고 있었다. 마지막 젊음의 패기를 뒤로 하며 사람들 사이에서 널리 알려져 있던 그의 잠재력에 제일 처음 의문을 던진 사람도 그였다. 몇 년 후에 그는 그 해 여름 자신이 느꼈던 불길한 예감, 그리고 세월이 지나면 확인되거나, 부인될 암울한 가설을 말로 옮겼다. "시작이 빨랐던 아이는 인생의 에너지 자본을 지적으로 일찍 끌어다 쓰기 때문에 빠른 시기에 무너지고, 결국 최저수준에 빠지거나 정신병원에 들어가지는 않는다고 해도 영원히 2류로 남을 수밖에 없다."

이런 전망이 그를 사로잡고 놓아주지 않았다. 그는 실패가 임박한 듯한 초조함을 느끼고, 자신의 죽음에 대해서도 생각이 많아졌다. 그는 자기가 살아온 14년 세월을 자신이 살 수 있을 수명에 병적으로 투사해 보았다. 죽음에 대한 그의 두려움은 천벌에 대한 두려움으로 더욱 커졌다. 신에 의한 천벌이 아니더라도 천상의 어떤 차원에 의한 천벌이 내릴 것이라고 말이다. 생물학 실험을 하면서 동물에게 고통을 가한 행위, 성적 자각 등 과거에 저질렀던 죄가 그의 마음 어두운 구석에서 튀어나왔다. 성적 자각의 경우 성과 관련된 문제에 대해 침묵으로 일관한 부모 때문에 더욱 터부시되었고, 그로 인해 죄책감도 두 배로 커졌다. 파국의 구름이 낮게 드리우면서 공황발작, 죽음에 대한 집착, 설명할 수 없는 지속적인 신체질환 등 모든 현대적 경고신호와 함께 고통의 파도가 덮쳤다. 하지만 1909년 당시 이 세상에서 제일 놀라운 소년은 기댈 곳도 없고, 대화를 나눌 사람도 없었다. 그의 첫 우울증 발작은 그해 여름에 서서히 잦아들었다.

14세의 여린 나이에 하버드대학교에서 압박이 심한 대학원 경력을 시작하는 것이 좋은 출발점은 아니었던 것이다.

* * *

9월에 아버지의 축복 속에 **노버트는** 하버드대학교 대학원에 등록했다. 가족이 케임브리지로 다시 이사 올 돈을 마련하기 위해 레오는 올드밀 농장과 메드퍼드의 집을 팔고, 그 돈으로 하버드 광장에서 서쪽으로 몇 블록 거리에 위풍당당한 새 집을 지었다. 노버트는 브레틀 가

Brattle Street의 벽돌길을 따라 하버드야드로 터벅터벅 걷고, 늦여름 공기를 음미하면서 무언가 확신이 들었다. 자신이 야외를 좋아하고, 자연의 모든 면을 사랑하고, 세상의 주요 언어와 문학에 대해 풍성한 지식을 갖추고 있으며, 자신의 수학 실력이 좋아지고 있다는 것이었다. 그는 당시 수학을 "내가 성공의 문을 박차고 나설 수 있게 해줄 칼"이라 인식했다.

하지만 그 문은 교통체증이 심한 길이었다. 그 안에서는 고상한 하버드 사람들은 자기만의 예리한 칼을 휘두르고 있고, 하버드대학교의 담쟁이벽 바깥에서는 야만인들이 모여들어 있었으니 말이다.

미국에서 제일 오래 된 고등교육기관은 만만히 볼 상대가 아니었다. 역사적인 하버드야드는 약 22에이커(약 90만 제곱미터)의 넓이로 우뚝 솟은 나무와 풀밭, 그리고 근엄한 돌과 빨간 벽돌로 지어진 건물 사이로 비스듬히 나 있는 잘 다져진 길로 이루어진 장소였다. 이곳은 가시가 박힌 철책, 그리고 케임브리지의 일반 도로로 조심스럽게 열려 있는 아치형 입구로 둘러싸여 있었다. 레오 위너의 갑작스러운 등장을 제외하면 그 대학 내부는 고위층 사제 계급의 회랑으로 남아 있었고, 그 대학편람은 여전히 매사추세츠 주 최초의 식민지 개척자들의 청교도적 철학과 양립할 수 있는 과정으로 가득 채워져 있었다. 이 개척자들은 성직자들을 섬기는 것을 대학교의 사명으로 확립해 놓았다.

노버트는 1909년의 그 상서로운 가을에 하버드대학교에 입학한 네 명의 신동 중 한 명이었다. 나머지 세 명은 보리스 사이디스Boris Sidis 박사의 열한 살짜리 아들인 윌리엄 제임스 사이디스William James Sidis(보리스 사이디스 박사는 정신의학자로 레오 위너처럼 자기만의 신동 만들기 방법을 자녀들에게 적용하고 있었다), 지역 조합교회 성직자의 아들인 열네 살의 아돌프 베를 2세Adolf Augustus Berle, Jr.(이 성직자 아버지는 아들을 정치인으로 키우려 훈련시키고 있었다), 하버드와 보스턴의 귀족 혈통 모임의 자손인 15세의 세드릭 윙 하우턴Cedric Wing Houghton이었다. 다섯 번째 신동인 로저 세션스Roger Sessions는 뉴욕시에서 새롭게 떠오르는 자치구 브루클린 출신에 음악 천재였고, 노버트와 마찬가지로 열네 살의 나이에 그 다음 해에 도착했다.

언론은 한 명이 아니라 일군의 신동들이 사자 무리처럼 하버드야드를 거닐고 있음을 알아차리고 그 어린 사자들, 그리고 코끼리 새끼 한 마리를 불시에 찾아왔다. 몇 년 후에 노버트는 그 대중잡지 기자들이 떼지어 몰려다니며 자신의 생득권을 한 줄에 1페니씩 받고 팔려고 열심이던 모습을 회상했다. 기자들의 존재는 노버트가 하버드의 신성한 땅에 발을 내디디던 날에 느꼈던 생생한 반감을 더할 뿐이었다. 하지만 머지않아 그는 자신을 쫓는 기자들이 하버드야드를 가로지르는 것을 발견하면 옆문으로 빠져나가 하버드광장의 뒷골목으로 사라져 기자를 따돌리는 법을 배웠다.

레오 위너는 겁 많은 아들을 언론의 시선에서 떨어트리려는 노력을 꾸준하게 해왔지만, 레오도 대중잡지들이 부르는 사이렌의 노래에 귀가 먹은 사람은 아니었다. 그는 고품질의 번역과 학술 발표로 학계에서 확고한 명성을 구축하고 있었지만 하버드대학교에서는 슬라브어와 문학에 대한 자신의 선구적인 연구가 제대로 인정받지 못하고 있다고 느껴 낙담히고 있었다. 레오는 대중잡지의 도움과 자신의 자기 홍보 재능을 이용하면 자신의 자녀 교육 기법을 대중에 알릴 수 있는 기회가 찾아오리라 생각했다. 1909년 학기가 시작된 직후에 보스턴의 〈선데이 헤럴드〉에서는 "하버드대학교의 네 명의 신동"을 "아버지의 새로운 교육 시스템이 만들어낸 작품"이라 묘사하며 "그 부모들은 다른 사람들도 자기처럼 할 수 있을 것이다"라고 말했다는 기사를 올렸다. 이 기사는 노버트 위너 혹은 윌리엄 제임스 사이디스와 그의 정신의학자 아버지보다는 레오 위너에게 대부분의 초점을 맞추었다.

레오는 자신의 교육 방식을 자세히 설명할 수 있는 기회를 놓치지 않았다. 그는 자신의 교육 방식이 자신의 모든 자녀에게서 놀라운 결과를 만들어내고 있다고 주장했다.

"제 자식들은 특이한 애들이 아닙니다. 천재도 아니에요. … 심지어 특별히 똑똑하지도 않습니다." 레오는 이렇게 주장하며 자기 아들에 대해 쓸데없는 말을 늘어놓았다. "노버트는 여덟 살에 하버드대학교에 들어갈 수도 있었습니다. 억지로 시키지 않았어요. 심지어 게으르기도 합니다." 그가 1906년에 〈더 월드〉에서 아들에게 퍼부었던 비난을 반복하며 말했다. 레오는 사적으로 그랬던 것처럼 언론 앞에서도 자기 아들을 심하게 비난했다. 심지어 그는 자신의 교육방식이 가진 힘을 증명하려는 듯, 그리고 의식적인 실수는 위대한 것이라는 자신의 주장을 증명하려는 듯 아들이 수학 방정식에서 실수를 자주 저지르는 것도 떠벌렸다.

그 학년은 빨리 끝나서 좋았다. 1910년 여름의 긴 방학은 노버트에게 필요했던 휴식이었고, 또 다른 면에서도 중요한 것이었다. 그때 위너의 가족은 처음으로 뉴햄프셔 주의 샌드위치Sandwich에 체류했다. 이곳은 남쪽으로는 위니페소키 호수Lake Winnepesaukee, 북쪽으로는 웅장한 샌드위치 산맥을 두고 그 사이 화이트 산맥에 자리 잡은 아주 작은 마을이었다. 가족 모두가 그 놀라운 경치, 서늘한 산 공기, 그 동네 시골 사람들에게 매료됐다. 나중에 노버트는 그곳 사람들을 '품위와 위엄'

그리고 뉴잉글랜드 사람들의 자부심인 전설적인 '과묵한 성품'을 갖춘 사람들이라 칭찬했다. 그 해 여름에 이제 키 165센티미터에 체중 66킬로그램으로 완전히 자란 노버트는 아버지와 그의 누이 콘타(콘스턴스의 애칭)와 함께 화강암으로 뒤덮인 화이트페이스 산Mt. Whiteface으로 하이킹을 갔다. 화이트페이스 산은 샌드위치 산맥에 있는 1,200미터 높이의 산이었다. 행동이 서툰 그였지만 이 험준한 옛 산을 오르는 데는 문제가 없었고, 이 산은 그의 영혼에 기운을 불어넣어 주었다. 그리고 이 세 사람은 워싱턴 산까지 1.9킬로미터의 트레킹을 했다. 워싱턴 산은 3,200미터 길이의 애팔래치아 등산로의 정상이다. 이들이 정상에 도착할 즈음 노버트는 도보 여행에 완전히 중독되어 버렸다. 두 번의 여름을 보낸 후에 그는 애팔래치아 트레일 클럽에 가입해서 화이트 산의 자연보호구역을 가로지르는 루트 개척에 참여하기도 했다. 이 루트는 요즘에도 많은 사람들이 찾고 있다. 하이킹에 대한 사랑과 뉴햄프셔의 이 작은 마을에 대한 사랑이 합쳐져, 그는 평생 매년 여름이면 이곳으로 돌아왔다.

* * *

그 신동들은 하버드대학교에서 쇄설하거나 그들 간의 경쟁을 취재하려는 대중잡지 기자들의 추파에 굴복하지 않았다. 그들은 종종 함께 길을 건너고 함께 사내아이들이 할 법한 무분별한 행동을 하기도 했지만 친구로 같이 잘 지내는 일은 없었다. 나중에 위너는 이렇게 적었다. "건강한 우정을 다지는 데는 조숙한 학교생활을 함께 공유하는 것보다는 차라리 장애를 함께 공유하는 것이 낫다."

운명이 하버드대학교의 기적 같은 해가 거둔 수확을 갈라놓았다. 운명은 어린 아돌프 베를 2세에게 미소를 지었다. 그는 나중에 결국 프랭클린 루스벨트 대통령의 고문단 멤버가 된다. 음악 신동이었던 로저 세션스는 20세기 가장 존경받는 작곡가 중 한 명이 되고 퓰리처상을 세 번이나 수상한다. 슬프게도 세드릭 윙 하우톤은 자신을 증명해 보일 기회를 얻지 못했다. 그는 졸업하기 직전에 맹장 파열로 목숨을 잃고 말았다. 윌리엄 제임스 사이디스는 잠시 날아올랐다가 날개가 꺾이고 말았다. 그는 신경쇠약을 앓다가 〈뉴요커〉 잡지에 그의 "무책임한 방랑생활"과 자신의 잠재력을 펼치는 데 실패한 것을 두고 조롱하는 통렬한 인물 소개가 등장한 이후에 46세의 나이에 뇌출혈로 급사하고 말았다.

노버트는 사이디스가 아버지와 언론으로부터 받아야 했던 학대를 두고 오랫동안 화가 나 있었다. 『신동 출신』에서 그는 〈뉴요커〉 기사를 두고 "사이디스를 마치 바보들이 입을 벌리고 구경할 사이드 쇼 sideshow(서커스 등에서 손님을 끌기 위해 따로 보여주는 소규모 공연)의 괴짜처럼 묘사해 놓은 잔인하고 부당한" 공격이라며 혹평했다. 1952년에 전국에 유통되는 〈선데이〉 증보판에서는 사이디스의 이야기를 다시 긁어모아 "당신도 자녀를 천재로 만들 수 있습니다"라는 제목의 특집 기사로 내보냈다. 이 무신경한 기사는 노버트에게 대중잡지의 주장, 그리고 올바른 교육방식을 사용하면 매번 신동을 만들어낼 수 있다는 레오 위너와 보리스 사이디스 같은 아버지들의 근거 없는 주장을 반박할 수 있는 마지막 기회를 제공해 주었다.

그럼 당신도 자녀를 천재로 만들 수 있을까? 그럴까? 그렇다. 당신은 텅 빈 캔버스를 레오나르도 다빈치의 그림으로 바꾸거나, 깨끗한 하얀 종이를 셰익스피어의 작품으로 바꿀 수도 있다. 하지만 인간의 영혼을 자신의 기준에 맞추어 조각하기로 선택한 사람이라면 그 조각의 밑그림이 되어줄 가치 있는 이미지를 갖고 있어야 하며, 새로 막 피어난 지능을 마음대로 주무르는 힘은 생명의 힘일 뿐만 아니라 죽음의 힘이기도 하다는 사실을 알고 있어야 할 것이다.

하버드대학교에서 노버트는 경쟁의 압박을 강하게 느꼈다. 그는 또한 대학교의 수많은 사람들 속에 잠재되어 있는 적대적인 벽을 느꼈다. 그들은 노버트와 나머지 신동들이 실패해서 피그말리온 같은 그 아버지들이 벌을 받는 모습을 보고 싶어 안달이 나 있는 것 같았다. 1년 동안 실험실에서 낙담하고 대중잡지의 계속되는 괴롭힘에 시달린 끝에 아버지의 고집에 따라 노버트는 진지하게 철학으로 눈을 돌렸다. 그는 뉴욕의 시골지역 이타카에 있는 코넬대학교에 1년짜리 특별 연구원 자리에 지원했다. 그곳에는 아버지의 미주리 출신 동료가 철학과에서 높은 자리에 앉아 있었다. 노버트는 아버지가 자신의 경력을 결정하는 데 다시 참견해 들어온 것을 분하게 여겼지만 어쨌든 하버드대학교를 벗어날 수 있어서 기뻤다. 그 해는 노버트가 담쟁이로 덮인 대학교와 그 관련 학자들에 대해 지속적으로 적대감을 갖기 시작한 출발점이 됐다.

하지만 그가 코넬대학교에서 보낸 시간도 그 자체로 큰 충격을 불러일으켰다.

* * *

노버트를 괴롭히는 사람이 레오 위너와 대중잡지 기자들만은 아니었다. 그의 어머니도 아들이 청년기에 이를 때까지 우여곡절을 겪으면서 받았던 정신적 외상을 더 악화시키는 역할을 했다. 어머니는 교육 문제는 남편에게 완전히 맡겨 놓았지만 남부 출신 미녀의 딸이자, 완전히 동화된 독일계 유태인으로서 지역 학계에서 입신출세를 위해 노력하고, 당시의 증오에 찬 반유대주의를 편드는 방식으로 자녀들의 양육에 다른 측면에서 영향을 미쳤다. 한 오랜 친구는 어머니 베르타를 "귀엽고 사랑스러운 '독약과 노파'('Arsenic and Old Lace'는 영화의 제목으로, 두 자매가 와인에 비소를 타서 노인들을 죽이는 이야기가 나온다 - 옮긴이)"라고 묘사했다. 어머니의 설득 아래 위너 가족은 세기가 전환되는 케임브리지에서 비유대인으로 살았다. 아마도 사회적 지위를 올리고, 자녀들을 뉴잉글랜드의 견고한 인종적, 종교적 편견으로부터 보호하기 위함이었을 것이다. 그리고 이유야 어쨌든 어머니는 여기서 한 발 더 나갔다. 노버트의 설명에 따르면 자신의 어린 시절 내내 어머니는 반유대주의를 용납했을 뿐만 아니라 스스로도 유대인과 유대민족을 혐오스러운 존재라 손가락질하며 유대인에 대한 경멸이 담긴 욕설을 그대로 전달했다.

양쪽 부모 그 누구도 신동 아들에게 그가 그냥 단순한 유대인 혈통이 아니라 저명한 동부유럽의 랍비들, 탈무드 학자들, 그리고 가문의 오랜 전설에 따르면 존경받는 람밤, 모세 마이모니데스의 후손임을 말해주지 않았다.

열다섯 살에 노버트는 코넬대학교에서 철학 대학원 과정을 시작하다가 우연히 진실을 알게 된다. 레오의 친구이자 코넬대학교의 윤리학 교수였던 프랭크 틸리Frank Thilly가 노버트가 있는 자리에서 대화를 나누다가 위너 가문에서 일찍이 이름을 떨쳤던 철학자 마이모니데스에 대한 이야기, 그리고 레오의 아버지가 화재 속에서 잃어버렸던 오래된 족보에 그런 상관관계가 기록되어 있었다는 이야기를 꺼낸 것이다. 그 말에 노버트는 제일 가까이 있는 백과사전으로 달려갔다. 그는 마이모니데스에 대해서도, 유대인의 전통에 대해서도 아무것도 몰랐기 때문이다. 그리고 이어서 아버지와 위너 가문과 칸 가문의 가족사에 대해 엄숙한 대화를 나누었다. 그는 칸 가문이 이스라엘 민족 최고위 제사장을 일컫는 히브리 이름인 코헨Cohen의 한 변형임을 알게 됐다.

이 소식은 노버트의 세상을 완전히 뒤집어 놓았다. 그의 말에 따르면 그는 '폐적당한disinherited' 기분을 느꼈다고 한다. 자신이 유대인 출신이라는 충격은 자기 내부의 영적 안전이라는 문제에 있어서 정말 아픈 곳을 헤집고 들어오는 아픔이었다. 그는 어머니가 말과 행동으로 그에게 주입한 혐악한 논리를 되짚어 보았다. "그 논리를 스스로 되돌아보았다. 나는 유대인이었고, 만약 유대인이 어머니가 그토록 혐오하던 그런 특성을 가진 존재라면, 분명 나도 그런 특성을 갖고 있을 것이고, 내가 사랑하는 모든 이들과 함께 공유하고 있을 것이다. … 내게 있어서 이것의 의미는 분명했다. 나는 내 자신이 가치 있는 존재임을 받아들일 수 없었다." 그의 냉혹한 삼단논법에는 역설과 현실적 불가능성으로 접질러서 있었다. "자신이 유대인이면서 내면에서는 유대인을 적대시하고 경멸하는 태도를 갖는 것은 도덕적으로 불가능한 입장이었다. 나는 거짓된 삶을 살고 싶지 않았고, 그럴 수도 없었다. 내가 반유대주의를 마음에 품는 것은 자기혐오, 그 이상도 이하도 아니었다. … 하지만 그렇다고 내가 유대교 교단에 들어가는 것도 마찬가지로 불가능한 일이었다. 나는 그곳에 한 번도 가본 적이 없었고, 교육 과정 전반에서 나는 유대인 공동체를 바깥에서만 보았고, 그들의 의식과 관습에 대해서는 거의 아는 것이 없었기 때문이다."

이 해결불가능한 딜레마는 그에게 젊은 학자이자 과학사상가로서 이성적인 입장에서 자기 조상들의 신념과 종교를 전반적으로 거부하는 것 말고는 다른 선택의 여지를 남겨주지 않았다. 그는 나중에 자신의 판단을 이렇게 변론했다. "종교든, 과학이든, 정치든 어떤 교리를 통째로 받아들이는 것은 무언가 … 결에 안 맞는 것이 있다. 학자의 태도는 생산된 증거를 바탕으로 어느 때이든 자신의 의견을 바꿀 수 있는 권리를 유보해 두는 것이다." 그리고 노버트에 있어서 그 증거는 피할 수 없는 증거였다. "나는 보수적인 뉴잉글랜드 사람들이 선택받은 민족이라는 것을 믿을 수 없었다. 유대교 전통의 막대한 무게조차 나로 하여금 이스라엘 민족이 선택받은 민족이라는 것을 믿으라고 설득할 수 없었다. 그게 아니면 내가 무엇을 할 수 있었겠는가?"

수년 간 내면의 고민 끝에 그가 도달한 결론은 보편적 영성과 인본주의적 교리를 받아들이는 것이었다. 이것이 그의 개인 철학에서 주춧돌을 이루고, 나중에는 그의 과학과 사회적 활동에서 인간적인 토대를 제공하게 된다. 『신동 출신』에서 그는 유대교에서 인본주의로의 여정을 되짚으며 그 여정이 자신을 완전히 한 바퀴를 돌아 다시 자신의 선조인 마이모니데스에게 데리고 왔다고 했다. 그는 마이모니데스에게 깊은, 심지어 영적인 유대감을 느꼈다.

일찍이 한 가지는 아주 분명해졌다. 세상에 선입견이 반유대인적 선입견만 있는 것은 아니라는 점이다. 키플링의 글에서도 영국 제국주의자들의 태도가 어떤지에 대해서는 충분히 읽어서 알고 있다. 내 중국 친구들은 중국에 대한 서구 국가들의 공격성에 관해 나에게 아주 솔직하게 얘기해 주었다. 그리고 이 나라에서도 흑인들의 현실이 어떤지는 내 눈과 귀로 충분히 보고 들어 알고 있다. … 그리고 오래 전부터 보스턴에 살아온 사람들과 새로 등장한 아일랜드 계통 사람들이 서로에 대해 느끼는 억울한 마음에 대해서도 들을 만큼 들었다. 결국 나는 반유대적 선입견을 그것이 내가 속해 있는 집단을 향한 것이어서가 아니라, 선입견이라는 사실 그 자체 때문에 미워해야 비로소 마음의 평화를 느낄 수 있다는 결론을 내렸다. 나는 동양에 대한 편견, 가톨릭에 대한 편견, 이민자들에 대한 편견, 흑인들에 대한 편견에 저항해야만 유대인에 대한 편견에도 저항할 수 있는 건강한 기반을 갖출 수 있다고 느꼈다.

하지만 이런 지혜는 한동안은 그의 것이 되지 못했다. 그 해에 그의 학문적 성취는 그의 영적 고뇌와 그의 형편없는 공부 습관 때문에 곤두박질 쳤다. 아버지가 자신을 묶고 있던 밧줄이 느슨해지는 것이 느껴진 순간 그의 안 좋은 공부 습관이 표면으로 떠올랐다. 그는 특수 연구원 자격을 갱신하지 못했고 아버지는 그를 보스턴으로 다시 불러들였다. 그 해 여름에 노버트는 그 해에 알게 된 사실에 넋을 잃고, 자신의 마지막 남은 한 줄기 정체성과 젊음의 자신감마저 박탈당한 상태로 집으로 돌아와 '탁하고 우울한 물웅덩이'처럼 자기 앞에 열려 있는 불확실한 미래를 넋 놓고 바라보았다.

＊＊＊

1911년 여름에 레오는 노버트에게 또 한 번의 타격을 가한다. 노버트가 3년차 박사과정을 준비하고 있는 동안 레오는 자기 아들의 지능과 학업적 성취, 그리고 노버트의 두 여동생의 인상적인 출발에 대해 다시 주장을 펼쳤다. 〈아메리칸 매거진〉에서 레오는 전국의 구독자를 대상으로 앞서 〈보스턴 헤럴드〉에서 했던 주장을 되풀이했다. 레오는 이렇게 말했다. "누군가의 말처럼 노버트, 콘스턴스, 베르타가 탁월한 재능을 타고난 아이라는 주장은 말도 안 되는 것입니다. 그 아이들이 또래의 다른 아이들보다 아는 것이 더 많다면, 그것은 교육이 달랐기 때문입니다." 이것은 노버트 입장에서 새로 접한 이야기였다. 그의 부모가 그의 주변으로 쳐 놓은 언론 방어막을 뚫고 처음으로 흘러 들어온 뉴스였기 때문이다. 그 기사는 당시 싸구려 대중잡지가 아니라 명망 있는 전국 잡지에 나온 터라 노버트에게 엄청난 충격을 주었다. "이 글이 지워지지 않는 인쇄기 잉크로 활자화된 순간 … 대중에게 나의 실패는 내 탓이지만, 나의 성공은 아버지의 덕이라고 선언한 것과 다름없었다."

그 해에 레오는 종신 정교수에 임명되어 하버드대학에서 유대인으로서는 최초로 그 위치에 오른 사람이 되었다. 그리고 9월에는 노버트가 철학 박사 과정 공부를 다시 이어갔다. 윌리엄 제임스는 그 전 해에 세상을 뜬 상태였다. 이제 노버트는 하버드야드 중심에 있는 철학과 건물인 에머슨홀에서 처박혀 제임스가 남긴 그림자에 대해 고민하고, 하버드대학교를 새로이 이끄는 두 주요 인물 밑에서 연구를 이어간다. 조지 산타야나George Santayana와 조사이어 로이스Josiah Royce였다. 조지 산타야나는 스페인 출생의 철학자이자 제임스의 제자로 도덕과 미학에 대해 강의했다. 조사이어 로이스는 신학자로, 철학적 관념론자이면서 동시에 실질을 추구하는 실재론자였다. 그는 노버트에게 엄격한 과학적 방법론을 소개해 주었다.

산타야나와 로이스 모두 노버트를 20세기에 새로 떠오르고 있는 과학적 세계관으로 인도해 주었다. 철학자들 사이에서는 이를 '신실재론new realism'이라 불렀다. 그리고 두 사람은 영국의 철학자 겸 수학자 버트런드 러셀과 알프레드 노스 화이트헤드Alfred North Whitehead가 개발 중이었던 '수리 논리학'이라는 새로운 학파도 소개해 주었다. 3권으로 이루어져 사람을 주눅 들게 만드는 러셀과 화이트헤드의 역작 『수학원리』는 그 전 해에 1권이 발표되어 있는 상태였는데, 이 책은 라이프니츠의 시대 이후로 이어져 내려온 수학자들의 꿈을 현실화하려 했다. 그 꿈은 여기저기 흩어져 있던 수학의 가지들을 모두 그러모아 근본 요소로 해체한 후에 논리라는 암반 위에 거대한 하나의 체계를 재구축하는 것이었다.

노버트는 신실재론에 본능적으로 끌렸다. 이 중요한 형성기에 그가 내놓은 철학 논문들을 보면 실재에 대한 근본적인 재개념화라든가, 이성적 사고의 물리적 토대, 그리고 자연의 목적과 설계의 연구에 대한 새로운 과학적 방법론 등 수십 년 후에 그가 자신의 과학 연구에 도입할 개념들을 조금씩 건드리고 있었다. 그가 열 살에 무지에 대해 쓴 소논문처럼 그의 박사학위 논문에 들어간 개념들도 천재의 작품이나, 완전히 성숙한 철학 사상가의 작품은 아니었다. 하지만 노버트가 십대 중반에 섭어들었을 부렵에는 다가오는 20세기 과학혁명의 원초적인 조각들이 그의 머릿속에 씨앗으로 심어져 있었다.

노버트는 하버드대학에서 배운 새로운 철학을 잘 이해했다. 그는 러셀과 화이트헤드의 『수학원리』에 대해 훌륭한 논문을 써서 필기시험을 수월하게 통과했다. 하지만 구술시험을 앞두고 노버트는 두려움으로 거의 무아지경의 상태가 된다. 아버지 레오는 아들이 자신의 위대한 실험에서 마지막 장애물을 넘어서는 것을 반드시 보고야 말겠다고 결심을 하고 노버트를 케임브리지 주변의 길로 쉬지 않고 산책을 시키며 그를 진정시키고, 자신감을 불어넣고, 심사위원이 내놓을 수 있는 질문들을 생각할 수 있는 데까지 모두 끄집어내어 그에게 이야기해 주었다. 결국 노버트는 그 역경에서 살아남아 만 18세라는 앳된 나이에 박사모를 쓸 수 있었다.

역사는 노버트에게 유리하지 않았다. 예언의 전통에서는 노버트 위너 같은 신동들을 우화 속 괴물로서 세상의 변화가 임박했다는 조짐으로 바라보았다. 현대에 들어서 일부 사람들은 신동이 드물게 출현하는 것은 자연이 포석을 두고 있는 징조라 보았다. 타고난 재능과 어린 시절의 영향, 그리고 우연한 타이밍이 한데 모이면 신동은 모범이자 등대로 우뚝 서게 되며, 이들이 우리가 지구에서 계속해서 존재를 이어가는 데 도움이 될 무언가를 우리에게 말해줄지도 모른다고 말이다. 이런 사람들은 보통 한 특정 분야에서 극단적인 재능을 보여주지만, 어린 노버트는 이례적인 사례 중에서도 이례적인 사례였다. 그는 언어, 수학, 자연과학 분야에서 극단적인 조숙함의 증거를 보여주고, 키플링의 '코끼리 새끼'처럼 믿기 어려울 정도로 호기심이 많은 '옴니버스 신동'이었다. 그렇다고 그가 미래에서 큰 성취를 이룬다는 보장은 없었다. 노버트도 그 사실을 잘 알고 있었다. 수 세기에 걸친 증거가 보여주듯이 어린 잔가지가 꽃을 피워 한 지식 분야에 되돌릴 수 없는 근본적인 전환을 가져오는 진정 천재적이고 성숙한 지성인으로 자라는 경우는 드물었다.

1913년 따뜻한 봄날의 케임브리지에서 하버드대학교 역사상 최연소 박사로 샌더스 극장Sanders Theater의 무대를 뚜벅뚜벅 가로질러 걸어가 학위장을 받으며 앞이 잘 보이지 않아 주눅이 든 이 천재 소년의 내면은 자신의 지능, 정체성, 가치에 대해 혼란과 의심으로 가득 차 있었다. 그리고 노버트만 그런 것이 아니었다. 그의 인생에서 가장 중요한 사람에게, 자신의 성취에 자부심으로 가득 차오른 부모님에게, 그리고 자리에 앉아 꼼지락 거리는 동생들에게 그는 계속해서 사랑하는 '너빈Nubbins'으로 남아있을 것이다. 애정이 담긴 별명이었지만, 사실 이 단어의 의미는 다음과 같았다.

'명사. 1. 작고 불완전하게 자란 옥수수 이삭. 2. 제대로 자라지 못하거나, 불완전하게 발달한 것.'

2장

어린 위너

> 아, 내가 기분을 느낄 수만 있다면, 그 책임을 날씨나 제 3자에게
> 탓할 수만 있다면 나를 누르는 이 견딜 수 없는 불만의 무게를 절반으로
> 줄일 수 있으련만. 나는 참으로 가엾구나!… 얼마 전까지만 해도
> 넘치는 감정에 취해 간절하게 온 세상을 껴안을 마음의 준비가 되어 있었고,
> 발을 딛는 곳마다 천국이었던 내가 아니었던가?
>
> — 괴테, 『젊은 베르테르의 슬픔』

어린 나이에 갓 학위를 딴 십대 철학박사 노버트 위너는 1913년 9월의 어느 맑은 날에 영국 케임브리지를 향해 매사추세츠 주 케임브리지의 한 웜홀을 따라 영리하게 발을 내디뎠다. 그는 한 손에 무거운 여행 가방을 들고 하버드 광장 아래 있는 새로운 지하철역 계단을 내려와 몇 분 후에는 이스트 보스턴에서 나타났다. 그곳에는 브리티시 레일런드 라인British Leyland Line의 작은 증기선이 보스턴 항의 다 허물어져 가는 부두에서 승객들을 받고 있었다.

그는 하버드대학교에서 제공하는 대학원 특수 연구원 자격을 얻었다. 1년 동안 아무런 제한 없이 외국으로 나가 여행하며 연구할 수 있

는 자격이었다. 그는 지배적인 아버지의 곁을 떠나 자기만의 삶을 시작하기를 갈망하고 있었다. 하지만 그의 탈출 과정은 쉽지도 않고, 방해물이 없지도 않았다.

그의 가족 전체가 그와 함께 항해하고 있었다. 레오 위너는 아들이 해외에 나가게 되자 그것을 자기도 안식 휴가를 받아 유럽에 다녀올 기회로 삼았다. 그는 여전히 자신의 언어학 연구에 대해 유럽학자들로부터 존경을 받고 싶은 갈망을 갖고 있었다. 그리고 레오와 베르타 모두 자기 딸들이 유럽의 문화 중심지에서 교육받기를 간절히 바라고 있었다. 노버트는 자신의 여행 가방만이 아니라 가족의 짐까지 모두 부두를 가로질러 나르느라 두 배로 힘이 들었다. 그의 아버지는 서로 충돌하는 자기모순적인 명령들을 그에게 쏟아내고 있었다. 마치 노버트가 유명한 신동이 아니라 가족의 짐꾼인 것처럼 말이다.

배에 오르니 천국에 온 것 같은 안도감이 들었다. 노버트는 몇 시간 동안 파도를 구경하고, 넋이 나간 듯이 그 배의 무선 담당관을 물끄러미 바라보며 그의 무선통신 기술과 능숙함에 감탄했다. 배가 리버풀의 부두에 도착하자 레오는 런던으로 가는 환승기차를 마련하고, 나머지 가족은 뮌헨으로 보냈다. 그곳이 가족들이 유럽대륙에서 머물 베이스캠프였다.

* * *

이린 위니는 현대 철학과 새로운 수리논리의 메카인 케임브리지 트리니티대학의 정문을 성큼성큼 걸어서 들어갔고, 아버지도 그의 옆에서 발맞추어 걸었다. 두 사람은 돌로 만든 거대한 정문을 통과해 트리니티대학 그레이트 코트Trinity's Great Court(건물에 둘러싸인 유럽 최대의 안마당)

에 내리는 보슬비를 바라보았다. 이들은 자갈길을 따라 바삐 걸으며, 뉴턴이 미적분학을 발명하고 그의 역사적인 광학 실험을 수행했던 추운 수도원 같은 방들을 지나고, 젊은 바이런 경이 애완 곰을 키웠던 그을음이 묻은 탑을 지나고, 테니슨Tennyson이 단번에 뛰어올랐던 대학 식당 옆의 돌계단을 지나갔다.

이것은 함께 걸어서 더 좋았던 기억 중 하나였다.

코트 건너편 널찍한 방에서 레오는 아들의 손을 잡고 영미 지역 최고의 철학자였던 버트런드 러셀에게 데려갔다. 그리고 아들의 천재성에 대한 칭찬과 자기 홍보를 쏟아냈다. 레오는 아들에게 그가 적성을 보이는 각각의 분야마다 당대 최고의 교사를 구해주기 위해 노력했는데 그 중에서도 이것이 가장 과감한 시도였다. 당시 40대 초반이었던 멀쑥하고 위풍당당한 러셀 경은 파이프 담배를 물고 자기가 새로 책임져야 할 제자를 훑어보았고, 그의 새로운 제자 역시 스승이 될 사람을 훑어보았다.

노버트는 러셀과 공부할 준비를 하고 온 상태였다. 그는 『수학원리』 1권에 대한 논문을 썼고, 1913년 여름은 러셀의 수학에 대해 열심히 공부하며 보냈다. 하지만 그 공부도, 그리고 하버드대학교에서 엄격하게 진행했던 박사 공부도 그가 트리니티대학에서 발을 들여놓은 치열한 학문의 현장, 혹은 더욱 치열한 성격의 러셀에 대한 준비로는 부족했다. 레오가 케임브리지를 떠나 뮌헨으로 간 후 불과 며칠 만에 아버지에게 쓴 편지에서 노버트는 팽팽한 긴장 속에 진행된 러셀과의 첫 번째 개인강습에 대해 후회스럽다는 듯 편지를 써서 보냈다. "러셀 선생님의 태도는 완전한 무관심과 경멸이 뒤섞여 있는 태도로 보입니다. … 아무래도 그분의 강의에 만족해야 할 것 같습니다."

그는 러셀의 강의를 두 개 들었다. 하나는 『수학원리』에 대한 강의였고, 다른 하나는 당시 정신에 관한 철학에서 논란이 많은 쟁점이었던 '감각자료'에 대한 것이었다. 양쪽 모두 젊은 박사후 과정 연구원이 이해할 수 있는 수준이었지만 그가 자신의 저명한 스승으로부터 받은 인상은 그렇지 못했다. 보아하니 노버트는 트리니티대학의 거장이 처방해 준 방식으로 감각자료와 철학을 공부하지는 않았던 것 같다. 학기가 한 달 정도 지난 후에 노버트는 아버지에게 이렇게 고백했다.

러셀 선생님의 강의는 좋습니다만, 선생님의 개인강습은 전혀 의욕이 생기지 않습니다. 아무래도 저는 철학에서는 실패자 같습니다. 저는 제 논거를 망쳤습니다. 러셀 선생님은 제 철학 능력과 제 성격에 대해 대단히 불만스러워 보입니다. 선생님은 제 관점을 '끔찍한 안개'라 말하고, 제 설명은 관점 그 자체보다 훨씬 더 나쁘다고 말했습니다. 그리고 … 자신감이 지나치다고 비난하셨습니다. 그리고 선생님도 사과하긴 하셨습니다만 선생님의 언어는 진실이고, 정말 폭력적입니다.

러셀의 날카로운 지적능력과 오만한 스타일과 비교해 보면 레오의 가혹한 교수법도 그서 무딘 눈기처럼 보였다. 그의 거센 공격은 노버트를 숨 막히게 만들었다. 하지만 노버트는 초반의 역경에서 살아남은 후부터는 러셀의 괴롭힘에 새롭게 반응하기 시작했다. 반항이었다. 일주일 후에 노버트는 레오에게 러셀에 대한 통렬한 반론을 써서 보냈다. 그가 나중에 지나치게 논리적인 사람과 기계에 대해 표현하게 될 느낌을 예시하는 글이었다.

저는 러셀 선생님이 정말 싫습니다. … 그 사람을 생각하면 증오가 느껴집니다. … 얼음덩어리 같은 사람이에요. 그의 정신은 우주를 겨우 3인치 크기의 깔끔한 작은 꾸러미로 잘라내는 예리하고, 차갑고, 협소한 논리 기계라는 인상을 받습니다. 그는 자신의 수학적 분석을 흡사 프로크루스테스의 침대Procrustean bed(그리스 신화에 나오는 강도 프로크루스테스가 지나던 사람을 여인숙으로 유인해 침대에 묶은 뒤에 침대보다 키가 크면 머리나 다리를 잘라 죽이고, 침대 길이보다 작으면 몸을 길게 늘여서 죽였다는 이야기에서 나온 표현 - 옮긴이)처럼 사실에 적용합니다. 그래서 자신의 시스템이 제공하는 것보다 더 많은 것을 담고 있는 사실을 만나면 짧게 잘라 버리고, 덜 담고 있는 사실을 만나면 길게 늘리죠.

그리고 자신의 스승처럼 잔인한 사람으로 보이지 않으려고 비위를 맞춰주는 말도 한마디 덧붙인다. "그래도 그 사람은 자신의 한계 안에서는 놀라울 정도로 정확한 사상가입니다."

스승과 학생 양쪽 모두에서 반감이 깊어졌다. 같은 시기에 친구에서 쓴 편지에서 러셀은 "위너라는 이름의 신동"에게 공격을 가한다.

그 젊은이는 자기가 잘난 줄 착각해서 스스로를 무슨 전지전능한 신이라 생각해. 누가 누구를 가르칠 것인지를 두고 그 아이와 나 사이에서 항상 다툼이 일어나지.

처음에는 노버트 역시 케임브리지에서 풀이 죽어 있었다. 하버드대학교와 트리니티대학 사이의 합의에 따라 그는 상급학생의 지위를 갖고 있었지만 대학 내에서 사는 것은 허용되지 않았다. 레오는 그를 지

저분하고 심술궂은 키 작은 여성이 안주인으로 있는 곳에 저렴한 비용으로 하숙시켰다. 매일 채소와 치즈로 식사를 제공하겠다고 했지만 노버트는 첫 몇 주 동안 절망적일 정도로 외로웠다. 그는 대학의 황량한 뜰을 쓸쓸히 산책했다. 그는 캠강River Cam을 따라 나무가 우거진 백스Backs를 거닐다 결국 다른 사람들과 만나게 됐다. 그는 학부생들과 차를 마시러 가고, '스쿼시squashed'(낡은 대학의 비좁은 방에 꾸역꾸역 들어찬 인파에서 유래)라는 파티에도 참석했다. 대학원생들과 박사 과정 사람들은 형님 같은 태도로 그와 친구가 되어 주었지만 노버트는 그들에게 견고하게 내재된 기분 나쁜 영국식 우월의식과 반미감정이 거슬렸다.

그 해가 지나는 동안 그는 케임브리지에서 멋진 풍경 말고도 좋아할 만한 것을 더 찾아냈다. 그는 모럴 사이언스 클럽Moral Sciences Club에서 자신의 개념을 가지고 토론에 참여하는 데서 재미를 찾았다. 그는 자기보다 나이가 많은 학자들과 친구가 되었고, 첫 학기가 끝날 즈음에는 더 행복해지고 그 어느 때보다 남자가 된 기분을 느꼈다. 그는 또한 동료 케임브리지 사람들에게 상당히 따뜻하게 대했다. 그들을 여러 번 찾아가 본 후에 그는 다음과 같은 느낌을 느꼈다고 고백했다. "나와 영국 사람들 간에 아주 가깝고 영구적인 유대감이 느껴진다. 특히 나와 케임브리지 사람들 사이에서는 더욱 그렇다." "일단 미국인이나 다른 외국인들을 향해 쳐 놓은 보호막을 뚫고 들어가면 영국 사람들은 아주 달라진다."

그리고 위니는 케임브리시에서 무언가를 더 알게 됐다. 그는 높은 지성과 퇴색하는 귀족의 위엄 있는 요새 주변에서 예술적인 형태로 다양한 기벽이 발현되는 것을 보았다. 전설적인 '트리니티대학의 미친 티파티'를 구성하는 세 명의 철학과 교수, 즉 새로운 '상식' 철학의 주창자인 러셀과 무어G. E. Moore, 그리고 영국에서 헤겔 관념론의 마지막 버팀목이었던 맥태거트J. E. McTaggart는 루이스 캐럴의『이상한 나라의 앨리스』에 튀어나오는 등장인물들 그 자체였다. 러셀은 독보적인 '미친 모자장수'였다. 호리호리한 몸에 거친 귀족으로 블룸즈베리의 군중들과 신이 나서 뛰어다니고, 멋진 영국 및 미국의 여성들과의 정사로 스캔들을 만들고 다니는 사람이었다. 무어에게서 위너는 완벽한 '삼월의 토끼'를 발견했다. 그는 가운에 항상 분필가루가 묻어 있고 머리카락은 한 번도 빗질을 해보지 않은 것처럼 엉켜 있는 너저분한 교수였다. 그리고 달팽이처럼 느릿느릿한 맥태거트는 짧고 두툼한 손에, 늘 졸린 듯한 모습, 곁눈질을 하며 다니는 것을 보면 '동면쥐'가 제격이었다.

위너는 새로 얻은 마음의 자유와 케임브리지에서 만나는 개성 있는 사람들을 사랑했다. 케임브리지에서만큼은 사람들로부터 홀로 동떨어진 괴짜가 된 기분이 들지 않았다. 그는 케임브리지의 모습과 하버드의 모습을 이렇게 대비하기도 했다. "하버드에서는 별난 사람들을 항상 싫어한다. 반면 케임브리지에서는 별난 것을 대단히 가치 있게 여기기 때문에 별난 것이 없는 사람들은 겉으로라도 별난 척 해야 한다." 나중에 그 자신의 기벽 이야기가 전 세계적으로 유명세를 얻자 위너는 오랜 영국 친구들을 가지고 놀았다. 친구들은 그의 이상한 기벽 중에는 그가 트리니티대학에서 직접 보았던 사람들의 행동을 일부러 따라한 것들도 있다고 비난했다.

트리니티대학에서 위너가 최고로 존경했던 한 사람은 당대 영국 최고의 이론수학자였던 고드프리 해럴드 하디Godfrey Harold Hardy였다. 수려한 용모에 모험적 열정을 가지고 있던 하디는 대학교 2학년생 같은 미숙한 분위기를 풍겼지만 사실 30대 중반의 섬세하고 부끄럼 많은 남자였다. 하디의 강의는 위너에게 계시와도 같았다. 위너는 초급 미적분학 너머의 영역인 고등수학에 일찍이 도전해 보았지만 절망적이었고, 대체적으로 성과도 없었다. 이제는 더 이상 손가락으로 셈을 하지는 않았지만 정수론, 함수 해석, 미분 방정식, 벡터기하학 같은 추상적 개념들이 좀처럼 와 닿지 않았다. 하디는 그에게 그런 고등 영역의 밑바탕에 깔려 있는 논리를 차근차근 알려주며 수학적 증명 방법을 훈련시켜 주었다. 그러자 위너의 분석 능력이 갑자기 불꽃처럼 타오르기 시작했다.

위너는 실수 변수와 복소수 변수의 함수, 매끄럽고 불규칙한 곡선의 측정을 다루는 고등 미적분학, 기이한 기하학적 도형과 무한 공간에 흩어져 있는 점 집합을 측정하는 통계 장치인 르베그 적분Lebesgue integral 등 현대수학의 새로운 도구를 가르쳐준 것을 러셀이 아니라 하디에게 고마워했다. 십 년 후에 위너는 그런 통계 이론의 기본 도구를 이용해서 수학자로서 첫 성과를 올리게 된다. 그리고 그가 그 방향으로 첫 걸음마를 뗐던 것은 트리니티대학의 하디 밑에서였다. 1913년 11월에 그는 첫 논문을 발표했다. 그는 나중에 이렇게 말했다. "지금 생각해 보면 그 논문이 특별히 좋았다고는 생각하지 않는다. 하지만 그 논문은 내게 처음으로 잉크 냄새를 맡게 해주었고, 이것은 떠오르는 젊은 학자에게는 강력한 자극제였다." 그가 수학 논리의 한 주제에 대해 하디를 위해 쓴 다음 논문은 그 분야에 큰 기여를 했다.

두 사람은 머지않아 엇갈린 길을 걷게 된다. 위너는 점점 실용적인 사고방식이 강해져 자기가 습득하는 새로운 수학 도구를 실제 문제에 적용하기를 간절히 바랐던 반면, 하디는 이론수학자로서의 자신의 입지를 소중하게 여겼다. 두 사람은 가까운 친구가 됐지만 그 후로 30년 동안 이론수학과 응용수학에 관해 계속해서 논쟁을 벌이게 된다. 하디는 위너의 무르익은 연구들이 공학 쪽으로 기울어져 있는 것을 보고 '사기'라 부른 반면, 위너는 중대한 문제가 달린 실질적인 문제에 대한 해답을 구하는 실용수학자로서의 자신의 역할을 강력하게 변호했다.

그 점에 있어서는 위너와 러셀이 닮은꼴이었다. 러셀은 수학을 실용적인 문제에 응용하는 것에 관해 전혀 거리낌이 없었다. 그리고 고집불통 제자에 대해서 겉으로는 전혀 애정을 드러내지 않았지만, 위너가 처음으로 직업 생활을 시작했을 때 두 가지 큰 호의를 베풀었다. 매주 개인지도를 할 때 그는 위너에게 순수한 논리적 영역을 넘어 20세기 초 몇십 년 동안 물리학의 토대를 뒤흔들며 흥미진진하게 전개되고 있던 상황에 대해 그에게 알려주었다. 바로 물질의 전자론과 유럽대륙에서 등장하고 있던 새로운 양자물리학이었다. 특히 러셀은 위너에게 1905년에 발표되어 당시 과학계가 이해하기 위해 열심히 씨름하고 있던 아인슈타인의 세 논문에 대해 알려주었다. 그 세 논문은 각각 물질과 에너지, 그리고 시간과 공간을 연결하는 긴밀한 물리적 관계를 상정하는 특수상대성이론에 관한 논문, 그리고 빛을 쪼이면 전자가 튀어나오면서 전류가 만들어지는 금속의 성향을 설명해 주는 광전이론photoelectric theory에 관한 논문, 그리고 브라운 운동Brownian motion의 미스터리를 아인슈타인이 풀어낸 난해하지만 역사적인 논문이었다. 이 세 번째 논문에서 아인슈타인은 스코틀랜드의 식물학자 로버트 브라운Robert Brown이 처음으로 관찰한, 용액 속에 들어 있는 작은 입자들의 기이한 운동에 대해 생각하며 그 불규칙한 행동이 열역학과 모든 물리학 분야에서 가지는 중요성을 추출해 보여주었다. 이 논문이 위너의 머릿속에 맴돌았고, 결국 그 내용은 그의 수학 연구에서 도약판 역할을 하게 됐다.

러셀의 호의에 위너는 스승의 걸작, 『수학원리』의 기본 전제를 전적으로 부정하는 것으로 답한다. 습한 1914년 영국의 겨울에 아직 십대였던 위너는 러셀이 자신의 걸작에서 제시한 개념들을 냉담한 시선으로 바라본다. 그의 분석에 따르면 러셀의 논리에는 부족한 점이 있었고, 수학 전체를 논리만으로 연역해 내는 공식을 만들었다는 그의 주장은 근본적인 결함을 갖고 있었다. 실제로 트리니티대학에서의 연구를 통해 위너는 독립적인 논리체계의 완전성 completeness에 대한 주장은 실패할 수밖에 없다고 믿게 되었고, 그 다음 해에 〈철학, 심리학, 과학적 방법론 저널〉에 발표한 짧은 논문에서 다음과 같이 말했다.

> 내가 보기에는 러셀의 공리 집합을 그렇게 확장하는 것이 가능할 것 같지 않다. 어떤 경우든 논리와 수학의 명제에서 절대적인 확실성을 얻지 못할 가능성이 대단히 높다. 적어도 논리의 공리로부터 정당성을 이끌어 낸 명제에서는 그렇다.

위너의 비판은 그가 자신의 첫 번째 철학 논문 〈무지론〉에서 열 살의 나이에 표현했던 유아적 의견으로부터 좀 더 성숙해진 형태로 울려 퍼졌다. 그리고 이 비판은 이로부터 20년 뒤에 나타나 러셀과 화이트헤드의 과감한 프로그램을 무용지물로 만들어버린 오스트리아의 수학자 쿠르트 괴델 Kurt Gödel의 불완전성 정리를 좀 더 명시적으로 예상하고 있었다. 위너가 날린 주먹을 비스듬히 맞는 바람에 그와 같은 충격은 없었지만 러셀의 영향력이 절정에 올랐을 때 건드린 것이었기 때문에 임금님이 벌거벗었다고 외치는 것에 버금가는 사건이었다. 위너는 여러 해가 지난 후에야 케임브리지에서의 첫 학기 동안에 러셀에게 배운 모든 것을 인정할 마음의 준비가 된다. 40년 후에 그는 이렇게 인정했다. "이 거리에서조차 버트런드 러셀 선생님과의 만남과 내가 그분 밑에서 했던 연구에 대해 글을 쓰려니 마음이 그리 편하지 않다." 하지만 그는 아버지 밑에서의 힘든 공부를 받아들였을 때처럼 러셀과의 논쟁도 받아들였다. "그런 논쟁이 내게는 아주 큰 도움이 됐다." 러셀 역시 편지에서 말했던 것보다는 위너에 대해 더 좋게 생각하고 있었다. 개인적인 문서에서 러셀은 레오로부터 그가 아들에게 적용했던 훈련 방법에 대해 자세히 설명하는 청하지도 않은 편지를 받아본 후에 긍정적인 말을 남겼다. "그런 교육을 받고도 잘 자랐네." 그리고 위너 자신도 하버드대학교에 있는 자신의 교수 중 한 명에게 보내는 쪽지에서 밝히길, 러셀이 자신의 논문을 읽어본 후에 '기술적으로 대단히 뛰어난 논문'이라고 언급하며 자신의 『수학원리』 제 3권을 선물로 주었다고 적었다.

* * *

위너는 스승의 가르침을 완전히 자기 것으로 흡수했다. 1914년 봄에 러셀은 강의를 하러 미국으로 떠나고, 위너는 유럽으로 떠났다. 그는 가족을 만나기 위해 잠시 뮌헨에 들렀다가 기차를 타고 괴팅겐으로 갔다. 괴팅겐은 니더작센 주의 완만한 언덕 위에 둥지를 튼, 수 세기 된 대학들이 즐비하게 자리를 잡고 있는 또 다른 도시였다. 이곳에서 그는 지적인 역장力場에 들어갔다. 이 역장의 인력은 그 오랜 도시의 성벽보다 훨씬 넓은 곳까지 힘을 미쳤다. 1800년대에 괴팅겐의 거물이었던 카를 프리드리히 가우스Carl Friedrich Gauss와 베른하르트 리만Bernhard Riemann은 현대 수학의 주춧돌을 놓았다. 이들의 후계자와 제자들이 그 분야를 20세기로 끌고 들어와 이제는 물질 그 자체의 물리적 토대를 흔들고 있었다.

위너가 괴팅겐에 머문 기간은 불과 한 학기로 짧았지만 수학자 겸 과학자로 그가 성장하는 데 결정적으로 중요한 시기였다. 양자혁명이 대학교 물리학과 강의실에서 폭발해 나오기 십 년 전 그곳에서 위너는 다비트 힐베르트David Hilbert와 미분방정식을 연구했다. 그는 독일 수학계의 거장으로, 위너는 나중에 그를 자신이 만나본 사람 중에서 단 한 명밖에 없는 수학의 만능 천재라 칭찬했다. 러셀의 권유를 따라 위너는 아인슈타인의 1905년 논문을 원어로 읽어보았다. 그가 새로운 원자론을 이렇게 가까이 들여다본 것은 이것이 처음이었고, 이를 통해 자신이 연마하고 있는 새로운 수학 개념을 물리세계의 실제 현상에 적용해 보는 첫 걸음을 내딛는다. 그리고 칸트와 헤겔의 전통을 잇는 독일의 마지막 위대한 철학자 에드문트 후설Edmund Husserl의 강의를 수강하는 것으로 독일의 주류 학문에 빠져 있던 시간을 마무리한다. 하지만 이미 열아홉 살이었던 위너는 단지 철학을 위한 철학의 단계를 넘어서고 있었다. 포부가 큰 응용수학자로서 그는 자기가 추상성만으로 편안함을 느끼는 철학적인 유형의 사람이 아님을 깨닫는다. 그는 이것을 구체적인 관찰이나 과학 분야의 계산과 이어주는 다리를 찾아야만 만족할 사람이었다.

대학의 수학학회에서 그가 한 연구가 그의 정신을 이어주는 다리 너머로 데려다 주었다. 그 학회의 독서실에는 세계에서 가장 위대한 수학책과 정기간행물들이 모여 있었고, 그는 그 자료들을 자유롭게 읽어볼 수 있었다. 힐베르트는 세미나실에서 매주 모임을 주최해서 새로운 연구 논문을 함께 읽고 그 내용에 대해 열정적으로 토론을 했다. 모임이 끝나면 학생과 교수들은 그림 같은 도시 위 언덕에 자리잡은 카페로 산책을 가서 수학과 사교모임을 함께 진행했다. 이 두 가지의 병행은 독일 문화에 깊이 배어 있는 '과학과 맥주가 나란히 함께 하는 풍경'의 기미가 보였다. 레오 위너가 역겨움을 느끼고 미국으로 가게 만든 바로 그 문화였다. 하지만 노버트 위너는 동료 박사후 과정 학생들에 비하면 몇 년 어린 나이였음에도 그 활발한 토론을 즐기면서 자신의 의견을 펼쳐 보였고, 그런 상호작용은 그가 사회성을 키우는 데 큰 도움이 됐다.

위너는 괴팅겐에서 또 한 번 돌파구를 마련했다. 수학 논리의 어떤 세밀한 부분에 대해 생각하다가 어떤 아이디어가 떠올랐고, 그는 이것을 차원이 높은 폭넓은 부류의 논리 체계에 적용할 수 있음을 깨달았다. 구체적인 부분들을 파악하는 (불과) 일주일 동안 그 개념은 그의 머릿속을 가득 채우고 있었고, 생명 부지를 위해 빵과 치즈를 먹을 때만 조금씩 쉬었다. 그는 수학자로서 첫 창조 행위를 할 때의 고통을 이렇게 회상했다. "나는 곧 내가 무언가 썩 괜찮은 것을 찾아냈다는 것을 알게 됐다. 하지만 해결되지 않은 아이디어가 나에게는 긍정적인 고문으로 작용했다. 그러다 마침내 나는 그것을 글로 적고, 나의 체계에서 그것을 이끌어낼 수 있었다." 그는 그 다음 해에 케임브리지에서 나오는 한 학술지에 논문을 발표했다. 그는 이 논문을 자기가 초기에 작성한 최고의 논문이라 생각했다.

이 경험은 그에게 수학에서의 독창적 연구에 대한 사랑을 불어넣어

주었다. 그는 이것을 화가나 조각가가 신성한 영감에 이끌려 창조한 작품에 비유했다. 그는 이렇게 말했다. "재료가 돌이든, 돌처럼 단단한 논리이든, 좀처럼 다루기 어려운 재료가 모양과 의미를 잡아가는 것을 바라보는 것은 데미우르고스demiurge(물질세계를 지배하는 존재)의 작품을 공유하는 것과 같다." 괴팅겐의 대학가 분위기 속에서 열아홉 살 젊은 위너의 마음은 자기만의 패기를 찾기 시작했다. 그는 자신의 예술, 훌륭한 기억력, 그리고 만화경처럼 자유롭게 연이어 흘러가는 상상력에 걸맞은 성숙한 도구를 찾아냈다. 그의 이런 상상력은 복잡한 수학문제를 거의 저절로 풀 수 있는 새로운 아이디어를 한가득 내놓았다. 그는 더 이상 자신을 서커스에서 훈련받는 곰이나, 아버지나 러셀의 게으른 제자로 보지 않고, 스스로의 힘으로 진정 천재적인 연구를 세상에 내놓을 잠재력이 무르익은 사람으로 처음 인식하게 됐다.

위너가 괴팅겐에서 보낸 시간이 연구만을 위한 것은 아니었다. 학교를 파한 후에는 니더작센 주의 목가적 환경이 주는 즐거움을 즐겼고, 도시 남쪽에 있는 숲에서 산책을 하고, 라이네Leine 강의 학생용 수영장에서 한가롭게 물놀이를 즐기는 등 자기가 좋아하는 야외 여가활동도 즐겼다. 밤이면 그는 마을에 있는 채식 식당에서 저녁식사를 하고, 학생들이 자주 드나드는 맥줏집에서 술 모임에 빠져들었다. 이런저런 제약이 많았던 케임브리지의 스쿼시와 달리 괴팅겐에서의 술자리는 길고, 촉촉하고, 조화로웠다. 어느 날 저녁 그는 인기 많은 맥줏집에서 시끌벅적한 합창회에 끼어서 술 취한 손님들이 모두 경찰에 의해 쫓겨나기 전까지 독일어와 영어로 무차별적으로 노래를 부르기도 했다.

여름이 지나는 동안 대륙 전체에서 쌓여만 가던 정치적 긴장이 격렬하게 터져 나왔다. 1914년 6월 28일에 프란츠 페르디난트Franz Ferdinand

대공이 사라예보에서 세르비아 민족주의자에게 암살당하는 사건이 발생했다. 그리고 한 달 후에 오스트리아는 세르비아의 슬라브 동맹인 러시아에 전쟁을 선포했다. 그리고 며칠 만에 독일도 거기에 가담해서 러시아와 프랑스를 상대로 전쟁을 선포한다. 독일의 장군들과 공업계의 거물들이 수십 년 동안 준비하고 있던 영토와 권력을 위한 추진력으로 일어난 일이었다.

레오 위너는 전쟁이 발발하기 몇 달 전에 가족과 함께 미국으로 돌아온 상태였다. 이제 발칸 반도에서 일어난 민족 간의 소규모 접전들이 대륙을 집어삼키자 위너도 함부르크-아메리카 라인을 타고 집으로 향한다. 그가 탄 배가 영국 해안을 떠난 지 이틀 만에 선장이 배의 무선통신을 통해 전달받은 독일과 영국의 전쟁 개시 뉴스를 승객들에게 알렸다. 독일 잠수함 유보트U-boat들이 무리지어 북대서양의 항로를 서성거리고 있어서 그가 탄 배가 보스턴 항에 안전하게 도착할 때까지 한시도 마음을 놓을 수가 없었다.

* * *

몇 주 만에 그는 다시 영국으로 돌아간다. 서부 전선에서는 들판 여기저기 참호를 파고 있고, 대서양에서는 유보트의 활동이 더 활발해지던 차에 그는 용감하게 처음으로 혼자서 대서양을 건너갔다. 하버드에 있는 후원자들이 그의 1914~15학년도 여행 장학금을 갱신해 주었고, 러셀은 케임브리지에서 영국은 안전하다고 확인하는 편지를 써서 보내주었다. 하지만 위너가 돌아온 목가적인 대학 도시는 전과 달라져 있었다. 전선으로부터는 먼 곳이었지만 케임브리지도 전쟁의 영향에서 자유롭지 않았다. 영국의 뛰어난 젊은 지성들이 첫 번째 참호

전에서 많이 죽어나갔고, 최신 사망자 명단이 매일 게시되었다. 도시 전체가 밤이면 등화관제로 암흑에 빠졌고, 낮이면 침울한 분위기로 뒤덮였다. 그리고 노골적으로 전쟁의 학살을 반대하는 인물이었던 러셀 자신도 영국 정부와 국민들의 눈에는 점점 범법자로 비치고 있었고, 이미 트리니티대학에서 제명되어 결국 투옥에 이르는 길을 걷기 시작하고 있었다.

위너는 가을 학기 내내 케임브리지에 머무르다가 방학 동안에는 런던으로 피했다. 그곳에서 그는 하버드에서 알고 지냈던 또 다른 여행장학생과 만난다. 젊은 철학자이자 시인 T. S. 엘리엇이었다. 엘리엇은 케임브리지에서의 침울함만큼이나 옥스퍼드에서도 억압적인 분위기를 느끼고 있었다. 두 사람은 블룸즈베리의 한 식당에서 그다지 즐겁지 않은 크리스마스 식사를 함께 했다. 엘리엇이 위너보다 여섯 살 더 많고, 세상물정도 더 잘 알고 있었지만 두 사람은 공통점이 있었다. 엘리엇은 이미 그때부터 나중에 그를 유명하게 만들어줄 모더니즘 시를 쓰기 시작한 상태였지만, 그 당시 그는 여전히 철학에 집중하고 있었다. 그는 그 해 봄 하버드에서 러셀을 만나 수리논리학에 대한 그의 강의를 듣고 있었다. 그 후로 엘리엇은 옥스퍼드로 가서 퇴색하고 있던 분야인 형이상학에 관한 그의 논문을 고쳐 썼고, 위너가 트리니티대학에서 새로 밭을 갈고 있던 분야에 진심으로 관심을 보였다.

위너는 그 해에 네 편의 논문을 더 썼다. 그 중에는 윤리학에 관한 소논문인 '최고선The Highest Good', 관념론의 마지막 잔해를 현대 지성인들 사이에서 최고의 자리를 차지하기 위해 다투고 있던 신실재론 및 수리논리학과 조화시키기 위한 노력인 '상대주의'도 포함되어 있었다. 그는 견본 인쇄본을 엘리엇에게 보냈고, 거기에 엘리엇은 신중하면서도 열광적인 반응을 보였다. 영국해협을 사이에 두고 전쟁의 열기가 뜨거워지던 차에 마련된 그 암울한 크리스마스 저녁 식사 자리에서 코끼리 새끼와 문학계의 젊은 사자가 새로운 철학적 경향에 대해 투지만만하게 토론을 나누었다. 이 두 젊은이는 낡은 것의 종말과 새로운 것이 가져올 충격에 대해 곰곰이 생각해 보았다.

"너는 수학이 아니라 철학을 하고 있는 것 같다." 저녁식사 전에 엘리엇은 위너가 러셀의 새로운 논리학의 마법에 빠지지 않은 것을 보고 기뻐하며 이렇게 말했다. 그는 이 새로운 논리학을 이해할 수 없었다.

실제로 모든 지식은 상대적이며 다른 사실과 맥락에 좌우된다는 개념을 다룬, 상대주의에 대한 위너의 소논문을 본 후 그는 다시 한 번 이렇게 주장하고 있다. "어떤 지식도 자족적이지 않으며 … 절대적으로 확실한 지식이란 것은 존재하지 않는다." 그의 논문은 어린 시절의 소논문을 다시 반복하고 있지만, 이번에는 새로운 수리논리학자들이 제기하고 있는 확실성과 완전성에 대한 주장을 정확히 언급하고 있었다. "모든 철학은 상대주의적이다. 우리는 한 개념을 다른 개념과 비교해 보는 수고를 결코 멈출 수 없다." 그는 윤리학에 대한 자신의 소논문에서도 동일한 관점을 표현했다. 이 논문에서 그는 최고선을 알아보고 이룰 수 있다는 윤리학의 뿌리에 있는 개념을 거부했다. "최고선이 존재한다는 가설은 의심받아 마땅하다." 그리고 이번에도 역시 그의 논리는 견실했다. "만약 최고선이 확실하게 이룰 수 있는 것이라면 그것을 이루는 순간 도덕적 진보는 종결될 것이다. … 그리고 최고선이 이룰 수 없는 것이라면 도덕성은 영원한 실패로 남게 된다."

엘리엇은 독실한 실재론자였지만 그 크리스마스에 그는 낡은 관념론과 새로운 실재론 사이의 침 튀기는 논쟁에 낙담한다. 사실 철학 그 자체에 대한 실망이었다. 그는 위너에게 이렇게 말했다. "어떤 의미에서 보면 철학을 하는 것은 실재를 왜곡하는 것이야. … 혼란스럽고 모순된 상식의 세상을 정리하려는 시도지. … 이런 시도는 필연적으로 부분적인 실패, … 그리고 … 부분적인 성공과 만나게 돼. 거의 모든 철학이 다른 어떤 이론에 대한 상식의 반란으로 시작하고, 결국에는 그 자신이 그 저자를 제외한 나머지 모든 사람에게 똑같이 터무니없는 내용이 되면서 막을 내리지."

위너에게는 더 좋은 아이디어가 있었다. 그는 그가 처음에 러셀로부터 배웠던 새로운 물리학에서 따온 원리를 이용해서 이미 자신의 철학적 신념을 과학 용어로 새로 틀을 잡기 시작한 상태였다. 엘리엇은 진리에 이르는 대안의 경로를 시를 통해 탐험하고 있었다. 그는 이렇게 말했다. "나는 상대주의의 교훈이 철학을 피하고 진정한 예술이나 진정한 과학에 헌신하라는 것임을 인정할 마음의 준비가 되어 있어. 예술이 존재하고, 과학이 존재하지. 그리고 예술 작품이 존재하고, 어쩌면 과학 작품도 존재할지 몰라. 많은 사람이 철학이 존재한다는 생각에 빠져 있지 않았더라면 과학 작품도 금방 생겼을 거야."

이들의 행동은 말보다 빨랐다. 그 침울한 저녁식사가 있고 얼마 후 각자는 철학 분야를 벗어나 더 의미 있는 환경을 찾아 나섰다. 엘리엇은 시와 문학비평에 현신했고, 위너는 응용수학이라는 더 구체적인 문제로 마음이 쏠렸다. 위너는 윤리학에 관한 소논문으로 하버드대학교의 보든 상Bowdoin Prize을 받았고, 엘리엇 역시 위너에게 극찬을 쏟아냈지만 그 당시는 위너 자신을 포함해서 그 누구도 그가 무엇을 이룬 것인지 온전히 이해하지 못했다. 그가 하버드에서 쓴 대학원 논문과 마찬가지로 그가 처음으로 발표한 철학 논문도 몇십 년 후에 그의 연구에서 꽃을 피울 씨앗을 심어 놓았다.

케임브리지로 돌아온 위너는 아버지가 보낸 전보가 와 있음을 알게 된다. 그 전보에는 영국 신문들이 보도하지 않는 전쟁 뉴스가 들어 있었다. 북대서양에서의 잠수함 전쟁이 격화되고 있다는 보도였다. 아버지는 배가 잡히는 대로 빨리 집으로 돌아오라고 재촉했다. 1915년 2월에 독일은 영국의 잠수함 봉쇄를 선언한다. 대학은 거의 문을 닫았고, 위너는 리버풀에서 뉴욕항까지 데려다 주는 낡은 증기선으로 거친 겨울 항로를 예약한다. 몇 주 후에 한 독일 잠수함이 같은 항로에서 운영하는 영국의 정기여객선 루시타니아Lusitania를 침몰시켜 128명의 미국인을 비롯한 1,195명의 승객을 죽음으로 내몰았다.

유럽은 전쟁으로 폭발하고 있었고, 미국의 참전도 머지않은 상황이었지만 잠시나마 젊은 위너는 새로 맞이한 성인기를 즐기며 전에는 몰랐던 내면의 평화를 만끽했다. 2년 동안의 외국 생활이 그에게 정신적 해방을 선사했다. 그는 케임브리지와 괴팅겐에서 시간을 보내고 돌아오며 스스로 세계 시민으로 더 성장한 것 같은 느낌이 들었다. 그는 국제 과학계에 입문하면서 세계 시민이 되었고, 자기가 그곳에서 무언가 성취하는 것이 완전히 희망 없는 얘기는 아닌 듯 보였다. 그는 러셀의 검열을 통과했고 유럽의 최고의 지성들과 지혜를 겨루었다. 그는 스스로를 아끼는 법을 배웠고, 사람들과 어울리는 데도 꽤 성공적이었다. 처음으로 그는 대학을 나온 이후에 빠져 들었던 절망의 구렁텅이, 그리고 하버드야드에 있는 동안 자신감과 정체성을 좀먹었던 일련의 충격으로부터 빠져나온 것 같았다.

하지만 그의 방랑은 이제 시작일 뿐이었고, 그의 미국 재입성은 그가 전혀 예상하지 못했던 방식으로 어려움을 선사하게 된다.

* * *

    제1차 세계대전 기간은 젊은 위너에게는 불안한 시간이었다. 박사후 특수 연구원 과정이 한 학기 더 남아 있었기 때문에 그는 더 안전한 뉴욕에서 자신의 과정을 마무리했다. 뉴욕에서 그는 러셀의 충고를 어기고 컬럼비아대학교에서 존 듀이John Dewey와 철학을 공부했다. 버몬트 주 토박이인 듀이는 윌리엄 제임스의 미국식 실용주의를 받아들여 지식론과 교육에 대한 실용적인 관심사에 폭넓게 적용했다. 하지만 위너는 엘리엇과 러셀의 의견에 이의를 제기하기는 했었지만 낡은 스타일의 철학적 담론으로 제시된 듀이의 철학 이론은 영국과 유럽의 새로운 논리 분석 학파와 과학적 사고로 날카롭게 다듬어진 젊은 지성을 감명시키기에는 체계성이 부족함을 알게 됐다.

    맨해튼의 학식 깊은 어퍼웨스트사이드에 있는 모닝사이드하이츠에서의 삶은 해방감으로 충만했던 유럽에서의 경험에 비하면 시시했다. 컬럼비아에서 위너는 영혼이 느껴지지 않는 대학원 기숙사에서 살았고, 나이 많은 학생들과 지적 친밀감을 느낄 수 없었다. 바다 건너에서 좋은 시절을 보내고 돌아온 그는 자기 조국 사람들 사이에서 새로이 어색한 감정이 드는 것을 보고 당황했다. 그리고 그들을 비평했었는데 그 때 정말 요령이 없었다는 것은 나중에야 깨달았다. 동료 대학원생들로부터 존중을 받으려던 그의 시도는 서투르기 그지없었다. 그는 외국에서 얻은 새로운 지식에서 나온 신기한 사실과 이론들을 그들 앞에 쏟아부었다. 그는 사람들이 브리지 게임을 하고 있으면 무턱대고 끼어들었다. 거기에 짜증이 난 일부 대학원생들은 위너가 신문을 보고 있는 동안에 거기에 불을 붙여 괴롭혔다. 그는 마음의 위안을 얻

제1부 코끼리 새끼   89

기 위해 산책을 갔다. 그는 배터리Battery에서 스피튼 듀이빌Spuyten Duyvil 까지 맨해튼을 따라 걸었고, 허드슨 강을 가로질러 자연의 팰리세이즈Palisades에서 하이킹했다. 주말이면 그는 도시 건너 아파트에 사는 고령의 할머니를 충실히 찾아갔지만, 어머니가 아들이 자신의 유대인 뿌리와 얽히는 것과 뉴욕 사촌들의 유대인식 생활방식을 싫어하는 것을 알았기 때문에 조심스러웠다.

그가 컬럼비아에서 보낸 학기는 박사후 과정 연구원으로서의 삶에서 저점으로 기록된다. 그는 새로운 논리와 최신 과학에 재능을 갖춘 철학자로서 경력을 시작하고 싶은 굴뚝같은 마음에 돌아왔지만 그 모든 지식은 학술적 우월주의의 채찍이 되어 그에게 등을 돌리게 된다. 그는 교사 자리를 찾아보기 시작했지만 자기가 하버드대학교나 다른 주요 대학에서 종신직 자리를 얻을 자격이 안 된다는 것을 알고 충격을 받는다. 그가 케임브리지와 괴팅겐에서 재능을 연마하는 동안 미국계 인사들을 연구하지는 못했기 때문이다. 그가 보기에 그 연구들은 대부분 별로 가치가 없는 손쉬운 연구에다가 짜임새가 너무 얇았다. 미국이 전쟁에 돌입해서 더 까다로운 적용이 필요해질 때까지 이 짜임새는 두터워지지 못할 터였다. 하지만 1915년 가을까지도 미국인들은 여전히 고립주의의 오류에 매달리고 있었고, 일자리를 얻지 못한 이 신동 출신은 유럽의 학문적 수도를 올라가는 것이 굉장히 남자다운 일이라 여겼지만 머지않아 다시 보스턴으로 돌아와 과보호하는 어머니와 지배적인 아버지의 그늘 아래 살게 된다.

그 해 가을 위너는 철학 시간 강사로 하버드대학교에 돌아온다. 이것은 당시 하버드대학교 박사가 요청하면 누구에게나 주는 형식적인 명예직이었다. 하지만 그는 그 일을 그리 잘 하지 못했다. 그는 첫 강의에서 긴장을 너무 해서 말에 두서가 없었고, 말투도 빅토리아 여왕 시절을 떠올리는 구세계의 억양이 입혀진 독단적인 말투였다. 나중에 그는 자신의 이상하고 종잡을 수 없는 이런 말투를 젊은 시절의 수다스러움 탓으로 돌렸는데, 이것은 그를 경력 내내 따라다닐 딱딱한 화술과 문체를 말해주는 조짐이었다.

그의 시대착오적인 화법과 문체는 성인이 된 위너의 전설적인 기행이 처음으로 발현된 것이었다. 이것은 학자로서 처음 맡는 자리에서 상대적으로 나이가 어리다는 사실을 보완하기 위해 엉뚱한 시도를 한 것처럼 보일 수도 있지만, 사실 이것은 일부러 꾸며낸 행동이 아니었다. 그 기원을 찾아보면 아버지의 지나치게 규칙에 얽매인 교육방식, 그리고 그가 제1차 세계대전이 일어나기 전 활력이 쇠퇴하고 있던 유럽 학계의 문화에 푹 빠져 있었던 상황으로 거슬러 올라간다. 그의 불안해 보이는 말투는 그만의 고질적인 문제였다. 실험실에서 신체적 기량이 너무 부족했던 것처럼, 그의 문장이 자꾸 가지를 치는 것은 생각이 정리가 되지 않아서가 아니라, 말로 표현할 수 있는 것보다 생각의 속도가 더 빨랐기 때문이었다. 하지만 듣는 사람의 입장에서 보면 그냥 귀에 거슬리는 말투일 수밖에 없었고, 그의 독단적인 문체는 그가 예전에 느꼈던 어색한 느낌이 미국으로 돌아오면서 다시 일깨워진 불안한 감정을 숨길 수 없었다.

위너를 평가하러 간 사람들은 그의 강의에 별 감흥을 느끼지 못했고, 그는 하버드대학교에서 영구임명직을 얻는 데 실패했다. 그는 자신이 떠맡아야 할 책임을 짊어지며 이렇게 고백했다. "나는 경험부족 덕분에 내가 사람들에게 어떤 모습으로 보이는지 깨닫지 못했고, 그것이 오히려 나를 보호해 주었다." 하지만 그는 다른 변명도 늘어놓았다. 그는 하버드대학교 사람들 사이에서 자신과 아버지에 대한 악감정이 여전히 남아 있음을 느꼈다. 그 악감정은 그의 신동 시절로 거슬러 올라간다. 당시 아버지는 부끄러운 줄 모르고 자신을 홍보하러 다녔었고, 노버트 자신도 인정하듯 그 역시 다정하지 못한 공격적이고, 경솔하고, 사회적 품위를 찾아보기 어려운 아이였기 때문이다. 그는 당시 하버드대학교의 과도한 반유대주의도 자신이 무시당한 또 하나의 이유로 들었다. 어느 정도 근거가 있는 비난이었다. 하버드대학교의 반유대주의적 태도는 1909년에 애버트 로렌스 로웰 Abbott Lawrence Lowell 이 하버드대학교 총장으로 오면서 더 심해졌다. 로웰은 나중에 유대인 학생과 대학 교수의 숫자에 엄격한 상한선을 적용할 것을 요구했다. 레오와 (다행스럽게도) 베르타 모두 이런 편견에 전적으로 반대했다.

심지어 위너조차도 '별 중에서도 일등성'이라 인정했던 재능 많은 젊은 수학자 조지 데이비드 버코프 G. D. Birkhoff와 독일계 후손이거나 전쟁 동안에 독일 쪽으로 기울어 있던 다른 교수들은 민족적인 문제로 그의 임명을 적극적으로 반대했을지도 모른다. 위너는 유대인으로서, 그리고 궁극적으로는 잠재적 라이벌로서 버코프의 특별한 반감을 샀다고 주장했다. 그리고 그는 자신의 아버지를 향한 비슷한 반감이 그에게도 악영향을 미쳤다고 믿었다. 레오는 뮌헨에서 냉랭한 안식년을 보낸 이후로 격렬한 반독일주의자가 되었고, 독일 군국주의의 망령이 되살아나는 것을 보며 분노를 느꼈다. 그는 영어와 독일어로 기회가 생길 때마다 목소리 높여 자신의 생각을 얘기하고 다녔고, 그 때문에 하버드에서 높은 자리를 차지하고 있던 친독일계 사람들로부터 틀림없이 소외를 당했을 것이다.

어린 위너에게 있어서 이것은 거의 견딜 수 없는 아이러니였다. 보처Bôcher 이후로 대다수의 미국 수학자들처럼 그도 해당 분야에서 세계 최고의 석학들로부터 최신의 개념을 배우고 수련을 받기 위해 독일로 유학을 다녀왔다. 그런데 그 어떤 해외 유학의 혜택도 없이 미국 수학계의 정점에 오른, 선입견에 빠진 독일계 미국 교수들에 의해 자신의 홈경기장이나 마찬가지인 하버드대학교에서 축출되는 상황에 처했기 때문이다.

그리하여 하버드대학교의 이 신동은 험난한 야생으로 나가게 됐다.

* * *

그 해와 다음 해 여름에 위너는 누이 콘타와 함께 화이트마운틴으로 하이킹을 갔다. 1916년에 제1차 세계대전의 전운이 미국에 다가오자 필연적인 상황 전개에 대비하기 위해 유능한 젊은이들을 군에 모집하려고 케임브리지에 장교훈련단이 차려졌다. 어떻게 해서든 조국을 위해 봉사하고 싶은 마음에 위너는 바로 서명을 하고 들어가 다른 신병들과 함께 제식훈련과 소총사격 훈련을 받기 시작했다. 그는 한 호의적인 훈련교관의 도움을 받아 일등사수 자리까지 올라갔다. 하지만 나쁜 시력이 발목을 잡았다. 자신이 여러 헛간 중에서 어느 헛간 하나를 골라서 맞히기도 힘들다는 것은 그도 잘 알고 있었다. 그는 육군에 임관할 수 있기를 꿈꾸며 뉴욕 주 북부에서 장교훈련에 들어갔다. 그의 산악 하이킹 경험은 기나긴 행군과 숲에서 이루어지는 모의전투에 필요한 지구력을 키워주었지만 그의 사격실력이 따라주지 못했다. 그래서 그는 임관하지 못하고 훈련을 마친다.

뛰어난 성적에도 불구하고 학계에서 그가 자리를 차지할 가능성은 거의 제로에 가까웠다. 아버지 레오의 명령에 따라 그는 그 지역 교사

단체에 가입했고, 1916년 가을에는 뱅고르Bangor 북쪽에 있는 오로노 Orono의 메인대학교에 자리를 구하고 아이비리그 대학교의 학생들만큼이나 게으른(하지만 그들에 비해 3분의 1의 비용만 지출하는) 건장한 젊은 농부와 벌목꾼들에게 수학을 가르쳤다. 그의 교육 스타일은 하버드대학교에서처럼 이곳 메인대학교에서도 효과가 없었지만 그의 학생들은 하버드대학생들처럼 예의 바르지 않았기 때문에 그가 중얼거리며 강의를 하는 동안에는 동전이 바닥에 떨어지는 소리가 요란했다. 지루해진 시골 소년들이 따분한 젊은 교수를 당황스럽게 만들려고 하는 짓이었다. 메인은 겨울바람이 거셌지만 그는 설피를 신고 걸어서 학교를 오갔고, 돈을 받고 일하는 첫 경험을 매 순간 두려움 속에서 보냈다. 쉬는 시간에는 보스턴의 집으로 가서 가족을 만나고, 그를 영원히 마법에 걸리게 만들 대중오락의 새로운 경이, 즉 영화를 감상했다.

하지만 현실세계는 계속 그에게 손짓했고, 전쟁의 포화는 계속 이어졌다. 1917년 봄에 위너는 자기를 받아주는 곳이면 어디든 들어가려고 입대신청을 했지만 그의 말에 따르면, "어딜 가나 시력은 내 편이 아니었다." 그는 새로 세워진 학도군사 훈련단에서 자리를 찾아보려고 하버드대학교로 돌아왔지만 신체검사에서 낙제하고, 승마 시험을 보다가 말에서 떨어지고 말았다. 전쟁처럼 현실도 점점 불가피해지고 있었고, 그는 민간인 신분으로라도 조국에 봉사할 수 있는 능력을 찾아내는 쪽으로 관심을 돌렸다.

그는 보스턴 북쪽 린Lynn에 있는 제너럴일렉트릭GE 공장에서 면접을 보았다. 그곳에서 그는 수학의 노하우 덕분에 회사의 터빈 분과에서 수습 엔지니어 자리를 얻을 수 있었다. 학계와는 거리가 멀었지만 이 일은 그가 추구해 왔던 것이었다. 전쟁 지원 활동에 기여할 수 있는 기회이자, 일을 하면서 응용수학, 열역학, 구체적인 공학을 배울 수 있는 기회이기도 했던 것이다. 그는 이런 세속적인 일과, 기본적인 공학적 문제를 풀면서 새로 얻은 실용적인 재능이 마음에 들었다. 그러다 아버지가 그의 새로운 일에 개입하고 들어왔다. 아버지는 노버트가 공학자가 되기에는 너무 어설프다고 고집했다. 그리고 자신의 거대한 실험이 결국 아들을 저급한 공장 노동자로 만드는 데서 끝날 수 있다는 끔찍한 생각이 들었다. 그래서 그는 아들에게 그런 부끄러운 일은 그만두라고 강요했다.

레오는 노버트에게 더 적합한 일자리를 찾아주기 위해 직접 나섰다. 그는 연락이 닿는 사람들에게 자리를 알아보고 노버트에게 뉴욕 주 알바니Albany에 본사가 있는 아메리카나 백과사전에서 글을 쓰는 자리를 구해 주었다. 노버트는 자신의 학력에 걸맞은 자리를 구하려다 너무 많은 실패를 맛본 상태였고, 자기가 아버지에게 너무 많은 것을 의존하고 있어서 감히 아버지의 뜻을 거역할 수 없다고 느꼈다. 그리고 결국 알바니로 향했다. 이것은 고급스러운 글쟁이 일에 불과했지만 놀랍게도 그는 백과사전의 경쾌하고 권위적인 문체로 짧은 글을 쓰는 것이 무척 재미있었다. 그는 지역 도서관에서 자신이 맡은 주제에 대해 조사하고, 참고자료도 꼼꼼하게 분석했다. (하지만 그는 나중에 순전히 헛소리에 불과한 글도 몇 편 썼다고 고백했다)

그러다 전쟁이 본국을 강타했고 오직 전쟁에서만 있을 수 있는 방식으로 위너의 운명도 바뀌게 됐다. 1918년 여름에 위너는 글쟁이 직업에 점점 지루함을 느끼고 있었다. 그는 학계에서 좋은 자리를 찾아보려고 다시 나섰지만 번번이 실패한 상황이었다. 그때 그는 프린스턴대학교 수학 과장이었던 저명한 수학자 오즈월드 베블런Oswald Veblen

으로부터 긴급한 전보를 받았다. 베블런은 미 육군의 애버딘 병기 시험장을 책임지고 있었다. 그곳은 메릴랜드 주 체사피크 만 서쪽 해안에 위치한 신형 무기 훈련 및 검증 시설이었다. 그곳에서는 베블런의 원조 아래 미국 내 가용 가능한 모든 수학자들이 징집되어 유럽 전쟁에 투입될 미군 부대를 지원하는 데 필요한 대포 사격거리를 계산하는 데 투입되고 있었다.

위너는 다음 기차를 타고 애버딘으로 향했다.

학문 중에서도 가장 추상적인 학문을 다루며 시민들로부터 쓸데없이 못 알아볼 기호들만 만지작거리는 사람으로 취급받던 수학자들이 갑자기 국가 방위에서 핵심적인 역할을 맡게 됐다. 수학자들의 첫 동원령은 육상과 해상에서 사용되는 서로 다른 유형의 대포에서 나올 수 있는 다양한 궤적을 계산하기 위한 것이었다. 이 계산은 포격 각도, 포탄의 무게, 전장에 부는 바람의 힘, 심지어는 포탄이 비행하는 동안에 일어나는 지구의 자전에 이르기까지 생각할 수 있는 모든 변수에 맞추어 수정이 필요했다.

하지만 베블런과 그의 수학자 부대는 종이와 펜, 부정확한 계산자, 최초의 탁상용 기계식 계산기를 사용해서 계산하는 낡은 방식으로는 속도가 너무 느리고 수학 계산도 한계가 있어서 현대전의 기술적 요구를 충족할 수 없음을 곧 깨닫게 된다. 20세기 최초의 초강력무기인 최신식 비행기에 올라탄 저돌적인 젊은이들 앞에서 이런 낡은 계산방식은 거의 무용지물이었다. 속도를 달리하며 지그재그로 3차원의 공중을 누비는 비행기를 대포로 상대하는 것은 당시의 탄도학 기술을 한참 뛰어넘는 어려운 과제였다. 그러기 위해서는 포격, 항공역학, 그리고 복잡한 미분방정식에 대한 지식이 필요했다. 그러려면 전문적인 과학자와 고등 수학자로 팀을 꾸리는 수밖에 없었다. 이런 식의 전쟁 지원 활동이 그 연구와 그 후로 다가올 더 큰 도전 과제를 위한 토대를 닦게 된다.

제1차 세계대전 동안 미국 과학계에 있어서 애버딘은 한 세대 후에 뉴멕시코 주의 로스앨러모스(원자폭탄을 개발한 맨해튼 프로젝트의 기지가 있던 곳 - 옮긴이)가 차지하게 될 지위를 갖게 됐다. 이곳은 나이를 불문하고 미국에서 가장 능력 있는 수학자들이 당시에는 알 수 없었던 임무와 동지애로 한데 뒤섞여 있는 장소였다. 체사피크 만 어귀의 습지대에 숨겨져 있던 성능 시험장은 비포장도로와 급하게 지은 나무헛간들이 들어서 있는 늪지였지만 위너는 유럽에서 보냈던 자유로운 시절 이후로 가장 행복한 시간을 보냈다. 그는 '컴퓨터computer'로서의 역할을 즐겼다. 이 컴퓨터는 요즘의 컴퓨터를 말하는 것이 아니라 당시 애버딘의 전쟁 지원 활동을 보조하기 위해 고용된 남성들과 몇 안 되는 여성을 지칭하는 별명이다. 그는 실용적인 업무, 활기차고 서로 협조적인 분위기, 수많은 수학자들과 쉬지 않고 이어지는 일에 대한 이야기를 사랑했다. 애버딘에서 그가 집으로 보낸 첫 편지를 보면 먼지, 파리, 더위 등 물을 제외한 온갖 것과 씨름해야 하는 불결한 환경에서 하루에 10시간씩 일을 하면서 느끼는 흥분이 생생하게 드러나 있다. 그는 자신의 첫 현장 과제였던 시험 발사에 대해 자랑했다. "서부 전선에서 일주일 동안 보는 것보다 더 많은 포탄과 파편을 하루 만에 보고 있습니다."

그는 또한 세계에서 가장 명성이 높은 일부 수학자들을 넘어서기도 했다. 애버딘에 도착한 지 얼마 되지 않아 그는 알려진 좌표들 사이의 값을 계산하는 새로운 보간법을 고안했다. 이것은 트리니티대학에 있는 하디의 젊은 동료이자 영국 최고의 수학 분석가 중 한 명인 J. E. 리틀우드J. E. Littlewood가 개발한 방법을 능가하는 것이었다.

하지만 23세의 위너에게 이론적 승리만으로는 충분하지 않았다. 컴퓨터로서 석 달 동안 고되게 일 한 후에도 위너는 여전히 자신의 몸으로 조국에 봉사하고 싶은 갈망이 남아 있었다. 그는 게으름뱅이가 되지 않겠다고 다짐하고 1918년 가을에 육군에 들어가기 위해 마지막으로 입대 신청을 넣었다. 군인이 될 수 있다는 생각은 수학보다 그를 더 흥분시켰으며, 자기도 일반적인 남성들과 운명을 함께 하겠다는 새로운 바람을 보여주었다. 그는 부모님에게 이렇게 편지를 썼다. "장교는 하겠지만 병사는 하지 않겠다고 한다면 제 자신을 싸구려 돼지나 마찬가지라 생각할 수밖에 없습니다." 이 같은 편지를 보면 그가 레오와 그의 모든 스승들도 그에게 불어넣지 못했던 훨씬 기본적인 무언가를 추구하고 있었음을 알 수 있다. 이것은 군대의 반사운동 같은 훈련과 틀림없는 정확성에 의해 강요된 일종의 자기 수양 같은 것이었다. 그는 이것이 자신의 직업에도 스며들기를 바랐다. 그는 그 해 가을에 집으로 보낸 또 다른 편지에서 이렇게 고백했다. 레오가 끝없이 나무랐던 부분이 담겨 있는 내용이었다. "저는 실수를 저지르는 데는 아주 특별한 재능이 있습니다. 그 실수 중에 치명적인 결과를 낳는 것은 없었습니다만 … 저의 지긋지긋한 부주의함은 정말 극복이 힘듭니다."

기쁘게도 육군에서 그를 받아주었고, 1918년 10월에 그는 기본 훈련을 받으러 나갔다. 그리고 갑자기 그의 소박한 꿈과 다른 현실이 그를 강타했다. 그는 이렇게 말했다. "나는 내가 내디딘 발걸음을 되돌릴 수 없다는 사실을 깨닫고 간담이 서늘해졌다. 나는 마치 징역형을 선고받은 것처럼 느껴졌다." 조국에 봉사하려 했던 그 오랜 고통, 그의 나쁜 시력, 열악한 생활환경, 함께 생활하는 다른 남성들의 무례한 행동들이 두 배의 무게로 그에게 돌아왔다. 훈련 캠프가 끝나고 그는 제21 신병중대로 자대 배치를 받았다. 공교롭게도 그 기지는 애버딘 병기 시험장에 자리하고 있었다.

그리고 그가 애버딘으로 돌아오고 이틀 만에 휴전이 이루어졌다.

그 후로 뒤따라온 평화는 신이 그에게 내린 형벌이었다. 그는 포병대에서 헌신적으로 복무하며 총검을 장착한 소총을 메고 보초도 섰다. 하지만 전쟁 지원 활동이 서서히 줄어들면서 군대는 신속하게 해체과정을 거치고 있었고, 그는 그런 군대에 딸려 있는 쓸모없는 부속물이 된 기분과, 점점 바보가 되어가는 기분이 들기 시작했다. 사실 애버딘에서 병사들과 함께 순찰을 돌면 알이 두꺼운 안경에 뚱뚱해서 팽팽하게 늘어난 군복을 입고 있는 이등병 위너는 굉장히 튀어 보였다. 그의 전우들은 이 땅딸막하고 통통한 이등병이 아리스토텔레스와 중세 철학에 대해 강의하며 전 세계를 돌아다녔다는 학자치고는 놀라울 정도로 순진하다 생각했다. 그는 전우들의 농담에서 빠지지 않는 놀림거리가 됐다. 한번은 그들이 그를 속여 그가 사랑해 마지않았던 콧수염을 밀게 만들기도 했다.

그 무렵에 집에 보낸 편지에서 위너는 지속적으로 우울증에 시달리고 있다는 얘기를 처음 솔직하게 꺼냈다. 그 증상은 몇 년째 계속 이어지고 있었다. 이 증상들은 어린 시절의 정신적 외상, 그가 돌진하듯이 터프츠대학교를 다니고, 미친 듯이 하버드대학교를 다니며 겪었던 심신의 피로와 우울 상태로 거슬러 올라간다. 그가 유럽에서 보낸 시간은 일종의 해독제가 되어주었던 것 같다. 그가 외국에서 집으로 보낸 편지에서 우울증에 대해 내놓고 얘기했던 적은 없었다. 케임브리지에서 러셀에게 최악의 비난을 받았을 때도, 전쟁이 끝나갈 때도 말이다. 하지만 23살이 끝날 즈음에 절망의 구렁텅이가 다시 그를 덮쳤다. 더군다나 어린 시절에 스치듯 지나갔던 피로감과 대상 없는 절망감이 주기적으로 반복되는 더 깊은 고통으로 굳어지고 있는 듯했다. 이것은 우울증이 조증으로 급반전되는 특징을 갖고 있었다.

위너가 가족에게 보낸 편지에는 그가 이미 1918년 가을에 그런 심한 감정의 기복을 경험하고 있음을 보여주는 증거가 충분히 들어 있다. 그는 10월에는 이런 글로 아버지를 안심시켰다. "사랑하는 아버지, 저는 행복하게 잘 지내고 있습니다."

그리고 며칠 후에 여동생에게는 다른 이야기를 전한다. "콘타, 나는 얼마 전까지 살짝 우울한 기미가 있었지만 지금은 괜찮아졌어."

한 달 후 어머니에게 보낸 편지에서 그는 다시 낙관적인 사람으로 바뀌어 있었다. "어머니, 이곳에서 저는 행복하게 잘 지내고 있습니다."

그리고 두 달 후 그는 어머니에게 또다시 찾아온 우울한 소식과 함께 안심시키는 소식을 전한다. "어머니, 다소 우울해져 있어서 편지가 늦어졌어요. 자유로워질 날이 다가오고 있다는 좋은 소식을 듣고 좀 풀렸습니다. 보초를 서고 있어서 아주 기진맥진하고 넌더리가 나 있었거든요. 이젠 그런 기분도 다 지나가고 행복해졌습니다."

* * *

결국 애버딘의 시간도 지나가고 1919년 2월에 위너는 케임브리지의 집으로 돌아와 부모님과 어린 형제들이 있는 곳으로 들어왔다. 전쟁이 끝나면서 레오는 가족이 살던 새 집을 팔고 두 블록 떨어진 곳에 낡고 작은 집을 샀다. 그리고 그 차액으로 아이어 북쪽으로 몇 킬로미터 떨어진 그로튼Groton에 작은 사과 농장을 샀다. 그해 여름 레오는 자식들 모두를 그 농장과 가족 정원에서 일을 시켰다. 노버트는 그것을 부모님이 다시 자신의 삶을 통제하려 한다는 증거라 받아들이고, 새로 심기일전해서 교사직을 찾기 시작했다.

　전후 시대는 미국의 전쟁 영웅인 수학자들에게 호의적이었고, 미국 최고의 대학교에서는 애버딘의 인간 컴퓨터에 대한 수요가 많았다. 위너는 애버딘의 다른 참전용사들도 그랬듯이 베블런이 자기에게 프린스턴대학교에서 자리를 하나 내줄 것이라는 기대가 컸다. 하지만 그는 결국 이렇게 객관적으로 적었다. "좋은 후보가 많았고, 나는 그에게 선택 받은 사람들 틈에 끼지 못했다." 그는 기술적 승리에도 불구하고 애버딘에 보낸 시간을 수학적으로, 개인적으로 많은 실수를 저질렀던 시간으로 기억했다. 그는 그런 실수 때문에 베블런과 자기 주변의 다른 수학자들에게 자신이 별로 좋은 인상을 남기지 못한 것이라 믿었다. 그리고 지금에 와서 그 대가를 치르고 있는 것 같았다.

　아들이 영혼과 직업 양쪽 모두에서 방황하는 모습을 지켜보던 레오는 또 다른 사람에게 연락을 취해 보았다. 뉴햄프셔 주에서 여름을 보낼 당시 이웃이었는데 공교롭게도 그는 〈보스턴 헤럴드〉의 발행인이었다. 아메리카나 백과사전에서 일했던 경험을 바탕으로 그는 일요일 판 〈헤럴드〉의 특집기사 기고가 자리를 얻었다. 그는 처음으로 배정 받은 큰 사건에서 북쪽의 도시 로렌스Lawrence로 파견되어 그 도시의 방직공장 이주 노동자들의 갈등에 대해 기사를 쓰게 된다. 당시 이곳은 미국에서 가장 규모가 큰 목제품 생산업체였다. 그곳에서 그는 구세계의 솜씨 좋은 장인들이 형편없는 주거 환경 속에서 더욱 억압적인 근로조건에 시달리고 있는 것을 목격했다. 이들은 미국에 새로

도입된 대량생산 조립라인에서 기계의 톱니바퀴나 다름없는 삶을 살고 있었다.

전쟁 전에는 30,000명의 도시 노동자들이 전국적인 관심을 끌어 노동운동의 새 역사를 만들었었다. 이때 이들은 낮은 임금과 공장의 안전하지 못한 근무조건 개선을 위한 파업을 성공적으로 이끌었다. 하지만 7년 후에 위너는 유럽의 파괴적인 전쟁 이후에 그 지역으로 쏟아져 들어온 그리스와 이탈리아계 이민자들에게는 변한 것이 거의 없음을 알게 됐다. 위너는 그 지역의 미국 귀화 수업에 참석해 보았는데, 그 교육은 이민자 사회의 교육받은 부류들과는 완전히 동떨어진 내용을 다루고 있었다. 그 교과서들은 노동자들에게 자신의 상사를 사랑하고 존경하며, 공장 감독의 말을 마치 여호와의 말처럼 따르고 복종할 것을 촉구하고 있었다. 이것은 성깔과 독립심이 있는 노동자에게 굴욕감을 주어 소외시켜 버리는 교육이었다. 그는 자신이 본 것을 그대로 기사로 옮겨 날로 악화되는 노동환경에 대한 대중의 각성을 이끌어냈고, 그 때문에 공장의 부유한 소유주와 보스턴의 지배계층의 심기를 거슬렀다. 하지만 그는 그 다음 임무는 망설였다. 〈헤럴드〉의 소유주가 선호하는 대통령 후보를 띄워주는 기사를 쓰는 임무였기 때문이다. 그래서 그는 지시를 따르지 않는다는 이유로 즉석에서 해고됐다. 속이 쓰린 일이었지만 그는 신문을 떠날 준비가 되어 있지는 않았다.

1919년 봄과 여름에 걸쳐 그는 학계 쪽에서 일자리를 계속 찾아다녔다. 하버드대학교의 문은 그에게는 여전히 굳게 닫혀 있었다. 사실상 모든 유대인 지원자에게 닫혀 있었다. 그는 다른 교사 단체에 가입해서 오하이오 주 클리블랜드의 케이스Case 과학학교에 일자리가 있나 알아보았지만 뜻대로 되지 않았다.

마침내 하버드대학교의 수학 교수이자 아버지의 또 다른 친구인 오스굿W.F.Osgood이 던져준 조언에 따라 위너는 임시 강사 자리를 얻기 위해 면접을 본다. 오스굿이 그 일을 특별히 높게 평가하고 권해준 자리는 아니었지만 위너가 하기 나름에 따라서는 종신직을 얻을 가능성도 열려 있었다. 그리고 결국 그는 일자리를 얻었다. 하버드대학교가 아니라 장래에 갑자기 유명세를 떨치게 될 매사추세츠공과대학교였다.

3장
신동과 교수 부인

> 영혼의 힘을 시험에 들게 해서 남자다움을 끌어내기 위해⋯
> 나는 목숨을 그냥 물건쯤으로 여긴다.
> 그리하여 나의 이 영혼을 입증하고 보여주기 위해
> 나는 모든 수단과 방법을 가리지 않으리라.
> ― 로버트 브라우닝, '발코니에서'

통근하는 데 지하철로는 몇 초, 전차로는 몇 분밖에 걸리지 않았지만 위너는 하버드광장에서 MIT의 정문까지 3킬로미터 정도의 길을 그만큼 빠른 속도로 걸어갔다. MIT 건물의 웅장한 정면을 통과해 그가 앞으로 45년 동안 거닐게 될 미로로 들어가면서 그는 흥분한 상태에서 마음이 급해지고, 겁이 났다.

MIT는 하버드대학교에 비하면 뽀얀 얼굴의 아이처럼 젊은 학교였고, 학교의 사명도 크게 차이가 났다. MIT의 목적은 제대로 된 교회 집사들을 대량으로 만들어내는 것이 아니라 산업시대에 미국을 건설하는 데 필요한 새로운 공학자들을 훈련시키는 것이었다. 학교가 1865

년 2월 20일에 문을 열었을 때 미국은 기술과 연애를 시작한 지 얼마 안 된 젊은 시기였다. 신세계의 하천선, 기관차, 공장 보일러에 증기기관을 장착한 지도 얼마 안 되었었다. 최초의 대륙횡단 전신선이 연결된 것도 겨우 4년 전의 일이었다.

첫 50년 동안 산업용 과학을 가르치는 이 새로운 학교는 보스턴의 코플리 광장Copley Square 여기저기에 흩어져 있는 몇몇 건물에서 운영됐다. 그 시기 동안 미국의 공장들은 중공업으로 변했고, 전기가 도입되어 현대적인 삶의 불꽃이 처음으로 피어올랐고, 자동차, 비행기, 전화기, 라디오 등 새로운 양식의 이동 수단과 통신 수단이 사람과 사람 간의 관계, 그리고 사람과 시간 및 공간과의 관계를 바꾸어 놓았다. 한 세대 전에는 존재하지도 않았던 응용 지식과 기술로 무장한 새로운 공학자 군단이 필요한 상황이었고, MIT의 새로운 얼굴들이 그런 문제에 대처해 나갔다. 1916년 가을에 이 학교는 케임브리지에서 강 건너편 널찍한 캠퍼스에 새로 자리를 잡았다. 찰스 강 분지에 새롭게 조성된 50에이커의 매립지 위에 세워진 캠퍼스였다.

MIT의 새 캠퍼스는 기술의 신전이었다. 찰스강을 정면에 두고 서로 연결된 6개의 건물로 이루어진 U자형 본관 건물은 산업시대 신고전주의 스타일에 보내는 찬가였고, 그 중앙에는 돔 형태의 도서관이 자리잡고 있고, 그 옆으로는 모래 색깔 석회석으로 만든 부속 건물들이 들어섰다. 그리고 그 다락방을 따라서는 고대부터 20세기에 이르기까지 백 명의 유명한 과학자와 수학자들의 이름이 새겨진 고상한 프리즈frieze(방이나 건물의 윗부분에 그림이나 조각으로 띠 모양의 장식을 한 것)가 구불구불 이어져 있다. 하지만 매사추세츠가의 높게 치솟은 입구 뒤로 건물 내부는 아주 밋밋했다. 미로처럼 생긴 복도 하나가 입체파 화가

가 그려놓은 소화관처럼 건물을 가로지르고 있었다. 이 구조와 기능은 건물에 들어와 있는 사람들을 비 내리는 날과 추운 겨울에 추위로부터 차단하기 위해, 그리고 통행량이 많은 그 하나밖에 없는 복도를 통해 학생과 교수들이 일을 보러 다니는 동안 상호작용이 많이 일어날 수 있게 하려고 뉴잉글랜드 직물공장의 방식을 흉내 낸 것이었다. 인접한 건물은 이름이 아니라 번호로 불렸다. MIT의 "무한 복도"는 방향을 틀 때마다 장식이라고는 찾아볼 수 없는 똑같이 생긴 강의실과 사무실로 이어졌다.

MIT는 무의미한 것을 용납하지 않았다. 그곳에는 예배실도 없었다. 그리고 수학과의 규모도 크지 않았다. 1919년 가을에 MIT의 수학과는 학부생들에게 기초 대수학, 삼각법, 기하학, 그리고 주어진 공학과제를 완수하는 데 딱 필요한 수준의 미적분학만 가르치면 되는 교수진으로 구성된 서비스 부서로 역할이 엄격하게 한정되어 있었다. 하지만 전후의 산업 및 기술 호황이 새로운 공학 기술을 요구함에 따라 학생들에게 더욱 복잡한 수학적 기술을 가르치기 위해 고도의 지식과 현대적인 감성을 갖춘 새로운 수학자들이 필요해졌다.

위너는 최신의 수학과 논리학, 끝없이 펼쳐지는 전자의 신비, 시시각각으로 변화하는 원자론의 토대에 대해 잘 훈련되어 있는 이 활기찬 곳으로 들어갔다. 그는 실용적인 생각을 갖고 있지만 기술지향적이지는 않고, 공학자도 아니고, 잡다한 능력을 갖춘 기술자도 아닌 24살의 청년이었다. 하지만 그는 구체적인 과제를 다루고 수학을 엄격한 방식으로 응용하는 새로운 전후 시대에 합류하고 싶어 몸이 달아 있었다. 그는 공학자들을 대신해서 곤란한 수학적 문제를 해결해 주며 수학의 최전선에서 연구를 하려고 단단히 마음먹고 있는, MIT에 새로 고용된 몇몇 사람 중 하나였다.

 아버지의 손길이 닿지 않는 MIT의 끝없이 이어진 복도와 장식 없는 현관 속에서 위너는 안식을 찾았다. 이곳에는 성장할 수 있는 공간과 자신의 일에 본격적으로 발을 들이는 데 필요한 시간이 있었다. 그는 말을 느리게 하는 법을 배웠고, 강의실에서 찾아오는 무대 공포증도 극복했다. 그는 아주 유능한 강사가 되었고, 가혹한 지도에 수없이 시달려온 끝에 자신은 학생을 보살피는 멘토가 됐다. 그는 처음부터 젊은 MIT 학생들이 좋았다. 이 학생들은 공부하기를 원했고, 그는 그런 학생들과 잘 지냈다.

 더 중요한 점은 MIT에서 노버트 위너가 자신의 수많은 아이디어가 싹을 틔울 수 있는 비옥한 목초지를 발견했다는 점이었다. 머지않아 그는 이론수학과 응용수학에서 풀릴 듯 풀리지 않는 문제들과 싸우기 시작해서, 그런 문제들을 해결한 논문을 발표했다. 이런 논문들은 전 세계 고등수학계의 주목을 받았다.

* * *

 틈만 나면 걷기를 좋아하고 자연에 대한 사랑을 억누를 수 없던 위너는 MIT에서의 첫 학기부터 무한히 이어진 복도를 빠져나와 야외로 나갔다. 그리고 학교의 샛길이나 사람들이 자주 다녀서 생긴 길을 여기저기 걸으며 신선한 통찰이나 현실세계의 문제들을 찾아보았다. 어느 바람 부는 날에 그는 2번 건물의 자기 사무실 창밖으로 찰스강의 아름다운 풍경을 감상하다가 넓은 강 유역 위로 불어가는 거품의 파도에 매료됐다. 요동치는 파도가 그의 생각을 들뜨게 만들어 수학적 진퇴양난의 상황을 만들어냈다.

어떻게 하면 끝없이 변화하는 잔물결과 파도의 덩어리 연구에 수학적 규칙성을 부여할 수 있을까? 무질서에서 질서를 발견하는 것이야말로 수학의 가장 숭고한 숙명이 아니던가? 파도는 어떨 때는 거품을 내며 높이 솟아오르지만, 또 어떨 때는 간신히 알아볼 수 있는 잔물결로 존재한다. 파도의 길이는 인치 단위였다가도, 때로는 몇 킬로미터 길이로 이어진다. 어떤 언어로 묘사해야 수면의 상태를 완벽하게 기술하려 할 때 필연적으로 따라올 수밖에 없는 복잡성에 매몰되지 않으면서 명확하게 눈에 보이는 사실을 전달할 수 있을까?

그는 바람과 파도의 춤을 만들어낸 충동적인 힘을 분석할 수 있을지 모른다는 바람으로 강물의 요동을 가라앉혀줄지도 모를 공식들을 만지작거리기 시작했다. 전쟁 기간 동안 포탄의 궤적을 계산하며 작용했던 것과 같은 분석적 사고방식이었다. 하지만 다른 사람들이 발 빠르게 밝혀내고 있던 바와 같이 제멋대로 움직이는 파도의 궤적은 아예 복잡성의 차원이 달랐다. 이 궤적에는 그때까지 수학자들이 계산은커녕 정확하게 열거만이라도 할 수 있었던 이전 사례보다 훨씬 더 많은 동역학, 환경적 영향력 및 경감 요인들이 상호작용하고 있었다. 위너가 '파도의 문제problem of the waves'라고 불렀던 이것은 유체 난류에서 나타나는 성가신 현상으로 수학자와 과학자들에게 잘 알려져 있던 문제였다. 위너가 케임브리지에서 개인교습을 받을 때 G. I. 테일러Taylor의 글에서 처음 접했던 이 문제는 2세기 동안 존재해 온 것이었다. 테일러의 유체 난류에 대해 분수령이 된 연구는 나중에 카오스 이론에 영감을 불어넣는다. 위너는 테일러의 아이디어와 트리니티대학에서 G. H. 하디와 함께 르베그 적분에 대해 연구했던 것을 이용해 그 수수께끼를 파고들기 시작했다. 르베그 적분은 프랑스인 앙리 르베그 Henri Lebesgue가 흩어진 점과 곡선의 복잡한 집합을 측정하기 위해 몇 년 앞서 발명한 통계적 방법이었다.

위너가 보기에 수학자들의 물품목록에 들어 있는 그 재고품목들, 즉 점과 곡선은 물보라와 강 위를 경쾌하게 내달리는 파도와 닮아 있었다. 그는 무작위적이거나 불확실한 사건을 분석할 때 사용하는 가장 기본적인 수학적 방법인 평균과 근사라는 단순한 통계적 방법, 그리고 르베그가 새로 내놓은 더 정교한 통계적 방법을 이용해서 그 대상들의 복잡한 경로를 그려보았다. 하지만 양쪽 방법 모두 위너가 만족할 수 있을 정도로 문제를 해결해 주지는 못했다. 강물을 바라보던 위너는 파도 문제와 그와 관련된 수많은 현상에 새로 과감하게 접근할 수 있는 암시를 처음으로 얻었다. 그는 또한 물에 뜬 거품으로부터 수학자로서의 그의 경력을 이끌어줄 통합 원리를 건져 올렸다. "나는 내가 찾고 있던 수학적 도구가 자연을 묘사하는 데 적합한 도구임을 알아보게 됐다. 그래서 그 도구가 자연 그 자체 안에 들어 있으며 내 수학 연구에 필요한 언어와 문제를 반드시 찾아야 한다는 것을 점점 더 인식하게 됐다."

그는 이 문제를 좇다가 20세기 초반에 J. 윌러드 깁스 Josiah Willard Gibbs가 창립한 새로운 물리학 분야와 접하게 된다. 깁스는 미국이 낳은 최초의 세계 최상급 과학이론가였다. 1863년에 예일대학교는 깁스에게 미국에서 최초의 공학박사 학위를 수여한다. 그는 그 후로 3년을 독일과 프랑스에서 증기기관과 에너지를 다루는 새로운 과학분야인 열역학 연구에 투자했다. 그리고 그 후에는 예일대학교로 돌아와 바로 수리물리학 교수에 임명됐다. 그곳에서 깁스는 영국의 제임스 클러크 맥스웰James Clerk Maxwell과 오스트리아의 루트비히 볼츠만Ludwig Boltzmann이 개발한 열역학 법칙을 바탕으로 자기만의 새로운 과학인 통계역학을 창립했다. 통계역학은 증기기관 안에서 일어나는 물 분자의 행동과 무작위로 움직이는 다른 작은 입자들의 행동을 분석하는 수학적 도구의 집합이었다.

1902년에 발표된 깁스의 『통계역학의 기본 원리』는 3세기 이상 서구의 과학을 지배해 온 뉴턴식 역학적 세계관에 일격을 가했다. 압력 아래 놓여 있는 작은 입자들의 물리적 문제에 관한 그의 새로운 통계적 접근방식은 뉴턴의 불변의 운동 법칙을 고분고분 따르지 않는 자연의 영역이 있음을 세상에 보여주었다. 깁스의 역학은 물리적 우주에 우연과 확률이라는 새로운 요소를 도입하고, 분자 수준에서 일어나는 사건을 지배하는 기본 원리로서 자리를 잡았다. 행성이나 정해진 궤적 위에서 움직이는 물체의 경로를 정확하게 계산할 수 있는 뉴턴의 결정론적 세계와는 대조적으로 깁스의 확률론적 세계에서는 내달리는 활기찬 입자들의 경로를 정확하게 못 박을 수가 없었다. 그의 확률론적 접근방식은 어느 주어진 순간에 한 입자, 혹은 움직이는 다른 대상에 무슨 일이 일어날지 결정하는 것이 아니라, 특정 물리적 조건 아래서 한 개별 입자, 그리고 한 집단으로서의 입자들의 무리에 일어날 수 있는 가능성을 결정했다. 그럼에도 이런 불확실한 역학은 과학자들에게 기존의 기구나 직접적인 관찰로도 측정이 불가능했던 물리적 사건에 관해 구체적인 정보를 제공할 수 있었다.

통계역학은 유럽 원자론 학자들의 연구와 아원자 수준에서 일어나는 사건을 다루는 새로운 양자역학에서 중요하게 이용됐지만 MIT의 이 신참 강사 위너는 깁스의 확률론의 다른 실용적 쓸모를 찾아냈다.

그는 깁스의 공식에서 점 크기의 발사체와 온갖 크기와 형태의 다른 대상들이 공간 속에서 이동하는 확률적 경로를 계산할 수 있는 새로운 도구를 찾아냈다. 위너는 나중에 말하기를 깁스의 연구를 발견한 것이 자신의 삶에서 지적으로 획기적인 사건이었다고 했다.

위너의 머릿속을 사로잡고 있던 새로운 경로는 포탄이 그리는 단순한 포물선 궤적이 아니라 찰스강의 파도 위에서 넘실거리는 물 입자의 정신없는 경로, 혹은 끓어오르는 증기 터빈 속에서 여기저기 튕겨 나오는 물 입자, 혹은 비행중인 꿀벌의 구불구불한 경로, 혹은 위너가 좋아한 예시인 사람이 없는 넓은 운동장에서 만취한 사람이 걷는 경로처럼 터무니없이 불규칙한 운동이었다. 그는 이 각각의 사례에서 관찰 대상의 미래의 위치는 과거의 경로, 심지어는 현재의 방향과도 별다른 관련이 없음을 깨달았다. 그 속도는 한 점에서 또 다른 점으로 움직이면서 변덕스럽게 변할 수도 있고, 더 중요한 점은 어느 주어진 순간에 그 대상의 위치에 대한 관찰자의 지식이 완전히 불확실하다는 것이었다.

그런 불규칙한 경로를 체계적으로 그려내는 것이 과연 가능할까? 그런 불규칙한 운동에 대해 과학적으로 확신을 가지고 말할 수 있는 것이 있을까? 이것은 위너가 좋아할 만한 문제였다. 현실 지향적인 똑똑하고, 젊은 수학자의 생각을 바쁘게 만들어줄 훌륭한 확률론의 퍼즐이자, 학계에서 첫 정규직 자리를 얻은 신동 출신이 자신의 존재가치를 증명하기에 적절한 도전과제였다. 이제 어린 시절부터 그의 마음을 사로잡았던 확실성과 불확실성의 문제가 그의 경력을 앞으로 이끌어나가려 하고 있었다. 쓸데없어 보이는 일상적인 사건에 대해 지나가며 언뜻 생각해 보았던 것으로 시작한 지적훈련이 기존에는 기술되지도, 분석되지도 않았던 자연의 완전히 새로운 차원을 드러내 보이게 됐다. 이 지적훈련이 위너로 하여금 모든 불확실하고 불규칙적인 운동에 대해, 그리고 '우주의 본질적 불규칙성'에 대해 광범위하게 조사해 보게 만들었고, 그는 불규칙성이 발생하는 곳마다 그런 불규칙성에 대해 의미 있는 수학적 기술을 내놓기 시작했다.

위너는 이 문제에 대해 생각하다가 브라운 운동에 대해 다룬 아인슈타인의 유명한 논문이 떠올랐다. 브라운 운동은 멈춰 있는 용액 속에 들어 있는 입자가 대단히 불규칙적이고, 무작위로 보이는 경로를 따라 움직이는 것을 말한다. 언뜻 보면 이 현상은 운동, 중력, 심지어 열역학 법칙조차 부정하는 것처럼 보인다. 브라운 운동은 1827년에 스코틀랜드의 식물학자 로버트 브라운이 처음 관찰한 현상이다. 그는 정지된 물 위에 떠 있는 꽃가루 입자를 현미경으로 관찰하다가 그 입자에 작용하는 힘을 전혀 감지할 수 없음에도 그 입자가 불규칙하게 지그재그로 움직이는 것을 보았다. 그리고 이 현상은 1905년에 아인슈타인이 미스터리를 해결하기 전까지 도저히 이해할 수 없는 현상으로 남아 있었다. 아인슈타인은 브라운 운동에서 보이는 입자의 운동은 용액 자체를 구성하고 있는 더 작은 분자들이 초현미경적인 수준에서 수없이 그 입자와 충돌하기 때문에 생기는 결과라고 설명했다. 아인슈타인은 그 분자들이 모든 물질이 선천적으로 갖고 있는 운동-열 에너지로 인해 영구적인 동요 상태에 놓여 있다고 지적하고, 그것을 입증할 수학적 계산을 함께 제시했다.

이번에는 위너가 그 다음 단계로 나아갔다. 그는 브라운의 들뜬 꽃가루 입자에서 완전히 새로운 차원의 복잡성을 보았다. 위너는 1905년의 아인슈타인은 알지 못했던 깁스의 통계원리를 이용해서 브라운 운동에서 한 입자가 따를 수 있는 개연성 있는 경로, 그리고 그런 개연성 있는 경로 전체의 확률을 묘사하고 계산하기 시작했다. 수리분석 분야에서의 그의 첫 논문은 1920년에 나왔고, 그 다음 해에는 자연의 역설을 보여준 브라운 운동에 관한 주요 연구가 그 뒤를 이었다. 위너는 브라운 운동에서 입자들이 따르는 모든 경로는 연속적이며, 중간에 설명할 수 없는 간극이나 도약은 일어나지 않지만, 항상 수학적으로 이상하고, 무한히 불규칙하며, 아예 있을 것 같지 않은 경로임을 입증해 보였다. 어떤 경우에도 개별 입자들은 명확하고 통계적으로 예측 가능한 방향을 취하는 일이 없다. 위너가 대안으로 제공한 수학은 깁스와 르베그의 방법 모두를 결합한 새로운 공식으로, 결국 확률의 법칙이 브라운 운동이라는 현상을 지배하고 있음을 처음으로 엄격하게 증명해 주었다. 브라운 운동에서 개별 입자가 아니라, 입자 집단의 개연성 있는 경로를 기술하여 확률론의 큰 발전을 가져온 그의 새로운 공식은 '위너 척도Wiener measure'로 알려지게 되고, 나중에 힐베르트와 괴팅겐에 있는 그의 제자들이 사용한 새로운 수학에서는 '위너 공간Wiener space'으로 알려지게 된다.

* * *

위너의 다음 지적 도전 과제는 MIT의 전기공학자들이 전기 신호 전송의 이론과 실전에 대한 필요성이 커져 그에게 도움을 구하러 왔을 때 발견됐다.

이 기술 분야는 거의 한 세기에 걸쳐 실용적인 장치들을 개발해 왔었다. 1830년대에는 미국의 새뮤얼 모스Samuel Morse와 영국의 두 공학자 윌리엄 쿡William Cook과 찰스 휘트스톤Charles Wheatstone이 독립적으로 전신telegraph을 발명했다. 이것은 전기 신호 패턴으로 암호화한 메시지를 전선을 통해 먼 거리로 전송하는 간단한 장치였다. 1876년에 알렉산더 그레이엄 벨Alexander Graham Bell은 전화기와 동일한 전선으로 음파의 압력을 이용해 목소리를 전달할 수 있는 방법을 찾아냈다. 1895년에는 이탈리아인 굴리엘모 마르코니Guglielmo Marconi가 보이지 않는 전자기파를 이용해서 모스 부호로 메시지를 전송하는 방법을 찾아내고, 1914년에는 최초의 무선 음성 메시지가 방송됐다.

1920년에는 메시지의 전기적 이동이 산업혁명에 가세했다. 새로운 장비들이 발명, 상업, 인간의 경험에서 완전히 새로운 영역을 열고 있었다. 하지만 놀랍게도 이 새로운 기술을 뒷받침하는 자연과학은 거의 찾아보기 힘들었다. 날이 갈수록 전자 자체의 본성을 종잡을 수 없는 가운데 전기 신호 흐름이 거침없이 세상에 쏟아져 나오고 있었고, 전화기와 무선통신 공학자들은 새로운 장치와 정교한 네트워크를 설계할 때 도움이 될 만한 체계적인 지식을 갖추지 못하고 있었다.

이들이 사용할 수 있는 작업 규칙과 공학적 방법론은 대부분 1880년대에 영국의 괴짜 과학자 겸 수학자 올리버 헤비사이드Oliver Heaviside가 고안한 모호한 연산자법operational calculus밖에 없었다. 깔끔하지 못한 이론과 공식이었지만 그래도 그 덕분에 장거리 전화 통신이 가능했다. 그리고 이제 MIT의 공학자들이 위너를 찾아와 브라운 운동의 입자와 경로에 대해 그랬던 것처럼 헤비사이드의 "새롭고 강력한 통신 기술" 아래 확고한 과학적 기반을 마련해 줄 것을 부탁하고 있었다. 자연의 밑바탕에 깔려 있는 혼돈chaos과 (왜 그런지는 모르겠지만) 고질적인 불규칙성으로부터 드러나는 예측 가능한 현상에 대한 새로운 수학적 기술을 폭넓게 탐색하고 있던 위너는 그 도전에 흥미를 느껴 뛰어들고 싶었다.

　과학과 일상이 하나로 수렴하고 있는 전자기술의 이 새로운 분야에서 겉으로는 쓸데없어 보이는 현상 하나가 다시 위너의 관심을 사로잡았다.

　구리선을 따라 전류로 흐르거나, 새로운 무선 기술에 힘을 보태준 진공관 속을 흐르는 전자의 흐름 사이에서는 소위 산탄散彈효과shot effect라는 것이 일어났다. 전화와 무선 통신 산업의 최전선에 있는 공학자들은 놀라운 사실을 발견했다. 새로운 전기적 소리와 신호를 실어 나르는 하전입자의 고속 흐름이 매끈하고 규칙적이지 않고 금속이든 진공의 공간이든 전도 매체를 가로지르는 동안 산탄처럼 다발을 이루었던 것이다. 실제로 극미한 통로를 통과해서 움직이는 전자의 경로는 브라운 운동의 지그재그 움직임만큼이나 이상하고 불규칙적이었다. 이런 미세한 불규칙성은 맨귀에는 들리지 않아서 산탄효과가 초기의 전화 교환수와 전화 이용자에게는 실질적으로 큰 문제를 일으키지 않았다. 하지만 1920년대에 무선 통신에 진공관 증폭기가 도입되면서 그런 불규칙성을 수천 배, 경우에 따라서는 수백만 배 확대하면서부터는 발작적인 잡음 문제가 발생하기 시작했다.

　위너는 공학자로서가 아니라 전자의 새로운 차원을 가장 극소의 수준에서 고민하는 수학자 겸 철학자로서 이 산탄문제에 접근했다. 그는 결국 산탄효과는 우주의 근본적인 이산성離散性, discreteness, 즉 물리적 세계와 그에 대한 우리의 경험을 구성하는 개별 원자와 아원자 입자 사이에 존재하는 더 이상 줄일 수 없는 공간의 함수임을 이해하게 된다. 하지만 위너와 유럽의 새로운 양자과학자들이 동시에 밝혀내고 있었듯이 이런 이산적 입자는 불가사의하게도 동시에 파동 같은 행동도 보였다. 새로운 전화기와 무선 신호는 자신의 생명과도 같은 메시지를 모스 부호의 이산적인 점과 대시가 아니라 요동치는 전자기 에너지의 연속적 흐름으로 실어 날랐다. 이런 파동과의 연관성은 위너를 찰스 강의 거품 낀 파도에서 탄생한 파동 문제, 그리고 유체 난류의 전형적 특징인 불규칙한 파동 운동의 문제로 되돌려 보냈다.

산탄효과는 위너로 하여금 전류 파동에 대해 완전히 새로운 접근방식을 취하게 만들었다. 1920년대에 전기음향이 처음으로 울려나오자 위너는 보잘것없는 전화선을 지나가는 불규칙한 전자 다발이나 만질 수 없는 라디오파가 어떻게 낮은 신음 소리에서 끼익 거리는 고음의 소리까지 모든 소리를 충실하게 전달할 수 있는지 정확히 설명하기 위해 사람이 만들어낸 신호를 담고 있는 새로운 파동을 대상으로 엄격한 '기능분석'을 처음으로 시작한다.

그는 규칙적인 파형waveform에 관해 잘 확립되어 있는 수학에서 불규칙한 전기 파동에 대한 새로운 연구의 출발점을 찾았고, 진동하는 현의 길이를 따라 잔물결 치는 가청음향의 중첩 주파수에서 현실과 잘 맞아떨어지는 비유를 찾아냈다. 피타고라스 이후로 수학자들은 진동하는 현의 물결 모양의 파형과 거기서 자연스럽게 발생하는 배음occurring overtones 혹은 하모닉스를 연구해 왔다. 그러다가 19세기 초반에 나폴레옹의 과학 고문이었던 프랑스의 수학자 겸 물리학자 장 밥티스트 조제프 푸리에Jean-Baptiste-Joseph Fourier가 소리와 마찬가지로 열과 다른 형태의 전자기 에너지 또한 공기와 금속을 통해 파동의 형태로 방사된다는 것을 관찰했다. 그는 분산되어 있는 열파나 혹은 그 어떤 복잡한 파형이라도 취급 가능할 정도로 단순하고 규칙적인 사인파의 합으로 분해할 수 있는 '푸리에 변환transform'이라는 일련의 수학공식을 고안했다.

　푸리에의 우아한 파동방정식은 '조화분석'이라는 새로운 분야를 정의했지만, 그의 연구는 그의 수학이 보편성과 심지어 엄격함에서 아쉬운 부분을 남겼다고 주장하는 비판을 불러일으켰다. 그 결과 거의 한 세기에 걸쳐 조화분석은 거기에 영감을 불어넣어 주었던 물리적 현상과 분리된 상태로 남아 있었다. 초기 전화기 공학자와 무선통신 공학자는 푸리에의 공식이 모형화한 현실 세계의 문제들을 캄캄한 어둠 속에서 해결해야 하는 상황이 됐다. 그러다가 위너는 푸리에의 연구를 새로 정비해서 현실 세계와의 연관성을 다시 확립했다. 푸리에의 단순한 사인파가 그의 머릿속에서 진동하는 가운데 위너는 새로운 전자 시대의 복잡한 소리와 신호를 실어 나르는 데 사용되고 있던 전자 기파의 파동에 푸리에 변환을 적용하여 이 프랑스인의 묘책을 재현해 낸다. 이것은 위너 쪽에서 발휘한 한 줄기 천재성이었다. 전선을 따라, 진공관의 텅 빈 공간을 따라 흘러가는, 그리고 방송용 안테나에서 보내는 보이지 않는 불규칙한 전류를 진동하는 현 위에서 나타나는 수많은 변형으로 바라본 것이다.

　그리고 나서 아인슈타인의 브라운 운동에서 그랬던 것처럼 위너는 다음 단계로 나가서 열의 파동에 관한 푸리에의 고전적 분석을 여러 가지 매체와 수학적 차원으로 확장했다. 그가 뽑아낸 새로운 공식은 모든 종류의 연속적인 파동 운동, 그리고 전건telegraph key의 온-오프 신호 같이 전기공학자들이 현실 세계에서 씨름하고 있었던 문제 많은 불연속적 파동, 그리고 한 점에서 다른 점으로 이동해서 일관적이지 못한 완전히 다른 종류의 전자파에서 끝나거나 그런 전자파로 이어지는 전화의 가청음향이나 무선 메시지에도 모두 적용 가능했다. 이렇게 전기 이론에 처음으로 실용적인 기여를 하면서 위너는 그런 유동하는 전기 신호를 어떻게 포착해서 시간 속에 고정시키고, 물리적으로 측정하고, 수학적으로 분석할 수 있는지 보여주었다. 이것은 전기 공학자들에게 정말로 유용한 방법이었다.

위너는 자신의 새로운 통계적 방법인 '일반화 조화분석generalized harmonic analysis'을 1920년대 초반부터 조금씩 나눠서 발표했다. 이것은 브라운 운동과 확률론에 관한 그의 연구와 더불어 정보 시대의 모든 새로운 과학의 토대가 되어준다. 하지만 위너의 가장 중요한 연구는 그의 말을 빌리자면 미국의 수학자와 공학자들 사이에서 사산되고 말았다. 그가 전자론에 기여한 것을 사람들이 알아봐 주기까지 십 년이 걸렸고, 전기공학자들이 그의 새로운 조화분석을 실용적으로 적용하는 방법을 온전히 이해하고 그것을 활용해서 전례 없는 정확도로 전기 신호를 만들고 제어하기까지 또다시 십 년이 걸렸다.

그 동안에 그는 수학자와 전기공학자들이 급하게 관심을 가진 다른 분야에서 새로 길을 닦았다. 그는 1920년대에 또 다른 뜨거운 주제이자, 공학적인 문제에 실용적으로 적용할 수 있는 주제인 퍼텐셜 이론potential theory으로 진출하면서 다시 하버드대학교와 가까워졌다. 하버드대학교에서 그는 해당 분야의 선도적 인물이었던 O. D. 켈로그Kellogg에게 자문을 구한다. 켈로그는 그에게 전위electrical potential의 수학에 관한 훌륭한 문제를 제시해 주었고, 위너는 그 문제를 스스로 푸는 일에 착수했다. 하지만 그가 자기가 찾아낸 해법을 켈로그에게 제시했을 때 그로부터 프린스턴에서 연구하는 켈로그의 젊은 제자 두 명이 학위 논문으로 그와 비슷한 연구를 진행하고 있으니 두 박사 연구자의 앞날을 위해 위너가 이미 마친 그 연구를 머릿속에서 지워 버리라는 말을 듣는다.

그리하여 불꽃이 튀기 시작한다. 위너는 켈로그의 요청을 대단히 불쾌하게 여겼다. 켈로그와 그의 동료이자 위너의 오랜 천적인 버코프는 위너에게 고함을 지르며 그의 퍼텐셜 이론을 버리라고 촉구하지만 위너는 계속 앞으로 나갔다. 그는 MIT에서 새로 나온 수학 학술지에 자신의 논문을 발표하고 그 주제에 대해 다른 몇 편의 논문도 썼다. 이 충돌로 인해 위너는 자신의 경쟁력을 직시하게 되고, 미국의 수학계에서 계속 이방인으로 남아있는 느낌이 들어서 결국 자신의 직업적 미래에 대해 당당하고 단호한 결심을 하게 된다.

나는 애초에 경쟁력이 있을 수밖에 없었던 연구에 대해 압력이 들어오는 것을 보고 다소 거부감을 느꼈지만 내가 젊은 수학자들보다 훨씬 경쟁력이 있다는 것을 잘 알게 됐다. 이것이 그리 바람직한 태도가 아니라는 것도 마찬가지로 알고 있다. 하지만 이것은 내가 마음대로 취하거나 거부할 수 있는 태도가 아니다. 나는 내가 외톨이이고, 내가 강제하지 않으면 공정하게 인정받지도 못하리라는 것을 잘 알고 있었다. 어차피 환영받지 못할 운명이라면 차라리 무시하기에는 너무 위험한 존재가 되겠다.

MIT에서 첫 해를 보내는 동안 위너는 여전히 부모와 함께 살았다. 그곳에서 그는 여전히 아버지의 꾸짖음의 대상이자, 부모의 계속되는 통제의 대상으로 남아있었다. 압축적으로 보낸 신동 시절, 그리고 전쟁 동안의 방황, 그리고 교사로서 좋은 출발을 해야 한다는 새로운 압박 같은 것 때문에 그는 또래의 다른 사람들에 비해 사회성의 발달이 몇 년은 뒤처져 있었다. 그에게는 이성 친구가 거의 없었고, 결혼 생각도 없었다. 하지만 이 부분에서도 역시 레오와 베르타는 개입할 준비가 되어 있었다.

제1차 세계대전이 끝나고 머지않아 베르타 위너는 일요일에 가족이 사는 집에서 남편의 학생들, 객원 학자, 그리고 다른 손님들과 함께 차를 마시는 오랜 관습을 다시 이어갔다. 베르타의 일요일 차 모임은 자녀들에게 사회성 훈련의 장으로서도 역할을 했다. 그리고 나중에는 자녀들을 위해 적절한 배우자를 가려내는 조심스러운 환경 역할도 했다. 나이가 찬 자녀들, 특히 노버트, 콘스턴스, 베르타는 그 모임에서 친구와 직업적으로 알고 지내는 지인들을 만났고, 이것은 그들의 경력 내내 도움이 됐다. 그리고 세 사람 모두 자신의 배우자가 될 사람을 그 모임에서 만났다.

하지만 데이트 게임에서 위너는 멈칫거렸다. 그는 가족들이 가까이 지켜보는 상황에서는 제대로 행동하지 못했고, 그의 부모님들은 그가 선택한 여성에 대해 완전히 거부권을 행사했다. 위너의 말에 따르면, "그 여성들에 대한 판단은 나와 직접적으로 연관된 요인보다는 나머지 가족들에 대한 그 여성의 반응을 부모님들이 어떻게 생각하느냐에 따라서 결정됐다." 그러다가 1920년 가을 어느 오후에 위너의 부모가 그에게 사무적인 예의를 갖춘 여성을 소개해 주었다. 나중에 그의 아내가 될 사람이었다.

마르그리트 엔게만Marguerite Engemann은 12년 전 만 열네 살의 나이에 독일 동부의 실레지아Silesia에서 미국으로 왔다. 그리고 래드클리프대학교에 들어가 로망스어를 전공하고 레오 위너와 함께 러시아 문학을 공부했다. 그녀는 오빠 헤르베르트Herbert와 함께 차 모임에 왔다. 공교롭게도 헤르베르트는 노버트가 MIT에서 맡은 한 강의의 학생이었다. 두 남매는 얼마 전에 어머니와 함께 유타에서 보스턴 교외의 웨이벌리로 이사를 왔다. 이들의 어머니 헤트비히 엔게만$^{Hedwig\ Engemann}$은 지주 가문 출신으로 실레지아 알프스의 여관주인과 결혼했다. 남편은 잘 살다가 30대의 젊은 나이에 갑자기 세상을 떠났다. 이후 헤트비히는 혼자 미국 서부로 이민을 와서 레오 위너가 미국 서부에 살던 시절에 그랬던 것처럼 여러 직업을 전전하며 세 명의 아들과 어린 딸 마르그리트를 키웠다. 다섯 번째 아이로 나이가 제일 많은 딸이 한 명 더 있었는데 그 딸은 독일에 친척들과 함께 남았다.

마르그리트 엔게만은 미국에서 마거리트^{Margaret}라는 이름을 쓰게 된다(하지만 노버트 위너의 부모와는 계속해서 마르그리트라는 이름을 사용했다). 마거리트는 용모는 독일인 같지 않았지만 상류층의 표준 독일어와 예의범절을 구사했다. 그녀의 머리카락은 거의 검은색이었고, 피부는 올리브색, 눈은 적갈색이었다. 그녀는 생일은 위너보다 두 달 빠르고, 키는 5센티미터 작고, 몸집은 왜소하고, 위너와 완전히 다른 기질을 갖고 있었다. 누구에게 들어보아도 마거리트는 대단히 총명하고, 분별력 있고, 진지하고, 유머 감각은 별로 없는 사람이었다. 그녀는 부드럽고 교양 있는 말투에 게르만 민족 특유의 음색과 빅토리아 시내의 관습이 몸에 익은 래드클리프대학교의 여대생다운 모습이었다. 위너의 가족은 이것을 대단히 가치 있는 것이라 여겼고, 노버트 역시 그 시절에는 이런 부분을 경건하게 여겼다.

레오와 베르타, 그리고 노버트의 누이들의 희망찬 눈에는 마거리트가 사교성이 서툰 노버트를 위한 완벽한 짝이었다. 하지만 그녀는 노버트의 첫 선택도 아니고, 심지어 두 번째 선택도 아니었다. 그는 MIT

에서 학생들을 가르치기 시작한 직후에 만나서 사랑했던 래드클리프 대학교의 한 여대생에 대해 정감 어린 글을 적었다. 라파엘 이전의 스타일로 아름다웠던 어여쁜 프랑스어 전공생이었다. 그는 1년 넘게 그녀에게 구애를 하다가 그녀로부터 약혼한 사람이 있다는 얘기를 듣고 단념했다. 그는 이렇게 말했다. "나는 이 말을 선선히 받아들이지는 않았지만 그리 우아한 상황은 아니었다." 사실 그는 몹시 상심했었다.

그가 다시 절망의 구렁텅이로 빠져들자 그의 가족은 엥게만을 그의 눈에 들게 하려고 힘을 모았다. 항상 자신을 유대인보다는 독일인이라 생각했던 베르타 위너는 마거리트의 좀 무뚝뚝해 보이는 공손함과 구세계 스타일이 자기 가족과 아주 잘 어울리고, 계속적인 보살핌이 필요한 노버트에게도 어울린다고 생각해서 둘을 만나게 하려고 그쪽으로 상황을 몰아갔다. 1921년 초겨울에 노버트와 마거리트는 서로 만나기 시작했지만 위너는 부모님이 꾀를 내는 것을 경계했고, 가족들이 마거리트 쪽으로 자기를 몰고가는 것에 편승하기가 싫었다. 그는 이렇게 회상했다. "부모님들은 대놓고 마거리트를 마음에 들어 하는 모습을 보이셨다. 너무 노골적이어서 나는 아주 민망한 기분이 들었고, 그래서 당분간 마거리트를 멀리했다."

* * *

위너는 1922년, 1924년, 1925년 여름 유럽에 다녀왔다. 옛 친구들이 그리웠고, 그의 아이디어에 더 호의적인 영국, 프랑스, 독일의 수학자들과 새로 만나고도 싶었다. 첫 여행에서 위너는 켈로그와 그의 하버드대학교 지지자들에게 자기가 학계에서 싸움이 났을 때 얕잡아 볼 수 있는 사람이 아님을 보여주었다. 켈로그에게 반항하듯 프랑스에서 그는 퍼텐셜 이론에 관한 자신의 논란 많은 논문을 저명한 앙리 르베그 본인에게 직접 보여주었다. 그리고 르베그는 그 논문을 그 분야에 큰 기여라고 칭찬하면서 서문까지 써서 프랑스 과학아카데미의 학술지에 발표했다.

그 다음 여행에서 위너는 더 중요한 내용으로 입증될 문제들을 꺼냈다. 유럽 대륙에서 양자 혁명이 본격화되고 있었다. 1923년에 새로운 원자론의 최전선에서 연구를 진행하고 있던 괴팅겐의 물리학자 막스 보른Max Born은 덴마크의 물리학자 닐스 보어Niels Bohr가 제시한 원자 구조에 관한 이론이 맞다면 물리학의 개념체계 전반을 밑바닥부터 완전히 새로 구축해야 한다는 것을 깨달았다. 보른은 아직 만들어지지 않은 이 새로운 물리학을 기술하기 위해 '양자역학'이라는 용어를 만들었다. 그리고 젊은 프랑스 물리학자 루이 드 브로이Louis de Broglie는 소르본대학교 박사논문에서 물질이 에너지, 열, 빛과 마찬가지로 입자의 형태뿐만 아니라 파동의 형태도 띨 수 있다는 대단히 급진적인 개념을 제출했다.

같은 해인 1924년에 위너는 MIT 수학과 조교수로 승진했다. 그리고 그해 여름에 그는 10년 전에 여행 장학생으로 공부를 했던 이후 처음으로 다시 괴팅겐으로 여행을 갔다. 그리고 사산되었던 자신의 아이디어가 대학교의 수학자와 물리학자들 사이에서 이목을 끌고 있음을 알게 되어 기뻐한다. 그리고 그 다음해 여름에 그는 다시 괴팅겐으로 돌아왔다. 1925년 여름 동안 위너는 파동 문제와 그의 새로운 조화분석 방법에 대해 대학교에서 선별된 사람들을 모아놓고 세미나를 진행했다. 위너는 갓 30대로 접어든 나이였지만 새로운 양자역학을 공식화하기 위해 괴팅겐으로 모여들고 있던 똑똑하고 젊은 스타들 사이에서 동료 신동으로 받아들여졌다.

괴팅겐에서 위너의 강연은 양자론에 대해 명시적으로 언급하지는 않았지만 새로운 물리학의 핵심에 자리잡고 있는 진퇴양난의 상황에 초점을 맞추고 있었다. 바로 시간과 공간 속에서 움직이고 있는 진동하는 전자파를 관찰하고 측정하는 문제, 그리고 초현미경적인 수준에서 그런 관찰이 갖는 한계에 관한 것이었다. 위너는 이 진퇴양난의 상황과 자신의 새로운 조화분석 이론을 피아노에 열정이 많은 보른과 문화적 소양이 있는 괴팅겐의 다른 사람들이 관심을 가질 수 있는 분야인 음악적 차원에서 비유해서 기술했다.

괴팅겐에서의 저의 강연은 양자론처럼 조화분석에 관한 것입니다. 바꿔 말하면 복잡한 운동을 현악기의 운동 같은 단순한 진동의 합으로 분해하는 것이죠. 진동은 두 가지 독립적인 방식으로 특성 지을 수 있습니다. 진동수에 따른 특성과 지속 시간에 따른 특성이죠. 하지만 한 음의 진동수와 시간은 아주 복잡한 방식으로 상호작용합니다. 시간을 정확하게 따지면 음높이에서 모호함이 생깁니다. 음높이에서 정확해지려면 지속시간에 관심을 꺼야 하기 때문입니다. 이런 고려사항은 이론적으로 중요할 뿐만 아니라 음악가가 할 수 있는 것에 대한 현실적인 한계와도 대응합니다. 오르간에서 제일 낮은 음역을 가지고 지그jig(빠르고 경쾌한 춤) 곡을 연주할 수는 없겠죠. 그리고 1초에 16번 진동하는 음을 가져다가 1/20초만 울린다면 귀에는 하나의 음으로 들리지 않고, 아예 음악으로 들리지도 않을 것입니다.

그가 이른 나이에 썼던 '무지론'과 러셀의 수학논리의 포괄적 체계의 한계를 지적했던 초기 논문에서처럼 이번 괴팅겐에서도 역시 위너는 새로운 조화분석법에도 한계가 존재함을 설명했다. 현악기든, 파이프 오르간이든, 전자든 모든 1차 진동은 과학적으로 정확하게 관찰하고 측정할 수 없는 척도의 간극이 존재한다는 것이다. 그의 조화이론은 보른의 스타 제자 베르너 하이젠베르크Werner Heisenberg의 생각과도 일맥상통했다. 그는 그날 위너의 세미나에 참석하고 있었다. 1927년에 하이젠베르크는 동일한 결론을 좀 더 형식을 갖춰 그 유명한 불확정성 원리Uncertainty Principle로 발표했다. 불확정성 원리는 양자 수준에서 한 입자의 정확한 위치와 운동량을 동시에 알 수는 없다고 말한다. 하이젠베르크는 여기서 몇 해 전 위너가 괴팅겐에서 발표했던 것과 동일한 수학적 분석 방법을 이용했다.

1925년 가을에 보른은 새로운 물리학에 대해 강의를 하면서 위너와 직접 함께 연구하기 위해 한 학기 동안 MIT로 온다. 보른은 비틀거리고 있는 원자 구조의 입자 모형과 요란하게 등장한 새로운 파동 가설을 조화시키기 위해 위너의 도움을 구했다. 두 사람이 공동으로 발표한 논문은 양자론의 발전에서 현저한 기여를 한 디딤돌이 된다. 하지만 사실 보른은 위너의 계산을 완전히 이해하지 못했고, 그의 조화분석을 뒷받침하는 개념들을 자기 것으로 완전히 소화하지 못했다고 고백했다. 몇 년 후에 보른은 "파동함수의 통계적 해석"으로 노벨 물리학상을 수상하고, 위너가 훌륭한 공동연구자였음을 공식적으로 인정한다.

* * *

위너는 1925년의 그 성공적인 여름 기간 동안 중요한 지인들을 많이 만들었다. 그리고 그는 다시 사랑에도 빠졌다. 이번에는 세실리아 헬레나 페인Cecilia Helena Payne이라는 젊은 천문학자였다. 그녀는 영국 출신의 미인으로 그 해 봄에 하버드대학에서 박사학위를 받았고, 위너가 수학계에서 사람들에게 재미있는 이야기를 들려주던 때 괴팅겐의 천문학회를 방문 중이었다. 한 기사에 따르면 위너가 페인에게 특히나 끌렸던 이유는 그녀가 '기질이나 관심사 면에서 자기와 더 비슷한 사람'이었기 때문이며, 두 사람이 미국으로 돌아갔을 때 위너는 결혼을 염두에 두고 이 연애감정을 좇았다고 한다. 하지만 페인은 이미 이 분야에서 최초의 여성으로서 경력을 쌓는 일에 몰두하고 있었고, 위너를 비롯한 어느 구혼자에게도 마음을 쓰지 않았다.

그 사랑의 열정이 꺾이자 베르타와 레오는 자기들이 응원하고 있던 엔게만과의 결합을 신속히 마무리할 것을 재촉했다. 하지만 위너는 머리로 하는 일이나, 마음으로 하는 일이나 억지로 내몬다고 떠밀려가지는 않았다. 그와 마거리트는 5년 동안 가끔씩 얼굴을 보며 지냈다. 그 기간에 위너는 MIT와 유럽에서 수학자로서 명성을 쌓아갔고, 그 동안 마거리트는 석사학위를 따고 펜실베이니아의 작은 여자대학교에서 현대어 강사자리를 맡게 된다. 두 사람은 중간에 있는 친구네 집에서 만났고, 학기 사이에도 얼굴을 보았지만 이들의 길게 이어지는 교제는 위너의 말대로 너무 간헐적이라 진전이 없었다.

괴팅겐에서 인상적인 실적을 거둔 후에 위너는 보른과 힐베르트, 그리고 괴팅겐대학교 수학과의 새 학과장이자 힐베르트의 제자인 리하르트 쿠란트Richard Courant에게서 그 다음 해를 괴팅겐대학교에서 함께 하자고 공동으로 초대를 받았다. 1926년 초에 그는 새로 생긴 뉴욕의 구겐하임 재단으로부터 그 계획을 뒷받침해 줄 보조금을 지원받았다.

그는 바로 마거리트에게 청혼했고, 그녀도 청혼을 받아들였다. 하지만 두 사람의 시간표가 서로 맞지 않았다. 위너는 4월에 괴팅겐으로 떠날 예정이었고, 마거리트는 펜실베이니아에 남은 자신의 학교생활을 마무리하기를 원했다. 그래서 두 사람은 봄에 결혼하고 몇 달 후 독일에서 다시 만나기로 뜻을 모았다.

마침내 그의 연구와 그의 애정 생활이 한 곳으로 모이고 있었고, 위너는 자신의 행운에 지나칠 정도로 황홀해했다. 괴팅겐에서 보낸 그 다음 해에 대해 그는 이렇게 회상했다. "나는 처음으로 제대로 인정받는 것 같아서 너무도 기쁜 마음이었다. 그리고 내가 신문에 실제보다 더 과장해서 말한 것 같아 두렵다. 아무래도 내가 자랑하는 데만 정신이 팔려서 분명 미운털이 박혔을 것 같다." 다가오는 결혼에 대해서도 그는 부모의 음모와 감정의 우회로를 넘어 여기까지 왔다는 자신감을 얻었다.

노버트와 마거리트는 1926년 4월에 필라델피아에서 결혼식을 올렸다. 두 사람 모두 31세의 늦깎이 신혼부부였기 때문에 신혼여행은 애틀랜틱시티로 짧게 다녀왔다. 그 며칠 동안 두 사람은 사랑에 빠진 잉꼬 한 쌍이었다. 노버트는 호텔에서 부모에게 편지를 썼다. "부모님, 마거리트와 저는 행복한 신혼여행을 즐기고 있습니다. 그녀는 정말 사랑스러운 여자고 저는 정말 운이 좋은 남자입니다." 위너는 마거리트를 그녀의 독일식 약칭인 그레텔Gretel로 부르기 시작했다. 이것은 그가 새 신부에게 진정한 애정을 느끼고 있었음을 보여주는 표현이었다. 이 신혼부부는 함께 뉴욕으로 갔고, 그곳에서 위너는 유럽으로 출발했다. 며칠 후에 대서양 횡단 정기선 S. S. 미네카다Minnekahda 호에서 그는 세상의 왕이 되어 부모로부터 해방되었음을 과시했다. 그는 배의 소박한 메모지에 부모님께 보내는 편지를 쓰며 이렇게 끝을 맺었다. "신혼 생활은 무척 즐겁습니다. 부모님의 (더 이상은 그렇지 않은) 충실한 아들 노버트로부터."

그가 도착했을 즈음 데번Devon 주의 들판에는 앵초 꽃이 만발했고, 그는 열정과 낙관으로 가득 찬 상태에서 괴팅겐으로 출발했다. 두 달 후에 마거리트는 마찬가지로 들뜬 마음으로 처음 다시 고향을 찾았다. 그녀는 자신이 탁월한 객원 교수의 독일 출생 아내이고, 자신도 능력 있는 학자였으니 구세계의 학문적 사회적 전통에 물들어 있는 곳인 괴팅겐에 금방 익숙해지리라 생각했다.

하지만 괴팅겐에서 이 신혼부부에게 일어난 어떤 일이 두 사람의 삶을 영원히 뒤바꿔놓았다. 2년 전 여름의 만족스러웠던 방문과는 대조적으로 위너는 장기 정착 생활을 준비하는 동안 막 싹 트고 있는 나치주의와 만나게 된다. 나치주의가 독일의 대학가를 장악하고 있었다. 하버드대학교에서 교육받고 와서 독일 언론에 자랑하는 말을 한껏 쏟아낸 이 젊은 구겐하임 장학생이 제1차 세계대전에서 독일이 보인 행동에 격렬히 반대했다는 이유로 나치돌격대의 블랙리스트에 이름이 오른 거침없는 언변의 하버드대학교수 위너라고 확신한 극단적인 민족주의자들이 그의 학문적, 사회적 만남을 감시하며 괴롭혔다.

그리고 위너는 이즈음에 두 번째 장애물과 만났다. 괴팅겐대학교 수학과의 새 학과장 리하르트 쿠란트도 그를 괴롭히고 있었다. 재능 많은 폴란드 태생의 유대인 수학자 쿠란트는 몇 해 전에 그 대학교에 새로 수학 연구소를 세웠는데, 위너가 도착했을 때 쿠란트는 하버드대학교에 있는 위너의 천적 버코프의 환심을 사려고 열심히 노력하고 있는 중이었다. 버코프 역시 그 해 봄에 괴팅겐에 와 있었다. 그는 록펠러 재단의 정찰 임무를 띠고 있었다. 록펠러 재단은 제1차 세계대전으로 폐허가 된 후의 바이마르 독일에서 가치 있는 프로젝트에 자금을 지원하려 하고 있었다. 그리고 버코프는 쿠란트의 연구소를 그 자금을 지원받을 잠재적 수혜자로 고려하고 있었다.

쿠란트는 두 명의 숙적 수학자 버코프와 위너 사이에서 괴로워했다. 그리고 자기가 속한 연구소의 이해관계가 달린 일이라 그것도 괴로웠다. 그리고 유대인으로서 괴팅겐, 그리고 자신의 중요한 후원자인 독일 정부의 고위층에서 자라고 있는 새로운 나치주의의 열병 때문에 더욱 압박을 느꼈다. 사방에서 가해지는 압력 때문에 쿠란트는 위너에게 등을 돌렸다. 위너가 그 후에 이어진 사건에 대해 다시 이야기하자 쿠란트는 위너가 언론에 자랑스럽게 한 말을 가지고 거칠게 공격했다. 그는 객원강사로 임명받은 위너를 공식적으로 인정해 주지도 않았고 위너가 약속받았던 조건들을 폐지하거나 마지못해 들어주었다. 나치의 군사통치와 쿠란트로부터 받은 학문적 수치가 겹쳐지면서 위너는 자신감이 잦아들고 거의 신경쇠약에 걸릴 지경까지 갔다.

그가 느끼는 압박은 발표에서도 분명하게 드러났다. 그의 훌륭한 아이디어들이 두서없이 쏟아져 나왔고, 그의 독일어도 뒤죽박죽이 되고, 강의를 들으러 오는 사람도 측은할 정도로 없었다. 강의를 들으러 온 사람들도 저런 위너가 어떻게 신동 소리를 듣게 된 것인지 궁금해질 뿐이었다. 위너는 균형을 잡기 위해 그 대학교에 있는 미국 친구와 영국 친구들에게 의지했다. 그들은 7가 우울증을 극복할 수 있도록 보살펴주었지만, 그 도움도 부질없었다.

마거리트가 도착했을 즈음 위너는 제정신이 아니었고, 본인도 인정하듯 암흑과도 같은 우울증의 고통에 빠져 있었다.

마거리트는 괴팅겐에서 마주한 위너의 모습에 즐거워할 수 없었다. 그녀가 만난 위너는 오랫동안의 구애와 짧은 신혼여행 기간에 보았던 그 남자가 아니었다. 위너는 망가질 대로 망가져 있었고 그녀는 그 모습에 충격을 받았다. 설상가상으로 마거리트가 도착하고 얼마 지나지 않아 레오와 베르타가 유럽으로 여름 여행을 왔다가 괴팅겐에 들렀다. 위너의 기억에 따르면 "나의 성공 이야기를 듣고 싶은 마음도 있었고, 새로 결혼한 두 사람이 어떻게 지내는지 감시하려는 마음도 있었을 것이다." 위너는 아버지에게 나치가 독일을 상대로 적대적인 표현을 했었던 아버지를 아들인 자기와 혼동하는 바람에 대학에서 자기를 적대시하게 됐다고 말하고 난 후로 심적 고통이 더 심해졌다. 위너와 마거리트 두 사람은 레오와 베르타가 유럽의 다른 목적지로 떠날 때까지 아주 불행한 일주일을 보냈다.

그 뒤로 머지않아 위너와 마거리트는 위너의 마음의 상처를 어루만지기 위해 스위스의 산악지대로 휴식하러 갔다. 두 사람은 그곳에 도착하고 레오와 베르타로부터 편지를 한 통 받았다. 인스브루크에서 가족 모임이 있으니 오스트리아로 오라는 호출이었다. 그리고 어린 시절부터 쭉 그래왔던 것처럼 부모님의 강요에 저항하기에 위너의 내면은 너무도 약했다. 인스브루크에서 마거리트는 새로 뜬 눈을 통해 위너의 가족 내 역학관계를 다시 보게 됐고, 남편을 양친의 정신적 마수로부터 빼내 오겠다고 다짐하게 된다. 두 사람은 레오와 베르타에게 정중하게 이별을 고했다. 그리고 이 신혼부부는 오랫동안 미뤄 두었던 유럽 신혼여행을 시작하기 위해 남쪽 이탈리아로 향한다.

하지만 그 신혼여행조차 시작하기도 전에 끝나버린다. 베니스의 낭만적인 수로를 지날 때도, 피렌체의 화려한 르네상스 유적을 둘러볼 때도 위너의 암흑 같은 우울증은 두 사람을 끈질기게 쫓아다닌다. 40년이 지난 후에도 위너는 여전히 그 여행과 그 뒤로 따라온 고난의 결혼 생활에 대해 미안해하고 있었다. "신경증으로 감정의 저점을 지나고 있는 남편과 문제에 휘말리는 것이 마거리트에게는 전혀 즐거운 경험이 아니었다. 부모님이 마거리트에게 나와의 결혼으로 감당해야 할 문제가 무엇인지 솔직히 말해주지 않고 오히려 나의 정서적 문제를 숨기고 넘어갔기 때문에 문제가 더 커졌다."

이런 솔직한 인정은 마거리트가 자기 남편의 요동치는 감정 상태를 깨달으면서 시작된 가족 드라마에 대한 작은 암시에 불과했다. 노버트와 마거리트가 레오와 베르타에게 보낸 편지에서 두 사람은 몇 개월밖에 안 된 결혼 생활을 내리 누르고 있는 중압감에 대해 적었다. 위너는 부부가 서로 적응하는 문제를 해결할 필요가 있다고 애매하게 표현했다. 마거리트는 위너가 괴팅겐에 있는 동안 심한 우울증을 겪었으며 남편이 신경파탄에 이를까 봐 정말로 두려웠노라고 터놓고 말했다. 그리고 강인한 말로 시부모님을 안심시켰다. "노버트는 절대적인 휴식이 필요합니다. 제가 책임지고 그이가 쉴 수 있게 만들겠습니다."

그 순간부터 마거리트 위너는 자신이 상상했던 행복한 교수 부인의 길은 체념하고 그와는 사뭇 다른 역할을 다짐한다. 남편이 국제 과학계에서 스타의 반열에 오르는 동안 자신은 예민하기 그지없는 남편의 돌보미이자 보호자가 되리라 맹세한 것이다.

4장

약전류, 가벼운 컴퓨터

제우스의 벼락은 어디에 있는가? …
버려진 엘렉트라만 홀로 폭풍에 맞서는구나.

— 소포클레스, 『엘렉트라』

위너와 마거리트는 괴팅겐을 떠나 코펜하겐으로 간다. 그리고 그곳에서 위너는 나머지 구겐하임 보조금을 덴마크의 선구적인 수학자이자 닐스 보어의 남동생 하랄드 보어^{Harald Bohr}와 함께 연구하는 데 사용한다. 이 부부가 코펜하겐에서 보낸 시간은 두 사람의 영혼에 활력을 불어넣고, 위너가 미국으로 돌아갈 힘을 내게 해주었다.

두 사람은 추운 겨울 바다를 건너 살을 에는 북동풍을 뒤로 하고 1927년 1월 중순에 보스턴에 도착했다. 보스턴이 눈보라에 갇혀 있다 빠져나오자 위너와 마거리트는 살 집을 알아보러 다녔다. 두 사람은 보스턴 근교의 알링턴 노선 바로 위쪽에 위치한 플레전트 가^{Pleasant}

Street에서 쾌적한 아파트를 찾았다. 위너는 손재주는 별로 없는 사람이었지만 그래도 집안을 꾸리는 생활에 적응하기 위해 용감하게 뛰어들었다. 그는 가구에 광택제를 바르는 법과 난로를 관리하는 법을 배웠다. 하지만 신통치는 않았다. 그의 말대로 이쪽 분야는 그의 적성이 아니었다.

그의 적성은 수학에 있었고, 그의 재능을 간절히 필요로 하는 사람들은 MIT의 전기공학자와 미국 전역에 퍼져 있는 그의 동료들이었다. 1927년 즈음에는 미국의 통신채널에 혼란이 찾아왔다. 불과 10~20년 만에 전화 산업이 단순한 화젯거리에서 어디서나 흔히 볼 수 있는 장치로 여겨질 만큼 성장했다. 전화 산업의 폭발적 성장에 미국전화전신회사AT&T에서는 전화교환수에 대한 수요가 급속도로 커졌다. 그 바람에 회사 측에서는 전화 시스템을 운영하려고만 해도 미국의 모든 젊은 여성들을 전화교환수로 고용해야 할지도 모른다는 경고가 나왔다. 다이얼 전화기를 사용하면서 미국 여성들은 그런 위협을 피할 수 있었지만 단거리 통신과 장거리 통신의 수요가 폭발적으로 증가하면서 전화 시스템이 더욱 복잡해졌고, 공학적으로 해결해야 할 어려운 문제들도 엄청나게 생겨났다.

저렴한 가정용 수신기가 판매되기 시작하고, 1920년대 초반에 최초로 전국 방송망이 서비스를 시작하면서 새로운 무선 기술 역시 기하급수적으로 성장하고 있었다. 미국 전역에서 500개의 방송국이 작은 대역의 라디오 주파수 채널로 방송했는데 이 채널들이 서로의 신호와 간섭하는 경우가 많았고, 장거리 전화선을 이용해서 라디오 프로그램을 지역 방송국으로 중계하는 시스템이 전화선 용량에 과부하를 낳고 있었다. 전화 공학자와 무선 공학자 모두 문어발처럼 뻗어나가고 있는 통신망이 과부하를 일으켜 짜증나는 혼선과 귀를 찢는 잡음으로 붕괴하지 않게 막으려면 더욱 강력한 부품과 회로를 효과적으로 설계하고 구축할 방법이 필요했다.

그리고 회로에 더 큰 부담을 안겨줄 새로운 통신 장치가 새로 등장하고 있었다. 십 년 간의 주식 투기 열풍을 충족시켜 줄 고속 전신 주식 시세 표시기, 그리고 글과 이미지를 전국 신문사로 전송해 줄 전신 타자기와 유선전송사진 팩스였다. 1927년에는 전기 음향기록이 실용화되면서 유성영화가 탄생했고, 최초의 실험적인 장거리 텔레비전 전송이 이루어졌으며, 이런 발전이 더 많은 기술적 도전과제를 만들어냈다. 1925년에 AT&T의 사내 공학부서들을 통합해서 만들어진 현대적 기업 연구센터의 원형이라 할 수 있는 뉴욕시 벨 전화 연구소에서 사내 과학자와 수학자들이 전화기, 라디오, 음향기록 기술의 개발에 큰 발걸음을 내디뎠다. 벨연구소의 과학자들은 회사의 공학자들과 함께 연구해서 미국의 전화 시스템을 개선할 새로운 기술적 도구들을 고안했다. 예를 들면 자동 회선교환, 다중화(각각의 통화를 서로 다른 주파수의 전기 신호로 전송함으로써 한 전화선 세트로 동시에 여러 통화를 전송하는 기술), 그리고 서로 다른 신호들을 정리해서 각각의 통화를 목적지로 보내주는 특수 전기 '여파기 wave filter' 등이다.

하지만 이런 개선에도 불구하고 새로 싹 트고 있던 전기통신 분야는 과학적으로 말하면 척박한 전초기지 같은 신세였다. 전기신호의 조화 분석을 위한 위너의 새로운 공식은 아직 일상의 공학에 적용되지 않고 있었다. 전기 회로를 설계하고 여러 가지 일상적인 공학과제를 완수하는 데 필요한 체계적인 방법은 아직 나오지 않았다.

그리고 정확히 설명조차 하기 힘든 새로운 문제가 등장하고 있었다. 일찍이 1924년에 벨연구소의 시스템 공학자들은 AT&T의 전화선을 통해 라디오 프로그램을 전송하려면 대화를 전송할 때보다 거의 2배나 많은 '메시지'가 필요하다는 것을 관찰했다. AT&T의 장비를 최대로 활용하고, 신호전송 속도를 극대화해서 회사의 이윤을 증가시키기 위해서 이 공학자들은 '메시지의 크기'를 판단하고, '기밀 전송'을 위한 최고의 암호화 방법을 찾아내고, '전화 시스템을 통해 전달되는 재화commodity'를 과학적으로 기술하고 측정할 더 나은 방법을 찾아내야 했다.

하지만 그 뜻도 애매한 '재화'는 대체 무엇일까? 이 때 벨연구소의 과학자와 공학자들은 그들이 전송하고 있는 것을 측정하기는 고사하고, 그 정체도 제대로 알지 못하고 있었다. 이것은 새로운 전기 시대의 가장 근본적인 질문이었지만, 그들의 모든 노하우와 공학적 능력에도 불구하고 AT&T와 모든 전기 회사에서 통신기술을 담당하는 신출내기 귀재들은 새로운 기술산업의 큰 그림을 아직 이해하지 못하고 있었다. 이 분야에는 아직 아인슈타인처럼 사고실험을 하고, 러셀처럼 물리적 원리와 논리적 명제를 기반으로 그것을 밑바닥부터 재현할 수 있는 사람도 없었다.

1920년대 말에 누버트 위너가 그 주제에 본격적으로 달려들기 진까지만 해도 엄격한 통신과학이란 것이 존재하지 않았다. 위너는 이 혼란을 내려다보며 사산으로 태어난 자신의 수학을 새로운 통신기술의 실용적인 문제에 적용해서 자신의 조화분석 연구를 한 차원 높은 단계로 끌어올리겠다고 마음먹는다.

　　　　　　＊ ＊ ＊

조사를 시작하면서부터 그는 광란의 20년대Roaring Twenties(사람들이 활력과 자신감으로 넘치던 1920년대를 말한다 - 옮긴이)의 풍경과 소리를 바꾸어 놓고 있던 새로운 전기신호들이, 간신히 감지할 수 있는 약전류로 이루어져 있음을 관찰한다. 이 약전류의 미묘한 전기적 작용이 전력공학의 강한 전류와는 또 다른 세상을 이루고 있었다. 약전류와 강전류의 구분은 미국이 아니라 유럽의 공학자들이 한 것이었다. 미국에서는 전력공학자, 전화공학자, 무선공학자 등을 모두 '전기공학자'로 부르고 있었다. 두 분야는 나중에 '전기공학'과 '전자공학'으로 알려지게 된다. 하지만 위너에게는 유럽식 구분이 중요하게 다가왔다.

미국의 전신선과 전화선을 따라 흐르는 이 약전류는 점점 속도가 빨라지는 현대의 메시지들을 터무니없을 정도로 작은 기전력electromotive force을 이용해 이동시키고 있었다. 송전선으로는 킬로볼트, 메가와트 단위로 전류가 흐르는데 반해 전신선과 전화선을 흐르는 전류는 몇 볼트, 몇 와트 단위에 불과했다. 그리고 보이지 않게 대기를 통해 전달되어 새로 등장하는 대중매체 문화의 수문 역할을 할 진공관에 포착되는 새로운 무선통신 라디오파는 더 약하고 덧없었다.

일찍이 위너가 파악했듯이 이런 기이한 약전류는 알려진 것이 전혀 없는 양quantity이었다. 전류는 고정된 궤적을 따라 세상을 가로질러 움직이는 단단한 물체도 아니고, 새로운 양자역학의 원리를 따라 순식간에 일어나는 아원자 현상도 아니었다. 이들의 행동은 강물 위로 왈츠를 추듯이 흘러가는 파도, 고요한 수면 위에서 변덕스럽게 폴카를 추는 꽃가루 입자, 바이올린 현의 떨리는 진동과 더 조화를 이루었다. 그래서 위너는 기술자와 수학자들 중에서 이 문제를 과학적으로 해결할 수 있는 독특한 위치에 서 있었다.

위너는 자신이 기존에 진행했던 연구를 바탕으로 통신공학이라는 분야 전체에 근본적으로 새로운 접근방식을 만들어내기 시작한다. 통계적 접근법이었다. 그는 특히 깁스의 모든 것을 아우르는 통계역학 체계에서 영감을 얻었다. 이것은 확률론이라는 수학적 개념을 바탕으로 했고, 위너가 보기에는 전기신호의 새로운 영역으로 들어갈 마스터키를 쥐고 있는 듯 보였다. 하지만 이것을 더 가까이서 들여다본 위너는 깁스의 통계역학이 내세운 근본 가정, 즉 가장 불규칙하고 무작위적으로 보이는 시스템도 시간이 지나면 확률론의 원리와 현대의 통계적 방법으로 예측할 수 있는 방식으로 행동한다는 가정이 처음에는 수학적으로 그냥 부적절한 정도가 아니라 아예 불가능한 행태로 진술되었음을 알고 놀랐다.

위너는 자신의 리듬에 맞추어, 한 발 한 발, 한 줄 한 줄 낡은 것의 오류를 수정하고 새로운 가닥을 엮어 넣기 시작했다. 위너 스스로도 자기에게는 '성장과 진보의 시기'라고 극찬했던 1920년대 후반에서 1930년대 초반을 거치며 그는 통신공학을 통계 과학으로 자리매김 하기 위한 새로운 논리적, 수학적 토대를 구축했다. 유럽과 미국의 학술지에 발표한 10편이 넘는 논문에서 그는 자신이 몸담았던 두 가지 거대한 전통, 즉 유럽의 과학과 미국의 독창성을 결합해서 대서양 양쪽 대륙에서 통신 공학자들이 사용하던 서로 다른 방정식 사이를 이어놓았다. 이 창조적인 파도는 그의 중요한 논문에서 정점을 이루었다. 그 논문은 1930년에 스웨덴의 일류 학술지 〈악타 매스매티카Acta Mathematica〉에 '일반화 조화분석'이라는 간단한 제목으로 발표됐다. 이 논문에서 위너는 십 년이 넘게 이어져 온 자신의 '파동 문제'와 통신공학 전반에 걸친 모든 파동문제에 대한 엄격하고 통합된, 새로운 통계적 접근방식에 이름을 부여하고, 형식적으로 확립했다.

그의 새로운 통계적 관점은 그가 어린 시절에 "사실 인간의 모든 지식은 추정에 바탕을 둔 것"이라는 분명한 결론을 내렸던 '무지론'이 완전하게 꽃을 피운 것이었다. 이것은 또한 세계를 떠들썩하게 만든 불확정성의 원리와 불완전성 정리, 그리고 다른 저명한 과학자와 수학자들이 서로 몇 년 안에 제시한 확률론을 가장 일반적인 과학적, 수학적 방식으로 반영하고 새로 틀을 잡고 있었다.

통신공학이라는 분야에서 그의 새로운 통계적 접근방식은 브라운 운동을 하는 꽃가루 입자의 움직임, 그리고 단독으로, 혹은 다발로 움직이는 전자들의 움직임 같이 메시지를 실어 나르는 전자 파동의 운동을 확실성이 아니라 0과 1사이의 척도에서 수학적으로 표현된 확률로 기술했다. 여기서 0은 완전한 불확실성과 불가능성을 의미하고, 1은 완전한 확실성과 예측가능성을 의미한다. 그가 몇 년 후에 자신의 새로운 사고방식에 대해 설명하였듯이 그의 통계론이 갖고 있는 힘은 모든 과학 데이터에 내재되어 있는 부정확성으로부터 흘러나온다. 이 부정확성은 대부분의 공학자와 과학자들이 전반적으로 여전히 인정하기를 주저하고 있던 피할 수 없는 세상의 현실이었다. 그는 새로운 통계적 방법이 불규칙한 전자 파동을 측정하고 분석하는 데만이 아니라, 일기예보에서 경제전망에 이르기까지 정확한 측정과 수학적 계산을 필요로 하는 모든 과학 과정에 상당한 장점을 갖고 있음을 알고 있었다.

통신 분야에서 전자 신호의 조화분석을 위한 위너의 새로운 통계 공식은 공학자들에게 사람 목소리의 복잡한 진동에서 교향악단의 연주, 재즈의 새로운 리듬 등의 새로운 방송 프로그램에 이르기까지 당시의 모든 불규칙한 약전류를 제어하고, 이용할 수 있는 길을 열어주었다. 그리고 바이올린 현을 한 번 튕긴 것처럼 순수하고 완벽한 비례를 따르는 관리가 가능함으로써 수학적 측정을 가능하게 해주었다. 그리고 위너의 새로운 수학은 거기서 한 발 더 나갔다. 그의 일반화된 공식은 모든 가능한 진동을 분석하는 데 사용할 수 있는 보편적 도구가 되었다. 가청음향, 가시광선, 혹은 보이지 않는 전자기파로 이루어진 것이든, 그리고 금속선, 희박한 공기, 혹은 진공관에서 진동하는 것이든, 혹은 2차원, 3차원 또는 가상의 무한 차원에서 진동하는 것이든 상관없이 모든 진동에 대해서 말이다.

위너 본인은 공학자가 아니었음에도 그는 자신의 논문에서 이 새로운 통계적 방법을 이용해서 전자회로를 흐르는 신호의 흐름을 불규칙한 운동이 만들어내는 귀에 들리는 '잡음'과 구분하는 방법을 보여주었다. 전자론의 한 돌파구를 통해 그는 그 잡음신호를 적절한 여파기에 통과시키면 거기서 출력되어 나온 값이 본질적으로 통계적이기 때문에 전자 전하electronic charge를 측정할 수 있는 소중한 수단이 생긴다는 것을 보여주었다. 그의 새로운 방법은 모든 종류의 전자 기술에 적용할 수 있었다. 이것은 전자 신호를 할당된 전송 주파수로 시간과 공간 속에서 움직이는 일련의 데이터로 분석할 수 있는 최초의 도구를 제공해 주었다. 그리고 통신공학자들이 거래하고 있던 새로운 재화의 본질을 명확히 하고 그 양을 측정하기 위한 최초의 시도로 위너는 가능성이 같은 두 가지 선택(0이나 1)의 수열로 데이터를 표상하는 새로운 2진법 체계를 이용해서 무한한 선택 시퀀스로 이루어진 전자

데이터의 흐름을 측정하고 정확하게 예측하는 독창적이고 새로운 방법을 고안했다.

시간이 지나면서 이 모든 혁명적 개념들이 현대 통신과학의 핵심 요소로 등장하게 된다. 이것이 1930년에 발표됐을 때 위너의 '일반화 조화분석'은 한 번 더 돌파구를 마련했다. 그의 광범위한 과학적 프레임은 무작위 과정, 즉 자연과 인간사에서 나타나는 무한히 불규칙한 발생에 관한 일반이론을 정의하고 그것을 길들이는 데 필요한 통계적 방법을 제공했다. 그의 연구는 확률론적, 혹은 추계학적stochastic 과정의 연구를 개시했다. 그와 다른 사람들은 앞으로 여러 해에 걸쳐 이 연구를 수학, 물리학, 공학, 그리고 그와 거리가 있는 다른 분야의 최전선에서 발전시켜 나갈 것이다. 그리고 그 과정에서 위너는 그가 자랑스럽게 과학적 사고에서의 새로운 운동이라고 선언한 것을 시작했다.

위너는 수학만으로도 당시보다 10년에서 20년, 일부 영역에서는 30년까지 앞서 나갔다. 머지않아 확률론의 우주 전체를 담고 있는 두 작은 숫자 0과 1, 그리고 새로운 2진법 논리와 그것이 나타내는 전자적 과정이 새로운 통신 기술 전체를 지배하게 될 것이었다. 하지만 당시에 그것을 인식하고 있는 사람은 거의 없었다. 사실 미국의 통신공학자들은 대부분 위너가 그들의 분야에서 실용적인 연구를 하고 있다는 사실조차 인식하지 못하고 있었고, 그것을 인식한 사람들조차 위너의 새로운 통계 이론과 방법론을 적용하기는 고사하고, 간신히 이해하기 시작한 수준이었다.

그가 앞서 펴낸 수학 논문과 마찬가지로 약전류에 관한 위너의 강한 연구는 MIT를 근간으로 한 그의 지역 너머에서는 잔물결조차 일으키지 못했다.

✳ ✳ ✳

 1927년 봄 플레전트 가로 돌아온 위너와 마거리트는 새로운 가정생활에 익숙해지고 있었다. 괴팅겐에서의 고통은 잦아들었고, 이번만큼은 유럽보다 미국에서 더 행복한 자신을 보고 위너도 놀랐다.

 마거리트는 새로 맡은 교수 부인으로서의 임무를 결연하게 실천에 옮기고 있었다. 그녀는 위너가 조교수로 벌어오는 쥐꼬리만한 봉급을 가지고 관리가 잘 된 편안한 가정을 꾸렸다. 그리고 가계살림을 동전 한 푼의 오차도 없이 정확하게 관리했다. 그녀는 이렇게 말했다. "노버트는 수학을 하고, 나는 산수를 했다." 그녀는 요리도 잘 해서, 자신은 채식주의자가 아님에도 위너가 좋아하는 채식 식단을 솜씨좋게 만들어냈다. 마거리트는 사무적인 면에서 남편을 완벽하게 보필했다. 위너가 면도를 하는 동안 침대 위에 그가 입고 나갈 양복을 준비해 놓고, 문을 나설 때는 점심값을 건네주었다. 이제 위너는 어린 시절 빅토리아 시대풍의 딱딱한 태도를 풀고 마거리트에게 거리낌 없이 애정을 표현했다. 하지만 그녀는 사람들 앞에서나 사적인 자리에서나 애정 표현을 잘 하는 유형은 아니었다.

 위너는 자신의 내면에서 '결혼한 남성으로서의 새로운 성격'이라 부르고 싶은 우월한 존재를 발견하고 심지어 좋아하기까지 했다. 그는 위너 가문에서 새로이 생긴 자신의 자율성도 좋아했다. 레오와 베르타는 아들이 스스로 가정을 꾸리기 시작하는 모습을 보고 기뻤지만 위너와 마거리트가 자신이 자식과 그 배우자들에게 정해준 가족의 도리도 잘 따르기를 바란다는 기대를 분명하게 밝혔다. 위너는 사실 이것이 절대 가능하지 않은 일이라는 것을 알고 기뻤다. 그와 마거리트 모두 만약 레오와 베르타가 위너와 마거리트의 결혼으로 위너를 가족의 울타리 안에 영원히 붙잡아 둘 수 있을 거라 생각했다면 그것은 오해였음을 입증해 보여주겠다고 단단히 벼르고 있었다.

그 해 여름에 위너는 새로운 동료 더크 얀 스트루이크Dirk Jan Struik를 자기가 뉴햄프셔에서 즐겨 찾는 곳으로 데려가 그를 등산에 입문시켜주었다. 스트루이크는 위너가 1925년에 괴팅겐에서 만났던 재능 있는 네덜란드 수학자였다. 두 사람은 친한 친구가 되었고, 1년 후에 위너는 스트루이크에게 미국으로 건너와서 MIT의 수학과를 함께 발전시키자고 유도한다. 이제 두 사람은 일주일에 걸쳐 북쪽으로 화이트 산맥의 황무지를 거쳐 위너가 15살에 처음 올랐던 바람 거센 워싱턴 산 정상까지 험난한 등산길에 나섰다. 두 사람은 수염이 덥수룩한 강인해진 모습으로 돌아왔다. 위너는 스트루이크가 수염 때문에 마치 렘브란트가 그려놓은 그림처럼 보인다고 말했다. 마거리트는 위너의 얼굴을 염소수염만 남기고 모두 다듬었다. 위너는 이 염소수염만큼은 절대 포기하지 않았다.

그 해 늦은 여름 위너와 마거리트는 뉴햄프셔 주의 산맥에서 자기들만의 장소를 물색하기 시작했다. 두 사람은 샌드위치 동쪽으로 15킬로미터 떨어진 사우스탬워스South Tamworth의 작은 마을에서 괜찮아 보이는 곳을 찾아냈다. 이 하얀색 프레임의 농가는 위너가 어린 시절에 살았던 올드밀 농장처럼 남북전쟁 전에 지은 손 볼 곳이 많은 허름한 집이었다. 이 집은 두 능선 사이 계곡에 펼쳐진 푸른 녹초지가 내려다보이는 둔덕 위에 자리잡고 있었다. 이 집은 높이 솟아 있는 백년 넘는 단풍나무들이 집을 둘러싸 고상한 분위기를 자아내고, 집 주변 공간을 멀리까지 산을 촘촘하게 뒤덮고 있는 삼나무, 소나무 숲과 구분해

주었다. 집은 우아하고 널찍했으며 마룻장이 넓고 채광도 좋았다. 거실에는 커다란 벽돌 난로가 있고, 한쪽 끝에는 안락한 서재가 있었다. 앞쪽으로는 작은 침실 두 개가 둥지를 틀고 있었고, 천장이 처마를 향해 낮게 경사져 있는 다락방으로 올라갈 수 있는 짧은 계단이 있었다. 집 뒤편에는 칸막이가 쳐진 커다란 현관이 있고, 문을 열면 고귀한 샌드위치 산맥의 장엄한 풍경이 눈에 들어왔다.

이곳은 마거리트에게 실레지아 동부의 장엄한 리젠 산맥에서 보냈던 어린 시절의 따뜻한 기억을 채워주었다. 그리고 위너에게는 산책하며 거닐 수 있는 무한한 공간과 긴 여름휴가 동안 복잡한 케임브리지에서 벗어나 생각하고 글을 쓸 수 있는 조용한 장소를 제공해주었다. 그는 매년 이렇게 뉴햄프셔에서 공백기를 보내는 것을 학자의 사치가 아니라 정신적, 정서적 필수 요소라 여겼다. 그는 연구하는 동안에는 MIT 동료들과 지속적인 상호연락이 필요했지만, 연구가 마무리되고 그렇게 나온 결과를 글로 옮겨야 할 순간이 찾아오면 집중적인 지적 노력과 지적인 것과는 아무런 상관 없는 기쁨 사이를 단순하게 오갈 충분한 시간과 공간이 필요했다. 그 시간과 공간 속에서 그의 인생은 어릴 적 여름에 그런 곳에 머물렀던 이후로 그 단순한 기쁨은 언덕과 목초지 산책, 그곳에서 만든 친구들과의 어울림, 장거리 수영, 뉴햄프셔 주의 산악 호수 연안에서 즐기는 일광욕 등으로 채워졌다.

그리고 이런 시골 장소를 구한 데는 또 다른 목적도 있었다. 그해 여름에 마거리트는 남편에게 임신사실을 알렸다 위너는 레오처럼 목가적인 환경에 목매는 사람이 아니었다. 그는 농사를 짓겠다거나, 자식을 농사꾼으로 키우겠다며 허세를 부리지 않았다. 하지만 동식물학자로서의 욕망과 평생 이어진 야외활동에 대한 사랑 때문에 그는 자기

자식들에게 도시와 보스턴 교외중산층 지역에서만의 삶만이 아닌 그 이상을 보여주고 싶었다. 위너는 오래된 농가와 아름다운 자연환경이 자식들에게 시골에 대한 경험과 우리가 모든 아이들이 태어날 때부터 타고나는 권리라 생각하는 자유로운 삶을 안겨줄 것임을 알고 있었다. 길을 따라 조금만 가면 있는 실번 베어캠프Sylvan Bear Camp의 짧은 호숫가와 따뜻한 물은 어린아이들에게 천연의 모래사장과 안전한 은신처를 제공하고, 그 지역 사람들과 여름에 모여드는 보스턴 지역 전문직 종사자와 그 가족들에게 모두 평등한 모임장소가 되어주었다.

그해 늦여름에 위너는 오래된 집과 35에이커에 달하는 주변 숲에 입찰해서 낙찰을 받았다. 구입해야 할 시간이 임박했음을 들은 레오 위너는 아들의 선택을 칭찬하며 1927년 9월에 토지 구입비용을 보태주기 위해 수표를 보내주었다.

그 다음 해 2월에 위너 부부의 첫 자식이 태어났다. 딸이었다. 기쁨에 찬 부부는 어린 딸의 이름을 바바라Barbara로 지어주었다. 그것이 유일한 논리적 선택이었다. 위너는 그 이름을 그가 어린 시절에 배웠던 중세시대 니모닉mnemonic(연상기억법)인 삼단논법의 제1 격figure, 제1 식mood에서 따왔다. 이 기억법은 연역추론의 고전 규칙에 단어의 패턴을 할당했다. 이 오래된 짧은 노래에서 첫 번째 니모닉인 'Barbara'의 'a' 모음 세 개는 '순수 우주pure universal'를 구성하는 세 개의 긍정명제를 부호화한다. 이 순수 우주란 다음과 같은 원초적인 삼단논법을 말한다. "만약 모든 a가 b이고, 모든 b가 c라면 모든 a는 c다.(예를 들면 "모든 그리스인이 논리학자이고, 모든 논리학자는 철학자라면, 모든 그리스인은 철학자다.")

위너가 생각하기에 그가 얻은 딸은 그의 첫 번째 자식일 뿐만 아니라 가장 높은 형태의 논증, 즉 순수 우주였다. 갓난아이가 아기 침대에서 우는 모습을 보며 그는 그가 아버지 앞에서 암송했던 4개의 격으로 울음을 달래는 스캣scat(재즈 보컬이 가사를 사용하지 않고 악기를 연주하듯 노래하는 창법 - 옮긴이)을 불러주었다.

바바라Barbara, 셀라렌트Celarent, 다리Darii, 페리오Ferio
세사레Cesare, 카메스트레스Camestres, 페스티노Festino, 바로코Baroco…

위너는 아기 돌보기와 기저귀 갈기 기술을 이제 막 배우는 서툰 학생으로서 새로운 인생 단계를 시작하면서 자기 아이를 동식물학자가 자연의 경이를 바라보듯 바라보았다. 그 해 여름에 가족은 짐 중에서 상당 부분을 플레전트 가의 아파트에서 사우스템워스의 새 집으로 옮겼다. 7월에 위너는 뉴햄프셔 주에서 아버지에게 편지를 썼다. "이곳에서는 모든 것이 좋습니다. 아기도, 그레텔도, 모든 것이요."

1929년 12월에 태어난 둘째도 딸이었다. 둘째 아이의 이름에는 논증도, 논리도 없었다. 둘째의 이름은 아들을 바라고 있다가 두 번이나 실망한 엄마의 마음을 달래기 위해 마거리트Margaret로 지었다. 마거리트란 이름을 가진 다른 많은 소녀들처럼 둘째 딸도 머지않아 진주라는 의미의 페기Peggy라는 애칭으로 부르게 됐다. 첫째 딸의 이름에는 첫째 딸이라는 확실한 도장이 찍혔지만, 둘째 딸의 이름에는 엄마의 딸이라는 지울 수 없는 표식이 남았다. 그리고 엄마는 바바라에게는 보여주지 않았던 애정으로 둘째 딸을 끌어안았다.

위너는 자신의 '순수 우주'와 '진주'에게 자신의 어린 시절 힐리어드 가의 뜰에서 그의 어머니가 읽어주던 이야기를 전해주었다.

어느 날 아침 … 채워지지 않는 호기심으로 가득한 코끼리 새끼가 전에는 한 번도 물어본 적이 없던 새로운 질문을 던졌어요. 그 코끼리 새끼는 이렇게 물었답니다. "악어는 저녁식사로 무엇을 먹나요?" 그러자 콜로콜로 새가 구슬프게 울며 말했습니다. "피버트리로 가득 찬 림포포 강의 거대한 회록색 기름투성이 강둑으로 가보렴. 그럼 거기서 …."

그는 30년 전에 아버지 앞에서 했던 것처럼 자기 딸들 앞에서 열변을 토했다. 그는 『일리어드』 2권에서 호머의 감미로운 배 목록을 고대 그리스어로 암송했다. 그리고 클레오파트라의 죽음을 축하하고, 악티움의 결정적인 전투에서 돌아오는 로마 병사들을 축하하는 호라티우스의 술 취한 시가^{ode}를 노래 불렀다.

그 노래들이 메아리로 사라지고 여러 해가 지난 후에도 바바라는 이렇게 기억했다. "로마로 진격하는 카이사르 군대의 발자국 소리에 맞추어 부르시던 아버지의 라틴어 시가 아직도 들려요. 그 노래의 뜻을 이해하기 훨씬 전부터 저는 그 소리와 사랑에 빠졌어요."

* * *

위너와 마거리트가 가정을 꾸리고 있는 동안 그 자랑스러운 아버지는 또 하나의 새로운 창조물의 탄생을 돕고 있었다. 몇 년 전인 1925년 가을에 위너는 최초의 현대적인 계산기를 만들기 시작한 MIT의 한 동료와 활발하게 상의를 시작한 상태였다.

수학 계산을 기계화하는 아이디어는 몇 세기 전부터 이어져 오고 있었다. 1642년에 열아홉 살의 프랑스 수학자 블레즈 파스칼$^{Blaise\ Pascal}$은 덧셈 계산기를 조립했다. 이 기계는 들쭉날쭉 튀어나온 바퀴살이 있는 톱니바퀴가 길게 늘어서 있고, 그 톱니바퀴를 이용해 더한 값을 한 위치에서 다음 위치로 자리올림 시키며 수를 세는 기계였다. 그 기계 상자 위쪽에는 계산의 총합을 보여주는 작은 창이 달려 있었다. 30년 후에 라이프니츠는 그보다 더 나은 계산기를 만들었다. 이 기계는 덧셈을 반복해서 수를 곱할 수도 있었다. 동일한 원리가 위너와 그 동료들이 제1차 세계대전 동안 애버딘 병기 시험장에서 사용했던 투박한 기계식 계산기에도 채용되고 있었다.

자동계산은 완전히 다른 개념이었다. 트리니티대학의 신동 찰스 배비지Charles Babbage가 '차분기관Difference Engine'의 초기 설계를 내놓은 1819년 이후로 영국에서는 꿈의 기계가 사람들의 머릿속에 자리잡고 있었다. 차분기관은 놋쇠, 백랍, 포금砲金으로 만들어진 증기기관으로 천측항법계산표를 산출했다. 1833년에 그는 그보다 개선된 '해석기관 Analytical Engine'의 새로운 설계를 내놓았다. 이 장치는 미리 예정된 순서를 따라 각각 50자릿수를 담고 있는 수를 천 개까지 계산할 수 있었다. 그의 새로운 증기기관은 현대 컴퓨터의 모든 기본 요소를 담고 있었지만 그 당시의 공학 수준으로는 배비지의 꿈을 따라갈 수 없었다.

그로부터 100년 후에 MIT 공학부의 떠오르는 스타였던 바네바 부시Vannevar Bush가 20세기 기술로 배비지의 기계장치를 재구성해서 새로운 기계를 만드는 일에 착수한다. 1920년대 전기공학자들이 대부분 그랬듯이 부시도 통신 쪽이 아니라 전력 쪽 사람이었다. 그는 미분방정식을 풀 수 있는 계산기를 만들고 싶었다. 미분방정식은 하나나 그 이상의 물리적 요소가 시간의 흐름 속에 연속적으로 변화하는 실세계 문제를 모형화할 때 공학자들이 광범위하게 사용하는 수학적 표현이다. 부시의 '미분 분석기differential analyzer'는 디지털 장비가 아니라 철저한 아날로그 장비였다. 이 장치의 계산은 탁상용 계산기처럼 계산을 통해 작동하는 것이 아니라 유추를 통해 작동했다. 유추가 표상하는 양에 비례해서 변화하는 실제의 물리적 힘을 이용한 것이다. 그의 기계는 회전 강철 샤프트로 연결된 모터 구동 원반과 기어로 구성된 정교한 장치를 이용해서 배비지의 것과 살짝 비슷한 기계적인 방식으로 미분을 구했다.

부시는 자신의 기계를 만들기 위해 위너에게 아이디어를 구하는 데 주저함이 없었고, 어린 시절부터 기계식 오토마타(자동으로 움직이는 장치)를 만드는 꿈을 꾸어온 위너 역시 부시의 초대를 기꺼이 받아들였다. 위너의 기억에 따르면 그가 1926년 여름에 괴팅겐으로 떠나기 전에 그는 그 프로젝트로 부시와 아주 가까이 지냈고, 그도 계산기 설계에서 자기가 할 수 있는 일을 하려고 노력했다고 한다.

두 사람은 서로 다른 계산의 비전을 두고 신사협정을 맺었다. 부시의 전기기계식 장치 프로토타입prototype(원형)은 하나의 변수만 연속적으로 변하는 평범한 미분방정식만 분석할 수 있었다. 이것은 큰 전류의 변동과 관련된 전력 공학적 문제에서 흔히 접하는 상황이었다. 반면 위너는 더욱 복잡한 편미분방정식을 분석할 수 있는 장치를 꿈꾸었다. 편미분방정식은 수학의 심연에 자리잡고 있는 괴물 같은 존재로, 여기서는 두 개 이상의 요소가 동시에 변화한다. 이것은 약전류를 사용하는 기술에서 자주 발생하는 상황이었다. 이런 복잡한 편미분방정식이야말로 시간과 공간 모두에서 불규칙하게 요동치며 메시지를 전달하는 전자기파와 씨름하는 전화 공학자와 무선통신 공학자들에게 필수적인 문제 해결 도구였다. 공교롭게도 이것은 위너가 개발 중인 일반화 조화분석 이론에 집어넣기 위해 머리를 쥐어짜고 있는 방정식과 같은 것이었다.

1926년 봄에 위너는 이미 부시의 투박한 크랭크축 장치가 충분히 빠르고 신뢰할 만한 결과를 내어줄지, 그리고 불가해한 편미분방정식을 풀기에 적합할지 걱정하고 있었다. "편미분방정식을 풀기 위해 진행해야 할 연산의 수가 한마디로 어마어마하다." 그는 나중에 이렇게 적었다. 그리고 부시의 기계 장치는 너무 느려서 실질적으로는 가치가 없었다. 그 대안으로 위너는 급속히 발전 중이었던 진공관 기술을 사용하는 새롭고 급진적인 종류의 계산기 설계를 생각했다. 진공관이 처음으로 상용화된 이후로 그는 진공관의 형체 없는 전자 빔의 잠재력에 매료되어 있었다. 전자빔은 빛의 속도로 이동하고, 기계 부품을 방해하는 마찰력이나 관성의 영향도 받지 않았다. 그리고 그가 전화나 무선통신에만 관심이 있는 것은 아니었다. 몇 년 앞서 현실화 가능성이 처음으로 입증된 텔레비전도 위너의 상상력을 사로잡고 있었다. 그는 살아 움직이는 그림을 전송하는 새로운 기술에 대해 듣자마자 광학 기반의 계산기를 이용하면 편미분방정식과 조화분석의 정교한 문제들을 부시의 기계식 분석기보다 더 신속하고 정확하게 풀 수 있겠다는 생각이 들었다.

위너는 보스턴 시내의 어두운 극장 안에 있다기 새로운 계산 개념이 머릿속에 떠올랐던 순간을 이렇게 회상한다. "낡은 코플리Copley 극장에서 공연을 관람하고 있었는데 그때 한 가지 개념이 떠올라서 공연은 잊어버리고 온통 그 생각에 관심이 쏠렸다. 조화분석을 위힌 광학 컴퓨팅 장치의 개념이었다. 나는 어쩌다 이렇게 아이디어가 떠올랐을 때는 어떤 경우라도 절대 무시해서는 안 된다는 것을 이미 잘 알고 있었기 때문에 바로 극장을 나와 새로운 계획에 대해 구체적으로 생각해 보았다. 그리고 그 다음날에 부시와 그 내용을 상담해 보았다."

위너는 빛 파동의 조화분석에 대해 앞서 연구한 적이 있었기 때문에 텔레비전의 새로운 광학주사기술을 그림의 전송을 뛰어넘는 다른 목적에도 사용할 수 있을 것이라 확신했다. 위너는 부시에게 낡은 금속 샤프트와 기어로 만든 기계적 장치에 대한 생각을 접고 텔레비전의 최첨단 약전류 기술을 선택해서, 새로운 주사 기술을 전전자식 광학컴퓨터에 병합시킬 것을 조언했다.

부시는 처음부터 위너의 의견을 잘 받아들였다. "그 개념은 정당한 것이었기 때문에 우리는 그것을 작동하는 형태로 제작하기 위해 두 번 정도 시도해 보았다." 위너는 이렇게 떠올렸다. 하지만 자기에게 공학 관련 재주가 없다는 것은 그도 잘 알고 있었다. "나는 순수하게 지적인 부분만 기여했다. 나는 동작이 서투르기로는 둘째가라면 서러울 사람이어서, 전선 두 개를 접합시키는 일조차 나의 능력을 한참 넘어선 것이었다." 그 후로 몇 달 동안 위너는 완전히 다른 컴퓨터 설계에 대해 부시와 계속해서 논의했다. 그리고 1926년 가을에 괴팅겐에서 큰 낭패를 당하고 마거리트와 유럽을 여행하는 도중에 그는 부모님에게 기분 좋게 편지를 써서 이렇게 전했다. "부시로부터 저의 기계와 그의 기계에 대해 좋은 소식을 전해 들었습니다." 돌아오자마자 그는 다시 컴퓨터 설계 합동 계획에 뛰어들었다. 위너는 이 새로운 연구를 전기적 신호의 통계적 분석에 적용할 수 있기를 희망했다.

컴퓨팅 역사의 이 짧은 막간 동안 부시와 그의 멋진 공학전공 대학원생들은 부시의 전기기계식 '프로덕트 적분기Product Integraph'와 위너의 광학적 '시네마 적분기Cinema Integraph'를 모두 만들었다. 하지만 위너의 기계 장치는 더 정교해서 시스템을 통과하는 광선 빔을 더 정확하게 측정해야 했는데 당시의 가용한 기술을 이용해서는 달성하기 어려운 과제임이 입증됐다.

부시는 1920년대에 광학 컴퓨팅을 선택하지 않았지만 진공관의 가치에 대한 위너의 조언은 받아들였다. 그가 컴퓨터로 달성한 최고의 업적은 미육군을 위해 1934년에 설계를 시작해서 1942년에 애버딘 병기 시험장에 갖다 놓은 100톤짜리 일급기밀 아날로그 컴퓨터였다. 이 컴퓨터는 320킬로미터의 전선, 150개의 전기모터, 2,000개의 진공관으로 구성되어 있었다. 이 기계장치는 사람이 탁상용 계산기를 이용해서 손수 계산하려면 20시간이 걸리던 사표firing table(목표 사거리로 탄약을 발사할 때 필요한 조건별 사격 제원표 - 옮긴이)를 15분이면 계산할 수 있었다.

그리고 위너가 부시와 공동연구를 하면서 생긴 다른 중요한 부산물도 있었다. 1929년에 부시는 전기공학자를 위한 회로이론을 얇은 책으로 엮어서 출판한다. 그 책에서 부시는 위너의 새로운 조화분석 수학이 상당한 실용적 가치가 있음을 저명한 공학자로서는 처음으로 인정하게 된다. 부시는 여러 장에서 위너에게 조언을 구했고, 그의 새로운 통계적 방법론을 적용하는 방법에 대해 부록을 집필해 달라고 부탁도 했다. 이 고도의 기술 서적은 두 사람 모두에게 영감을 불어넣어 주었고, 두 사람은 성격의 파장이 서로 달랐음에도 둘 사이에는 훌륭한 유머가 존재했다. 위너는 두 사람이 함께 연구하며 느꼈던 재미를 떠올리며 그 시간에 애정을 느꼈다. 부시 역시 이 책의 서문에서 둘이 함께 힘을 합치기 전에는 설마 공학자와 수학자가 함께 그렇게 좋은 시간을 보낼 수 있으리라고는 생각해 보지 못했다고 고백했다.

그 후로 몇 년에 걸쳐 부시는 뛰어난 재능 덕분에 미국 과학계의 관료 체계에서 높은 자리까지 오르게 된다. 위너가 컴퓨팅 기술의 발전을 최선의 방향으로 이끌어줄 조언을 그에게 해줄 수 있었다면 좋았을 것이다. 그래도 부시는 위너의 아이디어를 다시 거절했을 것이고, 위너의 비전이 선견지명이었음이 다시 한 번 입증되었을 것이다. 위너가 진공관 컴퓨팅을 요구한 것은 20년 전의 일이었지만 1920년대 중반 그의 선견지명은 기계적 장치에서 전자 장치로의 거대한 변화를 정확하게 예언한 것이었다. 그는 1950년대에 이렇게 단언했다. "현재 나와 있는 고속 컴퓨팅 장치들은 내가 당시 부시에게 제안했던 것과 아주 비슷한 노선을 따르고 있다." 레이저 스캐너와 일상에서 사용하는 다른 광학 데이터 처리 장치가 등장하기 수십 년 전에 위너는 자신이 제안했던 광학 컴퓨팅 개념들을 되돌아보며 이렇게 말했다. "나는 주사 기술scanning technique이 텔레비전 산업 자체보다 컴퓨팅 장치와 그와 비슷한 친척뻘의 장치에서 사회적으로 더욱 큰 중요성이 입증되리라 확신했다." 그 점에 있어서도 위너는 이렇게 말했다. "나는 컴퓨팅 장치와 제어 장치의 앞으로의 발달이 나의 의견이 옳았음을 입증해 주리라 믿는다."

* * *

1920년대 말에는 고독한 과학자-발명가 겸직의 시대가 막을 내리고 있었다. 미국에서 새로운 연구개발방식의 본보기는 벨연구소 모형이었다. 벨연구소에서는 손이 큰 기업에서 순수과학과 응용분야의 최고의 지성들을 모아 그들에게 학생을 가르쳐야 하는 부담을 줄여주고 프로젝트에 참여시키거나 자체적으로 상상의 나래를 펴게 한 다음, 그들의 발견이나 발명에 대한 특허권을 거두어들이는 방식으로 연구개발이 이루어졌다.

위너는 그런 유형이 아니었다. 그는 회사에서 일할 스타일도 아니었지만, 그렇다고 고독하게 혼자 연구하는 스타일도 아니었다. 마음 깊은 곳에서 그는 자기가 소속되었던 애버딘 병기 시험장처럼 지성인들로 이루어진 더 큰 네트워크의 일부가 되기를 간절히 바랐다. MIT에서 보내는 첫 해에 그는 2번 빌딩에서 소박하게 한구석 자리를 자신의 노력으로 얻어내고, 그 과정에서 MIT의 명성을 일류 연구기관 수준으로 끌어올리는 데 도움을 줄 수 있어서 행복했다. 하지만 MIT의 조직적 목표 달성을 돕는 것은 높은 기대감과 치열한 경쟁 욕구에 사로잡혀 있는 신동 출신이 만족할 만한 목표가 아니었다. 그의 딜레마는 간단하지 않았다. 대규모 조직에 의해 이루어지는 활동의 한 일부가 되어가는 시대에서 어떻게 하면 자신의 수학을 발전시켜 과학에 큰 기여를 하면서 동시에 자기만의 리듬에 맞추어 독자적으로 나아갈 수 있을까?

30대에 위너는 자기만의 제 3의 길을 찾아냈다. 수학자로서, 그리고 새로운 전자시대의 선구자로서의 재능과 아울러 그는 자신을 보완하고, 새로운 앞날을 열어 더 큰 성취가 가능하게 만드는 똑똑한 공동연구자를 찾아내는 데도 똑같은 재능을 보여주기 시작했다. 이렇게 협력하는 소질은 위너의 수학, 통신과학, 그리고 그의 연구가 낳게 될 과학혁명에서 전형적인 특징으로 자리잡게 된다.

그가 막스 보른, 바네바 부시와 함께 진행했던 프로젝트는 그가 초기에 보여주었던 걸출한 협력의 두 사례에 해당한다. 그리고 오스트리아의 수학자 에버하드 호프Eberhard Hopf와의 공동연구도 그러한 사례다. 1930년에 호프는 하버드 천문대에서 항성의 물리학을 다루는 천

체역학을 연구하기 위해 미국으로 건너왔다. 그는 위너를 만났고, 머지않아 두 사람은 위너의 새로운 통계역학을 낡은 뉴턴식 접근법으로는 해결할 수 없는 현대 천문학의 문제에 적용하는 연구를 각각 진행하게 된다. 두 사람이 2년 후에 발표한 '위너-호프 방정식'은 항성의 물리적 특징, 항성의 질량을 구성하는 원자 물질의 정확한 배합, 그리고 태양광을 구성하는 복사 원자 에너지를 계산해 냈다.

브라운 운동에 관한 위너의 초기 연구처럼 위너-호프 방정식도 선구적인 통계 연구였다. 두 사람은 과거의 지식에 대한 물리적 측정이 담긴 통계 공식을 이용해서 미래의 사건을 예측하는 최초의 예측 이론 중 하나를 제시했다. 그리고 위너의 통계학적 방법론 도구상자를 그 어떤 사람도, 어떤 방법론도 발을 내디뎌 본 적이 없었던 과학의 영역으로 확장했다. 십 년 후 제2차 세계대전 동안 이 새로운 통계 도구는 위너가 수용한 방식, 그리고 그가 개탄한 또 다른 방식으로 적용되게 된다. 전자는 자신의 전쟁 연구 프로젝트를 발전시켜 전시의 무기 공학자들이 대공포를 겨냥할 때 전투기의 미래 위치를 정확히 예측할 수 있게 하는 것이었고, 후자는 최초의 인공 항성, 즉 원자폭탄의 폭발 크기를 계산하는 것이었다.

위너는 자신의 박사과정 학생 중 한 명인, 중국 출신의 재치 있는 젊은 공학자 이육웡李郁榮과도 중요한 공동연구를 시작했다. 위너는 야심 넘치는 임무를 염두에 두고 20대 후반의 이육웡과 동맹을 맺었다. 메시지를 실어 나르는 전자 신호를 분석하는 통계적 방법을 개발한 후에 위너는 통신공학에서 다른 단계로 도약할 기회를 포착했다. 무계획적으로 이루어지던 전자 회로 설계 사업에 대한 완전히 새로운 접근방식을 자신의 새로운 통계적 방법을 이용해서 만들어내는 것이었다.

위너는 온순하고 꼼꼼한 이육웡에게서 훌륭한 공동연구자로서의 자질을 발견했다. 위너는 안도하며 이렇게 말했다. "그의 견실함과 판단력이 내게 필요한 바로 그 평형추를 제공해 주었다." 깊은 논의를 시작하기 위해 위너는 이육웡에게 그의 일반화 조화분석의 원리를 이용해서 고주파 전자신호를 걸러내고 특정 대역폭의 바람직한 주파수만 시스템을 통과시키는 새로운 유형의 조절식 전자회로를 만들려는 자신의 아이디어를 대략적으로 설명해 주었다. 이육웡은 위너가 대략적으로 설명한 아이디어가 새롭고 실행 가능하지만 막대한 부품의 낭비를 감수해야 한다는 것을 알아차렸다. 그래서 그는 동시에 다중의 기능을 수행할 수 있는 다목적 전자 부품을 이용해서 위너의 개념을 고쳤다. 그리하여 산만하게 몸집이 큰 장비를 잘 설계된 경제적인 네트워크로 줄일 수 있었다.

이 유연한 네트워크는 전화 시스템으로 통신을 내보내는 것에서 무선신호의 약전류를 개선하고 증폭하는 것, 그리고 전기음향녹음의 품질을 향상시키는 데 이르기까지 넓은 실용적 분야에 적용할 수 있었다. 이 설계는 초기 회로 설계자들의 임시변통 방식보다 훨씬 뛰어났고, 위너의 통계이론 덕분에 물리적으로 도달 가능한 최고의 회로를 생산할 수 있었다. 이 두 혁신가는 자신들이 이룬 성과에 대한 자신감이 대단했기 때문에 변리사를 고용해서 1931년 9월 2일에 특허 신청을 냈다. 신청서에는 위너의 이름이 첫 번째, 이육웡의 이름이 두 번째로 올라갔다. 기나긴 특허신청 과정을 거치는 동안 이육웡은 위너와 새로운 회로설계 방식을 자신의 박사학위에서 형식화했다.

몇 년 후에 두 사람과 함께 연구한 MIT의 또 다른 공학자 아마르 보스Amar Bose는 이육웡이 위너 밑에서 연구했던 것에 대해 회상한 내용을 이렇게 전했다. 이것은 현대 네트워크 이론의 출발점이 된 연구였다. "이육웡은 수학자가 아니었기 때문에 그가 위너의 이론을 적용하려고 할 때마다 제대로 돌아가지 않았습니다. 그래서 이육웡이 위너에게 찾아가 이렇게 말했죠. '아무래도 이 이론에 뭔가 문제가 있는 것 같습니다.' 그가 위너의 말을 이해하는 데는 1년이 걸렸습니다. 하지만 그는 계속 그 문제에 매달렸고, 결국 이해하게 됐죠. 이해하고 나니 그 아이디어는 너무나 혁명적이어서 아무도 그것을 믿지 않았죠."

보스는 이육웡이 박사학위 논문을 열정적으로 방어했던 사건에 대해 다시 이야기했다. "이육웡이 자기 박사논문을 발표할 때 전기공학과에는 20명의 교수가 있었는데 그 교수들이 모두 심사에 나왔습니다. 교수들이 이육웡을 물고 늘어졌습니다. MIT의 거물들이 모두 달려들어서 그를 완전히 때려눕혔죠. 그리고 아주 교양 있는 중국인이었던 이육웡도 말문이 막히기 시작했습니다. 그래서 결국 당시 젊은이였던 위너가 일어나서 이렇게 말했습니다. '교수님들. 이 서류를 집에 가져가서 공부해 보셨으면 합니다. 그럼 그 내용이 옳다는 것을 알게 될 겁니다.' 그는 이렇게 말했고, 그것으로 심사는 끝났습니다."

보스는 이육웡의 논문심사 최종 결과를 발표할 때 MIT의 교수들이 이육웡의 논문을 마지못해 인정하는 모습을 보고 질려 버렸다. "2주 후에 이육웡은 우편으로 작은 메모를 한 장 받았습니다. '논문 통과'라고 적혀 있었죠. '우와! 정말 큰 기여를 하셨습니다!'라고 말해줄 수 있는 품위가 그들에게는 없었던 것이죠. 달랑 그 한 줄이 전부였습니다."

이육웡의 박사논문은 전기공학 분야의 이정표가 되었고, 위너의 새로운 통신이론과 수학에 헤비사이트의 무계획적인 회로 설계 방법의 뒤를 이을 후계자로서의 입지를 확실하게 다져주었다. 이 두 사람은 발명과 협력을 단호하게 밀고 나갔고, 두 사람 사이에서 통신공학이라는 신생 과학 아래로 이론과 실용적 방식의 폭넓은 토대가 마련됐다.

* * *

1929년 10월에 주식시장이 붕괴하고 그 뒤로 찾아온 대공황이 수백만 명의 삶을 짓밟았지만 이미 검소한 삶을 살고 있던 위너 부부에게는 별 영향이 없었다. 그 해에 위너는 조교수에서 부교수로 승진했다. 그래서 수입이 조금 늘어나면서 그의 연소득도 5,000달러를 넘어서게 됐다. 그의 가족이 소박한 삶을 꾸려가기에는 부족하지 않은 액수였지만 하버드대학교나 다른 아이비리그 대학교 교수들의 연봉보다는 한참 아래였다.

창의력이 폭발하면서 그는 국제 수학계의 전면에 나서게 됐다. 그는 선도적인 수학자, 물리학자, 공학자들이 함께 공동연구를 하고 싶어 안달이 난 생산성이 뛰어난 지성인으로 평판이 올라가고 있었다. 하지만 여전히 위너는 미국의 동료들이 유럽이나 아시아의 동료들만큼 열정적으로 자기 연구의 진가를 인정해 주지 않는다고 느꼈다. 심지어 제대로 이해하지도 못하는 것 같았다. 그가 미국에서 제일 가까이 지내는 친구는 네덜란드 사람이었다. 그의 사업 파트너는 중국인이었디. 그리고 그의 가장 열성적인 팬은 그가 괴팅겐에서 만났던 러시아계 수학자 제이콥 데이비드 타마르킨 J. D. Tamarkin이었다. 타마르킨은 러시아에서 도망 나와 로드아일랜드 주 프로비던스에 있는 브라운대학교에 정착했다. 1929년에 그는 위너를 브라운대학교에 교환교수로 초빙해서 강의를 부탁하고 위너의 연구를 열정적으로 홍보하기 시작했다.

미국에서 위너의 촉매제 역할을 한 또 다른 사람은 트리니티대학 소속의 그의 스승 G. H. 하디였다. 그는 미국을 돌아다니면서 기회가 생길 때마다 제자의 연구를 광고했다. 타마르킨과 하디의 노력을 통해 위너는 다음과 같이 믿게 됐다. "이 나라 사람들도 내 얘기에 귀를 기울이기 시작했다." 하지만 그를 인정하는 소리는 아직도 조용했다. 분쟁으로 찢겨진 소련에 살던 정치적으로 고립된 수학자조차 위너의 미국 동료들보다 먼저 그의 혁신적인 수학을 알아보고 인정해 주었다. 위너는 학계와 지리가 따로 노는 이런 불일치를 두고 괴로워했다. 그는 마거리트의 도움으로 발견할 수 있었던 더욱 성숙하고 마음에 드는 자신의 성격 또한 자기가 미국 수학계에서 받아왔던 적대감을 어느 정도나마 가라앉힐 수 있었다고 확신했다. 그리고 그는 자신에게 주어진 선택의 여지를 탐색하기 시작했다. 그는 런던 킹스칼리지와 호주 멜버른대학교의 수학과 교수자리에 지원하기도 했지만 거절당했다.

그 거절은 그가 자신감을 얻는 데 도움이 되지 못했지만 그가 다른 곳에 교수 자리를 신청했었다는 사실만으로도 MIT의 복도에는 긴장감이 흘렀다. MIT의 새로운 총장 칼 콤프턴$^{Karl\ Compton}$은 1930년 12월에 위너에게 이렇게 편지를 보냈다. "듣자 하니 다른 대학에서 교수님을 상당히 원하고 있는 듯합니다. 우리는 교수님이 이곳에 남기를 더 간절히 원하고 있습니다." 콤프턴의 개인적 관심과 과학과 순수 연구를 일류수준으로 끌어올리겠다고 약속하는 MIT의 계몽적인 새로운 운영방식이 위너에게 격려가 되어주었지만, 그의 마음을 온전히 달래주지는 못했다. 그가 콤프턴으로부터 편지를 받은 지 두 달 후에 위너는 프린스턴대학교에 새로 생긴 고등연구소에 자리를 구하려고 지원한다. 하지만 이번에도 역시 그의 전시 지휘관이었고, 고등연구소의 설립자인 오즈월드 베블런에게 무시당한다.

어설펐던 시절의 위너를 기억하는 미국 과학계의 거물들은 아직도 그의 거친 태도를 싫어해서 그를 새롭게 떠오르는 걸출한 스타로 인식하지 못했다. 국제과학계의 더 폭넓고 따뜻한 세계가 그리웠던 위너는 1931년 가을에 가족들과 함께 짐을 싸고 영국으로 항해에 나선다. 그는 영국에서 자신의 오랜 피난처인 트리니티대학에서 객원연구원으로 그 해를 보낼 수 있도록 일정을 마련해 두었다.

위너는 그곳에서 두 학기를 보내는 동안 학위를 따지 못했고, 그는 자기가 반쪽짜리 케임브리지 사람이라는 징표로 왼쪽 팔에만 트리니티대학의 문양을 착용해야 할 것 같은 의무감이 들었다. 하지만 트리니티대학은 그를 양팔로 품어주었다. 그리고 그는 새로 얻은 마음의 평화와 함께 트리니티대학의 수세기 된 오랜 풍습을 다시 시작할 수 있었다. 그는 매주 트리니티대학의 주빈석에서 만찬을 함께 했고, 백스 옆 정원에서 열리는 볼링 게임에 정식 교수들과 함께 참가할 때도 종종 있었다. 그는 자신의 후원자인 하디의 얼굴도 자주 보았고, 이론수학과 응용수학의 장점에 대해 유쾌한 논쟁도 계속 이어갔다. 하디는 자신의 옛 제자를 대단히 높게 평가해서 위너에게 처음으로 케임브리지대학교 출판부라는 장엄한 인장 아래 책 분량 정도의 논문을 발표하도록 주선했다. 푸리에분석과 그 실용적 적용에 관한 논문이었다.

1931년 즈음에는 트리니티대학의 그 유명한 티파티가 끝을 보았다. 러셀은 케임브리지에서 추방당해 1944년까지 돌아올 수 없었다. 위너는 자극을 받기 위해 케임브리지 철학학회의 오래된 도서관으로 찾아갔다. 그곳에는 그가 처음 발표했던 논문들이 선반 위에서 오랜 논문들과 함께 먼지만 쌓이고 있었다. 그곳에서 그는 우연한 만남을 가졌다. 또 다른 훌륭한 지성이자 당시 과학계에서 가장 자유로운 영혼 중

한 명인 사람과의 소중한 우정으로 꽃을 피우게 될 만남이었다.

이미 공상과학 소설과 추리소설의 열렬 독자였던 위너는 대중잡지에서 영국의 생물학자 J. B. S. 홀데인Haldane이 쓴 공상과학 소설을 읽었고, 그 표지에서 키 크고, 체격 좋고, 짙은 눈썹을 가진 그의 사진을 본 적이 있었다. 철학학회 도서관에서 자주 보았던 사람이었다. 그는 다음에 홀데인을 도서관에서 만나 몰래 지켜보다가 자기를 소개했다. 그는 홀데인의 소설을 칭찬하다가 작품 속에 들어 있는 한 가지 문제점을 꼬집어 말했다. "선생님께서 아이슬란드 사람으로 보이는 등장인물에게 덴마크식 이름을 사용하셨더군요." 그날 이후로 두 사람은 둘도 없는 친구가 됐다.

위너는 이렇게 말했다. "J. B. S. 홀데인 말고는 그렇게 대화가 잘 되고, 다양한 지식을 갖춘 사람을 만나본 적이 없다." 홀데인도 위너처럼 과학, 역사, 문학 분야에서 백과사전 같은 다양한 지식을 갖고 있었다. 그는 다방면에서 활동하는 과학자로 스스로 실험도 진행하고, 영국 언론에서 화학무기의 적절한 사용에서 시험관 아기에 관한 전망에 이르기까지 다양한 주제에 대해 논란 많은 입장을 취하기도 했다. 그 당시 그는 영국에서 가장 열성적인 공산주의자가 되어가고 있는 중이기도 했다.

젊은 시절에 '긴 머리의 야생 러시아인' 이상주의자였던 아버지를 둔 위너에게는 홀데인의 정치가 그리 특별할 것이 없었다. 그와 홀데인은 중요한 특성들을 공유하고 있었다. 위너는 평생 생물학을 사랑한 수학자였고, 홀데인은 수학에 열정이 있는 생물학자였다. 그리고 홀데인은 위너와 마찬가지로 실험실에서는 서툴기 짝이 없는 사람이었다. 그래서 그는 실험실에서 초파리의 다리를 조작하는 것을 그만두고 현대의 통계적 방법론을 이용해서 유전자의 확률을 조사하는 학자가 됐다. 그리고 위너가 MIT에서 아웃사이더였던 것처럼 홀데인은 케임브리지에서 아웃사이더였다. 그는 입에 담기도 민망한 온갖 주제에 대해 탁자에서 시끄럽게 떠들기로 유명한 사람이었다. 위너의 확률론 연구에 홀데인은 즉각적으로 관심을 보였고, 홀데인의 과학은 위너가 아버지에게 등 떠밀려 철학을 공부하게 된 후로 잠자고 있었던 생물학에 대한 위너의 관심을 되살려냈다. 트리니티대학의 이 두 반항아는 어떤 프로젝트도 함께 진행해 본 적이 없지만 위너가 케임브리지에 머무는 동안, 그리고 그 후로 30년 동안 잦은 편지와 영국과 미국을 오가는 만남을 통해 방대한 아이디어를 서로 교환했다.

영국에 있는(1931년 가을~1932년 봄) 동안 위너는 영국의 푸른 언덕들을 열심히 돌아다녔다. 한번은 밖에서 돌아다니다가 거의 죽을 뻔한 경우도 있었다. 눅눅한 4월에 레이크 지방을 따라 긴 도보여행을 나갔다가 심한 성홍열에 걸리기도 했다. 이 병이 컨디션이 좋지 않았던 그를 피폐하게 만드는 바람에 그는 케임브리지 전염병 병원 신세를 져야 했다. 그는 몇 주를 그 병원에서 보냈고 회복하는 데도 몇 달이 걸렸다. 그가 몸을 완전히 추슬렀을 무렵에는 봄 학기가 끝나고 여름이 절정이었다.

그는 한동안은 장거리 도보여행을 나가지 않았지만 홀데인의 잔디밭 너머로 흐르는 고요한 캠강에서 함께 수영을 즐겼다. 홀데인은 수영을 하는 동안에도 파이프 담배를 피웠다. 위너는 케임브리지에 있는 동안에 몸에 익힌 또 하나의 기벽을 고백하며 이렇게 회상했다. "홀데인을 따라 나도 시가를 피우기 시작했고 지금까지도 내 습관으로 남아 있다. 그리고 안경도 쓰기 시작했다. 강에서 보트를 타는 사람들의 눈에 분명 우리는 거대한 수생동물 한 쌍으로 보였을 것이다. 그러니까 강물을 따라 머리를 까닥거리며 헤엄치는 길쭉한 바다코끼리 한 마리와 짧은 바다코끼리 한 마리로 말이다." 늘 변화무쌍한 모습을 보여주는 코끼리 새끼였던 위너는 물결을 따라 시가를 물고 담배 연기를 내뿜고, 안경테를 번쩍이며 수많은 호수들을 돌아다니게 될 것이었다.

* * *

위너와 그 가족들은 유럽에서 휴일을 보냈고, 그곳에서 위너는 유럽의 동료들로부터 그의 연구에 대해 강의를 해달라는 초대를 여러 차례 받았다. 그는 겨울방학 동안 야심차게 순회를 돌며 독일의 저명한 수학자들을 찾아갔다. 이 수학자들은 곧 나치의 박해를 피해 달아날 유럽 과학자들의 대이동에 합류하게 될 사람들이었다. 6년 전 괴팅겐에서 위너를 괴롭히던 그 민족주의자들이 의기양양하게 세력을 불리며 유럽 전역을 복수의 물결로 뒤덮고 있었다. 위너에게는 풍부한 학문적 전통과 과학적 전통을 자랑하는 지혜의 상징이자 자기가 사랑해 마지않았던 구세계가 자기 발아래서 무너져 내리는 것처럼 보였다. 하지만 마거리트에게는 독일에서 보내는 시간이 고향에 돌아온 시간이었다. 그녀는 딸들을 데리고 베를린에서 브레슬라우^{Breslau}로 가서 몇 년 동안 얼굴을 못 보고 지냈던 언니와 친척들을 만났다. 그리고 그 동안에 위너는 오스트리아로 건너가 프라하에서 가족과 재회했다.

취리히에서 세계수학자대회 참석차 마지막으로 짧게 머문 뒤에 1932년 여름 늦게 위너와 가족은 증기선을 타고 보스턴의 집으로 돌아왔다. 돌아오자마자 마거리트는 "합리적인 일상의 삶"으로 돌아가기 위한 준비를 시작했다. 그녀는 벨몬트에서 가족이 살 새 집을 찾았다. 벨몬트는 MIT와 전차로 잘 연결되어 있는 케임브리지 바로 서쪽의 멋진 교외지역이었다. 벨몬트는 가족이 늘고 있는 전문직 종사자들이 살림 규모를 키우기 좋은 곳이어서 하버드대학교와 MIT의 많은 교수들이 그곳을 찾고 있었다. 하지만 위너의 봉급으로는 벨몬트에서 비교적 수수하고 조용한 곳에서 세를 주고 집을 구하는 정도로 만족해야 했다.

갑자기 주변 세상이 더 이상 위를 향해 움직이는 것처럼 보이지 않았다. 가족이 돌아온 이 나라는 대공황의 진창에 빠져 있었고, 위너의 마음도 미국의 전체적인 분위기를 따라 가라앉고 있었다. 유럽이 위기에 빠져 있으니 그의 본거지에서 당하는 지속적인 무시가 그 어느 때보다도 그에게 더 큰 실망과 상처를 주었다. 그것이 그의 신동 시절과 성년기 초기에 받았던 정신적 외상의 어두운 기억을 자극했다. 그 고통과 혼란이 그가 학문적으로 달성한 성과와 결혼하고 딸을 낳으면서 생긴 자부심과 불가분하게 뒤엉키자 위너는 머리가 어지러워지고, 감정의 기복도 심해졌다.

더크 스트루이크Dirk Struik는 위너의 감정기복을 알고 있었다. 일찍부터 스트루이크는 위너를 감수성이 지극히 예민한 사람이라 보았지만, 그것을 위너의 약점만이 아니라 오히려 장점으로 생각했다. "그는 마음과 정신이 자연과 아주 가까운 사람이다. 그래서 그의 시대의 기술은 분명 아주 섬세한 안테나를 갖고 있었을 것이다." 스트루이크는 이렇게 주장했다. 하지만 그런 예민한 안테나는 위너를 아주 변덕스러운 사람으로도 만들었다. "그는 알아봐주는 사람이 없어 끔찍하게 우울해지기도 했다. 그러다가도 새로운 아이디어가 떠오르거나, 누가 알아봐주는 사람이 있거나, 성공을 한 경우에는 한없이 들뜨기도 했다. 꼭 자신의 성공만이 아니라 제자, 친구, 동료의 성공에도 마냥 기뻐했다."

1930년대 초반에는 활력과 우울을 반복하는 패턴의 주기가 더 짧아지기 시작했다. 1932년 가을에는 트리니티대학에서 온 젊은 스타 수학자 레이몬드 페일리Raymond E. A. C. Paley가 둘이 함께 시작했던 연구를 다시 이어서 하기 위해 MIT에 왔다가 페일리가 스키 사고로 이듬해 4월에 갑자기 사망하는 바람에 위너의 우울증이 길어졌다. 나중에 그는 자기가 겪었던 최악의 우울증을 인정하며 이렇게 완곡하게 적었다. "연구를 진행하고 내 주변 환경에 제대로 관심을 기울일 수 있을 정도로 정신적 평정을 회복하기까지는 어느 정도 시간이 걸렸다."

마음의 평정을 회복한 위너는 그 합동 연구를 혼자서 마무리해서 다음 해에 발표했다. 그는 너그럽게도 자신의 두 번째 책, 『복소 영역에서의 푸리에 변환Fourier Transforms in the Complex Domain』의 수석저자로 페일리의 이름을 올리고, 자신의 새로운 방정식의 이름은 '실현 가능한 필터를 위한 페일리-위너 준거Paley-Wiener criteria for a realizable filter'라고 지었다. 이것은 앞서 나왔던 위너-호프 방정식과 마찬가지로 그 후로 20년 동안 통신공학자들의 표준 도구로 자리잡게 된다.

대공황 초기에 위너는 마침내 미국 동료들로부터 어느 정도 인정을 받기 시작한다. 1932년에 그는 MIT의 정교수로 임명됐고, 그리고 1933년에는 엘리트 집단인 미국 국립과학아카데미의 회원으로 선출됐다. 그리고 또 그 해에 미국에서 최고의 수학분석 연구를 한 공로를 인정받아 미국수학협회의 보처 상Bôcher prize을 수상한다. 이 상은 아본가의 그의 오랜 이웃 막심 보처의 이름을 따서 만들어진 것이다.

그는 확실한 직장, 헌신적인 아내, 잘 자라고 있는 두 자녀를 두고, 미국에서 좋은 자리에도 올랐다. 그는 신동 출신 앞에 가로놓여 있던 장애물들을 모두 이겨낸 것처럼 보였다. 하지만 과연 그럴까? 단독으로든, 공동연구를 통해서든 성장하며 앞으로 나아가는 동안 위너는 이론에 뛰어난 유럽 과학계의 강점을 지식 응용과 실용적 발명에 재주가 있는 미국의 강점과 융합해 냈다. 그는 통신공학을 위한 엄격한 새로운 이론과 수학을 생각해 내고, 현대적인 컴퓨터를 처음으로 만들어내는 데도 기여하고, 미국에서 싹 트고 있는 대중매체 문화에서 사용할 신호들을 정제해 줄 정교한 전자 네트워크와 필터도 설계했다. 하지만 그의 내면 깊숙이 자리잡은 불안한 마음은 그의 업적들이 단편적이며, 그의 가장 인상적인 업적조차 제대로 인정받지 못하고 여전히 종이 위의 흔적으로만 남아 있음을 알고 있었다. 그의 많은 미국 동료들이 그의 연구를 계속해서 무시하고 거기에 저항하고 있었기 때문에 과연 그가 자신의 옴니버스식 여정을 마무리하고서 한 지식 분야를 근본적이고 비가역적으로 바꾸어 놓을 수 있을지는 두고 보아야 할 일이었다.

5장

위너웨그 I

나는 꼭 야외로 나가야 한다. 들판을 여기저기 거닐어야 한다. 그리고 길이 없는 숲을 헤치며 가파른 산을 오르는 것이 나의 즐거움이다. …그럼 나는 어느 정도 안도를 느낀다. 어느 정도는!

— 괴테, 『젊은 베르테르의 슬픔』

그는 거의 끊임없이 움직이는 사람이었다. 호기심 많고, 사람들과 어울리기 좋아하고, 말이 많았던 위너는 MIT 안팎의 미로 같은 길들을 씩씩하게 걸어다니는 습관이 있었다. 1930년대 중반 즈음에는 안경을 쓴 위너가 입에서 떨어질 날이 없는 시가를 흔들며 대학의 샛길과 다져진 길을 따라 뒤뚱뒤뚱 걷고 있는 모습을 매일 목격하는 것에 캠퍼스 전체가 익숙해져 있었다. 그는 걸으면서 온갖 주제에 대해 우렁찬 목소리로 설명하며 고개를 뒤로 젖히기도 했는데, 한 연대기 작가는 그 모습을 "땅콩을 하늘로 던져 입으로 받아먹으며 울부짖는 코끼리"에 비유했다.

시간이 지나면서 MIT 사람들 사이에서는 위너가 길을 거니는 것을 노버트의 위너웨그Wienerweg라고 부르게 됐다(독일어로 'weg'는 걷기, 거닐기를 의미한다). 위너의 친구 더크 스트루이크는 이것을 '사파리safaris'라 불렀다. "MIT에서 그는 모든 복도를 걸어다니며 동료, 때로는 학생 등 보이는 사람마다 말을 걸어 자신의 최근 아이디어에 대해 얘기하고는 했다. 나도 자주 거기에 당했다. 때로는 거의 말도 안 되는 얘기를 쏟아내고, 때로는 거의 예언자 같은 말도 했다."

그리고 소요학파peripatetic(고대 그리스 철학파의 하나로 아리스토텔레스가 학원 안의 나무 사이를 산책하며 제자들을 가르쳤다는 데서 유래)이기도 했던 위너는 거닐다가 내면의 사색에 너무 빠져들어 자기 주변 세상에 대해서는 망각한 사람처럼 보일 때가 많았다. 위너의 가장 유명한 일화 중 하나는 1930년대의 한 오후에 일어났던 일이다. MIT의 긴 복도와 큰 식당 겸 캠퍼스의 연회장 역할을 하는 석조건물인 워커 기념관 사이의 뜰을 가로지르다가 위너는 이반 게팅Ivan A. Getting에게 다가가 말을 걸었다. 게팅은 그가 전자실험실에서 전에 만나본 적이 있던 물리학과 1학년 학생이었다. 게팅은 다음과 같이 기억했다. "위너 교수님이 나를 중간에 불러 세웠다. 우리는 서로 반대 방향으로 가던 중이었는데 교수님이 논의하고 싶은 몇 가지 질문을 꺼냈다. 우리가 대화를 마치자 교수님은 다시 멀어지기 시작했는데, 갑자기 방향을 틀어 내게 돌아오더니 이렇게 물었다. '그런데 말이지, 우리가 만났을 때 내가 어느 쪽으로 가고 있었지?' 그래서 내가 '8번 건물로 향하고 계셨는데요.'라고 말하자 교수님이 말했다. '고마워. 그럼 내가 점심을 먹었다는 얘기로군.'"

가끔 그는 자기가 누구와 대화 중인지 인식하지 못하는 것처럼 보였다. 자기가 이미 만났었던 사람에게 실제로 다시 소개를 부탁하는 경우도 있었다. 그는 예외 없이 항상 노크도 없이 동료의 연구실로 들어갔다. 또 다른 수학자와 복도에서 대화를 나누다가, "위너는 필기할 것이 생겨서 바로 제일 가까운 연구실로 걸어 들어가 칠판에 쓰기 시작했다. 그리고 그 연구실의 주인이었던 물리학 교수는 믿을 수 없다는 표정으로 그를 바라보았다." 쉬지 않고 이어지는 위너의 산책은 마음의 운송수단이자 불안의 배출구였다. 그리고 쉼 없이 이어지는 대화는 그의 윤활제이자 진통제이고, 수학, 전자공학, 그리고 기타 부수적인 주제에 대한 그의 아이디어를 정제하는 수단이었다.

MIT에서 위너는 또한 다음 세대의 미국 공학자들을 교육하는 일에도 바빴으며, 이 일 역시 아무나 흉내 낼 수 없는 독특한 방식으로 이루어졌다. 그는 일관성이 없는 강의자였으며 때로는 강의를 못하는 것으로 유명했다. 위너와 그의 동시대 사람들에 대해 학술서적 두 권을 쓴 물리학자 스티브 하임즈 Steve J. Heims는 위너의 강의 스타일을 이렇게 묘사했다.

강의 시간에 칠판에서 정리를 하나 유도하다가 위너는 직관적인 방식으로 여러 단계를 그냥 뛰어넘어 버렸다. 그래서 결론을 칠판에 적을 때면 학생들이 그 증명 과정을 따라가는 것이 도저히 불가능했다. 그래서 한 불만스러운 학생이 위너에게 다른 방식으로도 증명해 보여줄 수 있느냐고 물으면 위너는 즐겁게 "물론이지!"라고 말하고 또 다른 증명을 이어간다. 하지만 이번에도 역시나 그 과정은 그의 머릿속에서 이루어진다. 침묵 속에 몇 분이 지나고 난 후에 그는 그냥 칠판 위 해답 뒤에 체크표시만 남긴다. 그럼 학생들은 어리둥절한 상태로 남아 있었다.

더크 스트루이크는 이렇게 말했다. "그는 최고가 될 수도 있었고, 최악이 될 수도 있었다. 그것은 모두 그가 그 일에 자신의 모든 영혼을 쏟아붓기로 선택했느냐에 달린 문제였다. … 그는 청중을 모두 잠재울 수도 있었지만, 나는 그가 번뜩이는 예지로 자신의 아이디어를 설명하면서 사람들이 숨도 쉬지 못할 정도로 집중하게 만드는 광경도 본 적이 있다.

강의를 할 때 위너는 엄청난 속도와 놀라운 손재주로 수학의 신비로운 상징들을 휘둘렀다. MIT의 전설에 따르면 그는 수학과 칠판에 양손을 모두 이용해서 미친 듯이 휘갈기며 한 손에 하나씩 복잡한 방정식들을 척척 풀어냈다고 한다. 그의 예전 학생들은 그의 수학적 기량과 생산성이 어땠는지 증언한다. 그는 메모도 보지 않고 1.5미터짜리 방정식을 술술 풀어냈다. 수학에 대한 그의 기억력은 그리스 고전문학에 대한 기억과 마찬가지로 엄청났다. 이것은 어린 시절 그가 눈에 문제가 생겨서 몇 달 동안 책 보는 것을 금지당하면서 폭발적으로 증가했던 그의 기억 저장 및 회상 능력이 남긴 유산이었다.

하지만 그의 빠른 이해력은 교수로서의 점잖음을 걸러내는 체가 될 수도 있었다. 위너의 학생들은 그를 찾아 복도를 누벼야 하는 경우가 많았다. 그가 수업을 하러 오다 누군가를 만나 시간 가는 줄 모르고 대화를 하고 있는 경우가 있었기 때문이다. 그가 넋을 놓고 다니는 경우에 대한 이야기는 그의 천재성에 대한 이야기만큼이나 많다. 그는 강의를 하다가도 사회적 체면 같은 것은 신경 쓰지도 않고 아주 힘차게 코를 후벼 파는 경우도 있었다. 적어도 한 번은 그가 엉뚱한 강의실에 들어가 당황한 학생들 앞에서 열정적인 강의를 하고 나온 적이 있었다. 한 번은 그가 사람들로 꽉 들어찬 (이번에는 올바른) 강의실로 들어가서 칠판 위에 큰 글씨로 "4"를 쓰고 걸어 나온 적이 있었다. 학생들은 그것이 그가 4주간 자리를 비운다는 의미였음을 나중에야 깨닫게 됐다.

자신의 이런 일탈과 그 전에 있었던 일탈까지 모두 보상하기 위해 위너는 자신의 강의를 학점 자판기로 만들어 놓았다. 아버지와 버트런드 러셀로부터 학대당하며 배웠던 기억이 있었기 때문에 그는 자신의 강의를 꿋꿋하게 들은 학생들에게 마치 전쟁 보상금처럼 학점을 나누어 주었다. MIT의 어떤 사람은 이렇게 말했다. "그의 강의를 듣는 학생들은 모두 A 학점을 받았다. 종형 곡선$^{bell\ curve}$ 따위는 아예 존재하지 않았다."

스승으로서의 그의 친절은 거기서 멈추지 않았다. 위너의 젊은 공동 연구자였던 페일리가 사망하고 몇 달밖에 지나지 않은 1933년 가을에 대학원생 공학도 노먼 레빈슨$^{Norman\ Levinson}$이 위너의 수학 강의에 등록했다. 레빈슨은 위너를 가장 흥미롭고 자극적인 교사라 여겼고, 위너는 레빈슨을 가장 전도유망한 학생이라 여겼다. 레빈슨은 이렇게 회상했다. "교수님이 하고 있는 일을 내가 살짝 이해하는 모습을 보이자마자 교수님이 내게 페일리-위너 개정판 원고를 건네주셨습니다. 내가 그 안에 포함된 증명에서 틈을 찾아내서 바로 잡았죠. 그러자 위너 교수님은 그 자리에서 바로 타자기 앞에 앉아 내 증명을 타자하고는 내 이름을 거기에 붙여서 학술지로 보냈습니다. 이름 있는 교수님이 어린 학생을 위해 그렇게 비서 노릇까지 해주는 경우는 많지 않습니다."

봄 즈음에 위너는 레빈슨을 설득해서 그의 전공을 전기공학에서 수학으로 바꾸는 데 성공했다. 그는 또한 레빈슨을 위해 자기가 케임브리지에서 그랬던 것처럼 다음 학기를 영국에서 하디와 고등수학을 공부할 수 있게 배려해 주었다. 레빈슨의 미망인 파지^{Fagi}는 위너가 레빈슨, 그리고 레빈슨의 부모에게 베풀었던 친절을 이렇게 기억했다.

"노먼은 최하급 3등 선실에 타고 미국으로 건너온 가난한 러시아계 유대인 이민자 가족 출신이었어요. 아들이 다시 유럽으로 돌아가려 한다는 얘기를 듣고 부모님은 패닉에 빠지셨죠. 그래서 노버트 위너 교수님은 노먼의 부모가 살고 있던 노동계층 슬럼가로 직접 찾아가 안심시켜 주었습니다. 노먼이 영국에 가 있는 동안 위너 교수님은 보통 토요일에 부모님의 집으로 찾아가 대화를 나누었습니다. 자신의 수학 정리에 관한 대화가 아니라 현실적인 일들, 좋은 일들에 관해서, 영국, 집주인, 티타임, 주빈석에 관한 대화였죠."

레빈슨은 영국에서 돌아와 박사학위를 따고 MIT에서 교직을 받아들였다. 그 다음 해에 그는 자신이 몸담고 있는 수학과에서 스타가 되어 위너의 수학적 개념과 그 공학적 응용을 설명하는 전문가가 된다.

위너의 발걸음은 MIT를 넘어 더 넓은 학계로 나아갔다. 30대에 심지어 그는 자신의 오랜 라이벌 버코프와 하버드-MIT 수학과 공동 세미나의 공동 좌장을 맡기도 했다. 하지만 넘치는 지적 에너지에도 불구하고 그는 피로를 빨리 느꼈다. 그 모임의 회원들의 기억에 따르면 그는 세미나에서 자리를 잡고 앉으면 의자에서 뒤로 기대어 코를 골기 시작했다고 한다. 세미나에 정기적으로 참가했던 한 사람의 말에 따르면 위너는 졸고 있는 동안에도 상황을 또렷이 인식하는 불가사의한 능력을 보여주었다고 한다. "그는 항상 앞줄 오른쪽 맨끝에 앉았다. 그리고 항상 잡지를 하나 가져왔다. 보통은 〈라이프〉지였다. 잠에 든 것 같다가도 가끔씩 깨어나 페이지를 넘기기를 반복했다. 하지만 이것이 진정한 노버트의 모습이었다. 그가 전혀 잠에 든 것이 아니라 주변에서 오가는 얘기를 집중해서 듣고 있었음을 보여주는 말을 자주 내뱉었기 때문이다. 사실 그는 잠을 자면서도 대화를 나눌 수 있었다!"

하버드대학교에서 접한 또 하나의 인연이 위너를 과학에서 가장 중요한 파트너와의 만남으로 이끈다. 1933년에 그는 아르투로 로젠블루에스Arturo Rosenblueth와 만난다. 그는 멕시코 출신의 신경생리학자이자 하버드의대의 교수로, 매달 하버드의대생들과 선별된 외부 참가자들을 위해 과학적 문제를 주제로 저녁 세미나를 주최했다. 로젠블루에스는 새로운 길을 개척한 하버드대학교의 생물학자 월터 캐넌의 제자이자, 오른팔이었다. 월터 캐넌은 어린 시절의 위너에게 현대적인 조사 장비로 무장한 동식물학자가 되겠다는 꿈을 불어넣어 주었던 그 사람이다. 위너는 로젠블루에스에게서 친구와 과학의 소울메이트를 발견했다. 두 사람은 과학적 방법론에 대해 깊은 관심사를 공유했고, 과학과 과학 사이에 존재하는 전통적인 구분은 그저 관리상의 편의에 불과한 것이며 연구에 다른 분야의 전문성이 필요해지는 경우에는 그런 구분을 자유롭게 무시할 수 있어야 한다는 확신도 공유했다. 두 사람 모두 과학을 협업을 통한 모험이라 여겼다.

위너는 자기가 포기했던 생물학 분야에 참여해서 새로운 지분을 차지할 수 있을 거라는 생각에 들떠 로젠블루에스의 과학 만찬에 꼬박꼬박 참가했다. 위너 이전에는 진짜 수학자 중에 생물학 분야에 뛰어들었던 사람이 거의 없었다. 그의 어마어마한 존재감 덕분에 로젠블루에스의 세미나는 머지않아 여러 학문 분야가 참여하는 학제적 사업으로 변했다. 위너는 자신의 희망이 담긴 예측을 섞어 이렇게 얘기했다. "결국 로젠블루에스와 내가 개인적으로, 그리고 우리 세미나에서 나누었던 많은 논의의 주제는 생리학의 방법론에 대한 수학, 그리고 특히 통신이론의 적용으로 굳어졌다. 우리는 더 긴밀하게 연구할 수 있을지도 모를 미래를 위해 이런 분야들에서 함께 힘을 합칠 수 있는 방침을 마련했다."

저녁 세미나에서 위너와 로젠블루에스는 다양한 기존 분야들 사이에 존재하는 무인지대를 향한 담대한 여정을 시작했다. 두 사람은 1930년대 초반에 전 세계적으로 뿌리를 내리고 있던 새로운 학제간 운동을 처음으로 지지하고 나선 미국인에 해당한다. 그리고 머지않아 두 사람은 생명과학에서 자신들이 발견한 내용을 현대기술의 구체적인 문제에 적용하기 시작했다.

* * *

위너는 새로운 친구와 동료들을 만들어가는 동안에도 다른 학생과 공동연구자들을 챙겼다. 그는 젊은 중국인 동료 이육웡이 전자산업 분야에서 좋은 일자리를 찾을 수 있게 도왔다. 하지만 미국 전자산업 초기 시대에는 나머지 미국사회와 마찬가지로 아시아인들에게 문호를 개방해 주지 않았다. 위너는 이것을 '구매저항'이라 부르며 그들이 극복할 수 없는 수준이었다고 말했다. 그래서 이육웡은 산업분야나 학계에서 자리를 알아보기 위해 중국으로 돌아갔다.

이육웡이 태평양을 가로질러 가는 동안 유럽에서 다가오는 대재앙의 첫 조짐이 대서양 너머에서 파문처럼 번져오고 있었다. 1933년에는 나치가 독일에서 정권을 장악했고, 유대인 학자들이 독일 대학에서 단체로 해고됐다. 유럽에서의 혼란이 커지자 미국의 분위기도 단호한 고립주의가 팽배해졌지만, 미국의 과학자와 대학교에서는 그런 경향에 맞서 위협을 받고 있는 자신의 동료들에게 두 팔을 벌려 주었다.

1930년대 중반에 들어서는 독일과 유럽 전역에서 꾸준히 망명자들이 유입되면서 유대인과 비유대인 모두 미국의 과학계와 수학계에 스며들고 있었다. 아인슈타인은 1932년 말에 독일을 떠나 프린스턴에 새로 생긴 고등연구소에 자리를 잡았다. 젊은 수학 신동 존 폰 노이만은 1933년에 독일을 떠나 고등연구소에서 아인슈타인과 합류했다. 쿠르트 괴델은 1934년에 프린스턴에서 강의를 하기 위해 빈에서 넘어왔다가, 그 역시 몇 년 후에는 고등연구소로 들어갔다.

위너는 대규모 이주 활동에 능동적으로 참여했다. 그는 제약이 많은 이민 정책의 완화를 위해 싸우던 실향 독일 학자 지원회에 있는 비상위원회에서 주목받는 사람이 됐다. 그는 이렇게 말했다. "미국 과학자들의 직장은 우리들에게 알맞게 만들어져 있기 때문에 우리가 한데 모여 많은 실향민 학자들이 자신에게 적합한 직업을 찾고 새로이 살아갈 수 있는 기회를 찾아주기 위해 체계적으로 노력을 기울여야 한다. 그 학자들 중에는 내 손을 거쳐 간 사람들도 있다." 그는 저명하거나 잘 알려지지 않은 수많은 유럽의 수학자들이 미국 대학교에서 새로 자리잡을 수 있게 도왔다. 그 중에는 그가 스탠퍼드대학교에 자리를 잡아준 헝가리의 분석가 죄르지 포여George Pólya와 가볼 새구Gabor Szegö, 처음에는 스와드모어대학Swarthmore College으로 갔다가 나중에 펜실베이니아대학교로 간 독일의 정수론 학자 한스 라데마허Hans Rademacher, 노터데임대학교University of Notre Dame에 자리를 잡은 오스트리아 빈 출신의 확률기하학의 대가이며 괴델의 스승인 카를 멩거Karl Menger도 있었다.

1935년에 위너는 다른 지역으로부터 자신의 일자리를 제안받고 있었다. 그는 극동 지역 두 곳에서 객원교수 자리를 받아들였다. 첫째 자리는 일본의 유서 깊은 도쿄대학교와 오사카대학교의 공동초청이었고, 둘째 자리는 베이징에 있는 국립칭화대학교에서 제안이 온 자리였다. 일본의 초청을 주선한 사람은 위너의 재능 많은 아시아인 박사학위 학생이었던 이케하라 시카오池原 止戈夫였다. 그도 이육윙과 마찬가지로 미국의 구직시장에서 절망적인 난관에 부딪혀 자신의 고국으로 돌아간 사람이었다. 위너가 베이징에서 1935년 가을~1936년 봄 학기 동안 강의를 할 수 있게 주선한 주체는 중국 당국이었다. 이것은 당시 국립대학교에서 교수 자리에 있던 이육윙 자신이 직접 제안해서 이루어진 것이었다.

수많은 유럽 여정을 뒤로 하고 아시아를 접할 수 있다는 사실이 위너의 방랑벽을 자극하고, 다른 반구의 문화를 보고 싶다는 호기심을 일깨웠다. 이 여정은 또한 위너가 어린 시절부터 품어왔던 보편적 인본주의와도 맥을 같이 했고, 그의 주장에 따르면 아내와도 조화롭게 공유하고 있는 부분이었다.

> 나는 유럽의 문화가 동양의 어느 위대한 문화보다도 더 우월하다고 느껴본 적이 없다. 현재는 역사에서 스쳐가는 일시적인 에피소드에 불과하다. 그래서 나는 내 눈으로 비유럽 국가들을 보고, 그들의 생활 방식과 사고방식을 관찰하고 싶은 마음이 간절하다. 이 부분에 있어서는 나보다 아내가 더하다. 그녀에게 있어서는 민족적 편견이나 인종적 편견은 다른 세상 이야기다.

위너는 1935년의 여름을 베어캠프의 잔잔한 호수에서 장거리 바다여행을 준비하며 뉴햄프셔 주에서 시작했고, 마거리트는 가족의 일을 정리했다. 그리고 7월에 위너와 마거리트는 이제 각각 7살, 5살이 된

두 딸과 함께 기차를 타고 샌프란시스코로 갔다. 그리고 그곳에서 태평양 횡단선에 몸을 실었다. 요코하마에 도착한 위너는 이케하라를 만났고, 그가 위너와 가족을 도쿄대학교로, 그 다음에는 오사카대학교로 수행해 주었다. 위너와 일본 수학자들 간의 만남은 화기애애했지만 그가 느끼기에 도쿄의 교수들은 우월감에 젖어 있었고, 경직되어 있었다. 이런 경직성이 일본 최고의 대학이라는 위상을 확신하고 있는 대학을 더럽히고 있었다. 그는 오사카대학교에서 만난 더 친근하고 진보적인 교수들이 더 마음에 들었다. 이곳은 이케하라가 자리잡고 있는 곳이었고, 가쿠타니 시즈오角谷 静夫, 요시다 코사쿠吉田 耕作 등 다른 정상급 수학자들을 세상에 내놓을 학교였다.

하지만 극동으로의 첫 오디세이에서 위너는 그곳의 분위기가 억압적임을 알게 된다. 이곳도 유럽 못지않게 상황이 나빠지고 있었다. 일본의 지도자들은 제국을 확장하려는 욕망에 새로이 군국주의와 외국인 혐오증에 군불을 떼고 있었다. 모든 웨이터와 가게점원들은 제국을 위해 그의 말과 행동 하나 하나를 경영진, 결국에는 경찰에 보고하려고 벼르고 있는 잠재적 스파이였다. 감시의 눈길과 숨막힐 듯한 여름 무더위 속에서도 위너와 그 가족들은 일본에서 보내는 시간을 최대한 활용하려고 노력했다. 심지어 일본의 문화를 관광하면서 좋은 시간을 보내기도 했다. 하지만 이들은 대륙으로 가고 싶은 마음이 간절했다.

이들은 바람이 부는 서쪽 항로를 따라 며칠을 항해해서 1935년 8월 초에 베이징의 항구 도시 탕구에 도착했다. 이육웡이 그들을 맞이하기 위해 부두에 나와 기다리고 있었다. 그가 한창 개발 중인 중국의 수도를 가로질러 사우스컴파운드로 그들을 안내했다. 그곳은 대학 근처에 개발된 현대식 단층저택 개발지였다. 그리고 그곳에서 가족들은 이육윙의 아내 베티Betty를 만났다. 위너는 그 여성이 중국인이 아니라 늘씬하고 매력적인 캐나다인인 것을 알고 깜짝 놀랐다. 이육윙이 미국에서 만나 중국에서 교사 자리를 구하자 중국으로 함께 들어온 여성이었다. 이육윙은 위너의 가족에게 중국어를 가르칠 수 있을 정도로 영어를 잘 아는 키가 크고, 품위 있고, 긴 가운을 입은 노년의 신사를 찾아냈다. 그 신사는 성기고 하얀 수염과 긴 파란 코트를 입고 매일 유령처럼 나타나 중국어를 가르쳤다. 3주가 지나자 위너는 중국어에 대해 감을 잡기 시작했다. 심지어 베이징의 거미줄 같이 얽힌 길에서 그 지역의 관습에 따라 나침반으로 방향을 불러주어 인력거를 끄는 소년에게 길을 알려주는 법도 배웠다.

위너는 베이징 황궁의 건축물에도 감명을 받았지만 중국 사람들 그 자체에 더 깊은 인상을 받았다. 그는 집에 와 있는 가사도우미에서 대학 동료에 이르기까지 각계각층의 중국인들과 쉽게 친해졌다. 그는 자신이 갖고 있는 보편적 인본주의의 흐름이 수천 년 동안 불교에 헌신해 온 중국인들의 가치관속에 깊게 흐르고 있다고 느꼈다. 그는 이렇게 말했다. "불교의 특징인 특정 인류만이 아닌 세상 전체에 대한 사랑을 공통적으로 느낄 수 있었다."

위너는 중국어로 자신 있게 강의할 수 있는 수준까지 빠른 시간 안에 도달했지만, 수학에서는 그렇지 못해서 대부분의 강의를 영어로 했다. 객원 교수로 일하는 시간이 아니면 학생들과 함께 차를 마시며 정교한 바둑 게임에 통달해 보려 했지만 성공하지 못했다. 3,000년 전통의 중국식 보드게임인 바둑은 당시 미국 수학자들 사이에서 선풍적인 인기를 끌고 있었다.

위너의 초점은 바둑이 아니라 전자회로에 맞춰져 있었고 그와 이육웡은 4년 전 MIT에서 중단되었던 새로운 종류의 '전기 네트워크 시스템'을 개발하기 위한 합작 사업을 계속 이어갔다. 1935년 9월 베이징에서 두 사람은 AT&T로부터 연락을 받는다. 얼마 안 되는 돈이었지만 5,000달러에 그들의 발명 특허권을 구입하고 싶다는 제안이었다. 두 사람은 그 계약조건을 받아들였다. 만약 AT&T에서 그들의 디자인을 회사 장비에 사용한다면 특허 사용료가 상당하리라는 것을 알았기 때문이다. 이들의 첫 특허출원이 승인을 받자, 두 사람은 이 유형의 필터가 알려진 다른 모든 유형보다도 큰 장점이 있음을 상세히 설명하고 그들의 발명이 대량생산도 가능하다고 자랑스럽게 밝히며 특허 2개를 더 신청한다.

하지만 위너와 이육웡의 상업적 성공에 대한 꿈은 현실로 이어지지 못했다. AT&T의 벨연구소에서는 이미 그와 비슷한 장비를 특허 낸 상황이었다. 회사 측에서 위너와 이육웡의 특허권을 구입한 이유는 그저 다른 곳에서 위너와 이육웡의 혁신을 사용하지 못하게 막기 위함이었다. 두 사람은 이 사실을 뒤늦게 알게 됐다. "우리의 모든 노력이 달랑 종이 한 장으로만 남게 됐다. 벨연구소에서는 이 특허권을 사용할 의도가 전혀 없었고, 그저 경쟁자들이 우리의 특허를 사용하지 못하게 막기 위함이었다." 위너는 그 부당함을 지적하며 이렇게 말했다. 그가 이육웡과 낸 세 개의 특허는 그 후로 돈 한 푼 벌어들이지 못했지만 AT&T가 평생 위너의 반감을 사는 계기가 됐다.

하지만 위너와 이육웡은 여기에 굴하지 않고 이미 또 다른 회로에 대해 야심찬 연구를 진행하고 있었다. 두 사람의 아내는 이육웡의 응접실에 익숙해져 있었지만, 이 두 발명가는 전전자식 아날로그 컴퓨터 설계를 작업실에 틀어박혀서 했다. 두 사람의 목표는 위너가 바네바 부시와 논의했던 거대한 전기기계식 장치를 뛰어넘고, 위너 자신이 10년 전에 MIT에서 구상했다가 무산된 광학 컴퓨터 장치를 뛰어넘는 완전히 새로운 종류의 장치를 구축하는 것이었다. 이제 위너와 이육윙은 위너의 일반화 조화분석에 등장하는 무시무시한 편미분방정식을 비롯한 복잡한 계산을 수행하는 기계를 구상하고 있었다. 이것은 당시 이미 나와 있는 전자기술로 적어도 원칙적으로는 실현 가능한 것이었다. 하지만 위너와 이육윙은 프로젝트에 뛰어들고 얼마 지나지 않아 난관에 봉착했다. 두 사람은 위너의 조화분석 공식을 반복적으로 계산하는 데 필요한 특별한 회로를 설계하지 못했다. 이 회로는 한 계산에서 출력된 값을 다음 계산의 출발점으로 회로에 다시 입력(피드백)할 수 있어야 했다.

1935년에는 위너의 짜증나는 피드백 문제가 기술적으로는 이육윙의 노하우를, 개념적으로는 위너의 이해를 넘어서 있었다. 몇 년 후에 그는 자신과 이육윙이 중국에서 풀지 못했던 문제에 대해 이렇게 회상했다.

> 우리의 연구에서 부족했던 부분은 출력의 일부를 다시 과정의 출발점으로 돌아가 새로운 입력수치로 제공하는 장치를 설계하는 문제에 대해 완전히 이해하지 못하고 있다는 것이었다. 나는 이 문제를 아예 처음으로 돌아가 공략했어야 했다. 그래서 피드백 메커니즘 이론에 대한 포괄적인 이론을 개발해야 했다. 당시에는 그러지 못했다. 그리고 그 결과는 실패였다.

이런 기술적 차질이 중국을 탐험하려는 위너의 열정을 꺾지는 못했다. 가족은 인력거를 타고 베이징 중심부로 여행을 갔다. 그곳에서 마거리트와 딸들은 상점가에서 기념품을 샀고, 위너는 화려함과 불결함이 뒤섞여 있는 도시를 산책으로 누볐다. 그는 이렇게 회상했다. "포장이 제대로 안 된 골목을 따라 걷는 것은 무척 흥미로웠다. 이 골목들은 한 슬럼가에서 또 다른 슬럼가로 이어지는 듯했지만, 주홍색의 원형문이 열리며 멋과 아름다움을 간직한 부속건물로 둘러싸인 보석 같은 뜰과 정원으로 이어지는 경우도 많았다." 봄이 오자 위너와 이육웡은 중국의 시골로 여행을 가고, 만리장성으로 순례도 다녀왔다.

1936년 초여름에는 일본의 군대가 중국 본토를 공격하기 시작했다. 중국은 정치적 격동기로 빠져들고 있었고, 안전을 위해서라도 움직여야 할 때가 찾아왔다. 위너는 이육웡에게 작별 인사를 했다. 언제 다시 만날지, 과연 다시 만날 날이 있기는 할지 기약할 수 없는 상황이었다. 그리고 가족은 서둘러 그곳을 빠져나와 우회로를 따라 남서쪽으로 항해를 해서 남중국해와 인도양을 통과하고, 수에즈 운하를 따라 북쪽으로 이동해서(이집트 피라미드 관광을 위해 잠시 들렀다) 지중해로 나갔다. 마르세유에서 위너는 배에서 내려 야간 기차를 타고 파리로 가서 폴란드 태생의 수학자 숄렘 망델브로이Szolem Mandelbrojt를 만났다. 위너는 오슬로에서 열릴 예정인 세계수학자대회에서 그와 함께 공동 발표를 하기로 예정되어 있었다. 마거리트는 딸을 데리고 영국으로 가서 한 달 동안 아이들을 맡아줄 기숙캠프에 데리고 간 다음, 다시 노르웨이로의 여행을 위해 위너와 합류했다.

오슬로에서 부부는 학술대회 만찬회에서 화려한 식사를 즐겼고, 위너는 1년 동안 보지 못했던 유럽과 미국의 동료들을 만나 담화를 나누었다. 그와 망델브로이는 논문을 제출했고 위너는 백야의 태양 아래서 산책하며 오랜 친구들과의 대화를 마쳤다. 학술대회가 끝나자 위너와 마거리트는 각자 다른 길로 갈라져 나와 서로 아주 다른 경험을 하게 된다. 마거리트는 몇 주 정도 몰래 나와 독일에 있는 친척들을 만났다. 그곳은 새로운 나치 조직이 1936년 베를린 올림픽에 선보일 화려한 행사를 선보이고 있었다. 새로운 독일에서 유대인들이 더 심한 곤경을 겪고 있음을 잘 알고 있던 위너는 윌트셔에 있는 시골집에서 홀데인과 휴식을 취하기 위해 영국으로 돌아왔다.

부부는 8월 말에 다시 만나 딸들을 데리고 보스턴으로 돌아왔다. 아시아와 유럽에서 정치적으로 불쾌한 분위기가 감도는 가운데 이루어진 위너의 첫 세계 여행은 수많은 행복한 기억과 가슴 아픈 순간으로 채워졌다. 나중에 위너는 그 세계 여행을 자신의 가정생활과 학자 경력에서 하나의 전환점으로 기억했다.

> 마거리트와 나는 이제 함께 떠올리며 즐거워할 수 있는 공통의 경험을 많이 쌓았다. 내 아이들도 더 이상 아기가 아니라 인생의 동반자로 느껴지기 시작했다. 그리고 내 연구도 성과를 보이기 시작해서 더 이상 무시할 수 없는 학문적 실체로 자리잡게 됐다. 만약 나더러 과학자로서의 경력에서 어떤 전환점이 되는 지점을 구체적으로 하나 들라고 한다면 중국으로 여행을 다녀왔던 1935년을 꼽을 것이다.

중국에서 돌아온 가족은 다시 머물 집이 필요해졌고, 마거리트는 벨몬트 오클리 도로에서 2가구 주택에 있는 넓은 복층 아파트를 찾아냈다. 위너의 가족은 위층을 썼다. 마거리트의 어머니 헤드위그 엥게만도 가족과 함께 들어와 다락방을 사용했다.

그리고 위너는 MIT와 그 주변의 길들을 다시 돌아다니기 시작했다. 중년에 접어들면서 그는 시력이 더 나빠져서 길을 찾는 것도 문제가 생겼다. 그의 기벽 중에는 그냥 위너가 자신이 어디로 가고 있는지 명확하게 보지 못한다는 물리적 사실 때문에 생긴 것도 있었다. 물론 다른 사람들은 위너를 알아보는 데 전혀 문제가 없었다. 그의 둥글둥글한 체형과 오리처럼 뒤뚱거리는 걸음걸이 때문에 MIT의 긴 복도의 끝과 끝에서도, 풀밭 오솔길 멀리서도 그를 쉽게 알아볼 수 있었다. 그는 교수들의 소풍에서도 존재감이 상당했다. 그는 편자 던지기 놀이에서 아주 위협적인 존재였으며, 운동을 좋아했지만 체격과 시력 때문에 상대방에게 호적수가 되지 못했다.

이반 게팅은 학부생 시절에 위너와 두 번째로 만났던 때를 이렇게 기억했다. 그 만남이 그에게는 시련이 됐다. "교수님이 저를 불러 세우더니 테니스를 칠 줄 아느냐고 물었습니다. 그래서 칠 줄 안다고 했죠. 그랬더니 교수님이 자기하고 테니스를 치자고 하더군요. 그래서 좋다고 했죠. 우리는 워커 기념관 옆에 있는 테니스 코트에서 만났습니다. 교수님도 테니스 라켓을 들고 있고, 저도 테니스 라켓을 들고 있었죠. 교수님은 네트 한 쪽 편에 서 있었고, 저는 그 반대편에 서 있었습니다. 제가 교수님 쪽으로 부드럽게 서브를 올리면 교수님은 공이 지나고 3, 4초 정도가 지난 다음에야 라켓을 휘둘렀습니다. 머지않아 공이 다 떨어졌죠. 모두 교수님 뒤쪽에 떨어져 있었으니까요. 가던 길을 멈추고 이 상황을 바라보고 있던 몇몇 학생이 코트로 들어와 공을 다시 제게 던져 주었습니다. 그럼 저는 공을 다시 교수님 쪽으로 쳐서 보냈죠." 수백 개의 서브가 지나가는 동안 허무하게 허공으로 라켓만 휘둘러대던 위너가 네트 쪽으로 다가와서 게팅에게 말했다. "우리 라켓을 바꿔서 쳐볼까?"

위너는 MIT 풀장에서 그 순간에 머릿속을 차지하고 있던 주제에 대해 설명하면서 사람들에게 재미있는 이야기를 들려주는 모습도 자주 보였다. 그는 알몸으로 쉬지도 않고 개구리헤엄을 했다(당시에는 남자들만 들어가는 시간에는 수영복을 입지 않아도 됐다). 그럼 그가 입에 문 시가 뒤로 가는 연기가 남았다. 그는 날씨가 나빠도 의연했다. 1930년대에 뉴잉글랜드에 인정사정없는 눈보라가 몰아쳤을 때도 이 넋을 놓은 굼뜬 교수는 벨몬트의 집에서 설피를 신고 11킬로미터를 터벅터벅 걸어서 눈으로 뒤덮인 MIT 캠퍼스에 혼자만 출근했다. 아마도 걸으면서 자기가 어느 길을 걷고 있는지도 알지 못했을 것이다.

그의 위너웨그는 케임브리지를 넘어 보스턴 교외지역, 가족이 사는 뉴햄프셔 주의 시골집 근처 농장 마을까지 퍼져나갔다. 가는 곳마다 위너의 지식 창고는 항상 영업 중이었다. 벨몬트의 동네 시장을 산책할 때도 그는 그 마을의 그리스계와 이탈리아계 식료품점에 들어가면 주인장들이 고향에서 사용했던 언어로 말을 했다. 두 딸과 함께 마을을 거닐다가 고전문학에 대한 위너의 열정이 동네 성직자들 사이에서 화제가 되기도 했다. "아버지는 그리스어와 라틴어로 목청껏 암송하기를 좋아하셨어요. 우리는 세인트 조셉 성당 앞을 종종 지나다녔는데 어느 날은 그 사제 중 한 명이 나와서 제게 말하기를 아버지가 세인트 조셉 성당을 지나가며 라틴어로 소리를 지를 때마다 신자들이 더 이상 자기 말을 듣지 않고 아버지의 소리를 따르기 시작한다고 말했죠. 그러니 제게 아버지를 좀 말려줄 수 없느냐고 물었죠. 하지만 제가 무슨 짓을 해도 아버지를 말릴 수는 없었어요."

위너의 방랑벽과 소통의 욕구는 모든 지역적 경계와 시간의 경계를 뛰어넘었다. 벨몬트에서 조용한 일요일 아침이면 그는 미리 연락도 없이 이웃집으로 찾아가 그들이 깨어 자기 이야기를 들어줄 때까지 기다렸다. 근처에 살았던 MIT의 한 동료는 이렇게 기억했다. "가족 중에 옷을 제대로 입은 사람도 없고, 아직 아침식사도 하지 않았는데 그가 찾아와요. 그는 참을성이 있었습니다. 거실에 앉아서 혼자 생각에 잠겨 있었죠. … 그리고는 모든 것에 대해 이야기가 쏟아져 나와요. 세상에 일어난 사건, 정부와 관련해서 짜증났던 이야기, … 그리고 과학계의 동향 등등. 그의 통찰은 항상 흥미로웠습니다."

위너도 상태가 안 좋을 때는 완전히 기진맥진할 때가 있었다. 더크 스트루이크는 벨몬트에서 위너의 집으로부터 불과 두 길 건넌 곳에 살았다. 30대에 위너는 이웃인 스트루이크의 집까지 걸어와 몇 시간이고 자신의 속마음을 스트루이크와 그의 아내 루스^{Ruth}에게 털어놓았다. 때로는 너무 지나치다 싶어 그를 집으로 보내기도 했다. 두 사람은 아주 친한 친구였지만 스트루이크는 이렇게 증언했다. "위너는 사람 속을 뒤집어 놓기도 하는 친구였죠."

위너는 뉴햄프셔의 언덕과 계곡을 거닐 때 제일 행복했고, 샌드위치 계곡에 아이들을 이끌고 등산로를 따라가며 교육용 산책을 하기도 했다. 여름날에는 대부분 집을 나와 비포장도로를 따라 베어캠프 연못으로 가서 수영과 시가를 즐겼다. 그곳에 가면 그는 배영으로 산들바람을 즐기며 그 호수에 있는 작은 섬까지 400미터 거리를 왕복하기도 했다.

가족이 중국에서 돌아온 이후에 맞은 여름에 위너는 사우스탬워스에 있는 집을 손보았다. 그는 동네 도급업자를 고용해서 집 옆에 있는 낡은 곳간을 허물고 차를 2대 수용할 수 있는 새 차고를 지었다. 이 차고는 집의 부엌과 이어지게 만들었다. 위너는 이 공사를 도우러 나서지 않았다. 그럴 만한 이유가 있었다. 이웃들은 누군가가 찍은 그의 사진을 보여주었다. 그가 손에 페인트 붓을 들고 현관 한구석에 쓸쓸히 서 있는 모습이었다.

위너의 방황은 그에 관한 전설과 수많은 일화의 소재였다. 위너는 브라운대학교에서 강의를 한 다음에 프로비던스 주에서 기차를 잡아타고 보스턴의 사우스스트리트 역에 정시에 도착했다. 그리고 마거리트에게 자기를 차로 태우러 나오라고 전화했다.

"차는 당신이 몰고갔잖아요!" 아연실색한 마거리트의 대답이었다.

또 한 사건을 통해서 위너웨그 중 가장 유명한 이야기가 탄생했다. 그가 MIT에서 집으로 돌아오는 길에 깊은 생각에 잠겨 있다가 가던 길을 멈추고 어린아이에게 방향을 물었다. 그 아이가 자기 딸임을 깨닫지 못한 것이다. 이 이야기는 사람의 입에서 입으로 전해지는 동안 끝없이 각색되며 위너가 얼마나 넋을 놓고 다니는 인물이었는지 보여주는 결정판으로 알려졌지만, 사실 이것은 절반의 진실이다. 가족이 얼마 전에 오클리 도로에서 몇 블록 떨어진 세다 도로^{Cedar Road}로 다시 이사를 간 상태였다. 위너는 습관적으로 옛 집을 찾아간 것이었다. 딸 바바라가 그 부분의 이야기를 확인해 주었다. "우리는 세다 도로의 집으로 이사를 갔는데 아버지가 MIT에서 오클리 도로의 집으로 가셨던 거예요. 아버지는 우리가 이사했다는 사실을 깜박하신 거죠." 하지만 페기가 그 이야기의 핵심이 틀렸다고 말했다 "아버지가 생각 없이 예전에 살던 집으로 갔다는 것은 전적으로 가능한 이야기예요. 어머니가 우리 중 한 명을 보내 아버지를 모시고 오게 했다는 것도 전적으로 가능한 얘기죠. 하지만 아버지가 우리를 알아보지 못했다는 것은 완전히 불가능한 얘기예요."

하지만 1930년대 말에는 더 심각한 문제가 위너와 그의 가족들을 압박하고 있었다. 먼저 두 딸의 교육 문제가 있었다. 앞서 위너가 케임브리지에서 반쪽짜리 케임브리지 사람으로 교수를 하고 있었을 때 바바라가 다니던 영국 유치원의 한 교사는 바바라가 자기 아버지처럼 만 3살의 나이에 스스로 글을 읽고 있음을 알게 됐다. 그 선생님은 부모에게 이 사실을 알렸다. 바바라는 이렇게 기억했다. "그 소식이 가족에게 충격을 던졌어요. 그에 대해 얘기가 많이 오고갔죠. '이 아이가 조숙한 것일까, 아닐까?', '만약 아이가 조숙한 거라면 이 아이에게 어떤 교육을 시켜줘야지?' 부모님은 제가 조숙한 것이 아니라고 결론 내렸어요. 제 생각에는 두 분 다 내가 조숙한 것이 아니기를 바라셨던 것 같아요. 제가 조숙한 것이 사실이면 풀리는 문제보다 새로 생기는 문제가 더 많았을 테니까요." 페기 역시 어린 나이부터 조숙한 능력을 선보였다. 페기는 가족이 중국에 있을 때 학교에 들어갔는데, 그때부터 이미 글을 척척 읽어냈고, 학습 소화 능력도 탁월했다. "엔칭 학교에서 보낸 제 가정통신문에는 이렇게 석혀 있었어요. '페기는 스펀지가 물을 빨아들이듯 지식을 빨아들입니다.'"

딸들이 어린 나이부터 공부에 소질이 있는 것을 보며 위너는 자신의 어린 시절 기억이 떠올랐다. 아버지와 달리 위너는 어린 딸들의 조숙함을 육성하려는 노력을 기울이지 않았다. 심지어 그는 자기 딸들이 특수교육을 받을 자격이 있다는 것도 공식적으로 거부했다. 그는 어린아이에게 자기가 받았던 집중적인 훈련을 시킬 수 있는 조건에 대해 명료한 의견을 밝힌 바 있다. "남자 아이든, 여자 아이든 어린아이에게 그런 훈련을 시킬 생각을 하기 전에는 그 아이의 지능만이 아니라 그 아이의 육체적, 정신적, 그리고 도덕적 지구력에 대해서도 생각해 보아야 한다." 그리고 여기에 직설적으로 다음과 같은 글을 덧붙였다. "내 어린 시절에는 그렇게 고도화된 교육 과정을 받을 필요가 있음을 말해주는 조짐 같은 것은 없었다."

바바라는 그 말에 상처를 받고 화가 났다. "아버지가 페기와 나를 자신이 받았던 식으로 교육하지 않은 것이 나와 페기를 위한 것이었다고 주장하는 말을 자주 들었지만, 그것은 허울 좋은 자기합리화에 불과하다는 생각이 들어요. 아버지는 우리 교육에 관해 생각할 여유도 없었어요. 일을 마치고 돌아오면 지쳐서 힘이 남아 있지 않았던 것도 한몫했죠. 그리고 자신이 아버지가 만들어낸 창조물이라는 두려움 속에 살았던 것도 이유였습니다. 자신이 받은 교육에 대한 아버지의 생각과 느낌은 항상 혼란스러웠고, 아버지는 우리가 사실은 그렇게 소질이 뛰어난 것이 아니라고 결론 내림으로써 그 갈등을 해소하셨죠." 페기는 위너가 자식을 가르친 방식이나 그가 한 말에 대해서 원망은 없었지만 위너가 자기에게 있었던 일이 두 딸에게도 일어나지 않게 하려고 필사적이었다는 데는 생각이 같았다.

* * *

다른 긴장이 표면화되기 시작했다. 그가 수학자로서 성공을 거두고 국제 과학계에서 명성이 올라가는 것과 함께 위너의 활기와 우울 주기가 깊어지는 것이 MIT에서 사람들 사이에서 말이 돌면서 걱정을 사고 있었다. 하지만 다시 슬픔과 불안을 느낄 때 그는 그것을 공적으로 해소하지 않고 사적으로 해소했다. 그 일이 있고 오랜 시간이 지난 후에 바바라는 아버지의 들쭉날쭉했던 감정 상태를 회상하며 위너 가족의 삶에 대한 내밀한 이야기를 들려주었다.

"아버지는 결코 한 사람이 아니었어요. 아버지는 연이어 아주 많은 사람으로 변했고, 서로 아주 모순적이었죠." 위너의 순수 우주인 바바라는 이렇게 기억했다. "아버지는 놀라운 지적 창의력을 가진 사람이었지만 아버지가 어둡고 냉랭한 사람으로 바뀌어 격한 감정에 휩싸여 잠자리에서 뒤척이고, 갑작스레 우울증에 빠져들고, 한참 기분이 좋았다가 다시 진이 빠지는 격한 감정기복에 휘둘릴 때가 있었습니다." 바바라의 말에 따르면 위너의 그 어두운 면은, "거실에 들어와 있는 코끼리 같았어요. 그 코끼리가 거기 들어와 있다는 것은 모두들 알고 있지만, 아무도 그에 대해 얘기하지 않았죠."

연약한 어린 시절부터 바바라는 금방이라도 불이 붙을 것 같은 아버지의 상태를 가까이서 지켜보았다. 그녀는 집에서 아버지가 갑자기 폭발했었던 것을 기억했다. 그리고 그녀가 '감정의 폭풍'이라고 묘사한 더 심각한 형태의 반응도 기억했다. 이 시절에 위너의 정서적인 삶은 직업에서 오는 좌절감을 중심으로 이어졌다. 성공에도 불구하고 그는 깊은 좌절감을 느꼈다. 바바라는 이렇게 말했다. "세상은 아버지를 적대시하고, 동료들은 아버지를 배신하고 있었기 때문에 아버지는 교수직에서 물러나거나 이런저런 자리에서 내려올 생각을 하고 있었죠."

하지만 위너의 감정의 폭풍은 너무 변덕스러워서 예측이 불가능한 경우가 많았다. 때로는 전혀 해로울 것이 없는 산들바람 속 펄럭임만으로도 갑자기 터져 나와 혼란으로 빠져들기도 했다. "어떨 때는 아버지 주변에서 시에 대해 얘기하는 것도 아주 위험해졌어요. 아버지는 어떤 시를 낭송하기 시작하다가, 갑자기 고함을 지르기 시작하다가, 또 갑자기 울기 시작해요. 모든 상태를 거치는 거죠. 아버지는 자기 감정을 통제하지 못하셨어요. 그냥 감정이 찾아오면 찾아오는 데로 쓸려 가셨죠." 각각의 시, 언어, 문화가 자체적인 감정 반응을 촉발했다. "영어로 된 운문이나 고전문학은 보통 괜찮았어요. 하지만 독일어로 암송할 때는 그 언어의 감정적 변화에 휩쓸려서 완전히 통제 불능 상태로 빠져들었어요."

위너는 아버지와 마찬가지로 괴테, 그리고 세례 받은 독일계 유태인 하인리히 하이네의 서정시를 사랑했다. 그는 하이네의 운문을 큰 목소리로 암송하며 속이 뒤틀리는 감정을 느꼈다. 분명 영적으로 혼란스러웠던 어린 시절의 감정적 응어리를 해소하는 과정이었을 것이다. 바바라는 위너가 하이네의 시, '사바스 공주'로 빠져드는 모습을 떠올렸다. 이 시는 유대인들의 전통적인 경건함을 버림받은 자로서의 역사적 역할과 조화시키기 위해 몸부림치고 있다. 하이네는 유대민족을 마법에 의해 개로 변해 버린 한 귀족으로 묘사했다. 일주일 내내 기어 다니던 이 똥개는 금요일 저녁이 되면 왕자로 변해서 '사바스 신부 sabbath bride'를 안내했다. 이 시는 위너의 마음을 찢어놓았다.

그 후로 이어지는 폭풍은 어린 시절 위너의 황량했던 가정환경이 뒤집어진 것이었다. 다만 지금은 이제 성인이 된 위너가 벼랑 너머로 가지 못하게 막는 사람이 그의 어머니나 그의 아내가 아니라 그의 어린 딸이었다는 점이 다르다. "아버지는 복도 앞쪽에 서서 고함을 지르며 울고 있었고, 그럼 나는 아버지가 벼랑 너머로 가기 전에 아버지를 현실의 단단한 발판으로 다시 끌고 오려고 잡아당겼어요. 어머니는 부엌에 숨어 있었지만 나는 아버지와 함께 그 시간을 견뎌내려고 했죠."

이렇게 폭풍이 몰아치던 시간에 위너는 한 번 넘게 자살 위협을 했었다. "아버지는 머리를 쥐어뜯었어요. 그러다 여행 가방을 꾸리면서 자기는 호텔로 갈 거라고 했죠. 총도 하나 같이 꾸리면서 자기는 누구한테도 도움이 안 되는 사람이니 총으로 자살하겠다고 했습니다."

바바라는 아버지가 총을 휘두르는 모습을 한 번도 본 적이 없었지만 어린 바바라는 그것을 가지고 옥신각신할 수 있는 입장이 아니었다. "아버지가 총기를 소유했던 기억은 없습니다. 하지만 아버지가 여행 가방에 하나 꾸려 넣었다고 말했던 것은 기억나요. 아버지가 이미 꾸린 가방을 들고 층계를 내려와 정문 현관으로 들고 가던 모습이 기억납니다. 두 번 정도는 실제로 집을 나섰었지만 몇 시간 넘게 나가 있지는 않았던 것 같아요."

바바라는 이렇게 회상했다. "아버지가 정점에서 바닥까지 주기를 도는 데 9개월 정도가 걸린 것 같네요. 하지만 그 폭풍이 언제 몰아칠지는 아무도 몰라요. 아버지는 기분이 좋을 때는 정말 창조적이었습니다. 하지만 큰 프로젝트를 마무리하고 난 후에는 상처를 잘 받아서 갑자기 폭발할 때가 많았죠. 폭풍이 가까워지면 저는 아버지가 이제 무너져 내려 다시 기나긴 우울증의 시간을 거칠 때가 오고 있음을 알 수 있었죠."

페기는 어렸기 때문에 당시의 아버지에 대한 기억이 별로 남지 않았다. 하지만 페기도 아버지가 1년에 두세 번 정도 폭발적으로 짜증을 부렸던 것은 기억하고 있다. "그럼 저는 몸이 아파왔어요. 고함소리에 깨면 겁에 질려서 계단에 앉아 있었죠."

마거리트는 부엌에 숨어 있고, 페기는 계단에서 떨고 있는 동안 바바라는 아버지 곁을 지켰다. 시간이 흐르면서 바바라는 통제력을 상실한 아버지를 조정하는 방법을 찾아냈다.

"아버지는 항상 칭찬과 안심시키는 말을 많이 필요로 했지만, 그렇게 통제력을 상실한 상태에서는 훨씬 더 많이 필요했어요. 결국 저는 아버지에게 아버지가 그 전에도 이와 비슷한 절망적인 시간을 보냈었고, 그 때마다 그런 상황에서 벗어날 수 있었다고 말씀드리는 것이 제일 큰 위로가 된다는 것을 알게 됐어요. 아마도 아버지는 이렇게 계속 나락으로 추락해서 헤어날 수 없는 지경까지 가지는 않을 거란 말을 듣고 싶으셨던 것 같아요."

결국 위너의 폭풍은 저절로 잦아들었다. "폭풍이 최고조에 달하고 나면 아버지는 보통 다시 영어로 말씀하시면서 치즈 샌드위치 하나와 우유 한 잔을 들고 자기 방으로 들어가셨어요."

위너의 감정적 폭풍이 가족의 현관에 거듭해서 상륙할 때마다 마거리트는 딸 바바라를 보내서 남편을 벼랑 끝에서 데려오게 했다. 하지만 그녀는 공감능력이 뛰어난 자기 딸이 혼란에 빠진 아버지를 차분하게 마음을 가라앉히고 안심시킬 수 있는 능력이 어디서 오는지 이해하지 못했다. 마거리트는 딸이 갖고 있는 미덕을 왜곡해서 엉뚱하게 해석했다.

"어머니는 부엌에 있다가 나와서 말하기를 제가 아버지가 그런 상태에 있을 때 거기에 대응할 수 있는 이유는 딱 하나, 아버지가 저를 향해 느끼는 '부자연스러운' 느낌을 제가 북돋우기 때문이라고 하셨죠." 엄마가 자신의 어린 딸에게 하기에는 정말 이상한 말이지만 마거리트는 분명 바바라가 아버지에게 성적으로 영향력을 미치고 있음을 암시하고 있었다. "아버지를 차분하게 가라앉히는 것은 제 몫이었지만 제가 거기에 성공하면 어머니는 제가 어떤 성적인 기술을 사용하기 때문이라 생각했죠."

바바라는 엄마가 그렇게 자신을 책망하는 것에 대해서도 설명했다.

그녀는 어머니 본인도 어떤 정신적 장애를 앓고 있었다고 믿었다. 바바라는 그것을 '감정적 무신경'이라 불렀다. "어머니는 다른 사람의 감정을 인식하지 못했어요. 그래서 아버지의 감정에 대해서도 전혀 파악하지 못했죠. 어머니는 아버지가 감정의 폭풍에 시달리는 동안 제가 아버지에게 어떤 위로를 줄 수 있다면, 그건 일종의 마법이 분명하다고 생각했고, 어머니의 머릿속에 제일 먼저 떠오른 마법은 성적인 것이었죠."

페기 역시 언니 바바라가 아버지의 '부자연스러운' 반응을 이용하는 거란 어머니의 암시를 부정했다. "아버지의 반응은 완벽하게 자연스러운 것이었어요. 이상한 생각을 하는 건 어머니 쪽이었죠." 페기도 어머니가 아버지의 감정의 폭풍을 누그러뜨리기는커녕, 이해하지도 못했다는 언니의 말에 동의했다. "사실 어머니는 그 상황을 어떻게 감당해야 할지 감도 잡지 못했어요. 어머니는 논리적으로 아버지의 감정을 가라앉히려고 했는데 그건 전혀 소용없는 일이었죠."

위너도 자기가 1930년대 말에 격동기에 있었음을 인정했다. 자서전에서 그는 그 기간 동안 '내면의 폭풍'을 일으켰던 힘에 대해 묘사하고 있다. "그때는 내가 수많은 별개의 정신적 긴장에 놓여 있던 시기였다. 나는 혼란스러운 상태에 놓여 있었다. … 여러 해에 걸쳐 힘든 생활을 하며 쌓여왔던 부담감이 내게 영향을 미치기 시작했다. … 그런 상황에서 내가 정신분석학적인 도움이 필요했다는 것은 그리 놀랄 일도 아니다."

마거리트의 재촉에 위너는 한 명도 아니고 두 명의 프로이트 정신분석가에게 상담을 받았지만 일반적이지 못했던 그의 어린 시절을 이해할 수 있는 프로이트 정신분석가를 찾는 데 실패하면서 그런 노력도 물거품이 되고 말았다. 그는 한 정신분석가의 처방대로 정신분석 과정을 거쳤고, 그 과정을 통해 수학에서의 창조적 연구를 향한 깊은 욕구와 문학과 시에 대한 자신의 사랑에 대해 통찰을 얻을 수 있었다. 그리고 그는 하이네의 좋아하는 시구절을 암송할 때 자신을 압도했던 감정에 대해서도 묘사했다. 하지만 위너는 자신이 진심으로 증언한 말에 대한 그 정신분석가의 반응을 보고 질리고 말았다. 그 정신분석가의 말에 따르면, 그의 증언은 위너의 무의식을 진정으로 표현한 것이 아니라 위너가 프로이트식 방법에 저항하고 있음을 보여주는 명확한 증거라고 했다. 정신분석학은 아동기 초기의 경험에만 초점을 맞추기 때문에 엄밀하게 정신분석학적으로만 따지면 과학 연구와 시에 대한 열정을 얘기하는 그의 증언은 정신분석과 상관없는 비협조적인 부분이라는 것은 위너도 인정했다. 하지만 위너는 그런 사실들이 자신의 경험에 관해, 그리고 자신의 영적인 기질을 구성하고 있는 많은 것에 관해 중요한 단서를 품고 있다고 주장했다. 그는 정신분석학자들이 자신의 문제를 절대로 이해하지 못할 거라 확신하고 반 년 만에 정신분석을 중단했다.

위너를 잘 아는 사람들은 위너가 조울증을 앓고 있다는 것을 차츰 이해하기 시작했다. 하지만 1930년대까지만 해두 그런 임상적 구분은 아직 잠정적인 것이었고, 그 후로도 오랫동안 제대로 규정되지 않은 상태로 남아 있었다. 조울증이라는 정신의학적 진단명도 위너가 박사학위를 받은 해인 1913년에야 나온 것이었다. 그는 십대 초반부터 여러 차례 우울증을 앓았었고, 그는 1926년에 괴팅겐에서 거의 정신이 무너지기 직전까지 갔었지만, 거기에 대해서도 별로 개의치 않았었다. 하지만 그의 조증 성향이 언제 시작되었는지는 정확히 꼬집어 말하기가 힘들다. 그는 만성적인 탈진을 호소했지만, 산악 도보 여행을 하고, 수학 연구와 집필이 창조적으로 터져 나올 때는 깊은 곳에 비축되어 있던 에너지를 끌어다 사용했다. 그는 결혼을 하고 1926년에는 구겐하임 보조금을 받으면서 어쩔 줄 모를 정도로 의기양양해진 기분을 경험했었다. 그의 말로는 이것이 바로 직업에 따른 파급효과로 인해 기분이 극단적으로 좋아질 수 있음을 보여준 첫 증거였다. 1930년대 초반 즈음에는 그의 조증 증상이 명확하게 드러나고 있었다. 위너의 학생과 동료들은 박식함을 뽐내며 자신의 에너지, 아이디어, 열정으로 사람들을 앞지르고, 깊은 인상을 남기고, 사람들을 압도하려 애쓰던 그의 모습을 기억했다.

창조적인 사람들 사이에서는 에너지가 폭발하고 생산성이 높아지는 시기가 우울증처럼 흔하게 찾아왔지만 여러 증언과 후속 임상 연구에 따르면 늦어도 40세 정도에는 위너의 주기적인 조상태와 우울상태가 밑바탕에 깔린 신경화학적 메커니즘에 의해 움직이고 있었다. 조울증 같은 기분장애에 대한 현대의학적 견해에서는 위너가 경험했던 고조된 기분과 저하된 기분의 끝없는 요동을 양극성의 표현으로 분류한다. 양극성은 교과서에서 다음과 같이 정의되는 정신의학적 질환이다. "기분의 극단적인 변화를 특징으로 하는 뇌의 장애로 지속적이고 극단적으로 기분이 고양된 상태와 슬픈 상태가 번갈아 나타난다." 어떤 교과서에서는 조울증의 증상을 다음과 같이 이야기하고 있다. '사람을 찾기', '말을 계속해야 한다는 압박감', '자살 충동', '자신이 무가치하다는 느낌', '정서적 폭발'. 이런 질병은 유전적 요인이 강하게 작용하는 것으로 여겨지고 있지만 특정 개인에게 이런 증상이 나타날지 여부는 환경적 요소에 의해 결정된다. 정서적 외상을 남기는 어린 시절의 경험이 유전적 성향을 신경화학적 역치 너머로 몰아붙이면 증상이 발현된다.

위너가 신동 시절에 연속적으로 받았던 스트레스는 어린 시절의 부정적인 인생경험에 의해 초래되는 신경화학적 장애의 임상 프로필과 맞아떨어진다. 그의 무거운 체중은 난치 수면무호흡증이 생기는 데도 기여했다. 수면무호흡증은 자는 동안에 호흡이 멈추는 증상으로 자다가도 하루에 수백 번씩 잠에서 깰 수 있다. 심각한 수면무호흡증도 조증행동의 촉발요인으로 암시되고 있고, 이것이 그가 가벼운 우울증을 앓다가 조울증으로 넘어가게 된 또 다른 육체적 원인이었을지도 모른다.

또 한 가지 요인이 위너를 무겁게 짓누르고 있었다. 1920년대 중반에 그의 남동생 프리츠가 조현병으로 진단받고 정신병원 시설에 입원한다. 신동 만들기에 있어서는 노버트마저 뛰어넘는 아버지 레오의 가장 위대한 성과로 여겨지던 프리츠가 무너지자 위너의 내면 깊숙한 곳에 자리잡고 있던 두려움이 꿈틀거렸다. 위너는 자기 가문의 유전자에 들어 있는 무언가가 그를 실패로 이끌거나, 평범한 사람에 불과한 존재로 만들거나, 더 나아가 미치게 만들지 않을까 두려웠다. 1926년에 괴팅겐에서 정신적으로 무너질 뻔한 경험을 하고 바로 프리츠에게 보낸 위로의 편지에서 위너는 자신의 두려움을 이렇게 표현했다. "우리는 서로 정말 많이 닮았지. … 우린 둘 다 사교적이지도 못하고, … 둘 다 내성적이고 기분에 잘 휩쓸리지. … 우리는 둘 다 자기가 저지른 행동으로 때니 상대에 빠지기도 해." 그는 경력과 가정생활 모두 안정적으로 꾸리고 난 후에도 프리츠가 정신질환에 빠진 것을 두고 괴로워하며 자기도 비슷한 운명을 겪게 될지 모른다고 계속 걱정했다.

바바라는 이렇게 말했다. "아버지는 프리츠 삼촌처럼 될까 봐 정말 두려워하셨어요." 페기도 같은 생각이었다. "저는 아버지가 실제로 그렇게 믿었다고 생각해요. 저는 오히려 어머니가 그런 성향을 키웠다고 생각하죠." 실제로 마거리트는 '감정적 무신경' 탓에 남편의 우울 상태를 촉발하는 경우도 있었고, 그 상태를 악화시키는 경우가 많았다. "아버지는 분명 인정이나 지지를 받고 싶어서 어머니를 찾아갔는데 어머니는 아버지가 예전에 잘못했던 무언가를 떠올리고는 이해하는 듯한 부드러운 목소리로 아버지한테 그 얘기를 꺼냈죠." 바바라는 이렇게 기억했다. "가끔은 아버지가 기분이 좋을 때 어머니가 바늘로 풍선을 터트리듯 그 기분을 깨는 일도 있었어요. 어머니는 아버지가 막 나가려고 할 때까지 기다렸다가 이렇게 말했어요. '머리 빗질이 안 됐네요.' 혹은 '그 정장은 입으면 안돼요.' 혹은 '셔츠 좀 깨끗한 걸로 사지 그래요?'"

바바라는 이런 망신 주기가 의도적인 것이라 보지는 않았다. "저는 어머니가 자기가 무슨 짓을 하고 있는지 모르고 한 일이라 생각해요. 어머니는 다른 사람의 감정을 알아보는 데 문제가 있었어요. 그래서 어머니에게 감정을 내보이는 것은 하나의 위협으로 다가갔죠." 페기는 가족 내 역학관계에서 동전의 양면을 보았다. 페기는 아버지의 감정적 고통도 보았지만, 어머니가 남편과 그 부모에게 실망하고 억눌린 분노를 갖고 있었던 것도 인정했다. 위너의 부모가 처음부터 위너의 정서적 문제를 별것 아닌 듯 감추었기 때문이다. 하지만 페기는 어머니 역시 자신의 마음을 완전히 드러내지는 않았다고 생각했다. 페기는 이렇게 말했다. "아버지는 따듯하고 관대한 사람이었어요. 아버지는 사랑의 표현이 필요한 사람이었지만 어머니로부터 그런 표현을 받지 못했죠. 하지만 어머니도 결혼을 통해 자기가 바랐던 것을 얻지 못한 것은 마찬가지예요. 어머니는 독일 중산층 가문 출신이었지만, 미국에 오자마자 사회적으로 밑바닥 계층이 되고 말았죠. 저는 어머니의 삶을 이끈 동기 중 하나는 자신의 사회적 지위를 되찾는 것이었을 거라 생각해요. 그리고 교수 부인이 되면 그 지위를 차지할 수 있을 거라 믿었죠. 하지만 아버지와 어머니의 지위는 독일에서 기대할 수 있는 것보다 한참 아래였어요. 어머니는 그런 결과에 대단히 실망하셨던 것 같아요."

위너가 살아온 길은 조울증의 패턴과 맞아떨어졌지만, 기분이 하늘을 찌를 듯 좋았다가, 감정의 폭풍이 밀려오고, 또 반복적으로 자살의 위협을 하는 동안에도 그는 놀라울 정도로 생산적이었다. 임상적으로 보면 그의 증상은 '순환기질'이라는 진단에 더 가깝다. 이것은 조울증의 한 유형으로 주기가 덜 심각하고, 덜 파괴적이며, 선을 넘어 망상, 환각, 본격적인 정신병으로 넘어가는 일은 절대 없다.

페기가 어린 시절에 느꼈던 부분도 위너의 MIT 동료들의 생각과 다르지 않았다. 그들은 매일 그와 접하면서도 위너의 내적 혼란을 살짝살짝 엿보았을 뿐이다. 페기는 이렇게 말했다. "돌아보면 어느 특정 인물이 아니라 세상 전반에 대고 주먹을 휘두르는 심한 우울증에 빠진 남자가 보여요.. 하지만 어린아이였던 제 눈에는 그것이 개인의 사소한 결함으로만 보였어요. 아버지의 내면에서 어떤 일이 일어나고 있었고, 아버지가 얼마나 힘든 삶을 살았을지 깨달은 것은 훨씬 훗날의 이야기죠." 위너가 혼자 비밀리에 감성의 폭풍을 겪으면서도 직업적으로 성공을 거두었던 시절을 생각하며 페기는 이런 자명한 평가를 내렸다. "아버지가 그런 고통을 겪고도 살아남아 그 모든 일을 해냈다는 것이 정말 놀랍게 느껴져요. 아버지는 분명 믿기 어려울 정도로 강인한 분이셨어요."

* * *

좋은 시기와 나쁜 시기를 거치는 동안에도 위너는 일과 가족 사이에서 균형을 잡는 데, 그리고 자신의 시간과 에너지, 그리고 감정에 가해지는 부담을 관리하는 데 최선을 다했다. 그는 낮에도 자주 낮잠을 자고, 잠자리에도 일찍 들었다. 대부분 저녁 7시에서 8시면 잠에 들었다. 하지만 새벽 3시 정도에 깨서 부엌으로 가 차가운 시리얼과 우유를 한 그릇 먹은 다음 다시 잠자리에 드는 날도 많았다. 바바라는 이렇게 기억한다. "집안 여기저기에 수학 기호가 휘갈겨진 종이들이 흩어져 있었어요. 연필도 여기저기 부족함 없이 어디든 있었죠. 아버지는 아이디어가 떠올랐을 때 언제든 적을 준비를 했어요." 밤이면 그의 침대 머리맡 책상 위에는 연필과 종이가 놓여 있었다.

어린 시절부터 위너는 최고의 아이디어는 무의식에서 기원한다는 것을 항상 염두에 두고 있었다. 그는 아이디어가 갑자기 번뜩이는 통찰과 꿈같은 최면상태로 찾아오는 과정을 이렇게 묘사했다. "아이디어는 아주 낮은 의식 수준에서 찾아오기 때문에 자는 동안에 생기는 경우가 많다."

그런 순간은 깨어날 때 대단히 자주 생기는 것 같다. 하지만 아마도 이것이 실제로 의미하는 것은 밤중에 자는 동안에 내가 아이디어를 정립하는 데 필요한 혼란 제거 과정을 거친다는 것이 아닐까 싶다. … 그런 과정이 잠이 들기를 기다리는 소위 최면 상태에서 일어나는 것이 일반적이지 않을까 생각하며, 이것은 환각의 감각적 견고함을 일부 가지고 있는 그런 최면 이미지와 밀접하게 관련이 있다.

무의식에서 일어나는 이 과정은 그에게 이런 확신을 주었다. "생각할 때 나의 아이디어는 나의 하인이 아니라 나의 주인이 된다."

바바라도 아버지의 말을 확인해 주었다. "아버지는 자기도 어떻게 그런 해답을 얻었는지 알지 못할 때가 많았어요. 그 해답들은 한밤중에 몰래 아버지에게 들어오거나 하늘에서 내려왔죠." 하지만 위너는 자신의 정신적 과정을 스스로도 이해할 수 없어서 두려워했다. "아버지는 아이디어들이 자기에게 흥미를 잃고 다른 사람을 찾아갈지도 모른다는 공포 속에서 사셨어요."

하지만 위너의 가정에서도 삶이 거의 정상적으로 보이는 때가 있었다. 가족은 함께 게임을 즐겼고, 거기서 다양한 결과가 나왔다. 페기는 이렇게 기억한다. "아버지는 브리지게임을 정말 못 하셨어요. 항상 딴 데 정신이 팔려 있었죠. 돈을 걸 때 아버지는 항상 너무 무모하셨고, 어머니는 너무 소심하셨죠. 그래서 바바라 언니와 제가 부모님을 늘 이겨먹었어요." 하지만 위너 가족이 빛을 발하는 순간은 식사시간이었다. 못 말리는 익살꾼이었던 위너는 저녁식사 시간에 딸들과 함께 말장난하기를 좋아했다. 그의 말장난은 보통 엉터리일 때가 많았지만 본인은 자기가 한 농담이 재미있다며 박장대소를 했다. 그럼 위너의 딸들은 아버지가 한 말장난의 뜻을 이해하고 비슷한 말장난으로 대답했지만 마거리트는 거기에 끼는 경우가 드물었다. "어머니는 말장난에 담긴 역설을 이해하지 못했어요." 바바라는 이것이 마거리트의 '감정적 무신경'에서 나오는 또 다른 결과라 생각했다. 페기도 생각이 같았다. "분명 어머니는 대단히 지적인 분이셨어요. 하지만 우리가 아버지와 공유하는 빠른 이해력을 갖고 있지는 못하셨죠. 아마도 어머니는 대화에 끼지 못하는 느낌을 받았을 거예요. 그것이 소외감을 느끼게 했을 거예요." 마거리트도 유머감각이 전혀 없는 사람은 아니었다. 하지만 페기는 이렇게 말했다. "어머니의 유머감각은 남의 불행을 보며 느끼는 쾌감 같은 성향이 있었죠. 아주 독일적이었어요."

독일인이라는 마거리트의 배경에서 무언가 다른 것이 스스로 발현되어 나오고 있었다. 실레지아에 있는 친척과 수백만 명의 자기네 동포와 마찬가지로 그녀도 독일의 새로운 지도자 히틀러와 그의 나치 이데올로기에 끌리고 있었다. 마거리트는 자신이 빠져든 열병에 대해 자기 딸들에게 솔직하게 말했다.

바바라의 말이다. "어느 날 어머니가 우리에게 말하기를 독일에 있는 어머니의 가족들이 유덴라인Judenrein 자격을 받았다고 했어요. 유덴라인은 유대인으로 더럽혀지지 않았다는 의미예요. 어머니는 우리가 그 사실을 알고 기뻐할 거라 생각하셨어요. 어머니는 초기에는 친나치 성향이 아주 깅했죠." 독일에서 유대인을 향한 나치의 압제가 강해지자 다른 불편한 말들이 뒤따랐다. 바바라는 이렇게 회상했다. "어머니는 독일에 있는 유대인들에게 안타까운 마음을 가질 필요가 없다고 했어요. 좋은 사람들이 아니라면서요." 크리스마스가 되면 마거리트는 절반은 유대인인 딸들과 함께 크리스마스트리를 장식했다. "어머니가 예수는 예루살렘에 주둔하고 있던 독일 용병의 아들이라고 했어요. 그것이 과학적으로 입증되었다면서요."

1930년대 후반이 되자 마거리트는 노골적으로 나치의 대의에 공감했다. 바바라는 이렇게 기억한다. "어머니의 선반에는 독일어로 한 권, 영어로 한 권, 이렇게 두 권의 책이 놓여 있었어요. (히틀러의 자서전인)『나의 투쟁』이었죠. 어머니는 히틀러와 독일에 대해 오해하는 사람이 너무 많다며 친구들에게 그 책을 자주 내밀었죠." 바바라는 영어판『나의 투쟁』을 생각날 때마다 조금씩 읽었다. 그 안에 담긴 내용에 두려워진 바바라는 어머니에게 직접 자신의 걱정을 전했다. "나는 히틀러의 유대인 말살 계획에 대해 어머니한테 몇 번 얘기했어요. 그럼 어머니는 독일의 유대인들은 제가 아는 유대인들과는 아주 다른 사람들이며, 나머지 독일 사람들한테 아주 위험하고 파괴적인 존재인데 내가 그것을 이해 못 하고 있다고 얘기했어요. 어머니는 목소리가 아주 사랑스러운 분이었는데 그런 목소리로 이런 끔찍한 말을 하는 것을 들으면 어머니가 미친 건지, 내가 미친 건지 궁금해질 거예요."

위너 역시 마거리트의 생각을 알고 있었고, 그것을 무척 고통스럽게 여겼다. 바바라는 이렇게 말했다. "아버지는 어머니의 정치적 견해에 대해 저한테 아무 말도 하지 않으셨어요. 하지만 두 분이 문을 닫아놓고 그 문제에 대해 싸우는 소리를 들을 수 있었죠. 제가 그 주제를 꺼내려고 하면 아버지는 손을 저으며 이렇게 말했어요. '내가 왜 너를 이 고통스러운 세상으로 데리고 왔을까?'"

외부 사람들도 마거리트의 극단적인 관점과 위너가 간신히 억누르는 분노를 목격했다. 파지 레빈슨Fagi Levinson은 남편 노먼 레빈슨과 함께 위너 가족과 만나다가 부부 사이의 불협화음을 목격했다. 파지는 이렇게 기억했다. "마거리트는 독일에 사는 친척들이 나치 당원이라고 아주 노골적으로 얘기했어요. 이렇게 말하더군요. '어쨌거나 그러지 않고서야 어떻게 일자리를 유지할 수 있겠어요?' 그럼 노버트는 얼굴이 시뻘개졌지만 아무 말도 하지는 않았죠. 그녀는 자기 아내였고, 충실한 사람이었고, 자신의 성깔을 다 받아준 사람이었으니까요."
위너는 자기 아내가 딸들과의 대화에서 나치 이데올로기를 얼마나 어디까지 끌어들였는지는 전혀 알지 못했지만 적어도 마거리트가 민족적, 인종적 편견에 자기만큼 거리를 두는 사람이 아닌 것은 알고 있었다. 둘만의 자리에서는 위너도 마거리트의 민족적, 정치적 의견에 대해 자신의 감정을 강하게 드러냈다. 하지만 사람들이 있는 자리에서는 자신의 결혼생활에서 느껴지는 고통스러운 긴장에 대해 간접적으로만 언급했다. 위너가 정신분석가와의 불만족스러웠던 첫 번째 만남에서 꺼낸 수많은 감정적 스트레스 중에서 제일 먼저 나왔던 것도 나치주의가 세상을 지배하려 위협하고 있다는 사실이었다. 그리고 그는 자신의 뿌리가 유대인이라는 사실 때문에 서로 엇갈리는 감정이 공존하는 감정 상태가 되었다고 인정했다. 그는 세상 어딘가에서 유대인들이 몰살의 위협을 받고 있다는 악몽과 싸웠고, 나치의 반유대주의가 미국의 일부 지역에서도 반향을 불러일으키고 있다는 점에 주목했다.

* * *

1939년 여름에 마거리트의 어머니 헤드위그 엔게만은 뉴햄프셔 주에 있는 가족의 집에서 폐병에 걸렸다. 딸과 달리 그녀는 히틀러와 나치를 좋아하지 않았고, 유럽에서 또 다른 전쟁이 일어나지 않게 해달라고 기도했다. 헤드위그는 7월 말에 오래된 농가의 2층 방에서 잠을 자다 조용히 사망했다. 히틀러의 군대가 폴란드 국경에 집결하고 있을 때였다.
그로부터 몇 달 후에는 몇 해 전에 뇌졸중을 앓았던 위너의 아버지가 보스턴에서 77세의 나이로 사망했다. 아버지가 돌아가시고 난 후에야 위너는 아버지가 자신의 삶에 지속적으로 미치고 있던 영향과 아버지가 자신에게 물려준 수많은 재능을 온전히 이해할 수 있었다. 그 재능은 고전문학과 독일 낭만시에 대한 사랑, 연민을 중요시하는 아버지의 인본주의적 가치관, 그리고 사회에서 억압당하고 가치를 제대로 인정받지 못하는 계층에 대한 배려 등이었다. 소외계층에 대한 배려는 톨스토이로부터 온 것이었다. 그리고 "학문은 직업이 아니라 소명이자 헌신이다"라는 그의 신념 역시 아버지로부터 물려받은 것이었다. 그리고 무엇보다 위너는 아버지의 타협 없는 지적 솔직함과 지적 허세와 가식에 대한 증오를 뼈 속 깊숙이 받아들였다. 아버지 레오가 아들에게 심어준 이 재능은 평생 위너와 함께 했다. 위너는 이렇게 말해다. "그것은 이 때문이었다. 나에게 일을 시키는 감독이 동시에 나의 영웅이기도 했기 때문에 내가 거쳐야 했던 고된 훈련 과정에도 나는 무능으로 빠져들지 않았다."

1930년대를 거치면서 위너는 자신의 새로운 통신이론을 위한 수학적 토대를 구축했다. 그는 그 10년 동안 두 권의 책과 함께 40편의 논문을 발표했고, 시대와 기술이 그를 따라잡을 때까지 기다리는 동안에는 생리학과 회로이론에 관한 탐구도 계속 이어갔다. 장모 엔게만과 아버지 레오 위너가 사망한 다음 해 봄에 그는 뉴햄프셔 주에 한쪽 길이가 3미터 정도 되고, 뾰족한 지붕과 세 개의 작은 창이 달린 작은 나무 오두막집을 구입했다. 그 오두막은 집에서 조금만 걸어가면 되는 숲 가장자리에 자리잡고 있었다. 그는 매일 그곳으로 가서 방해 받지 않고 생각과 집필을 할 수 있었다. 아버지의 책상 아래 공간보다 별로 클 것도 없는 그 공간에서 이제 아버지를 잃은 이 코끼리 새끼는 창밖으로 주변 숲과 저 멀리 산맥을 바라보며, 그 다음 책과 논문에 대해 구상한다. 그 책과 논문들은 다가오는 통신과학과 통신기술 혁명의 길을 밝혀주게 될 것이다.

1940년 초여름에 위너는 위스콘신 매디슨에서 열리는 미국수학협회 학회에 가기 위해 뉴햄프셔에서 혼자 차를 몰고갔다. 도로를 달리며 그는 대부분의 미국인이 원치 않는 전쟁이 거침없이 가까워지고 있음을 알게 된다. 독일은 남쪽과 동쪽의 이웃국가들을 합병한 후에 북쪽과 서쪽으로 무섭게 진군하고 있었다. "그것은 이상하게도 24년 전에 있었던 일을 떠오르게 만드는 경험이었다. 당시에도 북대서양 한가운데서 독일 배에 올라타서 여행을 하고 있을 때 제1차 세계대전이 발발했다."

학회가 끝나고 위너는 영국에서 온 한 동료와 함께 다시 동쪽으로 차를 몰았다. 오는 길에 두 사람은 뉴욕 주 북부의 한 포도밭에서 포도도 따고, 자기들이 어떤 감정을 느끼고 있고, 무엇을 예상하고 있는지 살펴보기 위해 차를 멈추었다.

6장

한 과학의 탄생

어느 시대에나 천재는 있다. 하지만 자기 안에 그 천재성을
품고 있는 사람은 꽁꽁 얼어 있다. 그러다 특별한
사건이 일어나서 그 얼어붙은 덩어리를 덥히고 녹여 주어야만
앞으로 흘러나갈 수 있다.

— 드니 디드로Denis Diderot

1940년 여름에 노버트 위너는 그 전에도 여름마다 그랬듯이 베어캠프 연못에서 물 위에 누워 작은 호수의 고요한 수면 위를 오가고 있었다. 그의 눈에서는 안경이 반짝이고, 입에는 시가를 물고, 그의 거대한 비치볼과 같은 배는 파도에 넘실거리고 있었다. 하지만 그의 마음은 6,400킬로미터 저 먼 곳에 가 있었다.

유럽에서는 나치 독일의 최신 무기의 도움을 받은 민족주의 세력이 스페인 내전에서 정부군을 완파했다. 파시스트 이탈리아는 독일과 '강철 조약Pack of Steel'을 맺었고, 히틀러의 독일 국방군 전쟁 기계들이 가공할 힘을 앞세워 유럽대륙을 짓밟고 있었다. 1940년 봄 즈음에는 오

스트리아, 체코슬로바키아, 폴란드가 정복당했다. 덴마크, 노르웨이, 저지대Low Countries(유럽 북해 연안의 벨기에, 네덜란드, 룩셈부르크 - 옮긴이)는 복속되었다. 6월에는 33만 명의 연합군 병력이 덩케르크를 통해 유럽 대륙에서 쫓겨났다. 프랑스가 쓰러지고, 한 달 후에는 독일 공군의 전투기들이 영국해협을 넘어가 브리튼 전투(1940년 런던 상공에서 벌어진 영국과 독일의 항공전 - 옮긴이)를 시작했다.

추축국Axis(제2차 세계대전에서 나치 독일, 이탈리아, 일본을 중심으로 결성된 동맹 - 옮긴이)은 양쪽에서 세상을 찢어놓고 있었다. 위너가 중국을 떠나고 머지않아 일본의 급습이 아시아 본토에서 전면전으로 확전됐다. 난징에서는 30만 명의 중국 농민들이 대학살을 당했고, 황허 강에서는 백만 명이 넘는 사람이 전투와 홍수로 사망했다. 1940년 5월에 루스벨트 대통령은 전쟁 억지 효과를 통해 일본의 공격을 좌절시키려고 미해군의 태평양 함대를 하와이로 보냈다.

위너는 각각의 사건이 전개되는 것을 지켜보며 재앙이 임박했다는 느낌을 받았다. 그렇게 불편했던 여름이 지나면서 그는 베어캠프 연못 주변을 한가롭게 걷거나, 화이트 산맥을 따라 시원한 산책을 즐겼다. 그는 포위된 땅에서 탈출해 온 동료들을 환영해 주었다. 그는 두 딸과 평소처럼 시골로 산책을 다닐 때는 즐거운 분위기를 유지하려고 노력했다. 하지만 일본의 진주만 공격이 있기 1년 전부터 이미 위너와 그의 동료들은 미국의 제2차 세계대전 참전은 기정사실이고, 새로운 전쟁이 기존에 없었던 과학적, 기술적 도전과제를 안겨 주리라는 것을 알고 있었다.

MIT의 부총장 바네바 부시는 1년 전에 카네기 연구소의 장을 맡기 위해 워싱턴으로 자리를 옮긴 상태였다. 카네기 연구소는 기초과학 연구에 전념하는 사립재단으로 미국 과학의 주요 후원자로 자리잡고 있었다. 미국의 지식분야에서 높은 자리에 앉아있었던 이 간단명료한 뉴잉글랜드인은 군사적 문제의 과학적 측면에 대해 정부 고위 관료들에게 직언할 수 있는 위치에 있었다. 덩케르크로부터 연합군 병력이 혼란 속에 마지막으로 대피하고 일주일 후인 1940년 6월 12일에 부시는 백악관에서 루스벨트 대통령과 만난 후 국방연구위원회NDRC를 새로 조직하고 감독할 수 있는 행정적 권한을 가지고 등장했다. 그는 날로 가속하고 있는 국방 사업의 과학 연구를 기획하고 조정하는 임무를 띠고 있었다. 그의 첫 기획은 700곳의 대학과 연구소로 네트워크를 조직하는 것이었다. 그는 이들에게 전쟁과 관련된 과학적, 기술적 프로젝트에 참여할 것을 요청하려 했다. 그는 또한 자기 동료들에게 개인적으로 편지를 보내 다가오는 전쟁에서 과학자들을 가장 잘 활용할 수 있는 방안에 대한 조언을 구했다.

위너도 기꺼이 조언을 보탰다.

위너는 부시와 몇 차례 서신을 교환했는데 그 중 첫 번째였던 1940년 9월의 한 메모에서 위너는 제1차 세계대전 당시 자기가 애버딘 병기 시험장에서 겪었던 경험을 얘기했다. 그는 전문 분야의 과학자, 공학자와 여러 차례 협동 연구를 진행하고, 과학에서 학제적 협력의 가치에 대해 아르투로 로젠블루에스와 지속적으로 대화를 나누었던 이야기를 전했다. 그는 부시에게 과감하고 새로운 전쟁 관련 연구 및 개발 전략을 받아들일 것을 조언했다. 그는 서로 다른 분야 출신의 과학자들로 소규모 기동팀을 조직해서 함께 문제를 연구하게 하고, 그 연구 결과를 개발팀으로 전달한 후에 다음 문제로 넘어가는 방식으로 진행할 것을 권고했다.

부시는 위너의 제안에 한 번도 답장을 보내지 않았다. 그래서 위너도 전시 과학 연구에 학제적 접근방식을 제안한 것이 아무런 소용이 없었다고 결론 내렸다. 하지만 그의 판단은 너무 성급한 것이었다. 몇 달 후 부시와 루스벨트 대통령이 또다시 회의를 한 이후에 의회는 두 번째 연구 조직인 과학 연구 및 개발 사무국^{OSRD}을 독립 정부기관으로 승인하고 그 책임자로 부시를 임명했다. 부시의 NDRC와 OSRD는 전쟁 관련 연구에 참여한 미국 과학자들 6,000명의 활동을 조정하는 역할을 했다. 그 연구 중에는 맨해튼 프로젝트로 알려지게 될 1급 비밀 원자폭탄 개발 사업도 포함되어 있었다. 함께 연구에 참가하는 과학자들 중 상당수가 위너가 제안한 대로 소규모의 학제적 기동연구팀을 구성해서 전쟁에 승리할 때까지 얽히고설킨 문제들을 하나씩 풀어나갔다.

위너는 전쟁 지원 활동에 직접 영향을 미칠 다른 문제들을 염두에 두고 있었다. 그는 부시에게 메모를 보내기 열흘 전인 1940년 9월 11일에 미국수학협회 가을 학회에 참석하기 위해 뉴햄프셔 주에 있는 다트머스대학교로 여행을 갔다. 평소에 나오던 연구 이야기 대신 유럽에서 번지고 있는 무력 충돌에 대한 우울한 얘기들이 오갔지만 그 중 한 가지 기술 전시가 위너의 관심을 사로잡았다. 회의실 밖의 한 복도에서 작은 텔레타이프^{teletype} 기계가 장거리 전화선을 통해 뉴욕시에 있는 AT&T본사의 새 '복소수 계산기'에 연결되어 있었다. 그 기계의 발명가인 36세의 벨연구소 수학자 조지 스티비츠$^{George\ R.\ Stibitz}$는 자기 주변에 모여들기 시작한 사람들에게 자신의 장치에 대해 설명하기 시작했다. 그리고 회의적인 시선으로 바라보는 학자들 앞에서 처음으로 원격 컴퓨팅 시연을 해보였다.

부시의 아날로그 미분 분석기와 마찬가지로 스티비츠가 벨연구소를 위해 만든 이 기계도 아직 진정한 컴퓨터는 아니었다. 이 장치에는 메모리도 없고, 논리연산명령으로 이루어진 프로그램을 처리할 내부 시스템도 갖추고 있지 않았다. 하지만 연속량이 아닌 이산량discrete quantity을 통해 작동하는 세계 최초의 디지털 전자계산기를 향해 한 발짝 더 내디딘 것은 분명했다. 이 장치는 플립플롭 회로flip-flops로 알려진 두 자리 전화 계전기 스위치 450개 배열을 이용해서 1분 안에 복소수로 기본적인 수학연산을 진행할 수 있었다. 두 명의 구경꾼이 그 기계장치의 의미를 거의 동시에 이해했다. 한 명은 펜실베이니아대학교에 있는 무어공과대학의 존 모클리John Mauchley였다. 그는 곧 자신의 동료인 프레스퍼 에커트J. Presper Eckert와 함께 프로그래밍이 가능한 최초의 컴퓨터 에니악ENIAC에 대한 연구에 착수한다.

또 한 명은 위너였다. 벨연구소 모델 1 계전기식 계산기의 첫 시연을 생생하게 관람한 그는 중국에서 이육윙과 함께 전자식 아날로그 컴퓨터를 만들어보려다 실패한 후로 잠들어 있었던 자동 계산이라는 주제에 대한 생각에 다시 불이 붙게 된다. MIT로 돌아온 그는 전쟁 지원 활동 모든 분야에서 과학자와 공학자들을 뒷받침해줄 더 나은 계산 장치를 만들기 위한 자신의 생각을 정리했다. 1940년 9월 20일로 날짜가 적힌 긴 메모에서 그는 자신이 십 년도 전에 부시에게 제안했던 개념들을 확장해서 컴퓨터 설계에 관한 다섯 가지 간단한 방향을 설정한다. 그가 새로 설정한 방향은 현대적 의미에서 온전하게 기능이 구현된 컴퓨터를 체계적으로 기술한 최초의 사례다. 그리고 어쩌면 기술적 세부사항을 처음으로 명시한 내용일지도 모른다.

위너는 아날로그 방식보다는 디지털 계산 방식을 선호한다고 하며 부시에게 부시의 미분 분석기처럼 측정을 바탕으로 하기보다는 수를 바탕으로 하는 계산장치를 만들 것을 충고했다. 그는 1920년대 이후로 그래왔듯이 진공관을 사용하는 방식을 주장했다. 그는 컴퓨터가 신속하게 작동할 수 있으려면 기어나 기계장치보다는 그가 며칠 전에 보았던 벨연구소의 새로운 장치처럼 전자관을 사용해야 한다고 주장했다. 그는 10진법 대신 2진법을 사용하는 스티비츠의 2진 계산법을 진심으로 지지했다. 위너 자신도 10년 전에 긴 일련의 수치 데이터를 관리할 때 처음으로 이 방식을 적용한 바 있었다. 다음으로 위너는 전선이나 금속 테이프에 새긴 미세 자기표시 miscroscopic magnetic mark의 형태의 새로운 전자메모리 시스템을 제안했다. 그는 "새로운 계산기는 데이터를 신속하게 기록하고, 지우기 전까지 안전하게 유지하고, 신속하게 읽고, 신속하게 지우고, 지운 다음에는 그 자리에 바로 새로운 데이터를 저장할 수 있는 데이터 저장장치를 갖출 수 있을 것"이라고 생각했다.

그리고 마침내 위너는 컴퓨터의 작동을 지시할 논리명령의 프로그램인 컴퓨터 소프트웨어의 발명을 요청했다. 하지만 당시 그가 구상한 프로그램의 개념은 소프트웨어보다는 하드웨어에 가까웠다. 그는 부시에게 이렇게 충고했다.

연산과정 전체를 기계 자체에 담아서 일단 데이터가 입력된 이후로는 마지막 결과가 나올 때까지 사람이 중간에 개입할 필요가 없어야 합니다. 그리고 이 연산에 필요한 모든 논리적 판단을 기계 자체에 내장시켜 놓아야 합니다.

위너가 부시에게 분명히 밝혔듯이 이런 권장사항은 그저 그의 머릿속에 들어 있는 비현실적인 개념이 아니라 전 세계 수학자와 공학자들이 원리를 탐색하고, 프로토타입을 제작하고 있는 실용적인 컴퓨팅 방법을 바탕으로 한 것이었다. 영국의 수학자 앨런 튜링Alan Turing은 1936년에 쓴 논문에서 수의 계산을 위한 '범용' 기계를 처음으로 제안했고, 아이오와 주립대학교에 있는 미국의 공학자 존 아타나소프John V. Atanasoff는 1939년에 이런 특성들을 일부 갖춘 프로토타입 장치를 만들었다. 하지만 이렇게 흩어져 있던 개념들을 모두 한 자리에 모아 내부 논리 프로그램을 갖춘 완전 전자식 디지털 컴퓨터를 구체적으로 제안한 사람은 위너가 처음이었다.

위너는 그 메모에 대해 부시로부터 감사의 답장을 받았다. 하지만 몇 주 후에 부시는 위너에게 자신의 잠정적인 의견이 담긴 편지를 보냈다. 이 설계의 실현가능성에 대해 아직 확신을 하지 못하겠다는 내용이었다. 1940년 12월 말에 부시는 위너의 제안을 거절한다. 그는 완전 전자식 디지털 컴퓨터를 만들자는 위너의 제안에 퇴짜를 놓고 이렇게 주장하며 그 프로젝트에 아무도 배정하지 않기로 했다. "이것은 분명 장기적인 과제가 될 것이고, 현재로서는 그런 부분에 능력을 갖춘 사람들을 가급적 단시간 내에 성과를 올릴 수 있는 문제에 투입해야겠습니다."

당시에는 두 사람 모두 전쟁이 끝나기도 전에 위너의 선견지명 넘치는 메모에 담겨 있는 개념들이 모든 것을 포괄한 하나의 기계 안에서 가동 준비를 갖추거나, 활발히 개발이 진행될 것이라는 사실을 알지 못했다.

※ ※ ※

1940년에 컴퓨터는 몇몇 수학자와 전기공학자로 이루어진, 부시가 자식이나 반려동물만큼이나 아끼고 좋아하는 프로젝트였다. 위너는 컴퓨터 제작이 전시 과학에서 자신이 맡을 영역이 아닌 것을 알고 있었지만 전쟁 지원 활동에 자기도 어떻게든 기여하고 싶었다. 그는 부시에게 이렇게 적어 보냈다. "비상 상황에서 부디 제가 쓸모를 발휘할 수 있는 활동 영역이 있기를 바랍니다." 그러고 나서 그는 자신의 특별한 재능, 새로운 수학적 방법론, 그리고 선구적인 통신 이론이 현대전의 실용적인 문제 해결에 사용될 수 있는 틈새를 찾기 시작했다.

가을에는 유럽의 전황이 또 한 번 불길하게 전개됐다. 히틀러의 영국의 지방 도시 야간공습으로 전격전blitzkrieg(신속한 기동과 기습으로 순식간에 적진을 돌파하여 전쟁을 초기에 끝내려는 작전 - 옮긴이)이 시작된 브리튼 전투의 중심지 런던으로 향하고 있었다. 9월부터 11월까지 독일 폭격기들은 도시에 13,000톤의 폭탄과 소이탄을 쏟아부었다. 이것은 영국인들을 공포에 휩싸이게 만들고, 사기를 꺾어 결국 완전히 망가뜨리려는 나치 독일 전략의 정점이었다. 하지만 영국인들은 망가지지 않았다.

블리츠the Blitz라고 불리게 된 전격전이 시작되고 얼마 지나지 않아 영국의 기술자와 군장교로 구성된 고위급 대표단이 1급 기밀 방어용 무기를 가지고 워싱턴으로 왔다. 새로 개발된 공동 자전관 극초단파 cavity magnetron microwave 레이더 장치였다. 이 고에너지, 고해상도 레이더 장치는 미국의 과학자들이 기존에 존재하던 장파 레이더 기술을 뛰어넘는 차세대 기술로 이제 막 생각하고 있던 것을 개선할 수 있는 계기를 제공해 주었다. 영국은 자신의 전자 보물을 부시와 그의 NDRC(국방연구위원회) 연구진에게 제공하고 그 대가로 미국으로부터 전략적, 기술적으로 제일 급한 세 가지 문제에 대해 도움 받길 원했다. 영국의 전투기들이 야간에 다가오는 독일 폭격기들을 중간에 요격할 수 있게 도와줄 공중 극초단파 레이더 시스템, 영국의 폭격기들이 유럽 대륙의 목표물까지 왕복하게 유도해 줄 장거리 지상 레이더 시스템, 그리고 대공포대가 독일의 전격전을 좌절시키고 연합군이 공중전에서 우위를 차지할 수 있게 도와줄 개선된 포 조준용 레이더와 사격제어 시스템이었다. 마지막 항목은 부시 입장에서도 거부할 수 없는 문제였다. 그 또한 공습 방어가 영국만의 문제가 아니며, 미국도 전쟁을 준비하면서 일차적으로 해결해야 할 문제라 믿었기 때문이다.

몇 주 만에 부시가 소집한 과학자들 사이에서 NDRC의 새로운 프로젝트에 대한 소문이 점점 퍼져나가자 위너는 자기가 전시에 풀어야 할 숙제를 찾아냈다. 대공포의 사격을 유도하고 제어할 더 나은 방법을 찾아내는 것이었다. 그의 연구는 예고 없이 소박하게 시작됐다. 다른 NDRC 프로젝트들과 마찬가지로 이것 역시 기밀로 분류되었고, 엄격한 전시 보안 제약의 대상이었다. 위너는 자신의 표적을 겨냥했다. 그는 제1차 세계대전에 공중전이 시작된 이후로 전투기의 속도와 기동성이 좋아지면서 대공포 사격이 훨씬 어려워질 것을 알고 있었다. 그는 사수의 도전 과제를 날아다니는 오리를 쏘아 맞히는 것에 비유했다. 명사수는 표적의 앞을 겨냥해야 한다는 것을 안다. 새의 현재 위치보다 앞쪽을 겨냥해서 새의 추정 경로와 총알의 경로가 그 지점에서 만나게 해야 한다.

이런 정교한 전시 연구에는 평범한 사격거리 계산표를 산출하는 것이상의 노력이 필요하다. 이제 위너가 맡은 주요 임무는 예측이었다. 즉 고속으로 움직이는 전투기의 과거 위치, 그리고 지속적으로 변화하고 있는 현재 위치에 대한 가용정보를 바탕으로 미래의 위치를 예측한 다음, 주요 사정 범위와 표적 요인을 계산해서 조준을 하고, 마침내 몇 분의 1초 수준의 타이밍과 정확도로 대공포를 발사하는 임무였다. 그가 인간의 기능을 흉내 내고, 그의 말을 빌리면, "찬탈할" 전자 시스템을 설계하려고 한 것은 이번이 두 번째였다. 그가 1920년대 이후로 사람으로부터 찬탈하려고 애써왔던 첫 번째 기능은 복잡한 계산 기능이었다. 이제 그는 인간의 놀라운 지적 과업을 수행할 전자 시스템을 설계하려 하고 있었다. 바로 미래에 일어날 사건을 상상하고 예측해서 그 예측을 바탕으로 행동에 나서는 것이다.

　이 문제도 분명 쉽지 않은 것이었지만, 또 다른 장애물도 있었다. 대포를 거북이 같은 공격하기 손쉬운 표적을 향해 단순한 궤적으로 조준할 수 있었던 제1차 세계대전 때와 달리 제2차 세계대전에 등장한 날렵한 새 전투기들은 회피기동을 훈련 받은 에이스 파일럿이 조종했다. 이들의 지그재그 경로는 비선형적이었을 뿐만 아니라 대단히 불규칙했기 때문에 호박벌의 비행이나 축구장에 난입한 술 취한 사람의 이동 경로처럼 비행기의 위치 예측에 대해 확실한 단서를 얻을 수 없었다. 기동할 때마다 적군의 파일럿은 완전히 새로운 궤적으로 이탈했고, 각각의 새로운 경로는 가능성이 동일한 미래의 위치를 하나가 아니라 여러 개 가리켰다.

　이런 기술적 도전과제는 위너의 입증된 재능과 전문성에 딱 어울리는 일이었다. 적기의 비행경로를 추적하고 예측하는 과제에는 브라운 운동에서 정신없이 움직이는 입자의 위치를 추적했던 그의 예전 수학

연구, 그리고 그가 위너-호프 방정식과 페일리-위너 방정식에서 개척했던 필터링과 예측의 새로운 통계적 도구, 그가 부시와 함께 진행했던 아날로그 계산에 대한 초기 연구, 그리고 이율윙과 함께 진행했던 전자회로와 복잡한 보전회로 설계에 관한 연구가 필요했다.

위너에게는 또 다른 강력하고 새로운 도구가 있었다. 1930년대 중반에 등장한 레이더는 라디오파를 실용적으로 사용할 수 있는 새로운 지평을 열었다. 레이더Radar, for RAdio Detection And Ranging(무선 탐지 및 거리 측정)는 전자기 복사의 약한 전류를 이용해서 가청음향을 실어 나르는 전기신호 송신 이상의 일을 할 수 있었다. 10년 전에 라디오파가 금속 물체를 만나면 반사된다는 것을 발견하면서 무선 공학자들은 그렇게 반사되어 나온 라디오파를 다시 포착해서 전자적으로 분석하면 마주친 움직이는 물체의 거리와 운동 방향에 대한 정보를 얻을 수 있음을 알아냈다. 영국의 새로운 극초단파 레이더는 이 최신 기술을 일사천리로 발전시켜 놓았다. 단파장, 고주파수의 극초단파는 소형의 이동식 장치로도 만들어낼 수 있었고, 다양한 고도에서 날아다니는 작은 물체들을 감지할 수 있었다. 이 신호는 막강해서 구름도 수월하게 통과할 수 있었고, 밤이나 낮이나 똑같이 효과적이었다.

이 새로운 기술의 잠재력에 대해 고민하던 위너와 다른 과학자들은 반사되어 나온 라디오파를 포착해서 전투기의 미래 위치를 높은 확률로 예측하고, 그 다음에는 그 정보를 대공포의 표적 메커니즘에 전자적으로 결합해서 대포가 자동으로 표적을 성확하게 조준, 사격할 수 있게 만들 수 있다는 생각에 감질이 났다.

1940년 11월 초에 위너는 이런 개념을 사무엘 콜드웰Samuel H. Caldwell 교수에게 제안했다. 콜드웰 교수는 기관이 갖고 있는 부시의 미분 분석기를 전시의 문제에 적용하는 일을 맡은 MIT의 공학자였다. 콜드웰은 즉각적으로 그 아이디어를 비밀에 부쳤다. 그래서 실망스럽게도 위너는 그 개념에 대해 외부자들과의 대화가 금지됐다. 위너는 항공기 예측 문제에 관해 시범적으로 공식을 고안해 보았고, 그와 콜드웰, 그리고 또 다른 MIT 공학자가 그 후로 3주 동안 위너의 새로운 수학적 예측 이론을 부시 분석기에 돌리며 테스트해 보았다. 그렇게 해서 유망한 결과가 나오기는 했지만 순수한 이론에 머물러 있었다. 위너와 콜드웰은 위너의 수학을 기계 작동으로 옮겨줄 실험적 장치를 고안했다. 그리고 1940년 11월 22일에 콜드웰은 NDRC의 사격제어 부서인 'D-2'에 정식으로 제안서를 제출했다.

크리스마스 직전에 이 제안서는 승인을 받았고, 위너의 전시 프로젝트가 가동됐다.

* * *

예의 바르고, 매사 정확하기 그지없는 젊은 MIT 출신 줄리언 비글로Julian Bigelow가 그 프로젝트의 수석 공학자였다. 1936년에 비글로는 MIT에서 공학 석사학위를 받고 IBM에 들어갔다. 4년 후에 루스벨트 대통령이 첫 평시 징병을 선포했을 때 비글로가 사는 지역의 징병위원회는 그를 조기 소집 일정에 포함시켰다. 그는 재빨리 MIT의 공학과로 가서 성적증명서를 떼오며 징집을 연기할 수 있기를 바랐다.

1940년 크리스마스 직전에 27세의 나이에 그는 학과장인 칼 와일즈Karl Wildes의 사무실로 불려갔다. 와일즈는 그냥 비글로의 징집 연기 요청에 동의하는 정도가 아니라 징집 연기를 요구했다.

비글로는 이렇게 회상했다. "학과장님이 말했습니다. '자네는 군대에 못 들어가. 여기 남아서 위너와 함께 연구하면서 그가 하려는 일이 무엇인지, 혹은 그가 실제로 하고 있는 일이 무엇인지 알아내야 하네. 그가 하는 말을 아무도 이해하지 못하고 있어.'" 와일즈와 비글로는 뉴욕 록펠러연구소의 책임자이자 능력에 맞게 존경받는 수학자였던 워런 위버Warren Weaver와 만났다. 그는 부시의 NDRC의 D-2 부서에서 사격제어 연구를 담당하고 있었다. 잠시 대화를 나눈 후에 위버 역시 비글로가 MIT에 필요하다고 확신하게 됐다. 비글로는 위너가 MIT의 공학과로 출타를 갔을 때 그와 우연히 만나게 됐다. 두 사람은 대화를 시작했고, 논의를 하는 과정에서 비글로는 기존의 것보다 더 유연하게 작동하는 예측장치에 대한 그의 아이디어를 이해하게 됐다.

그는 이 일에 딱 적합한 사람이었다. 비글로는 위너의 기술적 이야기를 잘 이해했다. 그리고 그만큼이나 중요한 점이 있었다. 동요란 것을 모르는 이 뉴잉글랜드 사람은 불안하고 변덕스러운 위너의 성격을 완벽하게 보완해 주었다. 1941년 초에 두 사람은 2번 건물 2층에 비어있는 수학과 강의실 244번 방을 잡고 칠판 위에서 연구를 시작한다. 위너는 새로운 협력자에게 사격제어 문제의 윤곽을 설명해 주었다. 그는 날아가는 오리를 사격하는 수학에 관해 비글로에게 설명하면서 칠판 위에 도표와 미분방정식을 휘갈겨 썼다. 그는 자기가 부시 분식기에서 테스트해 본 이론적 연구와 공식을 비글로에게 교육했다. 그러고 나서 위너와 비글로는 포병이 실제로 전장에서 마주칠 사격제어 문제에 대해 연구를 시작했다.

두 사람은 남쪽으로 가서 버지니아 주와 노스캐롤라이나 주 해안에 있는 육군 기지를 찾아갔다. 그리고 그곳에서 비행하는 전투기, 최신의 방공포, 그리고 버지니아 주 포트먼로Ft. Monroe에서 육군의 대공 지휘부에서 개발하고 테스트 중인 새로운 무기들을 관찰했다. 그 여정에서 두 사람은 실제 상황에서의 사격제어가 오리 사냥보다 훨씬 복잡하다는 사실을 알게 됐다. 그리고 추축국의 공군력, 그리고 제1차 세계대전 이후로 거의 발전이 없었던 미군 무기 사이에 격차가 벌어지고 있음을 확인했다.

유럽의 하늘을 검게 뒤덮으며 날아오는 최신의 독일 폭격기들은 시속 약 500킬로미터로 고도 9킬로미터에서 비행했다. 포탄이 그 높이까지 비행하려면 20초 정도가 걸린다. 그럼 폭격기의 현재 위치에서 비행경로를 따라 거의 3킬로미터 떨어진 지점에 정확하게 포탄을 날려야 하는데 이것은 간단한 문제가 아니었다. 쌍안경으로 폭격기를 찾아서 계속 눈으로 쫓고, 그 다음 그 변화하는 위치를 인간 컴퓨터에게 전달하고, 인간 컴퓨터는 그 폭격기의 위치를 대략적으로 계산해서 그 좌표를 포병에게 전달하고, 포병은 크랭크를 이용해서 무거운 포탑을 그 방향으로 돌리고, 마지막에 가서는 목표로 잡은 포탄과 폭격기의 랑데부 지점으로 집중 사격을 해야 한다.

위너는 이 전체 과정이 매력적이면서도 터무니없이 번잡하다고 느꼈다. 그 방식을 개선할 때가 된 것이다.

*　*　*

현장 연구를 마친 위너와 비글로는 MIT로 돌아와서 사격제어 문제에 대해 처음부터 다시 생각해 보았다. 다시 244번 방으로 돌아온 위너는 칠판 앞으로 갔다.

그는 생각나는 대로 이렇게 말했다. "어떤 면에서 보면 이것은 순수한 기하학적 문제야. 비행기의 미래 위치는 관찰된 과거의 위치로부터 추정해야 해. 이것을 외삽extrapolation(이용 가능한 자료의 범위가 한정되어 있는 상태에서 그 범위를 벗어난 값을 구해야 할 때 이미 관측된 값을 이용해서 그 값을 추정하는 방법 - 옮긴이)의 문제라고 하지. 가장 간단한 방법은 비행기의 현재 궤적을 직선을 따라 외삽하는 방법이야." 그는 칠판 위에 점 두 개를 그렸다. 첫번째 점은 비행기의 현재 위치, 두 번째 점은 과거에 관찰된 위치를 나타냈다. 그리고 두 점을 잇는 직선을 그렸다. 두 번째 점은 미래의 위치를 가리킨다. "순수하게 수학적으로 보면 이런 방법이 권장할 만하지."

하지만 이런 방법은 한 가지 뻔한 문제가 있었다. 대공포화의 불빛이 터져 나오는 순간 비행기 조종사가 지그재그로 움직이든가, 공중곡예를 하든가, 어떤 식으로든 회피기동을 시작하리라는 것이다. 위너는 날카로운 각도로 지그재그 방향을 트는 여러 개의 선분을 그렸다. 위너가 말했다. "조종사의 마음을 꿰뚫고 있는 예언자가 아니고는 비행기의 미래 위치를 절대적으로 확실하게 예측할 방법은 없어." 다행히도 비글로는 아마추어 비행기 조종사였다. 그가 위너에게 비행기의 경로 역시 조종사의 회피기동 가능 범위를 제약하는 물리법칙에 지배된다는 것을 일러주었다.

위너는 곰곰이 생각에 잠겼다. "그러니까 조종사도 마음대로 기동할 수 있는 완전한 자유는 없군. 우선 조종사는 아주 빠른 속도로 움직이는 비행기 안에 타고 있기 때문에 너무 갑작스럽게 경로에서 이탈했다가는 의식을 잃을 수 있고, 자칫 비행기가 산산조각날 수도 있어. 그리고 방향타를 통해서만 비행기를 조종할 수 있기 때문에 새로운 흐름이 자리잡기까지는 시간이 걸리지."

위너는 비글로의 고속비행 항공역학을 어렵지 않게 자신의 분석에 끼워 넣었다. 그는 지그재그 선분을 지우고 더 매끈한 물결 모양의 곡선을 그렸다. 비글로는 여기에 감명을 받았다.

비글로는 이렇게 회상했다. "위너는 철학자였고, 과정에 대한 감이 좋았습니다. 그는 사격제어 문제를 개념적으로 아주 잘 이해하고 있었죠. 즉 비행기에 타고 있는 상태에서 방향을 바꾸겠다고 결심하면 비행기 자체의 역학이 그 일을 수행할 수 있는 속도에 제한을 가합니다. 그 결심은 즉각적으로 이루어지지만 비행기는 지연된 반응을 보이고, 변화 과정도 매끄럽게 이루어집니다. 비행기 주변 공기흐름의 역학과 비행기 제어의 한계 때문이죠."

그렇게 생기는 비행경로는 대단히 불규칙하기는 하지만 완전히 불규칙하지는 않았다. 칠판에 그려진 파도치는 선들은 위너의 오랜 친구였다. 보기 드문 절제된 표현으로 그가 말했다. "사실 별것 아니지만 꽤 정확한 예측을 완수할 수 있게 해줄 방법이 있지."

위너의 생각이 옳았다. 그는 20년 동안 둘 이상의 인수가 연속적으로 변화하는 무시무시한 편미분 방정식을 풀어왔다. 이런 희고한 기반이 그가 시간과 공간 속에서 빠르게 이동하는 전투기의 변화하는 좌표를 모형화하는 데 도움이 됐다. 그러고 나서 브라운 운동이라는 까다로운 분야의 전공을 살려서 그는 조종사의 회피기동을 빠르게 변화하는 브라운 운동 궤적을 따라 움직이는 입자의 움직임 같은 무작위 함수로 표현했다. 그리고 이것을 이용해서 가장 가능성 높은 비행기의 미래의 위치를 계산했다. 일단 여기까지 오고 나니 이 신동 출신에게 곡예를 하는 비행기의 궤적과 포물선을 그리며 날아가는 포탄의 궤적이 수렴하는 위치를 찾아내는 것은 아이들의 장난처럼 쉬운 일이었다.

하지만 예측 문제를 해결하는 것은 절반의 성공에 불과했다. 이 연구진이 전시에 할당받은 임무는 자동화된 대공 예측 및 표적 장치를 설계해서 만들어내는 것이었다. 이 구체적인 작업은 비글로에게 돌아갔다. 테스트 가능한 모형을 구축하기 위한 첫 번째 단계로 비글로는 추축국의 전투기와 연합군의 포탄이 공간 속에서 가로지르는 복잡한 궤적을 만들어낼 실험 환경을 고안해야 했다. 그는 위너의 생각을 대략적인 스케치로 옮겨 그리고 저항, 전선, 콘덴서, 자기코일, 작은 전기 모터에 연결한 두 개의 광원을 가지고 장치를 조립했다. 모터 하나는 244번 방에 하얀 불빛을 비추었다. 이것은 원형에 가까운 궤적으로 움직이는 전투기를 상징했다. 대공포병의 추적광선을 상징하는 두 번째 불빛은 육중한 대공포탑의 기계적 제어를 흉내 내도록 설계한 무게추와 스프링 조립품에 부착된 크랭크로 움직였다.

비글로는 이렇게 회상했다. "컨트롤러 광선의 손잡이가 빨간색이어서 그것을 작은 빨간색 스포트라이트에 연결했습니다. 사람의 작동으로 빨간 점이 방 안의 하얀 점을 따라가게 만들자는 생각이었죠."

아이디어는 좋았지만 한 가지 심각한 문제가 있었다. 모터로 구동되는 천장 위 하얀 빛이 그리는 원형 궤적이 변함없이 일정하게 매끄럽다는 것이었다. 위너의 생각을 제대로 반영하기 위해 비글로는 위너가 복잡한 예측 방정식에 포함시킨 불규칙한 운동을 만들어내야 했다. 그래야 포화를 받는 조종사가 수행할 것으로 예측되는 회피기동을 흉내 내는 궤적이 나오기 때문이다. 비글로가 기발한 해결책을 들고 나왔다. 하얀 불빛의 착지점을 천장에서 벽으로 낮춘 것이다.

아주 작은 조정으로 달성한 커다란 개선에 대해 그는 이렇게 설명했다.

"하얀 불빛이 방의 벽을 비추고 다녔습니다. 방이 사각형이었기 때문에 구석을 지날 때마다 불빛이 점프를 했죠. 그 다음에는 지연회로를 사용해서 컨트롤러에 지연 요인을 집어넣었습니다. 그럼 대공포가 추적하는 과정에서 생기는 실제 지연 현상을 흉내 낼 수 있었죠. 작동하는 사람이 손잡이를 움직여서 빨간 불빛이 하얀 불빛을 따라가게 만들자는 생각이었습니다. 그리고 하얀 불빛은 방을 빙글빙글 돌면서 구석을 넘어갈 때마다 사인파의 형태를 벗어나 매끄럽지 않은 방식으로 점프를 했죠.

위너는 기뻐했다. 그와 비글로가 지상의 대공포화 공격을 받으며 비행하는 적기의 불규칙한 운동을 시뮬레이션할 방법을 찾아낸 것이다. 이 모형에 포함시킨 지연 효과는 포탑의 실제 반응과 너무 흡사했다. 비글로는 이렇게 회상했다. "컨트롤러는 하얀 불빛을 따라잡으려면 비행기의 행동을 예측하고 핸들을 움직여서 빨간 불빛의 실제 움직임보다 한참 앞에 오게 해야 했습니다. 그래서 우리 모형은 현장에서 발생하는 문제와 어느 정도 유사했죠."

어떤 면에서는 너무 유사해서 탈이었다. 프로토타입에 관한 작업이 진행되는 과정에서 위너는 흥미롭고 짜릿하면서도 사실 예기치 못했던 발견을 한다. 테스트 비행 경로 중 매끈한 곡선 구간을 추적할 때는 제일 성능이 뛰어난 것으로 입증된 장치 부품이 너무 예민한 나머지 244번 방의 구석에서는 격한 진동을 일으켰던 것이다. 위너는 이 문제에 대해 생각하다가 그의 프로젝트에도 심오한 함축적 의미가 담긴 익숙한 역설에 도달했다. 그는 이렇게 적었다.

어쩌면 이런 어려움은 당연지사인지도 모르겠다. 그렇다면 내가 이것을 극복할 방법은 없다. 어쩌면 매끈한 곡선의 추적에 사용하는 정교한 장치가 거친 곡선에 대해서는 지나치게 민감할 수밖에 없는 것이 예측의 본질일지도 모른다. 어쩌면 이것은 한 입자의 정확한 위치와 속도를 동시에 정확하게 말하는 것을 금하고 있는 하이젠베르크의 불확정성의 원리에서 나타나는 자연의 악의적 본성이 다시 드러난 사례인지도 모르겠다.

위너가 이 역설을 파고들수록 그와 비글로가 마주한 이 문제가 근본적 문제라는 확신이 강해졌다. 그의 해법 역시 마찬가지로 심오했다. 그는 이렇게 적었다.

만약 완벽한 보편적 예측장치를 개발하는 것이 불가능하다면 한계에 맞추어 수학이 우리에게 허용하는 최고의 예측장치를 개발해야 할 것이다. 다만 한 가지 의문이 있다. 만약 정확성의 오류와 과민성의 오류가 항상 반대 방향으로 나타난다면 무엇을 바탕으로 이 두 오류를 타협할 수 있을까? 그 해답은 통계를 기반으로 타협할 수밖에 없다는 것이다.

위너는 현실의 실용적인 문제에 초점을 맞추었지만 이번 연구도 다시금 그를 자연에서 나타나는 역설의 영역으로 이끌었다. 자연에 확실한 것은 없으며 오직 확률, 타협, 통계적 결론만 존재한다는 역설 말이다. 적기 조종사의 생각과 포화를 받고 있는 전투기의 다양한 회피 기동을 무시한 엄격한 선형 예측 방식 대신 위너는 자신의 무기고에서 강력한 무기를 꺼내들었다. '평균제곱오차 mean square error'로 알려진 고전적인 통계 도구였다. 여기서 얻은 결과는 방공포가 쏘아야 할 랑데부 지점의 좌표를 더 현실적이고 정확하게 알려주었다.

* * *

두 사람은 연구에 진척도 있었고 잠재적으로 중요한 발견도 하고 있었지만, 위너와 비글로가 외부와 완전히 단절된 상태에서 연구하고 있었던 것은 아니다. 프로젝트가 시작되고 첫 달 동안에는 런던 공습이 한층 심해졌다. 1941년 5월에 영국은 여러 차례 반격에 나섰지만 여전히 크게 밀리고 있어서 개선된 레이더와 사격제어 장치가 절실히 필요했다. 그래서 NDRC에 기술 요청을 한 것에 대한 결과를 손꼽아 기다리고 있었다.

5개월 동안 조사와 이론적 연구가 진행된 후에 D-2 부서에서 위너를 감독하고 있던 워렌 위버가 위너와 비글로를 벨연구소의 공학연구진과 만나게 주선해 주었다. 그 연구진 역시 사격제어 문제에 대해 연구하고 있었다. 벨연구소 연구진은 벨연구소의 M-6 기계식 대공예측 장치의 전자버전을 생산하기 위해 서둘고 있었다 이것은 당시 미군에서 사용하고 있던 주요 장비였다. 하지만 벨의 공학자들은 여전히 한물간 사고방식을 갖고 있었고, 여전히 제1차 세계대전 당시 수동으로 비행기를 찾고 추적할 때 사용하던 선형 예측 공식을 그대로 사용하고 있었다. 비글로는 이렇게 말했다. "그 사람들은 무작위 변수 같은 것은 아예 사용하지 않았고, 회피기동도, 심지어는 비행 궤적에서 자연스럽게 나타나는 곡률도 고려하지 않았습니다."

위버는 MIT에서 온 두 사람이 더 나은 방식을 찾아냈다는 것을 직감했다.

위너와 비글로는 1941년 6월 4일에 뉴저지 주 웝패니Whippany에 있는 벨연구소로 갔다. 회의에서 위너는 벨의 연구진에게 자신의 새로운 통계 예측 방법을 제시했다. 이것은 회피기동을 하는 전투기를 조준할 때 생기는 실제 문제를 좀 더 정확하게 반영한 방법이었다. 그의 예측 방식은 기존에 존재하거나 개발 중이었던 모든 사격제어 장치의 성능을 훌쩍 뛰어넘는 것이었다. 하지만 벨 연구진은 전통적 방식에서 크게 벗어난 그의 접근방식을 거부했다. 위너의 눈으로 보기에는 너무나 뻔히 예측 가능한 기술관료주의적 시나리오였다.

 벨연구소의 공학자들은 위너의 통계이론에 대해 회의적이었고, 그 내용을 온전히 이해하지도 못했다. 비글로도 이렇게 인정했다. "그들은 꽤 똑똑한 사람들이었습니다. 위너가 의도하는 바를 그들도 이해하고 있었죠. 하지만 그 사람들은 가능한 비행경로 곡선들의 앙상블ensemble(무작위 과정의 결과로 나올 수 있는 모든 경우들의 모음 – 옮긴이)이 존재해서 거기서 가장 확률이 높은 경로를 고를 수 있음을 믿지 못한 것이죠." 물론 위너는 이미 20년 전에 그런 곡선 앙상블의 존재를 확립해서 자기 이름을 거기에 새겨놓은 상태였다. 하지만 벨연구소의 수학자와 공학자들은 아직 위너의 앙상블과 그의 새로운 수학적 사고방식에 익숙하지 않았다.

 위너와 비글로가 발표를 마친 후에 벨 연구소의 연구진은 더 간단하고 엄격하게 선형적인 자동 사격지향 장치 개발을 위한 프로젝트에 대해 간단히 설명했다. "이 장치는 어떤 형태의 통계학적 개념도 사용하지 않습니다. 이 전략은 상황이 절대적으로 급박하다는 인식을 바탕으로 제안된 것이기 때문에 일부러 이미 나와 있는 장치나 도구만을 사용해서 구현 가능한 기능으로 국한했습니다." 그러고 나서 연구진은 모형실로 가서 벨연구소의 프로토타입을 공개했다.

벨이 선보인 기계에 대해 비글로는 이렇게 말했다. "썩 훌륭하다는 생각은 안 들었습니다. 그 기계에 대해 우리에게 거의 말해주지 않았어요. 그냥 위너의 아이디어가 무엇이고, 그것을 어떻게 현실화할 수 있을지에 대해서만 알고 싶어하더군요." 벨 연구진은 MIT에서 온 두 사람과 함께 연구하는 것에 대해서는 더 이상 관심을 보이지 않았다. 그리고 자신의 프로젝트에 MIT에서 온 다른 외부 파트너가 이미 있다는 사실도 위너와 비글로에게 말해주지 않았다. MIT에서 온 다른 연구진은 1급 기밀 레이더 연구소 사람들이었다. 이 연구소는 1940년 10월에 MIT에서 창립됐고, 의도적으로 사람들을 오해하게 만들려고 '방사 연구실Radiation Laboratory'이라는 이름을 붙였다. 이 연구실은 래드랩Rad Lab이란 이름으로 알려지게 됐고, 바네바 부시가 NDRC에서 핵심 그룹을 이루고 있는 동료들과 함께 한 가지 긴급한 임무를 가지고 조직한 조직이었다. 전시에 응용 가능한 레이더 기술을 연구하고 개발하는 임무였다. 이 연구실이 처음 할당받은 과제 중 하나는 새로 들어온 영국의 극초단파 레이더를 이용해서 자동 레이더 유도 대공추적 장치를 개발하는 것이었다.

래드랩의 비밀 연구진은 1941년 1월에 MIT 6번 건물 지붕에 있는 목재 판잣집에서 연구를 시작했다. 위너와 비글로가 인접한 2번 건물에서 공동연구를 시작한 것과 같은 달이었다. 봄에는 런던의 전황이 악화되는 것에 자극을 받아 래드랩 연구진은 극초단파 안테나의 프로토타입을 제작했고, 5월 말에 이 장비는 MIT 캠퍼스 위로 나르는 첫 테스트용 비행기를 자동추적하는 데 성공했다. 그 달에 벨 연구소와 래드랩의 연구진은 동맹을 맺었고, 래드랩의 연구원 2명이 뉴저지 벨 연구소에서 와서 상근을 하게 됐다. 가을 즈음에는 실용적인 목적 때문에 두 프로젝트가 합쳐졌고, 1941년 12월, 일본의 진주만 공습이 발발한 수일 후 래드랩 연구소의 실험적인 XT-1 추적 레이더와 벨연구소의 M-9 예측 및 방공사격 지향장치가 공식적으로 합병되어 나란히 개발되었다.

비글로와 위너는 공동 연구를 시작할 당시 MIT나 다른 곳에서 관련된 사격제어 장치가 개발 중인 줄은 모르고 있었다. 그러고 나서 다섯 달 후에 벨연구소 공학자들과 만났을 때도 래드랩에서 레이더 추적 장치에 대한 이야기는 듣지 못했다. 하지만 결국 두 사람도 6번 건물 옥상에서 무언가 일이 진행되고 있다는 소문을 듣게 된다.

* * *

벨연구소에서 냉담한 반응을 받은 후에 위너와 비글로는 MIT로 돌아와 통계적 예측장치에 대한 연구를 이어간다. 이들은 여름 내내 연구하며 자신의 계산방법을 다듬고, 프로토타입을 "실제 금속"으로 만들 계획을 수립한다.

위너는 244번 방을 '작은 실험실'이라 불렀다. 이 작은 실험실은 아주 빠듯한 예산으로 시작했었다. NDRC에서 처음에 위너의 프로젝트에 할당한 예산은 총 2,325달러였다. (반면 다양한 레이더 프로젝트를 낳은 MIT의 일급기밀인 래드랩은 30명에서 40명의 물리학자와 기술자로 시작해서 첫 해의 예산만 81만 5,000달러였다) 위너의 봉급은 수수한 액수였지만 비글로와의 연구를 지원하고 직원 2명을 쓰기에는 충분했다. 그 직원 중 한 명은 기술이 뛰어난 기계공 겸 전기공이었는데 위너는 그 사람을 두고 이렇게 경탄했다. "그는 우리가 아이디어를 생각해 내기만 하면 거의 비슷한 속도로 그 아이디어를 금속으로 뚝딱뚝딱 만들어냈다." 그리고 또 한 명은 전시 동원이 시작되기 전부터 회계를 담당하던 인간 컴퓨터였다.

1941년에 일본이 진주만에 기습공격을 감행하자 그것이 위너에게는 놀라움보다는 차라리 수치와 굴욕으로 느껴졌다. 여러 달에 걸쳐 다른 많은 미국인처럼 그도 태평양에서 무언가 터질 것만 같은 느낌을 받고 있었다. 그리고 그런 일이 실제로 일어났을 때 위너와 그의 동료들은 더 이상의 노력은 불가능하다 싶을 정도로 죽어라고 연구에 박차를 가하고 있었다. 진주만 공습이 있기 몇 주 전, 비글로와 직원들이 프로토타입을 만들기를 기다리고 있는 동안 위너는 자신의 새로운 사격통제이론에 대한 보고서를 작성하기 시작했다. 비글로는 자신의 공학적 연구를 보조할 수 있도록 위너의 수학을 꼼꼼하게 설명해 줄 것을 요구한 상태였지만 늘 그렇듯이 위너의 눈은 이미 더 큰 그림을 향하고 있었다.

1942년 2월 1일에 그는 첫 공식 보고서를 NDRC에 보냈다. 그가 전시 프로젝트를 위해 쓴 유일한 기술 논문이었다. 120쪽의 이 원고에는 혀가 꼬이게 만드는 수수께끼 같은 제목을 달고 있었다. "정상 시계열의 외삽법, 내삽법, 평활화 The Extrapolation, Interpolation and Smoothing of Stationary Time Series" 보고서가 D-2 부서의 수장인 워렌 위버의 손에 들어가자 그는 즉각 그 원고를 기밀로 분류하고 밝은 노란색 표지로 묶어 필요한 비밀 정보 취급 허가를 받은 과학자와 공학자들에게 나누어 주었다. 사람들은 곧 그 인상적인 문서를 위너의 '옐로우 페릴Yellow Peril(노란 위험물)'이라 부르기 시작했다.

이론과 복잡한 방정식으로 가득한 보고서에서 위너는 방공사격 예측에 관한 그의 독창적이고 새로운 접근방식에 대해 구체적인 내용들을 적어 놓았다. 그는 외삽법(과거에 관찰된 위치들을 바탕으로 미래의 위치를 투사하는 방법), 내삽법(알려진 2개의 관찰지점 사이에서 대상의 위치를 추측하는 것)의 새로운 통계적 방법, 그리고 관찰된 일련의 지점들을 평활화 smoothing하거나 필터링해서 들쭉날쭉하거나 불연속적인 선을 정확하고 연속적이고, 훨씬 쓸모 있는 수학 공식으로 만들어주는 향상된 기법들을 상세히 설명했다.

그의 새로운 사격통제 이론은 그 자체로도 기념비적인 성과였지만 위너의 옐로우 페릴은 방공포 사격제어라는 영역을 훨씬 뛰어넘는 것이었다. 이것은 모든 공학분야에서, 그리고 전자시대의 새로운 과학 용어에서 필수적인 '제어control'라는 개념 자체를 새로 정의했다. 위너의 화려한 논문은 전쟁 지원 활동에 참여하는 동료들에게 본격적인 과학혁명까지는 아니어도 기술 혁명이 가까워졌음을 분명하게 보여주었다. 그는 전력공학power engineering이라는 분야를 통신공학communication engineering이라는 신생 분야와 처음으로 구분했다. 수세기 동안 전력공학은 순수하게 기계적인 수단을 동원해서 중장비를 제어하는 일에 전념해 왔었고, 에디슨 이후로는 가공되지 않은 전력으로부터 강한 전류를 생성해서 이용하는 일에 전념해 왔었다. 끝없이 변화하는 전화 신호, 라디오파, 반사된 레이더 빔 등의 성대한 영역이야말로 새로운 과학분야이며, 이후로는 전자장치에서 포탑에 이르기까지 모든 형태의 현대기술을 제어하는 도구들이 영원히 이 분야에서 나오게 될 것임을 위너의 보고서는 분명하게 보여주었다.

위너가 옐로우 페릴에서 내디딘 역사적 발걸음은 다양한 계층의 공학자들이 준비가 되었든, 안 되었든 통신공학이라는 별개의 분야를 확인하고 여러 부분 영역을 한 군데로 통합한 것이다. 그는 역사적으로 전력공학의 한 하위분야에 불과했던 제어공학을 정교하게 잘라내어 통째로 통신 진영으로 가져왔다. 그는 통신과 제어라는 커다란 기술 과학 전체를 "메시지와 그 전송에 관한 연구"라 정의했다. 위너는 전자 신호의 수학적 분석에 관한 자신의 초기 연구를 바탕으로 "시간 속에 분포하는 측정 가능한 양의 배열"이라는 대단히 광범위한 기술적 용어로 통신의 기본단위, 즉 메시지를 정의하고, "잡음으로 오염된 메시지"를 필터링하고, 정제하고, 재구성하는 정교한 통계적 방법론을 제공한 최초의 인물이 됐다.

그는 또한 결정적인 개념적 도약도 이루어냈다. 그는 이렇게 적었다. "메시지의 통신은 아이디어를 전송하려는 인간의 의식적 노력에만 국한되지 않는다. 전기모터, 자가조절식 서보기구servomechanism(최초의 자동화된 산업용기계를 말하는 기술용어), 혹은 기타 기계적, 전기적 장치를 제어하는 데 사용되는 신호 역시 메시지이며 통신공학 분야에 속한다." 그와 같은 맥락에서, 아날로그 컴퓨터에 대한 경험과 새로운 디지털 컴퓨팅 방식에 대한 통찰을 바탕으로 그는 통신이라는 신생 사업을 합쳐서 통신과학이라는 더욱 큰 영역을 구축했다. 위너는 이렇게 명백하게 밝혔다. "전기, 기계, 혹은 다른 수단을 통해 수행되는 모든 통신 운용은 계산기에 의해 수행되는 연산과 본질적으로 전혀 다를 것이 없다."

"모든 통신 분야가 근본적으로 하나임"을 확고히 밝힌 후에 위너는 막 시작된 자신의 과학에서 마지막으로 가장 중요한 구분을 내렸다. 그는 정보를 실어 나르는 데 사용하는 모든 장치에 공통적으로 이용되는 규정하기 힘든 재화에 대해 기술하고, 전화공학자들이 가장 기본적인 용어를 사용해서 채용하기 시작한 새로운 기술적 방법을 이용해서 메시지에 들어 있는 정보의 '유효성effectiveness'을 측정할 정교한 수단을 더 큰 가능한 메시지의 측정단위나 확률로부터 등장하는 특정 메시지의 수학적 가능성이라고 기술했다. 이 측정단위는 결국 '비트bit'로 명명된다. 그리고 20년에 걸친 자신의 선구적 연구를 요약하면서 그 순간 이후로 모든 분야의 통신공학자들에게 지침이 되어줄 원리를 제시했다. "그런 정보는 일반적으로 통계적 본성을 띤다."

* * *

나중에 위너의 옐로우 페릴은 기밀 해제되어 대중에 공개되고, 새로운 통신기술과학의 토대가 된 문서라고 제대로 된 인정을 받게 되지만, 1942년의 그 음울한 겨울에는 그의 놀라운 연구가 전시 관료주의에 의해 통째로 삼켜져 버렸다.

비글로는 이렇게 확인해 주었다. "제 생각에는 50명 정도에게 배포된 것 같습니다. 복사본을 다양한 곳으로 보냈지만 모두 비밀유지를 맹세하고 전쟁 지원 활동에 동원된 사람들이었죠."

이렇게 기밀보안 담당자 중에는 D-2 부서에서 워렌 위버의 연락담당관을 맡고 있던 조지 스티비츠도 있었다. 그는 위너가 1940년에 다트머스대학교에서 보았던 디지털 계산기의 발명가다. 위너가 옐로우 페릴을 보낸 지 일주일 후에 스티비츠는 위너의 보고서에 대해 설명하는 보고서를 따로 작성했다. 그는 작성한 보고서를 D-2 부서의 다른 프로젝트 연구팀에 돌렸다. 그 중에는 벨연구소의 M-9 예측장치와 래드랩의 XT-1 자동추적 레이더를 연구하는 연구자들도 포함되어 있었다.

그 연구진에는 똑똑한 사람들이 많이 소속되어 있었지만 그들은 위너의 새로운 통계이론과 수학에 당황했다. 일부는 완전히 무시했다. 당시 래드랩의 XT-1 프로젝트 책임자였던 이반 게팅은 이렇게 회상했다. "위너가 사격제어에 대한 통계적 접근방식에 대해 연구를 했다는데 당시 제가 이해할 수 있는 선에서는 말이 안 되는 것이었습니다." 게팅은 위너와 그의 연구를 무시했고, 래드랩의 젊은 인력들 중에도 그의 이런 태도를 공유하는 사람이 많았다. 하지만 래드랩의 이 거물들에 대해 위너도 비슷한 느낌을 받고 있었다. 양쪽의 프로젝트가 나란히 진행되고 있는 동안 위너는 래드랩으로 불려가 그곳의 젊은 물리학자들에게 고등수학과 전자공학 이론을 가르치게 됐다. 래드랩의 책임자 말에 따르면 이 물리학자들은 영국의 자전관을 제대로 작동하는 레이더 시스템으로 만드는 데 필요한 마이크로파 전자공학에 대해 거의 아는 것이 없었다.

하지만 위너가 옐로우 페릴을 NDRC에 제출하고 한 달이 지난 후에 그는 빽빽한 교육시간의 시간 제약에 낙담해서 래드랩의 교육 업무에서 물러났다. 그는 이런 한계가 연구실의 전시 임무에 잠재적으로 새앙이 될 수 있다고 인식했다. 래드랩에서 NDRC의 감독관에게 쓴 편지에서 위너는 방사 연구실의 이론적 연구 체계가 너무 혼란스럽고 무질서하다고 불평하며 그곳에서 자신의 노력을 반가워하지도 않고, 자신으로서도 시간 낭비에 불과하다고 말했다.

래드랩의 어린 물리학자와 나이든 직원들은 위너 없이도 충분히 잘 해내고 있었다. 위너가 래드랩에서 물러나고 열흘 뒤인 1942년 4월 1일에 래드랩-벨연구소 공동 연구진이 제작한 프로토타입 사격제어 장치가 포트먼로의 육군 방공 지휘사령부에서 테스트를 받았다. 여기 참가한 사람들은 테스트가 대단히 성공적이라 생각했고, 다음 날

육군에서는 유럽과 태평양 현장에서 사용할 사격제어 장치 1,256기를 주문했다.

그 테스트가 있고 얼마 지나지 않아 위너와 비글로는 그 새로운 장치가 실제 작동하는 것을 보기 위해 포트먼로를 다시 찾아갔다. 몸소 찾아가서 확인해 보니 그 시스템의 성능은 완벽과는 거리가 멀었다. 래드랩의 원형 레이더 스크린에 나오는 표적 비행기의 이미지는 레이더 펄스가 비행기의 서로 다른 부분에서 고르지 않게 반사되어 돌아오는 바람에 발작하며 움직였다. 벨연구소 장치의 선형 예측이 표적에 정확히 떨어지지도 않았다. 하지만 진주만 공습 이후로 연합군측은 방어가 급해졌기 때문에 위너와 비글로는 그 장비가 신속하게 생산해서 배치하기에 합당할 수준으로 잘 작동한다는 데 동의해 주었다.

비글로도 이렇게 확인해 주었다. "실제로 잘 작동했습니다. 전쟁에서 우리가 적기를 향해 쏘는 발사체는 고도에 민감하게 작동하기 때문에 지상에서 특정 높이에 도달하면 폭발하도록 설계되어 있었기 때문이죠. 포탄이 흩어지면서 넓은 영역을 커버하기 때문에 그렇게까지 정확할 필요가 없었습니다. 물론 한 발을 맞추기 위해 여러 발의 포탄이 낭비되어야 하는 단점은 있었지만요. 포탄이 위로 올라가 바다 위에서 폭발하는 것을 지켜본 기억이 납니다. 그리고 그 후로 파편들이 바다 위로 떨어지는 것이 보였죠."

비글로는 그 첫 현장 테스트에서 위너가 별다른 반응을 보이지 않았던 것으로 회상한다. "그는 그 장치에 대해 말이 별로 없었어요. 우리는 그것이 우리가 연구하고 있는 것보다 훨씬 덜 정교한 장치라는 것을 알고 있었죠."

위너와 비글로는 그들의 통계적 접근방식이 결국 더 뛰어난 조준 능력을 입증해 보이리라 여전히 확신하고 자신의 프로젝트를 계속 밀어붙였다. 그와 동시에 위너의 옐로우 페릴 보고서를 받아본 래드랩의 수학자와 공학자들은 그의 새로운 평활화 기술과 필터링 기술을 이해하는 데 상당히 신경 쓰고 있었다. 현장 실험이 진행되면서 래드랩 연구진은 덜컥거리는 레이더 이미지를 평활화하는 방법을 고안했다. 이러한 기술 개선으로 벨연구소의 예측장치는 포탄이 도달할 때쯤 비행기가 어디에 있을지 더 정확히 계산할 수 있게 됐다. 비글로는 래드랩 연구진에서 최고위층 사람이 적어도 두 명이 자신을 찾아와 위너의 통계 연구를 래드랩의 레이더 추적 장치에 적용할 수 있게 도와달라고 부탁했던 것으로 기억했다. 비글로는 이렇게 회상했다. "그들은 여기에 위너가 자신들이 이해하지 못하는 수학 연산으로 위장해 놓은 어떤 거대한 이론적 비밀이 있을지도 모른다고 느꼈습니다. 위너는 다른 언어로 대화하고, 공학과 회로 설계 분야의 사람들이 명확하게 이해하기 힘든 방식으로 표현했기 때문이죠."

머지않아 위너 자신도 래드랩의 고위층 인사들로부터 자신의 새로운 이론에 대한 질문을 받아 답변해 주고 있었다. 들어오는 요청이 너무 많아서 위너는 워렌 위버에게 쇄도하는 요청을 감당할 수 있게 직원을 더 뽑아달라고 간청했다. 위너는 위버에게 이렇게 말했다. "래드랩의 사람들이 항상 우리 전문분야의 문제들을 들고 우리를 찾아오고 있습니다. 이제 그 사람들을 상대할 여력이 남지 않았습니다. 래드랩에서 오는 요청을 담당할 젊은 수학자 몇 명만 지원해 주세요."

1942년 늦봄에 위너와 비글로는 프로토타입 예측장치를 조립했다. 벨연구소의 M-9 예측장치처럼 이들의 장치도 특수 아날로그 컴퓨터였다. 빵 상자보다는 크지만, 소형 그랜드 피아노보다는 작았다. 하지만 위너의 새로운 통계적 방식 덕분에 위너-비글로 장치는 수학적으로나 전자공학적으로 훨씬 정교했다. 이 장치의 회로는 10초에서 20초에 걸친 관찰을 통해 파악한 표적 비행기의 위치를 일련의 전자신호로 전환해서 위너의 통계학이 그 비행기가 미래의 어느 주어진 시점에 있으리라고 예측한 공간 속 지점을 계산했다.

기계를 테스트해 볼 시간이 되자 위너와 비글로는 예측장치를 모형 방공제어장치에 있는 빨간 스포트라이트에 연결했다. 그 즈음에는 이 모형이 실제 방공포의 조준을 더 정교하게 재현할 수 있을 정도로 개선되어 있었다. 비글로가 작업실의 조명을 어둡게 한 후에 장치의 조종간을 잡고 244번 방의 벽을 따라 불규칙하게 날아다니는 가짜 전투기를 추적했다. 이들의 예측장치는 전투기가 목표 좌표에 도달하기 0.5초 전에 그 미래의 경로를 정확하게 예측해 냈다!

위너는 신이 났다. 비글로는 이렇게 회상했다. "그가 거칠게 시가를 피우기 시작했습니다. 방안이 담배 연기로 가득 찼죠. 좋아서 펄쩍펄쩍 뛸 것 같았죠."

위너에게는 이것이 중요한 승리였다. 자신의 새로운 통계적 예측이론을 처음 실질적으로 시연해 보인 것이었고, 자신의 계산이 쓸 만하고 의미가 있음을 실물로 보여준 첫 증거였기 때문이다.

여름에는 프로토타입을 선보일 준비가 되어 있었다. 연구진은 244번 방을 깔끔하게 정리하여 7월 1일에 위너와 비글로는 아직 이름도 없고, 번호도 없는 장치를 위버와 스티비츠 앞에서 시연했다. 시연이 끝나고 평가를 해보니 위너와 비글로의 테스트 결과는 벨연구소의 선형 예측장치보다는 4배, 아직 개발 중이었던 그 다음으로 좋은 방식보다는 10배 더 정확했다.

위버는 위너-비글로 예측장치를 '기적'이라 부르면서도 이렇게 물었다. "이게 과연 쓸모 있는 기적일까요?" 지금 이들의 소요시간은 1초까지 나왔는데 위버가 밝혀낸 바로는 1초의 소요시간에서는 예측장치의 성적이 비행기의 실제 위치와 섬뜩할 정도로 가까웠다. 하지만 전장에서 실질적인 가치가 있으려면 유효 예측시간이 그보다 적어도 2배나 3배 정도는 길어져야 했다. 그래야 군의 고성능 포탄이 표적 고도에 도달할 충분한 소요시간을 확보할 수 있기 때문이다. 그 시연 이후에 위버는 위너에게 편지를 보내서 자신의 생각을 말했다. 그는 위너의 이론적 연구가 성공적으로 마무리되었다며 그것이 폭넓은 분야에 적용될 수 있으리라는 믿음을 밝혔다. 다만 한 가지 의문이 있었다. 과연 그 프로토타입을 실물크기의 사격통제 장치로 신속하게 전환하는 것이 실질적으로 가능한가 하는 부분이었다.

이것은 쉬운 일이 아니었다. 자신의 통계적 예측 이론을 대량생산과 전장에서의 육중한 기동에 적합한 기계 장치로 구현하는 것이 전례가 없던 기술적 도전임을 위너도 알고 있었다. 벨연구소가 선정 예측장치처럼 이들의 통계적 예측장치도 래드랩의 레이더 추적 장치와 연결하고, 가동장치 위에 올라가 있는 방공포 포열과도 연결해야 한다. 그리고 각각의 구성요소들은 서로 제어신호와 전자데이터를 교환할 수 있어야 하고, 시스템의 수행성과에 관한 피드백이 지속적으로 흘러들어옴에 따라 그에 반응해서 연산을 수정해 나가야 한다. 이런 구체적이고 현실적인 공학적 문제 때문에 위너와 비글로는 수수께끼 같은 피드백 과정, 그리고 위너가 중국에서 이육웡과 함께 진행했던 프로젝트에서 해결하지 못했던 골치 아픈 문제들에 직면할 수밖에 없었다. 이번에도 역시 자신의 예측 이론을 실현 가능한 양산형 프로토타입으로 전환하는 과정에서 피드백이 다시금 비글로와의 연구에서 주요 초점이자 최종 장애물로 등장했다.

'피드백feedback'의 개념은 고대부터 존재해 왔지만, 그 용어 자체는 공학에서 아직 생소한 은어였다. 고대 그리스인들은 자동 와인 분배통과 현대의 배관시설처럼 찌float의 피드백 작용을 통해 조절되는 물시계를 만들었다. 1789년에는 아직 이름이 없었던 이 원리가 산업혁명의 상징으로 자리잡게 되었다. 스코틀랜드의 공학자 제임스 와트James Watt가 '거버너governor'라고 부른 새로운 장치를 만들었는데, 이 장치는 새로운 증기기관에서 나오는 출력을 일부 사용해서 속도를 자동으로 조절했다. 1850년대 유럽의 조선업자들도 동일한 원리를 사용해서 원양 증기선의 자동 조타기 역할을 하는 서보기구를 만들었다. 영국과 프랑스의 군함에서도 거대한 포탑을 회전하고 고정하는 데 그와 비슷한 장치를 사용했다. 하지만 이런 초기 피드백 장치들은 위너와 비글로가 프로토타입 사격지향 장치를 만들 때 이미 접해 본 문제에 발목을 잡혔다. 과잉보정으로 경련하듯 미친 듯이 떠는 바람에 대포가 표적을 중심으로 거칠게 흔들렸던 것이다.

1920년대에 통신공학자들은 비슷한 상황이 자신의 네트워크에 경련을 일으키는 것을 알게 됐다. 이 구슬피 우는 유령 소리 같은 잡음을 이들은 '싱잉singing'이라 불렀는데, 증폭된 소리가 근처에 있는 마이크로 다시 입력되어 여러 번에 걸쳐 재증폭되며 양성positive 피드백의 악순환에 빠졌을 때 생겼다. 이 문제는 1927년까지도 계속 되다가 새로 만들어진 벨연구소의 젊은 전기공학자가 증폭된 신호의 출력 일부를 역상reversed phase으로 회로에 다시 입력해 주면, 즉 전자공학적으로 말해서 음성negative 피드백을 입력해 주면 귀를 찢는 싱잉이 멈추고 신호가 훨씬 크고 명료하게 전달됐다.

1942년에는 공학자들이 자신의 작동을 자동 조절하는 기계를 만들 때 피드백 원리를 일상적으로 사용하게 됐다. 기계장치와 전기장치에 사용하는 서보기구가 수천 가지 상품으로 나와 있었다. 심지어 MIT에서는 1940년 겨울에 최초의 '서보기구 연구소Servomechanisms Laboratory'를 조직하기도 했다. 하지만 실제로 처음 적용된 이후로 수십 년 동안 전자회로와 함께 해온 원리임에도 불구하고 그런 다양한 피드백 발명품을 뒷받침할 이론도 거의 나와 있지 않았고, 공학자들도 한 형태의 피드백이 다른 피드백과 어떤 공통점이 있다는 사실을 거의 눈치 채지 못했다.

위너는 피드백에 관한 사실들을 비글로로부터 알게 됐다. 비글로는 그에게 자신이 벨연구소 학술지에서 읽었던 논문 한 편과 공학관련 문헌에서 등장하기 시작했던 다른 글들에 대해 알려주었다. 비글로는 이렇게 말했다. "내가 설명하니까 바로 알아들으시더군요." 위너는 회로이론, 서보기구 설계, 이제 막 꽃을 피운 분야인 전기 컴퓨팅에서 피드백의 중요성을 즉각적으로 이해했다. 하지만 그는 사격지향 장치에 장착하고 있는 피드백 회로와 기계장치의 기술적 세부사항 너머로 현실세계의 사격제어 상황에서 대단히 중요한 역할을 하는 인간적 요소에도 주목하고 있었다. 그와 비글로는 통계 장치 설계에 이런 인간적 요소도 통합시켜 놓았다. 여기서 말하는 인간적 요소란 지그재그 비행경로를 결정하는 적기 조종사의 동기, 의도, 순간적 의사결정 과정, 그리고 조종사의 회피기동과 포병의 추적 및 발사 행동을 제어하는 복잡한 감각운동능력, 야전에서 조작자가 조준선을 표적에 맞히기 위해 포의 크랭크를 돌리며 관측하고 조준할 때 사람이라면 필연적으로 일어날 수밖에 없는 오류, 그리고 서둘러 기계장치를 돌릴 때마다 발생하는 오류를 보정하기 위해 반사적으로 나타나는 행동 등이었다.

감각 지각과 운동 반응에 관한 이 기본적인 문제들을 보며 위너는 다시 생물학, 그리고 자신의 친구인 하버드의대의 아르투로 로젠블루에스가 생각났다. 1942년 여름에 위너는 위버에게 자신의 기밀 프로젝트에 관한 정보를 로젠블루에스와 공유할 수 있게 해달라고 요청한다. 그리고 머지않아 위너, 비글로, 로젠블루에스는 방공포 사격제어와 관련된 복잡한 육체적, 신경생리학적 요인을 파헤치기 위해 세 방향으로 공동연구를 시작한다.

위너와 비글로는 로젠블루에스에게 자기네가 제작한 프로토타입에서 마주했던 이상한 문제에 대해 이야기했다. 모의 포탑이 위협하듯 양극단으로 진동하기 시작하면서 목표지점을 크게 벗어난 곳으로 사격하는 문제였다. 로젠블루에스는 이 현상과 섬뜩할 정도로 비슷한 '목적 진전purpose tremor'이라는 신경장애를 떠올렸다. 목적 진전에서는 사람이 의도적으로 아주 단순한 행동을 하려 할 때, 예를 들어 연필을 집어 들려고 할 때 팔이 앞뒤로 통제불능으로 흔들리면서 목표 지점을 완전히 빗나가 버린다. 신경생리학자들이 이 장애를 추적해 보았더니 소뇌의 내부 회로에 생긴 결함 때문이었다. 소뇌는 근육 운동을 조절하고 조화시키는 뇌 영역이다. 하나는 기술적이고, 하나는 신경학적인 이 두 장애는 놀라울 정도로 닮아 있었다.

위너에게 있어서 피드백의 발견은 불의 발견에 버금가는 중요한 일이었다. 로젠블루에스의 도움과 그들의 스승인 월터 캐넌의 항상성homeostasis 개념에 대한 지식을 바탕으로 위너는 기술적 의미와 생리학적 의미의 피드백과 뇌와 신경계의 살아있는 전기 네트워크에 얽혀 있는 무수히 많은 피드백 고리 사이에서 연관성을 이끌어냈다. 그리고 그는 피드백 과정에 초점이 모이게 만드는 연결고리를 한 가지 더 찾아냈다. 위너와 비글로가 사격제어 장치에 포함시킬 인간적 요소를 더 깊게 파고들어 보니 음성 피드백 원리를 바탕으로 작동하게 만들고 있는 자동화 기계와 마찬가지로, 두 사람이 수학적으로 그 행동을 모형화하고 있는 전투기 조종사와 방공포 포병 역시 직관적으로 음성 피드백을 이용하고 있다는 것을 알게 됐다. 그들 역시 자신이 특정 행동 패턴에서 저지른 오류를 관찰하여 자신의 행동을 조정하고, 의도적으로 오류를 줄이는 행동을 취하는 식으로 음성 피드백을 이용하고 있었던 것이다.

피드백의 개념에 대해 확실히 감을 잡은 위너와 비글로는 적기에서 반사되어 나오는 레이더 신호에서 나온 추적 데이터를 병합하고, 그 새로운 입력 흐름을 컴퓨터의 조준장치로 넘겨주는 데 필요한 피드백 회로를 프로토타입 예측장치에 내장시켰다. 로젠블루에스의 통찰이 프로토타입의 기계적 '신경장애'를 분리하고 개선해시 그 영향을 최소화하는 데 도움을 주었다. 하지만 최선의 노력에도 불구하고 프로토타입에는 떨림과 다른 불규칙한 움직임이 남아 있었다. 이제 위너는 이런 행동을 "지나치게 뛰어난 피드백에 불가피하게 따라올 수밖에 없는 병적 상태"라 받아들이게 됐다. 위너와 비글로는 로젠블루에스가 자기네 팀에 합류한 이상 조잡한 실험 장치에서 발전해서 완벽한 방공용 제어 예측 장치를 설계할 수 있으리라는 자신감을 느꼈다. 위너는 원칙적으로는 피드백 문제를 해결했다. 하지만 이번에도 역시 복잡한 피드백을 실전에 적용하는 것은 쉽게 풀릴 문제가 아니었다.

1942년 10월에 스티비츠가 위너와 비글로의 진척과정을 평가하기 위해 MIT로 돌아왔을 때 그는 비글로와 그의 연구진이 위너의 피드백 이론에서 마지막 부분을 주어진 시간 안에 완성하는 데 기술적 어려움을 겪고 있음을 알게 됐다. 한 달 후 워런 위버와의 만남에서 비글로는 프로토타입을 제시간에 실물로 제작해서 전쟁에 사용하기가 불가능함을 확인했다. 그는 이렇게 인정했다. "위너가 적은 대단히 복잡한 수학 연산을 수행하는 데 필요한 기계장치와 회로를 만드는 것은 만만치 않은 일이었습니다. 그것을 만들려면 너무 많은 시간과 장비, 그리고 온갖 것들이 필요할 상황이었죠."

비글로는 이런 점을 위너에게 대놓고 표현하지는 않았다. "위너의 아이디어를 적어도 이번 전쟁에서는 생산으로 연결하기가 불가능하다는 것은 나뿐만 아니라 OSRD가 보기에도 분명했죠. 하지만 위너에게는 그런 얘기를 꺼내지 않았습니다." 비글로가 위너에게 살짝 현실 감각을 불어넣어 주려 시도한 적도 있었다. "위너는 그냥 무시하고 계속 연구를 이어갔습니다. 요지부동이었죠. 그는 자기가 전쟁 지원 활동에 무언가 도움이 되고 있다고 느끼고 싶었습니다. 그걸 꺾어놓을 수는 없었죠." 하지만 그 해 가을 위너는 벨연구소의 예측장치보다 성능이 훨씬 개선된 장치를 내놓겠다는 약속을 철회할 수밖에 없었다. 비글로는 이렇게 말했다. "제 생각에는 그때는 그도 어느 정도 현실을 인식하게 된 것이 아닌가 싶습니다."

마침내 11월 말에는 위너도 위버에게 연락해서 자신과 비글로가 생산할 수 있는 최고의 실물 시스템이 벨연구소의 M-9에 비해 겨우 10퍼센트의 성능 개선 효과밖에 없음을 마지못해 보고했다. 위너가 생각하기에도 이것은 의미 있다고 생각할 수 없는 미미한 개선효과였다. 그리고 머지않아 계약이 종료됐다.

* * *

 1943년 7월에 래드랩-벨연구소가 공동개발한 사격제어 시스템이 대량생산에 들어갔고, 그 설계자들이 위너의 옐로우 페릴을 읽고 위너와 비글로에게 직접 자문한 이후로 그 성능이 눈에 띄게 향상됐다. 1944년 2월에는 첫 세트가 유럽에 도착해서 로마 남쪽의 안치오Anzio에서 연합군의 목숨을 살렸다. 6월에는 39대가 D-데이에 연합군 병력과 노르망디 해안에 상륙했다. 그리고 몇 주 후에는 포탄에 새로운 레이더제어 근접전파신관proximity fuse이 장착된 포 조준 장치 수백 대가 제 때에 영국에 도착해서 최초의 로켓 추진 V-1 폭명탄buzz bomb의 런던 공격을 좌절시켰다. 12월에는 더 많은 추적기-예측기 세트가 프랑스에 도착해서 결정적인 벌지전투 동안에 아르덴Ardennes에서 대공방어를 담당했다. 래드랩-벨연구소 시스템은 미국의 전쟁 기계 역사 중 가장 위대한 성공 이야기 중 하나가 됐다.

 결국 위너의 통계 기반 사격제어장치는 한 번도 전투에서 꽃을 피우지 못했지만 젊은 시절 제1차 세계대전에서 여러 헛간 중 하나를 골라서 소총을 쏘아 맞히기도 힘들 정도로 근시가 심했던 이 수학자는 방공포의 예술과 과학에 큰 기여를 했다. 래드랩의 전시 연구소에서도 확인할 수 있듯이 래드랩 이론가들은 자신들의 레이더 추적과 평활화 문제를 해결하는 데 위너의 이론과 수학을 직접 썼다. 벨연구소의 연구진 역시 자신의 선형 예측장치의 성능을 개선하는 데 위너의 연구에서 도움을 받았다. 그리고 위너의 MIT 제자이자 프린스턴의 거물이 된 노먼 레빈슨을 비롯해서 다른 공학자와 수학자들도 전시에 발생한 다른 기술적 문제에 급하게 적용할 수 있도록 옐로우 페릴의 내용을 추려내는 일에 할당됐다.

　무엇보다도 위너의 전시 연구는 그의 초기 수학연구, 혁신적인 전자회로 및 필터, 그리고 그의 모든 이론적 연구와 마찬가지로 공학자들에게 그들이 갖고 있는 지식의 한계와 무지의 양을 보여주었다. 그가 그 공학자들이 자신의 프로젝트가 달성하기 바랄 수 있는 물리적 한계를 통계적 확실성과 알려진 오차범위를 가지고 정확히 알려주었기 때문이다. 그의 기여는 전쟁에서 승리하는 데 도움을 주었으며, 래드랩의 이론가들도 나중에 인정하였듯이 통신과 자동제어 시스템에 대한 그의 통계적 접근방식이 결국에는 승리를 거두었다. 그 이후로 그 방식은 레이더시스템, 서보기구, 그리고 통신공학 분야에서 제일 먼저 선택되는 방식으로 자리잡았다.

　D-2 부서에서 위너를 감독하던 사람들도 그의 연구를 대단히 높이 평가했고, 한 해군 대령은 함선에 새로 장착한 사격제어 장치가 문제를 일으키기 시작하자 그 역시 위너에게 연락해서 문제 해결에 도움을 받으라고 지시받았다. MIT의 전시 기록은 다음과 같이 기록하고 있다.

> 전쟁 막판 어느 날 필라델피아 해군 공창에서 한 함선의 함포에서 자동사격제어 장치가 제멋대로 움직이고 있었다. 해군 장교들은 이 장치의 개발을 도왔던 MIT의 수학자에게 연락해서 총구 어딘가에서 합선이 일어나고 있다고 설명했다. 그러자 그 교수가 말하기를 기계의 특정 위치를 들여다보면 거기 기어 올라가서 숙은 쥐가 한 마리 있을 거라고 했다. 살펴보니 정말로 그랬다.

　비글로는 위너가 전시에 탁월한 연구를 한 것에 비해 전시 연구에 참여한 젊은 여러 과학자와 공학자들 사이에서 오히려 그를 무시하는 태도를 초래하게 된 이유를 설명했다. 그는 그 이유로 위너의 악명 높은 괴팍함과 그가 50세의 나이에 투영한 영원한 신동으로서의 자아상을 들었다. 이런 것들은 젊은 물리학자와 공학자들에게 좋은 인상을 심어주지 못했다.

비글로는 이렇게 말했다. "대부분의 사람들에게 위너는 이렇게 잠시도 가만히 있지 못하고 엉뚱한 짓을 하면서 자신을 모든 활동의 중심이라 생각하는 사람이었죠. 그가 가는 곳마다 이런 명성이 항상 그를 앞질러 그곳에 도착했습니다. 그래서 그에 대한 편견이 상당했죠." 하지만 비글로가 보기에 과학 사상가로서의 그의 장점은 그의 여느 기벽만큼이나 결점으로 작용했다.

"위너는 관대하고 사랑스러운 사람이었습니다. 정말 똑똑하고, 그냥 직관적이기만 하지 않고 통찰력도 깊었죠. 그보다 핵심을 빨리 파악하는 사람은 드물었습니다. 그는 늘 문제가 무엇인지, 주어진 상황에서 어떤 결정을 내리는 것이 가장 유용할지 먼저 인식했죠. 하지만 전시 상황에서 우리의 문제는 현장에서 실제로 접하는 사격제어 문제에 신속하게 도움이 될 만한 것을 이끌어내는 것이었는데, 위너는 항상 그 다음 문제를 풀려 하고 있었죠."

MIT와 그 너머의 지성들은 머지않아 위너가 실제로 그 다음 문제를 해결했음을 깨달았다. 위너는 244번 방에서 연구한 기간 동안 하나도 아니고 두 개의 새로운 통신과학 분야의 산파역을 했다. 옐로우 페릴에서 그는 메시지에 들어 있는 정보의 '유효성'을 측정하는 새로운 통계적 방법을 선보였을 뿐 아니라 어느 메시지가 자주 등장하고, 어느 메시지가 드물게 등장하는지 추정하는 문제에서도 새로운 기술과학에 큰 기여를 했다. 이 새로운 기술과학은 장차 그 자체로 '정보이론 information theory'이라는 이름으로 유명해질 것이었다. 하지만 위너가 전시에 기여한 다른 분야와 마찬가지로 그의 원고가 비밀에 부쳐져 있는 동안에는 정보이론에 관한 그의 중요한 연구들이 정부의 승인을 받은, NDRC의 소수의 과학자와 공학자들 사이에서만 알려져 있었다.

젊은 수학자 클로드 섀넌은 그 소수의 과학자 중 한 명이었고, 244번 방에도 자주 찾아왔다. 그는 최근에 MIT에서 박사학위를 받고 벨연구소에 새로 취직해서 당시 벨연구소의 사격제어 연구진, 그리고 전시 군통신에 사용할 안전한 암호화 과정 개발을 담당하는 또 다른 연구진에 소속되어 있었다. 그는 나중에 훗날 정보이론 분야의 토대가 될 연구로 인정받게 될 중요한 논문을 발표한다. 전쟁 초기에 섀넌은 위너의 새로운 통신이론을 이 이론의 창시자에게 직접 배우러 찾아왔다. 두 사람이 만나는 동안 그 자리에 비글로가 함께 있을 때도 많았고, 비글로는 위너가 자신의 아이디어를 아낌없이 젊은 동료에게 나누어 주는 모습을 지켜보았다.

비글로는 이렇게 회상했다. "제가 위너와 함께 연구하는 동안 섀넌은 격주마다 한 번씩 찾아와서 한두 시간 정도 위너와 대화를 나누었습니다. 위너는 더할 나위 없이 너그러운 태도로 섀넌과 아이디어를 교환했습니다. 위너는 정보이론이 어떤 모습을 하게 될지 모두 꿰뚫어 보고 있었기 때문이죠. 그는 이 모든 아이디어와 제안을 섀넌에게 쏟아냈습니다."

비글로는 몇 번에 걸쳐 두 사람이 방정식을 두고 칠판에서 함께 연구하는 모습을 보았다고 기억했다. 비글로는 이 방정식들이 정보시대 수학과 전자공학의 초석이 될 섀넌의 이론에서 토대가 되었다고 믿고 있다. 비글로는 가장 뚜렷하게 남아있는 기억 중 하나에 대해 이렇게 말했다. "위너가 섀넌에게 거듭해서 여러 가지 조언, 도움, 개념을 제공해 주었습니다. 섀넌은 자주 들러서 위너와 함께 통신의 개념, 그리고 그 개념을 어떻게 표현할 것인지에 대해 대화를 나누었고, 위너는 그에 대해 자유로운 연상을 이어갔습니다. 저는 위너가 섀넌의 개념과 정보이론에 관한 그의 생각을 상당부분 뒷받침해 주었다고 생각합니다."

위너는 자신의 생각을 섀넌에게 아낌없이 나누어주었다. 그는 섀넌뿐만 아니라 자신의 연구에 진정한 관심과 재능을 보여주는 젊은 학생들에게는 모두 그랬다. 하지만 얼마 후부터 섀넌의 방문이 위너의 너그러움을 한계로 몰아붙이기 시작했다. 파지 레빈슨은 위너의 사적 반응을 그로부터 직접 들었다. 그녀는 이렇게 말했다. "위너는 대단히 친절한 사람이었어요. 하지만 클로드 섀넌이 MIT에 왔을 때 위너는 이렇게 말했죠. '그 사람은 내 뇌를 모두 뽑아 먹으려나 봐.' 그는 섀넌을 보고 싶지 않아 피해 다녔죠. 그는 사람들이 자신의 아이디어를 훔쳐가서 자기 연구라고 할까 봐 걱정했어요."

* * *

전쟁이 끝날 때까지 위너는 계속해서 NDRC(국방연구위원회)와 OSRD(과학 연구 및 개발 사무국)에 아이디어를 제출했지만 그의 사격제어 프로젝트가 종료된 이후로는 그의 재능이 중요한 일에 투입되지 않았다. 그리고 그는 그 당시 뛰어난 수학적 지성 중 한 명으로 꼽히고 있었음에도 정부가 총동원령을 내렸던 맨해튼 프로젝트에 기여할 기회를 얻지 못했다.

전시의 젊은 과학자들과 위너 또래의 많은 과학자들이 위너를 개인적으로 싫어하고, 그의 기벽을 견딜 수 없었던 것도 그 이유 중 하나일 것이다. 하지만 원자폭탄 연구와 그 이후의 모든 전쟁 프로젝트에서 위너가 빠지게 된 가장 큰 이유는 분명 보안에 대한 우려 때문이었을 것이다. 위너는 전쟁 연구 참가 과학자들에게 기밀 유지를 요구한 정부의 정책을 맹렬히 반대했다. 그는 국제 과학계의 일원으로서 기밀 유지는 윤리적으로 용납할 수 없는 부분이라 여겼고, 워낙에 사람들과 어울리기를 좋아하는 성격이었기 때문에 애초에 기밀 유지는 사실상 불가능한 일이었다.

전쟁이 진행되면서 보안에 대한 정부의 우려는 위너의 정서적 불안 때문에 더욱 깊어졌다. 그렇지 않아도 민감하기 그지없는 그의 마음을 전쟁의 압박이 더 무겁게 내리눌렀다. 그는 자신이 엄격하게 설정해 놓은 프로젝트 마감기한에 맞추기 위해서 밤낮을 계속해서 연구에 매달렸다. 그는 잠을 줄이려고 암페타민amphetamine의 알려진 생리적 효과 따위는 아랑곳하지 않고 복용했다. 스트레스, 기밀 유지의 부담, 기력 소진 등이 결합되면서 그에게 타격이 오기 시작했다. 그의 가족과 동료들은 그의 육체적, 정신적 건강에 대해 염려하기 시작했다. 그도 인정하듯이 어느 시점에서 그는 붕괴 직전까지 자신을 내몰기도 했다.

그 기간 동안 위너에게는 신경 쓰이는 다른 일들도 있었다. 아내가 나치의 주장에 동조하고, 그녀의 가족이 적국과 유대관계를 갖고 있는 것에 대한 불안도 그 중 하나였다. 마거리트 위너의 독일 친척들은 충성스러운 나치 당원이었다. 그녀의 사촌 중 한 명은 나치 강제수용소의 행정관이었다. 아내의 형부는 아우슈비츠에서 멀지 않은 블레슬라우 주변에서 기차 경로를 관리하는 사람이었다. 세부 내용을 찾아보기는 힘들지만 위너는 유럽의 유대인들을 향한 나치의 학살 전쟁에 대한 말을 들을 때마다 뼈 속 깊이 불안을 느꼈다.

들려오는 소식이 점점 심각해지자 위너의 기분도 가라앉았다. 비글로는 그가 꾸준히 더 우울해지는 모습을 지켜보았다. "프로젝트 때문이 아니라 무기력한 느낌 때문이었습니다." 그리고 전쟁에 더 크게 기여할 수 없는 자신의 무능력 때문에도 우울해졌다. 1945년 봄 즈음 위너는 한 동료에게 자기가 전쟁 피로감으로 고생하고 있다고 말했다. 8월에 첫 원자폭탄이 일본에 투하됐을 때 위너는 제정신이 아니었다. 더크 스트루이크는 이렇게 회상했다. "그는 특히나 아시아인을 상대로 폭탄을 사용하면서 보여주는 오만함을 끔찍이 싫어했습니다."

그 즈음 위너는 국방 프로그램에는 더 이상 관여하고 있지 않았다. 그의 기밀 프로젝트가 종료되고 1년이 넘은 1944년 5월에 그는 오랜 친구 바네바 부시로부터 편지를 한 통 받았다. 전쟁 지원 활동에서 정식적으로 해지되었음을 통보하는 편지였다. 그 직설적이고 진부한 문서는 전쟁 초기에 그가 기여한 부분을 인정하면서 이 문서가 시냇차 목록에서 다시 호출되지 않은 사람들의 이름을 지우기 위해 주기적으로 검토하는 행정 절차임을 설명하면서 그동안 그의 훌륭한 기여에 감사드린다고 했다.

∗ ∗ ∗

그의 통계적 예측장치는 전쟁에 나가지 못했지만 그래도 그의 기여는 실로 훌륭한 것이었다. 불과 2년이라는 짧은 시간 동안 불분명한 전시 공학 프로젝트를 진행하면서 위너는 새로이 통합된 통신과학을 구상하고, 정의하고, 그 시대가 도래하고 있음을 조용히 선포했다. 그는 새로운 과학의 기본단위인 메시지를 찾아냈다. 그 메시지는 그가 정보라 부르는 새로운 통계적 실체로 이루어졌다. 그는 더 큰 개념적 뼈대 안에서 그 본질적인 피드백 과정의 근거를 마련했다. 그리고 현대의 원거리통신, 컴퓨팅, 자동화의 근본적인 작동 방식을 살아있는 사람 신경계의 소통 과정과 연관시켰다.

그의 새로운 통계이론과 통신 개념은 출산의 고통을 겪고 있던 새로운 과학의 탄생을 알리는 조짐이었다. 현대기술을 이해하고, 처리하고, 또 세상을 바라보고, 궁극적으로는 과학을 하는 방식 자체를 새로이 이해하는 첫 깨달음이었던 것이다. 하지만 위너에게 남아있던 '전시 동안의 과학적 혼란'의 경험은 환멸과 상처의 경험이었다. 자신이 전시에 생산한 이론과 저작들이 공식적으로 비밀로 유지되고 있는 동안에 젊은 이론가와 기술자들이 자기 연구의 과실을 따가는 것을 지켜보고 있어야 했기 때문이다. 나중에 그는 전쟁 기간 동안 "과학의 품위가 전반적으로 땅으로 처박혔다"라고 비난하며 이렇게 수수께끼 같은 주장을 남겼다. "내가 믿고 있던 사람 중에 전혀 믿지 못할 사람이 있다는 것을 알게 됐다."

그의 협력 방식과 학제적 과학이 주목을 받고 있었지만 그는 전쟁이 끝나면서 새로운 지식과 기술로 다른 사람들이 무슨 일을 할지에 대해 깊은 의구심을 갖게 됐다. 그리고 50대 초반부터 이미 그는 자신의 정신적 능력이 쇠퇴하고 있다고 걱정하게 됐다. 동료들은 그가 끝없이 이렇게 물어보았다고 한다. "말해주게. 내가 실수를 하고 있는 건 아닌가?"

하지만 그의 앞에는 그의 가장 위대한 연구가 기다리고 있었다.

제 2 부
사이버네틱스의 법정에서

In The Court of Cybernetics

NORBERT WIENER

7장
순환적 인과관계 기사단

> 원탁에 앉아 있는 이 기사들이 크나큰 부보다 나에게 더 큰 기쁨을 주는구나.
> — 토머스 맬러리 Thomas Malory, 『아서왕의 죽음』

노버트 위너는 필요하다면 비밀을 유지할 수 있었다. 하지만 좋은 생각이 있는데 혼자만 알고 있을 수는 없었다. 전쟁 기간 동안에는 연구에 대해 비밀을 유지해야 했던 것이 그에게는 너무도 힘든 일이었기 때문에 그는 자신의 새로운 통신(소통) 개념에 대해 얘기할 수 있는 다른 배출구를 찾아 나섰다. 그리고 결국에는 찾아냈다. 사실 미국이 제2차 세계대전에 참전하고 불과 다섯 달 만에 위너는 자기만의 폭탄 몇 개를 기성 과학의 문전에 조용히 던져 넣기 시작했다. 그리고 그 폭탄은 미국에서 가장 저명한 과학자와 혁신적 사상가들의 마음속에 불을 당겼다.

이 사건의 전환은 사람의 마음과 전 세계 모든 사회를 바꾸어 놓을 전후 과학 혁명의 시작을 알린다. 하지만 그의 새로운 통신 개념이 과학의 무대로 쏟아져 나오기 시작했을 때 정작 위너 자신은 그 무대 위에 없었고, 아직 그것을 자기 것이라 주장할 수 있는 자유도 없었다.

그의 새로운 생각에서 처음으로 새어나온 어렴풋한 빛이 1942년 5월 13일 아침 뉴욕 비크맨 호텔Beekman Hotel에서 열린 비밀모임에서 차분하게 회의실 방안을 밝혔다. 그 모임은 조시아 메이시 주니어 재단Josiah Macy Jr. Foundation의 후원을 받아 모인 심리학자, 생리학자, 사회과학자들로 구성되어 있었다. 뉴욕의 저명한 해상무역상의 상속자가 십 년 전에 세운 이 재단은 다방면의 학자들이 새로운 학제적 정신으로 개최하는 이 학회의 주최자였다. 그리고 이번 학회는 심리학과 뇌 과학의 접점에서 시기적절한 사안에 대해 토론하기 위해 소집됐다.

그 학회에 참가한 24명의 참석자들의 면면은 화려했다. 워렌 맥컬럭은 일리노이대학교에서 온 신경생리학자로 뇌의 기능과 조직에 관한 한 세계 최고의 권위자 중 한 명이었다 뉴욕 록펠러연구소에서 온 라파엘 로렌테 드 노Rafael Lorente de Nó는 또 한 명의 선도적 신경생리학자였고, 신경학자였다가 프로이트 정신분석학자가 된 로렌스 쿠비Lawrence Kubie는 뉴욕의 저명한 예술가와 극작가들을 고객으로 두고 있었다. 그리고 두 명의 유명한 인류학자 그레고리 베이트슨Gregory Bateson과 마거릿 미드Margaret Mead는 당시에는 부부 사이였고, 외딴 태평양제도 문화권의 삶에 대한 개척 연구로 국제적으로 명성이 있었다. 위너는 프로토타입 방공사격 지향장치로 데뷔할 준비를 위해 케임브리지에서 열심히 연구를 하고 있었다. 그리고 그 당시 위너의 기여는 그의 좋은 친구이자 동료인 하버드의대의 신경생리학자 아르투로 로젠블루에스의 손으로 넘어갔으며, 그 자신도 여기에 상당한 재능을 기여했다.

학회에서 정신과 뇌에 대한 논의를 막 시작하자마자 로젠블루에스의 전혀 예상치 못했던 발표로 사람들의 시선이 그쪽으로 쏠렸다. 중간 정도의 키에 건장하고 활기 넘치며 동작과 말이 빨랐던 로젠블루에스는 대단히 인상적인 사람이었다. 멕시코 치와와Chihuahua에서 태어난 그는 멕시코, 베를린, 파리에서 의학을 공부한 후에 1928년에 미국으로 건너왔다. 그의 혈통을 보면 헝가리계 유대인의 피도 섞여 있었고, 스페인, 멕시코 원주민의 피도 섞여 있었다. 그에게서는 귀족적인 분위기가 풍겼다. 그는 품위와 세련미 넘치는 모습으로 위너가 개발 중인 통신과학의 원초적인 개념들을 설명했다. 위너가 '옐로우 페릴' 원고로 정부 감독관에게 제출한 지 얼마 안 된 내용이었다. 로젠블루에스는 위너의 기밀 프로젝트를 유출하는 일 없이 청중들에게 메시지, 피드백에 대해, 그리고 그와 위너, 그리고 공학자 줄리안 비글로가 전자장치, 자동화 기계, 사람 신경계의 작동에서 발견하고 있었던 놀라운 유사성에 대해 얘기했다. 그는 세 사람이 이미 사람-기계 상호작용에 관한 연구에서 뽑아낸, 인간의 행동과 생리반응에 대한 풍부한 통찰을 설명했다.

그러고 나서 로젠블루에스는 자신과 동료들이 케임브리지에서 이제 막 구체화시키기 시작한 급진적 개념들을 풀어 놓았다. 로젠블루에스는 통신과 자동제어에 관한 문제에 대해 연구하다가 자연과 사람의 세계에서 관찰되는 질서정연한 과정의 새로운 영역을 찾아냈다고 말했다. 이 새로운 통신 과정은 과학적 방법론이 탄생했을 때부터 그것을 주도해 온 전통적인 선형적 인과관계의 논리에 지배되지 않았다.

이 과정은 새로운 논리적 원리의 지배를 받았고, 로젠블루에스는 위너와 비글로가 고속 비행하는 비행기의 미래 위치를 예측하는 장치를 만들면서 사용했던 우회적 피드백 루프를 인용하여 이것을 '순환적 인과관계circular causality'라 불렀다.

살아있는 생명체와 기계 모두 목적을 가지고 행동할 때는 이 새로운 인과관계를 바탕으로 행동했다. 이것은 표적을 조준하는 기계에서 자체적인 목적을 가진 생명체와 기계로의 거대한 도약이었고, 모든 지적 행동의 뿌리에 놓여 있는 이상한 피드백 순환논리를 처음 과학적 용어로 공식화한 것이었다.

로젠블루에스의 발표는 분명 영악한 청중에게 도발하려는 의도를 가지고 있었다. '목적'이라는 개념이 20세기의 진지한 과학자들 사이에서는 이단의 용어라는 것을 그도 인정했다. 목적이 있는 행동이라는 개념 자체가 과학을 지배하고 있는 인과관계의 패러다임을 위배하는 것이었다. 인과관계 패러다임에서는 궁극의 목표나 최종결과가 시간적으로 그보다 앞선 행동을 지배할 수는 없다고 주장했다. 이 패러다임을 주창하는 사람들은 무생물체, 심지어는 살아있는 생명체에 대해서도 목적이란 말을 입에 담는 것을 금기시했다. 이를 더욱 엄격하게 추구하고 싶은 생각에 영국의 러셀과 화이트헤드에서 비트겐슈타인Wittgenstein과 논리실증주의자들로 이루어진 영향력 있는 비엔나학파의 제자들, 그리고 미국 심리학계를 지배했던 엄격한 행동주의자들로 이어지는 전통을 따라 환원주의 철학자들과 과학자들은 '정신'이라는 단어 자체의 사용을 금지했고, 그와 함께 인간의 경험, 감정, 목적, 그리고 감각으로 쉽게 감지하거나, 수학적으로 기술하거나, 실험적으로 증명할 수 없는 다른 '내적 상태' 등 주관적인 영역 전체를 함께 금지했다.

하지만 그런 반대가 위너와 그의 동료들에게는 지나가는 장애물에 불과했다. 위너의 전시 실험실에서 진행된 이들의 대담한 새로운 논리, 수학, 실험은 원형 경로를 따라 목적의식적 행동을 수행하는 살아 있는 생명체와 수학 장치의 거대한 부류를 발견했다. 이런 행동은 그 어떤 인과관계 행동 못지않게 현실적이고 실체적이었다. 로젠블루에스는 전쟁 중에 대중에게 이미 알려져 있었던 목적이 있는 장치 부류의 실질적인 사례를 청중에 제시했다. 배나 잠수함의 선체에서 나오는 자성이나 프로펠러에서 오는 소리를 쫓아가도록 설계된 내장 표적 추적 장치를 갖춘 어뢰다. 그는 이어서 동물이나 하등생명체에서 쉽게 찾아볼 수 있는 생물학적 활성의 사례도 제시했다. 이런 사례 역시 틀림없이 목적 달성을 지향하는 목적의식적 행동을 보여주었다. 식물이나 원시생명체의 빛이나 열을 쫓는 운동, 식욕과 체온을 조절하는 체내 메커니즘 같은 항상성 과정, 그리고 사실상 모든 형태의 고등동물 행동이 모두 여기에 해당한다.

이 모든 목적의식적 행동은 순환적 통신 과정의 지배를 받으며, 위너의 새로운 통신 용어를 빌리면 오류를 수정하는 음성 피드백을 통해, 그리고 지속적으로 다시 유입되어 지금 얼마나 표적에서 벗어나고 있고, 시스템이 목적을 달성하기 위해서는 얼마만큼의 수정이 필요한지 보여주는 정보를 통해 자신의 목적을 향해 나아간다. 로젠블루에스는 이 근본적인 통찰이 생물학, 뇌 과학, 그리고 모든 과학의 이론과 연구에서 흥미진진한 새로운 가능성을 제시하고 있다고 말했다. 위너의 통신 원리와 통계적 방법론은 아주 복잡한 생명 과정에 근거를 제시하고 입증하는 데 필요한 이론적 토대와 엄격한 수학, 그리고 그것을 작동모형working model에서 재현할 수 있는 기술적 수단을 제공해 주었다. 로젠블루에스는 동료들에게 바로 그런 이론적, 기술적 돌파구를 바탕으로 한 연구 프로젝트를 시작해야 한다고 제안했다.

로젠블루에스의 강연은 메이시 재단 학회에서 사람들의 관심을 독차지했다. 그의 말들은 청중 중에 끼어 있는 심리학자들 사이에서 심도 깊은 논란을 촉발시켰다. 그 중에는 동물과 인간의 행동에서 목적의 중요성을 두고 엄격한 행동주의자들과 수년 간 전쟁을 해온 사람도 있었다. 뇌 과학자들 사이에서는 그의 피드백과 순환성circularity의 개념이 공감을 불러일으켰다. 신경생리학자였다가 정신분석가로 전향한 로렌스 쿠비는 그보다 12년 전에 전기적 활성의 순환적 파동이 뇌의 연결된 뉴런 네트워크에서 발생해서 궁극적으로는 자신의 출발점으로 되돌려 보내는 경로를 따라 움직인다고 제안하는 최초의 논문 중 하나를 발표했다. 록펠러연구소의 라파엘 로렌테 드 노는 몇 년 후에 그런 순환 신경네트워크가 존재한다는 것을 확인했다.

그 학회에서 가장 중요한 신경생리학자였고, 강한 철학적 취향을 끼고 있는 사람이었던 워렌 맥컬럭이 로젠블루에스의 발표에 큰 관심을 보였다. 맥컬럭은 새로운 통신 개념이 자신의 실험실 연구에 적용하기에 이상적이고, 자신이 시카고에서 젊은 동료 월터 피츠와 함께 개발 중인 뇌 기능의 논리적 이론과 직접적인 관련성이 있다고 느꼈다. 정신의 고등 기능이 어떻게 뇌에서 끝없이 수다를 떨고 있는 전기적 활성으로부터 생겨날 수 있는지 평생 연구해 온 맥컬럭은 새로운 전기적 기술을 이용해서 뇌의 기능과 생리학을 연구하는 법을 개척했다. 그는 전자 계산 분야의 발전을 지켜보면서 자신이 실험실에서 관찰한 신경학적 과정과의 유사성에 대해 고민하고 있었다. 맥컬럭에 있어서 로젠블루에스가 설명한 새로운 통신적 관점과 연구 프로그램은 뇌와 정신이라는 오랜 질문에 새로운 빛을 드리울 수 있는 새로운 학제적 프로젝트의 가능성을 보여주었다.

그리고 맥컬럭만 흥분한 것은 아니었다. 학회에 참석한 사회과학자 중에서 그레고리 베이트슨은 특히나 열정적이었다. 그는 로젠블루에스가 위너의 새로운 통신 개념에 대해 짧게 소개하는 것을 보고 자기가 오랫동안 찾아왔던 바로 그것이라 생각했다. 그는 이것이야말로 인류학과 모든 사회과학에서 이론과 연구를 위한 새롭고 풍부한 자원이라 여겼다. 오지의 문화를 연구하는 베이트슨은 통신과학의 인간적 함축을 신속하게 이해하고, 논리적으로 건강하고 수학적으로 정교한 그 과정과 원리 속에서 개인과 사회의 삶에 영향을 미치는 복잡한 인간적 관계를 분류하는 데 도움을 줄 실용적 도구가 있음을 간파했다.

마거릿 미드는 자기가 들은 내용에 대해 벼락에 맞은 것처럼 깜짝 놀랐다. 나중에 그녀는 회고록에서 이렇게 적었다. "학회가 끝날 때까지 내 치아 중 하나가 깨진 것을 모르고 있었다."

이리하여 순환적 인과관계의 첫 기사단이 결성되었고, 이들은 머지않아 더 위대한 목표를 위해 공동의 대의 아래 뭉쳤다. 그 대의는 바로 인류의 특성, 즉 내적, 외적으로 표현되는 인간 지능의 기본 원리를 발견하고 되찾아 논리적, 신경학적, 이론적, 실험적으로 근거를 제시함으로써 21세기에 횡행하고 있던 과학적 환원주의의 대안을 제공하는 것이었다. 이들은 과학적 사고방식에서 새로이 생겨난 대항세력의 전위부대였고, 나중에는 '사이버네틱스 그룹'이란 이름으로 알려지게 된다. 그리고 머지않아 위너는 그 중에서 앞자리를 차지하게 된다. 하지만 새로 동이 트는 이들의 비전과 과학 운동은 다른 전쟁에 승리를 거울 때까지 뒤로 미뤄지게 된다.

* * *

그 다음해 초에는 위너의 새로운 과학에 대한 첫 힌트가 대중 앞에 공개됐다. 위너, 로젠블루에스, 비글로는 저명한 학술지인 〈과학철학〉에 '행동, 목적, 목적론Behavior, Purpose and Teleology'이라는 제목으로 짧은 논문을 공동으로 발표했다. 이 논문에는 복잡한 방정식이나 기밀로 분류된 공학적 설계에 관한 내용은 없었다. 대신 머리를 쥐어짜게 만드는 위너의 옐로우 페릴보다 여러 면에서 더 심오한 철학적 논문이었다. 여섯 쪽에 걸쳐 위너와 동료들은 자동화 기계와 전자 컴퓨터, 그리고 살아있는 신경계의 복잡한 작동방식을 모두 발전하는 통신 과학을 기반으로 하는 통합된 관점에서 연구할 수 있다고 제의했다. 이들은 자신의 과학적 뼈대가 지능을 가진 기계, 인간, 그리고 살아있는 모든 생명체에 의해 다양한 수준에서 실행되는 보편적 통신과 제어 과정을 살펴볼 수 있는 새로운 방법을 제공해 주며, 이 놀라운 가다의 실제를은 음성 피드백과 순환적 인과관계의 논리에 지배되는 목적의식적 행동을 통해 자신의 목표를 달성한다고 주장했다.

이것은 통신 혁명의 첫 선언문이었고, 진정 선동적인 것을 제안하고 있었다. 본질적으로 목적의식적이고, 목표지향적이고, 목적론적인 통신과 제어과정의 새로운 영역을 이해할 수 있는 대안의 시스템을 주창하는 것이었기 때문이다. 목적론teleology이라는 단어를 사용한 것은 '목적purpose'이라는 단어를 사용한 것보다 훨씬 급진적인 것이었다. 이 용어의 기원은 고대 그리스로 거슬러 올라간다. 위너의 경우에는 아버지 책상 밑에서 배웠던 고전 문헌으로 올라간다. 아리스토텔레스의

『자연학Physics』에서는 사물이 존재하고 그렇게 행동하는 이유를 설명하는 순수하게 물리적인 원인을 넘어 그 목적, 혹은 '목적인目的因, final cause(그리스어로는 'telos')'을 상정한다. 아리스토텔레스에게 있어서, 그리고 위너에게 있어서는 목적이 제일 먼저 온다. 목적이 1순위이며, 최고의 선이다. 아리스토텔레스도 이렇게 단언했다. "목적이 된다 함은 최고가 된다는 것이며, 다른 모든 것의 끝이 된다는 의미이다."

목적론이라는 개념은 암흑시대에 종말을 맞이했었다. 목적인에 대한 질문이 종교로 넘어가 버렸기 때문이다. 종교에서는 세상을 창조한 신의 위대한 설계에 대해 신학적 토론이 끝없이 이어졌다. 하지만 이제 위너와 그의 팀원들이 통신하는 존재와 기계에 관한 새로운 과학의 중심에서 목적론을 되살려낼 음모를 꾸미고 있었다. 저자들은 흔들림 없는 단호한 결의로 이렇게 주장했다. "목적과 목적론의 개념은 현재 불신을 받고 있지만 대단히 중요한 개념이다." 이들은 인과관계에 대한 상식을 거부하고 목적의식적 통신에 대한 자신의 새로운 관점이 인간과 다른 모든 살아있는 존재를 더욱 잘 이해할 수 있게 해 주며, 이것은 지능을 가진 기계의 설계와 관련된 문제에 빛을 밝혀줄 수 있고, 학습과 기억의 기초적 능력을 갖춘 컴퓨터, 로봇, 다른 자동화 장치를 구축할 수 있는 길을 제시해 줄 수 있다고 주장했다.

이들의 선언문은 당시 군림하고 있던 정통파의 입장에서 보면 눈의 티끌 같은 존재였다. 원칙적으로 이것은 굳이 형이상학이나 신의 개입을 끌어들이지 않아도 의도가 있는 지적 행위가 자연에서 나타나는 이유를 합리적으로 설명해 줄 수 있으며, 이들의 새로운 원리를 다양한 과학적, 기술적 영역에서 실제로 적용할 수 있는 체계적인 프로그램을 펼쳐보였다.

이런 전망에 위너는 흥분했고, 머지않아 다른 많은 사람들도 그랬다.

※ ※ ※

시카고에서는 워렌 맥컬럭이 위너의 새로운 개념들을 기치로 걸고 자신의 막강한 힘을 혁명에 쏟아부었다. 키 크고 호리호리한 체격에 우락부락한 얼굴, 덥수룩한 수염을 하고 있던 맥컬럭은 허세도 좀 부릴 줄 아는 스코틀랜드계 미국인으로 옛날 스코틀랜드 하일랜드 지역의 지주 같은 기사도적 분위기를 풍겼다. 1898년 뉴저지 주 오렌지에서 성공한 사업가와 독실한 남부 아가씨 사이에서 아들로 태어난 그는 펜실베이니아의 작은 대학에 입학해서 목사가 되기 위한 공부를 시작했지만 호기심 많은 성격 때문에 결국 철학으로 빠져들어 성직자로서의 소명과는 멀어졌다.

그에 관한 전설에 따르면 학부생 시절이었던 1920년대에 나머지 평생을 고민하게 될 질문을 던졌다고 한다. "수가 대체 무엇이기에 인간이 그걸 알 수 있고, 인간은 대체 무엇이기에 수를 알까?" 이것은 상시로운 전조였고, 이것은 그를 그 후로 40년 동안 위너와 비슷하게 이어질 궤도에 올려놓는다. 그는 예일대학교로 편입하여 정신의 논리 구조를 밝혀내기 위해 러셀과 화이트헤드의 『수학원리』에 뛰어들었다. 그리고 컬럼비아대학교에서 심리학 대학원생으로 있는 동안에는 정신, 그리고 수학적 논리의 진정한 토대로 가는 확실한 길은 뇌와 신경계를 체계적으로 연구하는 것이라 확신하게 되었다.

1927년에 맥컬럭은 컬럼비아대학교에서 의학박사 학위를 받고 뇌를 구성하는 개개의 뉴런, 그리고 뉴런들을 연결하여 복잡한 네트워크를 만들어내는 시냅스로 이루어진 미로에 뛰어든다. 그는 뇌의 제일 바깥층이자, 사람의 이성과 추론이 일어나는 장소로 여겨지던 피질cortex 속 뉴런들이 『수학원리』에 기술된 논리적 관계들을 체화하는 방식으로 서로 연결되어 있을 것이라 생각하고 있었다. 맥컬럭은 그런 유사성을 실험적으로 검증할 수 있다면 인간이 어떻게 논리적 연역을 하고 계산을 수행할 수 있는지, 더 정확히 표현하자면 인간이 어떻게 수나 기타의 것들을 알 수 있는지, 그리고 개념이 일반적으로 어떻게 뇌 속에서 형성되고 오고가는지 설명할 수 있다고 믿었다.

맥컬럭은 1934년에 예일대학교 의과대학 신경생리학 연구실에 연구원으로 돌아온다. 그리고 그 후로 6년 동안 피질의 기능해부학에 대해 최초의 상세 지도를 만들어낸다. 1940년 초반에 맥컬럭은 뇌의 신경네트워크가 기호논리학symbolic logic의 형식적 규칙을 준수하는 패턴을 따라 흥분한다는 확고한 증거를 찾아낸다. 그는 뉴런이 '실무율all-or-nothing(생명체가 어떤 일정 수치 이하의 자극에서는 전혀 반응하지 않고, 그 수치를 넘어서면 최대의 반응을 보이는 현상 - 옮긴이)'을 따르는 의사결정자라는 것을 확인했다. 뉴런은 이웃 신경세포로부터 들어오는 입력 신호의 합이 '참(흥분)' 상태에 도달하느냐, '거짓(비흥분)' 상태에 머무느냐에 따라 흥분하거나 아예 흥분하지 않았다. 뉴런으로 연결되어 있는 이 네트워크는 전기화학적 '진술statement'의 정교한 순서에 따라서 복잡한 수학적 계산을 수행한다. 그리고 이 각각의 진술들은 앞서 나온 진술을 조건으로 삼으며, 이것은 확장된 논리적 논거의 명제에 비유할 수 있다.

정신의 물리적 기질인 사람의 뇌가 수학적 논리를 담당하는 작은 전기 엔진이라는 맥컬럭의 거대한 가설은 뇌가 논리적 추론, 연역, 수 처리, 감각적 인식의 기본 기능, 그리고 언어, 학습, 기억 등 정신의 고등 기능 같은 이성적 과정을 어떻게 수행하는지 설명해 주는 듯했다. 하지만 이런 논리적 연관과 아울러 맥컬럭은 뇌에서 찾으리라고는 전혀 예상하지 못했던 부분도 확인했다. 완전히 비논리적인 것이었다. 그의 메이시 동료가 십년 전에 말했던 바와 같이 맥컬럭은 자신의 연구실에서 뇌의 분기分岐, branching 네트워크 중에는 설명할 수 없는 순환 연결 고리를 가진 것이 많다는 사실을 확인했다. 사실 본질적으로 이것들은 신경학적으로 스스로에게 모순되는, 그리하여 궁극적으로는 아무런 의미도 없는 순환논리를 끝없이 만들도록 배선되어 있었다. 이렇게 비합리적으로 보이는 논거가 맥컬럭에게는 아주 까다로운 수수께끼를 제시했다. 수십 년 앞서 기호 논리학에서 러셀과 화이트헤드도『수학원리』의 악명 높은 역설을 통해 이와 비슷한 수수께끼와 맞닥뜨렸던 적이 있다.

맥컬럭이 마주한 '순환적 요소를 갖고 있는 네트워크'의 역설은 그의 이해 수준을 뛰어넘는 것이었다. 뇌 속에 닫힌 순환논리가 존재해서 신경학적인 잡담의 회오리를 끝없이 만들어낸다는 이미지는 맥컬럭의 머리를 어지럽게 했다. 이것은 말도 안 되고, 거기에는 아무런 목적도 있을 수 없었다. 하지만 맥컬럭이 메이시 학회에서 로젠블루에스를 만나고는 상황이 달라졌다. 피드백과 순환적 인과관계에 관한 로젠블루에스의 계시는 맥컬럭을 괴롭히고 있던 논리적 수수께끼의 열쇠를 쥐고 있는 듯했다. 하지만 그는 스스로는 마지막 퍼즐을 맞출 수 없었다.

1941년 말에 맥컬럭은 일리노이대학교 의과대학 신경정신병학 연구소의 소장을 맡기 위해 시카고로 적을 옮긴다. 1942년 봄 즈음해서 이곳은 거의 30명에 이르는 직원과 해당 분야에서 제일 똑똑한 뇌 연구자들을 거느린 최고의 연구소가 되어 있었다. 하지만 그 중에 맥컬력의 역설적 신경 네트워크의 수수께끼를 풀어줄 수 있는 사람은 없었다.

그러다 그가 만난 한 똑똑한 젊은이가 그에게 길을 보여준다.

* * *

월터 피츠는 끔찍할 정도로 수줍음이 많고, 매사 서투른 천재 소년 수학자였다. 피츠의 험난했던 어린 시절을 보면 노버트 위너의 어려움이 소박해 보일 정도다. 1923년에 디트로이트에서 노동자 계층의 가정에서 태어난 피츠는 13세에 가출해서 시카고로 왔다.

MIT의 전기공학 및 생명공학과 명예교수 제리 레트빈Jerry Lettvin은 맥컬럭과 피츠의 공동연구를 부추긴 사람이었고, 거의 알려진 것이 없는 피츠에 대한 정보를 제일 많이 알고 있는 사람이다. 20세기 과학의 역사가들 사이에서 피츠의 명성은 사실이라기보다는 신화에 더 가까웠다. 1938년에 피츠를 만났을 때 시카고대학교 의과대학 예과생이었던 레트빈에 따르면, "피츠의 아버지는 배관공이었는데 피츠는 아버지한테 하도 맞아서 마침내 집에서 도망 나와 노숙생활을 시작했습니다. 어느 날 그는 괴롭히는 아이들을 피해 도서관으로 달아나 숨었는데, 그곳은 수학서적들이 보관되어 있는 곳이었죠. 그리고 우연히 『수학원리』를 집어 들었는데 도저히 그 책을 내려놓을 수가 없었습니다. 그는 일주일 동안 도서관에 머물면서 3권을 모두 독파했습니다. 그리고 자리에 앉아서 1권의 한 부분에 대해 비평을 적었죠. 그리고 그것을 영국에 있는 러셀에게 보냈습니다. 러셀은 우호적으로 반응했습니다. 그는 피츠에게 케임브리지로 와서 대학원 공부를 해보자는 초대 편지를 보냈습니다. 피츠가 당시 만 13세였다는 것을 잊지 마세요." 분명 러셀은 위너라는 이름의 신동보다는 피츠에게 더 열정적이었다. 하지만 피츠는 러셀의 초대를 받아들일 만한 입장이 아니었다. 2년 후에 피츠는 시카고에 도착해서 러셀이 하는 수리논리 강의를 들으러 갔다. 1938년 가을에 러셀은 시카고대학교에 객원교수로 와 있었다. 레트빈과 맥컬럭 각자의 설명에 따르면, 러셀은 피츠에게 루돌프 카르나프Rudolf Carnap와 함께 공부하도록 지도했다고 한다. 카르나프는 논리실증주의 비엔나학파의 장으로 최근에 오스트리아에서 미국으로 넘어와 그 대학에 정착한 상태였다. 그해 가을에 피츠는 고등학교 졸업장도 없이 시카고대학교의 비공식 학생이 됐다.

레트빈은 평탄하지 못했던 피츠의 대학 경력을 이렇게 회상했다. "피츠는 가끔씩 강의에 출석했습니다. 돈이 없어서 등록할 수 없었죠. 그는 집도 절도 없이 삐쩍 마른 사람이었고, 일주일에 4달러를 주고 추레한 방을 하나 얻어서 살고 있었습니다. 하지만 곧 기이한 천재 소년으로 인정받아 시카고대학교로부터 약간의 급료를 받았죠." 피츠는 러셀과의 만남과 비슷한 경로를 통해 카르나프와 만나게 됐다. "카르나프는 논리학에 대한 책을 막 쓴 상태였는데 피츠가 그 책에 자기가 보기에 심각한 결함이라 생각되는 것들을 지적하는 주석을 적어서 가지고 왔죠." 그 자리에 있었던 레트빈의 말이다. "그는 책을 들고 카르나프의 사무실로 걸어 들어왔습니다. 자기소개도 하지 않고 질문을 던지기 시작하더군요. 카르나프는 그에게 매혹되고 말았습니다." 피츠는 논리학자의 난해한 기호 표기법에 통달할 수 있을 만큼만 카르나프와 함께 공부했다. 그러고서 그는 대학에 있던 또 다른 저명한 망명자의 연구에 흥미를 느꼈다. 러시아의 수리물리학자 니콜라스 라세프스키Nicolas Rashevsky였다. 그는 수리논리학이라는 새로운 첨단 도구를 이용해서 물리학이라는 암반 위에서 생물학을 새로 구축하는 것을 목표로 하는 수리생물물리학mathematical biophysics의 창시자다.

가냘픈 체격에 안경에 가린 야윈 얼굴을 가진 조용한 피츠는 깊은 인상을 심어주지 못했다. 하지만 1941년 즈음 그는 대학교 도서관 장서들을 섭렵하고 학교 교육과정도 상당 부분 소화했다. 피츠는 또한 대단히 버릇없는 구석이 있었는데 본인은 이것을 굳이 참으려 하지 않았다. 레트빈은 이렇게 기억했다. "한번은 피츠가 과학 강의에 들어왔는데 사람들이 기말고사로 오엑스true-false 시험을 보고 있었죠. 그가 앞줄에 앉아 동전던지기를 하고 답을 달고, 또 동전던지기를 하고 답을 달았습니다. 그런데 과에서 제일 높은 점수를 받았어요. 물론 동전던지기는 그냥 쇼였죠."

맥컬럭이 연구소를 시작했을 때 레트빈은 의과대학생이었다. 그리고 그는 맥컬럭의 부산한 연구실에서 뇌 연구가 진행 중이란 것을 처음으로 알아낸 사람 중 한 명이었다. 그는 맥컬럭을 만나고 이어서 피츠를 소개시켜 주었다. 앞서 러셀, 카르나프, 라세프스키가 그랬던 것처럼 맥컬럭도 피츠의 천재성을 즉각적으로 알아보았다. 그는 신속하게 행동에 나서 피츠를 뇌와 신경계의 논리 모형을 고안하는 자신의 프로젝트에 끌어들였다. 맥컬럭은 자신의 과학 집단 안으로 들어온 모든 젊은이들에게 개인적으로 관심을 가졌다. 그는 형편이 좋지 않은 학생들을 집으로 데리고 오는 경우도 많았다. 그럼 아내와 네 자녀는 이들을 가족으로 받아 주었다. 그리고 1942년 초에 피츠와 레트빈은 모두 시카고 외곽에 있는 맥컬럭의 집으로 들어갔다. 그곳에서 피츠보다 그리 많이 어리지도 않았던 맥컬럭의 아이들을 재우고 조용한 밤이 되면 맥컬럭과 피츠는 뇌의 신경 네트워크의 논리를 파헤치는 일을 진행했다. 그리고 몇 주 만에 이들은 전례 없던 노력을 통해 뇌의 분기 경로를 통해 흘러가는 신호를 분석했다. 레트빈의 말을 빌리면, "뇌가 대체 어떻게 그런 식으로 작동해서 정신 과정의 메커니즘이 될 수 있는지 이해하기 위한" 것이었다.

1943년에 〈수리생물물리학 회보〉에 발표된 이들의 첫 공동논문 "신경계에 내재하는 개념의 논리적 계산"은 같은 해에 위너가 로젠블루에스, 비글로와 함께 발표했던 논문만큼이나 심오하고 혁명적이었다. 맥컬럭과 피츠는 정교한 논리 부호를 이용해서 "우리가 관습적으로 정신이라 부르는 모든 활동이 현재의 신경생리학으로부터 엄격하게 연역이 가능하다."라는 것을 보여주었다. 이들은 피부에 있는 감각수용기에서 기관으로 전달된 신호로부터 뇌가 간단한 감각 경험을 논리적으로 어떻게 '컴퓨팅computing'할 수 있는지 설명했다. 이들은 논리적인 "뉴런 네트워크"의 도식적 모형을 처음으로 그려냈고, "모든 개념과 모든 감각은 이 네트워크 안에서 일어나는 활성을 통해 실현된다"라는 급진적 주장을 펼쳤다. 심지어 이들은 학습과 기억 같은 고등정신과정도 계산되어 뉴런 간의 새로운 시냅스 연결 형성으로 이어질 수 있음을 보여주었다.

그리고 이어서 이들은 맥컬럭의 순환적 네트워크의 역설을 풀었다. 맥컬럭이 메이시 학회에서 로젠블루에스로부터 배워온 순환적 인과관계라는 새로운 개념을 바탕으로 맥컬럭과 피츠는 순환적 요소를 갖고 있는 신경 네트워크에서 일어나는 행동을 기술하는 일련의 정리를 만들었다. 이 정리들은 뇌의 순환 연결 고리형 네트워크가 어떻게 전기활성의 자기영속적 주기를 만들어내고, 그 활성이 어떻게 한 회로 안에서 수립되어 그것을 중심으로 무한히 긴 시간 동안 지속적인 울림을 이어갈 수 있는지 보여주었다. 이들은 이런 현상이 전기적 활동만으로도 영구적인 기억을 만들어낼 수 있다고 주장했다. 더 중요한 점은 그것 덕분에 뇌의 컴퓨팅 네트워크가 현재의 활성으로부터 미래를 예측할 수 있다는 것이다. 맥컬럭과 피츠는 이런 방식을 이용하면 자신의 모형이 목적의식적 행동을 보이는 인간의 시스템과 그런 다양한 시스템을 가지고 있는 것으로 알려진 다른 생명체들을 설명할 수 있다고 말했다.

그리고 이들은 거창한 문제를 연결 지었다. 이들의 남다른 뇌 계산은 뇌에 선천적으로 내재되어 있는 새로운 차원의 계산 능력을 기술했다. 이는 영국 수학의 상징인 앨런 튜링이 말한 범용universal 컴퓨터의 정의와 거의 완벽하게 맞아떨어졌다. 맥컬럭은 이렇게 말했다. "이것은 자신에게 입력된 어떤 논리적 귀결도 계산할 수 있다. 혹은 튜링의 표현에 따르면 계산가능한 어떤 수라도 계산할 수 있다." 이것은 위너가 뇌와 기계에 동일하게 적용 가능한 통합된 통신 과학으로서 구상했던 새로운 분야를 향한 거대한 발걸음이었다.

하지만 이 모든 통찰에도 불구하고 맥컬럭과 피츠는 그들이 제일 닿고 싶었던 사람들에게 닿는 데는 실패했다. 1920년대에 통신공학에 대한 새로운 통계적 접근법을 제시했지만 20년 동안 통신 공학자들에게 인정받지 못했던 위너의 논문처럼 맥컬럭-피츠 논문도 기호논리학의 어지러운 상형문자가 잔뜩 들어 있었기 때문에 주류 뇌 과학자들 사이에서 거의 파문을 일으키지 못했다. 레트빈은 이렇게 말했다. "신경학과 신경생물학 분야 전체가 맥컬럭과 피츠 이론의 구조, 메시지, 형태를 무시해 버렸다." 이 논문은 주류 심리학자와 철학자들에게는 더더욱 감흥을 일으키지 못했다. 하지만 새로운 전자 컴퓨팅 장치에 관한 이론과 설계를 연구하는 수학자와 공학자 네트워크에서는 급속도로 퍼져나갔다.

결국 이들의 논문은 디지털 컴퓨팅 진화의 돌파구이자, 인공지능 분야의 초석이 되는 연구이자, 세계 최초의 '전자두뇌electronic brain'를 만들기 위한 전후 프로젝트의 결정적 촉매제로 일컬어지게 된다. 위너 역시 그 프로젝트에서 또 다른 촉매제가 된다. 그리고 머지않아 그는 자신과 비슷한 과학적 욕구를 갖고 있는 신경생물학자, 그리고 차세대의 신동 수학자와 역사적인 동맹을 결성하게 된다.

* * *

1943년경에 맥컬럭은 위너와 그의 연구에 대해 꽤 많이 알고 있었다. 두 사람은 몇 년 전에 로젠블루에스가 주선한 저녁 만찬에서 일찍이 만나본 적이 있었고, 그 자리에서 위너는 시간 낭비할 것 없이 바로 맥컬럭에게 신경 네트워크에 관한 그의 초기 개념들에 대해 얘기를 꺼냈다.

맥컬럭은 훗날 이렇게 적었다. "만나보기 전까지 그는 내게 신화적인 존재였다. 그는 그 자리에서 바로 뇌의 작동방식에 관한 나의 이론에서 내가 무엇을 기대할 수 있는지 말해주었다. 그리고 시간은 결국 그의 말이 옳다는 것을 증명해 보였다." 첫 저녁 만찬이 끝날 즈음 맥컬럭은 위너에게 좋은 인상을 남겼고, 위너는 맥컬럭을 완전히 위압해 놓았다. 그는 이렇게 회상했다. "나는 노버트 위너의 신경생리학에 대한 정확한 지식, 날카로운 질문, 명료한 사고에 대단히 놀랐다. 그는 또한 다양한 종류의 컴퓨테이션에 대해 얘기했고, 뇌를 디지털 컴퓨터로 보는 나의 개념에도 만족했다."

1943년에 두 논문이 발표되고 몇 주 만에 케임브리지-시카고 연합이 결성되었다. 그해 여름에 레트빈은 보스턴으로 가서 신경학 인턴 과정을 시작했다. 그와 함께 인턴을 하던 사람 중에 뉴욕에서 온 위너의 어린 사촌이 있었는데 그가 MIT에 있는 위너의 사무실에 함께 가자고 레트빈을 초대했다. 두 젊은 박사의 방문을 받은 위너는 자기 곁에 재능 있는 박사과정 학생이 없다며 한탄했다. 레트빈은 이 기회를 놓치지 않고 위너에게 시카고에 있는 조숙한 친구, 월터 피츠에 대한 이야기를 꺼냈다. 레트빈은 이렇게 회상했다. "저는 이렇게 말했습니다. '선생님께서 좋아하실 만한 수학자를 한 명 압니다.'" 레트빈은 위너에게 피츠를 "독학으로 공부한 어린 천재로, 산스크리트어, 라틴어, 그리스어를 이미 독학으로 배워 알고 있는 사람"이라 설명했다. 그는 피츠가 러셀, 카르납, 라세프스키와 지혜를 겨룰 수준이고 스무 살이 되기도 전에 맥컬럭과 공동연구자로 계약한 사람이라 설명했다. 레트빈은 이렇게 기억했다. "위너가 저를 보며 이렇게 말하더군요. '세상에 그런 사람이 어디 있나?'"

그날 밤 레트빈은 시카고로 장거리 통화를 걸었고, 맥컬럭의 도움을 받아 피츠에게 보스턴으로 올 기차표를 끊어 주었다. 며칠 후에 레트빈은 피츠를 위너의 사무실로 데리고 왔고, 두 수학의 귀재는 장황하게 서로를 소개하는 일 따위에 시간을 낭비하지 않았다.

"위너는 우리를 무뚝뚝하게 반겨주었습니다. '어서 오세요.' 그리고는 말하더군요. '이리 오세요. 에르고드 정리 ergodic theorem에 대한 내 증명을 보여주고 싶어요.' 위너는 피츠를 옆방에 있는 긴 칠판이 딸린 교실로 데려가 글을 쓰기 시작했습니다. 위너가 칠판을 절반 정도 채웠는데, 아시다시피 위너는 가끔씩 실수를 하잖아요. 그럼 피츠가 말했죠. '잠깐만요, 교수님. 이건 말이 안 되는데요?' 그리고 위너에게 답변을 요청했습니다. 그럼 위너는 생각을 하고, 답변을 한 다음 이어나갔고, 그럼 피츠는 의문스러운 가정을 다시 지적했습니다. 그럼 위너는 다시 생각하고 답변했죠. 칠판을 세 번 정도 지우고 다시 채울 즈음에는 피츠가 여기 남겠구나 싶었습니다."

위너는 피츠에게서 자신과 견줄 만한 분석 능력을 가진 똑똑한 젊은 공동연구자와 함께 할 수 있다는 가능성, 그리고 유능한 젊은이를 세계적인 수학자로 성장할 수 있게 도와줄 기회를 보았다. 그는 피츠에게 자기가 도와줄 테니 MIT로 오라고 초청했고, 어떤 학교도 나오지 않았고, 심지어 대학에 공식적으로 입학조차 한 적이 없는 피츠에게 수학 박사학위를 받게 해주겠다고 약속했다. 맥컬럭은 이 거래를 축복해 주었다. 그는 위너에게 장난스러운 경고 메시지와 함께 이렇게 적어 보냈다. "피츠로부터 선생님께서 제안한 내용을 전해 들었습니다. 저로서는 무척 기쁜 일입니다. 하지만 아시다시피 선생님께서는 지금 제 해적판 공동연구자를 빼앗아 가고 계십니다. … 제 옆에서 도와줄 그가 없어졌으니 아무래도 일천하기 짝이 없는 제 개념에 대해 두 분께 도움을 요청하는 일이 많아질 것 같습니다."

1943년 가을에 피츠는 얼마 없는 소지품을 챙겨 케임브리지로 이사 온 후 위너의 감독 아래 특수학생으로 MIT에 등록했다. 그리고 위너는 피츠의 교육에 뚫려 있는 공백을 채울 수 있게 설계된 박사학위 프로그램을 조정하는 일에 신속하게 착수했다. 그는 피츠를 전자회로 이론과 통신공학의 수학을 학습하는 연구에 투입했다. 그리고 그와 동시에 맥컬럭과 활발하게 아이디어 교환을 시작했다.

세 사람은 정기적으로 케임브리지와 시카고를 오가며 세 사람의 공동 목표를 조정하고, 더 폭넓은 공동연구를 계획했다. 1944년에는 로젠블루에스가 멕시코시티에 새로 생긴 국립심장학연구소에서 생리학연구소장을 맡아 멕시코로 돌아가자 그곳에 세 번째 분점이 만들어졌고, 위너와 그의 새로운 팀 동료는 국경을 남북으로 정기적으로 횡단하기 시작했다. 십 년 전 하버드대학에서 저녁 세미나를 시작한 이후로 위너와 로젠블루에스는 과학의 분야들을 넘나들며 탐구를 진행할 수 있도록 케임브리지에 학제적 연구소를 만드는 일에 관해 얘기해 왔다. 이제 로젠블루에스가 멕시코에 새로 자리를 잡고, 피츠와 맥컬럭이 참여하게 되자 이들의 꿈은 더 크고 유연하게 바뀌었다. 한 국가를 종단하고, 국경과 국경을 넘나들며 통신, 실무방문, 안식년 연장, 협동 프로젝트 등을 통해 활발하게 학제적 연구를 하는 이동식 축제를 여는 것이었다. 이 모든 것이 MIT에 있는 위너의 본거지에서 퍼져 나왔다.

곧 다른 사람들도 합류했다. 레트빈은 정신과 수련을 마무리하고 본인도 능력 있는 뇌 연구자가 됐다. 그리고 또 한 명의 똑똑한 기사가 한 명 원탁으로 왔다. 올리버 셀프리지Oliver Selfridge라는 잘생기고 젊은 영국인으로 런던의 화려한 셀프리지 백화점 창립자의 손자였다. 창조적인 사상가이자 피츠처럼 기지가 넘치는 연구자이고, 말썽꾸러기 기질도 있던 셀프리지는 아직 MIT의 공과대학 학부생의 신분일 때부터 케임브리지와 멕시코 양쪽에서 위너, 로젠블루에스와 함께 만만치 않은 프로젝트의 연구에 착수했다.

여기저기 흩어져 있는 이들의 연구팀은 참으로 다재다능했고, 연구와 여행은 흥미진진하고 항상 놀라움이 함께 했으며, 다양한 프로젝트가 진행됨에 따라 위너와 그의 사람들은 서로와 함께 하는 것을 재미있다고 여겼다. 하지만 위너를 정말로 황홀하게 만든 사람은 피츠였다. 위너는 피츠의 박사 과정 연구를 후원하기 위해 자기가 20년 전 어린 시절에 박사후 과정을 밟으면서 받았던 장학금과 비슷한 우등 장학생에 피츠를 추천하는 편지를 구겐하임 재단에 보내면서 자신의 제자이자 공동연구자인 피츠에 대해 칭송하는 노래를 불렀다. "의문의 여지없이 그는 제가 만나본 젊은 과학자 중에 가장 훌륭한 사람입니다. 그는 그냥 미국에서만이 아니라 전 세계적으로 그의 세대에서 가장 중요한 과학자 두세 명 중 한 명으로 꼽아야 할 것입니다. 그렇지 않다면 그게 정말 놀랄 일이지요. 그는 과학자로서 정말 훌륭한 재능을 가지고 있습니다."

맥컬럭처럼 위너도 자기만의 방식으로 양자들을 입양했다. 위너는 아들을 낳아본 적이 없지만 피츠, 레트빈, 셀프리지 이 세 명의 천재 소년 문제아들은 위너의 양아들이 됐다. 짙은 수염과 나이에 어울리지 않게 튀어나온 배를 가진 레트빈은 젊은 시절의 위너를 빼닮았지만 그보다 더 젊고, 활기찼다. 자신감 넘치는 영국계 미국인 셀프리지는 넘치는 패기와 대담한 행동을 보여주었다. 위너는 어린 동료의 이런 모습을 꾸짖으면서도 동시에 감탄했다. 이 세 사람은 벨몬트에 있는 위너의 집에 자주 찾아왔으며 위너의 딸들은 이들과 함께 있는 자리에서 그들의 관심을 받는 것을 좋아했다. 마거리트는 이들을 반갑게 맞이해서 집에서 준비한 식사를 대접했다. 그리고 위너를 위한 채식 식단도 함께 준비했다. 가끔 마거리트는 장난에 가담하기도 했다. 셀프리지는 이렇게 회상했다. "우리가 선생님의 수프에 소고기 육수를 몰래 넣기도 했는데 여사님은 그런 장난에 대찬성이었죠. 이렇게 말씀하셨어요. '남편은 절대로 모르게 해야 해요.'"

피츠도 전쟁 지원 활동을 위해 뉴욕으로 가서 원자폭탄에 쓸 방사성

물질을 정제하는 석유화학 회사에서 수학 연구를 담당했다. 레트빈은 그와 함께 가서 벨뷰 병원Bellevue Hospital에서 수련을 받으며 정신의학자로 해외근무를 했다. 두 사람은 같은 아파트에 룸메이트로 살았다. 위너도 공적인 사무가 있어서 그 도시로 가면 그들에게 들렀다. "위너 선생님하고 같이 있으면 정말 좋았어요." 레트빈은 이렇게 기억했다. 하지만 위너의 수면무호흡증이 심해져서 피츠와 레트빈은 잠을 잘 수가 없었다. "우리는 방이 하나밖에 없었습니다. 저는 소파에서 잤고, 피츠는 한쪽 침대에서, 위너 선생님은 다른 침대에서 잤죠. 위너 선생님이 코를 골기 시작하다 갑자기 멈춰요. 그럼 피츠와 제가 달려갑니다. '맙소사. 선생님이 돌아가셨어! 이제 어떡하지?' 그리고 1~2분 정도 후에는 위너 선생님이 다시 크게 코고는 소리를 냅니다. 그럼 다시 처음부터 시작해요. 그렇게 이틀 밤을 지내고 나면 우리는 완전 탈진했죠."

위너는 양아들, 딸들과 다른 모험도 함께 했다. 뉴햄프셔 주에서의 어느 여름에 레트빈과 셀프리지는 위너의 가족을 찾아왔다가 함께 지역축제에 가게 됐다. 이곳에 가면 위너가 빠지지 않고 하는 일이 있었다. 수십 년 후에도 사람들의 입에 여전히 오르내리던 일이다. 바바라는 이렇게 회상했다. "지역축제에서 아버지가 좋아하는 것 중 하나는 망치로 종을 울려서 시가를 따는 게임이었어요. 아버지는 매번 이 게임을 했고, 항상 종을 울리는 데 성공했죠." 페기는 이렇게 기억했다. "제리Jerry도 종을 울려보려고 했지만 실패했어요. 그럼 아버지가 나서서 종을 울렸죠. 제리가 훨씬 젊고, 체구도 크고, 힘도 셌지만 아버지는 요령을 알고 계셨죠."

＊ ＊ ＊

　위너는 점점 더 많은 친구, 동료들과 시작하는 이 연구에 기대가 컸다. 그리고 또 다른 수학계의 거물이 이 학제적 모임에 들어오자 그 기대는 더욱 커졌다.
　박학다식한 프린스턴대학교의 존 폰 노이만은 통신, 제어, 컴퓨테이션에 관해 위너가 품고 있는 개념들에 특별한 관심을 갖고 있었다. 1930년대 초반에 미국으로 이민해 와서 고등연구소에 자리를 잡은 헝가리계 유대인인 폰 노이만도 위너처럼 신동 출신이었지만 기질이나 사회적 배경이 아주 달랐다. 그리고 그도 급하게 변하고 있는 과학과 기술 세계에서 자기만의 야망을 가지고 있었다. 1903년에 부유한 부다페스트 은행원의 아들로 태어난 폰 노이만은 1920년대 말 위너가 괴팅겐에서 객원강사로 끔찍한 학기를 보내고 떠나던 바로 그때 그곳에 임명받으면서 유명세를 탔다. 불과 몇 년 만에 그는 단독으로 양자론의 수학적 뼈대를 완성했고 여가시간에는 새로운 수학적 '게임 이론theory of games'을 고안했다. 이름은 게임이지만 이것은 시시한 주제가 아니었다.
　눈이 크고 이마도 넓어서 친절하고 겁 많은 아저씨 같은 유순한 인상을 주는 쾌활한 폰 노이만은 프린스턴의 목가적인 올든 레인에 자리잡고 있는 작은 연구소를 꽉 채우고 있는 쟁쟁한 사람들 사이에서 발전기처럼 패기가 넘치는 사람으로 알려지게 됐다. 그의 동료들은 폰 노이만의 뇌를 '완벽한 기구'라 칭송했다. 그는 넋을 놓고 다니는 신동 출신의 교수라는 전형적인 이미지가 허위임을 보여주었다. 그는 옷을 입어도 아인슈타인의 헝클어진 스타일이 아니라 자기 아버지처럼 은

행가 같은 보수적인 복장으로 입었다. 그의 영어 발음은 감미로웠고 헝가리인의 매력이 풍겼다.

폰 노이만과 위너는 달라도 이렇게 다를 수가 없었다. 하지만 이 두 신동 출신은 수학자로서는 공통점이 많았다. 이들은 서로 만나게 될 운명이었고, 폰 노이만이 프린스턴에 정착하고 얼마 지나지 않아 그와 위너는 수학을 하는 방식, 그리고 수학을 하는 사람과 기계를 바꾸어 놓을 대화를 시작했다. 두 사람은 논문을 교환하고, 만나서 수학적 문제에 대해 오랜 대화를 나눈다. 위너와 마거리트는 폰 노이만과 그 아내의 손님으로 프린스턴을 방문했고 그 답례로 폰 노이만도 위너의 집을 방문했다. 바바라는 가족이 물론 그의 면전에서 그랬던 것은 아니지만 '젠틀맨 쟈니Gentleman Johnny(쟈니는 폰 노이만의 별명인 유쾌한 쟈니를 말한다 - 옮긴이)'의 지나치게 공손한 태도와 사교적인 수완을 흉내 내며 놀렸던 것을 기억한다. 위너를 제외한 나머지 가족에게는 그런 모습이 이상하게 비쳤던 것이다.

기계의 도움을 받는 컴퓨테이션에 대한 전망은 해가 갈수록 좋아지고 있었고, 전기공학자만큼이나 수학자들도 여기에 들뜨기 시작했다. 그 시기 동안에 프린스턴의 젊은 영국 수학자 앨런 튜링은 고등연구소에서 박사학위를 마무리하고서 '범용 수학 기계'를 소개한 그의 논문에 등장했던 개념들을 가다듬고 있었다. 폰 노이만은 튜링의 가상 기계에 매료되어 그에게 고등연구소에 남아 자신의 조수로 일하면서 그의 개념을 더 발전시켜 보라고 권하지만 튜링은 영국으로 돌아가는 쪽을 택했다.

제2차 세계대전이 미국에 그림자를 드리우기 시작하면서 폰 노이만의 관심사도 가상의 문제에서 실질적인 문제로 쏠리게 되었고, 미국의 다른 수학자들은 튜링의 기계를 현실화시키기 위한 단계를 밟아 나갔다. 벨연구소에서는 조지 스티비츠가 두 자리 전화 계전기 스위치 무더기를 가지고 2진 '복소수 계산기'를 조립하기 시작했다. 1939년에 아이오와 주립대학교에서는 존 아타나소프$^{John\ V.\ Atanasoff}$가 프로토타입 "ABC" 컴퓨터를 발표했다. 이것은 진공관을 컴퓨팅에 사용한 최초의 전자장치로, 위너가 1920년대 말에 바네바 부시에게 제안했던 개념이다. 그리고 같은 해에 IBM의 공학자들이 하버드대학교의 수학교수 하워드 에이컨$^{Howard\ Aiken}$의 지휘 아래 IBM 마크 I$^{IBM\ Mark\ I}$에 대한 연구를 시작했다. 이것은 튜링이 처방한 방식에 따라 긴 종이테이프에 순서대로 적혀 있는 논리적 명령을 자동으로 계산 수행하는 최초의 대형 디지털 계산기였다.

위너도 자기만의 안목으로 이런 전개 과정을 지켜보고 있었다. 위너가 1940년 9월에 바네바 부시에게 제출했던 논리 프로그램이 내장되어 있는 완전 전자식 디지털 컴퓨터 제안서는 그가 방공포 사격제어 문제에 매달리고 있는 동안 보류되어 있었지만, 컴퓨터에 대한 그의 관심은 결코 줄어들지 않았고, 그는 미국수학협회와 전미수학협회의 전시 공동위원회에서 컴퓨테이션 부분 수석 고문으로 임명되었다. 그와 때를 같이 하여 폰 노이만은 전시 관료체제의 핵심부로 들어갔다. 그는 애버딘 병기 시험장에 있는 육군 탄도 연구소, 그리고 해군의 무기국에서 자문 역할을 했다. 1943년에 그는 맨해튼 프로젝트에 합류하여 그곳에 수석 수학자로, 그리고 두 번째 원자폭탄을 기폭하는 데 사용한 내파 방식$^{implosion\ method}$의 실행가능성을 증명해 보인 이론가로 자리매김했다. 그리고 같은 해에 그는 영국으로 건너가 영국의 전쟁 지원 활동을 몸소 관찰하고, 튜링이 자신의 이론적 기계를 독일

암호를 해독할 실용적인 장치로 만들어내려 노력하는 모습도 확인했다. 이 방문을 통해 기계화된 수학에 대한 그의 관심이 되살아났으며, 봄 즈음에는 폰 노이만도 컴퓨팅에 대해 관심이 생겼음을 인정했다.

애버딘에 위치한 바네바 부시의 100톤짜리 신형 아날로그 컴퓨터는 만들어진 지 불과 1년밖에 안 되었음에도 미국의 무기 공장에서 쏟아져 나오는 새로운 대포들의 사표를 계산하는 일로 이미 버거워하고 있었다. 그 뒤를 잇는 에니악ENIAC, Electronic Numerical Integrator and Calculator이라는 신형 디지털 컴퓨터가 근처 펜실베이니아대학교의 무어 전기공과대학에서 물리학자 존 모클리John Mauchly와 그의 수석 공학자 프레스퍼 에커트J. Presper Eckert의 지휘 아래 군 인력과 민간 인력이 뒤섞인 연구진에 의해 제작되고 있었다. 폰 노이만은 다음 해 여름까지도 이 프로젝트에 대해 모르고 있었다. 그동안 그는 '내파 폭탄'에 관한 이론적 연구에 매달려 있었다. 그러다 갑자기 컴퓨팅에 대한 그의 관심이 새로운 응용분야와 만나게 됐다. 원자폭탄 프로젝트의 수석 수학자였던 폰 노이만은 더 빠르고 강력한 컴퓨팅 도구가 급하게 필요한 상황이었고, 에니악이 가장 확실한 대안으로 신속하게 떠올랐다. 1944년 8월에 그는 자문으로 에니악 연구진에 합류했고, 신형 컴퓨터를 원자핵 분열의 위험한 수학에 적용할 방법을 고안하는 연구에 비로소 착수했다. 그와 동시에 그는 에니악 후속 컴퓨터에 필요한 개선 사항을 제안하기 시작했다. 이 후속 컴퓨터는 에니악보다 훨씬 강력한 기계로 이미 계획 단계에 들어가 있었다.

석 달 후에는 폰 노이만의 본거지인 프린스턴에서 모임 일정이 잡히면서 컴퓨팅에 대한 아주 다른 접근방식이 탄생했다. 이 모임이 사람 뇌의 작동방식을 흉내 내도록 설계된 최초의 전자 컴퓨터 창조로 이어지게 될 것이었다. 이 역사적 모임은 훨씬 위대한 기술 혁명으로도 이어지게 된다. 이 혁명은 폰 노이만이 아니라 위너에 의해 시작된 것으로, 전적으로 위너의 개념과 과학적 이상의 힘으로 이루어졌다.

* * *

1944년 12월에 위너는 전자 컴퓨팅과 그와 관련된 기술 분야에서 연구를 진행하고 있는 미국의 일류 수학자들, 그리고 신경생리학 분야의 선도적인 이론가와 연구자들을 소집했다. 위너, 폰 노이만, 하버드대학교의 하워드 에이컨은 이 학회에 이 선별 집단을 초대하는 초대장에 공동으로 서명했다. 이 학회는 이틀간 프린스턴대학교에 모여 컴퓨터의 설계를 발전시키고, 전후 시대의 광범위한 과학 프로젝트 진행의 토대를 마련하기 위해 마련된 것이었다. 위너가 써서 MIT 수학과의 이름으로 발송한 이 초대장은 조용하게 다음과 같이 선포했다.

통신 공학, 컴퓨팅 기계 공학, 제어장치 공학, 그리고 신경계의 통신과 제어 측면에 관심이 있는 일군의 사람들은 이런 연구 분야 사이의 상관관계가 어느 정도 긴밀해졌으니 이 분야에 관심이 있는 사람들이 모임을 갖는 것이 바람직하다는 잠정적 결론을 내리게 됐습니다.

이 초대장에서는 전쟁 때문에 이 모임은 공개적으로 열리지 않을 것이며, 공동의 관심사에 대한 의문점을 논의하고, 아직 이름이 지어지지 않은 이 분야에서 앞으로의 발전에 대해 계획을 세우는 일에 관심이 있는 소수의 사람들만 모이는 기회가 될 것이라고 분명하게 밝히고 있다.

세 주최자가 보내는 제안편지는 단 일곱 명의 초청객에게만 발송됐다. 그 중에는 1942년에 뉴욕 메이시 학회에도 참가했던 두 명의 선도적인 뇌 연구자 라파엘 로렌테 드 노와 워렌 맥컬럭, 그리고 맥컬럭의 젊은 공동연구자이며 지금은 MIT에서 위너의 감독 아래 연구하고 있는 월터 피츠, 그리고 네 명의 다른 저명한 수학자와 통계학자가 포함되어 있었다. 이번에도 역시 위너가 쓴 두 번째 편지에서 세 주최자는 위너가 전시에 동료들과 함께 그의 논문에서 틀을 잡아놓은 목적론의 새로운 원리가 다가온 학회, 그리고 자신들이 그 개시를 알리고 있는 더 큰 과학적 모험의 주요 주제가 될 것이라 선언했다. 이들은 이제 시작한 자신들의 모임을 '목적론 학회Teleological Society라 부를 것을 제안했다. "한편으로는 인간과 동물의 행동에서 목적이 어떻게 구현되는지에 관한 연구, 다른 한편으로는 기계적, 전기적 수단을 통해 목적을 어떻게 모방할 수 있는지에 관한 연구"가 이들의 주요 관심사이기 때문이었다. 이들의 연구 의제로는 이 과학의 이름 정하기, 학술지 발표와 연구 센터 조직 계획하기, 모임의 집단적 노력에 의해 탄생한 특허와 발명에 관해 어떤 정책을 채택할 것인지 결정하기, 어떤 조치를 통해 그들의 개념이 과학적으로 관심을 받을 수 있게 할 것인지, 그리고 단체의 연구를 위험하고 선정적인 언론으로부터 어떻게 보호할 것인지 결정하기, 벤처 사업에 대한 제도적인 지원을 요청할 아이디어 찾기 등이 있었다.

마지막 문제에 관해서는 세 명의 공동창립자 모두 한 마음이었던 것으로 알려져 있다. 이들 모임은 상업적인 통신, 전자, 사무기기 업체에게는 연구비를 요청하거나, 신세를 질 생각이 없었다. 위너의 우려는 AT&T와의 경험이 반영된 것이 분명하다. 그와 이육윙은 전자 필터 네트워크에 대한 특허권을 이 거대 기업에 팔았지만 이 기업은 자기네 회사의 유사한 장비를 보호하기 위해 위너와 이육웡의 발명을 묻어버렸다. 위너는 기업과 이렇게 좋지 않은 기억이 있었고, 거기에 더해서 과학적 문제의 기밀 유지와 통제에 관한 혐오도 커지면서 위너가 학자로서 남은 인생 동안 유지하게 될 새로운 윤리적 기준이 만들어졌다. 바로 과학 지식은 개인의 이익이 아니라 인류의 진보라는 공공의 관심사를 위해 사용되어야 한다는 것이었다.

에이컨도 위너의 입장을 거들었다. 그는 IBM과 거래하다가 더 큰 실망을 경험한 적이 있었다. 폰 노이만도 그 부분을 승인했고, 위너는 폰 노이만도 자기나 에이컨과 같은 관점을 갖고 있다고 믿었다. 혹은 그렇기를 바랐다. 프린스턴 모임이 계획단계에 있는 동안 MIT의 부총장 제임스 킬리언 2세James R. Killian, Jr에게 들뜬 마음으로 전화를 한 위너는 자기가 이해한 바를 이렇게 표현했고, 그것을 킬리언의 비서가 메모로 기록해 두었다. "이 모임의 주최자 세 명은 IBM, RCA, 벨연구소 같은 회사들이 이런 모임을 대표해서는 안 된다는 데 모두 뜻을 모았습니다. 그들이 제어장치로서의 컴퓨팅 기계의 개발에 따라오는 엄청난 경제적 중요성을 온전히 이해하고 나면 이윤 추구를 동기 삼아 즉각적으로 연구를 개시할 것이기 때문입니다."

그 통화에서 위너는 자신의 새로운 과학에 대해 오랫동안 품어왔던 목표를 재확인했다. "전쟁이 끝나는 대로 이 분야의 연구를 이어갈 센터가 MIT에 만들어지면 좋겠습니다." 그리고 그는 킬리언에게 이 모임의 구성원들은 프린스턴 모임을 다른 대학교의 대표들을 초청해서 학회도 자주 개최하는 협력적인 프로젝트로 여기고 있다고 확인해 주었다. 킬리언의 비서는 메모를 마무리하면서 위너의 전화에 대해 짧은 논평을 함께 적었다. "위너는 어제 정말로 들떠 있었습니다."

소규모의 목적론 학회가 1945년 1월 6, 7일에 프린스턴 고등연구소에서 열렸다. 몇 달 전 멕시코시티에서 새로운 자리를 맡게 된 로젠블루에스와 그 모임에 참석할 수 없었던 에이컨을 제외하면 통신혁명을 주도할 주요 인물 대부분이 그 자리에 있었다.

참가자들의 흥분이 생생하게 느껴졌다. 첫째 날에 폰 노이만은 컴퓨터 개발의 상황에 대해 강연했다. 위너는 통신공학에서 자신의 연구에 관해 강연했고, 열띤 토론이 뒤따랐다. 두 번째 날에는 맥컬럭이 로렌테 드 노와 팀을 이루어 강연했다. 위너는 이렇게 회상했다. "뇌의 조직화 문제의 현재 상태에 대해 대단히 설득력 있는 발표였다." 그리고 이 강연은 뇌 연구를 새로운 기술에 응용할 수 있는 잠재적 방법에 대해서도 다루었다. 맥컬럭은 이 모임의 분위기를 아무나 흉내 낼 수 없는 자기만의 방식으로 담아냈다. 그는 전자기술의 고전적 문제인 '블랙박스' 문제를 두고 폰 노이만과 위너가 벌인 언쟁에 대해 기록해 두었다.

로렌테 드 노와 나는 연합군이 독일군으로부터 훔쳐온 두 개의 가상의 블랙박스에 대해 생각해 보라는 요청을 받았다. 그 블랙박스가 무엇을 하는지는 아무도 알지 못했지만, 두 블랙박스 모두 입력과 출력이라는 라벨이 붙어 있었다. 노버트 위너는 큰 소리로 코를 골고 있었다. 로렌테 드 노와 내가 그에 대한 답변을 시도했을 때 위너가 갑자기 깨어나더니 이렇게 말했다. "물론 가능한 사인파 진동수를 하나씩 입력해서 그 출력을 기록하는 방법도 있겠지만, 소음, 그러니까 백색소음을 입력해 보는 것이 더 나을 겁니다."

폰 노이만의 눈에서 빛이 반짝이는 것이 보였다. 그는 사람이나 기계에게 입력하는 자극이 자신의 입력 필터와 짝이 맞는 형태를 해야 하는데 백색소음은 그렇지 않다는 것을 알고 있었다. 그 뒤로 멋진 결투가 이어졌다. 위너가 휘두르는 거대한 곤봉이 폰 노이만을 쫓고, 폰 노이만의 양날검은 위너의 주변에서 춤을 추었다. 그리고 결투가 끝난 후에는 팔짱을 끼고 함께 점심을 먹으러 갔다.

위너는 마냥 행복했다. 나중에 그는 이때를 다음과 같이 회상했다.

머지않아 이 모든 분야에서 일하는 사람들이 같은 언어로 대화하기 시작했다는 것을 알 수 있었다. 이들의 어휘에는 통신공학자, 서보기구 개발자, 컴퓨팅 기계 개발자, 신경생리학자들로부터 나온 용어들이 포함되어 있었다. … 이들 모두 정보의 저장에 관심이 있었다. … 이들 모두 피드백이라는 용어가 기계뿐만 아니라 살아있는 생명체에서 일어나는 현상을 기술하기에도 적절한 방법이라 느끼고 있었다.

모임이 끝나고 머지않아 로젠블루에스에게 보낸 편지에서 위너는 프린스턴 모임을 '커다란 성공'이라 불렀다. 그는 이제 계속 연구 프로그램을 진행하면서 MIT든, 다른 어디든 새로운 과학적 개념의 기반이 될 연구소를 만들 계획을 추진할 수 있게 됐다는 확신을 전했다. 폰 노이만도 그 모임에 크게 기뻐했다. 그는 컴퓨터에 대해 연구하는 학회의 두 연구 모임에서 일하겠다고 제안했고, 위너의 프린스턴발 기차에 온전히 올라탄 것으로 보였다.

1945년 겨울과 봄을 지나는 동안 위너와 폰 노이만은 긴밀하게 연락을 하며 지냈다. 위너는 MIT에 새로 만들 연구센터에 대한 자신의 생각을 폰 노이만에게 편지로 써서 보냈고, 폰 노이만의 답장도 긍정적이었다. 하지만 폰 노이만은 둘이 서로 다른 방향에서 기여할 수 있을 거라 제안하며 위너와 조금 거리를 두었다. 두 사람은 3월에 다시 만났고, 그 후로 위너는 응용 수학의 실용적 프로젝트에 대해 폰 노이만이 설명한 전쟁 후 계획을 칭찬하고, "우리의 작은 목적론 학회가 그림과 완벽하게 맞아떨어집니다"라고 말하며 그에게 열정적으로 편지를 써서 보냈다. 두 사람 모두 고등연구소에 자리잡은 폰 노이만의 작전기지가 노벨상을 수상한 물리학자와 이론수학자들이 득실거리는 피난처임을 알고 있었다. 하지만 그 상아탑이 새로운 학회 구성원들이 꿈꾸는 것과 같은 응용공학 프로젝트의 출입을 금하고 있다는 것도 알고 있었다. 반면 MIT에서는 18,500제곱미터의 래드랩에서 그런 프로젝트를 열심히 장려해 왔다.

그러다 뜬금없이 위너는 폰 노이만에게 자신이 '프린스티튜트Princetitute'라고 부르던 프린스턴대학교의 높은 자리에서 내려오라고 간청하기 시작한다. 위너는 MIT 임원을 만나고 온 후로 폰 노이만에게 그가 MIT로 자리를 옮기면 수학과 과장 자리를 주겠다고 제안할 수 있는 권한을 부여받았다. 그는 폰 노이만에 단독 연구실을 제공하고, 행정적인 업무는 최소화해 주겠다고 약속했다. 그리고 계획한 연구 프로그램도 순조롭게 진행될 것이라 약속했다.

체질적으로 사업가적 기질이라고는 찾아보기 힘들었던 위너는 탁월한 언변으로 조직을 꾸릴 줄 아는 폰 노이만의 재능을 대단히 높이 샀다. 그는 폰 노이만의 지능, 명망, 정치적 연줄, 그리고 위너 자신에게 부족하다는 것을 너무 잘 알고 있는 뛰어난 사교 능력이 더해지면 새로운 연구센터가 번창하리라 확신하고 있었다. 위너가 이렇게 믿게 된 데는 폰 노이만 때문이기도 했다. 그는 위너에게 몇 번에 걸쳐 편지를 보내 힘을 실어주면서 연구 센터 계획에 관해 조언을 해주었고, "무언가를 이루는 가장 좋은 방법은 잠재적 지지자가 될 수 있는 모든 사람에게 그 내용을 홍보하는 것"이라는 믿음 아래 그 계획을 열심히 홍보하리라 암시했기 때문이다.

하지만 폰 노이만은 자신만의 계획을 갖고 있었다.

* * *

1945년 6월에는 에니악이 유리와 금속으로 만들어져 나오고 있었다. 이것은 그때까지 조립된 전자회로 복합체 중 가장 큰 것이었지만, 3년 전에 에니악이 나오면 맡기려고 계획했던 일은 그 즈음 이미 거의 마무리되어 있었다. 유럽에서의 전쟁은 끝났다. 원자폭탄의 최종 현장 테스트도 2주밖에 남지 않은 상황이었다. 그 첫 번째 폭탄은 그로부터 3주 후에 일본에 투하된다.

그리고 폰 노이만은 마침내 진짜 컴퓨터를 만들게 된다. 1945년 6월 30일에 그는 새로운 컴퓨팅 기계의 웅장한 설계를 발표하고, 에드박EDVAC, Electronic Discrete Variable Automatic Computer이라 불렀다. 군의 기밀 채널을 통해 배포된 그의 '에드박에 관한 보고서 초고'는 컴퓨터 설계에서의 근본적 혁신을 제안했다. 그 중에는 단일 중앙집중계산장치, 새로운 '프로그램 저장' 능력 등 기존의 기계보다 더욱 논리적인 구조도 포함되어 있었다. 이것은 나중에 '폰 노이만 아키텍처'로 알려지게 된다. 21세기로 접어든 지금까지도 이와 동일한 기본 구조가 거의 모든 디지털 컴퓨터에 구현되고 있다.

에드박의 설계에는 폰 노이만 자신의 흠 잡을 데 없는 논리가 체화되어 있었다. 이 새로운 기계장치는 앞서 나왔던 그 어떤 기계보다 크기가 작고, 훨씬 유연했다. 이것은 튜링의 표현으로는 최초의 진정한 범용 기계였고, 폰 노이만의 표현으로는 최초의 다목적 자동 디지털 컴퓨터였다. 이 기계는 "이 장치의 작동을 지배하는 명령이 완전히 상세한 부분까지 정확하게 입력이 되기만 한다면" 적절하게 처방된 작동 순서를 실행에 옮길 수 있었다. 폰 노이만의 설명에 따르면 에드박은 자체적으로 인간적인 속성과 함께 중앙처리장치 혹은 '산술기관', 논리적 '제어기관', '상당한 양의 메모리', '입력 및 출력 기관' 등 특화된 기관도 갖고 있었다.

폰 노이만은 보고서에서 공식 발표 자료를 딱 하나만 인용했다. 그동안 주류 신경학자와 심리학자들에게 무시당해 온 1943년에 발표된 맥컬럭-피츠 논문이었다. 뇌의 살아있는 전기적 연결의 내부 계산 방식을 설명하는 그 논문을 읽고 폰 노이만은 뇌와 비슷한 다목적 컴퓨터라면 어떤 수라도 계산할 수 있고, 어떤 순차적 논리 연산도 수행할 수 있다고 확신하게 됐다. 더군다나 이 논문은 맥컬럭-피츠 신경 네트워크의 방식을 통해 기본적인 계산장치를 어떻게 프로그래밍하고, 논리적으로 연결할 수 있는지 보여주는 작업 도식을 그에게 보여 주었다. 보고서 곳곳에서 폰 노이만은 '신경 비유'를 노골적으로 풍부하게 채용했다. 이 비유는 신경 신호의 '실무율' 특성을 그대로 반영하고 있는 2진법 산출 체계, 에드박의 신경네트워크이자 시냅스 지연으로 기능하는 진공관 집합체, 사람 신경계에 있는 연합뉴런에 대응하는 논리적 제어기관과 컴퓨터 메모리, 그리고 감각 뉴런 혹은 구심성 뉴런afferent neuron, 그리고 운동 뉴런 혹은 원심성 뉴런efferent neuron에 해당하는 입력 기관과 출력 기관의 일관된 사용을 정당화하기 위한 것이었다.

예전에는 기계의 작동방식을 설명할 때 이런 언어를 사용한 적이 한 번도 없었다. 역설적이게도 이런 언어로 표현된 단어와 개념들은 폰 노이만의 '자동 디지털 계산 시스템'을 궁극의 아날로그 컴퓨터로 확립되게 만들었다. 이것은 사람 뇌의 유기적 구성요소, 구조, 논리 연산을 비유를 통해 모형화하고, 기술로 재현하기 위한 의도적 시도였다. 폰 노이만은 자신의 뉴런 비유를 맥컬럭-피츠 논문 덕이라 말했지만 그가 만들어낸 이미지는 위너가 전쟁 중에 로젠블루에스, 비글로와 함께 썼던 논문 속의 풍부한 신경 비유와도 유사한 부분이 대단히 많았다.

폰 노이만의 설명대로라면 에드박은 위너가 5년 전 바네바 부시에게 제출했던 선견지명 넘치는 다섯 가지 제안을 한 설계 속에 모두 합쳐놓은 것이었다. 그 다섯 가지 제안은 디지털 연산, 완전 전자식 진공관 연산요소, 2진법 산출 체계, 쉽게 기록하고 지울 수 있는 전자 메모리, 그리고 논리 명령과 계산 명령이 들어 있는 완전 자동화된 내부 프로그램(하지만 위너의 초기 설계에서는 프로그램이 컴퓨터의 메모리에 전자적으로 저장되지 않고 기계 속에 내장되어 고정된 것이었다. 이것은 아무도 상상해 본 적이 없는 방식이었고, 사실상 1940년에는 실제로 구현하기가 불가능했다)이었다. 폰 노이만의 디지털 컴퓨터는 또한 음성 피드백 원리를 바탕으로 작동하는 내장 오류 수정 메커니즘을 비롯해서 위너의 아날로그 사격지향 장치의 핵심적인 특성도 포함하고 있었다.

부시는 위너의 제안에 결코 반응하지 않았고, 위너의 제안서를 남들에게 배포해 본 적도 없었다. 하지만 위너는 프린스턴 학회에서, 그리

▲
베르타 위너와 레오 위너, 1900년경
_위너 가족 제공

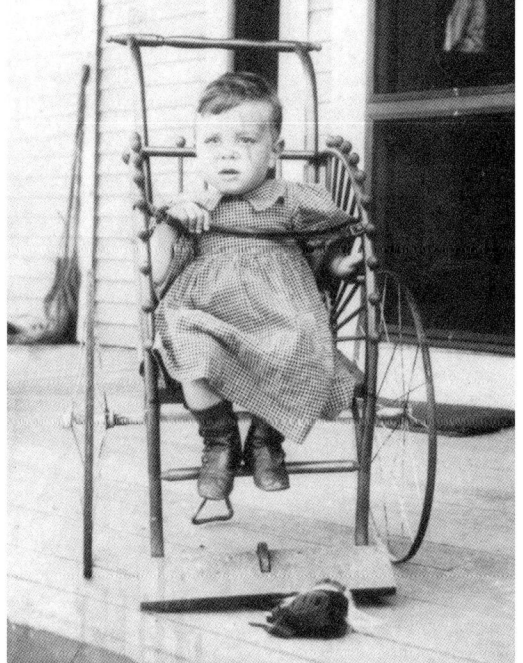

◀
만 2세의 노버트 위너, 1896년경.
이때쯤 그는 알파벳을 알고 있었다.
_위너 가족 제공

◀ 하버드 광장 근교 힐리어드 가의
집 앞에서 포즈를 잡은 어린 위너,
1900년경
_MIT 박물관 제공

▶
'세상에서 가장 놀라운 소년',
7세, 1901년
_위너 가족 제공

▶ 노버트 위너, 박사학위, 18세, 1913년
_위너 가족 제공

▼ 21기 리쿠르트 컴퍼니와 함께한 위너 이등병(제일 오른쪽), 애버딘 병기 시험장, 1918년
_MIT 박물관 제공

▲ 미국 동료(사진에는 나오지 않음)와 아내와 함께 알프스를 등산한 위너, 스위스, 1925년
_ 위너 가족 제공

▼ 위너와 물리학자 막스 보른, MIT, 1925년
_ 조지 데이비스 주니어(George H. Davis, Jr.) 촬영. MIT 박물관 제공

◀ 아내 마거리트, 어린 딸 바바라(왼쪽), 페기와 함께한 위너, 1931년
_ 위너 가족 제공

▶ 뉴햄프셔에서 두 딸과 함께. 1933년경
_ 위너 가족 제공

▶ 취리히 국제수학자총회에서 한 동료와 함께 광대 흉내를 내고 있는 위너, 1932년
_ 위너 가족 제공

◀ 위너와 마거리트, 베이징 국립칭화대학교, 1936년
_ 위너 가족 제공

◀ MIT 주변으로 위너웨그를 하던 중의 위너, 1940년대
_ MIT 박물관 제공

▼ 멕시코시티 국립심장학연구소에서 위너와 그의 동료 아르투로 로젠블루에스, 1945년
_ 국립심장학연구소 기록보관소와 매사추세츠 주 케임브리지 MIT 도서관의 스페셜 콜렉션 제공

◀
MIT에 도착하고 얼마 되지 않았을 때의 월터 피츠
_ 제리 레트빈과 매기 레트빈(Maggie Lettvin) 제공

▼ 여행 중의 월터 피츠(왼쪽)와 올리버 셀프리지, 1946년
_ 제리 레트빈과 매기 레트빈 제공

▲ 코네티컷 올드 라임에 있는 자신의 농장에서 워렌 맥컬럭과 루크 맥컬럭, 1944년
_ 맥컬럭 가족 제공

▼ 올드 라임에서 소풍을 나온 워렌 맥컬럭(왼쪽)과 제리 레트빈, 1947년
_ 제리 레트빈과 매기 레트빈 제공

◀ 제2차 세계대전이 일어나기 직전의 마거릿 미드와 그레고리 베이트슨
_ 미국의회도서관/뉴욕 문화간학문연구소 주식회사 제공

▼ 위너와의 결별 후 1년이 지난 1953년 스코틀랜드에서 월터 피츠와 워렌 맥컬럭
_ 맥컬럭 가족 제공

▶ 〈사이버네틱스 메이시 학회 회보〉의 편집자 하인츠 폰 푀르스터, 1950년경
_ 톰 폰 푀르스터(Tom von Foerster) 제공

▲ 자동상관기 기계와 함께한 위너. 전자공학연구실험실의 부책임자 제롬 위즈너(가운데), 이육윙.
MIT 전자공학연구실험실, 1949년
_ MIT 박물관 제공

▲ 고등연구소 컴퓨터 준공식에서 공학자 줄리안 비글로(왼쪽), 프로젝트 책임자 허먼 골드스타인
(Herman Goldstine), 고등연구소 소장 로버트 오펜하이머, 그리고 존 폰 노이만. 1952년 6월
_ 앨런 리처드(Alan W. Richards) 촬영. 고등연구소 기록보관소, 히스토리컬 스터디즈-소셜 사이언스 도서관 제공

▲ MIT에서 이육웅(왼쪽), 아마르 보스(Amar G. Bose), 위너, 1957년
_ MIT 박물관 제공

▲ MIT에서 강의하는 위너, 1957년
_ MIT 박물관 제공

▶ 위너, MIT 공식 인물사진, 1950년대
_ MIT 박물관 제공

◀ 워렌 맥컬럭, 1960년경
_ 맥컬럭 가족 제공

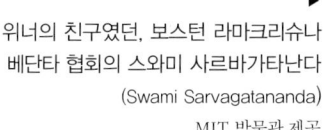

▶ 위너의 친구였던, 보스턴 라마크리슈나
베단타 협회의 스와미 사르바가타난다
(Swami Sarvagatananda)
_ MIT 박물관 제공

▲ 1956년 2월 인도 칼리야나슈리(Kalyanashree)에서 전통 의식에 참여하고 있는 위너
_ 매사추세츠 주 케임브리지 MIT 도서관의 기록보관소 및 스페셜 컬렉션 제공

▲ 위너, 아내 마거리트, 딸 페기(가운데), 바바라, 바라라의 남편 고든 토비 라이스벡, 1960년
_ MIT 박물관 제공

▲
제어 및 자동화에 관한 제1차 국제회의에서 위너(제일 왼쪽), 모스크바, 1960년 여름
_ MIT 박물관 제공

◀
자신의 은퇴식 만찬에서 MIT의 총장 줄리어스 스트래튼(Julius A. Stratton, 왼쪽), 정보이론학자 클로드 섀넌과 함께 있는 위너, 1960년 봄
_ MIT 박물관 제공

▶
위너와 그의 손자 마이클 노버트 라이스벡(Michael Norbert Raisbeck), 뉴햄프셔, 1950년대
_ 위너 가족 제공

▲ 백악관에서 린든 존슨 대통령에게 미국 국가 과학상을 받는 위너. 대통령 과학 고문 제롬 위즈너(왼쪽)와 함께 과학상을 수상한 존 피어스(John R. Pierce), 바네바 부시, 생물학자 코르넬리우스 반 니엘(Cornelius B. van Niel), 물리학자 루이스 월터 앨버레즈(Luis W. Alvarez)도 함께 자리했다. 1964년 1월 13일
_ MIT 박물관 제공

▲ 미국 사이버네틱스 학회 심포지엄에서 조시아 메이시 주니어 재단의 프랭크 프레몬트-스미스(왼쪽), CIA 소련 과학 기술 분석관 존 포드(John J. Ford), 그리고 워렌 맥컬럭, 1968년
_ 패트릭 포드(Patrick Ford) 제공

고 수 차례 오갔던 비공식적인 서신과 얼굴을 마주한 대화에서 컴퓨터와 자동화 기계에 대한 자신의 모든, 혹은 거의 모든 아이디어를 폰 노이만에게 전달했을 것이다. 실제로 해군연구청 출신인 D. K. 페리[Ferry]와 애리조나주립대학교의 전기컴퓨터공학과 과장 R. E. 색스[Saeks], 이렇게 두 명의 기술심판은 다음과 같은 결론을 내렸다.

노이만형 기계의 요소들은 프로그램 저장 방식을 제외하면 대부분 위너의 제안서에 들어 있다. 그렇다면 폰 노이만과 위너가 서로에게 얼마나 많은 영향력을 미친 것인지 흥미롭다. 이 두 사람 사이에서 얼마나 많은 상호교류가 일어났는지 추정하기는 어렵다. 하지만 부시가 위너의 제안서를 배포했었더라면 현재 우리는 위너형 기계라고는 부르지 않더라도, 노이만형 기계 대신, 위너-폰 노이만형 기계에 대해 얘기하고 있었을 것이다.

1945년 여름을 거치는 동안 위너는 폰 노이만을 MIT로 데리고 오기 위한 노력에 박차를 가했다. 그리고 6월 초 즈음 위너는 자신의 노력이 결실을 맺게 됐다고 확신하게 됐다. 그는 로젠블루에스에게 이렇게 편지를 보냈다. "그가 임명을 받아들일 것이 확실해 보입니다." 한 달 후, 원자폭탄이 투하된 불과 며칠 뒤 위너는 로젠블루에스에게 보낸 다음 편지에서도 여전히 낙관적이었다. "폰 노이만이 지난 이틀 동안 이곳에 왔었습니다. 이제 그는 서의 다 넘어왔습니다." 당시에 위너는 폰 노이만이 원자폭탄에 대한 비밀 연구에 깊이 관여하고 있다는 사실이나 폰 노이만이 전후시대에 사용할 초강력 수소폭탄을 개발하는 새로운 기밀 프로젝트를 시작한 것에 대해 전혀 모르고 있었던 것으로 보인다. 위너는 폰 노이만의 에드박 보고서에 대해서도 구체적인 부분을 몰랐을지 모른다. 그 프로젝트는 기밀로 분류되어 있었고, 위너는 더 이상 그런 기밀문서에 접근할 권한이 없었기 때문이다. 더군다나 위너는 자신이 제안한 일자리를 폰 노이만이 받아들일 것이라 확신하고 기다리고 있었지만, 폰 노이만은 고등연구소IAS와 더 나은 거래를 위해 조용히 협상하고 있었다는 사실도 모르고 있었다.

11월 말에 폰 노이만은 위너에게 편지를 써서 공식적으로 그의 제안을 거절했다. 그리고 그와 함께 고등연구소가 에드박 컴퓨터를 만드는 것에 동의했다는 사실도 알렸다. 그것도 위너가 불과 1년 전에 반대했던 대형 전자기기 업체 중 하나인 RCA와 공동으로 말이다. 폰 노이만은 위너에게 따뜻한 감사의 말을 전하며 또 한 가지 부탁을 했다. "부디 이 분야에서 전과 똑같이 함께 연구를 진행할 수 있기를 바랍니다. … 이 달이 지나기 전에 시간을 내어 이곳에 방문해 주실 수 있을까요?"

흥정의 전문가였던 폰 노이만은 자신의 패를 모두 보여주지 않았다. 그는 에드박(현재는 IAS머신으로 불리게 됨)의 목표는 프린스턴에서 최초의 다목적, 프로그램 저장식 컴퓨터를 만드는 것이라고 말했다. 하지만 폰 노이만에게는 위너, 혹은 최고 수준의 비밀 취급 인가를 가진 사람이 아니면 그 누구에게도 밝히지 않았던 또 다른 숨은 동기를 갖고 있었다. 그는 자신과 그의 로스앨러모스 동료들이 차세대의 초강력 핵무기를 설계하고 제작하는 데 도움을 줄 강력한 새 컴퓨터가 필요했다. 그리고 폰 노이만에게는 육군, 해군, 나중에는 공군과 새로 만들어진 원자력위원회 등 위너에게 밝히지 않은 새로운 파트너들이 있었다. 하지만 폰 노이만이 이 프로젝트를 가동하려면 여전히 주요 참가자 한 명이 더 필요한 상황이었다. 수석 공학자였다.

위너가 다음에 프린스턴에 방문했을 때 폰 노이만은 이미 그 사람을 구한 상태였다. 위너의 공학자였던 줄리안 비글로였다. 폰 노이만은 위너의 추천을 받아 1946년 4월에 고등연구소 프로젝트에 비글로를 고용했고, 비글로는 머지않아 완전한 기능을 갖춘 폰 노이만의 새로운 컴퓨터 아키텍처를 설계하는 과정에서 핵심 인물로 자리잡게 된다. IAS 컴퓨터의 핵심 기관은 프로그램이 마무리될 때까지 트랙을 따라 데이터와 논리 명령을 실어 나르는 복잡한 피드백 메커니즘에 의해 조절됐다. 그리고 거기서 나온 결과는 폰 노이만이 자신의 설계에 반영해 놓은 꼼꼼한 오류 수정 회로가 확인했다. 그리고 비글로는 이런 전형적인 피드백 메커니즘을 구현하는 데는 더할 나위 없이 완벽한 사람이었다.

폰 노이만이 군, 연방정부, 초기에 이 프로젝트를 함께 했던 RCA로부터 공격적으로 연구자금을 끌어들였다. 이것은 그가 컴퓨팅 기계의 연구, 개발, 대량생산에서 정부와 산업계가 맡아야 할 바람직한 역할에 대해 그가 취하게 될 강한 입장을 보여주는 전조였다. 결국 그는 공익을 우선하는 위너의 입장과는 완전히 결별하게 된다. 하지만 위너의 어린 시절의 자기 회의로 기슬러 올라가는 패턴에서 드러나듯, 폰 노이만의 계략과 스스로에 대한 실망에 위너가 보여준 반응은 비난이나 반격이 아니라, 침묵이었다.

* * *

제2차 세계대전의 불길이 잦아들고 있는 시기 동안 무대 뒤에서는 전후 과학과 기술의 새로운 세계가 별개의 여러 지점으로부터 조용히 하나로 모여들고 있었다. 뉴욕에서 열린 메이시 학회에서 프린스턴에서 개최된 목적론 학회의 창립총회, 그리고 그 이후로 뒤따라온 다양한 프로젝트에 이르기까지 피드백과 순환적 인과관계에 대한 위너의 새로운 개념들은 이제 완전히 한 바퀴를 돌아 원점으로 왔다. 위너의 돈키호테식 사격제어 프로젝트에서 시작해서, 사람의 뇌와 신경계의 살아있는 세계로 들어갔다가 다시 비글로가 폰 노이만의 새로운 컴퓨팅 기계 속에 구축하고 있는 뇌와 비슷한 회로로 돌아온 것이다. 그 과정에서 미국 최고의 지성 중 몇몇은 맥컬럭이 말하는 '위대한 이단great heresy'의 열렬한 지지자로 변모했다. 그들이 공유하는 기술적 야망을 뛰어넘어 위너와 그 동료들이 스스로 떠맡은 장대한 도전은 대담한 과학적 사명이었다. 수 세기 동안 서구의 과학에서 굳건히 자리를 지키고 있던 환원주의의 장벽을 허물고, 위너의 새로운 논리 개념과 통신 개념을 지렛대 겸 새로운 이해의 기본 구성요소로 사용해서 인간의 지능이 품고 있는 수수께끼를 깨는 것이었다.

그리고 궁극적으로는 그것이 바로 위너의 과학혁명의 본질이었다. 처음부터 위너와 그의 기사단의 사명은 이것저것 만지작거리면서 기계를 만들어내는 것이 아니라 높은 차원의 철학과 과학을 탐구하는 것이었다. 치밀한 조직이 아니었음에도 그들은 이미 정신이 갖고 있는 고등한 추론 능력과 사고 능력의 첫 미스터리를 해결해 냈고, 이들의 혁명은 계속해서 자연과학, 생명과학, 인문과학, 그리고 철학 그 자체의 선봉에서 계속 나아갈 것이다.

전쟁 이전에 역사가 있었고, 그 새로운 과학적 세계관의 씨앗이 낡은 세계 곳곳에 나 있는 구멍으로부터 싹을 내밀고 있었다. 그리고 어린 수학자였던 시절 이후로 위너가 추구해 온 협력과 동지애의 새로운 분위기 속에서 이름도 없었던 그의 유아기 과학이 스스로의 생명을 얻기 시작하고 있었다.

8장

메이시에서의 아침식사

참가자들이 모두 고슴도치를 차지하기 위해 내내 다투며 차례를 기다리지 않고 한꺼번에 경기를 했다. 앨리스가 입을 열었다.
"모두들 전혀 공평하게 경기를 하는 것 같지 않아요.
모두들 너무 심하게 싸워서 자기가 하는 말도 안 들리겠네요.
특별히 어떤 규칙이 있는 것 같지도 않아요.
그런 규칙이 있다 해도 아무도 신경 쓰는 것 같지 않네요."
— 루이스 캐럴, 『이상한 나라의 앨리스』

1946년 3월의 햇살 화창한 어느 아침 위너는 평소보다 더 활기찬 걸음걸이로 뉴욕의 웅장한 파크 애비뉴를 걷고 있었다. 전쟁의 구름은 이제 걷히고 없었다. 전시가 아닌 새로운 평시 임무가 막 시작됐고, 그는 그의 경력에서 가장 중요한 과학 모임을 위해 뉴욕을 찾아왔다. 오랫동안 기다려온 조시아 메이시 주니어 재단 학회였다.

맥컬럭이 그 학회를 주선했고, 학회의 의장으로 활동할 예정이었다. 그는 그 후로도 8년에 걸쳐 아홉 차례 더 의장을 맡게 된다. 메이시 재단의 의학담당자 프랭크 프레몬트-스미스Frank Fremont-Smith가 이 모임을 열정적으로 지지하고 있었다. 그는 로젠블루에스가 하버드의

대에서 매달 열었던 '저녁만찬 모임'의 창립회원이었고, 지금은 그와 같은 맥락에서 재단에서 개최하고 있는 학제적 학회를 이끄는 원동력이었다.

하지만 다가오는 학회에 대해 위너만큼 들떠 있는 사람은 없었다. 그는 3주 전에 프린스턴에서 준비 기간을 보내며 맥컬럭에게 이런 편지를 써서 보냈다. "이 회합은 우리에게, 그리고 우리의 대의에 있어서 큰 사건이 될 것입니다. 저는 현재 폰 노이만과 계획을 논의하고 있는 중입니다. 그가 맡은 부분과 제가 맡은 부분이 잘 조정될 것이라고 장담할 수 있습니다. 피츠와 저도 함께 바쁘게 지내고 있고, 로젠블루에스도 마찬가지입니다. … 어서 학회가 열리기를 고대하고 있습니다. … 그때가 되면 직접 만나 뵙고 여러 가지 공통 관심사에 대해 이야기 나누고 싶습니다."

중심인물들 모두 전 해에 프린스턴 학회에서 중단되었던 뇌와 컴퓨터에 대한 논의를 이어가고 싶어 안달이 나 있었고, 이제는 더 폭넓은 대화가 이루어지려 하고 있었다. 전쟁 기간 동안 태평양에서 일을 하다가 돌아온 인류학자 그레고리 베이트슨은 학회를 계획하는 단계에서부터 맥컬럭과 프레몬트 스미스에게 메이시 학회에 참여했던 원년 멤버들을 다시 한 자리에 모아 로젠블루에스가 1982년 학회에서 발표했던 새로운 개념의 심리적, 사회적 함축을 알아보겠다는 약속을 지키라고 재촉했다. 그렇게 복잡하게 뒤얽힌 과학적 개념과 원리를 다루는 야심 찬 의제를 시도했던 모임이 그때까지 한 번도 없었음에도 불구하고 베이트슨은 고집을 관철시켰다. 다양한 학문 분야를 수용해야 했고, 간결하게 지을 수 있는 이름도 없어서 학회의 모임 이름을 '생물학과 사회과학에서의 피드백 메커니즘과 순환적 인과관계 시스템 모임'이라고 지어야 했다.

여러 생각들이 한데 어울릴 수 있는 무대가 마련됐다. 이 무대는 위너에게 자신의 새로운 과학을 조립하는 데 필요한 마지막 조각을 제공하고, 저명한 과학자와 학자들로 구성된 대표단을 꾸려 그것을 세상에 전파할 기회를 제공해 줄 것이었다.

이들은 맨해튼 어퍼이스트사이드에 있는 비크맨 호텔의 대형 원탁에 둘러앉아 이틀 밤낮으로 모임을 했다. 이들의 숙박, 식사, 그리고 위너는 입에도 대지 않을 칵테일 등의 비용을 모두 메이시 재단에서 지불했다. 스무 명의 학회 참가자에는 프린스턴 학회에 참석했던 수학자와 생리학자 그룹의 핵심 인원인 위너, 폰 노이만, 맥컬럭, 피츠, 라파엘 로렌테 드 노, 그리고 그와 함께 위너의 동료로 학회 참석을 위해 멕시코에서 온 로젠블루에스, 그리고 그 전날 폰 노이만의 컴퓨터 프로젝트에서 연구를 시작한 비글로도 포함되어 있었다. 그리고 사회과학자로는 1942년 학회의 주도적 인물이었던 인류학자 그레고리 베이트슨과 마거릿 미드, 정신분석학자 로렌스 쿠비, 학습이론학자 로렌스 프랭크Lawrence K. Frank 등이 있었다. 그리고 독일 출신 망명자이자 시카고대학교의 게슈탈트 심리학자인 하인리히 클뤼버Heinrich Klüver, 게슈탈트 학파 출신의 또 다른 독일 출신 망명자이자 MIT의 사회심리학자인 쿠르트 레빈Kurt Lewin, 현대적 대중매체 기술이 미치는 영향에 관한 선구적 연구를 진행했던 오스트리아인이자 컬럼비아대학교의 사회학자 폴 라자스펠드Paul Lazarsfeld, 그리고 베이트슨의 동료이자 환경시스템 연구의 개척자인 영국의 생태학자 G. E. 허친슨Hutchinson 등 몇몇 저명한 새로운 인물이 새로 참가했다.

폰 노이만이 전자 컴퓨팅, 그리고 전자 컴퓨팅과 뇌의 신경 컴퓨팅 네트워크와의 유사성에 대한 보고로 발표를 시작했다. 언제나처럼 앞주머니에는 손수건을 완벽하게 접어 넣고 정장으로 말끔하게 차려입고 나온 그는 자신이 고등연구소에서 제작 중인 새로운 디지털 컴퓨터에 대해 설명하고, 계산 가능한 그 어떤 수라도 계산할 수 있고, 어떤 논리적 문제도 풀 수 있는 혁신적인 프로그램 저장식 설계에 대해 설명했다. 신경생리학자 로렌테 드 노와 학문의 경계를 뛰어넘어 2인조를 결성한 폰 노이만은 '신경계 컴퓨팅 기계'의 역동적인 작용을 그대로 반영하고 있는 새로운 컴퓨터의 뇌와 비슷한 논리, 뛰어난 계산 능력, 인상적인 저장과 인출 능력에 대한 비전으로 청중을 황홀하게 만들었다. 청중 속에 있었던 많은 과학자들에게 이것은 자기 머릿속에서 일어나고 있는 논리적 작용에 대한 첫 통찰이었으며, 그런 뇌와 비슷한 기계를 제작은 고사하고, 상상이 가능하다는 사실조차 처음으로 깨닫게 됐다.

위너는 새로운 인간-기계 방정식에서 그 무엇도 당연한 것으로 여기지 않았고, 폰 노이만의 강연을 끊고 들어가 그의 컴퓨터가 갖고 있는 논리적 결함에 대해 질문을 던졌다. 그는 사람이 일상적으로 마주하는 논리적 딜레마에 폰 노이만의 기계가 어떻게 반응할지 궁금하게 여겼다. 그리고 마음 깊은 곳에서는 이 장치의 정신건강 상태가 걱정됐다. 위너는 컴퓨테이션의 오래된 수수께끼를 제시하며 만약 컴퓨터에게 러셀의 유명한 역설 중 하나를 풀도록, 예를 들어 '이 진술은 거짓이다'라는 명제의 진리값을 판단하도록 프로그래밍한다면 이 컴퓨터는 참과 거짓을 오락가락하는 비논리적인 상태로 빠져들 것이며, 따라서 먼저 무언가가 '참'이라고 판단했더라도 그 다음에 가서는 '거짓'이라 판단하게 될 것이고, 그 역도 성립하게 되어 문제의 해답에 결코 도달하지 못하리라 예측했다. 문제를 제기하자 폰 노이만 자신도 이 역설을 해결하지 못했다.

점심식사 후에는 위너와 로젠블루에스가 토론에 참가하여 컴퓨터를 넘어 학회의 더욱 큰 사명으로 청중을 이끌었다. 위너는 자신이 개발 중인 통신과학의 기초에 대해 상세히 설명하고, 또 메시지와 정보라는 일상적 개념에 정교한 새로운 의미를 부여하고, 이것을 수학적 측정이 가능한 통신의 기본 단위로 재정의했다. 그는 피드백이라는 새로운 개념과 기계와 생명체 모두에서 목적의식적, 목표추구적인 모든 행동을 지배하는 '음성 피드백을 통한 제어'의 핵심 원리에 대해 설명했다. 그리고 그는 그리스인들이 발명했던 실용적 장치에서 현대의 서보기구, 그리고 그와 비글로가 전쟁 기간 동안에 구축했던, 자신의 주변 세상과 자신의 수행성과를 인지하는 새로운 종류의 지능형 기계에 이르기까지 자동 피드백 메커니즘의 역사에 대해 검토했다.

위너는 내장형 컴퓨팅 장치, 환상 피드백 회로, 민감한 '수용기와 실행기receptor and effector'를 갖춘 이 새로운 유형의 인공 메커니즘이 어떻게 그때까지 만들어진 어느 기계보다도 더 진보된 실용적 과제를 수행할 수 있는지, 그리고 기존의 정보를 바탕으로 미래를 예측하여 행동에 나설 수 있는지 설명했다. 그러고 나서는 로렌테 드 노가 폰 노이만을 위해 그랬던 것처럼 로젠블루에스가 생명체의 피드백 생리학에 대해 설명하고, 이렇게 핵심적인 통신 과정과 제어 과정이 병리적으로 망가졌을 때 생명체와 오토마타 모두에게 어떤 결과가 일어나는지 기술하여 위너의 새로운 개념과 관심사에 살을 붙여주었다.

저녁식사 시간 즈음에는 위너, 폰 노이만, 그리고 신경생리학자들이 새로운 동료들에게 정신의 인지능력, 신체의 유기제어 과정, 그리고 인간과 기계 모두에게 공통으로 존재하는 통신 과정의 새로운 영역을 이해하기 위한 다재다능한 새로운 언어와 과학적 체계를 제공하고 있다는 사실이 분명해졌다. 이것은 양쪽 진영 모두의 과학자들이 큰 결실을 거둘 수 있는 대단히 쓸모 있는 것이었다.

그날 밤 부부 인류학자인 그레고리 베이트슨과 마거릿 미드는 수학자와 의사들의 법정에 나섰다. 매부리코에 헝클어진 머리를 한 42세의 베이트슨은 대체 그것으로 무엇을 해야 할지 알 수 없을 정도로 긴 팔다리와 큰 키를 가진 195센티미터의 장신이었다. 영국 과학계의 상류층 집안(베이트슨의 아버지는 '유전학genetics'이라는 용어를 만든 생물학자 윌리엄 베이트슨William Bateson)에서 태어난 그레고리 베이트슨은 위너처럼 동물학 전공으로 대학을 시작했으나 1920년 중반에 들어서는 사람과 문화의 기원과 사회적 발달을 연구하는 학문인 인류학으로 전공을 바꿨다. 이 전통적인 학문 분야도 별 다른 근거도 없이 인종에 관한 탁상공론식 이론을 만들어내던 낡은 관습의 허물을 벗고 변화를 겪고 있었다. 베이트슨은 생태학적 지도 원리에 대한 동식물학자로서의 신념을 인류학에 접목했다. 생태학적 지도 원리는 과학에서 일어난 새로운 운동으로, 살아있는 생명체와 그 주변 환경 사이의 호혜적 상호작용에 초점을 맞추었다. 위너 역시 어린 시절 독서를 통해 이런 원리를 받아들이고 있었다.

키가 간신히 150센티미터를 넘었던 마거릿 미드는 둥근 얼굴에 작고 둥근 코를 가진 부드러운 미소의 여성이었다. 그녀는 그 미소 뒤에 날카로움을 숨기고 있었다. 필라델피아에서 퀘이커Quaker 학자 가문에서 태어난 그녀는 현대 인류학의 아버지인 프란츠 보아스Franz Boas와 함께 뉴욕 바너드칼리지에서 교육을 받았다. 보아스는 현장 관찰의 중요성을 강조했다. 미드는 그의 영향 아래 1928년에 베스트셀러가 된 『사모아에서 성인 되기』를 출판했다. 이 책은 태평양 제도 문화권에서 십대 소녀들이 제약 없이 성행위를 하는 것에 대해 연구한 책이다. 이 책을 통해 그녀는 26세의 나이에 미국 과학계에서 가장 논란이 많은 인물 중 한 명으로 자리잡게 됐다. 그녀의 존재감은 막강했고, 메이시 학회 전반에 걸쳐 조용히, 때로는 떠들썩하게 분위기를 장악했다.

로젠블루에스가 위너의 새로운 통신 개념을 이들에게 일깨워준 이후로 이 부부는 세상을 새로운 눈으로 바라보고, 새로운 통신의 언어로 말하게 됐다. 이들은 피드백과 순환적 인과관계라는 개념이 전통적 사회과학 연구의 낡은 수단들을 어떻게 합리화하고 새로운 에너지를 불어넣을 수 있는지 이해했고, 자신의 동료들에게 새로운 통신 이론들이 모든 사회과학 분야에 무엇을 제공할 수 있는지 널리 알리는 것을 사명으로 삼았다. 이제 두 사람은 음성 피드백을 통해 안정성을 획득한 외딴 문화권에 대해 학회 참가자들에게 유창한 강연을 했다. 베이트슨은 남태평양으로 탐사를 갔을 때 자신과 미드가 관찰했던 사회적 피드백 과정을 생생하게 설명해서 진지했던 청중들의 분위기를 밝혀 주었다. 그 중에는 남녀가 우스꽝스럽게 옷을 바꿔 입는 뉴기니 이아트물 족Iatmul tribe의 의식도 있었다. 베이트슨은 이것이 부족의 남성들 사이에서 공격적인 욕구가 높아져 내부에서 전쟁이 일어날 위험이 높아졌을 때 사회를 안정시키는 피드백 역할을 한다고 지적했다.

그리고 두 사람은 여기서 더 나아가 새로운 통신 도구를 이용해서 원시사회와 현대사회 모두에서 지식의 패턴을 추출하는 방법도 보여 주었다. 다양한 관습, 의식, 통신매체를 통해 개인과 집단 사이로 흘러 다니다가, 자신의 문화권으로 나갔다가, 다시 그것을 보낸 사람에게로 흘러들어오는 메시지의 순환을 통해서 말이다. 이런 메시지와 피드백의 무한한 순환이 각기 개인의 행동, 목적, 성격, 그리고 더 큰 사회의 생명력에 지속적으로 정보를 제공하고, 영향을 미치고, 가르치고, 새로이 형태를 잡아준다. 베이트슨과 미드는 이 새로운 통신 개념이 너무도 훌륭해서 진짜 존재하는 것이 맞나 싶을 정도였지만 실제로 존재했다. 이 통신 개념은 인문과학의 여러 비옥한 분야들을 수확하고 다시 씨를 심을 수 있을 정도로 무르익어 있었다.

아주 긴 하루였지만, 역사적인 메이시 학회는 이제 시작했을 뿐이었다.

* * *

잡다하게 뒤섞인 이 모임은 가다 말다 하면서 하나의 단위로 서로 맞물려 움직이기 시작했다. 일부 신참회원이 대화에 합류했다. 게슈탈트 심리학자 하인리히 클뤼버는 '지각perception'에 대해 얘기하고 싶었다. 지각은 정신에서 이루어지는 주관적 과정으로, 게슈탈트 심리학의 정수이자 미국을 지배하고 있던 행동주의의 숙적이었다. 클뤼버는 학회 참가자들에게 정신이 어떻게 형태form를 지각하느냐는 게슈탈트 심리학의 궁극적 수수께끼를 풀 수 있게 도와달라고 호소했다. 여기서 말하는 형태는 얼굴이든, 의자든, 다른 보편적 모양이든 우리가 경험하는 모양과 패턴을 의미했다. 그는 사람의 두뇌가 매순간 쏟아지는 혼란스러운 신호들로부터 형태나 그 무언가를 어떻게 추려내는지, 그리고 단순한 뉴런 비슷한 요소의 네트워크로만 구성된 뇌 비슷한 전자장치가 그와 동일한 일을 할 수 있을지 알고 싶었다.

이것이 바로 모든 학회 참가자가 집중할 수 있는 주제였다. 이것은 신경생리학자와 심리학자들의 1차적 문제이자, 인류학자에게는 지대한 문화적 함축을 갖는 문제이고, 이 모임에 참석한 수학자와 기술자들에게는 하나의 도전과제였다. 과연 '범용' 컴퓨팅 기계가 논리만을 이용해서 형태, 즉 지각을 계산해 낼 수 있을까? 클뤼버가 제시한 도전과제는 컴퓨터 과학의 중심으로 자리잡게 될 탐구의 시작을 알렸다. 바로 정신의 지각 과정을 이해해서 그것을 전자 기계로 흉내 내는 문제였다. 그 후로 몇 달 동안 위너는 통신의 관점에서 이 문제에 대해 생각해 보았다. 눈에 들어 있는 수백만 개의 감각 수용기에서 포착한 메시지가 뇌에서 어떻게 지각 가능한 이미지로 전환되는지 설명하기 위해 그는 그가 1920년대부터 매료되어 있었던 텔레비전 주사 기술과 비슷한 복잡한 유기적 과정을 상정했다. 맥컬럭과 피츠 역시 클뤼버가 제시한 문제를 새로운 공동 연구 프로젝트로 받아 안았다. 이것은 결국 신경 네트워크의 논리에 관한 그들의 초기 연구보다도 더 지대한 영향력을 미쳤다.

사회과학계의 다른 거인들도 탁자에 앉았다. 사회심리학자 쿠르트 레빈은 인간의 소통에 관한 연구의 개척자이자 집단역학group dynamics에 대한 현대적 연구의 창시자였다. 가속학습accelerated learning과 의사결정에서 또래압력peer pressure, 집단 참가자와 지도자에게 미치는 희열과 그밖의 다른 '전기적 효과'에 이르기까지 집단에 속한 사람들에 의해 만들어지는 극적인 육체적, 심리적 효과에 대한 그의 초기 연구는 소통의 힘이 신경적 수준에서도 뚜렷이 감지가 가능하며, 사회 안에서도 무시할 수 없는 힘으로 작용한다는 집단 작업가설의 정당성을 설득력 있게 주장했다. 레빈은 덧없는 인간의 소통 역학을 엄격한 과학의 영역으로 끌어들이려 마음먹고 있었고, 베이트슨과 미드처럼 그도 위너의 피드백 개념과 유연한 순환적 인과관계의 새로운 논리를 자신의 이론과 연구 방식에 즉각적으로 도입했다.

사회학자 폴 라자스펠드Paul F. Lazarsfeld는 대중매체 연구의 선구자였다. 그는 컬럼비아대학교 응용사회연구국의 책임자로서 라디오가 미국사회에 미치는 영향에 대한 최초의 주요 연구, 그리고 대중의견과 투표 패턴의 형성에 관한 혁신적인 연구도 진행했다. 그는 통신의 통계적 본질에 관한 위너의 이론에 특히 관심이 많아서 위너의 기술적 통신 개념과 수학적 방법론을 자신의 설문조사 디자인과 통계 분석 연구에 도입할 계획을 세웠다.

학회의 마지막 시간이 다가오자 프레몬트 스미스는 두 번째, 세 번째 학회를 개최하는 데 필요한 정족수를 어렵지 않게 채울 수 있었고, 위너의 목적론 학회는 메이시 재단의 후원 아래 정기 모임으로 바뀌게 됐다. 맥컬럭은 이런 반응에 즐거웠다. 시작부터 그는 메이시 그룹의 과학 혁명가들에게 돌격의 나팔을 불었다. 이 혁명가들은 전쟁 기간 동안 맡았던 임무를 마무리한 이후에 그 기간에 발견한 내용과 과학 이론들을 박애적으로 사용하기 위해 통신에 관해 연구하는 수학자와 공학자들에게 기대를 걸고 한 자리에 모인 사람들이었다. 히로시마 원폭 투하 이후로 물리학자들은 무기를 멀리하고 자신의 재능을 생명과학 쪽으로 쏟고 있었고, 사회과학자들은 정치적 선동과 외국인에 대한 전략적 연구를 그만두고 더 이타적인 과제를 추구하고 있었다.

메이시 학회는 재단의 박사들과 위너가 제공하고 싶어했던 것들을 마련해 주었다. 미국 과학계가 전쟁에서 거둔 승리의 그늘 속에서 많은 과학자들이 느끼고 있던 집단적 전율을 치유하고, 새로 등장한 전후 사회의 복잡성에 맞설 수 있는 평시의 과학적 도구를 구축하기 위한 첫 발걸음을 내딛는 것이었다. 위너는 자신이 제시한 개념의 성패가 걸려 있던 개막 학회에서 긍정적인 결과가 나온 것을 환영했다. 하지만 맥컬럭이 원탁토론을 고집하며 너무 격식이 없고 때로는 혼란스럽기까지 한 형식으로 진행을 하는 것을 위너는 그다지 좋게 보지 않았다. "우리의 첫 학회에 대해서 노버트는 이렇게 적었다. '학회가 전반적으로 우리 중에 프린스턴 학회에 참석했던 사람들의 설교적 논문, 그리고 이 분야의 중요성에 대한 모든 참가자의 전반적 평가를 들어보는 데 할애됐다.'" 맥컬럭은 이렇게 충실하게 기록한 다음 그 상황을 바로잡았다. "사실 논문은 등장하지 않았고, 누구든 말을 꺼내면 그 모호함 때문에 거듭해서 문제 제기를 받았다. 위너가 큰 목소리로 애원하거나 지시하던 것이 아직도 기억난다. '제가 하던 말을 좀 마무리해도 될까요?' 그럼 그와 대립하던 사람이 이렇게 소리치는 것이 들렸다. '제가 끼어들었을 때는 말 좀 끊지 마세요.'"

* * *

학회가 끝나고 몇 달 동안 맥컬럭과 피츠는 하인리히 클뤼버가 지각에 대해 던졌던 질문을 파고들었다. 폰 노이만과 비글로는 IAS 컴퓨터를 제작하기 시작했고, 폰 노이만은 로스앨러모스로 통근하면서 수소폭탄 비밀 연구를 이어갔다. 위너는 '통신 기관으로서의 신경계'에 대해 로젠블루에스와 새로운 단계의 연구를 시작하기 위해 정기적으로 멕시코로 다니기 시작했다. 록펠러 재단에서 부분적으로 연구비를 지원한 다년간의 연구 계획에서 위너는 2년마다 반 년씩은 멕시코시티 국립심장학연구소에서 로젠블루에스와 함께 연구하며 보냈다. 그는 로젠블루에스의 연구소에서 생체조직으로부터 통신 과정에 관한 실험 데이터를 추출했다. 로젠블루에스도 2년마다 반 년씩은 MIT에서 위너와 보내며 이론적 문제에 대해 연구하고, 오랫동안 꿈꾸어 왔던 학제적 기관의 설립 계획을 함께 세웠다.

위너는 새로운 과학과 국경 이남의 풍경에 매료됐다. 사람의 손길이 닿지 않은 멕시코의 풍경은 사막 고지대에서 불어오는 첫 바람부터 그를 매혹시켰다. 그는 흙벽돌로 지은 평원지대의 주택, 건조한 기후를 이겨내고 무성하게 우거진 식물과 꽃, 그리고 감정표현에 인색한 북미 사람들보다 더 큰 열정을 품고 살아가는 새로운 삶의 방식에 빠져들었다. 그는 확실한 라틴어 억양으로 스페인어를 유창하게 말할 수 있게 됐다. 그는 멕시코의 화려한 요리와 매콤한 향료를 즐겼다. 그리고 일단 적혈구 수치가 멕시코시티의 해발 2,100미터 고도에 충분히 적응되자, 유럽의 수도들과 베이징의 뒷골목을 정복했을 때처럼 지칠 줄 모르는 모습으로 도시의 널찍한 광장과 사람으로 붐비는 산책길을 마음껏 돌아다니기 시작했다.

그와 로젠블루에스는 위너의 통계적 통신이론을 고양이와 다른 동물의 사지에 들어있는 긴 신경섬유에서의 신호전달 연구에 적용하고 싶은 마음에 들떠 있었다. 그리고 국립심장학연구소의 연구 취지에 맞추어 심장의 리드미컬한 박동을 지배하는 신경조직의 촘촘한 네트워크를 흐르는 전기 신호의 흐름에도 관심을 쏟았다. 통신의 생리학에 관한 이 혁신적 연구를 진행하는 동안 위너와 로젠블루에스는 전쟁 동인에 접했던 오랜 친구와 우연히 마주치게 됐다. 바로 '아주 큰 피드백에 생기는 병리 조건'으로 야기되는 기이한 문제였다. 두 사람이 마취한 고양이의 다리에서 긴 운동 뉴런을 검사하던 도중에 전기 자극 수치를 올려 고양이의 신경에 가해지는 '부하load'를 높이면 고양이의 다리가 돌발적 경련을 일으키며 미친 듯이 진동하는 리듬을 시작했다. 이것은 제어가 안 되는 포탑보다 더 거칠게 움직였다. 신경생리학자들 사이에서는 이런 현상을 간헐성 경련clonus라고 부른다.

이번에도 역시 위너와 로젠블루에스는 그 병리학, 그리고 사람의 팔다리에 생기는 비슷한 경련을 이해하는 일에 착수했다. 이들은 간헐성 경련의 암호를 해독해서 연구실에서 그 경련을 길들여 보려 했다. 하지만 이 일은 그들이 담당했던 전시 프로젝트보다도 훨씬 어려운 일이었다. 위너는 이 연구 초기에 큰 좌절감을 느끼며 케임브리지의 피츠와 레트빈에게 편지를 보냈었다. 레트빈은 그 내용을 이렇게 기억했다. "신경계에 대해서는 더 이상 관여하고 싶지 않아. 지옥에나 가라지. 신경계에는 내가 분석할 수 있는 속성이 하나도 없어." 하지만 이런 불평에도 불구하고 위너와 로젠블루에스는 계속 연구를 이어갔고, 여름이 끝날 즈음에는 대단히 흥미로운 것을 발견했다.

고양이의 다리를 관통하며 흐르는 신경충동impulse의 흐름은 그들이 예상한 대로 선형적linear이지 않고 대수적logarithmic이었다. 전류자극 입력을 일정한 속도로 증가시키면 그 출력이 기하급수적으로 변했다. 모든 신경조직에 해당하는 이야기는 아닐지도 모르지만 고양이 다리에서는 신경의 살아있는 배선을 통해 흐르는 전기 신호가 대수적 시스템에서만 가능한 방식으로 흐른다는 이 이상한 발견은 위너에게 심오한 이론적 흥미를 불러일으켰다. 그 수치들을 보면 최근에 진동하는 서보기구의 돌발적 행동을 연구하던 기계공학자들, 그리고 일찍이 1920년대에 잡음이 발생하는 전화선을 통한 신호전달 속도를 추적하던 전기공학자들이 신호와 메시지를 측정해서 얻은 값과 거의 동일했다.

위너는 몇 달 후에 그런 연관성의 중요성에 대해 자세히 설명하고,

그 자체로 더욱 깜짝 놀랄 추가 연관성을 밝혀낼 것이었다.

* * *

그 해 가을에는 활동 역시 기하급수적으로 늘어났다. 1946년 9월에 폴 라자스펠드는 메이시 학회 시리즈의 일환으로 일일 특별 세션을 소집하고, '사회 속에서의 목적론적 메커니즘'이라고 제목을 붙였다. 이 모임에서 그는 더 많은 사회과학자들에게 새로운 통신 개념을 소개하고, 더 많은 저명한 학자들을 학회로 끌어들였다. 그의 컬럼비아대학교 동료이자 사회적 요소가 과학의 진보에 미치는 영향에 관한 권위자인 로버트 머튼Robert Merton, 미국 인류학에서 베이트슨과 미드의 뒤를 바짝 뒤쫓고 있는 진보적 인사인 하버드대학교의 인류학자 클라이드 클루크혼Clyde Kluckhohn, 미국 사회학자들 중 최고참으로 하버드대학교 사회관계학과 학과장이었던 탈코트 파슨스Talcott Parsons 등이었다. 특히 파슨스는 메이시 그룹 연구의 열광적인 팬이 됐고, 통신, 피드백, 순환적 인과관계에 관한 위너의 새로운 개념들을 미국 사회과학계의 최고위층에 몸소 전파했다.

한 달 후에 메이시 그룹 전체가 여름에 진행했던 연구의 결과를 보고했다. 맥컬럭은 형태의 지각에 관한 자신과 피츠의 새로운 프로젝트에 대한 근황을 알렸다. 이들은 보편적 형태를 이해하는 데 필요한 인간의 지각 고정과 패턴인식을 그와 동등한 논리를 갖춘 전자 신경 네트워크가 장착된 컴퓨터로 재현할 수 있을 거라 자신했다. 위너와 폰 노이만은 그런 일이 가능하려면 인간의 정신이 과거의 경험으로부터 학습하는 것처럼, 컴퓨팅 기계도 과거의 작동과 그 결과로부터 학습해서 미래의 수행 성능을 향상하고 동일한 실수를 반복하지 않을 능력이 있어야 한다는 데 의견을 같이 했다. 하지만 이번에도 역시 위너는 논리와 학습 모두를 위해 설계하고 프로그래밍할 수 있는 컴퓨터에 대해 논의할 때 역설을 배제하려는 시도에 대해서는 반대의견을 표명했다.

위너는 이 문제, 특히 인간 의사결정자를 대신해서 추론하고 학습할 수 있는 기계를 사회에 투입할 경우의 문제에 점점 집착하고 있었다. 그런 기계가 위기의 상황에서 복잡한 결정을 내릴 수 있을까? 그 기계의 판단이 비슷한 결정에 직면한 사람의 판단보다 더 합리적일까? 아니면 덜 합리적일까? 그리고 삶에서 피할 수 없는 딜레마를 이 기계들은 어떻게 대처할까? 마침내 맥컬럭은 위너의 주장을 이해하고 그것이 철학적으로 사소한 문제가 전혀 아님을 깨달았지만, 모든 사람이 이들의 우려를 함께 공유한 것은 아니었다. 특히 폰 노이만은 역설의 문제에 대해 고민하지 않았다. 맥컬럭은 침울하게 이렇게 말했다. "유감스럽게도 그 날은 호르몬만 넘쳐나고, 예를 갖춘 정중한 담론은 부족한 날이었다."

두 번째 학회에서는 더 급한 뉴스속보가 있었다. 피츠가 위너의 감독 아래 박사학위 논문을 쓸 준비를 하고 있다고 밝힌 것이다. 그가 다루려는 주제는 맥컬럭과의 연구를 뛰어넘는 커다란 도약이었다. 위너의 제안에 따라 피츠는 편평한 2차원적인 도식을 벗어나 뇌의 살아있는 통신 네트워크와 물리적으로도 비슷한 3차원 모형으로 컴퓨테이션의 논리적 계산을 확장할 것을 제안했다. 하지만 2차원에서 3차원으로 뛰어넘는 것은 쉬운 과제가 아니었다. 그때까지 어느 누구도 그런 복잡한 논리적 도식을 고안해서 그 수학을 계산하려는 시도는 해보지 않았었다. 더군다나 당시 최고의 해부학 연구에 따르면, 정말로 뇌와 비슷해지려면 3D 신경 네트워크는 그가 맥컬럭과 함께 만든 모형이나, 폰 노이만의 전자두뇌에 들어 있는 논리회로처럼 고정되어 완전히 예측가능해서는 안 되며, 계산 자체가 확률론적이고, 무작위 요인으로 가득해야만 했다.

무작위 신경 네트워크의 수학과 논리를 분석하겠다는 피츠의 프로젝트는 그 자리에 모인 천재들을 깜짝 놀라게 만들었다. 맥컬럭이 피츠가 착수하려는 과제가 얼마나 어려운 도전인지 감안한 조심스러운 표현으로 이렇게 말했다. "무작위 네트워크를 정리할 수 있는 수학은 아직 나오지 않았습니다." 하지만 무작위 경로의 수학을 발명한 바 있던 위너는 피츠가 자기가 함께 연구해 본 여느 젊은 수학자 못지않은 능력을 갖고 있음을 알고 있었다. 그리고 그 길을 개척할 수 있는 사람이 세상에 있다면 그것은 바로 피츠일 것이라 확신하고 있었다.

쿠르트 레빈은 메이시 그룹의 임무에서 사회적 차원으로 다음 한 발을 내디디며 그 역시도 자신의 숙제를 마무리했다. 불과 몇 달 만에 레빈은 새로운 통신 이론을 실용적인 분야에 광범위하게 적용했다. 레빈이 청중에 얘기했듯이 그는 미국의 식생활을 결정하는 대량 마케팅과 대량 소비 패턴 속에서, 그리고 미국 문화에서 보이는 다른 많은 사회적, 경제적 과정 속에서 '지도자와 집단 간의 상호작용'에서 풍부하게 작동하는 순환석 과징을 찾아냈다. 그는 자신이 발견한 내용을 긴 글에 담아냈고, 그 글은 이미 출판 준비가 한창이었다. 이 글은 사회과학과 사회 전체에 지속적인 영향을 미치게 된다.

학회참가사들이 떠나기 전에 학습이론학자이자 메이시 재단의 전직 전무인 로렌스 프랭크가 뉴욕과학아카데미에서 '목적론적 메커니즘'이라는 이단적인 주제로 특별 세션 자리를 마련했다. 그리고 위너에게 기조연설을 부탁했다. 이 일은 속세와 격리되어 있던 학회 참가자들과 그들의 혁명적인 개념을 세상에 알리는 계기가 됐고, 위너가 통신과 정보에 대한 생각을 바꾸는 전환점이 된다.

프랭크가 아카데미 앞에서 한 개회사는 과학 기득권층에게 목적론과 목적의식적 행동에 대한 메이시 그룹의 새로운 접근방식이 개념의 역사에서 더 먼 과거로 퇴행하는 움직임이 아니라 우리가 오늘날 직면하고 있는 문제에 대해 더욱 효과적으로 개념을 정립하기 위해 앞으로 나가는 움직임이라는 것을 확신시켜 줬다. 하지만 그는 청중에게 이렇게 강력하게 충고했다. "우리가 놓쳐서는 안 될 부분이 있습니다. … 이 시기에 이 학회가 갖고 있는 중요성과 의의입니다. 오늘날 우리는 우리의 낡은 개념과 가정 중 상당수가 지금은 쓸모없어졌음을 인식하고 새로운 기준틀을 마련하기 위해 분투하며 개념의 역사에서 중요한 과도기, 혹은 격변기를 지나고 있습니다." 이렇게 말한 후에 프랭크는 위너를 소개했다. 그는 위너가 로젠블루에스, 비글로와 함께 작성한 논문을 두고 "이러한 논의를 촉발시킨 논문"이라 말했다.

위너는 새로운 과학적 개념의 역사와 그 개념과 통계역학의 기본 원리, 즉 열역학 제2법칙과의 상관성에 대한 이야기로 시작했다. 그는 물리계가 일반적으로 질서가 높은 상태에서 무질서가 증가하는 상태로 내리막길을 걷다가 결국에는 최대의 무작위성과 조직해체 상태로 나아가는 엔트로피에 대해 설명했다. 그는 이 법칙에 한 가지 중요한 예외가 있음을 지적했다. 그는 모든 생명체는 자연의 이런 근본적인 방향성을 거부하고 생명 그 자체의 행동 속에서, 목적의식적이고 순환적 과정을 통해 엔트로피의 법칙을 이기고 더 높은 조직화 상태로 나아가며, 평생 그런 예외적인 상태를 유지한다고 설명했다.

위너는 그와 그의 동료들이 고안하고 있는 새로운 자동화기계와 전자 컴퓨터들은 비슷한 방식으로 작동한다고 말하고, 이들의 작동을 통해 자연에서 가장 특별한 조직체계인 인간의 정신을 비롯해서 복잡한 물리 시스템과 생물 시스템의 작동 방식에 대해 소중한 통찰을 얻었다고 했다. 그는 새로운 전자 발명품들을 이어주는 보편적 과정, 그리고 그것을 구성하고 있는 정교한 회로와 네트워크를 모든 생명체, 정신, 그리고 그의 메이시 동료들이 논의로 끌어들인 더 큰 사회체계와 동일한 것으로 여겼다. 이것은 20년 동안 그의 수학과 기술적 연구를 관통하며 강물처럼 흘러온, 어디에나 동일하게 존재하는 과정, 즉 통신이었다. 그리고 이것이 이제야 전후 과학적 풍경의 전면에서 그 모습을 드러내고 있었다.

위너는 처음으로 자신의 통신이론의 핵심 요소들을 메이시 그룹, 그리고 기밀 취급 자격이 있는 소수에게만 허용됐던 옐로우 페릴의 독자를 넘어 더욱 폭넓은 청중 앞에 선보일 수 있었다. "이런 다양한 학문분야들을 하나로 통합하는 개념이 바로 메시지입니다." 그는 이렇게 선언한 후에 자신의 간단한 정의를 다시 이야기했다. "메시지가 정보를 실어 나르기 위해서는 가능한 메시지들 중에서 한 가지 선택을 반드시 표상해야 합니다." 그는 정보를 실어 나르는 메시지에 대한 자신의 진화하는 개념을 확률론과 통계역학의 기본 개념들과 관련지었다. 그리고 그 다음에는 정보에 대해 역사적인 세 번째 구분을 지었다.

　　이 개념에는 엔트로피의 개념도 포함됩니다.

위너가 보기에는 열역학에서 비롯되는 난해한 개념들이 통신과학에 필수적이었다. 두 달 전 멕시코에서 진행한 연구에서 얻은 통찰을 바탕으로 그는 20년 전에 벨연구소의 공학자들이 한 메시지 안에 담겨 있는 정보의 양을 측정하려 시도하면서 제기했던 질문에 새로운 답을 내놓았다. 오늘날 일반적으로 생각하는 방식으로 정보에 대해 기술하고 있는 기록상의 첫 진술에서 위너는 물리적인 관점에서 정보를 메시지 속 엔트로피 또는 무작위성의 함수로 정의하고 있다. 그는 최대한 일반적인 용어를 사용해서 청중에게 다음과 같이 분명하게 밝혔다. "여기서 엔트로피는 메시지 안에 들어 있는 정보 양의 음의 값으로 나타납니다. 따라서 본질적으로 정보의 양은 엔트로피의 음의 값입니다."

정보에 대한 그의 새로운 물리적 개념은 통신공학을 위한 혁명적인 한 수였다. 피드백, 목적, 순환적 인과관계에 대한 그의 초기 개념들이 생명체와 기계의 작동을 이해하는 데 했던 역할처럼 이것 역시 근본적이고 심오한 역할을 했다. 그는 기계 내부에서, 그리고 사람과 사람 간에 전자 회로를 통해 점차 가속되는 메시지의 흐름을 물리적 세계에서의 가장 기본적인 물리적 측정과 수학적 관계로 연결시킴으로써 정보라는 비구체적인 존재를 구체적인 관점에서 이해하는 데 큰 걸음을 내디뎠다. 하지만 그가 아카데미에서 얘기했듯이 위너에게 있어서 이것은 논리적인 것에 불과했다.

사실 엔트로피와 정보가 서로의 음의 값이라는 것은 놀라운 일이 아니다. 정보는 질서를 측정하고, 엔트로피는 무질서를 측정하기 때문이다. 실제로 모든 질서를 메시지의 차원에서 생각하는 것이 가능하다. 위너는 더 중요한 것을 한 가지 더 연관 지었다. 1940년에 디지털 컴퓨팅에 대해 그랬던 것처럼 이번에는 멕시코에서 채용했던 것과 동일한 대수적 방법을 이용해서 정보를 측정하는 2진 체계를 끌어안은 것이다. 전화선을 통해 전달된 것이든, 신경 조직을 통해 전달된 것이든 어느 메시지 안에 들어 있는 정보의 양을 측정하는 것에 대해 위너는 다음과 같이 선언했다.

숫자의 수는 2를 밑base으로 하는 로그가 될 것이다.

이 측정치는 새로운 기술 시대와 그 시대의 보편적 재화인 정보의 기준으로 자리잡을 것이었다.

위너는 이 새로운 통신 이론과 정보 개념을 엄청난 메모리와 대량의 데이터 검색 능력을 가진 컴퓨팅 기계를 구축하는 실용적인 과제에 어떻게 적용할 수 있는지 청중에게 설명했다. 그는 그런 기계가 제공하는 정보, 즉 그 출력을 이용해서 세상에서 실질적인 일들을 하고, 미래의 자동제어 기계와 자동화 공장의 중추신경계 역할을 할 수 있는 유용한 방법들을 예견했다. 그는 새로운 통신 이론이 의학과 정신건강 분야에도 심오한 함축적 의미를 갖고 있음을 보았다. 그리고 그가 메이시 동료들로부터 배웠듯이 새로운 과학은 인간을 더 큰 통신 시스템에 결합시키면 개인, 집단, 사회 전체에 메시지와 의미를 전달할 수 있는 무한히 풍부한 능력을 가지게 된다는 것도 더욱 잘 이해할 수 있게 해주었다.

위너는 새로운 통신기술과학을 예부터 전해 내려오는 인간 소통의 예술과 연관 짓고, 언어, 감정적인 비언어 의사소통, 그리고 자기가 어린 시절에 먹고 자랐던 위대한 구전과 문어의 전통에 경의를 표하는 등 대단히 문화적인 분위기 속에서 발표를 마쳤다. 그는 인간의 진보에 있어서 이런 것들이 현대 생활의 모든 기술 못지않게 필수적인 것이라 보았다.

자신의 색깔을 보여주기 위해 참석한 적지 않은 규모의 메이시 그룹 대표단은 신이 났다. 그룹의 다른 사람들은 위너가 발표한 주제를 바탕으로 확장해 나갔다. 맥컬럭은 신경생리학 연구에 몇 가지 확장에 대한 예측을 내놓았다. 베이트슨은 새로운 통신의 뼈대를 사회과학 전반에 적용하자는 야심찬 프로그램을 제시했다. 그는 사업주기, 군비경쟁, 정부의 견제와 균형 시스템 등 순환적 피드백에 의해 주도되는 시기적절한 사회적 현상들을 장황하게 풀어냈다. 그리고 다음과 같은 경고로 마무리했다. "사회과학에서는 엄격한 사고가 물리학자들 사이에서 일반적으로 보이는 것보다 더 필요하면 더 필요했지, 덜 필요하지 않습니다. 우리가 다루는 대상들은 그들의 컴퓨팅 기계보다도 훨씬 복잡하기 때문입니다."

생태학자 G. E. 허친슨은 환경에서 실제로 작동하는 피드백 과정, 그리고 거대한 순환 작용 속에서 환경의 영향을 받으면서 자신도 환경에 영향을 미치는 생명체의 몇 가지 사례를 보여주었다. 녹색 식물과 지구의 대기 사이에서 펼쳐지는 광합성 주기, 현대 산업에서 연료를 태우면서 생겨나는 산소와 이산화탄소의 균형 변화, 재화의 생산, 소비, 그리고 인구집단에서 천연자원의 고갈 속도가 과도해서 생기는 장기적인 궁핍의 주기 등 이런 사례들은 미래에 지대한 영향을 미치는 것들이었다. 그는 심지어 그런 물질의 주기가 역사적으로 예술과 개념의 문화적 생산에 측정 가능한 영향을 미쳤다는 것도 보여주었다. 그날 그의 강연은 생태학과 환경과학 분야를 새롭게 정의하게 된다.

하지만 위너의 주장에 가장 기뻐하고, 그 내용이 더 폭넓은 과학계로 전파되기를 간절히 바란 사람은 맥컬럭이었다. 뉴욕 아카데미 모임 이후 찾아온 여름에 그는 뉴욕 아카데미 연보 신간 서적 견본에 나온 위너의 강연 내용을 복사해서 미국과 전 세계 40명의 저명한 과학자들에게 보냈다. 그리고 이런 충고를 덧붙였다. "이것을 여러분의 분야에서도 결실을 볼 수 있을 거라 믿는 일부 개념들을 개인적으로 소통하는 것이라 보아주시기 바랍니다." 그의 우편물 발송 명단에는 벨 연구소의 클로드 섀넌과 연구소 기술진의 다른 구성원들, 그리고 모스크바에 위치한 소련과학아카데미의 확률론 학자 콜모고로프Kolmogoroff와 힌친Kintchine, 노벨상을 수상한 생화학자인 부다페스트대학교의 알베르트 센트죄르지Albert Szent-Györgyi, 오스트리아의 양자물리학자 에르빈 슈뢰딩거Erwin Schrödinger 등이 포함되어 있었다. 몇 년 앞서 슈뢰딩거는 물리계의 엔트로피와 생명체의 생존에 필요한 음의 엔트로피를 처음으로 연관 지은 바 있다. 이것이 위너에게 영감을 불어넣어 음의 엔트로피와 정보를 연관 짓게 만들었다.

  그 반응은 고무적이었다. 위너는 1947년 5월에 맥컬럭에게 이렇게 말했다. "벨연구소 사람들이 통계학과 통신공학 사이의 관계에 관한 내 논지를 온전히 받아들이고 있습니다." 맥컬럭 역시 자신의 새로운 글에 위너의 개념을 자유롭게 사용하고 있었고, 위너의 강연 재판본에 대한 요청이 더 많이 들어올 것이라 예상했다. 그는 위너에게 이렇게 말했다. "정보에 대한 당신의 개념이 얼마나 강력하게 자리잡고 있는지 보이실 겁니다."

* * *

  1947년 봄에 세 번째 메이시 학회가 열릴 즈음에는 위너의 새로운 과학에 대한 논란이 들끓고 있었다. 폰 노이만은 현대물리학에서 가장 중요한 원리 중 하나인 열역학 제2법칙에 명시되어 있는 무작위성 측정치인 엔트로피를 덧없고, 무작위적이고, 철저히 인간적인 개념인 정보와 연관 짓는 위너의 방정식을 보고 충격을 받았다. 새로운 실체인 메시지와 지능 그 자체가 한낱 통계적 확률, 그리고 순수한 혼란으로부터 유도될 수 있다는 개념은 폰 노이만의 논리적 마음이 감당하기에는 너무 지나친 것이었다.

그는 또한 자신이 아니라 위너가 그런 연관을 지었다는 데 질투심도 느꼈다. 하임즈에 따르면, "폰 노이만은 엔트로피와 정보 사이의 관계를 핵심 주제로 끌어올리기 전부터 그것을 파악하고 있었다. … 그리고 자신이 그 상관관계를 탐구하고 그 중요성을 온전히 평가하지 못해 그 공로가 위너에게 돌아간 것에 대해 짜증이 나 있었다." 폰 노이만의 전기작가는 여기서 한 걸음 더 나아가 이렇게 주장했다. "폰 노이만은 위너의 지성에 대해 진정한 존경심을 갖고 있었다. 그는 본질적으로 위너의 지성이 자신보다 뛰어날지도 모른다고 생각하고 있었다." 그리고 그는 폰 노이만이 메이시 학회에 참가한 가장 큰 이유도 위너의 개념에 접근할 수 있는 창구를 확보하기 위한 것이었다고 주장했다. 두 사람 모두 확률론과 통계역학의 대가였지만, 통신이론과 전후시대에 등장하고 있던 다른 응용과학 분야에 내재하는 불확실성을 더 편안하게 대할 수 있는 사람은 폰 노이만이 아니라 위너였다.

위너가 그 전 해 여름에 멕시코에서 그랬던 것처럼 폰 노이만 역시 뇌와 신경계의 복잡성 문제를 해결하는 데 어려움을 겪고 있었다. 몇 달 앞서서 놀라운 반전이 있었다. 컴퓨팅에 대한 신경 네트워크 접근 방식의 창시자이자 주요 지지자인 폰 노이만이 위너에게 장문의 편지를 보내 자신의 새로운 디지털 컴퓨터 기술에서 뇌를 본보기로 삼는 것에 대해 진지한 의문을 제기한 것이다. 폰 노이만은 사람의 뇌처럼 작동하는 오토마타를 만들려는 노력에 대해 얘기하며 이렇게 불평했다. "우리는 말 그대로 태양 아래 가장 복잡한 대상을 선택한 셈입니다. 뇌의 복잡성은 정말 위압적입니다. 우리가 더 단순한 시스템으로 눈을 돌려야 할 거라는 생각이 드는군요." 그는 그 대안으로 단세포 생명체의 분자 메커니즘을 바탕으로 오토마타의 모형을 만들자고 했다. 그리고 몇 년 후에 그는 이 개념을 더 온전하게 발전시켜 나간다.

폰 노이만은 자신이 신경학적 접근법에 대해 장황하게 비난을 늘어놓은 것이 다시 위너의 비난을 촉발하지 않을까 두려워했지만 위너는 냉정을 유지했다. 그는 맥컬럭과 피츠의 신경 네트워크와 관련해서 개인적인 이해관계가 존재하지 않았고, 그의 생각은 이미 더욱 깊은 생물학 영역과 몸의 화학적, 분자적 신호 체계로 빠져들고 있었다. 그럼에도 그 즈음해서 위너와 폰 노이만 사이의 따뜻했던 관계에 무언가 일어났다. 폰 노이만의 편지가 어떤 역할을 했을 수도 있고, 위너가 폰 노이만에게 MIT에서 학제적 연구를 함께 하자고 제안한 것을 그가 퇴짜 놓은 것에 대해 뒤늦게 반응을 보인 것일 수도 있고, 폰 노이만의 원자폭탄이나 더 큰 핵무기 제작에 열정을 보이는 것에 위너가 개인적으로 고통을 느껴서 그랬을 수도 있다. 이유야 무엇이었든 간에 첫 메이시 학회 이후에도 이미 둘 사이의 냉랭한 관계를 감지할 수 있었다. 하임스는 이렇게 적었다. "이후의 모임에서는 두 사람 사이의 냉각된 분위기, 더 나아가 갈등을 분명하게 느낄 수 있었다. 폰 노이만이 강연을 하면 위너는 대놓고 딴짓을 하거나 아주 시끄럽게 코를 골며 잠을 잤다." 폰 노이만은 몇 달 후 수학 학회에서 그 모욕을 되갚았다. "위너가 강연을 하고 있는 동안 폰 노이만은 앞줄에 앉아서 〈뉴욕타임스〉를 일부러 크게 소리 내어 읽어 위너를 짜증나게 만들었다."

메이시 모임에서는 성격 강한 사람들이 언제라도 불이 붙을 것처럼 뒤섞여 있었다. 베이트슨은 폰 노이만이 모든 것을 쏟아내고 두 주먹으로 두드리며 마치 권투를 하듯 공격적인 모습을 기억했다. 조용한 사람이었던 피츠도 날카로운 지적 논쟁에 있어서는 남 못지않게 전투적인 사람이었고, 사회과학자들의 엉성한 추론에 대해서는 경멸하는 모습을 보였다. 몇 년 후에 메이시 그룹에 합류해서 학회 회보 편집자가 된 빈 출신의 물리학자 하인츠 폰 푀르스터Heinz von Foerster는 마거릿 미드 역시 필요할 경우라면 주먹싸움도 마다하지 않을 또 한 명의 메이시 학회 참가자로 기억했다. "그녀 덕에 세션이 계속 진행될 수 있었습니다. 한 번은 두 회원이 서로를 향해 그리스어 속담을 주거니 받거니 하며 인용 문제로 싸움이 붙었죠. 그때 갑자기 마거릿이 주먹을 불끈 쥐고 탁자를 두드리며 이렇게 말했습니다. '이제 두 분이 그리스어를 잘 하는 것은 모두들 알아들었으니까, 우리가 논의하고 있는 문제에 대해 얘기해 보는 것이 어떨까요?' 그녀는 모임에서 아주 중요한 촉매제 역할을 했습니다."

많은 사람이 행사에서 리더역할을 했지만 폰 푀르스터의 말처럼 이 그룹의 '우두머리'는 분명 위너였다. "그의 존재감은 실로 대단했다. 모든 사람이 '우두머리'의 아이디어에 귀를 기울였다." 위너에 대한 폰 푀르스터의 기억은 MIT의 일부 젊은 공학자들이나 그를 자부심 과다에 빠진 정신이 없는 천재로 바라보는 다른 사람들의 기억과는 달랐다. "그는 대단히 온화하고, 명석했다. 나는 그가 자신의 말을 철저히 관리하면서 허튼 말은 절대로 하지 않는 겸손한 사람이라는 인상을 받았다."

하임즈 역시 위너가 눈부신 개념의 창시자이자 앙팡 테리블enfant terrible로 역할하면서 메이시 학회를 장악하는 중요한 인물이라 인식했다. 하임즈는 이렇게 말했다. "그는 학회에서 제시되는 과학 개념에 대한 열정을 주체할 수 없었습니다. 그는 확실히 그 모임과 그 안에서 맡은 자신의 중심적 역할을 즐기고 있었습니다. 가끔 그는 의자에서 일어나 시가를 손에 들고 특유의 오리걸음으로 원탁 주변을 돌고 돌며 장황하게 자신의 의견을 늘어놓았죠. 그를 멈출 수 있는 것은 없어 보였습니다."

메이시 학회 첫 몇 년 동안은 여름이면 그룹의 핵심 멤버들이 로렌스 프랭크의 시골집이 있는 클로벌리에 다시 모였다. 이곳은 뉴햄프셔 주의 작은 호수에 자리 잡은 집으로 사우스탬워스에 있는 위너의 집에서 운전으로 한 시간 거리에 있었다. 베이트슨과 미드, 프레몬트 스미스, 쿠르트 레빈 등이 가족과 함께 이곳을 찾아왔다. 아이들은 밤낮으로 숲에서 뛰어다니거나 모닥불 주변에서 노래를 부르며 놀았고, 그 동안 어른들은 상시적으로 모여 이야기와 유머를 나누었다. 미드는 재미있는 이야기로 사람들을 즐겁게 해주고 발사나무 판자나 타이어를 타고 꿈을 꾸듯 물 위에 떠 있기도 하며 클로벌리에서 12번의 여름을 보냈다. 미드와 베이트슨의 어린 딸 메리 캐서린Mary Catherine은 위너를 이런 사람으로 기억했다. "가다가 멈춰 서서 냄새 나는 시가를 피워 물고 자기가 최근에 생각해 낸 개념들을 래리와 마거리트에게 쏟아냈어요. 하지만 듣는 사람이 반응을 보여도 거기에 별로 관심은 없어 보였죠."

코네티컷 주 올드 라임에 있는 맥컬럭의 시골집에서는 더 축제 같은 시간이 흘러갔다. 맥컬럭은 예일대학교에 있는 동안에 뉴헤이븐에서 동쪽으로 50킬로미터 떨어진 해안가 마을에 2제곱킬로미터의 농장을 구입해서 매년 시카고, 보스턴 등에서 찾아오는 많은 사람들의 도움을 받아 그 안에 있는 큰 석조건물과 헛간, 작은 호수, 밭을 정성스럽게 가꾸었다. 올드 라임에서의 여름은 자유분방한 분위기에서 흘러갔다. 농장의 큰 방에 놓인 큰 식탁 주변과 바닥 여기저기 만들어진 작은 모임에서는 항상 진지한 과학적 대화가 오갔고, 맥컬럭은 그만의 유머감각으로 그 모임을 이끌었다.

위너는 올드 라임으로 자주 찾아와 어린 시절이나 성인이 되어서도 가정생활에서는 느껴보기 힘들었던 자유 속에서 사람들과 대화를 나누며 좋은 시간을 보냈다. 하지만 뉴욕에서나 그의 모든 방문에서처럼 올드 라임에서도 그는 묵어가는 손님으로서는 장점과 단점이 혼재되어 있는 사람이었다. 맥컬럭의 딸 태피Taffy는 이렇게 기억했다. "위너 아저씨는 아주 매력적인 사람이었지만 정말 아이 같았어요. 모든 사람이 그를 신경 썼죠. 위너는 위층에서 잠을 자고는 했는데 그럼 코고는 소리 때문에 아무도 잠을 잘 수 없었어요. 정말 끔찍했죠. 그러다 아침이 되면 위너 아저씨는 여기저기 돌아다니다 엉뚱한 방에 들어갔어요. 앞이 잘 보이지 않았으니까요."

태피는 위너의 모습을 생생하게 기억하고 있었다. "그는 독특했어요. 눈이 튀어나온 개구리처럼 생겼죠. 그가 호수에서 배를 불룩 내밀고 떠 있었던 모습이 기억나요. 그 상태에서 수다를 떨고, 시가를 허공에 흔들며 서서히 물속으로 가라앉았죠." 당시 올드라임에서는 발가벗고 수영하는 것이 일반적이었다. 그녀는 이렇게 기억했다. "호수에서 수영복을 입는 사람은 없었어요."

올드라임에서의 이 자유로운 풍경은 위너의 마음에 위안을 주었다. 그는 이곳에 와 있는 동안에는 성질을 부리거나, 감정이 격해지거나, 우울증에 빠지는 일이 없었다. 하지만 마거리트 위너는 맥컬럭에게 찾아오는 사람들의 보헤미안 같은 자유분방한 행동 방식이 맘에 들지 않았다. 그녀는 위너가 여름에 올드라임을 찾아올 때 한번도 동행하지 않았고 그곳에서 얼마나 자유로운 풍경이 펼쳐지는지도 알지 못했다. 페기가 이렇게 확인해 주었다. "아버지가 어머니에게 알몸 수영에 대해서는 절대 얘기하지 않았을 거라고 백 퍼센트 확신해요. 어머니가 그 얘기를 들었다면 어머니가 얼마나 화를 냈을지 안 봐도 생생하네요."

다른 과학자들도 그 열정적인 전후 시기에는 보헤미아적인 생활방식을 함께 했다. 그리고 한 세대의 젊은 과학자와 지식인, 그리고 젊음의 문화 전체가 20년 후에는 이들을 뒤따르게 된다. 하지만 진보적인 연장자들과 거기에 영감을 받은 장난꾸러기들로 이루어진 메이시 그룹과 맥컬럭의 유목 부족이야말로 그 시절의 정점에 있었고, 그 구성원들의 자유로운 행동, 불경한 태도, 사회적 관습에 대한 경멸이 이들의 연구에 활력을 더해 주었다.

* * *

하임즈는 메이시 학회에서 소개된 개념들이 정교해지고, 비평을 받고, 확장되고, 개선되고, 그 함축적 의미를 실천에 옮기는 데는 한 세대 이상의 시간이 걸렸고, 오늘날에도 지속되고 있다고 말했다. 그는 이렇게 주장했다. "그 학회들이 미국에서의 인문과학과 자연과학의 발달에서 역사적으로 중요한 역할을 했습니다." 그리고 새로운 기술과학이 그 교류로부터 훨씬 많은 혜택을 보았는지도 모른다. 하지만 그 신화적인 메이시 모임이 달콤하고 밝기만 했던 것은 아니었다. 맥컬럭은 한 회고록에서 당시의 상황을 꾸밈없이 솔직히 이렇게 표현했다. "처음 다섯 번의 모임은 정말 견딜 수 없는 수준이었다. … 담배연기하며, 소음하며, 싸움하며 글로 옮기기도 민망한 상황이었다." 그는 이렇게 씩씩대며 당시를 회상했다.

내가 살면서 이런 모임은 정말 처음이었다. 그렇게 학술적으로 지위가 높은 다 큰 어른들이 그런 언어로 서로를 공격하는 모습은 평생 한번도 본 적이 없었다. 나는 사람들이 한 명, 한 명 눈물을 훔치며 떠나는 모습을 지켜보았고, 한 사람은 아예 돌아오지 않았다. 누군지 말은 안 하겠지만 그 과학자 중 한 사람이 마거릿 미드의 면전에 대고 주먹을 흔들면서 이렇게 소리 질렀던 것이 생생하게 기억난다. "이봐요, 총을 들고 숲으로 들어가며 큰어치가 하는 말을 다람쥐가 어떻게 알아듣겠냐고 생각하는 사람이면 사냥을 한번도 해보지 않은 겁니다. 그저 총 들고 숲 속을 더듬더듬 기어만 다닌 거지." 이것도 약한 사례를 든 것이다.

하지만 마거릿 미드는 무언가 더 큰 사건이 일어나고 있음을 간파했다. 인류학자로서의 관점에서 바라본 미드는 그 작은 메이시 부족을 '상호작용하는 개인들의 무리가 더 큰 문화가 나아갈 방향을 설정하는 선택을 내리는 문화적 미시진화cultural micro-evolution의 한 구성단위'를 보여주는 교과서적인 사례로 인식했다. 그리고 메이시 그룹 자체는 미드의 '진화 무리evolutionary cluster'에서 가장 인상적인 것도 아니었다. 그녀의 구상에 따르면, "진화 무리의 가장 뚜렷한 특징은 그 안에 적어도 한 명의 대체불가능한 개인이 존재한다는 것이다. 그 개인은 상상력과 사고능력에서 특별한 능력을 타고나서 그 사람이 없으면 무리가 완전히 다른 특성을 띠게 된다."

　미드, 폰 푀르스터, 맥컬럭, 그리고 메이시 학회에 참가한 많은 사람들에게 있어서 그 '한 명의 대체불가능한 개인'은 바로 위너였다. 그는 통신의 개념과 원리의 새로운 세계를 열어 학회 참가자들에게 보여주었고, 메이시 학회가 위너에게도 아주 큰 도움이 되었다는 것은 의문의 여지가 없다. 이 학회는 그의 새로운 통신 과학 중 사회적 차원에 대한 인식을 확장해 주었고, 이미 흘러나오기 시작하고 있던 새로운 기술이 인간에게 미칠 영향에 대해 이른 시기부터 그의 생각을 바꾸어 놓았다.

　위너는 그 모든 것을 바라보고, 귀 기울여 들으며 흡수하고, 그 조각들을 이어 맞췄다. 이는 다방면에 유능한 옴니버스 유형의 신동 출신만이 가능한 일이었다. 그리고 메이시 학회가 시작한 지 1년 후에 그는 모든 새로운 지식과 기술적 노하우를 인간과 사회에 대한 깊은 이해와 함께 집대성해서 정보시대의 빅뱅을 알리는 작은 책자를 펴냈다.

9장

빅뱅: 사이버네틱스

"정보는 정보지, 물질이나 에너지가 아니다."
― 노버트 위너, 『사이버네틱스』

1947년 5월 20일에 위너는 전쟁 후 유럽으로의 첫 여행을 위해 뉴욕에서 배에 올랐다. 그날 아침 동이 트기 직전에 밝은 혜성 하나가 줄무늬를 남기며 남쪽 하늘을 가로질렀다. 그리고 곧이어 대서양 건너편에서 위너보다 앞서서 태양의 개기일식이 일어났다. 이렇게 우주적 사건이 한 번에 일어나는 경우는 역사에 딱 한 번 기록된 적이 있었다.

위너는 생물학자 친구 J. B. S. 홀데인의 런던 집에서 짧게 머문 후에 영국을 신속하게 돌며 온전하게 프로그래밍이 가능한 최초의 다목적 디지털 컴퓨터 제작을 위한 경주를 가속할 영국의 핵심 주자들을 만나보았다. 그는 폰 노이만의 아키텍처를 기반으로 기계를 제작 중이던 케임브리지와 맨체스터의 연구진들을 만나고 테딩턴Teddington의 국립물리학연구소에서 그는 컴퓨테이션의 개념을 만들어낸 위대한 학자 앨런 튜링과 대화를 나누었다. 튜링은 또 다른 폰 노이만 스타일의 기계 설계를 감독하면서 자기만의 논리적 프로그래밍 언어를 개발 중이었다. 위너는 자신의 새로운 통신 및 제어의 과학에 대해 튜링과 얘기할 것이 많았다. 위너는 영국의 분위기가 자기가 개발 중인 새로운 개념들을 소화할 수 있는 분위기가 무르익었고 공학 연구도 훌륭하다는 것을 알게 됐다.

하지만 이번 여행에서 영국은 위너가 중간에 잠시 거치는 곳에 불과했다. 그는 국제학회에 참석하기 위해 프랑스로 향하고 있었다. 이 학회는 또 다른 오랜 친구이자 공동연구자인 폴란드 태생의 수학자 숄렘 망델브로이Szolem Mandelbrojt가 콜레주드프랑스에서 개최하는 조화분석에 관한 학회였다. 위너의 연구가 이 행사에서 가장 관심이 집중되는 부분이었다.

그러다 학회가 끝나고 파리에서 위너는 대륙과 그 너머로 위너의 새로운 과학에 불을 당겨줄 행운을 만나게 된다.

빛의 도시 파리는 전쟁의 어두운 시절을 보내고 다시 환하게 불을 밝히고 있었다. 사람들은 두려움 없이 도시의 거리를 걸어다니고 정원으로 떼 지어 몰려다녔다. 센 강 옆에 있는 책방에는 온갖 개념들이 충만했고, 야외 카페 탁자 주변에서는 철학에 대한 대화가 심심치 않게 들려왔다. 위너는 센강 좌안에서 뜨거운 바게트와 이국적인 치즈의 냄새가 풍기는 구불구불한 골목을 따라 사람이 붐비는 생 미셸대로를 지나 구시가지 대학가 심장부로 걸어갔다. 그리고 소르본 맞은편에 있는 어수선한 작은 책방으로 갔다. 그곳에서 그의 MIT 동료 중 한 명이 위너가 '내가 만나본 가장 흥미로운 사람 중 한 명'이라고 칭찬했던 신사와의 만남을 주선했다. 그 신사는 멕시코계 프랑스인으로 외교관으로도 활동했던 팔방미인이었다. 위너는 그 후로 영원히 그 사람을 '헤르만 회사의 출판인 프레이만Freymann'이라 부르게 된다.

프레이만은 자신의 직업적 공적과 프랑스 학회로부터 공식 계약을 따내기 위해 노련하게 일했던 이야기로 위너의 존경심을 이끌어냈다. 그리고 그는 그런 노력을 잘 활용해서 출판사가 할 수 있는 한도 안에서는 거의 이윤 추구의 동기에서 자유로운 모습으로 지성이 충만한 출판사를 세운 방법에 대해 솔직히 밝혀서 위너의 마음을 샀다. 그 다음 프레이먼은 위너에게 그가 도저히 거부할 수 없는 제안을 했다.

프랑스의 과학역사가 피에르 드 라틸Pierre de Latil은 프레이만 본인으로부터 전해들은 그 순간의 이야기를 이렇게 담아냈다.

"선생님께서 항상 말씀하시는 그 이론에 대해 책을 한 권 써 보시지요."
"아직은 대중이 받아들일 준비가 안 됐습니다. 아마도 20년이나 지나야…."
"흥미를 보일지도 모를 출판인을 한 명 알 것 같아서요."
"세상 어느 출판인이 그런 위험을 감수하겠습니까!"
"무슨 말씀을요. 제 생각에는 흥미가 있을 것 같습니다."
그런 대화가 잠시 이어지다가 위너가 갑자기 말했다.
"오호라! 그 출판인은 바로 선생님이시군요."
그렇게 두 사람은 손을 잡았다.
"석 달 안으로 원고를 넘겨드리겠습니다."
위너는 이렇게 기억했다. "그 후로 우리는 근처 케이크 가게에서 코코아를 한 잔 마시며 계약서를 작성했다." 사실 이 출판인은 위너가 이 일에 크게 공을 들일 거란 기대가 없었고, 위너는 그런 줄 모르고 있었다. 라틸은 이렇게 글을 이어갔다.

위너가 떠나고 프레이만은 미소를 지으며 이렇게 말했다. "저 사람도 이런 계약 따위는 뒤돌아서자마자 잊어버리겠지." 그리고 실제로 위너가 파리에 머무는 동안 이 문제에 대해 더 이상의 언급도 없었다.

하지만 위너는 잊지 않았다. 위너는 프레이만에게 약속한 책이 전 세계 동료 독자들과 폭넓은 대중에게 자신의 개념을 전파할 기회라 생각하고 흥분했다. 그 책은 이 흥분을 추진력 삼아 잘 통제된 창조적 폭발 속에서 머리에서 쏟아져 나올 것이었다. 하지만 집필 작업을 진행한 곳은 프랑스도, 미국도 아니었다. 위너는 7월 중순에 보스턴으로 돌아간 다음, 5일 후에는 멕시코시티로 향했다. 그리고 국립심장학연구소에서 로젠블루에스와 그 다음 연장 근무에 들어갔다. 그는 그곳에서 여가시간을 이용해서 그의 새로운 과학에 이름을 부여하고, 사반세기 동안 대본을 작성해 온 과학혁명을 선포할 작은 책 한 권을 썼다.

이미 미국 과학의 오지에서 그 많은 시간을 보내며 오래도록 준비해 온 위너는 자기가 하고 싶은 말이 무엇인지 정확히 알고 있었다. 하지만 작가로서의 과제가 그저 기술만의 문제가 아님을 그도 일찍부터 알고 있었다. "거의 시작하자마자 이 새로운 통신과 제어의 개념이 인간, 그리고 우주와 사회에 관한 인간의 지식에 대한 새로운 해석을 필요로 한다는 것이 분명해졌다."

그렇게 해서 작업이 시작됐다. 그는 줄이 그어진 용지에 손으로 직접 글을 쓰며 학구적이면서도 어느 정도는 조증의 기분에서 작업을 진행했다. 그는 국립심장학연구소 근처에 얻은 작은 아파트의 거실, 도시 너머로 눈에 덮인 산이 보이는 옥상 정원, 그리고 로젠블루에스가 자기 연구소와 접한 방에 제공해 준 조용한 작업실에서 작업했다. 그는 아침에 눈을 떠 동트기 전의 몽상에서 나온 아이디어로 머리가 가득 찼을 때 글이 제일 잘 나왔다. 그때는 생각이 종이 위로 술술 흘러나왔다. 그의 새로운 통신이론은 공학과 생물학, 열역학과 항상성, 정보와 엔트로피, 컴퓨팅 기계와 신경계 등 과학의 우주 양 극단에서 나온 것이었다.

위너가 자신의 주장을 입증하기 위해 만들어낸 대량의 고등수학이 난해한 기호와 약자 표기법의 문자열로 펼쳐졌다. 나중에 그의 복잡한 방정식을 확인하는 시간이 찾아올 것이다. 정보와 통신이 지각과 인격에 미치는 생생한 영향력, 대중매체가 개인의 삶과 문화에 미치는 힘, 사람을 그 주변의 세상과 연결하는 복잡한 통신과정의 상호작용 등 게슈탈트 심리학, 인류학, 그리고 메이시 학회에서 흡수한 다른 사회과학에서 온 새로운 개념들은 그가 작업 중인 더 큰 퍼즐과 깔끔하게 맞아떨어졌다. 위너가 어린 시절 이후로 쓰지 않았던 철학의 근육들을 새로운 지혜와 성숙함으로 움직이기 시작하자 인간, 우주, 사회에 대한 그의 새로운 해석이 종이 위에 명확하고 대담하게 흘러나왔.

이제 그에게 남은 일은 이 새로운 과학에 적절한 이름을 붙여주는 것이었다.

전쟁 동안, 그리고 그 이후로 위너는 새로운 통신 및 제어의 과학의 본질을 잘 담아내기에 딱 어울리는 용어를 찾으려 했다. 이제 책의 마감 시간이 다가오자 그는 자신의 머릿속에 있는 방대한 고전 언어와 과학사의 지식을 파고들었다. 나중에 그는 이렇게 기록했다.

나는 이 책을 아주 공들여 작업했다. 하지만 나를 당황하게 만든 것은 이 책의 제목과 그 주제의 이름을 무엇으로 고를 것이냐는 문제였다. 나는 먼저 '메신저'를 의미하는 그리스단어를 찾아보았지만 내가 아는 것은 'angelos'밖에 없었다. 이것은 신의 전령인 '천사angel'를 의미한다. 이 단어는 다른 용도로 이미 사용되고 있어 제대로 된 맥락을 부여해 줄 수 없다. 그래서 나는 제어 분야에서 나온 적절한 단어를 찾아보았다. 내가 생각할 수 있는 단어는 키잡이를 의미하는 그리스어 'kubernêtês'밖에 없었다. 내가 찾는 단어는 영어로 사용되어야 했기 때문에 나는 그리스어의 영어 발음을 이용해야겠다고 생각했다. 그리하여 '사이버네틱스cybernetics'라는 이름이 떠올랐다.

이 단어는 귀에도 쏙쏙 들어오고, 어원도 마음에 들었다. 위너가 어린 시절에 암송했던 고전 텍스트에는 미천한 신분과 고귀한 목적을 가진 키잡이, 조타수, 조종사 등 'kubernêtai'가 있는 사람들로 가득했다. 그리스의 서사시와 극에는 조타수가 자주 등장해서 웅장한 배를 몰아 검은 바다를 가로질러 영웅들을 안전하게 데려다 주었다. 그리스의 철학자들 역시 조타수에 매료됐다. 항해에 관한 암시가 짙게 깔려 있는 수사법에 대한 대화에서 소크라테스는 잠시 옆길로 빠져 위너가 2천 년 후에 맡게 될 사명의 전조를 알렸다.

조타수의 기술은 사람들의 영혼과 육신을 지극히 큰 위험으로부터 구원해 준다. 그럼에도 자기가 무언가 대단한 일을 하고 있다는 기색이나 가식을 보이는 법이 없다. 이 기술의 대가인 그는 잘난 척 하는 일 없이 배를 몰며 해안을 따라 움직이지만, 그는 자신의 승객 중 자기 덕분에 바다에서 길을 잃지 않아 득을 본 사람이 누구인지 잘 알고 있다.

이 용어는 시대를 거치며 살아남았다. 19세기에 전기 과학의 창시자인 프랑스의 물리학자 앙드레-마리 앙페르$^{André\text{-}Marie\ Ampère}$는 'cybernétique'라는 단어를 '지배의 기술'을 표현하는 말로 사용했다. 하지만 위너는 자신의 책을 출판한 이후에야 그 사실을 알게 된다. 대신 그는 '사이버네틱스'라는 단어의 라틴어 버전인 'gubernātor'를 알고 있었다. 이것은 영어 단어 'governor(통치자)'의 어원이다. 1789년에 와트는 자신의 증기기관의 속도를 제어하는 플라이볼 피드백을 기술하기 위해 이 용어를 기술적 맥락에서 처음으로 사용했다. 한 세기 후에는 제임스 클라크 맥스웰이 왕립학회보에 발표한 자신의 유명한 논문 〈조속기에 관하여$^{On\ Governors}$〉에 이 용어를 써서 과학문헌에도 등장하게 됐지만, 당시는 항해용 증기선 최초의 자동화 피드백 제어 조타기관이 등장하면서 이미 이 개념이 널리 사용되고 있었다.

고대의 인간 'kubernêtai'와 산업시대 최초의 실용적인 사이버네틱 장치를 기념하기 위해 위너는 자신의 새로운 과학에 사이버네틱스라는 이름을 붙여주었다. 그 이유는 다음과 같았다. "이것이 내가 이 개념을 적용할 수 있는 전 분야에 걸쳐 제어의 기술과 과학을 표현하는 용도로 찾아낼 수 있었던 최고의 단어였다."

* * *

출판인 프레이만의 입장에서는 절대로 결실을 맺을 일이 없을 거라 생각했던 계약이지만, 위너와 프레이만이 그 계약을 한 지 석 달 만인 1947년 말에 대해 라틸은 이렇게 적었다. "소르본가에 항공우편 소포가 하나 도착했다. 프레이만이 그 소포를 열자 그 안에는 원고가 들어 있었다." 프레이만은 즉시 그 책의 제작에 들어갔다. 프레이만은 일거리를 찾아 자신의 작업실로 찾아온 파리의 인쇄공에게 말했다. "지금 당장 진행해야 할 일이 있네. 저기 탁자 위에 있는 원고." 11일 만에 활자 조판이 이루어졌고, 서둘러 보스턴의 위너에게 교정쇄를 보냈다. 하지만 프레이만은 부채가 남아 있었다. 위너는 알쏭달쏭한 전보를 보냈다. "미국의 효율성을 두 배 넘게 능가해야 할 것입니다."

『사이버네틱스』의 출판이 임박했다는 사실에 위너의 고용주인 MIT 측에서는 깜짝 놀랐다. 위너는 그 원고를 "MIT 당국"이라 칭한 이들에게 보여주었을 때를 이렇게 회상했다. "그들은 큰 관심을 보이면서 그 책을 미국에서 출판할 수 있는 방법을 찾고 싶어했다." 실제로 MIT 관계자들은 『사이버네틱스』에 대한 권리를 주장하기 위해 민첩하게 움직였다. MIT의 출판사 '테크놀로지 프레스'의 담당자는 파리로 전화를 걸어 프레이만에게 위너의 계약을 취소해 달라고 애원했다. MIT의 입장에서는 자기네 교수 중 한 명이 쓴 책이 다른 출판사에서 출판되는 것을 보고만 있을 수 없다는 이유를 들었다. 하지만 프레이만은 꿈쩍도 하지 않았다. 대서양을 사이에 두고 줄다리기가 이어지다가 여섯 번의 전화통화 이후에는 양쪽 모두가 만족할 수 있는 평화로운 해결로 마무리됐다. 프랑스의 프레이만 입장에서는 더욱 큰 영광을 누리게 됐다. 프레이만은 이 책을 미국에서 MIT와 공동으로 출판하는 데 합의했지만, 저작권은 계속 유지했고, 프랑스판을 국제적으로 유통시켰다.

이 책의 교정쇄 검토는 제대로 이루어지지 않았다. 과도한 업무와 새로 생긴 백내장 때문에 시력이 떨어진 위너는 자신의 제일 재능 많은 박사과정 학생인 월터 피츠와 올리버 셀프리지에게 프레이만이 보낸 두 권의 교정쇄 중 하나를 검토해서 수정해 달라고 요청했다. 하지만 누군가가 실수를 해서 교정을 보지 않은 책을 다시 프랑스로 돌려보냈다. 셀프리지는 위너가 두 권을 혼동해서 엉뚱한 것을 프레이만에게 보냈다고 주장했다. 위너는 두 사람을 탓했다. 그는 나중에 이렇게 한탄했다. "책이 만족스러운 형태로 나오지 않았다. 교정 과정이 내가 눈을 사용할 수 없는 시기에 이루어졌는데 나를 돕기로 한 젊은 제자들이 그 일을 진지하게 받아들이지 않았다."

맥컬럭은 1948년 3월에 열린 5차 메이시 학회에서 이 책을 잠깐 보게 됐다. 그는 위너가 그 책이 어떤 평가를 받을지를 두고 걱정으로 미칠 듯이 초조해하는 모습을 보았다. 하지만 맥컬럭이 보기에 위너의 걱정은 치기어린 불안이나 작가들의 일반적인 초초함 이상의 것이었다. 맥컬럭은 이렇게 회상했다. "책을 살펴볼 시간이 한 시간 정도밖에 없었고, 우리는 이 책의 유통에 대해 얘기했다. 우리 두 사람 모두 그 유통의 잠재력에 대해 크게 과소평가하고 있었다. 나는 그 책에 대해 그에게 칭찬했지만 그는 그 책의 진정한 가치에 대해 지나치게 걱정하고, 긴장하고 있었다. 그는 그저 칭찬을 받고 싶어 하는 12살짜리 소년이 아니라 반드시 전달해야 할 메시지를 품고 있는 예언자처럼 긴장하고 있었다."

* * *

『사이버네틱스: 동물과 기계에서의 제어와 통신Cybernetics: or Control and Communication in the Animal and the Machine』은 1948년 10월 22일에 프랑스와

미국에서 동시에 출판됐다. 양쪽 판 모두 영어로 인쇄됐다. 당시 미국판 양장본의 가격은 3달러였다. 그 책이 등장했을 때 일부 과학 논평가는 이 책을 난해하고, 구조도 나쁘고, 복잡한 수학 공식 여기저기에 오류도 많다며 평가절하했다. 이 책이 고도로 이론적인 주제를 다루고 있음을 고려하면 첫 번째 비판은 피할 수 없는 부분이었다. 두 번째 비판은 논란의 여지가 있었다. 위너의 글 쓰기 스타일은 그의 과학처럼 대화체이고 다차원적이다. 그는 이론에 대해 얘기하다가 갑자기 그 이론이 미칠 영향으로 뛰어넘어가서 연구실, 실생활 등 사이버네틱스의 개념을 적용할 수 있는 다양한 분야에 걸쳐 그의 과학이 실행되는 사례를 화려하게 다룰 때가 많았다. 세 번째 비판에는 할 말이 없었다. 위너가 실수를 잘 저지르는 성향이 있고, 교정을 보는 과정에서 혼란도 있었고, 백내장 때문에 마지막 단계에서 책을 읽고 검토하지도 못하는 바람에 이 책의 초판에는 수많은 수학적 오류가 들어 있었다.

이런 결함들이 있긴 했지만 『사이버네틱스』는 과학적 추론과 저술의 걸작이었다. 〈아메리칸 사이언티스트〉 잡지에 따르면 새 천년을 맞이하는 시간에도 이 책은 20세기 과학의 가장 기념비적이고 영향력 있는 작품 중 하나로 순위에 올랐다고 한다.

이 책은 서문만으로도 책값을 다했다. 그의 생생한 문체로 적어 내려간 포괄적인 개요에서 위너는 새로운 과학의 짧은 역사와 유럽과 미국에서의 오랜 잉태 기간에 대해 살펴보았다. 그는 철학, 수학, 열역학 분야에서 이 분야의 선조들, 그 중에서도 특히 라이프니츠와 맥스웰의 공로를 인정했다. 위너는 라이프니츠를 '사이버네틱스의 수호성인'이라 극찬했다. (위너는 뒤에 나오는 통계역학에 관한 장에서 따로 특별히 대우해 주기 위해 여기서는 깁스Gibbs에 대해 언급하지 않았다)

그는 부시, 이육윙, 맥컬럭, 피츠, 튜링, 에이컨, 폰 노이만, 섀넌 등을 비롯해서 새로운 과학과 기술에 기여한 동시대 사람들과 공동연구자 각각에게도 공을 돌렸다. 그는 전쟁 기간 동안 비글로와 진행했던 연구에 대해 길게 글을 써 내려갔고, 1940년 가을에 부시에게 제출했던 디지털 컴퓨터 설계에 대한 선견지명이 빛났던 메모에 대해서도 자세히 기록했다.

하지만 시작부터 위너는 사이버네틱스의 탄생을 기술이 아니라 생물학 덕분으로 돌렸다. 그는 사이버네틱스가 시작된 순간을 하버드 의대에서 있었던 로젠블루에스의 저녁만찬 모임으로 꼽았다. 그 자리에서 그와 로젠블루에스는 과학에서 가장 풍부한 성장 잠재력을 갖고 있는 곳은 기존에 확립된 영역 사이에 자리 잡은 무인지대라고 확신했었다. 이제 위너는 자신과 로젠블루에스가 공동으로 추구해 온 꿈을 다시금 환기시켰다. 그 꿈은 그 경계 지역과 과학의 지도 위에 나 있는 여백의 공간에 불을 지피는 꿈, 그리고 그 공간들을 하나의 전체로 이해하고 싶은 욕망과 영적 필요성으로 합류하여 그것들을 이해할 수 있도록 서로 돕는 독립적인 과학자들이 그런 과학의 오지 중 한 곳에서 함께 연구할 수 있도록 학제적 기관을 설립하고 싶던 꺼지지 않은 갈망이었다.

위너는 메이시 학회 참가자들, 프린스턴 컴퓨터 모임, 그리고 케임브리지, 시카고, 멕시코시티에서 진행된 연구에 관여했던 모든 사람 등 무인지대에서 함께 했던 다른 모든 협력자들에게도 세심하게 감사의 마음을 전했다. 사이버네틱스를 종합하게 된 계기는, 기계에서든 생명에서든 통신과 제어에서 중심이 되는 일련의 문제들이 본질적으로 모두 하나로 귀결된다는 인식이 자라고 있었고, 전체적으로 연구

집단들이 공통의 어휘가 부족했고, 심지어 해당 분야를 지칭할 이름도 하나로 통일되어 있지 않아서 연구에 심각한 지장이 생기고 있었기 때문이었다. 위너는 이렇게 말했다. "머지않아 공학자들이 사용하는 전문 용어들이 신경생리학자와 심리학자들의 용어로 오염되게 됐고, 이를 바로 잡을 공동의 어휘를 정립할 필요가 있음을 모두가 분명하게 깨닫게 됐다."

위너는 자신이 지도를 작성했던 대로 새로운 영토를 크게 돌면서 사이버네틱스의 새로운 용어와 개념들을 펼쳐 보였다. 그의 책은 여전히 기밀로 분류되어 있던 옐로우 페릴, 로젠블루에스 및 비글로와 함께 발표했던 1943년 논문, 그리고 뉴욕과학아카데미에서 했던 1946년 강의에서 조금씩 발표했던 통신과 제어의 모든 원리들을 결합해서 이제는 동물과 기계, 인간에게 공평하게 적용되는 더 큰 통합을 일구어냈다. 그의 '메시지라는 근본 개념'은 전기, 기계, 신경의 수단을 통해 전달되는 메시지까지 모두 포함하도록 확장되었다. 6년 전에 '확률의 통계적 측정'이라고 모호하게 표현되었던 그의 혁신적인 정보 개념은 이제 '정보의 양에 대한 통계이론으로, 이 이론에서 정보의 단위 양은 동일한 가능성을 갖고 있는 대안 사이의 단일 결정으로 전송되는 양이다'라고 정확하게 공식화됐다.

책이 펼쳐지면서 위너는 정보의 두 가지 주요 모드, 즉 이산적^{discrete} 정보와 연속적 정보, 혹은 디지털 정보와 아날로그 정보를 구분했다. 그리고 통신, 전자 컴퓨팅, 자동 제어 시스템에서의 다양한 응용법을 확인했다. 그는 정보는 질서이며, 물리학에서의 엔트로피 혹은 무질서의 음의 값이며, 2진 단위를 이용해서 대수적으로 측정되어야 한다는 자신의 중요한 주장을 입증하기 위해 몇 페이지에 걸친 방정식을 제시했다. 그리고 그는 통신공학의 실질적 문제를 해결하기 위한 증명들을 집어넣었다. 그는 메시지(질서)를 잡음(무질서)으로부터 분리하는 데 필요한 수학적, 공학적 비밀도 모두 털어놓고, 자신의 새로운 통계기술을 향상된 전자회로, 피드백 메커니즘, 자동화 기계를 설계하는 데 어떻게 사용할 수 있는지도 보여주었다. 그는 물리적 시스템과 생물학적 시스템, 그 둘의 서로 다른 조직 방식, 그리고 각각의 자연 영역에서 찾아볼 수 있는 서로 다른 형태의 정보들에 대해 대단히 중요한 구분을 내렸고, 피드백의 공학적 원리가 항상성이라는 생리학적 과정과 동등한 것임을 수학적으로 증명해 보였다.

책의 중간지점에서 위너는 자신의 가장 중요한 사이버네틱스 용어와 개념들을 한데 모아서 공학자와 기술자들로만 이루어진 폐쇄적 모임이 아닌 세계에 전해주었다. 이것은 모든 종류의 복잡한 시스템을 이해하는 핵심이었다. 그는 정보 과정이 본질적으로 하나임을 주장하면서 공학자들이 제어하고, 조직하고, 안정화시키고, 자기규제하고, 통신 네트워크와 지능형 자동화 기계를 통제할 때 어디서나 사용하기 시작한 '정보 피드백을 통한 제어'라는 새로운 기술적 방법이 본질적으로는 자연이 오래 전에 인간과 모든 생명체의 기본적인 운영 시스템으로 선택한 것과 동일한 보편적 과정임을 보여주었다.

그렇게 하는 과정에서 위너는『사이버네틱스』를 통해 피드백이 한낱 훌륭한 기술적 개념을 뛰어넘은 보편적 원리임을 확립했다. 그는 기계 시스템, 전기 시스템, 생체 시스템에서 실제로 작동하고 있는 음성 피드백과 양성 피드백 모두의 구체적이고 실질적인 사례를 제시했고, 각각의 피드백이 너무 많거나 너무 적을 때 생기는 흔한 장애에 대해 기술했다. 그는 음성 피드백이라는 영어 용어에 부정적이라는 의미의 'negative'가 들어가 있지만 사실 전혀 부정적인 것이 아님을 분명히 했다. 음성 피드백의 오류 수정 정보가 자동화 기계와 신체와 뇌, 그리고 일상의 삶을 사는 사람들에게 질서와 자기 통제 능력을 부여해 주기 때문이다. 통신 과정이나 제어 과정에서 나온 결과를 확인하거나 강화해 주는 정보인 양성 피드백도 사이버네틱스 시스템에서는 마찬가지로 소중하다. 특히 사람이라는 시스템에 중요하다. 하지만 양성 피드백은 굉장히 파괴적으로 작용할 수도 있다. 위너 자신도 사격제어 프로젝트에서의 고생을 통해 이 사실을 뼈저리게 느꼈다. 양성 피드백을 손을 쓰지 않고 내버려두면 그 자기강화 효과 때문에 시스템의 오류를 악화시켜 시스템을 폭주와 요동, 결국에는 파국으로 이끌 수 있다. 목적 진전과 파킨슨병 같은 신경장애가 생긴 사람들을 보면 이런 효과를 어렵지 않게 관찰할 수 있다. 위너가 좋아하는 사례도 있다. 빙판길에서 액셀러레이터를 한 번 잘못 밟았다가 자동차를 멈추는 데 필요한 음성 피드백을 제공해 줄 브레이크가 무용지물이 되는 바람에 차를 통제할 수 없어서 곤경에 빠진 운전자의 사례다.

위너는 주변 세상에 적응하여 살아남기 위해서는 모든 통신 시스템에서 음성 피드백과 양성 피드백의 건강한 균형이 필요하다고 분명하게 밝혔다. 그의 영향력 아래 이 용어는 개인의 머릿속에 박혀 들어가 문화적 어휘이자 정보시대의 개념적 레퍼토리로 자리잡게 될 것이었다.

『사이버네틱스』에서 위너는 인간과 기계 사이에서 더욱 계몽적인 연결을 이끌어냈고, 자신의 새로운 과학의 지평을 넓혀 메이시 학회에서 등장하기 시작한 심리적 통찰까지 아우르게 됐다. 그는 독자들에게 새로운 종류의 전자 컴퓨터를 소개하면서 이들의 물리적 구성요소와 논리 연산이 어떻게 자신을 창조한 인간의 뇌와 신경계의 작동을 흉내 내고 있는지 보여주었다. 게슈탈트 심리학자들의 통찰과 맥컬럭과 피츠의 새로운 연구를 바탕으로 그는 정보 처리라는 새로운 측면에서 정신에서 일어나는 지각이라는 주관적 과정을 설명했다. 그는 컴퓨터를 처음으로 텔레비전 카메라에 연결하기 10년도 전에 컴퓨터의 지각에서도 이와 비슷한 기술을 제안했다. 시각피질 속 뇌파와 동일한 진동수로 작동하는 전자 주사 메커니즘을 사용하는 기술이었다. 그리고 그는 컴퓨터와 뇌라는 두 유형의 사이버네틱스 시스템이 서로 비슷한 방식으로 파국적인 고장을 일으킬 수 있다는 것도 설명했다.

위너는 사회에서 정신질환을 이해하고자 할 때 뇌와 비슷한 새로운 컴퓨팅 기계로부터 많은 것을 배울 수 있다고 믿었다. 그는 장기에서 비롯된 것이 아닌, 기능적으로 발생한 인간의 정신 질환 중 상당수는 "근본적으로 기억의 질병이자, 뇌에 의해 활성화 상태로 유지되는 순환 정보의 질병이다"라고 제안했다. 그리고 "그보다 더 중대한 장애들은 그 영향 중 상당 부분이 조직의 파괴보다는 신경계에서 일어나는 2차적인 통신 장애 때문에 생기는 것이다"라고 제안했다. 그는 일찍부터 이런 신경계의 통신 장애 문제가 뇌 속에서 순환하는 무수히 많은 화학 메신저와 관련이 있을지도 모른다고 의심했다. 그는 논리적 역설에 사로잡힌 컴퓨터가 멈출 방법이 없어 보이는 순환논리의 악순환에 빠져드는 것처럼 현대에 들어서 생긴 병적인 걱정, 불안발작, 기타 전통적인 신경증장애 등의 문제들 역시 상대적으로 사소한 걱정에서 시작되었더라도 그것이 점점 커져 정신생활을 파괴할 수 있을 정도로 강해질 수 있다고 설명했다. 그는 정신에서 나타나는 다른 병리적 상태를 정보 과부하라는 새로운 기술적 문제와 비교했다. 동물이나 기계에서 이런 정보 과부하는 통신량이 너무 많거나, 바람직하지 않은 메시지가 과도해져서 생길 수 있다. 그는 양쪽 경우 모두 갑자기 정상적인 통신량도 충분한 공간을 할당받지 못해서 일종의 신경쇠약을 경험하고, 더 나아가 정신이상으로 이어지는 지점에 도달하게 될 것이라 예측했다.

책의 마지막 장에서 위너는 독자들에게 사이버네틱스의 문화적, 사회적 차원에 대해 소개한다. 위너는 컴퓨터나 뇌와 달리 사회의 소통 채널은 전선이나 신경 네트워크가 아니라 언어와 비언어적 소통 수단을 사용하는 개인 간의 정보 교환, 가족과 더 큰 사회 조직에서의 학습과 집단적 소통, 그리고 서로 다른 문화에 속한 사람들 간의 지식과 경험 교환을 통해 형성된다고 했다. 위너는 베이트슨, 미드, 그리고 메이시 학회의 다른 사회과학자들의 개념을 끌어들여 원시사회와 선진사회 모두에서 발견되는, 사회를 안정시켜 주는 항상성 과정에 대해, 그리고 그 본질적 과정을 강화하거나 약화시키는 수많은 힘에 대해 기술했다. 그는 이렇게 말했다. "긴밀하게 엮여 있는 소규모 공동체는 문명화된 국가의 글을 아는 공동체이든, 원시 야만 사회의 마을이든 상당한 양의 항상성을 갖고 있다." 하지만 그는 현대의 대중매체 문화에 대해서는 그리 호의적이지 않았다.

이제 자신의 직업적 글에서는 처음으로 위너는 자신의 과학적 관점에 사회 비평을 조금 주입한다. 그는 현대에 들어 정보가 과잉공급되고, 한편으로는 기득권층의 사회적, 정치적 이해관계 때문에 통신의 수단이 제한되는 바람에 대규모 선진 사회에서는 건강에 이로운 항상성 과정이 결핍되어 있는 것을 보았다. 그는 지나치게 단순화된 자유 시장주의자들의 이론을 공격하고, 대중매체를 조작해서 대중 위에 군림하려는 현대의 장사치들, 매스컴 왕, 산업계의 수장, 정치인들에게 특히나 강한 반감을 보였다. 위너는 이렇게 적었다. "모든 생명체는 정보를 습득하고, 사용하고, 유지하고, 전달할 수 있는 수단을 소유함으로써 유지된다. 특히 규모가 너무 커서 구성원들끼리 직접 접촉할 수 없는 대중 사회는 더욱 그렇다." 그는 독자들에게 이렇게 경고하며 글을 마무리했다. "사회의 항상성을 저해하는 이 모든 요소들 중에 통신 수단의 통제가 가장 효과적이고, 가장 중요하다."

『사이버네틱스』는 곳곳에 이해하기 힘든 부분도 많고, 고등수학도 많이 등장하지만 위너의 이 작은 책은 호소력이 있었다. 〈보스턴 헤럴드〉에서 기자 생활을 하던 시절 이후로 사용해 본 적이 없었던 대중적인 문체를 처음으로 발휘해 본 위너는 『사이버네틱스』에 강력한 단서, 자신감 있는 산문, 철학적 반추로 양념을 쳤다. 그의 목소리는 반항적이었기 때문에 논란을 불러일으킬 수밖에 없는 운명이었다. 그의 책은 도발적인 문장이 여기저기 뿌려져 있었는데 돌아보면 예언적인 글들이었다. 마치 신이 들린 듯한 한 문구에서 위너는 새로 태어난 정보 시대의 주요 자원을 자연의 고유한 힘이자 실체라 칭송하며 이 새로운 물리적 실체와 인간적 책무에 관심을 기울이지 않는 자는 위험에 처할 것이라 경고했다.

정보는 정보지, 물질이나 에너지가 아니다. 이 사실을 인정하지 않는 유물론자는 현대에 살아남지 못할 것이다.

처음부터 그는 사이버네틱스, 그리고 그것이 예고하는 새로운 기술 시대에 대해 큰 기대를 걸었다. 하지만 그는 그 이후로 그의 글과 연구에서 크게 다가올 더 어두운 주제도 다루었다. 사이버네틱스와 그가 과학과 사회에 전하고 있는 막강한 새로운 지식이 인간에게 미칠 영향이었다. 그는 사이버네틱스 때문에 무기 생산에서 대량생산에 이르기까지 현대 산업의 폭발적인 발전이 가능해지리라는 것을 예상했다. 그는 새로운 지식 기술이 일상의 산업에서 노동자에게까지 미칠 잠재적 영향에 대해 경고의 목소리를 높이면서, 1차 산업혁명이 기계와의 경쟁에서 인간의 가치를 나락으로 떨어지게 만들었던 것처럼 사이버네틱스에 의한 2차 산업혁명도 적어도 단순하고 반복적인 판단에 있어서는 사람 뇌의 가치를 떨어뜨릴 것이기 때문에 평범하거나 그 이하의 능력을 가진 사람은 돈을 받고 팔 수 있는 재능이 남지 않을 것을 두려워했다.

전쟁의 공포가 아직도 뇌리에 생생하게 남아있는 전후 첫 몇 년의 시간 동안에 글을 쓰면서 위너는 자기 과학의 전망에 대해 운명론적인 입장을 취했다. 그리고 한 명의 과학자로서 개인적 우선순위와 책임이 그에게 가리키고 있는 방향을 분명하게 말했다.

> 사이버네틱스라는 새로운 과학에 기여한 사람들은 적어도 그리 편하지는 못한 도덕적 위치에 서 있다. 우리는 좋은 쪽으로든, 나쁜 쪽으로든 큰 가능성을 품고 있는 기술적 발전을 포괄하는 새로운 과학의 출발에 기여했다. 우리는 우리 주변에 존재하는 세상 ─ 나치 강제 수용소가 있던 독일의 벨젠Belsen, 그리고 원폭을 맞은 히로시마 ─ 에 이 과학을 넘겨줄 수밖에 없고, 이 새로운 기술적 발전을 억누를 선택권조차 없다. 이 기술은 우리의 것이 아니라 시대의 것이다. 우리가 할 수 있는 최선은 많은 대중이 그러한 추세와 현재 이루어지고 있는 연구

의 영향력을 이해해서 전쟁, 착취와는 거리가 먼 분야에 노력을 기울이게 만드는 것이다.

사이버네틱스는 모두의 주목을 받으며 전후시대에 등장한다. 20세기의 중간점에 딱 2년 못 미치는 시점에 발표된 이 책은 전 세계 과학계와 사회를 새로운 궤적에 올려놓았다. 미국의 주요언론은 이 새로운 과학의 도입을 돕고, 그 과학을 창설한 신동 출신의 창시자를 사람들에게 소개했다. 〈사이언티픽 아메리칸〉은 1948년 11월호에서 위너를 제일 처음에 등장시켜 그의 연구를 과학자와 대중 앞에서 개봉했다. 〈뉴스위크〉는 전면기사에서 소식을 전하며 위너를 '진정한 소년 천재'에서 '수염이 덥수룩하고 말이 빠른 수학 교수'로 성장한 모습으로 표현했고, 새로운 학제적 프로젝트에서 그의 역할을 '과학의 중매쟁이 비슷한 것'이라고 정확하게 묘사했다.

몇 주 만에 언론들은 과학에 큰 파도가 일고 있다는 신호를 감지한다. 〈타임〉지는 그 해 마지막 호에서 이렇게 보도했다. "아주 드물게는 열 가지 이상의 서로 다른 과학분야에 요란하게 종소리를 울리는 과학서적이 출판될 때가 있다. 『사이버네틱스』가 그런 책이다." 이 잡지는 평소의 스타일대로 위너를 미국의 세기 다음 단계의 선발대원의 위치에 올려놓았다. "그는 천재 소년에서 산타클로스로 자란 것처럼 보인다. 그리고 실제로 그는 산타 같은 사람이다." 하지만 〈타임〉지는 위너와 그의 동료들이 추구하고 있는 새로운 종합의 본질도 파악하고 있었다. "사이버네틱스 학자들은 새로운 나라로 밀고 들어가 보았더니 자연이 인간의 뇌를 구성하면서 이미 그들보다 앞서 그곳을 탐험했었음을 발견한 탐험가와 비슷한 처지다." 그리고 〈타임〉지는 위너가 지평선 너머에서 다가오는 결과를 보며 불안을 느끼고 있다는 평가도 서슴지 않는다. "이 책에서 위너 박사는 여러 차례 가던 걸음을 멈추고 몇 년 후의 일을 내다보며 식은땀을 흘리고 있다."

책은 날개 돋친 듯 팔려나갔다. 『사이버네틱스』는 6개월 만에 5쇄를 찍었고, 국제 출판계에서 화제가 됐다. 아마도 이 책을 펴낸 프랑스인 출판인을 제외하면 이 책의 성공에 위너만큼 놀란 사람은 없었을 것이다. 위너는 나중에 이렇게 말했다. "프레이만은 『사이버네틱스』의 사업 전망을 그리 높게 잡지 않았었다. 사실 대서양 양쪽에 있는 사람 중 그 누구도 이런 성공을 예상하지 않았을 것이다. 내 책이 과학 베스트셀러가 되자 모든 사람이 놀랐고, 특히 나는 더 놀랐다."

1949년 2월에는 보수적인 〈비즈니스 위크〉조차도 독자들에게 『사이버네틱스』 현상에 대해 알려야 할 것 같은 의무감을 느꼈다. 그래서 이 책을 훨씬 섹시한 주제를 다룬 과학 베스트셀러 알프레드 킨제이 Alfred Kinsey 박사의 미국 남성의 성적행동에 관한 보고서와 같이 호의적으로 비교했다. 〈비즈니스 위크〉는 다음과 같이 주목했다. "기술 분야에 관심이 있는 소수에게만 호소할 것으로 예상됐던 책인 『사이버네틱스』는 제목부터 이해하기가 어렵다. 그리고 그 안에는 온갖 수학 기호와 그리스 글자들로 가득하다. 그리고 인쇄 상태도 끔찍하다. 그럼에도 한 가지 측면에서 보면 위너의 책은 킨제이 보고서와 닮은 점이 있다. 이 책에 대한 대중의 반응이 적어도 내용 자체만큼이나 중요하다는 점이다."

4월에 〈뉴욕 타임스〉에서는 판매량으로 판매업자들을 깜짝 놀라게 만들었고, 또 어째서 대중에게 그렇게 잘 먹히는 이유를 이해할 수 없었던 위너의 책을 추적해 보았다. 〈뉴욕 타임스〉 북 리뷰에 투고하는 한 작가는 위너와 인터뷰를 한 후에 "신경과민의 에너지로 가득하고 땅딸막한 이 사람은 새로운 개념에 대한 열망으로 눈이 밝게 반짝이고, 반응도 빨라서 그 덥수룩한 수염 사이로 신동의 모습이 어렵지 않게 보인다"라고 유쾌하게 보고했다. 〈더 타임스〉의 비평가는 『사이버네틱스』에 더 강한 인상을 받았다. "방정식과 방정식 사이는 뛰어난 문학과 도발적인 산문으로 채워져 있다. 모든 문장은 힘이 넘치고, 수사학적으로 부족함이 없다." 나중에 〈더 타임스〉의 또 다른 비평가는 이 책을 "그 궁극적 중요성에 있어서는 갈릴레오나 맬서스, 혹은 루소나 밀에 버금가는 중요한 책" 중 한 권이라 불렀다.

대중은 연합군이 전쟁에서 거둔 승리 때문에 과학과 기술에 관한 문제에 새로이 눈을 뜨고, 전쟁 후에 새로 결실을 거둔 발명의 성과를 수확하고 싶은 마음이 강했는데 『사이버네틱스』는 이런 흐름에 잘 올라탔다. 그리고 이 책은 그렇지 않아도 대중이 점점 높아가는 핵전쟁의 위협에 민감해진 상황에서 이번에는 수백만 명의 참전용사가 전쟁에서 승리를 거두고 일자리를 찾아 돌아오고 있는데, 위너의 말대로 공장과 사무실에서 머지않아 기계가 인간의 노동력을 대신할지도 모른다는 전망까지 내놓은 상황이라 대중이 민감해진 부분을 제대로 건드린 측면도 있었다.

중공업과 전자산업 분야의 기술자들은 위너의 개념을 받아들일 준비가 되어 있는 상태였다. 맥스웰이 조속기governors에 관한 역사적인 논문을 발표한 후로 80년 동안 최초의 자동 조타기와 온도 조절 장치에서부터 새로 등장한 자동 세탁기와 자동차 조립라인에서 쏟아져 나오는 자동차 변속기에 이르기까지 상업적인 피드백 장치의 생산이 기하급수적으로 성장한 상태였다. 산업 분야에서 인간 노동자를 보조하거나 대체하는 자동화 기계의 사용을 설명하기 위해 만들어진 '자동화'라는 단어가 만들어진 곳이 바로 이 자동차 조립라인이었다. 1940년대 말 즈음에는 산업과 상업적 응용 분야에서 자동화 장치가 널리 퍼져 있었지만, 그 제조를 뒷받침할 이론이나 과학지식은 거의 없는 상황이었다.

기계공학자들은 벨연구소에서 개발 중인 섬세한 전자 피드백 회로와 자기네 중장비 사이의 공통점에 대해서는 희미하게만 인식하고 있을 뿐이었다. 사실 사이버네틱스가 등장하기 전에는 대부분의 서보기구와 자동화 제어장치들이 통제 대상인 시스템의 역학에 대한 명확한 이해 없이 설계, 구축, 제조되었다. 심지어 MIT에서도 래드랩과 서보기구 연구소의 최고 기술진을 포함해서 전력공학자와 통신공학자들이 여전히 위너가 옐로우 페릴에서 지적했던 내용, 즉 제어와 통신은 동일한 보편적 과정에서 발현되는 동전의 양면이며, 전력과는 거의 아무런 상관도 없고, 정보와 크나큰 상관이 있다는 사실을 여전히 이해하지 못하고 있었다. 래드랩의 이반 게팅은 이렇게 회상했다. "벨연구소에서 연구하는 통신 피드백과 모든 서보기구에서 필수적인 요소인 피드백 사이에는 아무런 연관성도 없었습니다."

* * *

그럴 때 『사이버네틱스』가 세상에 나왔고, 위너의 책으로 재미를 본 출판사는 바로 이어서 위너가 쓴 두 번째 기술 서적을 출판한다. 옐로우 페릴의 개정증보판이었다. 위너는 전쟁이 끝난 후로 옐로우 페릴을 기밀 해제시키기 위한 작업을 진행해 왔다. 이미 공학계 내부에서는 전설로 자리잡고 있었던 이 난해한 논문이 마침내 1949년에 규제를 끊고 세상에 나올 수 있었다. 이 개정증보판은 폭넓은 평시 응용분야에 대해 자세히 설명하는 긴 부록이 함께 딸려 나왔고,『정상 시계열의 외삽법, 내삽법, 평활화와 그 공학적 응용Extrapolation, Interpolation and Smoothing of Stationary Time Series, with Engineering Applications』이라는 훨씬 긴 제목을 달고 나왔다. 각각『사이버네틱스』와『시계열Time Series』이라는 이름으로 알려지게 된 이 두 책은 전후 공학계에 폭풍을 몰고왔다.

위너의 예전 학생이자, 뉴욕에서 온 어린 사촌인 고든 '토비' 라이스벡Gordon "Tobey" Raisbeck은 옐로우 페릴을 출판하기 위해 편집했고,『시계열』이 세상에 나왔을 때는 벨연구소의 공학부에 고용되어 있었는데 위너의 책들이 자기 동료들에게 미친 갑작스런 영향력을 이렇게 회상했다. "1949년 즈음에는 사람들이 위너의 연구를 신호의 암호화와 감지에 적용하기 시작했습니다. 그리고 그 시점부터는 그런 방법들을 사용해야만 했죠. 그때까지 사용해 왔던 것보다 훨씬 강력했으니까요. 그때 위너는 MIT 외부의 공학계와 다른 명망 있는 전기공학 대학교에서 처음으로 인정을 받았습니다." 위너가 미국 수학계와 공학계로부터 자신의 연구를 인정받지 못해 크게 실망하고 있었다는 것을 라이스벡도 알고 있었다. 하지만 그는 위너의 승리를 과학적 개념의 수용이라는 더 긴 관점에서 역사적으로 바라봤다. "저는 20년이면 꽤 빠른 거라고 생각합니다. 특히 시기적으로 1940년에서 1946년 사이였고, 과학적 소통에 심각한 제한이 있는 경우가 많았음을 고려하면 더욱 그렇습니다."

〈와이어드Wired〉 잡지의 선임기자이자 모든 새로운 기술의 화신인 케빈 켈리Kevin Kelly(네트워크에 기반한 사회와 문화를 예리하게 분석한 통찰력 넘치는 글들로 〈뉴욕 타임스〉로부터 '위대한 사상가'라는 칭호를 얻었다)는 위너의 연구가 전후 공학계를 어떻게 관통했는지 추적해 보았다. "『사이버네틱스』가 출판되고 1, 2년 안으로 전자제어회로가 산업에 혁명을 불러왔다. 수 세대의 기술자들이 산업생산과정의 제어를 완벽하게 가다듬기 위해 열심히 노력했고, 그 동기화를 위해서는 더 많은 시간을 들였지만 모두 허사였다. 그러다 위너의 훌륭한 일반화가 『사이버네틱스』에 발표됐다. 전 세계 공학자들이 이 중요한 개념을 즉각적으로 이해하고 자신의 공장에 전자 피드백 장치를 장착했다." 그리고 그 영향은 공장 밖에서도 생생하게 느껴졌다. 위너의 영향 아래 각자 별개로 흘러가던 서보기구와 전자 피드백 회로의 흐름이 통합된 기술적 노하우의 흐름으로 합쳐졌고, 자동화 기계, 가정용 전자기기, 전자장치의 거대한 강물이 시장에 쏟아져 나오기 시작했다.

사실 전후에 이루어진 산업 확장, 경제 성장, 기술적 발전은 위너의 연구에 많은 빚을 지고 있다. 그의 새로운 과학은 전자기술의 연구와 개발, 그것을 대량생산하는 방법과 비용, 모든 분야의 노동자들이 수행하는 과제, 소비자들의 구매 습관과 생활방식, 그리고 더 중요하게는, 모든 곳의 사람들이 지능형 기계, 인간, 그리고 모든 생명체와 만들기 시작한 의식적 연결에 변화를 가져왔다.

『사이버네틱스』의 성공으로 위너는 그저 똑똑한 수학자의 입지에서 공식으로 인정받는 천재이자 미국 무대와 극히 일부 사람들만 접근할 수 있는 국제과학계에서 슈퍼스타로 등극했다. 〈타임〉과 〈뉴스위크〉에 데뷔한 이후로 위너의 살짝 뚱뚱한 사진과 그의 예언이 〈라이프〉지의 전면 사진으로 자주 실렸다. 그의 연구는 〈포춘〉, 〈뉴요커〉, 그리고 컴퓨터를 주제로 한 〈타임〉의 표지기사에 장문의 글로 보도되었다. 프랑스의 신문 〈르몽드〉는 『사이버네틱스』에 대한 기사를 실었고, 그 책에 대한 반응은 스웨덴에서 특히 강렬했다. 1949년에 위너는 미국수학협회 연례학회에 초청되어 조사이어 윌러드 깁스 강연$^{Josiah\ Willard\ Gibbs\ Lecture}$을 했다. 1950년에는 그 해에 하버드대학교에서 개최된 국제수학자총회에서도 강연했다.

사이버네틱스, 피드백, 그리고 노버트 위너라는 이름이 미국과 다른 나라에서 일상용어로 자리잡았다. 하지만 위너에게는 동료 학자들로부터의 존경이 훨씬 중요한 문제였다. 메이시 그룹에 속한 그의 동료들은 『사이버네틱스』가 등장하자 매우 기뻐했다. (맥컬럭은 위너의 책이 너무 인기가 많아서 벌써 두 권이나 샀는데 둘 다 이미 자기 친구들이 훔쳐갔다며 불평했다.) 메이시 학회 참가자 대부분은 위너가 대중의 무대로 뛰어오른 것이 자신들의 과학적 관심사를 고양하는 계기가 되리라 생각했다. 그리고 출판 이후에 개최된 학회는 의기양양한 분위기였다.

하인츠 폰 푀르스터는 1949년 3월에 열린 6차 메이시 학회를 달구던 격앙된 분위기, 그리고 자신이 행사에 제안한 것이 위너에게 깊은 감동을 주었던 이야기를 이렇게 기억했다.

"나는 빈에서 뉴욕에 도착했고, 3주 후에는 메이시 재단 모임에 참가해 달라는 초청을 받았다. 그곳에서 노버트 위너, 그리고 존 폰 노이만, 워렌 맥컬럭, 마거릿 미드, 그레고리 베이트슨 등 전체 그룹을 만났다. 그때 내 영어 어휘는 50단어 정도에 불과했을 것이다! 내가 이렇게 말했다. '맙소사, 학회 이름을 발음도 못하겠네요.' 당시 학회 제목은 '생물학적 시스템과 사회적 시스템에서의 순환적 인과관계와 피드백 메커니즘'이었다. 내가 이렇게 말했다. '한 가지 제안하겠습니다. 학회 이름을 그냥 사이버네틱스라고 부르는 게 어떨까요?' 내가 방금 위너의 책을 읽었기 때문이다. 다른 모든 사람이 당장에 이 제안을 받아들이고 박수를 치며 큰 소리로 웃으며 이렇게 말했다. '아주 훌륭한 제안입니다!' 위너는 내 옆에 앉아 있었는데, 동료들이 그 학회를 사이버네틱스라는 웃기는 이름으로 부르자는 제안을 받아들이는 것을 보고 굉장히 감명을 받았는지 눈가에 눈물이 맺혀 있었다. 그는 감정을 숨기기 위해 회의실을 나가야 했다."

재단도 학회에서 이루어진 이 합의를 지지해서 그 후로 다섯 번의 학회와 출판된 학회 회보는 간단하게 '사이버네틱스'로 이름이 붙여지고, 기존의 이름은 부제로 달아놓았다.

* * *

이제 다른 이들도 통신혁명의 전면에서 위너와 합류했다. 『사이버네틱스』의 출판과 나란히하게 1948년에는 사이버네틱스의 자매 과학인 정보이론의 시작을 알리는 장문의 기술 관련 글이 등장했다. 이 글은 위너의 MIT 출신의 젊은 동료 클로드 섀넌이 쓴 것이었다. 그는 벨연구소의 선도적인 이론가 중 한 명으로 자리잡고 있었다.

섀넌은 위너처럼 어린 시절부터 전자기기들을 가지고 놀았고, 800미터 정도의 가시철사를 이용해서 자기 집과 친구의 집을 연결하는 조집힌 전신을 만들기도 했다. 그는 1936년에 수학과 전기공학 대학원생으로 MIT에 들어와서 바네바 부시의 연구실에서 조수로 처음 일을 맡아서 했다. 당시 부시는 다음 세대의 미분 분석기를 만들고 있었다. 백 개의 플립플롭flip-flop 회로로 이루어진 이 거추장스러운 아날로그 컴퓨터의 제어 장치에 대한 섀넌의 연구가 결국 스위칭회로switching circuit의 기호 논리에 관한 그의 석사학위로 이어졌다. 섀넌은 이 회로를 불대수Boolean Algebra의 2진 수학을 이용해서 분석했다. 컴퓨테이션에 관한 튜링의 기념비적 이론 논문이 나오고 2년 후에 쓴 이 10쪽짜리 논문은 단순한 2진 회로를 이용해서 복잡한 수학 연산을 수행하는 것이 가능하며 2진 모드에서 구축된 컴퓨터도 수학적 판단뿐만 아니라 논리적 판단까지도 할 수 있음을 입증했다.

섀넌이 MIT에서 대학원에 다니는 동안에는 위너와 섀넌은 서로 접촉이 거의 없었지만, 위너는 섀넌이 그 당시에도 대단히 독창적인 아이디어를 생각해 냈다는 것을 일찍부터 알아보았다. 그리고 전쟁기간 동안 역으로 섀넌은 위너의 아이디어에 굉장히 흥미가 생겨서 위너의 전시 연구실에 여러 번 방문하면서 도움을 구했다. 하지만 시간이 지날수록 위너는 섀넌의 방문에 지쳐갔고, 섀넌이 자기 머리를 뽑아먹으려고 찾아오는 것 같다고 걱정했다.

〈벨 시스템 기술 학술〉지에 발표된 섀넌의 2부짜리 논문 '통신의 수학 이론'은 1920년으로 거슬러 올라가는 벨연구소 이론가들의 연구와 위너의 옐로우 페릴에 담긴 연구 내용을 바탕으로 나왔다. 이 논문은 위너의 전쟁기간 연구에서 직접 유래한 통신이론에 통계적으로 접근했고, 그가 뉴욕과학아카데미에 발표하기 2년 전에 도입한 다른 개념들, 즉 메시지에 들어 있는 정보의 양을 2진 단위로 측정할 때 2를 밑으로 하는 로그를 사용하는 방법, 그리고 정보와 엔트로피가 물리학적으로 연관되어 있다는 개념 등을 홍보했다. 하지만 수학에서 사용한 기술적 차이 때문에 섀넌은 위너의 주장과 달리 정보가 음의 엔트로피가 아니라 엔트로피와 동등하다고 주장했다.

섀넌의 논문은 또 다른 역사적 정의를 제공해 주었다. 그는 '2진 숫자' 혹은 '비트^{bit}'라는 개념을 소개했다. 이것은 프린스턴의 수학자이자 벨연구소의 고문인 존 튜키$^{John\ W.\ Tukey}$가 제안한 용어로 2를 밑으로 하는 로그로 측정되는 정보의 표준단위로 신속하게 자리잡았다. 섀넌의 20개 남짓한 이론은 벨연구소의 공학자들에게 초당 비트 단위로 측정한 송전선의 채널 용량과 잡음이 있는 채널을 통해 신호를 충실하게 보내는 데 필요한 '중복' 혹은 반복의 양을 계산할 수 있는 정확한 공식을 제공해 주었다. 그리고 그는 정보 이론에서 더 중요한 구분을 한 가지 했다. 그는 정보에 관한 자신의 기술적 정의에서 송신하거나 수신하는 메시지의 의미를 고려하지 않고 잘라내는 과감하기 그지없는 수를 던졌다. 그는 확고하게 이렇게 선언했다. "통신의 이런 의미론적 측면은 공학적 문제와는 무관하다." 이 의견은 14세기 이후로 기록으로 남아있는 '정보'라는 단어의 모든 정의와 정면으로 위배되지만, 순수하게 기술적인 관점에서 보면 섀넌의 이 한 수는 타당한 것이었고, 통신의 기술적 문제와는 실제로 상관없는 여러 가지 의미론적 혼란을 말끔히 해소해 주었다.

1948년 7월에 발표된 섀넌의 논문 1부는 전쟁 기간 동안 진행했던 자신의 암호해독 연구를 끌어들여 이산discrete, 離散 메시지의 이론적 강점에 대해 다루었다. 이산 메시지란 모스 부호의 점과 대시, 혹은 암호화된 메시지의 개별 글자처럼 서로 연결되지 않은 별개의 신호들로, 전건을 두드리거나 그와 비슷한 전파를 이용해 전송할 수 있다. 『사이버네틱스』와 같은 달에 발표된 그의 논문 2부는 전화기나 무선통신, 그리고 다른 전자기파 현상을 이용해서 음성 전송에 체화되어 있는 연속적 메시지에 초점을 맞추었다. 위너의 통신 이론 연구는 이산적 영역과는 거의 아무런 상관이 없고, 연속적 영역하고만 관련이 많았다. 통계적인 측면에서 보면 측정 방식은 사실상 동일했지만 말이다.

섀넌은 자신의 새로운 수학이론의 핵심 개념 중 일부를 위너의 공으로 돌렸다. 그는 위너의 전시 연구를 인용하며 이렇게 분명하게 밝혔다. "통신 이론은 그 기본 철학과 이론에 있어서 상당 부분을 위너에게 크게 빚지고 있다." "위너의 대표적인 국방연구위원회NDRC 보고서(옐로우 페릴)에는 통신 이론을 통계적 문제로 처음 명확하게 공식화하는 내용이 담겨 있다. 그리고 이 논문과 연계되는 중요한 부수적 참고문헌이다." 감사의 글을 마무리하면서 그는 단도직입적으로 이렇게 말했다. "통신 이론의 근본적 문제에 관한 위너의 우아한 해법은 이 분야에서 본 저자의 사고방식에 상당한 영향을 미쳤다."

통신공학에 관한 섀넌의 기술적 논문은 곧 전후 과학기득권층에서 높은 자리를 차지하고 있는 사람들의 시선을 사로잡았다. 그리고 다음 해에 그 논문은 섀넌이 위너의 전시 감독관이었던 워렌 위버와 함께 쓴 얇은 서책으로 다시 출판됐다. 이 책은 위버가 비전문가 독자들을 위해 섀넌의 이론을 새로 해석한 장문의 글을 포함하고 있었고, 이것이 사회 전반에서 기술과 통신에 미칠 함축적 의미에 대해 설명했다.

『사이버네틱스』와 함께 나온 섀넌의 수학적 통신이론은 공학계에서 폭탄처럼 강력하게 폭발했다. 공학자들은 그의 새로운 이론에 깊은 감명을 받았다. 사실 이 이론은 『사이버네틱스』가 출판되기 3개월 전에 공학 문헌에서 이미 등장했었다. 그리고 섀넌이 위너의 기여를 인정하였음에도 불구하고 정보이론을 창안한 공은 대체로 섀넌에게 돌아갔다. 벨연구소의 또 다른 선구적 이론가이자, '트랜지스터transistor'라는 단어를 만들었고, 나중에 통신위성을 발명한 존 피어스John Pierce는 이렇게 말했다. "정말 예고도 없이 일어난 일이었습니다. … 이렇게 완벽한 형태로 등장한 이론은 본 적이 없습니다. 전례나 역사가 거의 없죠." 올리버 셀프리지는 섀넌의 이론이 케임브리지를 휩쓸었을 때의 충격파를 이렇게 기록했다. "그것은 계시였습니다. MIT의 반응은 이런 식이었죠. '훌륭해! 내가 이 생각을 왜 못했지?'"

섀넌과 위버의 책이 등장할 무렵 위너는 사이버네틱스로 전 세계적으로 유명세를 타고 있었지만 위너가 섀넌과 개인적인 만남에서 공유해 주었던 개념을 정교하게 이론으로 정리한 섀넌에게 찬사가 돌아가는 것을 보며 짜증이 났다. 위너는 공개적으로는 이렇게 말했다. "섀넌 박사의 과학적 성취와 개인적 도덕성 모두에 최고의 존경을 표합니다." 그리고 글에서도 그를 "현 시대의 가장 중요한 인물 중 한 사람"이라며 극찬했다. 하지만 그는 자기가 컴퓨팅에 기여한 것을 인정받았던 것처럼 정보이론에도 기여한 공로도 인정받아야겠다고 마음먹고 있었다. 〈피직스 투데이Physics Today〉에서 섀넌과 위버의 책에 대해 리뷰하며 위너는 그 책을 자신의 연구와는 기원이 다른 내용이라고 인정했지만, 양쪽 방향으로 퍼져 나가는 교차 영향력으로 인해 처음부터 자신의 연구와 얽혀 있었던 연구라 말했다. 자서전에서 그는 단정적으로 "정보의 양에 대한 섀넌-위너 정의(이 정의는 똑같이 우리 둘 모두의 것이기에)"라고 말했다.

결국 두 사람은 전후세계에 정보에 관한 두 가지 상보적인 개념에 기여한 공로를 인정받을 자격이 있었고, 또 실제로 인정받았다. 섀넌은 암호화에 관한 자신의 전시 연구에서 유래한 이산적 디지털 개념에 기여했고, 위너는 1920년대 이후로 통계적으로 발전해 오고 있던 연속적 아날로그 개념에 기여했다. 섀넌의 혁신적인 디지털 방식은 많은 전자공학자, 특히 젊은 공학자들의 관심을 끌었지만 위너는 두 유형의 정보가 상호 배타적인 기술적 신념으로 굳어지는 것을 막는 일에 열중하고 있었다. 그는 컴퓨팅 영역에서는 디지털 접근방식에 찬성하는 활동을 했다. 반면 그가 동료들과 함께 진행하는 실험실 연구는 탐구 대상이었던 생명 처리 과정과 마찬가지로 대체로 아날로그였다. 위너가 정보이론에서 목표로 잡은 것은 대공포對空砲를 연구할 때와 마찬가지로 대상이 한쪽이나 반대쪽으로 너무 거칠게 흔들리는 것을 막는 것이었다.

하지만 정보에 대한 섀넌의 기술적 접근은 그 자체로 몇 가지 심각한 문제들을 새로 만들어냈다. 많은 통신이론가와 연구자들은 섀넌이 의미에 대한 질문과 통신의 의미론적 측면은 정보이론과 관련이 없다고 규정한 것 때문에 곤란해하고 있었다. 위버 자신도 섀넌의 기술적 통신이론을 마음대로 확장해서 "한 정신이 다른 정신에게 영향을 미칠 수 있는 모든 과정… 즉 문자나 구두만이 아니라 음악, 미술, 연극, 발레, 그리고 사실상 모든 인간의 활동을 포함한다."라고 했다. 이것은 문제를 더 커지게 만들 뿐이었다.

나중에 섀넌이 메이시 학회에 손님으로 참석했을 때 그룹의 사회과학자 대부분, 그리고 일부 물리학자들도 그가 의미론을 금한 것을 문제 삼았다. 빈에서 온 생물물리학자이자 학회회보의 편집자이고, 언어와 의미론에 대해 당대의 선도적 철학자였던 비트겐슈타인과 혈연관계가 있었던 하인츠 폰 푀르스터는 정보는 기술적인 의미에 있어서도 의미와 분리될 수 없으며, 그렇게 분리했다가는 인간의 이해에 대단히 충격적인 결과를 가져오게 될 것이라 주장했다. 폰 푀르스터는 이렇게 기억했다. "나는 정보가 전혀 존재하지 않는 상황, 그저 지나가는 신호에 불과한 상황에도 '정보'라는 단어를 사용하는 것에 대해 불만이었다. 나는 사람들이 정보 이론이라 부르는 것을 신호 이론signal theory이라 부르고 싶었다. 거기에는 아직 정보가 들어있지 않기 때문이다. 삑삑 소리는 나지만 거기에는 정보가 없다. 누군가가 그 일련의 신호를 뇌가 이해할 수 있는 다른 신호로 바꾸었을 때 비로소 정보가 탄생하는 것이다! 정보는 삑삑 소리에 존재하는 것이 아니다." 그룹에 속한 다른 사람들도 동의했지만 그런 관점은 전후 사회에서 이 새로운 기술이 영향력이 점차 커지면서 메이시 그룹 자체에서도 그냥 묻히고 말았다.

1980년대 말에 기억력이 떨어지기 시작하면서 섀넌, 그리고 그가 벨연구소에서 만나 1949년에 결혼한 수치해석가 아내 베티Betty는 그의 이론과 그 의도에 대해 솔직하게 얘기했다. 그의 의도는 섀넌 자신만큼이나 소박하고 겸손했다. 그는 정보에 관한 기술적 이론을 의미에 관한 고대의 철학적 논쟁, 그리고 공학 문제와는 상관없는 현대의 의미론과 분리하기로 판단했던 자신의 결정을 옹호했다. 하지만 그는 불필요한 혼란과 과학적 소동을 피할 수도 있었던 역사적 구분을 지었다. 섀넌은 자기가 '정보이론'이란 것을 창시했다는 말을 부정했다.

아내 베티가 남편에게 이렇게 떠올려 주었다. "처음에 당신은 그것을 통신이론이라고 불렀어요. 정보이론이라고 부르지 않았죠."

"맞아요. 나는 통신은 비트를 여기서 저기로 옮기는 문제라 생각했죠. 그 비트가 성경의 일부이든, 그냥 동전던지기의 결과이든 말이죠." 섀넌도 이렇게 말했다. 그가 이 날 지적한 내용은 40년 전에 폰 푀르스터가 했던 것과 거의 동일한 말이다.

베티는 섀넌이 통신공학과 거리가 있는 분야의 과학자들이 시류를 좇아 정보이론으로 뛰어드는 모습을 보며 섀넌이 무척 괴로워했다고 증언했다. 섀넌은 자신이 제시한 기술적 이론과는 어울리지 않게 자신의 연구 경력이 흘러가는 것을 지켜보았다. "그것 때문에 당신도 괴로워했지만 그때는 이미 당신이 손쓸 수 없는 상황이었어요." 베티가 말했다.

섀넌은 자신의 연구에 부여한 한계에 대해 다시 한 번 확인했다. 그는 이 한계를 통해 자신의 이론을 순수하게 기술적인 특정 분야로 한정했다. 그는 위너가 사이버네틱스를 주창하면서 품었던 사명의식이나 비전에서 보이는 큰 철학적 포부나 사회적 연관성 등에는 관심이 없었다. 섀넌이 거듭해서 말했다. "그 이론은 그냥 비트를 여기서 저기로 옮기는 일에만 관심이 있습니다. 그것이 통신공학자들이 하려는 통신적인 부분이죠. 거기에 의미를 덧붙인 정보는 그 다음의 일입니다. 한 걸음 떨어져 있는 것이라 공학자가 신경 쓸 부분이 아닙니다. 물론 그에 대해 얘기하는 것은 흥미롭지만요."

위너의 정보 개념은 섀넌이나 위버의 개념보다 컸다. 위너는 사이버네틱스에서 그랬던 것처럼 공학과 생물학이라는 두 관점에서 정보에 접근했다. 그에게 있어서 정보는 그냥 이산적이거나 연속적인 것, 혹은 엄격하게 선형이거나 순환적인 것이 아니고, 물질이나 에너지도 아니라, 완전히 새로운 무엇이었다. 정보는 시간과 공간 속에 펼쳐져 있으며, 살아 움직일 때가 많았다. 위너의 관점에서 보면 정보는 그저 전송되는 비트의 문자열, 혹은 의미가 담기거나, 담기지 않은 연속적 신호가 아니라 한 시스템 안에 있는 조직화의 정도를 측정한 값이었다.

위너의 핵심 개념인 '조직화'는 선형적 정보 전송을 통해 체화되는 단순한 질서를 넘어 정보를 한 단계 더 발전시켰다. 조직화라는 단어는 생물학에서 유래했다(그리스어 오르가논^{organon}, 신체의 장기). 그리고 1930년대 말에는 새로운 유형의 이론생물학자와 생명 사상가들이 "전체에 의미를 부여하는 위계와 부분의 조화로운 상호작용"을 구체적으로, 일반적으로 기술하기 위해 생명 처리 과정을 설명할 때 이 단어를 사용하고 있었다. 위너는 그 기간 동안에 하버드대학교에서 로젠블루에스, 캐넌과 교류하면서 그 개념을 받아들였고, 1940년대에 슈뢰딩거가 물리계에서의 엔트로피를 생명체의 음의 엔트로피와 연관 지으면서 그 개념이 새로운 의미를 획득하게 된다.

위너가 자신의 정보 개념에 불어넣은 것은 그가 사이버네틱스와 모든 통신과학에 불어넣었던 것과 같은 조직화의 새롭고 역동적 특질이었다. 그런 통찰 속에서 위너는 생물의 세계와 무생물의 세계를 연결하고, 과학의 무인지대를 건너는 다리를 완성했다. 위너가 말하는 아날로그 정보 처리 과정과 디지털 정보 과정의 '본질적 통일성'은 분자 구조의 독특한 형태를 통해 신체 곳곳으로 생명을 부여하는 메시지를 실어 나르는 작은 화학 메신저에서 시작해서, 뇌의 신경 네트워크와 전자기파의 끊이지 않는 전환과 맥동, 그리고 에테르와 전화선, 컴퓨터 회로를 통해 움직이는 아날로그 데이터와 디지털 데이터의 전기적 흐름, 그리고 위너가 말하는 정치적 통일체 body politic(조직된 정치 집단으로 파악되는 한 국가의 국민 전체 - 옮긴이)를 통해 수많은 별개의 메시지를 실어 나르는 현대사회의 수많은 의미론적 및 기호 통신에 이르기까지 자연, 사회, 인간의 발명품 전반을 관통하는 것이었다. 그리고 위너는 그 이후의 시간 동안 이 모든 영역들을 자유롭게 오간다.

당시 공학 지향적이었던 위너의 동료들은 정보의 물리적 차원과 기본적 생명 처리 과정과의 직접적인 연관성을 이해하지 못했지만, 머지않아 다른 사람들이 정보와 통신의 새로운 생물학적 영역으로 그에게 합류해 들어오게 될 것이다.

***

다시 프린스턴으로 돌아온 존 폰 노이만도 이 모든 전개과정을 모르지 않았다. 컴퓨터 메모리 설계의 문제 때문에 고등연구소 디지털 컴퓨터에 관한 연구가 괴로울 정도로 느린 속도로 진척되고 있었다. 이런 지연은 대단히 실망스러운 부분이었고 폰 노이만은 새로운 기술 시대의 토대가 마련되고, 완전히 새로운 과학적 사고의 시대가 펼쳐지고 있는 동안에 한가하게 놀고 있을 사람이 아니었다.

맥컬럭의 기억에 따르면 메이시 학회에서 폰 노이만은 게임이론에서 그랬던 것처럼 사이버네틱스의 중심 문제를 형식화할 수 있을 가능성에 들떠 있었기 때문에 회의와 다른 긴 세션 이후에 맥컬럭과 함께 시간을 보냈다. 그가 1946년에 개인적으로 위너에게 처음 얘기했듯이 폰 노이만은 자신의 디지털 컴퓨터 아키텍처의 핵심인 신경 네트워크 모형을 점점 더 불편하게 여기고 있었다. 그리고 바이러스 같은 단순한 생명체에서 보이는 놀라울 정도로 복잡한 행동에 대한 관심이 점점 커지면서 그는 컴퓨테이션을 다른 관점에서 생각하기 시작했다. 이제는 폰 노이만 역시 무생물 처리 과정에서 조직화, 성장, 적응, 번식에 필요한 정교한 작동 순서 등 생명의 복잡한 처리 과정 그 자체로 관심의 초점이 옮겨가고 있었다. 그는 인간의 뇌와 비교하면 상당히 조잡한 이 생명체들이 어떻게 그런 정교한 과정을 성공적으로 수행할 수 있는지 궁금했고, 기계도 그런 단순한 방식을 통해 설계하고 구축해서 경험으로부터 성장, 학습하고, 더 나아가 자동으로 번식할 수도 있을지 판단하고자 했다.

폰 노이만은 맥컬럭과 함께 '신뢰하기 힘든 구성요소를 가지고 신뢰할 수 있는 컴퓨터를 구축할 수 있는 가능성'에 대해 깊이 생각해 보았다. 그는 다른 메이시 학회 참가자들, 그리고 새로운 세포생물학의 선두에서 연구하고 있는 물리학자들과도 만나서 세포 생명체를 모형으로 지능형 기계를 만들어서 생물학적인 방식으로 스스로를 프로그래밍하고, 본질적으로 카오스적인 것이 체계화되는 자기조직화와 유사한 전자적 과정을 통해 문제를 해결하게 만들 수 있을지에 대해 얘기해 보았다. 1948년 9월, 패서디나에 위치한 캘리포니아공과대학교에서 힉슨 재단Hixon Fund의 후원으로 개최된 컴퓨터와 '뇌 메커니즘' 학회에서 그는 이 주제에 대한 그의 첫 공식적 생각을 발표했다. 맥컬럭과 여덟 명의 다른 메이시 학회 참가자도 그곳에 있었지만 위너는 없었다. 그는 『사이버네틱스』의 출판을 준비하면서 동쪽에서 바쁜 시간을 보내고 있었다.

힉슨 심포지엄 강연에서 폰 노이만은 위대한 통합을 제시하면서 그의 논리적 기량을 다시 한 번 유감없이 보여주었다. 이 통합을 그는 '오토마타의 일반론과 논리론The General and Logical Theory of Automata'이라 불렀다. 그의 에드박 보고서처럼 그의 새로운 이론도 튜링과 맥컬럭-피츠의 초기 연구를 바탕으로 했다. 하지만 이번에 그는 맥컬럭-피츠의 신경 네트워크 모형을 신랄하게 비판한 다음 그 대안으로 단순한 세포 생명체를 모형으로 하는 다음 세대의 지능형 기술을 선보였다. 그가 제안한 혁신 중에는 테이프로 구동되는 정교한 자가증식 오토마타도 있었다. 이것은 출력으로 다른 오토마타를 내놓는 오토마타로 몇 년 후에 이루어질 유전물질 DNA의 발견을 놀라운 통찰력으로 예측한 것이었다.

폰 노이만은 위너의 연구에서 나온 중요한 개념들을 자신의 오토마타 일반론에 포함시켰다. 그는 순환적 피드백이 있는 시스템의 논리적 속성을 분석하고 연속성과 접촉점이 거의 없는 엄격한 디지털 컴퓨터 이론의 심각한 약점을 강조하며 정보에 관한 위너의 아날로그적 관점을 따라갔다. 그리고 폰 노이만은 포착하지 못하고 놓쳐버린 것을 자책했던 정보와 엔트로피 사이의 연관성을 넌지시 언급하면서 열역학과 정보 측정의 새로운 통계적 방법에 뿌리를 둔 새로운 논리 체계의 개발을 요구했다. 이 모든 개념들은 그 후로 피츠가 위너의 감독하에 개발 중이었던 새로운 무작위 신경 네트워크 모형에 영감을 받은 새로운 '확률론적 논리'에 대한 그의 계획과 함께 폰 노이만, 맥컬럭, 그리고 다른 사람들에 의해 개선되고 확장되었다.

* * *

사이버네틱스 운동이 대서양을 가운데 두고 양쪽에서 발전하고 있었다. 영국에서는 1950년에 J. B. S. 홀데인이 생물학자로서는 처음으로 위너의 이론을 직접 유전학 분야에 적용했다. 같은 해에 런던대학교에 있는 그의 동료 한스 칼무스Hans Kalmus가 〈유전학 저널〉에 '유전학의 사이버네틱스적 측면'이라는 제목으로 글을 하나 발표했다. 이 글은 유전학 분야에 대해 다음과 같이 얘기했다. "생명을 바라보는 이 새로운 방식은 통일의 원리와 강력한 해석의 틀을 제공해 주었다."

마찬가지로 1950년에는 전 해에 캐나다로 이주한 오스트리아의 생물학자 루트비히 폰 베르탈란피Ludwig von Bertalanffy가 자신이 20년 동안 유럽에서 개발해 왔던 포괄적인 '일반체계이론'을 기술하는 첫 영어 논문을 발표했다. 그의 체계론적 접근법은 사이버네틱스와 잘 어울리는 보완 이론이었다. 양쪽 모두 항성성과 조직화의 생물학적 원리에 깊이 뿌리 내리고 있었고, 생물학과 모든 과학 분야에 횡행하는 환원주의에 대한 해독제를 찾아내야 한다는 공통의 사명을 띠고 있었고, 각각 기존에 확립된 분야들에서 자체적인 지지자와 전파자를 확보하고 있었다. 하지만 전쟁의 거친 시련에서 살아남은 베르탈란피는 자신의 이론에 대한 소유욕이 대단히 강했다. 그는 결코 위너의 모임에 들어오지 않았고, 사이버네틱스 메이시 학회에도 참가하지 않았다. 그리고 결국 그는 노골적으로 사이버네틱스를 공격했다. 베르탈란피의 전기 작가의 생각에 따르면 사이버네틱스가 시스템적 사고에 대한 관심을 가로채는 바람에 많은 작가들이 사이버네틱스를 일반체계이론과 동일한 것으로 가정하기 시작한 것도 그 이유 중 하나였다.

위너의 영향력이 공학, 생물학과 거리가 먼 분야에서도 느껴지기 시작했다. 『사이버네틱스』가 출판되고 머지않아 위너의 메이시 학회 동료 그레고리 베이트슨은 부족의 문화에 가 있던 자신의 관심을 거두어 발전하는 기술사회에서 일어나는 인간적 문제로 돌렸다. 1949년에 그는 스위스의 정신의학자 유르겐 루에쉬Jurgen Ruesch와 힘을 합쳐 정신의학에서 통신의 역할에 대한 획기적인 연구를 진행했다. 나중에 『통신: 정신의학의 사회적 매트릭스』라는 책으로 출판된 베이트슨과 루에쉬의 연구는 사이버네틱스의 새로운 원리를 바탕으로 처음 나온 인간 통신(소통)에 관한 이론이다. 이들이 사람과 컴퓨터 사이, 컴퓨터와 다른 컴퓨터 사이의 새로운 통신 연결고리와 이제 막 펼쳐지기 시작한 이들의 사회적 영향력을 처음으로 조사한 사회과학자로 자리잡자 이들의 사회적 매트릭스는 더 넓은 소통과 문화의 영역으로 퍼져나갔다.

위너도 그런 사회적 영향에 대해 생각하고 있었다. 1950년에 그는 일반인을 위한 첫 사이버네틱스 대중서적을 발표했다. 『인간의 인간적 용도: 사이버네틱스와 사회』라는 눈길을 끄는 제목으로 출판된 이 책은 컴퓨터, 자동화, 원거리통신, 생물학, 의학, 정신의학, 경제학, 대중매체, 대중문화, 미술 등 새로운 과학과 기술이 장악한 모든 영역을 관통하는 내용이었다. 이 얇고 읽기도 쉬운 책은 그처럼 새로운 기술이 자신의 일자리와 일상에 미칠 영향에 관심이 있는 사람, 그리고 그냥 급변하는 시대를 이해하고 싶어하는 사람들에게 매력적으로 다가갔다. 이 책은 그때까지 위너의 책 중 가장 많이 팔린 책이 됐고, 미국과 전 세계에 걸쳐 그를 사회비평과 사회활동으로 더 깊숙이 이끌게 된다.

『사이버네틱스』로부터 이 모든 것에 더해서 더 많은 것이 이어져 나오게 된다. 위너의 빅뱅은 그저 물질과 에너지의 차원이 아니라 이제는 정보와 통신이라는 두 개의 차원이 추가된 우주에서 사람들로 하여금 새로운 세상을 기술적, 인간적 차원에서 동시에 볼 수 있게 해준 새로운 기술 시대의 첫 작품이었다. 많은 사람들이 사이버네틱스가 가리키는 세상의 변화를 느끼고 있었지만, 메이시 학회에 참석한 위너의 동료들만큼 이를 강하게 느끼는 사람들은 없었다. 워렌 맥컬럭은 새로운 과학에 바치는 찬가에서 다음과 같은 이정표를 세웠다.

사이버네틱스는 1943년에 태어나서 1948년에 세례를 받았다. 이것은 논리와 수학에 보내는 도전장이자, 신경생리학과 오토마타 이론에게는 영감이었다. 무엇보다도 이것은 철학적 이원론과 환원주의의 유효기간이 만료되었음을 공식적으로 선언할 준비가 되어 있다. 우리의 세상은 하나가 되었고, 우리 역시 그렇다. 적어도 한 번도 신동이었던 적이 없고, 수학자도 아닌 사람의 눈에는 그렇다.

베이트슨은 한 발 더 나가 사이버네틱스에 대한 무한한 열의를 보여주었다.

나는 사이버네틱스가 지난 2000년 간 인류가 선악과에서 베어 먹은 가장 큰 한 입이었다고 생각한다.

위너의 새로운 과학은 자동화 기계와 전자기술의 설계와 생산, 그리고 자연과학, 생명과학, 사회과학의 이론과 연구, 그리고 일상에서 새로운 기술 시대의 놀라운 삶의 방식을 이해하고 통달하기 위해 몸부림치는 사람들을 위한 새로운 개념적 기반과 실용적 토대를 놀라운 속도로 제공해 주었다.

50대 중반에 들어서 위너는 마침내 신동 시절의 약속을 지켰고, 인류의 삶의 이야기가 전환점을 맞이하는 때에 세상에 자신의 가치를 입증해 보였다. 하지만 위너와 그 동료들이 느낀 승리의 기쁨이 오히려 위너와 그의 가족에게 새로운 압박을 가하고, 마거리트 위너의 마음속에 남편의 핵심동료들을 향해 끓어오르는 불안감을 불러일으키게 된다.

10장

위너웨그 Ⅱ

나는 수많은 지인을 알게 됐지만 아직까지 마음이 잘 통하는 친구를
찾지 못했다. 나의 어떤 것이 사람들을 끌어들이는지 모르겠다.
많은 사람이 나를 좋아하고 내게 애착을 느끼지만 나는 그들과 함께 할 수
있는 길이 짧아 항상 미안한 마음이다.

― 괴테, 『젊은 베르테르의 슬픔』

위너는 새로이 명성을 얻었지만 그렇다고 일상의 루틴이 바뀌지는 않았다. MIT 주변에서 그의 모습은 사람들에게 익숙한 장면이었다. 그는 오른손에 입 높이로 시가를 든 채로 발을 벌리고 서서 학생, 수위, 업무관리자, 혹은 동료들에게 재담이나 심오한 과학 이야기를 똑같은 열정으로 쏟아냈다. 2번 건물에 있는 그의 사무실은 수학 기호를 휘갈겨 쓴 종이들이 널려 있었고, 아내 마거리트가 집에서 그를 돌보는 것처럼 직장에서 그를 돌봐주는 비서들이 깨끗하게 정리해 주었다. 그의 복장 스타일도 여전했다. 직장에서는 별 특징이 없는 정장을 입었다. 보통 밝은 색상의 트위드 재킷을 입었다. 바바라는 이렇게 기억했

다. "아버지는 칠판 위에 글을 쓴 다음에 거기에 기대는 습관이 있어서 어두운 색의 옷을 입을 수가 없었어요."

그는 시력이 점점 나빠져 길을 찾는 것만 해도 문제가 많았지만 새로운 해결책을 고안해 냈다. 그는 검안사에게 독서용 렌즈는 위쪽에 오고, 원거리용 렌즈는 아래로 오게 거꾸로 뒤집힌 이중초점 안경을 만들어 달라고 했다. 그렇게 하니 자기가 어디로 가는지 더 명확하게 볼 수 있었다. 하지만 그러다 보니 걷는 동안에 고개를 지면에 거의 평행하게 뒤로 젖혀야 했고, 그를 만나는 사람들은 그가 자기를 거만하게 아래로 낮추어 보는 것처럼 느꼈다.

공식석상에서의 그의 화법 역시 많은 사람들의 귀에는 가식적으로 들렸다. 하지만 위너는 어린 시절과 아버지의 지도가 만들어낸 진실한 사람이었다. 그래서 그는 현대과학의 개념을 선보인 사람임에도 불구하고 점점 더 걸어다니는 시대착오 덩어리처럼 보이게 됐다. 제리 레트빈Jerry Lettvin은 이렇게 말했다. "그의 화법은 명확하고, 생략하는 부분이 없이 아주 직설적이었습니다. 말하는 스타일에 귀여운 구석이 없었죠."

그는 MIT에서 조화분석과 그 공학적 응용에 대해 가르쳤다. 위너의 핵심동료 중에서 제일 어린 사람이었던 올리버 셀프리지는 그의 강의를 도무지 이해할 수가 없었다. 가끔 위너가 몸이 아픈 교수를 대신해서 강의에 들어올 때가 있었다. 당시 MIT에서는 보기 드문 여학생이었던 밀드레드 시겔Mildred Siegel은 위너가 학부대학생들의 미적분 기초 과목을 가르치려다 수포로 돌아갔던 일을 이렇게 기억한다. "교수님이 들어와서 칠판 위에 쓰기 시작해서, 쓰고, 쓰고, 쓰고, 쓰더니 갑자기 얼굴에 이런 표정을 하고는 나가서 다시 돌아오지 않았어요."

몇 년이 지나 대학원 공부를 하던 시겔은 위너와 다시 만났다. 이번엔 그녀의 부엌에서 만났다. 위너가 돌아다니다가 그녀가 남편 아르망Armand과 함께 살고 있던 벨몬트의 집으로 찾아온 것이었다. 아르망은 위너와 직업적으로 알게 된 물리학자였다. "저녁식사를 준비하고 있었는데 위너 교수님이 왔어요. 저는 풀리지 않아 고생하고 있던 적분 문제가 있어서 이렇게 말했죠. '위너 교수님, 이 문제 어떻게 풀어야 할까요?' 그가 문제를 보더니 이렇게 말하더군요. '답은 5일세.' 내가 말했죠. '하지만, 교수님, 저는 이해가 안 되는데요.' 그가 이렇게 말했어요. '그럼 다른 식으로 풀어보지.' 그가 잠시 문제를 바라보다가 말했죠. '정답은 5야.' 그래서 두 번 다시는 교수님한테 도움을 부탁하지 않았죠."

위너는 다사다난했던 그 시기 내내 MIT주변을 지치지도 않고 걸어 다녔고, 그의 예고 없는 방문에 대한 동료들의 반응은 다양했다. 몇 건의 전후 프로젝트에서 위너와 함께 공동연구를 진행했었고, 래드랩에서 떠오르는 스타였던 제롬 위즈너Jerome Wiesner는 이렇게 기억했다. "위너는 매일 연구실에서 연구실로 찾아다니면서 항상 '요즘은 어떻게 지내십니까?'라는 말로 대화를 시작했죠. 그는 절대 대답을 기다리지 않고 곧장 자신의 최신 아이디어를 쏟아냈어요." 위즈너는 스스로를 위너가 나타나면 보통 반갑게 맞이하고 그의 생각에 열심히 귀를 기울이던 사람 중 한 명이라고 생각했다. "그의 머릿속에 무슨 생각이 들어있었는지는 알 수 없는 노릇이었지만, 위너의 방문은 저를 비롯해서 당시 MIT에서 일하던 많은 사람들에게 아주 즐거운 일이었죠."

위너의 방문에 시간과 관심을 기울이지 않는 사람들도 있었다. 어떤 공학자들은 위너가 함부로 침입해 들어오는 것을 기분 나쁘게 여겨서 극단적인 대책을 내놓기도 했다. 그들은 이것을 '위너 조기경보 시스템'이라 불렀다. 하임즈는 이렇게 기록했다. "그들은 위너가 오는 것을 볼 수 있는 장소에 사람을 배치했다. 그 사람이 경보를 보내면 다른 사람들은 사방팔방으로 흩어졌다. 심지어 남자 화장실에 숨는 사람도 있었다." 파지 레빈슨은 위너가 오는 것을 보면 자기 책상 밑으로 숨던 동료도 한 명 알고 있었다. 그의 남편 노먼 레빈슨은 위너와의 만남을 이렇게 회상했다. "그를 만난 동료들은 무엇이 되었든 그의 연구가 얼마나 훌륭한 것인지 아주 강조하면서 인정해 주어야 했습니다. 그럼 그도 자신의 연구에 대해 극찬하며 설명하기 시작했죠. 이것이 아주 지치는 경험일 때도 있었습니다." 그리고 값비싼 대가를 치르는 경험일 때도 있었다.

> MIT에 강사가 한 명 있었다. 그는 위너와의 우연한 만남으로 자신이 치러야 하는 대가에 대해 크게 불평했다. 그는 위너의 요구에 맞춰주기 위해 관심 있게 듣는 척 하다 보면 진이 다 빠지고, 자기의 연구에 대해 자신감도 떨어졌다. 그 상태가 심해지다 보니 정신과 의사를 찾아간 적도 있었다. 그리고 그 상담료는 그가 감당할 수 있는 돈이 아니었다. 이것이 그가 MIT를 일찍 떠나게 된 데 어떤 역할을 했는지에 대해서는 그도 말을 아꼈다.

그리고 위너가 자기가 다른 사람들에게 바라는 것과 같은 정중함을 다른 사람들에게도 항상 보여준 것은 아니었다. 새로운 정리가 그의 관심을 끌 때는 완전히 몰입해서 들었지만, 그의 동료들은 위너가 자신의 아이디어에 거의 관심을 보여주지 않는다고 불평할 때가 많았다. 유명해진 뒤로 그는 동료 교수들한테 MIT의 다른 사람들이 자신에 대해 어떻게 생각하는지에 대해 귀찮을 정도로 물어보았다. 대화가 다른 연구소의 사람들에 대한 이야기로 넘어가면 그의 첫 번째 질문은 "거기 사람들은 제 연구에 대해서 어떻게 생각합니까?"였다. 토비 라이스벡은 전쟁 전에 위너가 미국에서 일자리를 찾는 것을 도와주었던 헝가리 수학자 포여 죄르지가 MIT를 방문했을 때 일어났던 일을 들려주었다. "방문 이후에 위너가 죄르지를 차에 태워서 공항까지 바래다 주고 있었습니다. 그런데 위너가 보스턴의 러시아워 한가운데 완전히 멈춰 서더니 이렇게 말했습니다. '그런데 스탠퍼드에서는 제 연구에 대해 어떻게들 생각하고 있습니까?' 주변의 모든 차가 경적을 울리고 난리가 났지만, 죄르지가 입을 열 때까지 그는 꿈쩍도 안 했죠. 죄르지는 이러다가는 분명 비행기를 놓치겠다는 생각이 들었습니다. 그래서 이렇게 말했죠. '교수님의 연구가 아주 훌륭하다고들 생각합니다.' 그제야 위너는 차를 다시 움직이기 시작했고 죄르지는 비행기에 탈 수 있었죠."

때때로 위너는 제풀에 지치기도 했고, 자신의 체중 때문에 지치기도 했다. 몸이 무거워지고 나이가 들면서 그는 전문가로서 활동에 참가하는 상황에서도 잠이 드는 경우가 많아졌다. 세미나에서 그의 코골이 때문에 방해를 받는 경우가 많아지다 보니 어느 해에는 하버드-MIT 수학세미나에서 발표자들이 누가 세미나 내내 위너를 깨어 있는 상태로 유지할 수 있는지를 두고 경쟁을 벌이기도 했다. 이 경쟁에서는 유럽의 한 수학자가 승리를 거두었다. 위너가 조는 것 같을 때마다 발표 중간에 위너의 이름을 끼워 넣은 것이다. 하지만 위너의 졸음을 잡으려던 이 시도가 역효과를 낳았다. 한 청중은 이렇게 기억했다. "한 번은 그 발표자가 위너의 이름을 말했는데, 전혀 부를 필요가 없는 상황에서 집어넣은 것이었습니다. 그리고는 이렇게 덧붙였죠. '그리고 이것은 에르고드 정리에 관한 위너의 연구와는 아무런 관련도 없습니다.' 그 말에 위너가 벌떡 깨더니 잠시 곰곰이 생각하다 이렇게 말했죠. '아닙니다. 관련이 있습니다.' 그리고는 개념적으로 그 둘을 연결하기 시작했죠."

래드랩의 젊은 연구자 스티브 번스Steven Burns는 위너를 스승이자 화재의 위험 원인으로 보았다. "그는 물리학과 세미나에 〈뉴욕 타임스〉 한 부를 가지고 들어오고는 했습니다. 맨 앞 줄에 앉아서 강연자가 강연을 시작하면 시가에 불을 붙이고 신문을 펴서 읽기 시작했죠. 그러고는 졸았습니다. 담뱃재가 점점 더 길어지면 청중의 관심은 과연 담뱃재가 신문 위로 떨어져 잠에서 벌떡 깰지에 집중되어 있었습니다." 확률론 분야에서 저명한 인물인 조지프 두브Joseph L. Doob는 위너가 1949년에 일리노이대학교에 그를 찾아왔을 때 일어났던 거의 재앙 같은 사건을 기억하고 있다. "그가 우리 전기공학과 건물 개관식을 참석했습니다. 사람들이 슬라이드를 보여주고 있었죠. 조명이 꺼져 있어서 슬라이드 말고는 어둠속에서 불빛 하나밖에 보이지 않았습니다. 바로 위너의 시가였죠. 그런데 갑자기 우당탕 소리가 나더니 불꽃이 날아다녔습니다. 그가 졸다가 의자에서 넘어진 것이었죠."

위너의 기벽 이야기는 해가 갈수록 늘어났다. 토미 라이스벡은 이렇게 기억했다. "집으로 손님이 찾아오면 그는 먹을 만큼 먹고 나서 식탁에서 일어나 이렇게 말했습니다. '저는 이제 낮잠을 좀 자러 가야겠습니다.' 그는 무례함의 개념을 이해하지 못하는 것 같더군요." 그의 친구들이나 그를 욕하는 사람들 모두 위너가 사회적 행동이나 직업적 행동에서 사람을 자주 불쾌하게 만들었다는 사실을 증언했다. 이런 행동을 두고 그들은 '미숙하다', '심통 사납다', 그리고 극단적인 경우에는 '어린애 같다'라는 식으로 표현했다. 마거리트 역시 잘 잊어버리고, 무례하고, 쉽게 흥분하는 남편을 돌보느라 겪은 고생에 대해 한탄했다. 그녀는 MIT의 다른 교수 부인들과의 커피 모임에서 이렇게 말했다. "꼭 세 쌍둥이를 키우는 것처럼 힘들어요." 그리고 그녀는 동료 교수 부인들과 가끔 만나는 자리에서만 이런 불평을 한 것이 아니었다. 파지 레빈슨의 말이다. "매일 그 말을 입에 달고 다녔어요."

하지만 위너가 마거리트가 묘사하는 것처럼 항상 무기력한 사람은 아니었다. 토비 라이스벡은 이렇게 주장했다. "마거리트에게는 위너가 그녀의 끝없는 관심과 관리가 필요한 사람으로 보여지는 게 중요했습니다. 하지만 내가 그와 몇 달 같이 지낸 적이 있었는데 그는 분명 일상적인 일들을 처리할 능력을 갖추고 있었습니다." 그의 기억에 의하면 전쟁 기간 동안 MIT의 학생들과 교수진이 여름에 전쟁 프로젝트를 진행하기 위해 케임브리지에 배치된 적이 있었는데 그와 위너가 서로 이웃한 하숙집을 쓰게 됐다. 마거리트는 라이스벡에게 위너를 돌보며 필요한 일들을 거들어 달라고 부탁했다. "그녀가 위너가 매일 저녁 식사는 제대로 하는지, 빨래는 제대로 하는지 등등 챙겨 주어야 할 부분들을 아주 긴 목록으로 뽑아주었죠." 하지만 그런 감시는 필요하지 않았다. "그녀는 누군가 돌보아주지 않으면 위너가 살아남지 못할 거라 생각했어요. 하지만 사실 위너는 혼자서도 아주 잘 지냈죠." 1940년대의 상당 부분을 그와 함께 보낸 정신과의사 제리 레트빈도 위너가 우울증에 빠져 살지 않았다는 데 동의했다. "그는 할 일을 하면서 잘 지냈습니다."

실제로 그 당시는 좋은 시간들도 있었다. 그는 가족과 보내는 시간에 영화 보러가기를 좋아했다. 그는 기분이 좋을 때는 가족이나 다양한 손님들과 매주 영화를 보러 가기도 했다. 미스터리 영화광이었던 위너는 히치콕 감독의 팬이었다. 이 유명한 영국 감독과 체형도 비슷했던 위너는 영화관에서 큰 존재감을 드러낸 동시에 때로는 성가신 존재이기도 했다. 바바라는 이렇게 기억했다. "아버지가 미스터리 영화를 보는 가장 큰 목적은 줄거리가 전개되기 전에 살인자가 누구인지 알아내서 큰 목소리로 말하는 것이었죠."

위너는 귀를 뚫은 여성에게도 열정을 보였다. 피츠, 레트빈과 뉴욕에 머무는 동안 세 사람은 어느 날 저녁 사람들로 붐비는 거리를 걸었다. 원래 걷는 것을 좋아하는 위너도 그 산책을 즐겼다. 레트빈은 이렇게 기억했다. "귀에 큰 귀걸이를 달고 있는 여성이 우리 앞을 지나갔습니다. 그리고 위너가 자기는 귀를 뚫은 여자를 보면 성적으로 흥분된다고 하더군요. 그래서 월터와 내가 말했습니다. '맞아요. 섹시하죠.' 우리는 그 이야기를 재미있다고 생각했습니다."

그가 뚫은 귀를 좋아하고, 그것에 대해 얘기하고 싶은 욕망을 느끼는 것은 그의 소년 같은 반응 패턴과 맞아떨어졌다. 레트빈은 이렇게 말했다. "아무런 행동으로도 이어지지 않는 무해한 페티시 중 하나에 불과했어요." 하지만 위너의 아내에게는 그렇게 보이지 않았다. 그녀는 남편의 입에서 나오는 호색적인 말들이 모두 그의 변태성을 보여주는 증거라 여겼고, 자신의 구세계 감수성에 대한 모욕이라 생각했다. 그때는 위너의 딸들도 아버지의 야한 농담에 익숙해져 있었다. 저녁 식탁에서 기분이 좋을 때면 위너는 말장난을 늘어놓다가 가끔씩 성적인 풍자를 중간에 집어넣었다. 바바라는 성적으로 중의적인 뜻을 갖는 아버지의 표현에 반응하는 방법을 완전히 파악하고 있었다. 그녀는 이렇게 기억했다. "저는 너무 어리석어서 그 말의 의미를 전혀 이해하지 못하는 척하거나, 아예 반응하지 않았어요." 페기는 아버지의 말보다는 그에 대한 어머니의 반응이 더 거슬렸다. 그녀는 이렇게 기억했다. "아버지가 우리를 보며 이제 다 컸다는 말만 해도 어머니는 충격을 받으면서 혐오스러워했어요. 아버지는 전혀 음란한 의미로 한 말이 아닌데도 어머니는 마치 아버지가 못 할 말을 한 것처럼 해석했죠."

* * *

마거리트는 점점 남편, 딸들과 불화가 심해졌다. 사이버네틱스로 위너가 유명해지기 한참 전부터 가족 내 관계가 나빠지기 시작했고, 몇 번은 집안 문제가 집밖에서 문제를 일으키기도 했다.

전쟁이 한참 고조되어 있던 당시 그때 막 십대로 접어든 바바라는 학교 역사과목 시간에 어머니의 옷장에서 발견한 책에서 읽은 문장을 암송했다. 히틀러의 『나의 투쟁』 영어판이었다. 그 바람에 바바라는 학교에서 잠시 정학을 당했고, 그 사건으로 인해 벨몬트의 교양 있는 사람들 사이에서 위너 가족에 대한 소문이 한바탕 돌았다. 머지않아 마거리트는 고집불통 딸이, 위너가 종종 겪는 감정의 폭풍이나 그가 툭하면 입 밖에 꺼내는 자살 이야기, 자신의 극단적인 신념 등 은밀한 집안의 비밀을 폭로하고 다녀서 남편의 명성과 한참 올라가고 있던 가족의 사회적 위치에 심각한 해를 끼치지나 않을까 걱정하기 시작했다. 안팎에서 가족에게 가해질 수 있는 잠재적 위협을 차단하기 위해 마거리트는 큰 딸이 가족이 아닌 다른 사회 모임에서 가족 이야기를 입 밖에 내지 못하게 하려고 다방면에서 노력을 기울이기 시작했다.

마거리트는 가족의 비밀을 누설하면 무서운 앙갚음을 하겠다고 딸을 위협했다. "프리츠 삼촌이 어떻게 됐는지 알지? 너도 말 안 들으면 정신병원에 집어넣을 거야!" 그녀는 위너가 없을 때 이렇게 딸에게 협박했다. 그녀는 도시를 여기저기 돌아다니며 친척, 가족의 친구, 바바라의 선생님, 보모, 심지어 가족이 다니는 유니테리언Unitarian 교회의 목사에게도 찾아가 자기 딸이 '사람의 명성을 망쳐놓는 거짓말을 늘어놓는' 습관이 있으니 조심하라고 경고했다.

그 결과 바바라는 점점 더 사람들에게 외면 받는 느낌이 커졌고, 결국 학교생활을 이어가기 위해서는 완전히 다른 환경으로 옮겨야 한다는 생각이 들었다. 그녀는 캐나다의 사립 기숙학교로 보내달라고 부모를 설득했다. 하지만 마거리트의 영향력은 아주 먼데까지 미치고 있었다. 입학 초반에 바바라는 극심한 복통을 느꼈다. 하지만 간호 교사는 간단한 구실로 그녀의 불편을 무시해 버렸다. "우리도 너에 대해서 알 만큼 알고 있어. 넌 없는 일도 잘 지어내잖니." 크리스마스를 맞아 집에 돌아왔을 때도 바바라는 여전히 복통을 앓고 있었다. 위너가 그 상황을 파악하고는 가족 주치의를 불렀다. 바바라는 바로 입원했고, 불과 몇 시간 만에 터진 맹장을 수술했다.

나중에 마거리트는 다시 한 번 기이한 일로 바바라를 비난했다. 바바리가 봄방학을 맞아 캐나다에서 기차를 타고 집으로 돌아오는 도중에 한 젊은 병사가 그녀에게 접근했다. 그 병사는 그녀의 옆 자리에 앉아 공격적으로 추파를 던지기 시작했다. 바바라는 병사가 더 접근하지 못하게 차단했지만 기차가 보스턴에 도착했을 때 그 병사는 그녀가 원치도 않는 기사도를 발휘해서 그녀의 여행 가방으로 손을 뻗었다. 두 사람은 함께 기차에서 내렸고, 위너와 마거리트를 정면으로 마주하게 됐다. 마거리트는 바바라의 여행가방이 젊은 남자의 손에 들려 있는 것을 보고 전혀 근거 없는 성급한 결론을 내렸다. 바바라는 이렇게 기억했다. "다음 날은 일요일이었어요. 교회에 갔다가 집으로 돌아오니 저를 검사하려고 의사가 기다리고 있었어요. 어머니는 제가 남자의 끈질긴 구애에 넘어가지 않고서는 이런 일이 생겼을 리가 없다고 확신하고 있었죠." 아내가 성에 대해 어떤 태도를 갖고 있는지 잘 알고 있던 위너는 딸의 편을 들어주었다. "제 얼굴을 바라보신 후에 아버지는 의사를 돌려보내고 이렇게 말씀하셨어요. '다시는 아무도 이 얘기를 꺼내는 일이 없을 거다.'"

둘째딸 페기도 마거리트가 성적인 문제에 대해 편집증이 있었음을 확인해 주었다. "어머니는 성적인 일이나 암시가 전혀 존재하지 않는 상황에서도 그런 문제가 보이는 것 같았어요. 성과 관련된 것은 무엇이든 어머니를 뒤집어 놓았죠. 어머니는 성적인 문제에 지나치게 민감했어요. 성은 어머니를 엄청 불편하게 만드는 주제였죠."

그리고 그녀의 불편은 점점 커져만 갔다. 1년 후 위너가 로젠블루에스와 여름 연구를 하기 위해 가족이 멕시코로 갔을 때 맥컬럭의 십대 딸 태피Taffy가 친구와 함께 멕시코에 왔다가 위너의 아파트에 방문했다. 태피는 위너의 딸들보다 몇 년 더 나이가 많았고, 더 세속적이었다. 멕시코시티에서 팔고 있는 여러 가지 은 장신구에 매료된 태피와 친구는 귀를 뚫기로 마음먹었고, 바바라와 페기에게도 같이 하자고 권했다. 소녀들이 귀에 작은 금 귀걸이를 달고 아파트로 왔을 때 마거리트는 딸들에게 불같이 화를 냈고, 마거리트는 바바라가 어린아이였을 때부터 이런저런 이유로 화를 냈지만, 이번에는 위너가 노골적으로 여자의 뚫은 귀를 좋아했던 것까지 끼워 넣으며 화를 냈다.

바바라는 이렇게 기억했다. "어머니는 내게 이 짓까지 해가며 아버지를 흥분시켜 유혹하려 든다고 화를 냈어요." 페기는 이렇게 말했다. "한참 잘못 생각한 거죠. 우리는 그냥 멋진 귀걸이를 잃어버리지 않고 안전하게 끼고 싶었을 뿐이에요. 하지만 어머니는 그대로 폭발해 버렸죠." 이 가족의 드라마라 펼쳐지는 것을 지켜본 맥컬럭의 딸들에게 이 사건은 위너의 페티시를 드러내기보다는 모든 것을 성과 관련시켜 바라보는 마거리트의 시선을 더 도드라지게 만들었다. 귀를 뚫는 것이 위너에게는 아무 문제도 되지 않았다. 로젠블루에스에게 보내는 쪽지에서 맥컬럭은 자기 딸들이 멕시코에서의 모험을 통해 시야를 넓히고 더욱 성숙한 인생관을 갖게 해주는 소중한 기회를 얻었다고 칭찬했다.

* * *

위너와 로젠블루에스는 멕시코에 있는 동안 많은 진척을 보았지만 북쪽에서의 쓸데없는 지연 때문에 연구가 방해를 받았다. 위너는 피츠에게 그들을 도와 신경섬유와 심장근육에 대한 실험실 연구를 진행하라고 해두었다. 이 두 연구분야는 그의 분석 기술이 가치를 발휘할 영역이기도 했고, 피츠가 자신의 학위 논문을 위해 구상 중인 이론에 근거를 마련해 줄 영역이기도 했다. 위너의 도움을 받아 피츠는 박사 힉위 프로섹트를 지원해 줄 구겐하임 장학금에 지원해서 승인을 받았다. 하지만 위너는 피츠가 자신은 신동 시절이나 성인이 되어서도 한 번도 겪어 본 적이 없는 두 가지 결함으로 고통 받고 있음을 알게 됐다. 무엇이든 꾸물거리는 버릇과 타인으로부터 판단을 받는 것에 대한 공포였다. 피츠는 이런 결함들을 허세로 가리고 있었다.

하임즈의 기록에 따르면 피츠는 권위에 대한 반항심이 강하고 전후 사회의 과시적 요소와 심지어 자신의 경력에 대해서도 무관심한 듯 보여 비트세대 Beat Generation(1950년대 미국의 기성세대의 가치관을 거부하며 인간정신에 대한 신뢰와 낙천주의적 사고를 가졌던 세대 - 옮긴이)에 속하는 동시대 사람들과 공통점이 많았다. 하임즈는 또한 이렇게도 지적했다. "피츠는 비트세대 사람들과 마찬가지로 상당한 시간을 동료들과 도로 위에서 보냈다. 1946년 여름과 가을에 피츠, 셀프리지, 레트빈은 보스턴에서 출발해서 장거리 자동차 여행을 떠났다. 이들은 둘러 둘러 시카고, 콜로라도, 캘리포니아를 거쳐 결국에는 멕시코까지 갔다. 그곳에서는 위너와 로젠블루에스가 열심히 연구를 진행하며 피츠가 나타나기를 기다리고 있었다.

위너는 피츠가 장거리 여행을 한 것에도 짜증이 났지만, 피츠가 할당받은 실험실 연구를 수행해서 자신과 로젠블루에스, 그리고 구겐하임 재단에서 기다리고 있던 무작위 신경 네트워크의 엄격한 수학적 분석을 내놓지 않은 것에 더 스트레스를 받았다. 위너는 멕시코에서 맥컬럭에게 이렇게 불평하는 편지를 보냈다. "피츠는 한 자리에 있는 법이 없다 보니 어떻게 연락해야 할지 알 수 없어 난감합니다." 5개월 후에 다시 MIT로 돌아왔을 때 위너의 인내심은 바닥이 나고 있었다. 피츠가 1947년 1월에 멕시코에 나타나자 위너는 마침내 회초리를 들었다. 위너는 로젠블루에스에게 힘을 실어주어 피츠의 꾸물거림을 끝장내려 했다. "피츠는 신경 네트워크의 통계역학에 관한 자신의 논문을 6주일 내로 발표 가능하게 준비해 놓아야 할 겁니다. 연구를 마무리할 때까지는 더 이상 여행을 가지 못하게 가능한 모든 조치를 취해야겠습니다."

하지만 그 해 봄에 피츠는 위너에게 또 말썽을 부렸다. 이것이 그룹의 상호작용에 위기를 불러왔고, 우연히도 위너의 장녀의 삶에도 위기를 불러일으켰다.

바바라는 16살에 기숙학교를 졸업하고 래드클리프대학교에 들어갔다. 그녀는 매일 아버지와 버스를 타고 케임브리지로 갔다가 다시 MIT에서 위너와 만나 같이 버스를 타고 집으로 돌아왔다. 그녀는 비상주학생으로 외롭게 래드클리프 대학에 1년을 다니다가 MIT로 편입을 하게 됐고, 위너의 동료 교수와 양아들들로 이루어진 핵심 그룹에 발을 들여놓게 됐다. 바바라는 이 학생들이 위너의 집으로 찾아왔을 때도 보았고, 뉴햄프셔와 멕시코로 여름여행을 갈 때도 보아 이미 아는 사이였다. "나는 그 남학생들한테 집착했어요. 내게는 그들이 처음으로 만난 진정한 친구나 다름없었죠. 그 남학생들은 내 또래의 남자 아이들과 대화하고 농담을 나눌 수 있는 기회를 제공해 주었죠. 섹스에 대한 숨겨진 요구도 없었고요." 바바라는 스스로도 인정하듯이 그 당시 대부분의 십대 소녀들에 비해 성적 경험이 정말 없었다.

1947년 초에 워렌 맥컬럭은 생물학 전공을 생각하고 있던 바바라에게 시카고 교외에 있는 자신의 안전한 집에서 한 학기 동안 머물면서 일리노이대학교에 있는 자신의 연구소에서 견습생으로 공부할 것을 제안했다. 바바라도 독립해서 부모님한테 받는 정서적 부담으로 자유로워질 기회를 간절히 바라고 있었다. 위너는 맥컬럭에게 그 자리가 별로 할 일도 없는데 인력을 놀리지 않기 위해 일부러 만든 자리가 아니라는 확인을 받은 다음에 그 계획을 승인해 주었다. 그리고 2월에 바바라는 견습생 생활을 시작하기 위해 시카고로 향했다. 그리고 그렇게 찾아간 맥컬럭의 집에는 신입 거주자로서의 뜻하지 않았던 모험이 기다리고 있었다.

바바라는 맥컬럭 가족의 이국적인 본거지로 들어갔던 당시를 기억했다. 맥컬럭 가족은 도시 외곽의 오래된 농장에서 살았고, 유숙객들로 생기가 넘쳤다. 그리고 대학교에서 찾아오는 맥컬럭 사람들의 발길도 끊이지 않았다. "이 성의 성주는 마음대로 나타났다 사라지면서 거창한 대화를 나누고, 재미있는 이야기들을 들려주었어요. 이 사람들은 급진적인 것을 자랑스러워했죠. 거실에 있는 축음기는 스페인 내전의 노래와 노조의 노래들을 계속 틀어댔는데 나 빼고 모두가 그 가사를 알고 있었어요. 성주의 규칙 아래 완전한 성적 자유가 선언되었고 사람들은 믿기 어려울 정도로 세련되고 박식해 보였죠."

마거리트 위녀의 엄격한 가정 세계에서 빠져나온 이 망명자에게는 이렇게 자유로운 영혼으로 채워져 있는 환경이 혼란스러웠다. 이런 차이 중 상당 부분은 맥컬럭의 아내인 루크^{Rook} 때문에 생긴 것이었다. 그녀는 정치적으로 진보 쪽인 뉴욕의 저명한 유대인 가문 출신이었다. 루크는 사회복지사로 일했지만 남편과 자식들, 그리고 자기 집 지붕 아래 거느리고 있는 젊은 연구자들을 돌보는 일에도 못지않게 헌신적이었다. "루크 사모님은 성자였어요. 때로는 너무 성자다웠죠." 제리 레트빈이 맥컬럭의 바람기를 은근슬쩍 암시하며 한 말이다. 맥컬럭의 바람기는 시카고 과학계 사람들은 다 아는 사실이었다.

바바라는 맥컬럭의 연구실에서 논문 발표를 위한 초록을 작성하고 실험수술실에서 동물 신경생리학 연구도 보조하면서 견습생으로서 성실하게 일했다. 그녀는 독립적인 여성으로서 새로운 자유를 발견했고, 심지어 맥컬럭의 딸을 통해 만나게 된 매력적인 젊은 의대생과 첫사랑에도 빠졌다. 바바라가 성장하고 있던 그 몇 개월 동안 피츠와 셀프리지는 자리를 잡고서 자기에게 할당된 연구 프로젝트를 위너, 로젠블루에스와 열심히 진행하고 있었다. 그와 동시에 레트빈은 MIT에서 고등수학을 공부하기 시작하고, 신경생리학 분야에서 자체적인 실험연구를 수행하기 시작했다. 그러다 1947년 4월에 이들의 네트워크에 갑자기 폭풍우가 찾아와 세 명의 상급 과학자와 그 제자들 사이에서 이제 시작한 지 얼마 되지도 않은 선구적인 통신 연구가 망가질 위기에 처하게 됐다.

위너가 무언가에 분노해서 양아들 중 그 누구와도, 그리고 맥컬럭과도 아무것도 하지 않을 것이며, 그리고 개인적으로, 공동으로 함께 참여하고 있던 프로젝트도 모두 하지 않을 거라는 말이 그룹 내에 돌았다. 무엇이 위너를 분노하게 만들었는지는 그룹 사람들 그 누구도 알지 못했지만 바바라와 관련된 일이 아니겠느냐는 의심이 있었다. 바바라도 시카고에서 새로이 해방된 사회적 환경에 적응하느라 어려움을 겪고 있었다. 그녀의 첫사랑은 흐지부지 끝났다. 그리고 두 번째로 찾아온 인간관계는 맥컬럭을 중심으로 하는 모임과 불화를 일으켰다. 맥컬럭은 딸의 연애 이야기와 맥컬럭네 사람들의 자유로운 생활방식에 관한 이야기가 케임브리지로 흘러 들어가면 위너와 그 아내가 자기들에게 책임을 묻지 않을까 걱정이 되기 시작했다. 당시 시카고를 방문 중이었던 맥컬럭과 레트빈은 바바라가 집으로 돌아가서 하고 다니는 얘기가 걱정이 되어 어느 날 밤 맥컬럭의 집 거실에서 바바라와 정면으로 부딪혔다.

바바라는 이렇게 회상했다. "루크 사모님하고 그 아이들하고 막 저녁식사를 마쳤는데 맥컬럭 교수님과 레트빈이 집으로 뛰어들어왔어요. 우리는 분명 크나큰 위기의 한가운데 봉착해 있었고, 그 분노의 중심에는 제가 있었죠. 보아하니 내가 무언가 끔찍한 일을 했는데 아무도 그게 무엇인지 내게 말해주지 않는 것 같았어요. 나는 제가 아버지한테 쓴 편지와 관련이 있다는 것을 알게 됐어요. 두 사람은 내가 아버지에게 그들을 비난한 내용이 담긴 편지를 쓴 것에 대해 화가 났어요. 그것 때문에 아버지가 그들에게 등을 돌리고 관계도 파탄이 났다고 했죠." 바바라는 아버지의 분노를 살 만한 일을 한 것이 없었다. 하지만 그녀의 부정은 상황을 오히려 더 악화시키고 말았다. "다음 날 아침에 보니 일자리에서도 왕따가 되고, 집에서도 왕따가 됐어요. 아무도 내게 말을 걸지 않았죠."

며칠 후에 위너가 분노한 진짜 이유가 분명하게 드러났다. 그가 피츠에게 검토해 보라고 건네주었던 원고가 몇 달째 행방불명이었다. 위너는 피츠가 일을 제대로 하지 않고 태만했었다는 것을 알게 되었고, 그 논문을 되찾기는 했지만 그가 맥컬럭에게 말했듯이 어떤 중요한 연구에 대한 우선권을 이미 놓쳐버린 후였다. 위너는 그것이 어떤 연구인지 말하지 않았지만 그 논문은 결국 통신과 정보에 관한 그의 새로운 이론에 대해 기술문헌에 처음 공식적으로 진술을 시작하며 쓰고 있었던 논문으로 밝혀졌다. 만약 그 몇 달을 허송세월로 보내지 않았더라면 위너는 『사이버네틱스』가 발표되기 한참 전에 이미 그 분야에서 선도적 사상가로 확고한 자리를 잡고, 정보이론에 대한 섀넌의 논문보다 1년 더 앞설 수 있었을 것이다.

위너는 진행 중이던 연구 내용을 잃어버린 사실을 자기에게 숨기려고 모두 입을 다물기로 모의했다며 피츠, 맥컬럭, 그리고 그룹 전체를 싸잡아 비난했다. 맥컬럭에게 보낸 편지에서 그는 공동의 과학 연구를 당장에 끝내고 메이시 학회에서도 완전히 발을 빼겠다고 협박했다. 하지만 위너를 속이려는 음모 같은 것은 없었다. 사실 피츠가 돌아다니는 동안 그 원고를 제자리에 두지 않아 찾지 못한 것이었다. 몇 통의 편지가 오고가면서 오해가 풀리고 위너의 분노도 누그러졌다. 그래서 그도 맥컬럭에게는 사과했지만 양아들들은 그냥 넘어가지 않았다. 위너는 피츠를 레트빈, 셀프리지와 분리시켰고, 피츠가 연구하고 있던 멕시코에서 세 사람이 함께 모이는 것은 물론이고, 두 사람이 모이는 것도 금지했다.

이 일은 피츠의 태만으로 생긴 일이었지만 결국은 레트빈이 잘못의 책임을 떠맡게 됐다. 레트빈은 이렇게 기억했다. "피츠가 받는 타격이 상당하겠더라고요. 그래서 말했죠. '내 탓이라고 해.' 저는 위너의 눈 밖에 났고, 위너는 한동안 제게 말을 걸지도 않았죠."

이렇게 해서 첫 번째 분노는 넘어갔지만 관련된 모든 사람에게 흉터를 남겼다. 레트빈은 머지 않아 MIT를 그만 두고 일리노이 주립 정신병원에 취직했다. 피츠는 그 해 여름에 셀프리지와 함께 멕시코로 돌아갔고, 이 두 방랑자는 마침내 그곳에 정착해서 위너, 로젠블루에스와 생산적으로 연구를 수행했다. 그 해 멕시코에 체류하면서 위너는 피츠와 공동으로 작성한 하나밖에 없는 논문을 만들어냈다. 신경섬유에서의 신호 흐름에 관한 연구였다. 그리고 셀프리지는 위너와 피츠를 쩔쩔 매게 만들었던 수학 문제를 해결해서 자신의 첫 발표 논문을 만들어냈다. 하지만 그들 간의 관계는 여전히 껄끄러웠고, 셀프리지는 박사학위도 받지 않고 다음 해에 MIT를 떠났다. 위너의 딸은 불안정한 상태에서 보스턴으로 돌아왔다. 자기 때문에 위기가 찾아왔다는 오해를 받았지만, 그녀의 책임이 아님을 밝히는 일에는 아무도 관심을 두지 않아 정신적으로 외상을 입었다.

그리고 바바라를 비롯해서 위너-맥컬럭 그룹의 다른 사람들도 모두 모르고 있었지만, 그녀가 시카고에 머물렀던 그 짧은 시간이 몇 년 후 사이버네틱스 그룹으로 거칠게 파고들어올 훨씬 고통스러운 사건의 촉매재로 작용하게 된다.

* * *

『사이버네틱스』의 집필이 그렇지 않아도 과도하게 무리를 하고 있던 위너의 눈에 최후의 일격이 되어 버렸다. 그는 백내장 제거 수술을 받았다. 수술에서 회복하는 동안에는 마거리트와 딸들이 글을 큰 소리로 읽어주어야 했고, 그 시점부터 마거리트와 위너의 비서들은 그의 집필 활동에서 더 능동적인 역할을 맡게 됐다. 이들은 받아쓰기도 하고, 경우에 따라서는 그를 대신해서 편지를 쓰기도 했다. 평소에도 이런저런 걱정이 많았고, 자신의 새로운 과학이 전쟁 후 세계에 미칠 영향에 대해서도 걱정이 많아지고 있던 위너는 여기에 시력을 완전히 잃어버릴지도 모른다는 걱정까지 보태게 됐다. MIT의 한 동료는 이렇게 얘기했다. "위너는 맹인이 되었을 때를 대비해서 얼굴을 책 속에 파묻고 손가락으로 더듬어 복도를 따라가면서 연습을 했습니다. 그러다 강의실 문이 열려 있는 곳에 도착하면 그는 그냥 안으로 들어가 한 바퀴 돌았고, 그럼 강의실 사람들 전체가 그 모습을 지켜보았죠." 몇 년 후에 위너와 MIT의 한 젊은 공학자가 빛에 민감하게 반응하는 '눈자루eyestalk'가 달려 있고, 바퀴로 움직이는 프로토타입 로봇을 만들었을 때도 이런 일이 똑같이 되풀이 됐다. 위너가 그랬던 것처럼 이 땅딸막한 창조물도 MIT의 긴 복도를 따라 굴러가다가 문이 열려 있는 곳이 있으면 따라 들어갔다. 이번에는 촉각으로 감지하는 것이 아니라 밝은 사무실이나 강의실에서 쏟아져 나오는 밝은 빛에 반응하는 방식이었다.

위너는 이 기계에 '술집귀신'이라는 별명을 붙여 주었다.

이 시기에도 위너는 함께 할 사람이 부족한 경우는 없었다. 로젠블루에스가 멕시코로 돌아가자 그가 하버드 의대에서 매월 주최하던 저녁만찬 세미나도 끝이 났다. 그리고 1948년 봄에 위너는 MIT 캠퍼스 근처에 있는 그가 좋아하던 중국식당에서 매주 그 세미나를 다시 개최했다. 제롬 위즈너는 메이시 학회가 뉴욕의 선택받은 이론가 및 연구자 집단에게 그랬던 것처럼 이 만찬 세미나가 그의 세대의 MIT 과학자와 공학자에게 고양시켜 준 진지하고 진취적인 과학적 분위기를 기억했다. 위즈너는 회고록에서 맥컬럭이 첫 메이시 학회에서 느꼈던 것과 비슷한 좌절을 느꼈던 것에 대해 적었다. "첫 모임에서는 바벨탑이 머리에 떠올랐다." 하지만 여러 학문분야가 모였다는 흥분과 아버지 같은 위너의 존재감 덕분에 그룹도 점점 중심이 잡혀갔다. "첫 모임 이후로는 매번 우리 중 한 사람이 모임을 주도해서 자신의 연구에 대해 간단히 요약해서 발표했다. 그럼 위너가 실시간으로 그에 대해 논평을 하면서 저녁 토론의 무대를 마련했다. 시간이 지나면서 우리는 각자의 용어를 이해하고, 통신이 맡게 될 보편적 역할에 대한 위너의 관점을 이해하고, 더 나아가 신봉하게 됐다."

위너는 MIT 근처 식당에서도 사람들을 즐겁게 해주었지만, 제일 가까운 친구들은 벨몬트의 집으로, 그리고 가족이 여름을 보내는 장소인 사우스탬워스로 계속 불러들여 즐거운 시간을 보냈다. 넉넉한 식당, 칸막이가 쳐진 현관, 한적한 서재 등은 위너의 모든 기분과 기품 있는 방문객들을 받아들일 수 있을 정도로 컸다. J. B. S. 홀데인은 전쟁이 끝나고 미국을 처음 방문했을 때 벨몬트에서 가족과 함께 머물렀다. 그는 영국에서 가장 논란이 많은 생물학자로서 명성을 날리고 있었고, 공산주의적 관점으로 영국의 기득권층을 계속 분노하게 만들었지만 위너는 홀데인의 정치적 성향을 개의치 않았고, 별로 관심도 두지 않았다. 그와 홀데인은 뼈 속 깊숙한 곳에서 울리는 깊은 과학적 가치관과 오랜 학문적 전통으로 이어져 있었다. 그리고 이 울림은 틈이 날 때마다 노래로 퍼져 나왔다.

페기는 이렇게 회상했다. "두 분이 어머니가 차려주신 훌륭한 식사를 마친 후에 탁자에 앉아서 클뤼니 베르나르Bernard of Cluny의 '속세의 능멸에 대하여De Contemptu Mundi'를 노래하셨어요." 이 두 불신자는 후렴을 주고받으며 라틴어 찬가를 노래했다.

> Urbs Sion aurea, patria lactea. … 젖과 꿀로 축복받은 황금의 예루살렘….

그리고 번쩍 정신이 들게 하는 이 시의 결론을 노래했다.

> 세상이 사악하기 그지없어, 때가 찾아오고 있다. 정신을 차리고 쉼 없이 경계하라. 심판이 문 앞에 와 있도다.

위너는 나중에 새로운 자동화 기술의 위험에 대해 전쟁 후 세계에 경고하면서 이 시를 바꾸어 표현하기도 했다.

MIT의 위너 주변으로 다른 긍정적인 힘들이 모여들고 있었다. 그의 좋은 친구이자 공동연구자 이육웡이 중국에 오랫동안 붙잡혀 있다가 MIT로 돌아왔다. 이육웡이 미국의 과학 기술 발전 속도를 빠르게 따라잡을 수 있도록 위너는 그에게 사이버네틱스의 최전선에 있는 주제, 그리고 위너가 대략적으로 구상만 해 놓고 자세히 그 해법을 구하지는 못했던 어려운 도전 과제들을 그에게 임무 과제로 제시해 주었다. MIT에서 이육윙은 위너의 통계적 방법에 대해 기본 강의, 그리고 자동화된 기계와 공장을 구축하는 데 필요한 특별 지식을 가르쳤다. 이것은 새로운 기술 분야로, 위너도 알고 있었듯이 그와 같은 이론가들이 다룰 수 있는 범위를 이미 한참 벗어나 있었다. 이육윙은 또한 위너의 이론과 그 응용에 대해 설명하는 기술 논문과 책을 썼고, 그 덕분에 머지않아 위너의 이론을 공학계의 대중에게 해석해 주는 사람으로 자리잡고, 위너가 계속 피해 다니던 기업체와 접촉하는 사절 역할도 하게 됐다.

* * *

위너는 『사이버네틱스』로 찬사를 받는 것을 반겼지만 그런 명성이 그의 뿌리 깊은 불안과 지속되는 조울증 상태를 해결해 줄 만병통치약은 되지 못했다. 페기는 『사이버네틱스』에 전방위로 쏟아지는 찬사가 성인이 된 후로 자신의 가치를 입증해 보이려 노력했던 위너에게 처음으로 마음의 평화를 가져다주었다고 믿었다. "제 생각에 아버지가 자신이 받아 마땅한 인정을 제대로 받았다고 느낀 것은 그때가 평생 처음이었던 것 같아요." 하지만 그 모든 찬사에도 위너와 위너의 가족이 느끼던 압박을 덜어주지는 못했다. 페기의 말이다. "마땅히 그랬어야 했죠. 하지만 과연 그랬을까요? 저도 모르겠네요." 여러 면에서 명성은 위너를 더 산만하게 만들고, 그가 개인적으로, 직업적으로 느끼기 시작했던 책임감을 더 깊어지게 만들었다. 페기는 이렇게 기억했다. "『사이버네틱스』가 세상에 나온 이후로 〈라이프〉 잡지의 기자가 우리 집으로 찾아왔어요. 유명한 사진작가 알프레드 에이젠슈타트 Alfred Eisenstadt가 우리 둘이 체스를 두는 모습을 사진으로 찍었죠. 저의 체스 실력은 형편없었지만 아버지의 마음은 다른 곳에 가 있었어요. 제가 3수만에 외통수로 장군을 불렀죠."

마거리트는 달라진 위너의 위상에 자부심과 개인적인 만족을 느끼고, 그것을 자신의 희생에 대한 부분적인 보상으로 받아들였다. 바바라는 이렇게 말했다. "어머니는 교수 부인이자 아버지의 명예였죠. 아버지가 무언가를 성취하면 어머니는 그것을 자신의 명예로 받아들였어요." 하지만 위너의 딸들은 아버지의 명성으로 더 어려운 시간을 보냈다. 그가 명사가 되면서 그렇지 않아도 딸들이 어린 시절부터 지고 다녀야 했던 부담감과 십대 후반의 고통에 새로운 긴장감을 보태게 되었음을 위너 자신도 인정했다. 자서전에서 그는 이렇게 말했다. "페기가 이런 말을 한 적이 한두 번이 아니었다. '나는 노버트 위너의 딸로 살아가는 데 지쳤어요. 저는 페기 위너로 살고 싶어요.'" 그리고 그렇지 않아도 자기 성격 때문에 가족들이 어려워했는데 이제는 자신의 존재 자체가 그들의 삶을 더 힘들게 만들게 된 것에 대해 그는 아내에게 그랬던 것처럼 딸들에게도 사과했다. "나는 아이들을 나의 틀에 끼워맞추려고 한 적이 한 번도 없었지만, 나의 존재 자체가 내 의지와는 아무 상관 없이 아이들을 압박에 시달리게 만들었다."

그의 조울증은 계속해서 매복공격처럼 그를 괴롭혔다. 그의 성깔이 아무런 경고도 없이 폭발해 버리면 그가 새로 느끼고 있던 자존감은 사라지고 동료, 경쟁자, 그리고 자신이 거느리고 있던 학생들에 대한 공격으로 대체됐다. 계몽된 보스턴-케임브리지에서조차 MIT의 많은 동료들이 받아들이는 데 어려움을 겪었던 부분은 위너의 악명 높은 감정 폭발이 악감정에서 나오는 것도 아니고 완전히 변덕스러운 것도 아니라, 내면의 힘에 의해 터져 나온다는 점과 원고를 잃어버려 폭발했던 경우처럼 실제 사건에 의해 촉발되는 경우가 잦다는 점을 지적했다.

페기는 그 점에 대해서는 아버지를 변호했다. "아버지한테는 악의가 없었어요. 말재주로 사람들을 자극했을지는 몰라도 일부러 화를 돋우지는 않았죠. 아버지가 누군가에게 시비를 걸 때는 항상 그럴 만한 이유가 있었어요. 적어도 아버지는 그렇게 믿었죠. 그리고 아버지는 면전에 대고 얘기했어요. 등 뒤에서 험담하는 일은 없었죠. 그건 아버지의 스타일이 아니었으니까요." 물론 위너의 감정 폭발은 그 자체로 스타일이 있었다. MIT에 있는 동안 위너의 감정이 폭발하는 것을 여러 차례 목격했던 바바라는 그 모습이 지켜보기 고통스러우면서도 대단히 재미있다고도 느꼈다. "아버지는 어휘가 방대하신 분이었어요. 그래서 누군가에게 화가 나면 오랫동안 장황하게 말을 이어갈 수 있었죠. 아버지는 빅토리아 시대의 영어 구어체로 말했고, 가끔은 그 문학적 표현에 귀를 기울이는 것만으로도 좋았죠." 하지만 바바라는 폭발하기 쉬운 위너의 감정이 그의 동료와 학생들에게 더욱 깊은 영향을 미친다는 것을 알게 됐다. "아버지가 기분이 좋을 때는 세상을 다 가진 것 같은 기분이었고, 자기 주변 사람들도 그런 기분에 빠져들게 만들었죠. 그러다가 기분이 가라앉으면 모든 사람이 겁을 먹게 만들었어요. 그 사람들이 갖고 있는 스스로에 대한 믿음 중 상당 부분은 아버지에 대한 믿음에서 나온 것이었으니까요."

실제로 위너는 기분이 좋은 시간 동안에는 눈부시게 밝은 사람이었지만, 그 승리에 충만한 시기에도 어두워지는 순간이 있었다. MIT

를 거쳐간 총장, 학장, 학과장들은 위너가 아무 통보도 없이 자기네 사무실로 불쑥 쳐들어와 그를 화나게 만든 어떤 문제에 대해 입에 거품을 물고 얘기를 쏟아낸다는 사실을 그냥 받아들이게 됐다. 제롬 위즈너는 이렇게 기억했다. "때로는 불안한 모습이었습니다. 누군가 그의 아이디어 중 하나에 문제를 제기했거나, 대통령이나 국무장관이 저지른 바보 같은 행동이 세계를 흔적도 없이 사라지게 만들 거라 확신하는 경우였죠."

위너가 MIT 교수자리나 전문가 그룹에서 사임하겠다는 분노의 사직서를 제출하는 것도 십중팔구 그 우울하던 시기의 일이었다. 수학과는 그와 거리가 가깝다는 이유만으로 그의 분노의 예봉을 정면으로 받아야 했다. 한 목격자의 말로는 그가 수학과를 50번이나 찾아가 사임 얘기를 꺼냈었다고 한다. 하지만 MIT의 교수진과 행정 담당자들은 이런 위너의 발작에 대처할 계획을 갖고 있었다. 시간을 통해 검증된 계획이었다. 토비 라이스벡은 이렇게 기억했다. "그들은 무슨 일이 일어나고 있는 것인지 잘 알고 있었죠. 그들은 당장 그에게로 달려와 기분을 띄워주며 그가 일탈하지 않게 만들었습니다."

어떤 사람들은 위너의 사직서 제출 소동의 리듬에 익숙해졌다. 워렌 맥컬럭은 위너가 메이시 학회 첫 모임 이후에 사임하겠다고 위협했을 때, 그리고 다시 세 번째 모임 한 달 후에 원고 분실 소동이 일어났을 때도 메이시 학회를 구하기 위해 발 벗고 나섰다. 하지만 위너의 감정 폭발에 유연하게 대응해 주지 않은 조직이 한 곳이 있었다. 미국 국립과학아카데미였다. 위너는 1930년대 초에 그곳 회원으로 뽑혔지만 십년 후에는 그곳을 "잘릴 걱정이 없는 무책임한 사람들이 모여 있는 조직"이라고 부르며 무뚝뚝하게 사임했다. 아카데미가 의식행사를 통해 메달과 상을 수여하는 것에 대해 논란이 일었고, 위너는 이것이 조직의 정치에 의해 오염됐다고 생각했다. 이런 혐의에 대해서는 다른 아카데미 회원들이 나중에 조사해서 문서화했다. 하지만 사임서에서 위너는 아카데미의 "불량한 음식 공급, 지루하고 값만 비싼 만찬" 그리고 "학회를 떠도는 전반적으로 거만한 분위기에 대한 불만을 장황하게 나열해 놓았다. 아카데미의 관료들은 위너에게 사임을 재고해 달라고 간청하지 않았고, 위너도 다른 과학 학회에는 절대 가입하지 않았다.

위너의 동료 중에는 그런 행동으로 인해 그와 등을 진 사람도 있었지만, 대부분은 그냥 당혹감만을 느꼈고, 어떤 사람은 오히려 재미있다고 느끼기도 했다. 위너는 도덕적, 윤리적 근거를 바탕으로 자신의 사임을 정당화하는 경우가 많았고, 그 중에는 근거가 분명한 것도 있었지만, 분명 조울증 상태가 만들어낸 부산물인 경우도 있었다. 그리고 1940년대 말에는 위너의 제일 가까운 동료들이 그의 우울증에서 또 하나의 패턴을 찾아냈다. 제리 레트빈은 이렇게 기억했다. "매사추세츠 주가 아닌 다른 곳에서 위너를 만나면 그때마다 그는 아주 쾌활하고, 생기 넘치고, 모든 사람들과 아주 잘 어울렸습니다. 사실 신기하게도 아내와 떨어져 있는 동안에는 절대 우울증에 빠지지 않았죠."

위너의 딸들이 어린 시절부터 지켜보았던 그림을 다른 이들도 확인해 주었다. 실제로 타인의 감정에 눈도 귀도 막혀 있었던 마거리트는 위너를 내면의 고통으로부터 자유롭게 만들어주기는커녕 오히려 남편의 들쭉날쭉한 기분을 악화시켰다. 토비 라이스벡은 위너의 집에 매주 방문하면서 이런 패턴을 확인할 수 있었다. "그녀는 위너의 평정심을 깨뜨렸어요. 그녀가 그의 우울증을 이끌어냈죠." 제리 레트빈은 한 발 더 나갔다. 그는 마거리트가 위너의 감정을 휘저어 폭풍을 일으키고, 그것이 다시 학교에서도 발작을 일으키게 만들었다고 생각했다. 그리고 그는 마거리트가 때로는 고의로 그런 발작을 촉발했다고 믿었다. 레트빈은 그 시기에 목격했던 그런 경우를 이렇게 기억했다. "위너가 우스터폴리테크닉의 한 수학과 학생으로부터 편지를 한 장 받았습니다. 이렇게 적혀 있었죠. '우리는 이제 강의료로 드릴 수 있는 돈이 없습니다만 혹시 저희한테 오셔서 강의를 해주실 수 없을까요?' 그는 기뻤습니다. 그는 항상 이렇게 말했었죠. '수학과 학생이라면 누구든 나의 친구지.' 그래서 그는 그러겠다고 답장을 보냈습니다. 그런데 그날 저녁 아내가 말했습니다. '어떻게 그런 보잘것없는 곳에 가서 돈도 안 받고 강의를 하려고 해요? 마치 당신이 아무런 가치가 없는 사람처럼 보이잖아요.' 그녀가 그렇게 자극하는 바람에 위너는 우스터폴리테크닉과의 모든 관계를 단절하는 끔찍한 편지를 써서 보냈습니다. 학생은 대체 무엇 때문에 그런 일이 일어났는지 절대 이해 못했을 겁니다."

그 즈음에는 패턴이 명확하게 드러났다. 마거리트는 위너와 고생하면서 내린 결론이 있었다. 위너는 행복할 때보다 우울증에 빠져 있을 때가 집안에서 다루기도 더 쉽고, 사회적으로도 더 용납되는 행동을 하고, 그녀가 생각하는 지위 높은 남성 이미지에 더 가깝다고 말이다. 그녀는 의식적으로든, 무의식적으로든 이런 가정을 바탕으로 행동했다. 그녀가 보기에는 그것이 위너에게 득이 되는 방식이었다. 그래서 위너가 풍선처럼 기분이 붕붕 뜨면 습관적으로 그 풍선을 터트리고, 어떻게 해서든 그를 땅바닥으로 끌어내렸다. 그리고 위너의 주변에 모여든 관찰력이 뛰어난 사람들은 위너의 변덕스러운 기분에서 한 가지 패턴을 더 감지했다. 이것은 관련된 모든 이들의 삶에 영향을 미치는 패턴이었다. 레트빈은 이렇게 말했다. "위너에게는 문제가 하나 있었습니다. 우울증에서 빠져나온 이후에도 우울증이 있는 동안에 내렸던 결정을 끝까지 고집한다는 점이죠."

그의 기분은 정점으로 치고 올랐다가 바닥으로 꼬꾸라졌다. 그는 몇 날을 연속으로 부루퉁해 있거나, 의자에 털썩 주저앉아 "나는 쓸모없는 놈이야. 전혀 쓸모없는 놈이야."라고 중얼거리거나, 독일어로 "Ich bin muede(난 너무 피곤해)"를 중얼거리다가도 어느 날은 갑자기 자신감 충만한 모습으로 인사를 하며 그의 또 다른 진부한 표현인 "난 그저 내가 할 수 있는 최선을 다할 뿐이야."라고 말했다. 바바라의 기억에 따르면 그는 기분장애에 파묻혀 있지도, 그것을 과시하지도 않았지만, 그에 대해 조금은 당황하고, 조금은 민망한 상태로 남아있었다. 심지어 그는 제일 가까운 친구와 동료들에게 자기가 우울증으로 빠져들고 있을 때는 자기를 멀리하라고 경고하기도 했다. 레트빈은 이렇게 기억했다. "그럼 그와 마주치지 말아야 해요. 우울증이 밀려온 동안에는 그의 눈에 띄지 않으려고 노력해야 합니다."

가정에서의 위안은 도움이 되지 못했기에 위너는 다시 정신의학자를 만나러 다녔다. 뉴욕으로 여행을 다녀오는 길에 그는 저명한 자넷 리오흐Janet Rioch 박사를 조심스럽게 만나보았다. 그는 진보적인 심리치료사로 위너에게 감정을 배출할 수 있는 출구를 제공해 주고, 위너가 여전히 두려워하고 있던 더 큰 정신적 위기를 막아주었다. 예전에 엄격한 프로이트식 정신분석학자와 상담했을 때와는 달리 위너는 리오흐 박사와의 치료 시간을 반겼다. 리오흐 박사는 꿈에 관한 책에 매달리지도 않고, 심리치료용 침대를 사용하는 것에 집착하지도 않고, 자신과 인간적인 관계를 맺기 위해 더 큰 노력을 기울였다.

*　*　*

위너의 딸들은 조금씩 자유를 찾아갔다. 바바라는 시카고에 머무는 동안 재앙 같은 일을 겪었던 이후로 MIT에서 보스턴대학교로 적을 옮겼고, 페기는 아버지의 길을 따라 터프츠대학교로 들어갔다. 딸들이 자신의 삶을 찾아 떠나자 마거리트는 위너 주변의 세상을 안정적이고 힘이 나는 분위기로 유지하려고 노력했다. 하지만 위너를 향하고 있는 엄청난 관심, 개인적 압박, 직업적인 요구는 마거리트가 어떻게 해 볼 수가 없는 부분이었다. 대신 그녀는 자기 남편, 그리고 MIT에서 그의 명성에 잠재적 위험이 될 수 있을 거라 생각되는 사람들을 통제하려고 한층 더 노력했다.

마거리트는 계속해서 귀를 뚫는 것에 집착했다. 그리고 어느 한 쌍의 커플 때문에 그녀가 충동적으로 행동에 나서는 일이 생겼다. 1940년대가 끝나갈 즈음 수학과 비서인 마고 제머레이Margot Zemurray가 일에 얽혀들었다. 그녀는 『사이버네틱스』가 출판되고 난 후에 엄청나게 늘어난 위너의 서신을 대부분 타이핑했고, 그의 분노의 사직서들도 충실하게 파일에 보관하던 젊은 비서였다. 매력적인 여성이었던 그녀는 결혼을 준비하면서 귀를 뚫었다. 거기에 위너가 별다른 반응을 보였다는 이야기는 없지만 아내 마거리트의 반응에 대한 목격담은 많았다. 제리 레트빈은 MIT에서 화제가 됐던 한 사건을 기억하고 있었다.

"며칠 후에 마거리트 부인이 수학과에 나타났습니다. 비서를 당장 해고하기를 원했죠. 그리고 당시에는 수학과에서도 거기에 동의했습니다. 비서는 영문도 모르고 해고당했죠. 위너도 그 이유를 모르기는 마찬가지였습니다. 그저 비서는 귀를 뚫었고, 위너는 그 얘기를 아내에게 했다는 게 이유였습니다. 마거리트가 그 비서가 해고되도록 공작을 벌인 거죠."

마거리트는 위너를 돌보느라 정신없이 바빴을지도 모르지만 그녀의 돌봄과 공작에는 위너의 기질, 그리고 그의 오르락내리락하는 뇌화학으로도 정당화하기 힘든 절박함이 녹아 있었다. 그녀는 계속해서 장녀 바바라를 자신의 두려움과 좌절에 대한 희생양으로 삼았다. 수년 전에 바바라와 육촌 관계인 토비 라이스벡과의 우정이 완전한 남녀 간의 교제로 발전했을 때 마거리트는 바바라가 가족의 더 많은 비밀을 MIT의 가십거리로 만들까 두려워 그 관계를 꺾어놓으려 했다.

토비는 자기와 바바라의 연애를 끝장내려고 마거리트가 치밀한 계획 하에 노력했던 것을 기억했다. "우리가 연애를 하는 것처럼 행동하기 시작한 지 몇 주 되지도 않아서 바바라의 어머니가 저를 아주 정중하게 집으로 초대하셨어요. '어느 날에 집으로 차를 마시러 오지 않을래?'" 그 날은 다른 가족들이 집에 없는 시간이었다. "그녀가 저를 앉혀놓고 숨김없이 일장연설을 했습니다. 이렇게 말했죠. '바바라와 너무 가까워지지 않게 조심해야 해.'" 토비는 자기 딸에게 불리한 이야기를 하는 마거리트의 주장을 하나, 하나 반박하며 증거를 제시했다. "마거리트는 먼저 이런 이야기를 꺼냈습니다 '바바라는 병적으로 거짓말 하는 애야. 절대 그 애의 말을 곧이곧대로 믿으면 안 돼.' 하지만 그건 내가 보아온 바바라의 모습과는 정반대였어요. 바바라와 편한 마음으로 데이트를 즐겼었지만 그 애가 한 말 중에 나중에 거짓말로 드러난 경우가 한 번도 없었거든요. 마거리트가 두 번째로 한 말은 이랬습니다. '바바라는 통제불가능한 알코올 중독자야.' 그것 역시 사실이 아니란 것을 알고 있었어요. 십대 남자 애들이 다 그렇듯이 저도 바바라한테 술을 먹여보려고 했는데 워너처럼 바바라도 술을 조금만 마시면 금방 몸에 탈이 났거든요. 마거리트가 세 번째로 한 얘기는 이랬어요. '바바라는 음란하기 짝이 없는 색광이야.' 그 얘기 역시 제가 경험한 것하고는 완전히 딴판이었죠."

토비는 마거리트의 말을 듣지 않고 계속 바바라를 쫓아다녔고, 두 사람의 사이는 더욱 가까워졌다. 두 사람이 결혼할 날이 다가오자 워너는 아버지로서의 자부심에 들떴다. 바바라는 이렇게 회상했다. "아버지가 몇 주 전부터 계속 물어보셨어요. '그 녀석이 아직도 너한테 뭐 하자는 거 없었어? 아직도?' 그래서 제가 말했죠. '아버지가 그렇게 계속 물어보시면 절대로 그 일은 없을 거예요.'"

두 사람은 1948년 12월에 결혼식을 올렸다. 이제 전기공학 학위를 받고, 로즈Rhodes 장학금도 받고, 명예롭게 해군 복무도 마친 토비는 벨 연구소에서 경력을 시작했다. 그리고 이 신혼부부는 그 동안 두 사람이 견뎌야 했던 양쪽 가족의 압박을 피해 새로운 삶을 살기 위해 뉴저지로 이사를 갔다.

* * *

1950년 가을에 워너는 다시 친구 숄렘 망델브로이로부터 프랑스로 와서 한 학기 동안 콜레주드프랑스에서 객원강사로 강의를 해 달라는 초청을 받는다. 그리고 그는 신년 초에 파리에서 열릴 컴퓨터와 자동화에 관한 국제학회에서 강연을 해달라는 초청도 받았다. 얼마 전 풀브라이트 교직 장학금도 받게 된 그는 그해 12월에 혼자 프랑스로 가는 배에 올라탔다. 그리고 학회와 대학 강의 준비로 몇 주를 파리에서 보냈다. 학회가 끝난 후에는 서둘러 영국으로 건너가 홀데인을 만났고, 마거리트와 페기는 배를 타고 그를 만나러 왔다. 위너는 바바라를 시카고에서 맥컬럭 밑에서 일하게 해주었던 것처럼 터프츠대학교에서 생화학을 공부하고 있던 페기를 위해서도 한 학기 동안 홀데인의 유니버시티 칼리지 런던 유전학 연구실에서 조수로 일할 수 있도록 주선해 주었다. 위너와 마거리트는 파리로 돌아왔고, 위너는 강사로서의 임무를 시작했다. 그리고 학기가 시작되고 몇 주 후에 페기가 부모님을 방문하러 파리에서 비행기를 타고 날아왔다. 마거리트는 비행장에서 페기와 만났다. 그런데 활주로에서 불과 몇 걸음 떨어진 장소에서 마거리트와 딸 간의 또 다른 이상한 만남이 있었다.

페기는 이렇게 기억했다. "비행기를 타고 오는 동안 귀에 압력을 심하게 느껴서 옆자리에 앉았던 사람이 걱정했어요. 우리는 비행기에서 함께 내렸는데 어머니가 이 남자가 나를 걱정스러운 눈길로 바라보는 것을 보더니 내가 미처 입을 열기도 전에 어디서 남자한테 꼬리를 치느냐고 혼을 내더군요. 나는 어이가 없어서 말도 나오지 않았어요. 아예 생각도 못했던 상황이라 뭐라 말해야 할지 알 수 없었죠." 몇 년이 지나서도 페기는 여전히 어머니가 무슨 동기로 그랬던 것인지 이해하지 못하고 있었다. "어머니가 예전에도 그렇게 통제불능 상태가 되는 걸 본 적이 있죠. 그건 항상 섹스와 관련된 일이었어요. 어머니가 어쩌다 그렇게 됐는지 저도 모르겠어요. 어머니 세대가 그런 성향이 있는 것을 저도 알지만 어머니는 너무 극단적이셨거든요." 그녀가 살짝 비꼬며 말했다. "그런 분이 애는 어떻게 낳으셨는지 저는 알다가도 모르겠어요. 아마 그냥 눈을 감고 독일에 대해 생각하고 있었을 거예요."

자기 아내가 딸들의 정숙함을 문제 삼고 있는 줄은 까맣게 모르고 있던 위너는 그 동안 프랑스 친구들과 도시를 거닐며, 몽파르나스 가의 바에서 체스를 즐기고, 파리의 좋은 식당과 카페들에 대해서도 조금씩 알게 됐다. 망델브로이의 조카이자 폴란드 출신의 신예 프랑스 수학자이고, 훗날 혼돈이론으로 알려진 프랙털 기하학fractal geometry 분야의 개척자가 될 브누아 망델브로Benoit Mandelbrot가 위너에게 파리의 좋은 식당들을 소개하는 일을 삼촌에게 부탁받았다. 망델브로는 위너와 도시에서 보낸 날 밤을 이렇게 기억했다.

"삼촌은 위너에 대해 극찬했었습니다. 전쟁이 나기도 전이었던 제 나이 열세 살 때 그의 이름을 들었던 것이 기억납니다. 그리고 위너는 저의 롤모델 중 한 명이 됐죠. 그가 파리로 왔을 때 그를 리옹 역에서 만났습니다. 그는 아주 특이한 인상을 주었습니다. 그의 키 작고 뭉툭한 체격에 놀랐죠. 나는 그를 좋은 식당으로 모시고 갔습니다. 수석웨이터는 허리둘레가 엄청난 위너를 보고 미국에서 아주 유명한 미식가가 온 것이 분명하다고 생각했죠. 모두들 그가 무엇을 주문할지 보고 싶어 기다리고 있었죠. 웨이터가 다가와 그에게 메뉴를 건넸습니다. 그가 메뉴를 보긴 했지만 심한 근시 때문에 읽을 수가 없었습니다. 그래서 그는 메뉴를 덮고 말했죠. '채소로 주세요.' 웨이터가 그를 보면서 말했습니다. '어떤 채소로 드릴까요?' 위너가 말했습니다. '채소면 다 좋습니다.' 그래서 제가 웨이터에게 말했습니다. '선생님은 채식주의자고 근시도 심하셔서 메뉴를 못 보십니다. 여기서 제일 싱싱한 채소로 골라서 준비해 주세요.' 그래서 채소 한 접시를 내왔고 위너는 만족했죠. 하지만 식당 측에서는 그가 미식가다운 화려한 식사를 주문하지 않아서 심사가 뒤틀렸죠."

11장

관계의 단절과 배반

> 겁쟁이 같으니!
> 그 단검을 이리 주세요.
> 아이들이나
> 그림으로 그린 악마를 두려워하죠.
> 그가 피를 흘리면
> 경비병들의 얼굴을 그 피로 칠할 거예요.
> 그들의 죄로 보여야 하니까요.
>
> ― 셰익스피어, 『맥베스』

1940년대 말과 1950년대 초에 걸쳐 사이버네틱스는 산업, 기술, 대중의 상상력 속으로 계속해서 퍼져나갔다. 위너의 서적 판매량은 전 세계에 걸쳐 몇 배로 늘어났고, 그에게 초빙교수, 객원강사로 와 달라는 요구가 빗발쳤다.

1951년 봄에 파리에서 사이버네틱스에 대한 강의가 마무리되고 난 후에 위너와 그의 아내는 마드리드로 갔다. 그리고 그곳에서 스페인 수학자와 공학자들을 대상으로 사이버네틱스에 대한 강의를 해달라는 초대를 받았다. 위너는 그 초대를 수락하기 전에 주최 측에 스페인 정부 당국에서 자신의 관점이 어떤 것인지 알게 되면 좋아하지 않을 거라고 경고했다. 당시 스페인 정부는 서유럽에서 전쟁 후에도 유일하게 독재정권을 유지하고 있었다. 그가 스페인어로 강연을 준비하고 도착하자 스페인 정부에서 실제로 그의 사상이 위험할 정도로 자유민주적인 것으로 판단하고 있다는 얘기를 들었다. 그래서 스페인 청중을 상대로 프랑스어로 강연을 하라는 지시를 받았다. 그래야 그의 얘기를 이해할 사람이 많지 않을 것이기 때문이었다.

이렇게 제약 속에 스페인에 체류하고 난 후에 위너와 아내는 프랑스로 돌아왔다. 그곳에서 위너는 몇 달 동안 틈날 때마다 하다말다 했던 자신의 자서전에 집중하기 시작했다. 이 책은 중요한 영향을 미쳤던 신동 시절과 이른 성년 시기에 대한 이야기로 시작했다. 위너는 이제 사이버네틱스와 그것이 인류에게 미칠 영향에 대해 글을 써서 천재 과학자로 국제적인 명성을 더하고 있으니 이제 자신이 살아온 이야기를 세상에 알릴 때가 됐다고 믿었다. 그리고 이 이야기가 자신의 기술을 배우는 사람들은 물론이고 신동의 운명에 대해 궁금해하는 독자들에게도 흥미를 끌 것이라 생각했다.

초여름 기간 동안 그는 코트 바스크 Côte Basque의 생장드뤼즈 St. Jean-de-Luz의 해변 리조트에서 아내에게 자신의 회고록을 받아쓰게 했다. 그리고 파리로 돌아와서는 좌안의 작은 호텔에서, 그리고 제네바 호수의 프랑스 쪽 물가에 있는 사부아 Savoy의 산악 시골집에서 이 일을 계속 이어갔다. 하지만 압박이 심했던 어린 시절을 다시 떠올리는 과정은 이제 성인이 된 그에게도 감당하기 힘든 어려운 일이었다. 그의 새 정신과의사는 자신의 과거에 푹 빠져들어 보는 것이 이상적인 치료법이라며 권했지만, 그에게는 이것이 오히려 격렬한 정서적 압박으로 작용했다. 그가 나중에 이렇게 인정했다. "유럽에서의 안식년이 끝날 즈음에는 강의와 집필에 너무 힘을 쏟다보니 고문을 당하는 듯한 두통으로 침대에 몸져누워야 했다." 그 바람에 그는 강 건너 제네바에서 스위스 병원에 입원해야 했다.

위너는 그 때의 사건에 대해서는 애매하게 얼버무리고 지나갔는데, 그가 묘사한 심한 두통보다도 더 심각한 상황이었던 것으로 보인다. 병원에서 퇴원하자 그와 마거리트는 제노바의 항구로 가서 미국으로 돌아가는 배에 올랐다. 하지만 그 짧은 배여행마저도 그에게는 큰 고역이 됐다. 배에 타자마자 선의船醫가 그를 돌보면서 뭍에서 처방해 준 치료를 계속 이어갔다. 집에 도착할 즈음의 상황에 대해 그는 나중에 이렇게 적었다. 그가 심한 우울증을 앓고 있을 때나, 우울증에서 겨우 빠져 나왔을 때를 묘사할 때 버릇처럼 쓰던 완곡한 표현이었다. "나는 건강은 꽤 회복됐지만 죽을 만큼 피곤했다."

보스턴으로 돌아오자마자 그는 바로 다시 멕시코시티로 출발했다. 그곳에서는 남반구에서 제일 오래 된 대학인 멕시코대학교가 400주년을 맞아 기념행사를 하고 있었다. 2주 동안 이 도시는 행사와 축제로 불타올랐다. 위너는 명예학위를 받았지만 그 모든 즐거움에도 불구하고 먹고 마시며 노는 파티 때문에 그는 다시 기진맥진해 버렸다. 이제 그의 고통은 몇 갑절 더 커지려 하고 있었다.

* * *

사이버네틱스의 인기가 폭발하면서 위너는 더 이상 혼자서는 사이버네틱스의 통찰과 교육에 대한 요구를 감당할 수 없었고, 또 그럴 필요도 없었다. 사이버네틱스 메이시 학회의 카리스마 넘치는 창립자이자 의장인 워렌 맥컬럭은 사이버네틱스의 원리와 관점에 관한 전문 전도사가 되어 있었다. 맥컬럭은 위너의 이론과 개념들을 위너 못지않은 열정으로 홍보하고 다녔다. 그 역시 나라와 나라를 오가고, 대양을 넘나들면서 사이버네틱스의 복음을 자신의 분야인 신경생리학과 전체 과학계에 전하기 위해 열심히 발품을 팔았고, 1951년에 위너는 그 호의에 보답했다.

위너가 안식년을 보내기 위해 MIT를 떠나 유럽과 멕시코로 가기 전에 당시 래드랩의 부책임자가 되어 있었던 제롬 위즈너는 위너의 축복 속에 맥컬럭을 케임브리지로 초대해서 뇌, 그리고 뇌와 사이버네틱스의 연결에 대한 새로운 연구의 장을 맡아달라고 했다. 출생으로나 심적으로나 미국 동부 사람이었던 맥컬럭은 일리노이대학교의 정교수 자리와 여러 가지 특전을 미련 없이 포기하고 래드랩의 연구원이라는 초라한 자리를 받아들였다.

래드랩에는 새로운 일이 벌어지고 있었다. 1947년에 비밀리에 유지되고 있던 전시 레이더 연구소가 더 확장된 과학적, 기술적 임무를 띠고 신규 설립 인가를 받아 '전자공학연구실'로 개명됐다. 하지만 그 수수께끼 같았던 별명은 그대로 유지됐다. 다사다난했던 변화과정을 거친 후에 1951년에 전자공학연구실의 군용 레이더 프로젝트와 그 책임자가 MIT에 새로 만들어진 링컨연구소로 옮겨가고 위즈너가 전자공학연구실의 그 후임 자리에 올랐다. 그의 계몽적인 리더십 아래 연구실의 권한이 커지면서 통신이론과 연구 전체 영역을 아우르게 됐다. 위즈너는 전자공학의 기본 연구에 덧붙여 전자공학연구실 안에 통신의 인간적 요소에 대해 과학적으로 연구하고, 인간의 통신과 소통을 보조하고 강화해 줄 새로운 기계적, 전자공학적 장치를 개발하는 새로운 연구실을 열었다. 말하기, 듣기, 언어를 연구하고, 말하기와 듣기에 장애가 있는 사람들을 위해 전자보철물을 개발하기 위한 다방면의 학제적 프로젝트가 시작됐다. 전자공학연구실에 언어 연구소가 만들어지면서 결국 하버드대학교로부터 저명한 러시아 언어학자 로만 야콥슨Roman Jakobson과 그의 소중한 제자 모리스 할레Morris Halle, 그리고 젊은 슈퍼스타 언어학자 노암 촘스키Noam Chomsky를 빼올 수 있었다. 위즈너가 전자공학연구실에서 감독한 선구적 연구 중에는 전 세계의 언어들 간에 다리를 놓아주고, 미국의 외교관과 정보국 분석가들이 새로이 시작된 냉전시대에 늘어나고 있던 통신 관련 잡무를 도와줄 자동 언어 번역 기계의 제작을 위한 초기 프로젝트도 있었다.

전자공학연구실에 일류 뇌 연구소를 만드는 일은 위즈너의 최우선 과제 중 하나였고, 그 적임자로는 맥컬럭만한 사람이 없었다. 위너가 나가 있던 1951년 봄과 여름에 위즈너는 맥컬럭이 20번 건물에 새로운 연구소를 차리는 일을 최종적으로 마무리지었다. 20번 건물은 제멋대로 뻗어 있는 전시 가건물로 래드랩을 수용했었고, 그 후로 50년 동안 전자공학연구실의 집으로 역할을 하게 될 건물이었다. 위즈너는 또한 일급 뇌 연구자 두 명을 더 시카고대학교에서 MIT로 데리고 왔다. 위너와 화해하고 일리노이 만테노Manteno 주립병원에서 자신의 연구실을 통해 무시할 수 없는 훌륭한 신경생리학자로 성장한 정신의학자 제리 레트빈, 그리고 옥스퍼드대학교와 예일대학교, 시카고대학교에서 학위를 받고 만테노 주립병원에서 레트빈과 함께 연구했던 영국의 젊은 신경생리학자 패트릭 월Patrick Wall이었다. 그리고 그 해에 미육군통신대에서 2년간 복무하고 MIT로 돌아온 위너의 또 다른 신동 양아들 올리브 셀프리지는 전자공학연구실이 아니라 링컨 연구소로 들어가서 새로운 훨윈드 디지털 컴퓨터Whirlwind digital computer(냉전시대에 개발된 진공관 컴퓨터 - 옮긴이) 개발 프로그램에서 일하기 시작했다. 그래도 그는 여전히 맥컬럭과 레트빈, 그리고 전자공학연구실의 팀원들과 가까운 친구이자 동료로 남았다.

위너의 첫번째 양아들 월터 피츠는 이미 MIT에 있었고, 아직 학위 논문을 마무리하지 못한 상태였지만 위너는 맥컬럭의 아버지 같은 영향력과 같은 건물 안에 들어온 최첨단 뇌 연구소의 새로운 에너지가 피츠에게 새로운 추진력과 자제력을 부여해서 오랫동안 질질 끌어온 무작위 연결 신경네트워크 이론을 마무리할 수 있게 되기를 바랐다.

레트빈은 자신, 맥컬럭, 피츠, 월이 전자공학연구실에서 실현하도록 부여받은 비전, 그리고 연구실의 과학적 사명에서 위너와 그의 새로운 과학이 담당할 예정이었던 핵심적 역할에 대해 기억했다. "제롬 위즈너가 우리를 전자공학연구실로 초대했을 때 그는 그곳을 당시에 항상 생길 듯 말 듯한 상태였던 과학을 창조할 중심지로 만들 생각을 하고 있었습니다. 우리 모두가 함께 하고 있던 그 꿈에서 위너는 필수적인 존재였죠. 그는 비판적 동료로서의 역할을 하고, 우리는 그런 비판을 통해 아이디어를 날카롭게 다듬어갈 계획이었죠." 패트릭 월도 맥컬럭 그룹의 사명이 무엇인지, 그리고 그것이 위너의 연구와 어떻게 직접적으로 연결되어 있는지 확인해 주었다. "우리는 뇌가 슈퍼커뮤니케이터supercommunicator라는 개념을 중심으로 한 자리에 모인 사람들이었습니다. … 그 지적 배경은 부분적으로는 사이버네틱스와 제어의 수학이었고, 또 부분적으로는 이 전체적인 통신의 문제였죠."

그리고 위너는 맥컬럭 및 그의 연구진과 보다 큰 철학적 목표를 공유하고 있었다. 결국 맥컬럭의 새 연구실의 목표는 뇌의 고차원 인지 기능을 정보와 통신이라는 새로운 측면에서 이해하기 위한 그룹의 집단적 노력을 현대과학의 최고의 도구와 최신 전자기술을 이용해서 한 걸음 전진시키는 것이었다. 나중에 연구실로 들어온 젊은 뇌 연구자 로버트 게스텔란드Robert Gesteland는 이렇게 회상했다. "맥컬럭의 연구실은 무엇보다도 세포 수준의 사건과 정신 과정 사이의 관계에 관심이 많았습니다. 이 연구실의 정신은 문에 적혀 있는 간판에 잘 드러나 있었죠. 간판에 '실험적 인식론Experimental Epistemology'이라고 적혀 있었습니다." 실험적 인식론이라는 용어는 레트빈과 셀프리지가 붙인 것이다.

새로 생긴 전자공학연구실에서는 연구와 무관한 학문 분야라는 개념 자체가 없었다. 이곳은 철저하게 학제적 접근방식을 추구했고, 위너가 연구실을 인도하는 등불임을 의심하는 사람은 없었다. 위즈너는 회고록에서 이렇게 적었다. "전자공학연구실의 연구는 상당 부분 위너, 그리고 인간과 기계에서의 통신과 피드백에 관한 그의 흥미진진한 개념들에서 영감을 받았다." 전자공학연구실의 실험실과 복도에서 위너의 존재감은 그를 찾아다니는 사람이나 그를 피해 다니는 사람 모두에게 없어서는 안 될 것이었다. 한 역사가는 이렇게 말했다. "그는 매일 일상적으로 실험실들을 순회하며 다른 모든 사람들의 연구에 대해 살펴보고, 그를 사로잡는 새로운 아이디어가 있으면 거기에 대해 자신의 의견을 늘어놓았다." 위너는 또한 전쟁 이후의 여러 가지 통신 연구와 기술적 연구를 MIT 캠퍼스 북쪽 가장자리에 있던 '합판 궁궐plywood palace'에 살고 있던 젊은 연구자, 공학자들과 협력해서 진행했다.

자신의 가장 가까운 동료, 그리고 사이버네틱스 최고의 후원자들과 함께 20번 건물에서 연구할 수 있게 되고, 로젠블루에스도 2년에 한 학기씩 MIT로 찾아와 합류할 수 있게 되었으니 위너는 자신의 오랜 꿈을 이룰 수 있는 문턱까지 다다랐다. 바로 MIT에서 자신의 새로운 과학이 갖고 있는 기술적 차원과 생물학적 차원 모두를 연구할 수 있는 학제적 센터를 갖는 꿈이었다. 위즈너 역시 위너의 입증된 천재성과 통신과학에 대한 중요한 철학, 그리고 맥컬럭의 신경생리학과 정신의 철학에 대한 전문 지식, 그리고 피츠의 별난 천재성과 뇌의 신경네트워크의 수학과 논리를 분석하는 불가사의한 능력이 함께 어우러지면 일련의 혁신적 실험과 기본적인 과학적 통찰이 쏟아지면서 인간의 지각, 인지, 그리고 지능의 본성 그 자체에 대해 새롭게 이해할 수 있으리라 확신했다. 이들의 공동 연구가 결국에는 새로운 통신 기술과 컴퓨터 기술에 대해 여러 분야를 아우르는 통찰과 소중한 응용으로 이어지고, 사람들을 도울 수 있는 전자보철물과 다른 새로운 장치들의 설계에 박차를 가하게 되리라 생각했다. 이것은 위너가 개인적으로 자신의 새로운 과학에서 제일 우선시하는 부분이기도 했다. 전자공학연구실에서 위너-맥컬럭-피츠 연구진과 그 지지 집단들이 한데 힘을 합치면 사이버네틱스 혁명의 선봉이 되어, 새로이 등장하는 기술적, 인간적 통신과학을 위한 새로운 두뇌 위원회가 될 것이 분명해 보였다.

하지만 MIT에서의 위대한 모험이 시작되기도 전에 위너-맥컬럭 동맹은 초기 정보 시대의 가장 떠들썩하고 비극적인 사건 중 하나를 맞이하여 무너지고 만다. 짧은 시간 동안의 첫 불화가 있고 4년 후인 1951년 말에 위너는 갑자기 맥컬럭과 관계를 끊고, 피츠와 레트빈, 그리고 변함없는 친구였던 셀프리지, 심지어 제롬 위즈너 등 그의 연구 그룹에 속한 재능 있는 모든 젊은이들과의 관계도 정리해 버렸다. 이 거대한 균열이 회복 불가능한 관계 단절로 커져 위너의 과학 혁명과 유아기를 거치고 있던 정보 시대의 흐름을 바꾸어 놓게 된다.

***

위너-맥컬럭 결별이라는 슬픈 이야기와 그것을 촉발시킨 사건들, 그리고 거기에 뒤이어 나온 사건들은 자신의 경력과 삶이 그로 인해 가장 심각하게 영향을 받은 사람들에게조차 이유를 알 수 없는 미스터리였다. MIT와 사이버네틱스 학계를 중심으로 위너가 자신을 제외하면 사이버네틱스를 전파하는 데 그 누구보다도 열성적이었던 과학자들과의 수십 년 된 우정을 끊어 버린 이유에 대해 여러 가지 추측이 난무했다. 위너가 그의 꿈을 충족시켜 줄 준비를 하고 대기 중이던 전도유망한 새로운 사업을 등진 이유도 마찬가지로 오리무중이었다. 그가 이런 행동을 보인 동기도 불분명했다. 메이시 사이버네틱스 그룹과 과학계에 서로 다른 이야기들이 스며 들어와 20세기 말의 과학사와 풍문의 그림자 속에서 소용돌이쳤다.

위너의 『전집』을 편집하고, 위너의 학술전기를 쓴 위너의 동료 페시 마사니Pesi Masani는 그 결별 사건에 대해 이렇게 주장했다. "두 사람의 결별은 어리석은 논란이 점점 악화되면서 생긴 일이었다." 당대의 선도적인 연대기 작자였던 하임즈는 조심스럽게 이렇게 기록했다. "그 소란이 일어난 것은 두 사람의 기질, 인생관, 삶의 방식이 다른 것도 이유였지만, 구체적으로 들어가면 맥컬럭과 위너 가족 구성원들이 관련된 개인적 문제로 인해 생긴 결과였다." 40년 후에 『맥컬럭 전집』에 포함된 한 수필에서 제리 레트빈은 완곡하게 다음과 같이 말했다. "위너 가족에 의해 조작된 개인적인 오해가 … 걷잡을 수 없는 균열로 이어졌다."

하지만 사건의 진실이 드러나면서 모든 사람의 추측을 훨씬 뛰어넘는 그림이 그려졌다.

* * *

1951년 가을에 위너는 행복한 사람이 아니었다. 위너가 그 해 가을 멕시코시티에서 만났던 매사추세츠 주 출신의 젊은 정신과의사 모리스 샤페츠Morris Chafetz는 위너가 회고록을 마무리하면서 마음이 사납게 요동치고 있는 것을 보았다. 샤페츠는 이렇게 회상했다. "우리는 동네 식당에서 점심을 먹기로 약속을 잡았습니다. 저는 이 위대한 인간의 발치에 앉아 있었죠. 그런데 우리의 식사 시간을 가득 채운 것이 무엇이었는지 아세요? 그의 울음이었습니다. 진짜 울었어요. 그는 내가 정신과의사이기 때문에 울었습니다. 그는 책에 나온 자기 아버지와의 관계에서 비롯된 감정을 떠올리는 동안 제 옆에 앉고 싶어했습니다."

가을이 지나는 길목에서 위너는 원고를 마무리했다. 책의 제목은 자신의 존재를 드러내지 않고 '구부러진 가지The Bent Twig'라고 지었다. 이 책에는 개인사에 대한 폭로와 위너의 어머니와 어린 시절에 만났던 일부 스승과 동료에 대한 날선 비판이 담겨 있었다. 이 원고를 읽어본 사람 중에는 위너에게는 최고의 망신이 되겠고, 그의 표적에게는 불명예가 될 내용이 담겼다고 느끼는 이도 있었다. 이제 새로운 라운드의 고통이 시작됐다. 늦가을로 접어들면서 출판사로부터 출판을 거절하는 편지들이 멕시코에 있는 위너의 아파트로 그치지 않는 비처럼 쏟아져 들어왔다. 그 편지에는 그의 원고가 너무 직설적이고, 일부 출판사에서 판단하기에는 지나치게 자기중심적이라 출판할 수 없다는 설명이 들어 있었고, 나중에 온 편지일수록 점점 더 화가 나는 내용이 담겨 있었다. 불과 1년 전만 해도 위너의 대중서적『인간의 인간적 용도The

Human Use of Human Beings』를 출판했던 휴튼 미플린Houghton Mifflin에서 처음으로 그의 자서전을 출판을 거절했다. 영국의 두 출판사는 '열정이 충분치 않아서' 그리고 '거의 전적으로 미국의 관심사만 다루고 있는 책'이라는 이유로 출판을 거부했다. 대중서적 출판사에서 거부를 당하고 기분이 상한 위너는 11월 초에 『사이버네틱스』의 출판에 한몫하기 위해 열심히 싸웠던 MIT 대학출판부 담당자에게 편지를 써서 조언을 구했다. 이때 틀림없이 '구부러진 가지'의 출판도 제의했을 것이다.

이렇게 계속 퇴짜를 맞고 있던 차에 위너는 케임브리지의 피츠와 레트빈으로부터 전자공학연구실에서 진행 중이던 공동 연구에 대한 흥분으로 가득한 편지를 한 통 받았다. 전자공학연구실 이름이 인쇄된 편지지에 위너와 로젠블루에스 앞으로 쓰인 이 편지는 맥컬럭의 새로운 연구소와 최첨단 연구장비에 대해 극찬했다. 두 사람의 장난기 어린 안부 편지는 맥컬럭 주변 사람들 모두에게 퍼져 있던 유행인 중세 언어를 흉내 낸 문체로 적혀 있었다.

친애하는 로젠블루에스 선생님과 위너 선생님께.
고귀하고 너그러우며 강대하신 주인님께 아뢰오니 우리는 이제 매력적인 연구실을 세우게 되었나이다. 신성하고도 황홀한 야만적인 장소이옵니다. 저물어가는 달 아래서 여인이 악마인 연인을 위해 목 놓아 우는 가운데 전자공학연구실에서는 우리의 모든 바람이 배려심 많고 순종적인 정령에 의해 바로바로 공급이 이루어지고 있사옵니다. … 전치증폭기pre-amplifier, 카메라, 자극기와 그것을 제어할 동기장치synchronizer, 세 개의 오실로스코프oscilloscope(전류 변화를 화면으로 보여주는 장치), 그리고 그와 함께 실험자를 흐뭇하게 만들고 가슴이 뿌듯하게 만들어줄 온갖 부속품들도 완비되어 있나이다.

피츠와 레트빈은 이어서 실험 프로토콜, 장비 세팅, 작업가설, 예상되는 결과 등 그들이 곧 시작하려는 혁신적인 신경생리학 연구에 대한 기술적인 측면을 자세히 설명했다. 그리고 로젠블루에스에게 새로운 연구실에 합류하도록 하기 위해 마지막 설득을 한다. 두 사람은 이렇게 간청했다. "선생님께서 원하는 것은 무엇이든 일주일 안으로 구입하거나 만들 수 있습니다. MIT의 막대한 자원을 자유롭게 끌어다 쓸 수 있기 때문이죠." 이들은 다수의 아날로그 장비들과 링컨연구소의 새로운 범용 디지털컴퓨터인 휠윈드 등 MIT의 둘도 없는 분석 장비와 전자공학연구실의 풍부한 연구 보조인력에 대해 자랑했다. 두 사람은 장난기 어린 '협박'과 인사말로 편지를 마무리했다.

우리가 모두 함께 연구할 수 있게 로젠블루에스 선생님께서 오지 않으신다면 우리는 무슨 짓을 해서라도 위너 선생님을 훔쳐 올 생각입니다. … 위너 선생님께서 의리가 대단하신 분이라 한두 달 정도는 버티시겠죠. 하지만 우리가 이곳에 위너 선생님과 함께 하면서 정보의 미적분학, 무한 무작위 점패턴infinite random point-pattern 같은 온갖 맛있는 문제를 대접하고, 선생님께서는 그저 멕시코에서 편지를 부치는 것밖에 할 수 없다면 그 결과가 어떻게 나올지 어찌 장담하겠습니까? 분명 로젠블루에스 선생님도 이곳으로 오실 수밖에 없을 겁니다.

여러분의 미천하고 순종적인 종, 월터 피츠와 제리 레트빈 올림 위너는 그런 가벼운 농담을 받아줄 만한 기분이 아니었다. 하지만 케임브리지에 있는 그의 양아들들은 그가 어떤 마음의 상처를 받고 있는지 까맣게 모르고 있었다. 그 편지에 대한 위너의 반응은 신속하고 무자비했다. 그는 위즈너에게 분노의 전보를 보냈다. "피츠와 레트빈으로부터 아주 무례한 편지를 받았습니다. 나와 당신의 프로젝트 사이의 모든 연관성이 영구적으로 무효화되었음을 그들에게 알려주시기 바랍니다. 그것은 당신들의 문제입니다. 위너." 그는 위즈너, 피츠, 레트빈, 맥컬럭에게 답장의 기회조차 주지 않았고, 추가적인 설명도 없었다.

하지만 위너의 가혹한 반응을 설명할 방법이 있었다. 그가 위즈너에게 전보를 보내기 바로 전 날에 그는 그때까지 받은 것 중 가장 고통스러운 출판 거절 편지를 받았기 때문이다. MIT 대학출판부의 발행인 프레더릭 파셋 2세Frederick G. Fassett, Jr.는 위너가 잔뜩 긴장한 상태에서 써 내려간 그의 성년기 이야기를 출판하지 말 것을 더할 나위 없이 분명한 말로 그에게 충고했다. "당신은 지금 아주 성공적인 삶을 살고 있습니다. 제 생각에는 '구부러진 가지'를 지금 출판하는 것이 당신의 필생의 사업을 발전시키는 데 과연 도움이 될지 의문입니다. 사실 이것을 나중에 출판하는 것도 도움이 될 수 있을까 의문스럽기는 마찬가지입니다. 지금으로부터 10년에서 15년 정도는 유보하시는 게 좋을 거라고 조언 드리고 싶습니다. 그때가 되면 인생을 되돌아보며 편한 마음으로 추억에 잠길 수 있는 책을 쓰고 싶어질지도 모르겠습니다."

이것은 엄청난 일격이었지만 위너는 파셋에게 실망을 표현하지 않고 대신 자신의 양아들 피츠와 레트빈, 그리고 전자공학연구실의 동료 맥컬럭과 위즈너에게 퍼부었다. 그는 위즈너에게 퉁명스러운 전보를 보내고 같은 날에 당시 MIT의 총장이 되어 있었던 제임스 킬리언 2세에게 장문의 편지를 썼다.

위너는 깜짝 놀랄 주장으로 킬리언에게 자신의 불만을 말하기 시작했다. "저는 오랫동안 사이버네틱스가 MIT에서 처한 상황에 대해 고통스럽고 걱정이 많았습니다." 그리고 그는 다음과 같이 느낀다고 말했다. "지금까지 전개된 엄중하고 위험한 상황에 대해 총장님께 알리는 것이 저의 임무라고 느낍니다." 그는 킬리언에게 사이버네틱스의 창시자로서의 자신의 위치를 상기시키고, 자신은 MIT나 MIT의 주요 후원자인 미국 정부를 희생시키며 자신의 과학을 발전시키려 한 적이 없었음을 지적했다. 이 부분은 위너가 전쟁 후의 모든 활동과 관련해서 세심하게 고수해 온 원칙이었다. 그는 연구 자금 지원에 관한 자신의 입장을 자세히 밝힌 후에 다음과 같이 재확인했다. "저는 사이버네틱스를 위해서도, 그리고 전쟁이 끝난 이후로 다른 그 어떤 프로젝트를 위해서도 정부의 돈을 단 한 푼도 받지 않았습니다."

그러고 나서 그는 맥컬럭, 위즈너, 그리고 양아들들에게 포문을 열었다. 그리고 온갖 독설을 우박처럼 쏟아냈다. 그는 맥컬럭을 "과학계에서 허세가 가득한 허황된 인물로 신뢰성보다 매력을 앞세우는 사람"이라 불렀다. 그는 위즈너가 맥컬럭을 MIT로 불러온 동기는 전자공학연구실의 신경생리학 연구소에 정부의 자금을 더 많이 끌어오기 위한 것이라 주장하고, 맥컬럭이 정부 프로젝트에 피츠와 레트빈을 터무니없이 불합리한 급료를 주고 고용했다고 주장했다. 그는 양아들들에 대해 초반에 말했던 불만들을 반복하며 이렇게 주장했다. "오랫동안 힘들게 경험해 보니 피츠나 레트빈 모두 장비 관리뿐만 아니라 자금 지출이나 돈 관리에서도 믿을 만한 사람이 못 되고, 피츠는 급료를 받으며 나의 조수로 일하고 있음에도 그 일을 체계적으로 제대로 해내지 못했습니다." 그는 피츠가 학위 논문을 계속 내놓지 못하고 있고, 오랫동안 질질 끌어온 박사 과정을 마무리해야 할 책임을 MIT와 구겐하임 재단에 빚지고 있음에도 불구하고 그런 책임을 회피하고 있다고 공격했다.

마지막으로 위너는 피츠와 레트빈의 편지에 대한 이야기를 꺼냈다. 그는 그 편지가 얼마나 무례했는지 보여주기 위해 복사본 한 장을 첨부해 보냈다. 그는 씩씩대며 말했다. "저는 분명 이 두 젊고 무책임한 이들이 내 연구에 대해 다음에는 이래라 저래라 압박하는 것을 참고만 있지도 않을 것이고, 이들이 내 뒤에서 나를 속이는 데 성공했다고 희희낙락거리는 분위기를 함께 즐길 생각도 없습니다." 위너는 MIT 총장에게 보내는 편지를 은근한 협박으로 마무리했다.

> 과거에는 제 시간과 인내심이 행정적인 욕망을 해소하기 위한 출구로 남용되지만 않는다면 MIT의 다른 프로젝트에 제 노력을 기꺼이 바치겠다는 의지를 갖고 있었습니다. 이제는 그런 의지를 이어갈 수가 없습니다. 아무래도 제 연구 분야가 그것을 무단으로 도용하려는 일벌레들에 의해 치열한 생존경쟁으로 빠져드는 것을 막기는 불가능한 것 같습니다. 하지만 이것만큼은 분명하게 말씀드릴 수 있습니다. 현재의 분위기라면 저는 사이버네틱스에 관한 연구를 계속 이어갈 수 없습니다.
>
> 노버트 위너

킬리언도 위너의 충동적인 모습을 모르는 바가 아니었다. 그의 서랍 속에도 위너의 사직서가 쌓여 있었기 때문이다. 하지만 이번에는 그도 위너가 MIT의 떠오르는 스타 제롬 위즈너와 전자공학연구실에서 최근에 결성한 연구진에 대해 광범위하게 공격을 해 오는 것을 보고 말문이 막혀 버렸다. 일주일 후에 그는 염려의 답장을 보냈다. 그는 새로운 신경생리학 연구실 수립 계획을 두고 위너와 위즈너 사이에 어떤 갈등이 있다는 것을 전혀 모르고 있었기 때문에 위너의 편지를 받고 마음이 크게 심란했었다고 시인하는 글을 적었다. 킬리언은 위즈너가 자신을 위너의 제자라 여기고 있다고 표현한 점을 언급하며 이렇게 말했다. "저로서는 위즈너가 당신에게 불리한 일인 것을 알면서도 그대로 따랐다는 결론을 받아들이기가 무척 힘듭니다." 그는 위즈너의 행동과 맥컬럭의 그룹이 전자공학연구실의 더 큰 연구 임무의 일환으로 MIT에 모여든 것에 대해 옹호했다. 이것은 위너의 연구가 직접적으로 연장된 연구였고, 모든 이, 그 중에서도 특히 위너의 관심사를 반영한 것이었기 때문이다.

저는 맥컬럭 교수님의 활동을 비롯한 전자공학연구실의 활동들이 당신의 근본 개념의 실용적 영향을 탐구하는 적절하고 칭찬할 만한 연구라고 생각해 왔었습니다. 이것이 당신 연구의 중요성과 정당성을 확인하는 하나의 헌사로서 진행되고 있음은 주지의 사실이 아니겠습니까?

킬리언은 위너에게 맥컬럭 연구실의 연구자금은 정부가 아니라 벨 연구소의 지원금에서 나오고 있다고 알리고(이것은 위너에게 점수를 딸 수 있는 부분이 아니었다), MIT는 맥컬럭에게 영구직을 약속한 바가 없다고 확인해 주었다. 그는 위너가 맥컬럭, 피츠, 레트빈, 위즈너, 그리고 전자공학연구실의 모든 연구자들과 어떻게 지내왔는지 모든 이가 목격했던 분명한 진실을 다시금 확인했다.

전자공학연구실 그룹은 당신을 마음과 영혼으로 뒷받침하는 사람들이며, 당신의 리더십과 자극에 반응해서 프로그램에 참여했다는 점을 말씀드리고 싶습니다. 부디 이들의 활동이 당신의 기본 연구의 영향력을 더욱 확장시켜주기를 바랍니다.

그는 위너가 늘 듣고 싶어했던 안심의 말로 편지를 마무리했다.

사이버네틱스의 창조적인 학문 탐구에 있어서 당신이 마땅히 누려야 할 인정과 명예를 그 누구도 부정할 수 없습니다. … 당신의 기여는 너무도 크고, 사이버네틱스에서 당신의 학자로서의 지위는 누구도 침범할 수 없을 만큼 확고하니 사이버네틱스의 변두리에서 연구하는 사람들을 향한 너그러운 태도를 계속 보여주셔도 문제될 것이 없습니다. 이 모든 것을 생각할수록 당신이 걱정할 것은 아무것도 없다는 확신을 더하게 됩니다. 이곳 MIT에 있는 당신의 친구들과 동료들의 지지는 결코 약해지지 않을 것이며, 우리에게 가용 가능한 모든 방법을 동원해서 당신의 프로그램을 진행시키고 당신이 널리 인정받게 만들겠다는 우리의 바람도 계속 이어질 것이라 말씀드립니다.

총장 제임스 킬리언 2세

킬리언은 위너를 훈계하려는 것이 아니었다. 위너와 그의 연구에 대해 그가 한 말은 진심이었다. 그리고 위너의 변덕스러운 기분에 대해 잘 알고 있던 MIT의 모든 사람처럼 킬리언 역시 위너의 분노가 머지않아 가라앉을 것이라 생각했다. 하지만 이번에는 달랐다.

* * *

전자공학연구실에서 맥컬럭의 원년 그룹에서 유일하게 살아남은 제리 레트빈은 위너가 제시한 내용들을 믿지 않았다. 그는 오랜 시간이 흐른 후에 위너가 MIT 총장에게 보낸 편지를 처음 읽어보고서 이렇게 말했다. "피츠와 나는 그 편지에 열정만을 가득 담았을 뿐입니다. 하지만 위너가 그렇게 엉뚱한 오해를 하니 저로서는 정말 당황스러웠죠." 레트빈은 위너가 무슨 생각을 하는 것인지 도무지 이해할 수 없었고, 위너의 주장을 반박할 수 있는 사실을 넘치도록 갖고 있었다.

"위너는 공식적인 자금을 끌어다가 우리 자신에게 급료로 지불했다고 썼다고 했는데 그것은 사실이 아닙니다. 맥컬럭이 일리노이대학교의 교수 자리를 내려놓으면서 급여가 크게 줄어들었습니다. 패트릭 월도 그만큼 큰 삭감이 있었고요. 저는 만테노 주립병원에서 1년에 20,000달러 연봉을 받고 살았고, MIT에 와서는 월급 3,000달러로 살았어요. 아내와 두 아이가 딸린 사람이 그 월급으로 살았습니다. 연방정부 지원 자금에 관한 얘기도 헛소리예요. 전자공학연구실이 받은 자금은 모든 사람에게 골고루 돌아가는 돈이었거든요. 연방정부가 우리에게 급료를 지불했고, 나중에 벨연구소에서 우리에게 보조금을 지원한 것은 맞습니다. 하지만 호화롭게 살 수 있는 넉넉한 돈은 아니었어요. 맥컬럭 부부는 한 달에 켄들 광장의 후줄그레한 아파트에서 40달러에서 50달러짜리 월세를 얻어서 살았어요. 패트릭 월과 그의 아내는 우리가 75달러 월세를 낸 집 2층에서 우리하고 같이 살았습니다. 그리고 피츠는 아무데나 들어가서 살았죠. 위너가 한 말은 다 말도 안 되는 애기입니다. 왕처럼 떵떵거리며 살지 않았어요. 하지만 우리가 하고 있는 일이 있었기에 그렇게 살아도 가치 있는 삶이었죠."

더군다나 레트빈이 지적했듯이 위너도 전자공학연구실의 정부 지원금에 대해서는 잘 알고 있었다. 위너 자신도 위즈너, 이육웡, 그리고 다른 사람들과 함께 전자공학연구실에서 연구 프로젝트를 진행했었고, 그 후로도 몇 년 동안 맥컬럭의 방에서 불과 몇 칸 떨어진 방에서 새로운 공동연구자들하고도 계속 연구를 이어갔다.

레트빈은 이렇게 말했다. "그게 핵심입니다. 그는 전혀 관심이 없었어요. 솔직하지 못한 거죠."

아무도 킬리언, 위즈너, 맥컬럭, 그리고 맥컬럭의 연구진 중 그 누구도 위너가 분노한 진짜 이유가 무엇인지 감조차 잡을 수 없었다. 나중에 밝혀진 바에 따르면 그의 행동은 정부의 지원금이나, 피츠와 레트빈의 무례함이나, 그가 킬리언에게 말했던 다른 불만, 심지어는 자서전이 퇴짜를 맞은 것과도 아무런 상관이 없었다. 하지만 사람들은 거의 십년 동안 그 진짜 이유를 알지 못했다.

레트빈은 그로부터 반세기가 지난 후에도 그 사건에 대해 생각하고 있었다. 그는 어쩌다 자기 혼자만 알고 있게 된 그 사건의 구체적인 전말을 밝히기를 거부해 왔다. 그는 거의 나이 팔십이 됐지만 여전히 그 관계 단절에 대해 슬픔과 분노를 느끼고 있었다. 그 이야기는 단계적으로 흘러나왔다.

그는 이렇게 회상했다. "제노바에서 위너를 기념하는 국제 학회를 개최하면서 사람들이 제게 와서 그의 기여에 대해 강연을 해달라고 고집을 부렸습니다. 저는 그를 대단히 높이 평가하는 강연을 준비했습니다. 강연이 끝나고 나서 마거리트가 제게 축하한다고 다가와서 악수를 청하더군요. 그래서 악수를 했지요. 아시다시피 마거리트는 아주 작고 가냘픈 사람이었습니다. 하지만 사실 저는 악수가 아니라 있는 힘껏 그 여자를 갈겨주고 싶었습니다. 우리를 이간질한 게 그 여자라는 것을 알고 있었으니까요. 그녀는 맥컬럭을 믿기 어려울 정도로 끔찍하게 싫어했어요. 그래서 어떻게 해서든 위너와 갈라놓고 싶었죠."

위너와 맥컬럭을 갈라놓으려 했던 마거리트의 동기가 무엇이었는지는 분명치 않다. 실제로 그것이 그녀의 동기였고, 행동이었다면 말이다. 사람들의 설명으로는 그녀는 맥컬럭과 딱 한 번의 교류밖에 없었고, 그 당시 별다른 사건도 없었다. 1940년대에 어느 날 저녁에 맥컬럭이 위너의 집으로 저녁식사를 하러 왔다. 레트빈은 자신이 눈치 챈 강한 반감을 설명할 수 없었다. "그 여자가 그를 왜 그렇게 싫어했는지 모르겠습니다. 그것은 본능적인 반응이었어요." 그가 자신의 본능적 반응에 대해 생각하며 말했다. "아, 맥컬럭은 미사여구를 잘 쓰는 사람이었습니다. 그는 최대한 애매한 말로, 때로는 영감을 주는 듯한 태도로 대화했지만, 그런 태도는 마거리트가 생각하는 예의범절 개념과는 맞지 않았죠. 그 여자는 맥컬럭이 위너를 타락시킬 거라 생각해서 이간질시키려 했죠. 그녀는 맥컬럭뿐만 아니라 그와 연관된 사람들을 모두 싫어했습니다."

마거리트 위너는 맥컬럭을 여러 가지 이유로 싫어했다. 우선 그의 카리스마와 화려한 버릇, 그리고 이해할 수 없는 신비주의적인 말투가 싫었다. 그의 자유분방한 생활방식, 그리고 그의 아내, 그리고 그의 동년배 사람들이 공유하던 사회적 가치관이 싫었다. 그리고 물론 술에 대한 그의 갈증도 싫었다. 사이버네틱스의 사교계에는 술을 좋아하는 사람이 많았다. 맥컬럭의 딸 태피는 이렇게 말했다. "나는 그녀가 아버지를 못마땅하게 생각했을 거라고 확신해요." 일리노이대학교 의대의 연구원이자 맥컬럭의 수행단 중 한 명으로, 나중에 케임브리지로 오게 된 폴린 쿡Pauline Cooke도 비슷한 인상을 받았다. "마거리트 워너 같은 사람이 워런 맥컬럭 같은 사람을 좋아하는 것은 불가능해요. 그는 중산층 독일인들이 믿는 모든 가치에 반하는 사람이었죠. 그들은 사교적으로 완전히 다른 세계에 살고 있었어요."

워너의 딸 페기는 자유분방한 맥컬럭 사람들의 마음대로 사랑하며 자유롭게 살아가는 생활방식에 대한 어머니의 반응을 자신의 경험에 비추어 상상만 할 따름이었다. "만약 그 집 사람들이 그런 식으로 생활했다면 어머니는 절대 이해할 수 없었을 거예요. 맥컬럭네 사람들이 그렇게 문란하게 살고 있다는 의심만으로도 어머니는 발작을 일으켰을 거예요. 어머니 같으면 완전히 뒤집어져서 그 사람들을 도덕적으로 타락한 존재라 여겼겠죠."

이런 도덕적 판단 외로도 마거리트는 고삐 풀린 망아지 같은 그 보헤미안들 사이에서 남편의 안정이 걱정되었을지도 모른다. 워너와 같은 시대를 살던 사람들 중에서 그가 얼마나 우울증에 깊이 빠져들 수 있고, 얼마나 심한 자살충동을 느끼는지, 그리고 그가 결별로 향하던 그 시절에 얼마나 마음이 심란한 상태였는지 아는 사람은 그녀밖에 없었다. 그녀는 자기가 생각하기에 불건전하고 정서적 위험으로 가득하다고 느낀 사교 분위기 속에서 워너의 이해관계와 심리적 안정을 보살피고 있었던 것이라 자신을 변호할 수도 있을 것이다. 하지만 그런 방어 논리는 자체적으로 허점을 안고 있었다. 사람들의 말을 종합해 보면 마거리트는 다른 사람의 감정에 눈도 귀도 막혀 있는 사람이었고, 남편, 자식, 다른 사람들의 심리를 전혀 파악하지 못했다. 그녀 자신이 위너의 우울증을 촉발할 때도 많았고, 위너의 우울증을 달래줄 능력도 없었다. 두 딸의 의견을 들어봐도 마거리트는 남편의 안정만큼이나 위너의 과학자로서의 위상에 대해 걱정이 많았다.

마거리트는 분명 맥컬럭이 MIT로 오면 위너의 지배력이 침해당하고, 그의 명성에도 위협이 될 것이라 인식했을 것이다. 그리고 예전에도 반복적으로 보았듯이 그녀는 위너의 이해관계가 위험에 빠졌다고 믿으면 그의 직장 내 문제에도 주저함 없이 개입했다. 그녀가 유럽에서 위너와 합류하기 전, 그리고 새로 신경생리학 연구소가 세워지기 전이었던 1951년 초에 마거리트는 개인적으로 전자공학연구실에 있는 제롬 위즈너를 찾아가 맥컬럭과 그 주변 사람들을 MIT로 데려오지 말라고 설득하려 했다. 하지만 앞서 귀를 뚫었다는 이유로 비서 한 명을 해고시키는 데 성공했던 경우와 달리 위즈너는 마거리트의 방문 이후에도 아무런 조치를 취하지 않았다.

이번에는 위너도 아내의 행동을 알고 있었다. 하지만 일이 터지고 난 후에야 알았다. 몇 달 후 깜짝 놀랄 만큼 급변한 태도로 킬리언 총장에게 분노의 편지를 썼을 때 그는 자신이 맥컬럭의 연구소 계획을 처음부터 반대했었고, 그 상황이 자신에게는 대단히 고통스러웠지만 그래도 아무 말을 하지 않았던 것은 대학을 저주하는 상황에 놓이기를 꺼렸기 때문이라고 했다. 그는 마거리트가 단독으로 위즈너를 만나러 갔던 것을 그녀가 그 상황에 대해 자신이 걱정하는 것을 두고 너무 심란했었기 때문이라며 옹호했다. 하지만 위너의 증언과 그의 편지 전체는 마거리트에게 크게 영향 받았을지도 모른다. 당시 위너는 두 번의 백내장 수술에서 여전히 회복 중이었기 때문에 그도 인정했듯이 그의 글쓰기는 아내의 도움을 많이 받았고, 거의 전적으로 아내의 받아

쓰기를 통해 이루어졌다.

페기는 마거리트의 동기를 더욱 깊숙이 파고들었다. 그녀는 어머니가 위너가 직업적으로 사람 만나는 것에 개입하려 하고, 과학자로서의 위너의 위상을 지키려 했다고 생각했다. 이것은 마거리트의 마음 깊숙이 뿌리 내리고 있는 또 다른 욕망을 보여주는 것이었다. 페기는 이렇게 말했다. "오랫동안 나는 어머니의 삶을 이끄는 진정한 동기는 자신의 사회적 지위를 보호하는 것이라 생각했어요. 어머니는 아빠에게 가해지는 위협이 곧 자신의 사회적 지위에 대한 위협이라 여긴 것 같아요."

위너의 삶과 경력에서 자신의 지배적인 위치를 보존하고 싶었던 마거리트는 위너의 활동을 자신이 그의 가장 가까운 동반자이자 1차적 조언자로서 걸림돌 없이 기능할 수 있는 수준으로 유지할 필요를 느꼈다. 위즈너와의 접촉이 무위로 돌아가자 그녀로서는 멕시코에서의 마지막 몇 주가 위너-맥컬럭의 공동연구를 막을 마지막 기회였다. 그녀는 1952년 1월이 되어 위너가 케임브리지로 돌아가기 전에 조치를 취해야만 했다. 그때가 되면 맥컬럭은 시카고대학으로부터의 전근을 마무리할 것이고, 두 사람이 결국 전자공학연구실에서 함께 만나게 될 것이기 때문이다. 그리고 그런 조치는 위너로부터 반발이 튀어나올 가능성을 미연에 차단할 수 있는 방식으로 이루어져야 했다. 그녀는 자기가 맥컬럭과 그의 연구진을 반대하는 이유가 사적이고, 반박 불가능한 것이어야 함을 본능적으로 알고 있었다.

위너의 복귀 날짜가 다가오자 그녀는 위너-맥컬럭 공동연구를 싹부터 잘라내기 위한 최후의 필사적 시도를 한다.

***

레트빈은 이렇게 말했다. "로젠블루에스가 10년 후에 제게 말해 줄 때까지는 대체 무슨 일이 있었던 것인지 저는 까맣게 모르고 있었습니다." 1960년대 초에 레트빈과 그의 아내 매기는 멕시코에 있는 로젠블루에스와 그의 아내 버지니아를 찾아갔다. 화려한 멕시코시티 식당에서 저녁식사를 하다가 레트빈은 로젠블루에스에게 여러 해 전에 위너가 그런 행동을 하고, 맥컬럭 그룹 전체와 계속해서 침묵을 유지하고 있는 이유를 알고 있는지 물었다.

"모르고 있었어요?" 로젠블루에스가 믿을 수 없다는 듯 이렇게 묻고는 1951년 12월의 그 운명적인 밤에 일어났던 사건들을 애기해 주었다. 그는 위너가 자서전을 쓰면서 겪었던 고통과 물밀듯이 쏟아지는 출판 거절 편지를 받으며 빠져든 절망에 대해 설명했다. 그는 피츠와 레트빈이 보낸 익살스러운 편지가 타이밍이 좋지 않았다고 말했다. 1951년 12월의 첫 토요일에 MIT 대학출판부 담당자로부터 도착한 가슴 쓰린 마지막 출판 거절 편지와 시기가 겹쳤던 것이다. 그 거절 편지를 받고 불과 몇 시간 후에 위너와 로젠블루에스가 침울한 분위기에서 저녁식사를 함께 하고 있었는데 이렇게 기분이 가라앉을 대로 가라앉은 상황에서 마거리트가 위너에게 대단히 충격적이고 훨씬 심란한 이야기를 꺼냈다. 그녀가 말하기를 맥컬럭의 그룹에 있는 사내들, 즉 위너의 양아들들이 장녀 바바라가 4년 전 시카고에 있는 맥컬럭의 집에서 머무는 동안 그녀를 유혹해서 건드렸다고 한 것이다. 마거리트는 한 명이 아니라 몇 명이 집, 그리고 기숙학교의 보호받는 환경에서 처음 벗어난 19살의 순결한 바바라를 유혹했다고 주장했다.

위너는 하얗게 질리고 말았다. 맥컬럭의 죄악의 소굴 안에서 사내들이 자신의 '순수 우주' 바바라를 더럽히고 있는 모습을 생각하니 머리가 핑 돌았다. 다음날 아침 그는 제롬 위즈너에게 분노의 전보를 보내고 맥컬럭과 전자공학연구실에 있는 그의 연구진 모두와 관계를 공식적으로 단절하는 장문의 편지를 킬리언 총장에게 썼다.

이것은 한 가지 중요한 사실만 제외하면 아주 성공적인 폭로였다. 그 사실이란 바로 이 이야기가 모두 꾸며낸 거짓말이라는 점이다. 레트빈은 이렇게 말했다. "그 여자가 다 꾸며낸 이야기예요. 그런 일은 전혀 없었어요." 위너에 대한 통제력을 잃을 위험이 있다고 느끼는 순간 마거리트는 의식적으로든 아니든 자기가 좋아하던 책에서 한 페이지를 가져와 큰 거짓말을 퍼뜨리기로 했다. 20년에 걸쳐 자신의 장녀 바바라를 못 믿을 인간으로 만들어 놓고, 남자의 명예를 망쳐놓을 거짓말이나 퍼뜨리고 다니는 인간이라 거짓 비난을 일삼아왔던 마거리트가 또다시 그런 짓을 한 것이다. 이번에도 그녀는 자신의 딸 바바라를 희생양으로 삼았다.

아무리 못나고 성격이 급한 남자라고 해도 이런 비난을 바탕으로 행동에 나서려면 그 전에 이런 심각한 비난이 정말 사실인지 확인해 보았을 것이다. 하지만 위너는 마거리트가 꾸며낸 사건들에 대해 전혀 의문을 품지 않았다. 그녀의 주장에 대해 바바라에게 확인해 보지도 않았다. 바바라는 어머니에게 그런 이야기를 한 적이 한 번도 없었다. 뿐만 아니라 그는 비난 받는 동료들에게 마거리트의 비난에 대응할 기회, 심지어는 자신이 비난을 받고 있음을 알 기회조차 부여하지 않았다.

마거리트의 계획은 완벽하게 작동했다. 그녀는 맥컬럭과 그의 연구진이 사적으로 심각한 모욕을 가했다고 뭉뚱그려서 비난함으로써 자신의 음모에 관한 비밀을 유지할 수 있었다. 체면을 중시하던 1950년대였기 때문에 위너는 자기 딸이 당한 민망한 사건을 다른 누군가에게 누설하려 하지 않을 것이기 때문이다. 더 나아가 모든 문제를 성적인 맥락에서 꾸며냈지만 위너가 모든 사건을 순수하게 직업적인 불만에 의한 것으로 꾸미도록 도왔기 때문에 MIT에서 공식적인 위치에 있는 그 누구도 자신이 주장한 바에 대해 알지 못 할 것이고, 따라서 진실이 밝혀질 기회를 원천적으로 차단할 수 있다는 것이었다.

레트빈이 보기에 맥컬럭 그룹의 성적인 방탕함에 대해 꾸며낸 마거리트의 술책은 그녀가 위너에게 직간접적으로 불어넣었던 더 깊은 공포와 피해망상을 가리는 수단에 불과했다. "마거리트는 위너가 맥컬럭이 자신으로부터 사이버네틱스를 훔쳐가려 한다고 생각하길 바랐습니다. 위너의 편지에서 그런 내용을 읽고 저는 정말 머리카락이 쭈뼛 섰습니다. 그렇게 터무니없는 얘기는 처음 들어봤거든요. 위너에게서 사이버네틱스를 훔쳐가려는 사람은 아무도 없었습니다." 대체 어디서 무슨 소리를 들었는지는 알 수 없으나 위너는 실제로 그 말을 믿었다. 결별 이후에 런던의 한 동료에게 보낸 편지에서 위너는 맥컬럭이 사이버네틱스의 주요 주창자인 자신의 명예를 실추시키려 한다는 걱정을 표현했다. 하지만 몇 년 전만 해도 위너는 사이버네틱스의 성화를 영국으로 가져가려 애쓰던 맥컬럭의 노력을 열정적으로 지지했었다. 위너는 메이시 학회를 관두겠다고 다시 한 번 맹세했다. 말로 했던 위협을 이제 실천에 옮긴 것이다. 그가 말하는 이유는 편집증과 말도 안 되는 이야기로 수놓아졌다. "맥컬럭 교수는 메이시 학회나 다른 곳에서 사이버네틱스에서의 자신의 역할을 과장하려고 온갖 방법을 강구했습니다. 그래서 저는 메이시 학회에서 점차 밀려나고 있다는 느낌이 듭니다."

맥컬럭의 동료 폴린 쿡도 맥컬럭과 그 이후로 위너의 모든 행동에 대한 마거리트의 술책 뒤에 숨어 있던 더 깊은 동기를 편집증적 공포라 생각했다. 쿡은 사이버네틱스의 무대에서 벌어진 긴박한 사건들을 중세를 배경으로 한 유명한 비극에 비유했다. 그녀는 이것을 스코틀랜드의 영주 맥컬럭이 맥베스 부인 마거리트의 숨은 손에 살해당한 모습으로 그려냈다. 마거리트는 맥컬럭에게 범죄자의 혐의를 덧씌워 남편의 왕좌를 지키려 한 것이다. "그녀가 셰익스피어의 희곡에서처럼 왕의 귀에 독을 붓고 찰랑거리며 이렇게 속삭였죠. '저들이 당신에게 무슨 짓을 하고 있는지 봐요. 모르는 사이에 당신은 건물 뒤쪽 방으로 밀려나고 그들이 앞쪽 사무실을 차지할 거예요.'"

위너의 딸들은 사건의 전말에 대해 알고도 크게 놀라지 않았다. 마거리트가 주장한 바바라의 유혹 혐의에 대해 듣고 페기는 이렇게 말했다. "어머니라면 그러고도 남을 이야기예요." 위너의 행동이 그의 주장처럼 돈과 관련된 것이 아니었다는 점에 대해서는 페기도 레트빈과 생각이 같았다. "누군가가 머릿속에 그런 생각을 심어놓지 않고서는 그럴 리가 없어요. 아버지는 돈 문제로 옹졸한 분이 아니었거든요." 그녀도 증거에 무게를 더했다. "맥컬럭과 다른 사람들은 함께 연구하게 될 날을 기다리며 기뻐했어요. 아버지가 어머니에게 세뇌당하지만 않았다면 아버지도 틀림없이 그것을 느꼈을 거예요." 하지만 마거리트의 궁극이 외도에 대해서는 페기도 궁금해했다. "문제는 이거죠. 어머니가 과연 아버지를 경쟁자로부터 떼어내어 자신의 자리를 보존하기 위해 이런 이야기를 일부러 꾸며낸 것이냐, 아니면 자신이 맥컬럭 그룹에 대해 한 이야기를 정말로 믿고 있던 것이냐. 어머니는 사악하고 이기적이었던 것일까요, 아니면 너무 집착이 심했던 것일까요? 양쪽 모두 기분 좋은 이야기는 아니네요." 처음부터 이 모든 소동의 중심이었던 바바라는 어머니를 향한 반감이 더 심했지만, 그렇다고 아버지를 완전히 용서하는 것도 아니었다. 그녀는 아버지를 어머니의 술책에 아무것도 따지지 않고 수동적으로 참여한 파트너라 여겼다.

위너는 겉으로 보기에는 그 소동에 동요하지 않는 듯 보였지만 내면 깊숙한 곳에서는 큰 타격을 받았다. 그 결별은 몇 달에 걸쳐 그의 감정을 소모시켰고, 결국 몸도 그 대가를 치르게 됐다. 그가 1952년 3월에 멕시코의 모리스 샤페츠에게 보낸 편지를 보면 위너는 이 젊은 의사 친구에게 자기가 경험하고 있던 새로운 건강 문제에 대해 얘기하고 있다. 그는 이렇게 적었다. "그 '녀석'들하고 있었던 일이 아직도 끔찍하기는 마찬가지로군. 그 일에 대한 걱정으로 약하게 협심증을 겪었었네." 일주일 후에도 그의 심장은 여전히 미친 듯이 뛰고 있었다. 그는 로젠블루에스에게 편지를 썼다. "위즈너-맥컬럭-피츠-레트빈과 있었던 복잡한 사태가 내가 예상했던 것보다 더 고약한 악취를 피우고 있습니다." 그는 다시 '아주 약한 협심증'에 대해 얘기했지만 심장학자 동료가 잘 지켜보고 있으니 걱정 말라고 안심시켰다.

4월에는 위너의 예후가 좋아지기는 했으나 그저 살짝 좋아진 것에 불과했다. 그는 샤페츠에게 이렇게 말했다. "맥컬럭 사건은 사실상 나에게 유리하게 마무리되고 있지만 즉각적인 만족 없이 거친 방식으로 마무리되고 있네. 지금 나는 아주 피곤하긴 하지만 심장에 심각한 손상 없이 잘 빠져나온 것이 아닌가 생각하네." 하지만 7월에도 위너는 여전히 회복이 안 되어 있었다. 또 다른 동료는 그가 '다소 신경과민

상태'에 있고, 맥컬럭과 다른 사람들이 자신의 사이버네틱스를 훔치려 한다는 공포에 계속 시달리고 있다고 보았다. 거의 1년이 지난 후에도 그는 여전히 위즈너와 몇 년 전에 시작했던 야심찬 프로젝트를 함께 진행하지 않고 있었다. 청각장애인이 촉각을 이용해서 들을 수 있게 해줄 자동 기계를 만들자는 프로젝트였다. 그는 위즈너에게 이렇게 상기시켜 주었다. "지금이나 미래에나 우리 두 사람 간에는 공동연구가 가능하지 않다는 것을 당신도 깨닫게 될 것입니다." 심장 문제, 탈진, 심리적 침체로 인해 그는 그해 그리고 그 다음 해까지 연구와 대중 강연 활동을 줄여야 했다.

맥컬럭과 그 양아들들이 위너의 행동이 미친 영향을 고스란히 받기까지는 시간이 걸렸다. 처음에는 모두들 47년에 잠깐 소동이 있었다가 가라앉았던 것처럼 폭풍이 가라앉을 것이라 확신했다. 레트빈은 이렇게 말했다. "피츠와 저는 그 일이 오래가리라 생각하지 않았습니다. 그냥 뭔가 심통이 터진 것이고 해결될 수 있는 문제일 거라 생각했죠. 위너의 동료와 다른 사람들도 우리를 도우러 왔습니다. 그런데 모두들 돌아와서 이렇게 말하더군요. '그와 대화가 불가능해요. 무슨 일이 있었는지는 모르겠는데 그와 대화할 방법이 아예 없습니다.'" 결별이 있고 몇 달 동안 위너는 예전 친구들의 존재조차 인정하려 하지 않았다. 전자공학연구실, MIT 교수진 모임, 혹은 MIT의 구내식당에서 서로를 만나면 맥컬럭과 그 연구진 사람들은 위너를 다정하게 반겼지만 그는 대꾸조차 하지 않았다. 레트빈은 그룹 전체가 혼란에 빠져 있던 당시를 떠올리며 이렇게 말했다. "그는 아무런 대꾸도 하지 않았고, 우리는 도무지 그 이유를 알 수 없었습니다."

맥컬럭은 이 모든 상황에 어쩔 줄 몰랐다. 처음에 그는 위너의 행동을 어떻게 이해해야 할지 알 수 없었다가 차츰 위너가 정말로 최종 선고를 내린 것이라는 생각이 들기 시작했다. 그것이 맥컬럭, 그의 연구진, 그리고 그의 새로운 연구에 미칠 함축적 의미를 깨닫게 되면서 맥컬럭은 이 모든 일이 얼마나 심각한 것인지 가늠하기도 어려웠다. 레트빈은 이렇게 말했다. "맥컬럭은 하던 일을 계속 해 나갔지만 그의 마음은 분명 폐허가 되어 있었습니다." 결별이 있고 두 달 후에 시카고에서 강연을 하다가 맥컬럭은 아주 오랫동안 혐오해 온 대상인 프로이트 정신분석학파에 대해 심하게 비난을 퍼부었다. 얼마나 심했던지 일부 동료는 맥컬럭 자신도 정신적으로 발작을 겪은 것이 아니냐는 소문이 돌기도 했다. 나중에 예일대학교에서 강연을 하는 동안에는 그를 지켜보던 사람들이 맥컬럭의 말투나 행동에서 뭔가 평소와 달라 보이는 것이 있다고 지적했다. 맥컬럭의 정신의학자 친구인 로렌스 쿠비는 한 동료에게 자기는 이렇게 확신한다고 말했다. "맥컬럭의 혼란과 관련이 있을지 모르는 한 가지 힘은 맥컬럭이 MIT로 온 이후로 노버트 위너가 계속 보여주었던 과대망상증과 편집증적 분노 상태다."

하지만 가장 큰 타격을 받은 사람은 피츠였다. 레트빈은 위너가 자기네 그룹에 보여주었던 호의를 완전히 거두어 버린 것에 대한 피츠의 극단적인 반응을 목격했다. "피츠는 말도 안 되는 고통을 받았습니다. 그에게는 세상이 멈춰버린 기분이었죠. 월터 피츠는 위너를 엄청나게 사랑했습니다. 위너는 아버지가 없던 피츠에게 아버지나 다름없는 존재였는데, 위너를 잃는 순간 피츠의 존재 이유도 사라져 버린 것이죠." 레트빈에게 있어서는 위너와의 결별 자체보다 친구의 고통을 지켜보는 것이 더 괴로웠다. 그는 이렇게 말했다. "피츠만 그렇게 강한 영향을 받지 않았어도 나머지는 다 괜찮았을 것 같아요. 하지만 피츠에게 그것은 너무도 치명적인 일이었죠." 결별하고 몇 달 만에 그렇지 않아도 수줍음 많았던 피츠는 거의 완전히 은둔자가 되고 말았다. 그는 폭음을 하기 시작했다. 그리고 많은 기대를 받았던 박사 논문을 비롯해서 전도유망했던 그의 과학 연구들은 더 지독한 운명을 겪게 됐다. 레트빈은 이렇게 말했다. "그는 자기가 쓴 모든 것을 불태워 버렸어요. 박사 학위를 위해 쓰던 원고를 비롯해서 다른 것들까지 싹 다 태워 버렸죠. 그리고 그 이후로는 아무것도 하지 않았어요."

맥컬럭은 자신의 태도와 시각을 되찾기 위해 싸웠다. MIT에서 위너와의 협력 관계 단절은 전형적인 시대착오였고, 영국 내전에서 의회파와 왕당파 간의 분열을 떠올리게 만들었다. 맥컬럭은 이렇게 한탄했다. "준용mutatis mutandis을 기억하라. 그는 원두당(의회파에 속한 사람 - 옮긴이)이었고, 나는 왕당파였다."

하지만 이 균열은 그저 부부싸움 같은 성격의 것이 아니었다. 하임즈도 확인해 주었듯이 이 관계 단절은 영구적이고, 깊은 것이었고 사이버네틱스의 역사에도 영향을 미칠 수밖에 없는 운명이었다.

* * *

전자공학연구실에 새로 마련된 신경생리학 실험실에서의 연구는 계속 진행됐지만, 위너가 빠져 있었고, 맥컬럭이 빠질 때도 많았다. 연구실 운영 초기에 레트빈, 패트릭 월, 그리고 가끔씩 피츠, 그리고 가용 가능한 최고의 전자장치로(이런 전자장치 중에는 전자공학연구실의 금방이라도 주저앉을 것 같은 벽 안에서 실계, 구축된 것이 많았다) 무장한 MIT의 다른 젊은 지성들이 '신경과학'이라는 새로운 분야를 정의하는 대담한 이론과 가설을 구상하고, 그것을 검증하기 위한 기발한 실험을 고안하고, 시대를 몇 년 앞서가는 다른 아이디어들을 공략했다. 피츠와 레트빈이 위너에게 보냈던 그 비운의 편지에서 찬양했던 최첨단 약신호 발생기weak-signal generator, 감지기, 증폭기, 동조기, 카메라, 데이터기록기, 오실로스코프, 그리고 최신의 아날로그, 디지털 컴퓨터 등이 동물과 인간의 뇌와 신경계에서 일어나는 살아있는 정보처리 활동 연구에 적용됐다.

그런데 1950년대 초반, 위너-맥컬럭 결별과 거의 때를 같이 해서 또 다른 종류의 균열이 발생한다. 이것은 새로운 통신과학의 밑바탕에 생긴 틈으로 이 틈이 현대의 사상과 기술의 모든 영역을 찢어놓게 된다. 불과 몇 년 전에 하나의 단일 분야로 통합되었던 통신 이론, 연구, 공학의 모든 영역이 분열하기 시작했다. 하나의 세포가 체세포분열을 통해 두 개로 갈라지듯이 통신 혁명이 양극에서 통신과학을 잡아당겨 점점 벌어지는 두 개의 세계로 나누어 놓았다. 하나는 위너가 사이버네틱스와 그 이전의 연구를 통해 체계적으로 정리해 놓은 연속적인 아날로그 통신의 세계였고, 다른 하나는 섀넌이 벨연구소 논문 '통신의 수학 이론'에서 처음 체계적으로 정리한 논리적, 이산적, 디지털 정보 처리 과정의 세계였다. 몸짓과 말하기에서 시작해서 셈을 하고 글을 쓰는 최초의 상징체계, 더 나아가 최초의 전자매체, 자동화 기술, 현대의 컴퓨터에 이르기까지 역사적으로 아날로그 방식은 인간 소통(통신)의 전형적인 특징이었다. 하지만 모든 최신 전자기술의 논리적 설계와 회로에 디지털 방식이 급속도로 통합되고 있었고, 머지않아 이런 디지털 방식이 정보시대의 본질을 상징하는 위치에 오르게 된다.

이런 기술적 분열은 전후 세대 통신공학자들의 삶에서 상전벽해와 같은 변화를 불러왔다. 그리고 관련 분야의 과학자들과 그보다 오래

된 기성 분야의 많은 사람들도 이쪽, 아니면 저쪽 패러다임을 선택해야 한다는 충동을 점점 더 느끼게 됐다. 신경과학과 생물학에서의 유기 통신혁명, 심리학과 사회과학에서의 인간 통신혁명 등 기술적 통신혁명의 최전선에 있던 사람들을 비롯해서 전후 사회 다방면의 영역에 몸담고 있던 사상가와 현역 연구자들 앞에서 정보시대의 두 가지 길이 갈라져 나왔고 다수의 사람이 희미하게 빛을 내고 있던 새로운 디지털 고속도로에 올라탔다.

그 길이 갈라지고 있던 시점에 맥컬럭 그룹과 함께 전자공학연구실로 오고 있던 제리 레트빈은 이론과 실무에서의 이 거대한 분열이 대단히 역사적인 것이라 느꼈다. 이 분열을 통해 맥컬럭, 섀넌, 폰 노이만 같이 대단히 논리적인 사람들은 디지털의 길을 따라갔고, 위너, 베이트슨, 그리고 메이시 그룹의 다른 사람들처럼 아날로그적인 사람들은 반대쪽 길을 따라갔다. 그리고 모든 사람이 미래로 이어지는 로드맵을 앞다투어 찾아 나섰다.

피츠와 레트빈이 맥컬럭과 위너 밑에서 견습생으로 공부하는 동안 레트빈은 두 기술 영역이 나란히 발전하는 모습을 지켜보았다. 레트빈은 공동의 접점이 디지털 작동과 아날로그 작동을 연결해 주었다고 말했다. "양쪽 모두 세상에 존재하는 동일한 기본적 대상을 바탕으로 하고 있으니까요." 위너와 그의 동료들이 파악한 바에 따르면 이 기본적 대상에는 자연의 여기저기에서 발견되는 정보, 통신, 피드백 제어 과정, 그리고 자연의 보편적 언어와 정신의 논리적 밑바탕을 구성하며 어디에나 존재하는 계산 행위가 포함되어 있었다. 레트빈은 위너, 맥컬럭, 피츠, 그리고 다른 사람들이 메이시 학회, 프린스턴 컴퓨터 학회, 그리고 나중에 열린 모임에서 가져온 유연한 태도와 개방적 구조를 기억했다. 이런 모임에서는 최고의 방법, 혹은 방법의 조합을 찾아내어 바람직한 기술적, 생물학적, 사회과학적 목적을 달성할 수 있도록 아날로그 모형과 디지털 모형이 자유롭게 서로 뒤섞어 논의했었다.

레트빈은 이렇게 말했다. "아날로그와 디지털 모두로 작동할 수 있는 기계를 설계하는 것이 가능한지 판단하기 위한 모임들이 있었죠. 나쁜 아이디어는 아니었어요." 그는 전자공학연구실에서 양쪽 유형의 장치를 유연하게 사용해서 현대 신경과학에서 필수적인 민감한 아날로그 신호 감지기 및 파동분석기와 MIT 훨윈드 디지털 컴퓨터 사이에서 데이터를 주고받았던 것을 기억했다. "논리기계보다 아날로그 장치가 훨씬 복잡하고 흥미로웠죠. 아날로그 작동방식에는 뭔가 기분 좋은 구석이 있었어요." 레트빈이 향수를 느끼며 말했다. "하지만 아날로그 계산은 정말 끔찍했죠. 장치는 자체적으로 생명이 있어요. 그래서 일단 논리장치를 먼저 길들일 수 있다는 것이 분명해지고, 논리기계로 복잡하고 연속적인 함수를 계산할 수 있음이 분명해지면서 구식 아날로그 기계는 더 이상 필요가 없어졌죠."

레트빈은 통합적 접근방식이 정점을 이루었던 순간, 그리고 동시에 역설적이게도 기술 세계를 대립되는 두 개의 개념적 진영으로 갈라놓은 순간을 1948년 가을 캘리포니아공과대학에서 열린 전설적인 힉슨Hixon 심포지엄으로 꼽았다. 그 심포지엄에서 폰 노이만은 인간의 뇌가 절망적일 정도로 복잡해서 컴퓨터와 다른 지능형 기계를 설계하기 위한 실물 모형으로 삼기 어렵다는 반대 목소리를 처음으로 밝혔다. 폰 노이만은 자신의 디지털 컴퓨터 아키텍처의 기반이 되었던 맥컬럭-피츠 신경 네트워크 모형이 컴퓨팅 기계에 사용하거나, 더 나아가 뇌 자체의 작동방식을 이해하는 모형으로 삼기에는 근본적으로 결함이 있다는 놀라운 주장을 펼쳤다. 그의 '오토마타의 일반론과 논리론'에서는 이렇게 주장했다. "뇌와 신경계에서 디지털과 아날로그 양쪽 요소들을 구별할 수 있다. … 신경충동은 대부분 실무율을 따르는 것으로 보여 2진수에 비교할 수 있다. … 하지만 이것이 전부가 아니라는 것 역시 마찬가지로 자명하다."

폰 노이만은 위너가 뉴욕 아카데미 강연에서, 그리고 『사이버네틱스』에서 지적했던 부분을 다시 언급했다. 뇌의 계산 활동에서는 아날로그적 본성을 갖고 있는 신경화학적 과정과 호르몬 과정이 결정적인 역할을 한다는 것이었다. 그는 이렇게 주장했다. "심지어 뉴런 역시도 정확히 말하면 디지털 기관이 아니다." 그리고 그는 이렇게 경고했다. "뇌의 화학적 과정과 다른 과정들이 전기적 현상보다 더 중요할지도 모른다." 폰 노이만은 이렇게 단언했다. "사실 컴퓨팅에 사용하는 '디지털 방식'은 신경계의 입장에서는 완전히 생소한 개념인지도 모른다." 힉슨 심포지엄과 훗날에 이어진 강연에서 폰 노이만은 여기서 한 발 더 나가 현재와 미래에 뇌 과학에서 이루어질 발견에 비추어 논리 자체를 완전히 새로 생각하고, 재구축해야 할 것이라 제안했다.

폰 노이만의 폭탄선언으로 컴퓨터 이론의 상층부에서 논쟁이 시작됐다. 그 후로 수십 년 동안 그의 제자들은 이 논쟁을 이어가게 된다. 하지만 당시에 이 논쟁은 발전 중이었던 디지털 컴퓨터 산업의 이론적 토대에 큰 구멍을 남긴다. 맥컬럭과 그의 연구진이 MIT에 신경생리학 연구실을 차린 해인 1951년에는 주요 전자 대기업에서 최초의 상업적 '전자두뇌electronic brains'를 공개하기 시작했다. 그런데 디지털 컴퓨터 설계의 대가인 폰 노이만이 새로운 컴퓨터가 인간의 뇌처럼 작동하는 것이 전혀 아니라고 주장하고 나선 것이다! 게다가 그의 힉슨 심포지엄 논문은 그 해가 되어서야 인쇄되어 나왔다. 이런 불일치가 있었음에도 상업 컴퓨터 회사, 대학교 수학자, 그리고 정부 컴퓨터 연구소 사이에서 더 빠르고 능숙한 폰 노이만 타입의 컴퓨터를 만들려는 경쟁이 멈추지는 않았다. 그리고 폰 노이만도 자신의 컴퓨터 아키텍처를 단념할 생각은 없었다. 하지만 그의 청사진 속에 들어 있는 기본적 설계 결함이 폰 노이만, 맥컬럭, 피츠, 위너 등 새로운 기계의 모든 창시자들을 괴롭혔다. 그리고 이들 각자는 아날로그적 사고와 디지털적 사고라는 두 기둥이 서로 돌이킬 수 없이 멀어지지 않게 하려고 자기만의 방식으로 조치에 나섰다.

1950년대 초반의 뇌 과학자들에게 이 두 가지 방식의 소통과 계산은 큰 딜레마를 제시했다. 레트빈은 이렇게 말했다. "신경계로 오기 전까지는 일상적인 작동에서 다루는 것 중에 디지털과 아날로그가 충돌하는 경우가 없습니다. 하지만 뉴런은 신기한 장치예요. 다루는 메시지는 디지털인데 처리 과정은 아날로그거든요. 맥컬럭과 피츠는 모두 자신의 모형이 불충분하다는 것을 깨달았지만 그것을 정확히 모형화하기 위해 그들이 해야 할 연구는 믿기 어려운 것이었죠."

1948년의 힉슨 심포지엄에서 시작해서 1951년 위너와의 결별을 거치고 그 후로 다시 수년 동안 맥컬럭은 자기가 원래 내놓았던 뇌의 도식을 여러 차례 거듭해서 개정해 보았다. 하지만 맥컬럭은 아날로그와 디지털이 혼합된 모형을 바탕으로 진정 뇌와 비슷한 이론을 개발하라는 요구에 부응하는 대신 논리적 대의를 열렬히 지지하는 사람이 되어갔다. 그는 논리학을 신경학으로 바꾸고, 그 역으로도 바꾸는 연금술로 빠져들어가 '다중값 논리 multi-valued logic'와 '확률론적 논리'의 불가사의한 시스템을 고안하려 했다. 그리고 위너, 폰 노이만, 피츠가 여러 해에 걸쳐 발전시켜 놓은 통계적 개념을 더욱 발전시켜 나가려 했다. 하지만 위너도 없고, 사실상 피츠도 없는 것이나 다름없는 상태에서 그의 비전은 실패로 돌아갔다.

한때 위너는 뇌의 아날로그 통신 채널에 대해 생각한 적이 있었다. 『사이버네틱스』에서 그는 실무율 메커니즘이나 예-아니오의 논리적 판단에 의해 작동하는 시스템 대신, 신경계 전체에 방출되어 그 메시지를 받을 수 있는 상태에 있는 요소들에게만 전달되는 아날로그 메시지로 구성되어, 더 미묘하고 무작위적인 화학적 신호 시스템으로 작동하는 뇌의 통신 시스템에 대해 기술했었다. '관계자 제위'에 해당하는 그 요소들에게 메시지는 다재다능한 화학적 메신저를 통해 전달됐고, 머지않아 이 메신저를 과학자들은 광범위한 종류의 전문화된 '신경전달물질'로 인식하게 됐다. 하지만 맥컬럭과 결별하고 난 후였던 위너는 자신의 추측에 대해 함께 연구해 볼 사람이 없었다. 월터 피츠와는 더더욱 아니었다.

무작위 네트워크에 관한 피츠의 박사학위 연구도 평행한 방향으로 움직이면서 아날로그 영역을 깊숙이 파고들고 있었다. 레트빈은 피츠의 박사학위 프로젝트에 대해 이렇게 얘기했다. "피츠는 시대를 앞서가고 있었습니다. 그는 3차원 네트워크의 계층화된 장치를 구상했어요. 그리고 입력된 정보에 관해서 그런 시스템이 보여줄지도 모를 속성을 탐구하고 있었죠. 그는 연속적 수학을 이용해서 아날로그 방식으로 접근했어요. 위너는 여기에 크게 매혹되었죠. 다른 사람은 아무도 덤비지 않는 문제였거든요. 피츠는 엄청나게 연구를 많이 해 놓았고, 아주 흥미로운 결과도 얻었어요. 이미 진지한 내용으로 2, 3백 페이지에 걸쳐 글도 써놓았었죠. 3차원 시스템에서의 데이터 처리에 관한 일반론이었습니다. 하지만 위너와 그런 일이 있고 나서 피츠는 그냥 정지하고 말았습니다."

* * *

그 관계 단절로 인해 위너와 다른 사람들이 개인적으로 어떤 대가를 치러야 했는지, 사이버네틱스의 이론과 실제가 어떤 대가를 치러야 했는지, 혹은 그런 결별이 일어나지 않았다면 어떤 결과가 있었을지는 누구도 알 수 없다. 하지만 상황이 어떻게 흘러갔을지 보여주는 표시는 있다.

관계 단절이 없었더라면 한 세대 동안 신경과학을 지배했던 뇌 모형, 즉 뇌의 기능과 작동구조에 관한 실무율 신경 네트워크 이론이 위너의 마음을 경력 내내 사로잡고 있던 아날로그 과정을 포함하도록 오래 전에 수정되었을지도 모른다. 이 아날로그 과정은 아직까지도 뇌와 정신에 관한 과학의 이론적 모형에 온전히 통합되지 못한 상태다. 전자 컴퓨팅 영역의 한 기술적 최전선에서는 만약 맥컬럭-피츠 모형의 결함이 수정되었다면 폰 노이만의 컴퓨터 아키텍처를 개선해서 좀 더 생명과 비슷한 컴퓨팅 방식을 포함하게 되었을 수도 있다. 폰 노이만 자신도 이런 컴퓨터 방식을 추구했었다. 하지만 이 연구는 결정적인 순간에 단절되고 말았다. 그렇지 않았다면 합심하고 공동연구를 진행해서 컴퓨팅 아키텍처와 정보시대의 모든 기술의 발전에 영향을 미쳤을 것이다.

레트빈은 감히 그런 가정을 바탕으로 추측해 보려 하지는 않았다. "무슨 일이 일어났을지 전혀 감이 오지 않습니다." 피트는 그 결별에 대해 일언반구도 하지 않았고, 맥컬럭도 그렇지 않다면 일어났을 일에 대해 추측해 보거나 한탄하지 않았다. 전자공학연구실의 크나큰 낭패를 자신의 안식처인 링컨연구소에서 안전하게 지켜볼 수 있었던 올리버 셀프리지가 원래의 위너-맥컬럭 그룹 사람들 중에서 유일하게 이 사건에 대한 자신의 추측을 말해주었다. "위너와 맥컬럭이 계속 대화를 이어갔다면 생겼을 일 중 하나는 그 위대한 사람들이 목적론에 더 많은 관심을 쏟았으리라는 겁니다." 그는 나중에 인공지능과 컴퓨터 이론에 대해 연구하면서 바로 이 주제에 초점을 맞췄다. 그는 여기에 참가할 사람들을 잃어버린 것에 대해 크게 아쉬워했다. 특히 피츠가 아쉬웠다. "월터 피츠는 저와 동갑이었으니 그도 컴퓨팅 영역에 발을 들이지 말란 법은 없었죠. 이렇게 놀라운 일들이 새로 벌어지고 있는데 그가 이런 새로운 분야를 하나 맡아서 모든 것을 알아내지 못할 이유가 없었죠. 제 입장에서 보면 그건 결코 사소한 비극이 아니었습니다."

하지만 셀프리지가 보기에 그 결별로 인해 가장 큰 피해를 본 것은 위너의 새로운 과학 그 자체였다. 그는 대놓고 말했다. "그 일로 사이버네틱스는 완전 망했죠. 여기 그 용어를 발명하고, 당신과 함께 그 아이디어를 발명한 사람이 있는데 그런 위너와의 교류가 모두 사라져 버렸어요. 정말 눈물 나게 끔찍한 일이죠. 진짜 비극은 우리가 사이버네틱스를 진지하게 받아들이고 있었고, 그것으로 노버트 위너가 명예를 누릴 수 있기를 바랐는데 이렇게 모두 끝장이 나고 말았으니 그런 손실이 어디 있겠습니까."

레트빈은 그 영광의 시간과 깨어진 약속을 그리운 듯 돌아보았다. "평온한 날들이었습니다. 믿기 어려운 날들이었죠." 그는 쓰러진 동료들을 그리워했다. 특히 위너를 가장 그리워했다. "아, 저는 그의 세상을 꿈꾸었어요. 우리 모두가 그랬죠."

이들은 사이버네틱스와 위너의 사고가 진화하는 데 가장 큰 기여를 한 사람들이었지만, 지금은 맥컬럭, 피츠, 그리고 그 연구진과 위너의 관계가 위너 자신의 성급한 행동과 아내의 숨은 손에 의해 단절되어 사라져 버렸다. 이들이 위너와 그의 혁명에게 제공해 준 인간적 요소는 마거리트 위너가 이해할 수도, 느낄 수도 없는 것이었다. 위너는 그들로부터 뜨거운 동지애와 받아들여지고 있다는 느낌을 받았고, 맥컬럭, 양아들들과 함께 할 때 잠시나마 걱정으로부터 자유로워질 수 있었다.

하지만 그들의 행동이 아니라 마거리트의 행동에 의해 사이버네틱스의 전진은 자신의 본거지에서 정지되고 말았다. 하지만 1952년 겨울 추운 케임브리지의 그 작은 집단 말고는 외부의 그 누구도 그 사실을 알지 못했다. 그리고 그 사건이 미친 영향은 오랜 시간이 지난 후에야 분명하게 드러날 것이었다. 그 후로 유래가 없는 기술적 진보가 십년 간 계속 이어지고, 위너의 혁명은 계속해서 전 세계의 과학계와 사회를 휩쓸고 지나가게 된다.

그리고 위너 자신도 과학자로서의 자신의 사명과 목적을 재구상하고 새로운 방향으로 나가게 된다.

제3부

그 이후
Aftermath

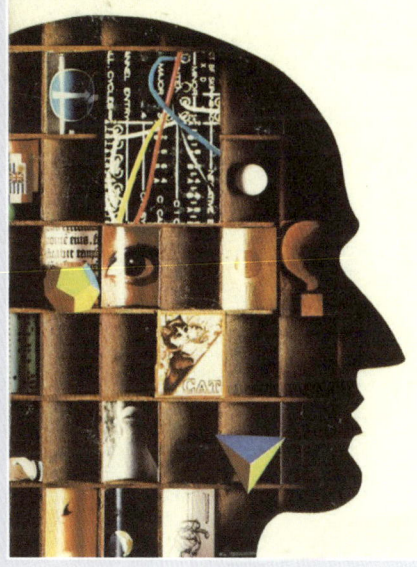 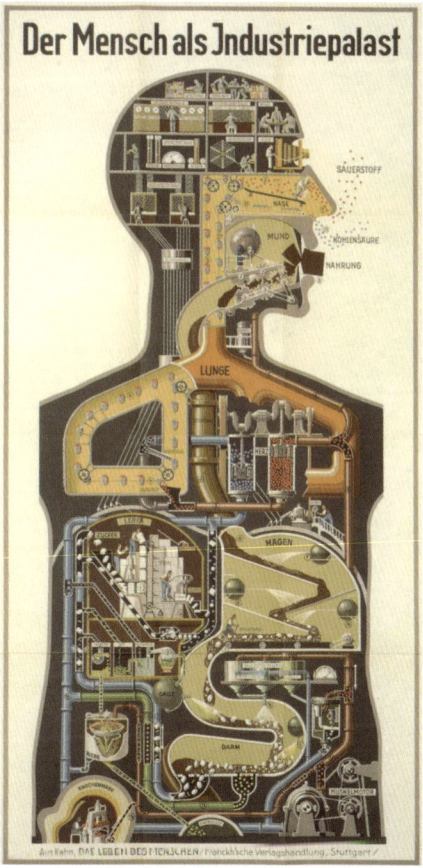

Today's robots embody exactly the kinds of autonomous learning and self-programming capacities that Wiener worried about most.

노버트 위너와 비슷한 시기에 활동한 프리츠 칸의 『Man as Industrial Palace』(1926)는 기계에 대체되는 인간의 모습을 해부학 은유를 빌려 표현했다.

12장

한 과학자의 반란

어느 어두운 저녁 그가 사랑하는 가족에게 돌아왔다. 그리고 코를 말고
이렇게 말했다. "어떻게 지내셨어요?" 가족들은 그를 보고 무척 기뻐하며
바로 이렇게 말했다. "여기로 와서 '채워지지 않는 호기심'의 벌로
엉덩이 매를 맞자꾸나."
"흥!" 코끼리 새끼가 말했다. "제가 볼 때 여러분은 볼기 때리기에 대해
아무것도 모르는 것 같군요. 하지만 저는 알죠. 보여드릴게요."
그리고 이 나쁜 코끼리 새끼는 모두 따뜻해지고 크게 놀랄 때까지 오랫동안
사랑하는 가족들의 볼기를 때렸다.
— 러디어드 키플링의 『바로 그런 이야기들』

맥컬럭과의 관계가 깨지기 오래 전, 사이버네틱스의 탄생과 정보시대의 빅뱅이 있기 전부터 위너는 새로운 기술 시대의 지평선 너머로 보이기 시작한 문제들에 대해 깊이 걱정하고 있었다. 그는 반란군의 한 사람이었고, 때로는 부모, 스승, 동료들에게도 대놓고 반항했었다. 이제 50대로 접어든 그는 전후 과학계와 사회의 새로운 전투 현장에서 가공할 적이자 인류를 위해 싸우는 맹렬한 전사가 되려 하고 있었다.

원자폭탄은 과학과 기술이 앞으로 전진하리라는 그의 신념을 파괴하고, 과학 지식을 사회의 엘리트 계층의 손에 쥐어주었을 때 따라올 위험에 대한 그의 최악의 공포를 확인해 주었다. 히로시마에 원폭이

투하된 다음 날 그는 MIT를 거닐다가 더크 스트루이크에게 민간인들의 머리 위로 폭탄을 떨어뜨리기로 한 결정은 인류의 역사에서 새롭고 무시무시한 시간이 시작되었음을 보여주는 신호라고 말했다. 그가 보기에 그 폭탄투하에서 제일 중요한 사실은 전쟁을 신속하게 끝냈다는 것이 아니라 그 이후로 우리가 살아야 할 새로운 세상의 시작, 역사상 처음으로 수천 명 정도의 제한된 집단이 자기는 당장에 아무런 위험에도 노출되지 않으면서 수백만 명의 목숨을 완전히 파괴하겠다고 위협할 수 있는 세상이 시작되었다는 것이었다.

그는 이렇게 내다보았다. "다른 사람들도 우리가 이미 거쳐 온 길을 따라올 것이고, 우리가 다른 사람들에게 안겨준 것과 똑같은 위험을 그들도 우리에게 안겨줄 것이 확실하다." 그는 과학자와 공학자들이 자신이 내놓는 새로운 무기에 미묘하게 유혹당하고 있는 것에 의문을 제기했다. 그는 연구 자금으로 수십억 달러를 제공하고 조만간 그 지출에 정당한 성과를 내놓으라는 압박을 받게 될 정부 관료, 군 사령관, 핵연구 관리자 등 현 과학의 제왕들이 갖고 있는 동기에 의문을 제기했다. 더욱 염려스러운 것은 새로 탄생한 원자 시대의 과학자와 기술 관료들에게서 느껴지는 더욱 깊은 충동이었다. "이 모든 것의 배후에서 나는 바퀴가 구르는 것을 보고 싶어 하는 기계광의 욕망을 느꼈다."

그는 맨해튼 프로젝트에 전혀 참여하지 않았지만 자신이 전쟁 지원 활동에서 개발을 도왔던 지능 기술이 다음 세대의 핵무기에 쓰일 것이고, 미국과 기존에는 동맹국이었던 소련 사이에 일어날지 모를 전쟁에 사용하기 위해 이미 설계에 들어가 있다는 것을 알고 있었다. 당시 정부 안팎의 많은 사람이 전쟁이 몇 년밖에 남지 않았다고 느끼고 있었다. 제2차 세계대전이 끝나고 두 달이 지난 1945년 10월에 위너는 자신과 자신의 지식을 다음 전쟁에는 어떤 식으로도 관여시키지 않겠다고 맹세했다. 설사 그것이 수학과 과학을 완전히 관두게 된다는 의미라 해도 말이다.

위너는 전후 과학의 방향성에 대해 다른 의구심도 갖고 있었다. 그는 군과 정부의 연구비 지원기관이 기초 과학에 계속 기밀 딱지를 붙이는 것을 저주했다. 그는 과학계, 산업계, 군이 새로이 동맹을 맺고, 정부와 기업 파트너들이 공동으로 개발해서 생산에 투입하고 있는 새로운 기술을 독점적으로 통제하는 것을 보며 개탄했다. 과학자들은 전쟁을 명목으로 엄격하게 비밀을 유지하고, 연구 선택의 자유와 국내외 이동을 제한하는 것을 받아들였다. 그는 이렇게 한탄했다. "이 전쟁이 끝나고 나면 국내적으로나 국제적으로 자유롭게 소통하는 예전의 모습으로 돌아가리라 기대했었다. 그것이 바로 과학의 본질이기 때문이다." 하지만 지금의 상황을 그는 이렇게 표현했다. "원하든, 원하지 않든 우리는 국가의 생명이 달린 비밀을 지키는 수호자가 되고 말았다. 가까운 미래에 우리가 다시 자유인으로 연구를 할 수는 없을 듯하다. 전쟁 기간 동안 우리보다 높은 지위와 권력을 획득한 이들은 자신이 얻은 그 특권을 조금도 내려놓으려 하지 않는다."

그의 걱정에는 그럴 만한 근거가 있었다. 두 번의 무대에서 깜짝 놀랄 승리를 거둔 미국은 전쟁이 끝난 후에 군사, 산업, 경제 부분에서 세계를 장악하는 강대국으로 등장했고, 거기에는 과학자들의 공이 컸다. 전시에 과학 연구 및 개발 사무국의 국장을 역임했던 위너의 MIT 동료 바네바 부시가 이끄는 미국의 과학 행정가들은 미국의 과학 산출량을 유지, 증가시키고, 그 열매를 군사와 산업 용도로 돌리고 싶어 안달이 나 있었다. 그리고 전쟁 이후에는 국가적인 과학 프로젝트들이 새로운 냉전시대에 맞추어 개편되었다.

부시가 1945년에 트루먼 대통령에게 보낸 보고서에 의하면 마스터 플랜 아래 정부기관, 대학, 산업계 간의 유대가 강화되고 자금이 민간이 통제하는 새로운 국립 연구재단으로 흐르도록 계획되었다. 그와 동시에 군 또한 자체적으로 새로 만들어진 해군연구청과 다른 군 연구기관을 통해 기초과학과 응용과학에 자금을 지원하는 주요한 주체로 자리매김했다. 1950년 즈음에는 의회에서 미국 국립과학재단의 설립을 인가하면서 정부가 대학과 비영리 연구기관의 과학자에게 지원하는 돈보다 대기업의 과학 연구에 지원하는 돈이 더 많아졌다.

미국의 과학은 이제 전환점을 돌았고 절대 뒤로 돌아갈 일이 없었다. 과학자들에게 훈련과 보금자리를 제공해 주는 대학교와 기술연구소도 정부 및 군과 영구적인 유대 관계를 구축하고 있었고 민간 부문과의 협력으로 수익도 올리고 있었다. 하지만 위너는 새로운 거대한 국립과학기관들에 대해 미심쩍었다. 무엇보다도 그는 자신의 새로운 통신제어의 과학이 비밀의 장막 뒤에서 군산업에 적용되어 더 크고 치명적인 핵무기를 만드는 끔찍한 일에 이용될 수도 있다는 생각을 견딜 수 없었다.

미국 최고위층들이 선전하고 있는 '단추 누르기 전쟁', 컴퓨터화된 지휘통제 기술에 의해 자동으로 발사되는 핵무기로 벌어지는 전쟁을 생각하면 위너는 소름이 돋았다. 그는 이렇게 말했다. "자신에게 무언가 발명할 힘이 있다고 확신하고, 인류에 대해 깊은 불신이 있는 자에게는 이 모든 아이디어가 엄청난 유혹으로 다가간다." 그는 과학자의 영혼을 위협하고 세상에 엄중한 위험을 야기하는 이 군 사업을 적극적으로 반대해야 한다고 느꼈다.

"그래서 나는 비밀 유지에서 공개 지지로 입장을 바꾸고 새로운 발전이 안고 있는 모든 가능성과 위험에 관심을 쏟아야겠다는 판단을 내렸다."

* * *

1946년 말에 첫 번째 기회가 저절로 찾아왔다. 시애틀 보잉항공사의 한 연구자로부터 옐로우 페릴 원고 복사본을 부탁하는 편지를 받은 것이다. 그 편지는 위너가 전쟁 동안에 보여준 통찰과 나중에 이루어진 기술적 연구를 회사의 유도 미사일 설계 프로젝트에 사용하고 싶다고 분명하게 밝히고 있었다. 이것은 미국의 냉전 무기고에 새로운 무기를 채워 넣게 될 것이었다. 위너의 반응은 간단했다. 그는 여전히 기밀로 묶여 있는 그의 논문의 복사본이나 새로운 연구에 대한 정보를 제공하기를 거부하면서 그에 따른 만족감을 숨기지 않았다.

> 전쟁이 끝난 이후로 저는 이 나라의 과학적 노력이 많은 부분 다음 재앙을 준비하는 데 투입되고 있는 것을 대단히 유감스럽게 생각하고 있습니다. 따라서 제 논문들을 더 이상 제어 미사일을 만드는 사람들에게 공개할 수 없음을 알게 되어 대단히 기쁘게 생각합니다. 물론 저 또한 그 논문들을 어디서 찾을 수 있는지에 관하여 선생님께 아무런 조언도 제공할 수 없습니다.

그의 다음 수는 더욱 대담했다. 그는 보스턴의 〈애틀랜틱 먼슬리〉지에 이 답장의 확장판을 보냈다. 이 잡지의 편집자들은 "한 과학자의 반란"이라는 반항적인 제목 아래 이것을 통째로 〈애틀랜틱 먼슬리〉

1947년 1월호에 실으면서 위너의 입장을 암암리에 지지하는 짤막한 서론도 함께 실었다. 〈애틀랜틱 먼슬리〉는 위너를 "세계 최고의 수학 분석가 중 한 명으로 그의 개념들은 전쟁 승리에 필수적이었던 통신 및 제어 이론의 발달에서 큰 부분을 담당했다"라고 묘사했다. 이 글은 전쟁 후의 새로운 군비증강에 합류하라는 요청을 받고 위너가 느꼈던 분노를 전쟁 지원 활동에 충실하게 기여했던 많은 과학자들이 공유하는 느낌으로 그려냈다. 그리고 나서 잡지에서는 회사의 이름은 직접 언급하지 않으면서 위너가 거대 항공 기업의 한 연구과학자에게 보낸 편지를 공개했다. 이 편지는 동료 과학자들의 양심적 행동에 대한 맹세와 호소로 끝을 맺었다.

> 저는 앞으로 더 이상의 연구를 발표하지 않을 것입니다. 무책임한 군국주의자들의 손에 넘어가 해를 입힐 수도 있기 때문입니다. 저는 실례를 무릅쓰고 과학 연구 종사자들에게 이 편지에 주목할 것을 호소하고 있습니다. 그들이 저와 비슷한 상황에 처했을 때 자신만의 독립적인 판단을 내릴 수 있으려면 이것에 대해 알고 있어야 한다고 믿습니다.

그가 핵무기와 전쟁을 관여하지 않겠다고 맹세한 첫 번째 저명한 과학자는 아니었다. 몇 년 앞서서 20세기 과학자 중 최고의 평화주의자였던 아인슈타인은 이렇게 촉구했었다. "사려 깊고, 선의가 있고, 양심이 있는 인간이라면 어떤 이유로도 전쟁에 참여하지 않아야 하며, 직접적으로든 간접적으로든 전쟁을 거들어서는 안 된다." 그리고 많은 물리학자들이 전쟁 후에 그의 지도를 따랐다. 하지만 위너는 새로운 통신 및 제어 기술과 관련이 있는 과학자들 중 국가의 방어를 위한 것이라 표면적으로 주장하는 프로젝트에서 정부나 그 기관에 협력하지 않겠다고 공개적으로 거부한 첫 번째 과학자였다.

『사이버네틱스』가 발표되기 1년도 전에 〈애틀랜틱 먼슬리〉에 실린 뜨거운 편지 때문에 위너에게 미국의 관심이 쏠렸다. 그는 자신의 입장을 바꾸지 않겠지만 그의 편지는 그의 경력의 궤적을 바꾸어 놓게 된다. 그리고 어떤 측면에서 보면 그는 이것을 후회하게 된다. 그는 나중에 이렇게 고백했다. "만약 나의 행동이 도덕적으로 나를 얼마나 깊이 속박할지 충분히 생각해 보았더라면 그렇게 하는 것을 망설였을지도 모르겠다. 아마도 이런 망설임을 겁쟁이의 행동이라며 무시했겠지만 말이다. 나의 행동에 따르는 도덕적 결과는 곧 뒤따라 찾아왔다."

당시 새로운 디지털 컴퓨팅 영역에서의 성공 기회는 관심 있는 사람이면 누구에게나 열려 있는 상태였다. 폰 노이만이 비글로와 함께 프린스턴에서 에드박을 구축하는 프로젝트는 이제 막 시작한 상태였고, 폰 노이만의 설계는 아직 지배적인 컴퓨터 아키텍처로 등장하지 않은 상황이었다. 하워드 에이컨의 마크 I 전기기계식 컴퓨터는 작동을 시작한 지 2년이 된 상태였다. 그의 완전전자식 마크 II는 하버드대학교의 새로운 컴퓨테이션 실험실에서 완성을 향해 나가고 있었다. 그리고 최초의 상업용 기계인 모클리와 에커트의 범용자동컴퓨터는 유니백UNIVAC으로 알려지게 된다.

2차 메이시 학회와 뉴욕과학아카데미에서 위너의 기조연설 이후, 그리고 위너가 보잉에 있는 자신의 추종자에게 운명의 편지를 쓴 지 불과 몇 주 후였던 1946년 말에 그는 로스앤젤레스의 캘리포니아대학교UCLA에 있는 한 동료로부터 캘리포니아에서 '기계적 계산에 관한 준군사 프로젝트'를 지휘해 달라는 초청을 받았다. 그 제안은 대단히 매력적인 것이었다. 마침내 위너가 6년 전 과학 연구 및 개발 사무국OSRD에서 바네바 부시에게 제안했던 완전 전자식 디지털 컴퓨터의 작동 모형을 구축할 수 있는 기회를 얻은 것이었다. 부시는 그 제안서를 절대 유통시키지 않았고 그때까지도 여전히 기밀로 유지되고 있었다. 하지만 위너는 스스로 파놓은 윤리적 딜레마에 붙잡히고 말았다.

그는 준군사 프로젝트의 본질에 대해 더 정확하게 판단해 보았다. "그것은 사실 미국 상무성 표준국Bureau of Standards 산하에 있었지만 프로젝트에서 제작할 시설들이 모두 여러 해 동안 군사 서비스에 선점될 것이 분명했다. 내 지인은 불쾌한 목적을 띠는 연구뿐 아니라, 비밀을 유지해야 하고, 내 의견에 대해 경찰의 조사를 받아야 하고, 행정적 책임에 얽매여야 하는 연구에 투입시키려 했다. 나는 이런 것을 받아들일 수 없었다. … 그 초청장이 내게 넘어오자 〈애틀랜틱 먼슬리〉에 기고한 편지가 생각났다. 그리고 거절하는 것 말고는 다른 대안이 없었다."

1947년 1월 초에 그는 다시 한 번 어쩔 수 없는 처지에 내몰리게 됐다. "한 과학자의 반란"이 인쇄되어 나온 지 불과 며칠 후에 에이컨이 하버드대학교에서 자동 컴퓨팅에 관한 학회를 소집했고, 이 학회의 공동 후원자는 오랫동안 후원을 이어온 미국 해군의 무기국이었다. 위너는 몇 달 전에 그 학회에서 논문을 발표하기로 약속했었다. 그는 이렇게 떠올렸다. "나는 에이컨에게 가서 내 상황을 설명하려 했다. 나는 그에게 캘리포니아대학교에서 온 제안 때문에 나의 전쟁 관련 연구에 대해 명확한 입장을 밝혀야 할 입장이 되었고, 군과 관련된 활동을 하나는 거절하고, 하나만 받아들일 수는 없다고 설명했다. 그래서 강연을 하기로 한 약속을 취소해 달라고 부탁했다."

위너는 그 후에 찾아온 재앙에 대해 이렇게 설명했다.

> 나는 에이컨으로부터 학회 연사 명단 목록에서 내 이름을 뺄 시간이 있을 거라고 얘기를 들었다. 하지만 막상 학회가 시작되고 보니 에이컨은 인쇄되어 나온 프로그램 용지에서 내 이름 위로 그냥 줄만 그어 놓았다는 것을 알게 됐다. 프로그램 용지는 이미 언론에 배포된 상태였다. 신문기자가 내게 와서 내 이름에 줄이 그어진 것이 내가 〈애틀랜틱 먼슬리〉에 실은 글과 관련이 있는 것이냐고 물었다. 나는 그렇다고 말하고 상황을 설명했다. 그리고 내가 불쾌감이나 개인적 반감 때문에 그런 것이 아니라고 설명했다. … 하지만 에이컨은 내가 그의 명예를 실추시키고 그 학회를 스캔들로 더럽히려는 어떤 깊은 음모에 가담한 것이라 생각했다. 하지만 사실 그가 내 이름에 줄을 긋는 식으로 엉성하게 처리하지만 않았어도 일이 이렇게 커지는 일은 없었을 것이다.

언론은 이 낭패를 즐겼다. 컴퓨팅에 관한 최초의 대규모 과학 학회가 열리면서 대학으로부터 157명, 정부로부터 103명, 전자산업계에서 75명, 그리고 영국, 벨기에, 스웨덴에서 찾아온 과학자들이 참석했다. 하지만 딱 한 명의 노쇼가 그 모든 관심을 빼앗아가고 말았다. 학회 다음날 〈보스턴 트래블러〉에서 위너의 행동을 〈애틀랜틱 먼슬리〉에서 한 이야기와 결부시키는 일면 헤드라인 뉴스로 요란하게 소식을 알렸다. "MIT의 과학자가 전쟁연구 강연에 반기를 들고, 도덕적 문제를 거론하며 '무책임한 군국주의자'들을 공격하다." 하루 뒤에는 〈뉴욕 타임스〉에서 이 이야기를 이어받았고, 결국 전 세계로 퍼져나갔다. 그리고 프린스턴의 아인슈타인이 위너의 새로운 과학적 비협조 정책을 지지하고 나선 후에는 재차 더 큰 주목을 받게 됐다. "저는 위너 교수의 태도를 크게 존중하며 찬성하는 바입니다." 아인슈타인은 언론에 이렇게 덧붙였다. "이 국가의 모든 저명한 과학자들이 이런 태도를 보여준다면 국가안보라는 긴급한 문제를 해결하는 데 훨씬 큰 기여를 할 수 있으리라 믿습니다."

이 일로 에이컨은 망신살이 뻗쳤고, 그의 심포지엄이 갖고 있는 역사적 의의도 완전히 퇴색해 버렸다. 하지만 이 일은 위너에게 더 큰 상처를 남겼다. 최악의 타이밍 덕분에 위너는 자신이 1920년대 이후로 성장을 도왔던 전자컴퓨팅 분야에서 완전히 발을 뺄 수밖에 없는 처지가 된 것이다. 후회스럽기는 했지만 자신의 말대로 위너는 〈보스턴 트래블러〉 이야기가 등장한 날에 맥컬럭에게 편지를 썼다. "저는 컴퓨팅 기계에 관한 연구는 모두 포기하려 합니다. 유도 미사일 프로젝트와 너무 긴밀하게 얽혀 있어서요." 몇 달 후 〈뉴욕 헤럴드 트리뷴〉과의 인터뷰에서 위너는 자신의 입장을 재확인하고 더 나아가 자기는 미국 정부와 얽힌 연구는 더 이상 하지 않을 것이라 선언했다. 그 다음 해에 『사이버네틱스』가 나오자 그는 다시 무고한 사람들의 죽음을 가져올 프로젝트는 그 어떤 것도 맡지 않을 것이라 맹세했다.

그는 컴퓨팅 분야에서는 두 번 다시 연구하지 않았고, 군이나 미국 정부의 어떤 기관으로부터도 연구비를 한 푼도 받지 않았다.

* * *

위너의 노골적인 입장 표명과 반항적 행동은 그가 MIT의 동료들로부터 고립되는 데 그의 변덕스러운 기질과 기벽보다 더 크게 작용했다. 전쟁이 끝날 즈음 MIT는 육군, 해군, 공군과 많은 계약을 맺어 '미국 최대의 비산업 방위 계약자'라는 자리를 차지하게 됐다. 그리고 MIT는 수십 년 동안 이것을 명예롭게 여겼고, 산업계와의 유대는 훨씬 긴밀해졌다. 정부 및 민간 부분과 긴밀히 협조하며 최신의 전자기술과 군용 제품을 개발하던 MIT의 교수진과 행정가들은 위너의 선언에 민망해졌지만, 그를 달랠 힘이 없었다.

그의 비협조 맹세는 미국 과학계의 핵심층에서 열띤 논쟁을 촉발했지만 위너는 자신의 반란을 포기하지 않았다. 2년 후에 그는 자신의 저항을 한 단계 더 끌어올려 〈원자 과학자 회보〉에서 거친 어조로 후속 글을 올렸다. 그의 새로운 글에서 그가 초기에 보여준 행동이 단편적인 격한 감정에서 나온 것이 아니라 확고한 도덕적 확신에서 나온 것임이 확실해졌다. 그는 이렇게 적었다. "애당초 독립적인 연구자 겸 사상가로서의 과학자의 지위가 과학 공장의 무책임한 앞잡이로 격하되는 속도가 내가 예상했던 것보다 훨씬 빠르고 파괴적으로 진행되었음이 분명해졌다. 생각해야 할 사람들이 행정력을 가진 사람들에게 이렇게 종속되는 것은 과학자의 사기에 악영향을 미치며, 이 나라의 객관적인 과학적 산출물의 질에도 해롭게 작용한다."

그는 자신의 맹세를 새로이 하고 한층 강화시켰다.

> 이런 점을 고려할 때 나는 내가 얻은 연구 결과가 과학과 인류의 이익을 위해 사용되지 않으리라는 생각이 든다면 육군 장교든, 대기업에서 숨겨둔 과학자이든 그 누구에게도 그 결과를 넘겨야 할 이유를 알지 못하겠다.

위너의 도덕적 우려는 핵무기와 그가 말하는 '떼돈의 과학megabuck

제3부 그 이후 ○─○ 449

science'의 위험을 넘어 산업계와 사회의 다른 영역으로 확장됐다. 산업 자동화를 전망하며 그는 개인적으로 또 다른 직업적 딜레마를 느꼈다. "사회에 해로울 수 있는 내용과 관련해서 다른 사람에게 목소리를 내는 것이 내 일차적인 임무라는 도덕적 상황에 처한 것이 아닌가 생각이 들었다." 그는 흐릿하게 머릿속에 그려지는 변화의 장점과 단점을 저울질해 보았다.

> 자동화 공장은 새로운 사회적 문제를 불러올 수밖에 없다. 인간 노동자를 완전히 기계로 대체하겠다고 위협하기 때문이다. … 반면 작동 순서를 체계적으로 정리할 수 있는 기술을 갖고 있는 전문 인력에 대한 새로운 수요가 생길 것이다. 만약 이런 변화가 계획과 체계 없이 우리에게 찾아온다면 지금까지 본 적이 없는 엄청난 실업난이 생길 수도 있다. 이런 재앙을 피하는 것이 가능해 보인다. 하지만 그러기 위해서는 한가하게 누워서 재앙이 우리를 찾아올 때까지 기다릴 것이 아니라 피할 방법을 생각하고 또 생각해야만 한다.

군에 대한 입장과 달리 위너는 자신의 개념을 산업에 적용하는 것에 대해서는 크게 반대하지 않았다. 하지만 그는 다가오는 변화에 전 세계의 사회들을 대비시키려면 거대한 지원이 필요하다는 것을 알았다. 그는 과학적 행동주의의 새로운 전선을 열어 그다운 솔직한 방식으로 자신의 관심사를 매스컴을 통해 최대로 홍보하면서 대중 교육과정을 시작했다. 그리고 이런 변화에 가장 큰 영향을 받을 사람들에게 자신의 메시지를 직접 전달하면서 사회적 지원으로 이어질 조치에 직접 나섰다.

전후시기 초반에도 위너는 노동조합 지원 활동을 적극적으로 시작했다. 그는 두 명의 노동조합 지도자와 접촉했다. 한 사람은 노무사였고, 또 한 명은 수백만 공장 노동자를 대표하는 산업별노조에 소속되어 있는 인쇄공 노동조합의 고위 임원이었다. 이들은 적극적으로 동조하며 위너의 말에 귀 기울였지만 위너나 그의 이야기를 들으러 온 사람들이나 노조 관료 집단의 상층부에게 자동화가 가져올 도전의 심각성을 설득하지는 못했다. 이 경험으로 인해 위너는 크게 실망하고, 노동자 지도자들이 다가올 자동화의 현실에 대해 제대로 인식하지 못하고 있고, 노동 자체의 미래에 대한 더욱 큰 질문에 대처할 도구도 거의 갖추고 있지 못하고 있다는 의심이 들었다.

1948년에 『사이버네틱스』가 세상에 나올 무렵 자동화에 대한 걱정이 점점 커지면서 위너는 핵무기의 위험과 함께 다음과 같이 확신하게 됐다.

> 우리는 선과 악에 있어서 전례 없는 중요성을 가진 또 다른 사회적 잠재력 앞에 있다. 인간이 참여하지 않는 자동화 공장과 조립라인은 기계의 지배라는 비유적 표현을 피부에 직접 와닿는 비유 아닌 현실적 문제로 바꾸어 놓는다. 자동화는 인류에게 자신의 노동을 대신 수행할 새롭고 효과적인 기계 노예를 제공한다. 그런 기계 노동은 노예 노동의 경제적 특성을 대부분 가지고 있다. … 하지만 노예 노동과의 경쟁이라는 조건을 받아들인 노동은 어떤 것이든 본질적으로 노예 노동이다.

다가오는 자동화 사회에 대한 첫 공개진술에서 위너는 공명정대하려고 노력했다. "기계 덕분에 인류가 시시하고 불쾌한 일들을 할 필요가 없어진다면 그것은 아마도 인류에게 좋은 일일 것이다. 아니면 아닐 수도 있다. 나로서는 모르겠다." 하지만 그는 이것은 알고 있었다. "이런 잠재력을 시장, 혹은 그것을 통해 돈을 얼마나 아낄 수 있느냐는 측면에서 평가한다면 좋을 수가 없다." 이것이 인류에게 미칠 영향을 차단하기 위해 위너는 자신의 전매특허가 될 상식적이고 단순한 해법을 제안했다. "물론 해답은 사고파는 행위가 아닌 인간적 가치관을 바탕으로 사회를 구축하는 것이다." 이것은 반드시 해야 할 일이었다. 위너에게 있어서 그게 아닌 다른 대안은 생각할 수도 없는 것이었다. "이런 사회에 도달하기 위해서는 많은 계획과 많은 투쟁이 필요하다." 그는 이렇게 말하고, 계획과 투쟁을 모두 촉구하는 일에 나섰다.

『사이버네틱스』 이후로 쏟아져 들어온 언론 인터뷰에서 그는 새로운 사이버네틱 기술이 안겨줄 위험에 대해 경고했고, 언론은 그 이야기를 뽑아 그의 확신을 기사로 내보냈다. "생각하고, 판단을 내리고, 심지어 신경쇠약에도 걸리는 기계가 산업 조립라인에서 인간의 노동력을 대체하면서 기술이 없는 인간을 쓸모없는 존재로 만들 것이다." 위너는 돌리지 않고 까놓고 말했다. 그는 지능형 기술이 낳을 사회적 결과를 이미 사람들의 마음을 짓누르고 있던 다른 걱정거리와 연계하며 이렇게 예측했다. "이 일은 지진처럼 찾아올 것이다. 생각하는 기계가 미치는 영향은 원자폭탄에 못지않은 충격을 낳을 것이다." 그는 산업계가 이윤 추구만을 동기로 삼아 자동화에 얼마나 목을 매고 있는지에 대해 다음과 같이 설명했다. "이것은 사회적으로 대단히 위험한 일이다. 만약 우리가 인간을 홀대하고 기계로 대체해 버린다면 인간은 아주 화가 난 인간이 될 것이고, 화가 난 인간은 아주 위험한 인간이다." 그는 산업계의 이익을 섬기는 무역그룹인 '전미제조업자협회(그는 사석에서는 이 모임을 '전미악한협회Natural Association of Malefactors'라고 불렀다)'에 특히 더 분노했다. 하지만 이런 적대감은 상호적인 것이었다.

산업계의 선도적 기업들로부터 자동화 공장의 설계와 시행에 관해 조언해 달라는 초청이 들어오기 시작했다. 1949년 봄에는 제너럴일렉트릭GE의 경영진이 위너에게 접촉해 왔다. 제너럴일렉트릭은 미국에서 자동화 기술 개발의 선두주자였다. 이 회사는 위너가 산업 제어부Industrial Controls Department의 관리자들에게 자동화 관련 문제에 대해 조언하고, 매사추세츠 주 린에 있는 제너럴일렉트릭의 거대 생산기지의 기술자들에게 자동화 방식에 대해 가르쳐주기를 바랐다. 이곳은 위너도 제1차 세계대전 동안 잠깐 일했던 곳이기도 했다. 하지만 그는 양쪽 요청을 모두 거절했다. 사실 제너럴일렉트릭의 거듭되는 접근과 미국 산업계에서 이 회사가 휘두르는 상당한 영향력 때문에 오히려 위너는 자동화 기계의 배치와 인간 노동자의 배제를 가속할지 모르는 그 어떤 연구도 삼가야겠다고 마음먹게 된다. 그리고 노동자들에게 자체적인 영향력을 부여해 주려는 그의 노력에 박차를 가하게 된다.

몇 달 후에 위너는 두 번째로 노동조합 지지 활동에 나선다. 1949년 8월에 그는 미국에서 가장 크고, 가장 막강한 노동조합인 전미자동차 노동조합 회장 월터 루터Walter Reuther에게 장문의 편지를 보내 자동화의 기술적 측면과 그것이 노동에 미칠 결과에 대해 경고한다. 위너는 루터에게 산업계에서 그에게 오는 컨설팅 제안에 대해 얘기하고 그에게 이렇게 간청한다. "노동이 기계에 의해 대규모로 대체될지도 모른 이 긴박한 위험에 부디 부족함 없는 관심을 보여주시기 바랍니다." 그는 루터에게 이렇게 촉구했다. "기존의 산업기업보다 선수를 쳐서 그런 기계의 생산에 참여하고, 그와 동시에 거기서 나는 이윤을 노동의 이익에 헌신하는 조직 앞으로 확보해야 합니다." 그리고 그는 자신의 서비스를 노동계의 중심인물에게 무료로 제공했다. "저는 충실하게 당신을 뒷받침할 것이며, 개인적으로 그 무엇도 요구하지 않을 것입니다. 저는 노동을 홀대하는 일에는 어떤 식으로든 기여하지 않기를 소망하고 있습니다."

루터는 나흘 후에 전보로 답장을 보냈다. "당신의 편지에 큰 관심을 느꼈습니다. 부디 최대한 빠른 기회에 만나서 함께 논의해 보고 싶습니다." 하지만 루터는 회사 생산라인의 능률 촉진에 대한 노조의 반대를 두고 포드자동차회사와 긴박하게 계약협상을 진행하고, 크라이슬러를 상대로 하는 파업을 준비하느라 너무 바빴기 때문에 두 사람은 7개월 동안이나 논의를 시작하지 못했다. 그러다 마침내 1950년 3월에 루터가 보스턴으로 찾아왔고, 그와 위너는 루터가 묵는 호텔에서 개인적으로 아침식사를 하며 만남을 가졌다.

뻣뻣하게 풀을 먹인 하얀 식탁보 너머로 전투적인 노동조합의 장과 수염을 기른 수학교수가 서로를 세상의 반대편에서 보낸 사절인 듯 바라보았다. 하지만 두 사람은 공통의 관심사를 갖고 있었다. 위너는 루터에게 새로운 기술과 그것이 공장에서 갖는 함축적 의미에 대해 간단하게 설명했다. 루터는 그 설명을 경청한 후에 똑똑한 질문들을 던졌다. 그리고 나서 두 사람은 실용적인 학제적 팀을 새로 결성하기로 그 자리에서 결의했다. 미국의 공장 노동자에게 찾아오고 있는 변화를 예측하고, 그에 대해 행동을 취하는 합동 '노동-과학 자문위원회'였다.

위너는 루터가 자신의 과학 개념과 사회적 관심사를 잘 이해할 뿐만 아니라 전 세계 노동자들에게 찾아오고 있는 크고 장기적인 변화에 기꺼이 개입하려는 의지를 갖고 있고, 노동 문제에 대해 국제적인 관점을 갖고 있는 것에 큰 인상을 받았다. 이것은 새로운 기술과 그것이 인간에 미치는 영향에 글로벌하게 접근하는 자신의 방식을 그대로 빼닮은 것이었다. 그는 이렇게 기뻐했다. "루터와 그 주변 사람들에게서 내가 처음에 산발적으로 노동조합과 접촉을 시도할 때 놓쳐 버렸던 좀 더 보편적인 노조정신을 발견할 수 있어서 기뻤다." 위너와 루터 모두 19세기 영국 직물 노동자들의 쓰라린 러다이트의 난Luddite rebellion을 되풀이하고 싶지 않았다. 이 노동자들이 일으킨 자신의 기술과 생계를 위협하는 자동 방직기를 부수어 버렸었다. 이 두 현대인은 산업의 소유주와 기술자들이 서로 협조해서 노동현장에서 필연적으로 찾아올 수밖에 없는 자동화 기계로의 전환이 무리 없이 진행되기를 바랐고, 그리하여 노동자들이 새로운 기계의 감독자이자 작업현장에서의 문제 해결사로서 자동화와 양립해서 노동할 수 있게 그들의 기술을 유지하고 업그레이드함으로써 그 충격을 완화할 수 있기를 바랐다.

하지만 이 방면에서도 역시 위너의 계획은 그를 많은 동료과학자들, 그리고 그들을 뒷받침하는 정부와 산업계 후원자들을 적으로 돌려세웠다. 전후 시대 초반에는 노동조합의 조직적인 파업이 기록적으로 많았고, 기업가들의 입장에서는 새로운 자동화 공장의 시대, 인간이 없는 기계의 시대가 충분히 빨리 도래하기를 기대할 수 없는 상황이었다. 산업계의 반노농 정서를 막강한 정치적 이해관계 당사자, 그리고 군, 특히 공군의 고위 장교들도 공유했다. 공군의 경우에는 항공산업과 유도미사일이라는 새로운 영역에 자동화를 도입하려는 캠페인을 주도하고 있었다.

위너와 루터는 자동화가 사회적으로 미치는 결과에 주의를 기울이지 않는 것에 격렬하게 비판했지만 노동자를 지키기 위한 이들의 합작 사업은 바쁜 일정으로 인해 거듭 미루어졌다. 위너는 사이버네틱스를 전도하기 위해 세계를 돌아다니고, 루터는 전미자동차노동조합 회원들을 위한 힘든 협상과 1950년 여름에 발발한 한국전쟁에 미국 산업계를 동원하려는 시도에 몰입되어 있었다. 하지만 그 동안에도 두 사람은 서신을 통해 논의를 이어갔다.

그렇게 2년이 지나서야 두 사람은 다시 만나 일을 재개할 수 있었다.

* * *

위너의 사회적 관심사는 그 기간 동안에 이루어진 그의 과학 연구와 함께 한 단계 높은 곳으로 뛰어올랐고, 자신의 재능과 에너지를 공공의 선을 위한 의미 있는 프로젝트에 적용하게 되면서 개인적인 문제와 말도 많고 탈도 많은 직업적 관계로부터 잠시 벗어날 수 있는 기회를 그에게 적용해 주었다. 이때는 그가 멕시코에 가 있었던 다사다난했던 1950년 여름, 그리고 그가 과학 외적 내용으로 처음 써서 발표한 어린 시절 회고록의 집필에 뛰어들기 전이었다.

사이버네틱스와 그 사회적 함축에 관한 대중서적을 써보자는 아이디어는 1949년에 저명한 뉴욕의 출판인 알프레드 크노프Alfred A. Knopf가 처음 그에게 제안했다. 당시 위너는 『사이버네틱스』에 반응해서 들어오는 제안에 압도당하고 있었기 때문에 크노프의 제안을 거절했지만 그 아이디어는 그의 마음속에 뿌리를 내리고 있었다. 몇 달 후에 보스턴 휴튼 미플린 출판사의 편집자 폴 브룩스Paul Brooks가 위너를 다시 찔러봤다. 그는 다른 사람들이 그와 접촉해 보았지만 성공하지 못했고, 위너가 변덕스럽고, 예측 불가능하고, 민감하다는 사실을 알고 있었다. 그러자 놀랍게도 위너가 관심을 보였고, 이번에는 그에게 일반

대중에게 전달하고 싶은 메시지가 있었다. 현대 기술이 우리의 삶을 장악하도록 놔두는 것에 반대하는 경고 메시지였다.

위너는 사우스탬워스로 가서 자신의 비서 마고 제머레이에게 책을 받아 적게 했다(이때는 귀를 뚫어 마거리트 위너의 분노를 사지 않은 때라서 계속 MIT에 유급 고용되어 있었다). 하지만 브룩스는 책의 첫 장 원고를 받아보고 실망했다. 브룩스는 자신의 회고록에서 이렇게 적었다. "그 원고는 우리가 얘기했던 주제와는 아무 상관도 없는 것이었다. 불가능했다." 그는 뉴햄프셔 주의 마고에게 전화를 걸어 끔찍한 1장에 대해 그리고 그에 대해 무엇을 할 수 있을지에 대해 얘기했다. 한참을 전화하고 있는데 끔찍하게도 위너가 수화기를 잡았다. "저 위너입니다. 책 얘기는 없던 일로 합시다!" 브룩스는 그에게 다시 생각해 달라고 간청하면서 그에게 긴 편집제안서를 서둘러 보냈다. 다음 날 브룩스는 사우스탬워스로부터 답신 전화를 받았다. "저 위너입니다. 보내신 제안서를 받아 보았습니다. 할 수 있을 거 같네요." 브룩스도 이렇게 확인해 주었다. "그리고 실제로 그는 해냈습니다."

책의 제목을 정하는 일도 쉽지 않았다. 위너는 수수께끼 같은 두 가지 고전적 제목을 제안했다. '판도라Pandora'와 '카산드라Cassandra'였다. 전자는 우화에 등장하는 신의 딸로 금지된 상자를 열어 세상의 모든 악을 인류에게 풀어놓은 존재이고, 후자는 트로이의 명석한 여성 예언자로 그녀의 경고를 아무도 귀담아 듣지 않아 결국 재앙이 덮치고 말았다. 브룩스는 두 제목 모두 강하게 거부하며 이렇게 말했다. "이곳 사람들의 의견으로는 두 제목 모두 책을 끝장내고 말 것이라고 합니다." 브룩스는 위너가 사용했던 표현 중에 제목을 골랐다. 위너가 인간을 잠식해 들어올 2차 산업혁명의 착취에 대해 묘사하면서 자신의 노력을 '이런 인간의 비인간적 용도에 항거하기 위해' 바친다고 말했던 원고 부분에서 한 구절을 뽑아낸 것이다. 위너는 그 아이디어가 마음에 들었다. 그렇게 마무리된 원고는 인쇄에 들어갔다.

브룩스가 위너에게 원고에 대해 긍정적으로 평가하는 편지를 보냈다. "정말 놀라운 책입니다! 인간적 가치관에 관심이 있는 사람이라면 대부분 수학적 기계와 그것을 뒷받침하는 이론이 현대 생활에서 어떤 부분을 치지하고 있는지 알고 몸서리를 칠 것입니다. 사람들은 과학자들이 인간애에는 당연히 관심이 없다고 가정합니다. 하지만 이 과학 분야 전체를 주도하는 과학자가 바로 그런 부분에 큰 관심을 갖고 있다는 것이 사람들에게는 큰 뉴스로 다가갈 겁니다."

『인간의 인간적 용도: 사이버네틱스와 사회』는 위너의 반란, 그리고 자신의 에너지를 최대의 비밀이 아니라 최대의 홍보가 필요한 새로운 방향으로 전환하고자 하는 욕구에서 그 다음 단계를 알리는 징표가 됐다. 위너는 전문용어를 배제한 단순한 언어로 글을 쓰면서 사이버네틱스 혁명과 그에 따른 관점의 진정한 변화에 대한 큰 그림을 그리는 데 초점을 맞추었다. 그는 한낱 수학자라기보다는 한 명의 교육자 겸 철학자로서 자신의 책이 갖고 있는 궁극적인 목표를 선언했다. 과학 현장에서의 변화, 그리고 삶에 대한 우리의 전반적인 태도에서 변화가 미칠 영향을 사람들이 이해할 수 있게 돕는 일이었다.

위너는 "사회는 메시지, 그리고 거기에 소속된 통신 시설의 연구를 통해서만 이해할 수 있다"라는 확신에서 사이버네틱스의 사회적 차원을 강조했다. 그는 통신을 사회라는 구조를 한데 묶는 사회의 접착제로 표현하고, 일반대중에게 사회 여기저기에 등장하기 시작한 정보라는 새로운 존재에 대해 새로운 정의를 제공했다. 위너에게 있어서 정보는 섀넌의 정의처럼 디지털 비트의 문자열도 아니고 위버가 묘사한 그 무엇도 아니라 목적이 있는 과정이었다.

정보를 수용하고 사용하는 과정은 우리 환경의 상태에 적응하는 과정이자, 그 환경 안에서 효과적으로 살아가는 과정이다. 현대생활의 필요와 복잡성 때문에 이런 정보 과정에 대한 요구가 그 어느 때보다도 크다. 그리고 우리의 언론, 과학연구소, 대학, 도서관은 이런 과정의 필요를 충족시켜야 할 의무가 있다. 아니면 자신의 목적을 달성 못하고 실패하게 될 것이다.

위너의 정보 정의는 과학적 의미에서도 혁명적이었지만, 정보의 경제적 가치, 그리고 종래의 물질-에너지 재화와는 크게 다른 정보라는 재화의 본성에 대한 그의 생각은 더욱 혁명적이었다. 그는 많은 신기술 산업에서 정보와 통신의 영역에 전통적인 시장 가치를 적용하고 있는 것에 의문을 제기했다. 그는 미국 청중과 직접적으로 얘기하면서 시장의 메커니즘만으로는 인간적 가치관의 보편적 기반을 대표할 수 없음을 지적하는 것이 중요하다고 믿었다. 그가 시장 접근방식을 문제 삼은 것은 어떤 사회 이론이나 경제 이론을 비판하는 것이 아니라 오히려 그 반대로 정보 자체의 본성에 고유한 새로운 경제적 실체를 알아본 것이었다. 그리고 그는 시장 접근방식은 필연적으로 정보와 그 관련 개념들에 대한 오해와 홀대로 이어진다고 확신했다.

사실 위너는 정보를 사고파는 유형의 상품이 아니라 '콘텐츠'로 바라본 정보시대 최초의 인물이었다. 그 콘텐츠가 뉴스처럼 생명이 짧은 재화이든, 일련의 과학지식이든, 인간이 자기 주변의 세상으로부터 추출해 내는 일상 경험의 살아있는 실체이든 말이다. 그의 생각에 의하면 정보, 혹은 그와 관련된 기술의 가치는 인간의 생존을 위한 가치, 그리고 사람과 사회의 삶에 정보를 제공하고, 삶을 개선하는 실질적 잠재력과 얽혀 있다. 그는 영리기업을 싫어하지는 않았지만 정보를 착취해서 인간의 가치를 손상시키는 것을 국가의 부, 안보, 그리고 생존에 대한 위협이라 보았다. 그리고 그는 모든 형태의 지식과 정보를 아무런 구속 없이 교환할 것을 요구했다.

위너는 사회가 모든 분야에서 그런 인간적 가치를 제일 우선시해야 한다고 촉구했다. 인간이 다가오는 공장 자동화와 지치지 않고 일하는 로봇 노예와 경쟁을 해야 한다면 순수하게 경제적인 측면에서만 봐도 지금까지 보지 못했던 규모로 노동과 인간 노동자의 가치가 절하될 위험이 있었다.

> 이것이 실직 상황을 만들어 내리라는 것은 너무도 명백하다. 이것과 비교하면 1930년대의 대공황도 장난처럼 보일 것이다. 이 공황은 많은 산업을 붕괴시킬 것이고, 심지어 새로운 잠재력을 잘 이용해 왔던 산업조차 붕괴시킬 수 있다. 따라서 새로운 산업혁명은 양날의 검이다. 이것은 인류의 이득을 위해 이용될 수도 있지만, 인류를 파괴하는 용도로 사용될 수도 있다. 그리고 이것을 똑똑하게 사용하지 않는다면 인류의 큰 파멸로 이어질 수도 있다.

그의 메시지는 단순히 실업과 정보의 경제학에서 그치지 않았다. 책의 말미에 가서 그는 자신의 통신 및 제어 과학에 내재되어 있는 또 다른 위험에 대해 얘기했다. 그는 사이버네틱스 기술이 장기적으로 사회에 미치는 잠재적 영향에 대해 경고했다. 이 책에서 가장 가슴 아픈 구절 중 하나에서 그는 이렇게 적었다.

> 자동기계는 기계가 인류를 통제할 것이라 무서운 것이 아니다. 자동기계의 진짜 위험은 따로 있다. 그런 기계가 그 자체로는 무기력하지만 특정 인간이나 인간 집단이 나머지 인류에 대한 통제를 강화하는 데 사용할지도 모른다는 것이 진짜 위험이다. 이들이 사용할 수단은 기계 자체가 아니라 인간의 가능성에 무관심한 협소한 기술이다. 마치 그런 기술이 기계에 의해 고안된 것처럼 말이다. 외적으로나 내적으로 이런 다중의 위협을 피하려면 인간의 본성이 무엇인지, 그리고 인간의 내재적인 목적이 무엇인지를 반드시 알아야 한다.

한낱 필멸의 존재인 인간에게 불이라는 막강한 힘을 전해 준 죄로 신들의 노여움을 산 그리스신화의 신 프로메테우스의 전설과 비교하면서 그는 새로운 기술 주변을 맴돌며 언제 들이닥칠지 모르는 비극의 조짐에 대해, 그리고 사람들이 선택과 통제라는 인간의 힘을 기계에게 내어줄지도 모른다는 걱정에 대해 이야기했다. 그는 인간이 선악의 선택에 대한 책임을 기계에 말없이 전가하고 더 이상은 그 선택에 대한 책임을 온전히 자기 것으로 받아들이지 않을지도 모른다는 생각에 몸서리를 쳤다. 위너가 생각하기에 인간의 선택이라는 의식적 행위는 정보의 본질 그 자체인데 이것이 새로운 컴퓨팅 장치에 내재되어 있는 논리적 힘 때문에, 인간이 따라잡을 수 없는 의사결정자로서 속도와 효율 때문에, 과거의 결정, 결과, 오류를 기억하고 그로부터 학습하도록 만들어질 다음 세대의 지능형 기계 때문에 위험에 처해 있었다.

위너는 똑같은 침착함으로 유대교의 구약성서와 『아라비안나이트』를 인용하며 인류에게 자신이 그 형상을 빚어내는 데 힘을 보탰던 새로운 기술에 관해 예언적 경고를 한다.

의사결정을 내리는 것을 목적으로 구축된 기계는 학습 능력을 소유하지 않는 이상 상상력이 조금도 없는 존재가 될 것이다. 그 기계의 행동 법칙을 미리 조사해서 그것의 행동이 우리가 받아들일 수 있는 원칙 아래 수행된다는 것을 완전히 알지 못한 상태에서 그 기계가 우리의 행동을 결정하게 만든다면 우리에게는 큰 고통이 따를 것이다. 반면 호리병 속의 요정 지니 같은 기계는 자기도 인간다운 의사결정을 해야 한다거나, 우리가 받아들일 수 있는 의사결정을 해야 한다는 의무가 없다. 인간이 이런 부분을 인식하지 못하고 자신의 책임을 기계에게 넘겨버린다면 자신의 책임을 바람에 내던졌다가 그것이 돌개바람이 되어 되돌아오는 것을 보게 될 것이다.

풍경 너머로 자신의 새로운 과학의 약속, 그 과학에 담겨 있는 묘한 매력의 유혹, 새로운 기술 시대의 문턱 위에 있는 위험에 대해 바라보니 그는 저녁 식사 테이블에서 J. B. S. 홀데인과 함께 불렀던 중세의 수도승 클뤼니 베르나르의 저주 같은 노래가 생각났다. 그리고 독자들에게 현대세계에 대한 그의 새로운 경고에 주의를 기울일 것을 촉구했다.

"시간이 아주 늦었고, 선과 악의 선택이 문 앞에 와 두드리고 있느니."

『인간의 인간적 용도』는 『사이버네틱스』에 대해 제기된 모든 비난에 그대로 노출되어 있었다. 이 책은 짜임새가 느슨했고, 사회적 비판에 있어서는 훨씬 거침없었다. 하지만 그렇게 결함으로 보이는 부분들이 오히려 1950년대 초의 불안한 대중의 예민한 감수성을 건드렸고, 책은 왕성하게 팔려나갔다. 독자와 논평가들은 모두 위너처럼 수준 높은 과학자가 긴급하고 보편적인 중요성을 갖는 문제에 그렇게 강한 목소리를 내는 것에 전율을 느꼈다. 심지어는 그 전 해에 노벨 문학상을 수상하고 이제 80세를 바라보는 위너의 괴팍한 옛 스승 버트런드 러셀도 영국의 한 대중잡지에서 자신의 고집불통 학생에게 높은 점수를 주며 진심으로 그를 지지했다. '인간은 반드시 필요한 존재인가?'라는 제목의 글에서 러셀은 위너의 책을 '엄청난 중요성을 갖고 있는 책'이라며 칭송했다. 그는 위너가 그를 비롯한 다른 독창적 인물들의 노력의 결과로 인류가 직면하게 된 위험을 엄중한 어조로 잘 제시했다고 칭찬하며 이 새로운 산업 혁명이 유례없는 거대한 불행을 야기하지 않게 하려면 문명화의 시작 이후로 세계를 운영하는 토대가 되었던 근본 가정을 바꾸어야 할 것이라 단언했다.

대중의 따듯한 반응은 위너가 자신의 새로운 과학과 사회적 관심사를 사람들에게 직접 전달하고, 사이버네틱스에 기술적, 인간적 차원 모두에서 통신의 과학으로서의 더욱 온전한 역할을 부여하려는 그의 사명에 성공했음을 암시했다. 핵전쟁의 비도덕성에 대한 그의 관심사를 공유하는 과학자들도 무기에 반대하는 위너의 입장에 동참했다. 사이버네틱스 메이시 학회의 동료 그레고리 베이트슨, 마거릿 미드 등도 정신 건강과 국제적 갈등에 대한 전후 문제에 대해 목소리를 높였다. 하지만 새로운 사이버네틱스 기술과 그것이 인간에 미치는 영향에 관한 주제에서는 위너가 혼자 앞장섰고, 때로는 그런 노력이 동료들의 분노 어린 반대 속에서 이루어지는 경우도 있었다.

전후 시대의 과학자 중에서 동료 신동 출신 폰 노이만처럼 그와 날카롭게 대비되는 사람은 없었다. 미국에 감사하는 마음이 큰 망명자였던 폰 노이만은 미국의 국가적 사명을 열렬히 신봉하고, 미국 시스템의 우월성과 미국 기술의 패권을 증명하고 싶어했다. 저명한 과학자 겸 대평양 전쟁에서 최후의 일격이 된 원자폭탄을 설계한 전쟁 영웅이었던 그는 군-산업 기득권층과 그들을 통한 기술 연구 및 개발 메커니즘의 충실한 지지자였다. 냉전이 시작되었을 때 폰 노이만은 20여 개에 이르는 정부 조직과 산업 조직에 자문위원으로 참여하게 됐다. 소련이 최초의 원자폭탄 기폭실험을 진행하고 몇 달 후에 그는 공산국가를 향한 '예방적' 원자폭탄 공격을 옹호하기도 했다. 그는 비밀 유지 엄수를 받아들였고, 언론의 관심이나 모든 종류의 사회적 행동을 혐오했다.

폰 노이만이 경제 거래에서 경쟁자 간에 바람직한 결과를 달성하기 위해 개발한 수학적 게임 이론은 그의 영향력 아래 전 세계적으로 대치중인 핵무기 강국들 간에 상상도 못할 충돌의 시나리오를 짜는 데 있어서 미국 무기고의 중심축이 됐다. 1946년에 공군에 의해 세워진 민간 싱크탱크의 원형인 로스앤젤레스의 랜드RAND 회사에서 폰 노이만은 미국의 무기 정책 개발의 주요 주자로 자리매김했고, 이것은 결국 십 년 후에 핵무기를 통한 공포의 균형 전략으로 그 정점에 이르게 된다. 이 전략은 MAD, 즉 상호확증파괴mutual assured destruction라는 이름으로 알려진다.

위너는 자신이 과학자로서 표명한 모든 원칙을 위반하는 공격적인 활동을 하고 있는 폰 노이만을 개인적으로는 절대 비판하지 않았다. 하지만 폰 노이만의 이론에 아무런 문제 제기도 하지 않고 그냥 보낼 수는 없었다. 위너는 전략의 문제를 사이버네틱스의 관점에서 철저하게 따져보았다. 위너는 폰 노이만이 추측에 근거한 자기 이론의 밑바탕으로 삼은 1차 가정에 의문을 제기했다. 위너는 『사이버네틱스』에서 이렇게 적었다. "폰 노이만은 참가자들을 완전한 지능을 갖추고, 완전히 무자비한 인간으로 그려 놓았는데 이것은 사실을 지나치게 추상화하고 왜곡한 것이다." 그는 사람들이 온갖 종류의 합리적, 비합리적 이유로 결정을 내린다는 것을 알고 있었다. 사람들은 감정을 바탕으로 행동하고, 제대로 된 정보 없이, 혹은 잘못된 정보를 바탕으로 행동을 취할 때도 많다. 더군다나 많은 경쟁은 다중의 참여자가 개입하는 경우가 많고, 이 참여자들은 연합을 결성했다가 결국은 배신, 변절, 사기로 끝이 난다. 위너는 일상생활의 현장에서 폰 노이만의 이론에 대한 예리한 반례를 제시했다. 그는 대중에게 영향을 미쳐 특정 제품을 구입하거나 특정 후보에게 투표하게 만드는 흔한 마케팅 전략이나 선거운동 전략에 대해, 그리고 젊은 과학자들을 핵무기 개발로 끌어들이고 있는 금전적 유혹에 대해 기술했다.

위너에게 있어서 인류의 생존이 게임일 수는 없었다. 그는 장사치와 군전략가들 사이에서 교묘한 형태의 게임 플레이가 이루어지고 있고, 이것이 고위 비즈니스 생활이나 긴밀하게 연결된 정치, 외교, 전쟁의 삶에서는 통하는 그림을 제공했다고 인정했다. 하지만 그가 이해하는 복잡한 사이버네틱스 시스템의 역학, 그리고 인간의 본성과 목적에 따르면 이것은 폰 노이만의 냉소적인 게임 접근방식이 갖고 있는 타락과 궁극적인 무용성을 보여줄 뿐이었다. "장기적으로는 제아무리 뛰어나고 방종한 장사치라도 몰락을 기대할 수밖에 없다. 그 어떤 항상성도 존재하지 않기 때문이다. 우리는 호황과 불황의 경제 주기, 연이어지는 독재와 혁명, 패자밖에 없는 전쟁에 관여하고 있고, 이것은 현대에 있어서 대단히 현실적인 특징이다." 그는 "인간이 이기적이고 기만적이라는 것은 자연의 법칙이다"라는 폰 노이만의 추정을 단호하게 거부했다. 위너는 이렇게 적었다. "완전히 바보이거나, 완전히 거짓말만 하는 사람은 없다. 일반적인 사람은 자기가 직접 관심을 쏟는 주제에 관해서는 상당히 지능적이며 자기 눈앞에 펼쳐진 공공의 이득이나 사적 고통의 문제에 있어서도 상당히 이타적이다."

많은 사람이 위너의 관점 쪽으로 기울었는데, 그 중에는 폰 노이만의 최고의 추종자들도 포함되어 있었다. 1950년 랜드RAND에 자신만만한 젊은 수학 천재 존 포브스 내시John Forbes Nash, Jr.가 프린스턴에서 도착해서 대안 이론인 '협력 게임cooperative games'과 혼합전략 게임mixed-strategy games이라는 새로운 개념을 개발했다. 이것은 논리 순환을 통해 사이버네틱스 식으로 진행해서 모든 참가자들의 결과를 최적화시켜주는 평형점을 향해 나아간다. 1950년대 초반 즈음에는 내시의 혼합 접근방식이 군 전략으로 인기를 끌었고, 내시는 폰 노이만의 이론을 수정하고 확장한 공로를 인정받아 노벨상을 수상했다.

* * *

바빴던 1940년대 말과 1950년대 초를 거치며 위너와 그의 새로운 동맹 월터 루터는 계속 서신을 주고받으며 공동으로 노동 및 과학 위원회를 계획했지만 노사협상으로 바쁜 루터의 일정과 위너의 국내외 여행 일정이 서로 계속 어긋났다. 그러다 마침내 1952년 1월에 루터가 위너에게 클리블랜드에서 열리는 전미 UAW-CIO(노동조합 연합) 대회에서 연설을 해달라고 초청했다. 이것은 위너가 머지않아 자동기계에 의해 밀려나게 될 수백만 명에 이르는 미국 공장, 사무실 노동자들에게 대중적 관심을 촉구하기 위해 찾아다니던 지명도 있는 토론회였다. 하지만 위너는 그 메인 무대에서 노동자들과 직접 만날 수 있는 기회를 거절해 버린다. 그는 퉁명스러운 편지를 보내어 유럽과 멕시코에서 자기가 몸을 너무 혹사하는 바람에 의사가 쉴 것을 명령했다고 말하며 루터의 초대를 거절한다. 이때는 그가 맥컬럭과 MIT의 젊은 동료들과 관계 파탄에 이른 지 몇 주밖에 안 되었을 때였다. 그것을 보면 위너의 병은 그가 늘 느끼던 피로가 아니라 정서적으로 파괴적인 결별을 한 후로 몇 달 동안 그를 집어 삼킨 우울증과 거기에 동반되어 그를 꼼짝 못하게 만들었던 심장 문제였음을 알 수 있다.

그가 그토록 열렬히 바라왔던 초대, 그리고 루터와 함께 스포트라이트를 받으며 급속히 진행되고 있는 자동화에 반대하며 미국 노동자들의 대의를 진전시킬 수 있었던 그 기회는 두 번 다시 찾아오지 않았다.

『인간의 인간적 용도』가 발표되고 거기에 뒤따라 매스컴의 관심이 파도처럼 밀려오고 난 후에 위너는 한숨을 돌릴 시간을 고대하게 됐다. 그의 교육 행위와 과학적 정치 행위는 그가 예상했던 것보다 훨씬 큰 관심을 불러일으켜 많은 추종자를 만들어냈다. 하지만 제어할 수 없는 그의 말과 행동으로 인해 그만큼의 비판, 회의론이 퍼지는 것도 피할 수 없는 일이었다. 그리고 그도 모르는 사이에 평생 끈질기게 그를 쫓아다니며 폄하하는 사람들도 생겨날 수밖에 없었다.

13장
정부의 반응

> 진정한 천재가 세상에 나타났을 때 그 천재를 알아볼 수 있는 조짐이 있다. 바로 세상의 머저리들이 모두 그에 대항해서 연맹을 결성하는 것이다.
> — 조너선 스위프트 Jonathan Swift

위너의 반란을 정부 관료들이 모르고 지나갈 리는 없었다.

군사용 연구를 포기하는 그의 분노의 편지가 〈애틀랜틱 먼슬리〉에 등장하고 머지않은 시점, 그리고 그가 하버드에서 열린 해군의 컴퓨터 학회에서 철회한 것이 〈뉴욕 타임스〉 기사에 보도된 다음 날, 보스턴 해군공창 Navy Yard에 있는 해군정보국 관료들은 이 결석한 교수가 공화국에 위협을 가했다고 판단했다. 그로부터 서쪽으로 90마일 떨어진 스프링필드 근처 웨스트오버 필드에 있는, 미육군 군사정보국인 G-2 부서의 지역 사령관도 그 신문들을 읽고 비슷한 결론에 도달했다. 1947년 1월 10일에 미국 연방수사국 FBI 산하 보스턴 현장사무국에서 그런 군사정보기관 중 한 곳의 한 장교로부터 위너에 대한 불만이 접수됐다. 몇 시간 후에는 보스턴 시내에 있는 포스트오피스 광장을 내려다보는 한 칙칙한 관공서 사무실에서 "노버트 위너 a.k.a 노버트 위너(라고도 알려진)"에 대한 수사파일이 개봉됐다. 이 파일은 "미국 정부를 반대하는 체제 전복 활동이 의심되는 인물"을 의미하는 FBI의 "비밀문서 - C" 등급에 해당했다.

1920년대 이후로 학계에서 그래왔던 것처럼 다시 한 번 위너는 자신을 무시하기에는 너무 위험한 인물로 만들어 버렸다. 그리고 그의 반란은 정부의 전위부대를 긴장하게 만들었다. 고위급 군관료와 공무원들에게 유도미사일 개발에 참여하지 않겠다거나, 정부에서 자금을 지원하는 과학 프로그램은 어떤 것에도 참여하지 않겠다는 위너의 공개적 거부는 한 마디로 체제전복 활동이었다. 그리고 하버드 학회와 정부의 군사적 연구 핵심 시설인 MIT에서 위너의 반란이 더 폭넓은 반란 사태로 이어져 다수의 미국 과학자들에게로 퍼져나갈지도 모른다는 두려움이 존재했다. 이런 위기의식이 모든 정부요원과 정부기관들을 공동의 목표 아래 뭉치게 만들었다.

FBI의 보스턴 현장 사무실을 책임지고 있던 특수요원이 있었다. 연방수사국에서 사용하는 은어로는 'SAC 보스턴'으로 불리는 사람이었는데 그는 자신의 새로운 보안 감시 대상에 대한 정보를 수집하는 일에 착수했다. 그리고 일주일 후에 그는 첫 보고서를 워싱턴에 있는 FBI 국장 에드거 후버J. Edgar Huover에게 보냈다.

알고 보니 FBI에서는 위너가 과학적 전쟁 지원 활동에서 민간인으로 복무하기 위해 처음으로 신원 조사를 받았던 1940년부터 그의 활동과 인간관계에 대해 추적을 이어오고 있었다. 전쟁이 진행되는 동안 몇몇 비밀정보원이 FBI에 위너, 그의 동료, 가족, 지인들에 대한 정보를 제공했다. 한 정보원은 위너의 민족적 배경에 대해 보고하고, 그의 직업적 성취에 대해 높이 평가하면서 정부에 이렇게 조언했다. "이 감시대상은 러시아계 유대인 가문 출신으로 수학 분석가로서의 능력으로는 아인슈타인 말고는 따라올 자가 없다고 한다." 이런 지지는 〈보스턴 트래블러〉의 기사를 통해서도 입증됐다. 이 기사에서는 〈애틀랜틱 먼슬리〉 기사에서 따온 말을 그대로 인용해서 FBI 국장에게 가감 없는 정보를 제공했다. "위너 박사는 전쟁 승리에서 필수적인 요소였던 통신 및 제어 이론의 개발에서 중요한 역할을 인정받는 개념들을 내놓은 사람이다."

   SAC 보스턴은 다른 토막정보도 갖고 있었다. 그는 아메리카나백과사전에 나와 있는 레오 위너에 관한 항목을 복사해서 첨부했다. "감시대상의 아버지는 러시아 태생으로 민스크에서 교육을 받았다." 그리고 "그의 가장 큰 편집 작품은 24권짜리 톨스토이 전집이다." 그리고 그는 또 다른 전시 정보원의 보고를 있는 그대로 옮겨서 전달했다. 이 정보원은 1941년에 연방수사국에 이렇게 조언했었다.

   정보원이 생각하기에 러시아가 전쟁에 개입하기 전에 독일을 위해 일했을 가능성이 있는 두 명의 아주 철저한 '공산주의자'가 있다. 이 두 사람은 노버트 위너와 더크 반 데르 스트루이크Dirk Van Der Struik이었다. 정보원은 이들이 체코슬로바키아로부터 이 나라에 들어온 러시아 공산주의자라 진술했다.

   위너가 아주 철저한 공산주의자라는 주장은 근거가 없는 것이었지만 스트루이크에 관한 주장은 정확했다. 20세기 초반 유럽과 미국의 많은 지성인들과 마찬가지로 스트루이크도 러시아 혁명에서 영감을 받아 대공황의 경제적 격변기 동안에 공산주의를 받아들였다. 그리고 그는 네덜란드 마르크스 학파의 열렬한 지지자로 남았다. 이 연방수사국 정보원이 밝힌 스트루이크의 국적과 참여 정당은 끔찍할 정도로 잘못된 정보였지만 이 틀린 보고서 때문에 스트루이크와 위너의 혐의에 대한 증거 부족한 주장이 신뢰와 긴박함을 얻게 됐다.

일련의 비밀정보원을 통해 정부는 전쟁 기간 동안의 위너의 과외 활동에 대해 계속 보고를 받았다. 그 중에는 위너가 딱한 처지에 있는 사람들을 돕는 전문가 조직, 인도주의 조직, 인권 옹호 활동 조직에 참여했던 것과 국내외에서의 독재 행위를 반대하는 조직에 참여했던 것도 포함되어 있었다. FBI에서는 모두 체제전복 세력으로 규정하고 있던 이런 조직으로는 미국 과학노동자협회, 전미 헌법자유연맹, 러시아 전시구조활동, 중국인의 미국 친구, 반파시스트 난민 연합위원회 등이 있었다.

전쟁 이후에는 FBI가 위너와 그 관련 인사들에 관한 새로운 증거들을 낚시질하는 과정에서 근거가 약한 고발과 암시가 뒤따랐다. SAC 보스턴은 한 정보원으로부터 케임브리지에서 하버드천문대를 관광 중이던 러시아 천문학자들이 위너와 대화를 나누고, MIT의 계산 기계를 구경하고 싶다는 바람을 표현했고, 위너를 MIT에서 방문하기로 약속이 잡혔다는 얘기를 돌았다. 또 다른 정보원은 케임브리지에 있는 공산주의 정치연합의 한 구성원이 위너의 제자라고 보고했다. 세 번째 정보원은 훨씬 비판적으로 보이는 정보를 물어왔다. 몇 주 전까지 지역 공산당 본부에 몸담고 있었던 그 정보원은 악명 높은 영국의 공산주의자 겸 생물학자 J. B. S. 홀데인이 보스턴에 와서 마르크스주의와 과학의 관계에 대해 일련의 강의를 했었고 홀데인이 위너 교수의 손님으로 머물렀다고 보고했다. FBI는 위너와 그의 오랜 케임브리지 친구가 저녁 식사 자리에서 노래를 부르는 급진적인 행동 말고는 아무것도 하지 않았다는 것을 결코 알지 못했다.

그 기간 동안 미국 전역에는 악랄한 반공산주의 열풍이 불고 있었다. 소련과의 냉전이 격화되면서 빨갱이 사냥으로 유명했던 워싱턴의 하원 비미활동조사위원회는 공산주의자 혐의가 있는 자들과 그 추종자들을 정부, 학계, 연예산업계에서 근절하기 위한 조치에 들어간다. 미의회의 의원들은 아인슈타인의 기소를 요청했다. 아인슈타인은 1932년부터 평화주의와 체제 전복적으로 보이는 다른 정치적 신념으로 인해 요주의 인물로 지목되어 왔었다. 미국 상무성 표준국장, 하버드천문대 책임자, 〈원자력 과학자〉 회보의 편집자 등 많은 존경받는 과학자들이 기밀취급 자격을 박탈당하고, 정부 연구 프로젝트 참여를 금지당하고, 심지어 직장을 잃거나, 사임 압박을 받았다.

빨갱이 사냥의 열풍이 주정부와 지방정부로 퍼져나갔고, 1947년 4월에 매사추세츠 주 입법부는 미국 연방국 안에서 이루어지는 체제 전복 활동에 대해 자체적인 청문회 개최를 제안하고, 체제 전복 조직의 구성원들은 주에서 일하는 것을 금지시켰다. 위너는 이 마녀사냥에 간담이 서늘해졌고, 주의 시민자유연맹, 교회협의회, 여성유권자동맹, 매사추세츠 주의 가장 성공한 70인의 시민이 공동 후원하는 항의성명서에 자신의 이름을 올린다. 그리고 이런 항의 활동 역시 위너의 쌓여가는 FBI 파일에 기록된다.

하지만 연방수사국에서는 위너가 핵무기와 미국의 군산업 기득권층에 대해 지속적으로 비난하는 것에 대해 더 걱정이 컸다. 그가 〈애틀랜틱 먼슬리〉에서 격렬하게 호소한 지 2년 만에 그가 〈원자력 과학자〉 회보에 뒤따라 올린 비협조 정책을 두고 논란이 뜨거워졌기 때문이다. 1947년 8월에 래드랩의 전시 레이더 프로젝트 리더였던 물리학자 루이스 리드누르Louis Ridenour가 〈원자력 과학자〉 회보 포럼에 위너의 입장에 대해 맹비난하자, 위너가 맞대응에 나섰고, FBI에는 적색경보가 들어왔다. 위너는 이렇게 적었다.

군대는 교육과 과학에 적합한 존재가 아니다. 인생의 가장 큰 목표가 전쟁이며, 비록 그것이 자신을 개인적으로 집어삼킬 것이 거의 분명하다고 해도 전쟁의 부재가 곧 좌절이자 자신의 존재 이유가 부정됨을 의미하는 사람에 의해 운영되는 것이 바로 군대다. 리드누르의 말처럼 "도덕적 쟁점은 전쟁을 치르는 기술이나 장비하고는 상관이 없다"라고 말하는 것은 완전히 허울만 좋은 주장이다. 불필요하고 무차별적인 살육의 책임을 과학자에게서 면죄해 주는 무기, 전 세계가 지켜보는 가운데 우리의 이름에 먹칠을 하는 무기, 우리 조국 전체의 운명을 쥐고 흔들 통제권을 통제를 모르는 소수의 손에 쥐어주는 무기, 우리 시민들에 대한 맞불 살육 말고는 아무린 대응 방법이 없는 무기, 이런 무기들은 기술적으로나, 전략적으로나, 도덕적으로나 나쁜 무기다. 원자폭탄을 처음 실험해 본 지 불과 2주 만에 그것의 사용 여부에 대해 결정을 내릴 수 있다고 주장하는 자들에게 원자폭탄을 넘겨주는 것은 다섯 살배기 아이의 손에 면도날을 쥐어주는 것과 다를 바 없다!

의심스러운 활동에 대한 보고서가 FBI의 파일에 더 많이 쌓여갔다. 한 정보원은 '뚜렷한 뉴욕 유대인 억양'을 가진 한 여성이 남미에서 오는 객원 과학자를 위너가 만나볼 수 있게 주선하는 것을 엿들었다. 노벨상을 수상한 프랑스 화학자이자 공산주의 동조자이며, 우라늄 핵분열의 발견에서 중요한 연구를 했고, 핵무기 폐기를 노골적으로 지지했던 이렌 졸리오 퀴리Irène Joliot-Curie 부인은 반파시스트 난민 연합위원회를 위한 기금 마련을 위해 미국으로 왔고, '노먼 위너Norman Weiner' 교수도 그 자리에 초대를 받아 그녀의 테이블에 함께 앉고, 그녀의 방미를 기념하여 보스턴과 뉴욕에서 연설을 하기로 했다. 그리고 영국 캔터베리 대성당의 악명 높은 '빨갱이 주임사제', 휼리트 존슨Hewlett Johnson은 처음에는 미국-소련 우호 국가 평의회로부터 초대를 받은 것 때문에 미국 입국 비자 발급을 거절당했었지만, 『사이버네틱스』가 출판되고 불과 몇 주 후인 1948년 11월에는 마침내 비자를 발급받았고, '로버트 위너Robert Weiner' 교수가 그의 환영 위원회에 합류했다.

그가 서명하는 각각의 새로운 긴 글과 탄원서들이 그가 참석한 논란 있는 모임에 대한 정보원들의 보고서와 함께 FBI의 파일에 차곡차곡 쌓여갔다. 하지만 연방정부를 초조하게 만든 사람이 MIT에서 위너만 있는 것은 아니었다. 이곳의 교수진, 학생, 심지어는 총장조차 의혹의 눈길을 받고 있었다. 특히 수학과는 공산주의자의 온상으로 여겨졌다. 어느 정도 타당한 면도 없지 않은 주장이었다. 더크 스트루이크, 그리고 당시 수학과의 부학과장이었던 위너의 수제자 노먼 레빈슨, 그리고 학과장 윌리엄 테드 마틴William Ted Martin은 전쟁 기간 동안 지역 공산주의자 모임에서 활발히 활동했었다. 전쟁이 끝나고는 두 사람 모두 그 운동과의 연을 끊었지만 말이다.

캠퍼스에서 활동하는 연방요원들은 공개적으로 누군가를 압박해서 친구나 동료에 불리한 진술을 받아내지는 않았다. 그럴 필요가 없었다. FBI는 도처에 스파이를 두고 있었다. 수십 명의 지역 시민, 공산당 잠입요원, 그리고 적어도 5명의 MIT 교수, 행정가, 비서가 FBI에 스트루이크, 레빈슨, 마틴, 그리고 위너에 관한 정보를 제공해 주었다. 연방수사국의 정보원들에게는 위너가 공산주의자라는 증거, 혹은 그가 정부를 상대로 불법적인 행동을 저질렀다는 증거가 없었다. 대신 MIT를 중심으로 회자되고 있는 위너에 대한 비호의적인 평판들을 전달해 주었다. 그가 변덕이 죽 끓는 듯하다거나, 정치적으로 순진하다거나, 완전한 자기중심주의자라거나, 괴짜라는 등의 평판이었다. 한 신원미상의 정보원은 연방수사국이 위너에 대해 걱정할 필요가 있다고 제안했다. 그가 미친 사람으로 알려져 있다는 것이 그 이유였다.

또 다른 정보원은 더 심각한 건을 고발했다. 『사이버네틱스』가 발표되기 2주 전인 1948년 10월 4일에 FBI는 해군정보국 국장으로부터 제안서를 받았다. 그 내용을 보면 위너가 매사추세츠 주 우스터에서 사교 모임에 참석했다가 미국에 대해 불충한 태도를 보이는 진술을 했다는 것이었다. 해군정보국 국장은 현장 목격자가 기술한 세부 사항을 전달했다. 그 목격자는 위너가 군대에 대한 불신을 대놓고 표현했고, 국가의 군사 역량 증가에 자신의 양심을 팔아먹은 모든 과학계 인력들을 비방했다고 고발했다. 위너는 또한 원자폭탄을 사용함으로써 인간애를 훼손하고, 명확하게 군국주의적, 파시스트적인 국가적 성향을 촉진한 정부를 비난했다. 이 정보원은 위너의 근거 없는 주장을 사례로 들었다. 페이퍼클립Paperclip 프로그램 아래 나치가 아니었던 외국인 과학자보다 나치였던 외국인 과학자가 더 수월하게, 더 많은 수로 입국 허가를 받았다는 주장이었다.

한 명의 미국인으로서 위너는 자기 나름의 의견을 가질 자격이 있었고, 그가 말하는 사실들도 옳은 것으로 밝혀졌다. 어떻게 알아냈는지는 알 수 없으나 그는 정부의 전후 페이퍼클립 프로젝트에 대해 알게 됐다. 이는 연방요원들이 수상쩍은 유럽 과학자들의 서류 일체를 강박적으로 청소하는 프로젝트였다. 그 후로 10년 동안 비밀정보작전을 통해 충성스러운 나치 당원으로 알려져 있던 독일의 과학자와 다른 사람들 몇백 명에게 미국 시민권을 부여하고, 그들이 미국 과학계에서 자리를 얻을 수 있게 도와주게 된다. 냉전 시대 동안에 소련을 상대로 가치 있는 비밀 정보와 기술을 얻을 수 있을 거라는 희망 때문이었다.

해군정보국 국장은 위너가 한 말들을 다른 군사정보기관과 미국에 새로 만들어진 민간 정보기관인 CIA에 퍼뜨린다. 그의 메모는 위너가 정부의 유도미사일 프로그램에 협조하기를 거부했음을 강조했다. 그리고 그 안에는 불안하게 만드는 기밀이 하나 더 들어 있었다.

동일한 정보원의 보고에 따르면 위너가 그에게 자기는 다음 전쟁이 일어나면 첫 날에 자살할 것이라고 말했다고 한다. 자신의 태도를 용납받지 못할 것임을 깨닫고 있었기 때문이다.

위너의 감정 폭발에 관한 이야기가 정부의 지휘체계를 통해 흘러들어가고 당시 MIT의 총장이었던 칼 콤프턴Karl T. Compton의 주목을 끌게 됐다. 콤프턴은 정부의 요원들에게 자기는 위너의 감정이 불안정한 것을 잘 알고 있지만 자기가 느끼기에 위너는 완전히 무해한 사람이며, 그가 우스터에서 한 말은 군이 전쟁 기간 동안 원자폭탄을 사용했던 것에 대한 반응이 이어진 결과라고 말했다. 그는 적절한 기회가 오면 자기가 바로 위너에게 얘기해서 체제전복적이라 해석될 수 있는 발언이 MIT에 불리하게 반영된다는 것을 지적하겠노라고 약속했다.

FBI는 미국을 향한 위협을 잘 처리해서 무효화시켰음에 만족해서 1948년 10월 말에 위너에 대한 비밀문서 – C 조사를 종결했다. 하지만 이 건이 오래 닫혀 있지는 않았다.

* * *

해외에서 냉전이 확대되고, 보일 듯 보이지 않는 내부의 적을 색출하려는 미국의 노력은 이제 막 시작되고 있었다. 1949년 8월에 소련은 미국 군부의 예상보다 몇 년 앞서서 최초의 원자폭탄 기폭실험을 했다. 1950년 1월에 독일 태생의 영국 물리학자로 전쟁 기간 동안 로스앨러모스에서 일했던 클라우스 푹스Klaus Fuchs가 영국에서 체포되어 원자폭탄 관련 비밀을 소련에 제공한 혐의로 기소된다. 1주일 후에는 위스콘신의 상원위원 조셉 매카시Joseph McCarthy가 정부와 문화 부문 곳곳에서 공산주의 용의자를 색출하기 위한 운동을 시작했다. 머지않아 의회에서는 국내안전보장법을 통과시켰다. 이 법안은 '세계 공산주의 운동'의 구성원들은 정부에 등록할 것을 요구하고, 공산주의자나 전체주의 조직의 구성원들의 미국 입국을 금지하고, 미국의 영토와 시민들에게 위험을 초래할 것으로 여겨지는 사람을 투옥하는 것을 허용했다.

매카시의 활동이 펼쳐지는 동안 에드거 후버J. Edgar Hoover와 그의 지맨G-men(비밀 경찰관)은 노력을 배가했다. 줄리어스 로젠버그Julius Rosenberg와 에델 로젠버그Ethel Rosenberg 부부도 뉴욕에서 체포되어 전쟁 기간 동안 소련에 원자폭탄 관련 비밀을 전달해 준 혐의로 기소됐다. 정부는 아인슈타인에 대한 활동도 한 단계 강화했다. FBI 요원들은 불법적으로 그의 우편을 열어보고, 그의 전화기를 도청하고, 정신병 환자와 나치 동조자들로부터 그에게 불리한 증언을 얻어내려고도 했다. 한편 이민귀화국에서는 후버와 손잡고 일을 하면서 아인슈타인의 귀화를 취소하고 강제 출국시키기 위한 조치에 나섰다.

이렇게 의혹의 분위기가 짙어가자 위너의 머리 위로 새로운 구름이 드리웠다. 갑자기 그의 이름이 다시 FBI 안에서 뜨거운 주제로 부상했고, 그가 군에 대해 새로 장황하게 비난의 글을 발표하고, 정부가 미국 과학자들의 삶을 엄격히 통제하려 드는 것을 비난하자 그 주제는 더욱 뜨거워졌다. 그가 전국 과학 학술대회에서 한 연설이 〈뉴욕 타임스〉에 기사로 오르자 즉시 위너의 FBI 파일에 첨부되었다. 그 연설에서 위너는 미국의 과학자들에게 이 나라에 침투해 들어와 과학자들을 권력의 돈줄로 만들려고 하는 압제 세력에 저항할 것을 촉구했다. 위너는 의회에도, 군에도, FBI에도, 자신의 발언이 언론에서 촉발한 논란에도 겁을 먹지 않았다. 그는 의연하게 자신의 할 일을 해 나갔다. 그러다 그가 에드거 후버를 정말 당황하게 만드는 수를 둔다.

『인간의 인간적 용도』가 나오고 얼마 후인 1950년 가을에 위너는 파리와 마드리드에서 강의를 하며 자신의 과학과 사회적 관심사의 범위를 유럽으로 넓히기 위해 긴 안식년을 시작했다. 그는 유럽대륙에 머무는 동안 런던에서 홀데인을 만날 계획을 세웠다. 미국의 과학자들을 상대로 진행된 수많은 간첩 사건들이 기소, 계류 중인 가운데 위너가 가족과 함께 떠날 계획이라는 소식에 대서양을 사이에 둔 양쪽 대륙의 공식 채널에 경보가 울렸다.

FBI가 뉴욕의 항구들을 감시하는 한 정보원으로부터 보고서를 받으면서 소동이 시작됐다. 그 보고서는 이렇게 말하고 있었다. "위너,

혹은 그의 가족 중 한 명이 곧 유명한 영국의 공산주의자 J. B. S. 홀데인과 시간을 보내기 위해 영국으로 갈 예정." 이 보고서는 또한 "유명한 과학자 위너가 자신이 공산주의자이며 오랫동안 그래 왔다는 사실을 자유롭게 인정할 것"이라는 혐의와 "이 사람은 미국의 일부 1급 기밀에 접근할 수 있다"라는 혐의, 이렇게 완전히 부정된 두 가지 혐의를 다시 살려냈다. 이 소식을 받은 후버는 SAC 보스턴에게 이 문제를 다시 열어서 필요한 수사를 진행하라는 새로운 명령을 보낸다. 같은 날 후버는 런던 주재 미국대사관 법무부 대외연락관에게 일련의 비밀 전보를 보내 위너의 홀데인 방문이 임박했음을 영국의 정보기관에 알릴 것을 강력하게 촉구했다.

곧 런던에 있는 후버의 사람이 영국 보안기관인 MI-5와 접촉했다. 미국대사관의 요청에 따라 영국 보안기관에서는 위너가 1951년 1월 중순에 프랑스에서 도착한 순간부터 시작해서 그의 아내와 딸을 만나고, 타비스톡 광장의 런던대학교에서 홀데인과 만나 시간을 보내고, 3주 후에 마거리트와 함께 프랑스로 돌아갈 때까지 런던에서 그의 움직임을 추적했다. 하지만 이들은 위너가 동료 홀데인과 만나는 목적을 파악할 수 없었다. 홀데인은 언제나 공산주의자였지만 결코 스파이는 아니었다. MI-5나 FBI 모두 사이버네틱스와 유전학에 관한 두 사람의 기나긴 대화를 도무지 이해할 수 없었고, 그들의 기분 좋은 대화 속에서 세계의 지배를 위한 공산주의자의 투쟁이 얼마나 중요한 위치를 차지하고 있는지도 파악할 수 없었다.

페기 위너가 런던에서 홀데인과 있게 된 미스터리를 푸는 데는 MI-5 쪽에 행운이 더 있었다. 위너가 자기 딸을 홀데인의 보호에 맡기고 떠난 지 2달 후에 MI-5는 영국 이민국으로부터 페기가 홀데인의 연구실에서 유전학 공부를 위해 학생 비자로 영국 입국을 허가받았음을 알게 됐다. 마침내 1951년 4월에 MI-5는 미국 대사관의 대외연락관에게, 그리고 이 대외연락관은 다시 후버에게 이렇게 알렸다. "현재까지 위너의 가족 중 그 누구도 공산주의 활동과 관련해서 주목할 만한 일이 없었습니다."

* * *

안심되는 보고에도 불구하고 후버는 계속 영국 정부를 압박해서 유럽에서의 위너의 이동에 대한 정보를 요구했다. 1951년 6월에 위너가 프랑스를 떠나 스페인에 강의 여행을 떠났을 때는 스페인 경찰이 수행하고 있는 감시와는 별도로 런던, 파리, 마드리드의 MI-5 사무실들이 동원되어 "세계 최고의 수학자 중 한 명이자, 육군과 해군의 연구를 수행하기를 거부했고, 미국의 일부 1급 기밀에 접근할 수 있는" 위너를 추적했다.

그러다 FBI가 위너의 모든 움직임을 확보하고 있다고 확신하게 된 그 순간에 그가 별안간 사라지고 말았다. 유목민처럼 떠돌아다니던 그 여름 몇 개월 동안 그는 프랑스 해안이나 시골에 숨어서 어린 시절의 회고록을 쓰면서 괴로워하고, 머리가 깨질 듯한 두통으로 스위스 병원에 입원해야 했다. 후버의 요원들, 대외연락관, 관련자들이 그를 찾아 유럽과 미국을 샅샅이 뒤졌지만 소용없었다. 그들은 우울증과 탈진에 빠진 위너가 아내와 함께 제노바에서 증기선을 타고 미국으로 돌아왔다가 멕시코에서 아르투로 로젠블루에스와 2년에 한 학기씩 진행하는 연구를 진행하기 위해 바로 남쪽으로 향했다는 사실을 알지 못했다.

여름을 거쳐 가을이 될 때까지, 위너가 인기 있는 멕시코시티 식당에서 외식을 하다가 적어도 한 번은 자신의 젊은 정신과의사 친구 모리스 샤페츠와 점심식사를 하다가 통제가 불가능할 정도로 통곡을 하는 모습이 관찰됐었다. 그리고 그동안 FBI는 위너가 사라진 것에 당황하며 그의 체제전복 활동에 대해 걱정했다. 그러다 10월 말에 텍사스 갤버스턴의 국경에 있는 FBI 전초기지에서 보스턴으로 소식이 날아들었다. 믿을 만한 정보원이 위너와 로젠블루에스를 멕시코에서 만났고, 그들이 반미국적인 경향을 보였다는 보고였다.

마침내 후버는 위너의 발자취를 찾아냈다. 그는 국무부로 새로운 명령을 전달하고, CIA의 부국장에게는 특수 작전 명령을 보내어 위너의 멕시코에서의 활동과 관련된 정보를 자기에게 보고하고, 그가 미국으로 돌아올 것으로 보이는 날짜를 알려달라고 했다. 같은 날 워싱턴에서 다른 정부기관으로 긴 메모가 발송됐다. 위너의 자서전과 1914년 이후로 그의 여행 기록, 그의 신체적 특성("왼쪽 집게손가락에 흉터"), 그의 체제전복 활동에 대한 상세한 설명, 그리고 미국 국경 밖에서 있었던 불충한 진술에 관한 메모였다.

이번에도 역시 후버의 공황과 편집증은 헛다리를 짚었지만 FBI는 1952년 3월에 MIT에 있는 정보원이 위너가 별 다른 사건 없이 2달 전에 멕시코에서 돌아왔다는 사실을 확인해 줄 때까지 그 사실을 알지 못했다. 그 기간 동안, 그리고 그보다 앞선 반 년 동안 FBI는 위너의 실제 활동에 대해서는 알지 못하고 있었다. 그 동안 그는 유럽에 있는 동안에 빠져 들었던 우울증으로부터 천천히 회복 중이었고, 그의 자서전 출판을 거절하는 출판사들로부터의 고통스러운 편지들이 쏟아져 들어오고 있었고, 마거리트의 음모와 멕시코에서 그를 휩쓴 감정의 폭풍에 휘말렸고, 그로 인해 맥컬럭과 MIT의 양아들들과 결별하게 됐고,

분명 FBI에서 큰 흥미를 느꼈을 만한 또 하나의 행동도 있었다.

1951년 9월 12일에 위너의 친구 더크 스트루이크가 무력과 폭력을 통한 미국 연방국의 타도를 지지하고, 조언하고, 충고하고, 선동하는 것을 음모한 혐의로 매사추세츠 주의 새로운 폭동 진압법에 따라 보스턴에서 기소를 당했다. 위너는 멕시코시티에서 이 소식을 듣자 MIT 총장 제임스 킬리언James R. Killian에게 거친 편지를 보냈다. 이 편지의 내용은 스트루이크를 지지하면서 만약 MIT가 그의 곁을 지키지 않는다면 극단적인 행동에 나설 것이라 위협했다. 그는 이렇게 적었다.

> 저는 스트루이크가 고결한 인격을 가진 정직한 사람임을 알고 있습니다. 그는 음모 같은 것을 꾸밀 성격도 아니고, 그럴 의도도 없는 사람입니다. 만약 그와 MIT의 관계에 문제가 생긴다면, 그의 유죄를 시사하는 증언이 더 나오지 않는 이상 유감스럽게도 저는 MIT에 사직서를 제출할 수밖에 없습니다.

위너가 이번에 발끈한 것은 그저 기분의 변덕이나 감정의 폭풍에서 나온 파생 효과가 아니라 마음 속 깊은 곳에서 우러나온 양심의 행동이었고, 지금까지 그가 MIT를 위협한 내용 중에서도 가장 심각한 것이었다. 스트루이크를 지키기 위해 자신의 직업까지 걸었기 때문이다. 그는 총장 킬리언에게 MIT에 대해 이렇게 말했다. "MIT는 제가 존경하고 사랑하는 장소입니다. 그럼에도 그곳에 부당한 압력이 존재한다면 그에 대항하는 압력이 있어야 한다고 생각합니다. 비록 그로 인해 MIT를 잃고 제 경력도 끝날 가능성이 있다 해도 그것이 저를 다른 행동으로 이끌 이유가 되지는 못합니다."

스트루이크는 마녀 사냥이 다가오는 것을 보았다. 2년 전에 그는 비미활동조사위원회 앞에서 증언하는 것을 거부한 적이 있었다. 고발장이 날아들었을 때 그는 놀라지도 않았고, 심지어 화가 나지도 않았다. 그는 이렇게 회상했다. "오히려 위너가 더 화를 냈습니다." 그리고 킬리언은 위너의 위협에 귀를 기울였다. MIT 행정부는 스트루이크의 교육 업무를 유예했지만 사건이 종결될 때까지 봉급을 온전히 모두 지급하기로 결정했다. 위너는 스트루이크에게 자기가 한 일을 말하지 않았다. 스트루이크는 그 사실을 나중에야 알게 됐다. 그는 위너의 편지가 그 위험한 시기에 자신의 일자리와 생계수단을 지켜준 것이라 믿었다.

위너 자신도 고비를 넘긴 것은 아니었다. 스트루이크가 기소를 당하기도 전이었던 1950년 여름, 그는 뉴욕에 있는 자신의 정신과의사 자넷 리오호에게 현재의 정치적 상황에 대한 불안을 담은 편지를 보냈다. "정보원들이 우리 사회의 구조 전반에서 날뛰어 다니는 것 같습니다." 그는 자신이 『인간의 인간적 용도』에서 강하게 표현했던 관점 때문에 자기가 받게 될지 모를 타격에 대해 걱정했다. 특히 미국의 자본주의와 기업에 대해 비판한 것이 마음에 걸렸다. "그 책 안에 빨간 고춧가루가 얼마나 많이 들어 있는지 잘 아실 겁니다. 제가 활활 타오르는 불 위에서 부글부글 끓는 모습을 보게 되지나 않을까 싶습니다. 매카시가 어떤 일을 저지를지 궁금하군요."

괜한 걱정은 아니었다. 위너가 유럽에 가 있는 동안 빨갱이 사냥의 열기는 더 뜨거워졌다. 1951년 3월에 로젠버그 부부는 재판을 받았고 한 달 후에는 간첩 행위로 유죄 판결을 받아 사형 선고가 내려졌다. 비미활동조사위원회는 2차 청문회를 열었고, 매카시는 미국에서 가장 존경받는 작가와 예술가들을 소환해서 다른 공산주의자들의 이름을 대라고 요구했다. 수백 명이 산업 전반의 블랙리스트 명단에 올라가 자기 전문분야에서 일을 할 수 없게 됐다. 국내 상황이 더욱 악화되면서 또 다른 종류의 블랙리스트에 이름이 올라간 더 많은 과학자와 학자들을 끌어내렸다. 공산주의자로 의심받거나, 공산주의자로 알려져 있는 수천 명의 이름이 올라간 '안보색인Security Index'이라는 정부의 비밀 명단이었다. 이들 역시 일자리에서 해고당하고, 정부의 자금을 지원받는 대학에서의 일자리를 비롯해서 정부의 고용에서 배제되고, 느슨하게 정의된 국가 비상사태가 발생하면 체포와 구금을 당했다.

위너는 다음은 자기 차례가 아닐까 두려웠다. 그리고 그런 두려움이 그렇지 않아도 이미 그를 괴롭히고 있던 스트레스를 한층 가중시켰다. 스위스에서 병원에 머물다가 미국으로 돌아가기 전에 그는 MIT의 학생처장에게 근심 가득한 전보를 부쳤다. "뉴욕으로 돌아갑니다. … 일 때문에 무척 피곤하고 불안하며, 미국의 마녀사냥에 걱정이 크니 제가 처한 위험에 대해 무선으로 알려주십시오." 총장 킬리언은 대학 차원에서의 자신감을 개인적으로 알렸다. "상담해 본 결과 우리는 당신이 불안을 느낄 필요가 없다고 판단했습니다. 집에 돌아오시는 것을 환영합니다."

한 달 후 일단 보스턴으로 돌아오고 다시 안전하게 멕시코로 간 후에 위너는 또 한 장의 어두운 편지를 킬리언에게 보냈다. "정말 지독히도 어려운 시간입니다. 작금의 상황이 어떤 결과를 낳을지, 그리고 세상 사람들의 정신 상태가 언제쯤 제정신으로 돌아올지 궁금합니다. 그때까지는 어떤 단서나 길을 인도해 줄 등불도 없이 매머드 동굴Mammoth Cave(미국 켄터키 주의 세계최장의 동굴 - 옮긴이) 같은 끝없이 갈라지는 동굴로 들어온 것 같은 기분일 듯합니다."

***

해가 갈수록 히스테리는 점점 심해졌다. 취임한 지 얼마 안 된 1953년 1월에 아이젠하워 대통령은 공산주의자들이 미국의 학생들을 가르치는 것을 허용해야 하는지 공개적으로 의문을 제기했다. 후버는 FBI의 현장사무소에 수사를 명령했고, 3월에는 의회에 고등교육기관에 공산주의자들이 널리 침투해 있음을 알아냈다고 보고했다. 그 후로 이어진 조사에서 MIT의 수학과는 맹렬한 비판을 받게 됐다. 수학과의 학과장과 부학과장 윌리엄 테드 마틴과 노먼 레빈슨은 비미활동조사위원회에 출석해서 십 년 전에 공산당에 가입했음을 자백하고, MIT에 공산주의자들이 비정상적으로 많이 존재하는 이유를 해명하라는 호출을 받았다.

파지 레빈슨은 이렇게 기억했다. "MIT가 발칵 뒤집혔어요. 이름을 대라는 강한 압박이 있었죠." 마틴은 비미활동조사위원회 앞에서 겁을 먹고 불쌍한 연기를 했지만, 레빈슨은 자신의 입장을 고수했다. 이 역경을 통해 마틴은 산산히 부서지고 깊은 우울증에 빠져들었고, 레빈슨의 십대 딸은 부모들의 주장에 따르면 적어도 부분적으로는 FBI의 압박 때문에 신경쇠약에 걸렸다.

위너는 자신의 개인적인 고통 속에서 이 고문 같은 사건들을 지켜보면서도 자신의 소중한 동료와 제자들에게 힘을 주었다. 파지 레빈슨은 이렇게 기억했다. "위너는 믿기 어려울 정도로 의리 있는 사람이었습니다. 노먼이 위원회 앞에 불려가서 사람들의 이름을 대는 것을 거부했을 때 모든 사람이 그를 바보라고 생각했지만, 노버트는 그랬다가는 스스로를 용서할 수 없을 것이라는 점을 이해하고 있었습니다." 다른 과학자들은 의회의 조사를 공격적으로 반대했다. 아인슈타인은 소환된 목격자들에게 증언을 거부하고 비협조라는 혁명적인 방식을 선택할 것을 애원했지만, 위너는 그리 안전하다고 느끼지 못했다. 그럴 만한 이유가 있었다. 매카시의 마녀 사냥이 그를 향하고 있었기 때문이다.

위너의 MIT 동료들이 소환되기 몇 달 전인 1952년 6월에 매카시와 후버는 위너를 정조준했다. 후버는 SAC 보스턴에게 위너를 안보색인에 포함시키는 것을 정당화할 만한 새로운 증거를 요구했지만 아무것도 나오지 않았다. 위너가 성격이 예측불가능하고 대중적 항의를 좋아하는 성향이 있는 것을 알고 있던 SAC 보스턴은 후버에게 위너가 조사기관에 가할 수 있는 다른 종류의 위험에 대해 경고했다. "이 사람은 수학 분야의 천재로 묘사되어 왔지만 극단적으로 변덕스러운 사람입니다. 해당 대상을 안보색인에 올릴 수 있으리라 보장할 수는 없습니다. 그리고 위너의 성격 때문에 지금의 시점에서의 인터뷰는 실행 가능성이 없어 보입니다."

하지만 이것이 후버나 매카시를 단념시킬 수는 없었다. 1953년 12월에 MIT에 새로 생긴 링컨연구소가 날아오는 소련 폭격기를 추적하는 전국 단위의 SAGE 자동방공시스템을 구축하는 1급 공군 기밀 프로젝트를 시작하자 위너의 이름이 매카시의 MIT의 체제전복세력 용의자 명단에 올라갔다. 이 명단에 오른 사람은 그를 매카시가 의장을 맡고 있는 상원 정부운영위원회에 불러 증언시킬 수 있었다. 준비 과정에서 후버는 또 다른 긴급메시지를 SAC 보스턴에게 보내 위너의 파일을 한 번 더 검토하게 했다. 그는 연방수사국의 지역 보안팀에게 기동의 여지를 거의 주지 않았고, 2주의 시간을 주어 그 시간 안에 보고를 하고, 정당화할 수 있다면 안보색인 카드나 인터뷰를 요청하도록 했다. 그와 동시에 후버는 공군의 특별수사국, 육군의 G-2, 그리고 위너에 대해 관심 있는 다른 정보기관에 위너가 혐의를 받고 있다고 경보를 보냈다.

SAC 보스턴은 서류를 샅샅이 뒤져 보았다. 위너가 새로운 체제전복 행위에 참여했다는 힌트를 찾기 위해 수십 명의 개인과 조직에 관한 파일을 뒤져보았다. 그 중에는 연방수사국에서 위너의 딸이 홀데인과 공부하기 위해 영국으로 갔을 때 열었던 파일도 포함되어 있었다. 몇 시간 만에 SAC 보스턴의 보안팀은 위너가 프로젝트 링컨이나 미국 정부 위탁 연구와는 아무런 관련도 없다는 잘 알려진 사실을 확인했다. 하지만 후버는 여전히 만족하지 않았다. 1954년 1월 초에 후버는 다시 SAC 보스턴을 쥐어짰다. "매카시 상원의원이 관심을 보일 가능성이 있고, 위너가 '프로젝트 링컨'과 관련해서 증언을 하는 소환 대상이 될 가능성을 고려하여, 그 대상에게 안보색인카드를 권장하거나 그와 인터뷰를 할 권한 요청을 고려해 보아야 한다."

3일 후에 SAC 보스턴은 최종 보고서를 제출했다. 매카시 위원회에서 건질 만한 것은 별로 없었다. 한 비밀 정보원은 위너가 그 전해에 더크 스트루이크의 집에서 열린 파디에 참석한 것을 포착했다. 크리스마스 파티였다. 이 보고서에서는 지역 공산주의자들이 십 년이 넘게 위너에게 자신의 활동에 대한 관심을 불어넣으려고 노력했지만 무위로 돌아간 것에 대해 자세히 설명하고 있었다. 한 보스턴의 정보원은 이렇게 진술했다. "1930년대 말과 1940년대 초반에 여러 번에 걸쳐 스트루이크는 위너에게 공산주의에 대해 흥미를 일깨우고, 그를 공산당으로 끌어들이려고 시도했지만 아무 소용도 없었다." 후버에게 급하게 보낸 전보와 함께 부친 표지 메모에서 SAC 보스턴은 후버에게 이렇게 설명했다. "지난 보고서 이후로 위너 측에서 평소와 다른 체제전복 활동은 파악되지 않습니다." 그리고 그는 앞서 보고했던 평가를 재확인했다. "위너의 성격과 태도로 보아 이 시점에서 그와 인터뷰를 하는 것은 현명치 못한 것으로 보입니다."

그러다 이런 것들이 전혀 문제 될 것 없다는 듯 SAC 보스턴은 후버가 간절히 듣고 싶어했던 그 말을 해주었다.

위너에 대한 자료를 추가적으로 고려한 결과 그에 대한 요약 보고서를 준비하고 안보색인에 그를 올릴 것을 권장하기로 결정이 내려졌고, 이것은 가까운 미래에 진행될 것입니다.

* * *

그 전과 마찬가지로 위너는 자신의 충성심과 활동에 대해 새로이 검토가 진행 중이라는 것이나, 자기가 매카시 위원회에 출석하도록 소환될 후보라는 사실도 모르고 있었다. 그리고 이 순간에도 역시 FBI는 위너가 어디에 있는지 모르고 있었다. 사실 그는 MIT에서 11,000킬로미터 떨어진 하이데라바드(인도 텔랑가나 주의 주도 - 옮긴이)에서 전인도 과학학술대회에 참석하고 있었다. 그는 인도 정부로부터 귀빈 초대를 받아 그곳에 참석하게 됐다. 그 갈라 국제회의에서 공교롭게도 위너는 소련에서 파견된 저명한 과학자 대표단과 함께 하게 됐다.

소련 대표단은 인도인들에게 '소련 과학의 정수'를 보여주기 위해 왔다. 그 핵심 집단에는 뉴델리 소련 대사관에서 온 보조원과 통역사들이 함께 했는데 이들은 사실 소련 비밀경찰 요원들로, 소련의 과학자들을 서유럽과 미국의 영향력으로부터 차단하고 그들이 소련의 과학 비밀을 폭로하지 못하게 막기 위해 온 것이었다. 주최 측에서 마련한 숙소에서 위너는 소련 사람들과 함께 묵게 되었고, 그들과 같은 탁자에서 식사를 했다. 두 국가 사이의 알력에 대해 잘 알고 있던 위너는 국제 과학의 정신에 따라 화기애애한 분위기를 만들려고 노력했고, 막상 만나보니 소련 과학자들도 자유롭게 영어로 대화하며 친절한 반응을 보이고, 소련 정부의 이해관계를 선전하거나 위너에게 미국 과학의 민감한 문제에 대한 정보를 빼내려 압박하는 일 따위는 없었다. 하지만 소련 과학자들은 정부에서 파견한 관리자들 근처에서는 자유롭지 못했다. 이들은 소련 과학자들에게 러시아어로만 말하도록 강요했고, 학술대회의 전체적인 분위기를 무겁게 만들었다. 갑작스러운 분위기 반전에 실망한 위너는 소련 과학자들이 갑자기 냉랭해진 것과 그들이 다른 과학자나 인도의 주최자들과 좀 더 자유롭게 뒤섞이기를 망설이는 것에 대해 장난스럽게 놀리기 시작했다.

하지만 위너 자신도 그렇게 자유롭다고 느끼지는 못하고 있었다. 집으로 돌아와 보니 그가 떠나기 전 몇 달 동안 더 많은 과학자가 소환되었다. 로젠버그 부부는 사형을 당했다. 그리고 그가 인도로 떠나기 불과 며칠 전에는 맨해든 프로젝트를 감독했고, 당시에는 원자력위원회 자문위원회의 의장을 맡고 있었던 저명한 물리학자 로버트 오펜하이머가 완고한 공산주의자이자 소련의 스파이 요원일 가능성이 높은 인물로 지목되어 빈역죄로 AEC에서 특수안보 청문회에 불려나갔다. 이런 위험한 정치적 풍토가 그를 기다리자 위너는 갑자기 정부와 좋은 관계를 유지하는 것이 두려워졌고, 소련과 자신의 상호작용을 마녀사냥꾼들이 가혹하게 판단할까 두려워졌다. 그가 얼마나 두려움에

떨었는지는 그답지 않은 어느 판단에서도 볼 수 있다. 그는 미국에 대한 흔들림 없는 충성심을 재확인하기 위해 선제적으로 조치에 나섰다.

FBI가 그를 안보색인에서 올릴 것을 권하기 3일 전이었던 1954년 1월 11일 위너는 하이데라바드에서 봄베이로 가서 미국 총영사관 사무실에 전화를 해 만남을 요청했다. 국제과학학술대회에서 소련 대표단과의 만남을 설명하기 위한 자리였다. 다음 날 그는 봄베이의 붐비는 거리를 지나 미국 영사관을 찾아갔고, 그곳에서 두 명의 고참 영사관과 길게 얘기를 나누었다. 2주 후에 FBI와 CIA는 총영사관이 워싱턴의 국무부에 보낸 보고서의 복사본을 받았다.

이 보고서는 위너가 불안 속에서 깊이 뉘우치며 하이데라바드에서 악의 없는 위법 행위를 하고, 소련의 비밀경찰을 상대로 장난기 섞인 험담을 한 것에 대해 증언한 내용을 담고 있었다. 위너는 이 소련 비밀경찰들을 '퍼그-어글리pug-uglies(퍼그처럼 못생긴 사람)'라 불렀다.

교수가 말하기를 소련 대사관에서 온 대표단은 학회가 소집되고 얼마 안 되어 현장에 나타났다고 했다. 교수는 이 '퍼그-어글리'들이 러시아 대표단을 감시하려는 목적을 띠고 왔음이 분명하다고 말했다. 교수는 학회 일찍부터 적절한 경우가 찾아올 때마다 러시아 대표단을 놀리기로 마음먹었다. 예를 들면 중국어를 할 줄 아는 위너 교수는 한 소련 대표에게 이렇게 말했다. "당신은 정말 중국어를 배워야 합니다. 아주 중요한 사람들의 언어니까요." 위너 교수는 특히나 칙칙하고 매력 없는 모자를 쓰고 있던 한 여성 소련 대표를 농담 삼아 언급했다. 그가 말하기를 모자가 그 여성의 머리 위에 편평하게 얹혀 있으니 적어도 정치적으로는 적절하다고 했다. 우파로도 좌파로도 편향되어 있지 않으니 말이다.

위너 교수는 러시아 과학자들과 이야기를 나누고 어느 정도 친해진 것 때문에 오해를 받을까 봐 분명히 걱정이 많았다. 인터뷰를 하다가 그는 종종 말을 멈추고 이렇게 물었다. "제가 올바르게 처신했다고 생각하지 않으십니까?" 혹은 "그렇게 처신하는 것이 적절하지 않았나요?"

위너가 봄베이의 미국 영사관에 제 발로 찾아와 진술했다는 소식이 워싱턴에 닿기도 전에 FBI에서는 위너를 자기네 안보색인에 넣기로 결정하지만(그는 이 결정이 계류 상태로 있는지도 몰랐다) 이것은 FBI의 신뢰로 이어졌다. 두 달 후에 그가 인도에서 돌아온 후에 FBI는 위너의 파일을 새로 들여다보다가 갑자기 앞서 권장했던 것을 뒤집었다. 몇몇 새로운 정보가 후버와 SAC 보스턴에게 접수를 얻었다. 연방수사국에서 우연히 마주친 『사이버네틱스』의 한 구절이 있었다. 그 구절에서 위너는 그가 사지절단 환자를 위한 인공사지를 완벽하게 만들 수 있기를 희망하고 있었다. 이것은 연방수사국의 관점에서 볼 때 위너가 점수를 만회할 수 있는 사회적 가치가 있는 목표였다. 위너가 1년 전에 결국 출판해 줄 곳을 찾아낸 어린 시절 회고록에 나온 증거도 있었다. "관찰대상이 언급한 바에 따르면 그의 아버지 레오 위너는 처음부터 공산주의자들에게 필사적으로 반대한 것으로 나온다. 그리고 위너가 봄베이에서 했던 참회 행위에 대한 보고가 드디어 연방수사국으로 흘러들어갔다.

한 빗나간 정보 데이터 하나가 위너의 유죄를 입증하려는 정부의 논거가 얼마나 터무니없는지 보여주는 결정타가 되어 6년 전 MIT의 총장이 말했던 얘기를 확인해 주었는지도 모르겠다. 그 총장은 위너가 완전히 무해한 사람이라고 했었다. 어느 정도 중요성이 있는 또 다른 정보원은 앞으로 나서서 자신 또한 위너가 무해하다고 느꼈다고 했다. 그가 들은 이야기가 있었다. 한 번은 위너가 모임에 참석하기 위해 피츠버그까지 차를 몰고갔다가 그 사실을 잊어버리고 기차를 타고 돌아왔다는 것이다. 집에 왔는데 차가 보이지 않자 그는 차를 도둑맞았다고 신고했다. 위너가 지방으로 가면서 차를 타고갔다가 기차를 타고 돌아왔다는 이야기하며, FBI가 모은 다른 새로운 항목들이 더해지면서 SAC 보스턴은 이렇게 결론을 내렸다.

> 최근의 데이터들을 검토해 보면 위너를 안보색인에 추가하는 것은 정당하지 않아 보이며, 그에 따라 연방수사국에서 그렇지 않다는 조언이 내려오지 않는 한 그와 관련된 추가적인 행동을 취하지 않을 것이다.

1954년 12월에는 미국 상원에서 매카시를 견책하고, 그의 위원회가 저지른 마녀사냥이 무너지면서 빨갱이 사냥의 열병이 가라앉기 시작했다. 하지만 이미 미국 전반의 과학자들이 많은 피해를 입었다. 위너의 안보색인 등록 유예 두 달 후, AEC에서의 청문회로 반년 후에 로버트 오펜하이머는 반역죄를 저지르지 않은 것으로 밝혀졌지만, 그럼에도 그의 기밀정보 취급 허가는 폐기되었고, 원자력위원회에서도 어쩔 수 없이 내려와야 했다. 아인슈타인은 평화주의 행동으로 기소되거나, 의회 위원회에 소환당해 본 적이 한 번도 없었지만 1955년에 사망할 때까지 FBI의 수사를 계속 받아야 했다. 더크 스트루이크는 매사추세츠 주에서 4년 동안 폭동 선동 혐의와 싸우다가 미국대법원이 또 다른 사건에서 모든 폭동진압법을 위헌이라 선언하면서 그에 대한 기소도 기각됐다. 스트루이크는 자신의 개인적 역경과 매카시 시대 전반에 대해 이렇게 말했다. "그 시절을 생각하면 절반은 나치 독일이 떠오르고, 절반은 이상한 나라의 앨리스가 생각납니다."

어쩌면 가장 큰 피해를 입은 쪽은 미국의 과학 그 자체일지도 모르겠다. 전후 초기에 정부와 군의 기초연구 지원 자금을 거의 독점하다시피 하며 대담해진 마녀 사냥꾼들은 과학계의 지성인들과 기반 시설을 대단히 거칠게 다루었다. 주요 과학단체들은 압력에 굴복했고, 정치적 히스테리 앞에서 침묵했다. 미국 국립과학아카데미와 다른 관련 기관들은 정부의 냉전 사업에 철저하게 통합된 나머지 자신이 체제전복 기관으로 낙인찍히는 것이 두려워서 매카시의 포위에 대항해서 자신의 구성원들을 보호하는 일에 거의 나서지 않았다. 많은 저명한 과학자와 과학단체들이 비공개 협상을 통해 자신의 대중적 입장을 철회했고, 이것은 마녀사냥을 더욱 부추길 뿐이었다. 한편 다른 사람들은 군산업 복합체를 위해 열심히 봉사했다.

위너는 예외였다. 그가 공개적으로 분명히 밝혔듯이 그는 정부 계약이나 정부 지원금을 받는 일에 관심이 없었다. 그에게는 폭로할 비밀 정보도 없었고, 잃어버릴 기밀정보 취급 허가도 없었다. 애초에 마녀사냥꾼들이 그를 사냥 다닐 이유가 없었던 것이다. 그의 동료들이 수십 년 동안 알고 있었던 것처럼 위너는 많은 단체에 가입하기를 좋아하는 사람이 아니었고, 자신이 창립한 새로운 과학을 발전시키고자 할 때도 느슨한 동맹만을 맺었다. 하지만 그는 자신의 한가운데서 펼쳐지는 정치적 예수 수난극이나 극단적 이데올로기에 빠지는 버릇이 있는 세계 초강대국 미국의 새롭게 떠오르는 역할을 수동적으로 구경만 하는 사람도 아니었다.

1950년 여름, 냉전이 고조되어 감에 따라 위너는 이 문제에 대한 자신의 생각을 정리해서 새로운 친구인 월터 루터에게 편지로 보낸다. 이 편지는 위태로운 새로운 전쟁 양식의 과학과 정치학을 그가 얼마나 날카롭게 이해하고 있는지 보여준다. 이 새로운 전쟁에서는 양측이 대량파괴라는 전례 없는 무기, 전면적인 선전선동 캠페인, 그리고 내부의 정치적 논쟁에 대한 무자비한 억압을 통한 전략적 게임을 이용해서 전투를 벌여나간다.

나는 미국의 일반인들이 현재의 분쟁과 우리가 지금까지 관련되었던 다른 모든 분쟁 사이의 차이점에 대해 잘 알고 있다고 생각하지 않는다. 기존의 모든 외국 전쟁에서 우리는 적들의 가장 큰 적개심의 대상이 아니었다. 유럽에서 일어났던 제2차 세계대전에는 분명 해당되는 얘기이고, 일본은 어느 때든 우리 본토에 심각한 위협을 가하기에는 우리와 너무 멀리 떨어져 있다. 하지만 세상의 선의는 우리에게 무관심하지 않다. 서둘러 아마겟돈을 불러올 일은 아무것도 하지 말자. 비록 우리는 민주주의 국가들로부터 제한적인 군사적 도움만을 기대할 수 있겠지만, 그들의 선의를 가꾸는 것은 무관심의 문제와는 큰 차이가 있다. 분명 우리가 어떤 형태로든 사회주의를 받아들인 모든 국가에게 가한 사보타주에 대해서는 분명 할 말이 없다. 우리는 또한 불신을 받은 정권과 신뢰할 수 없는 정권을 후원하는 것을 피해야 한다. 우리는 경제적으로 낙후된 국가의 문제에 충분히 협력적으로 관심을 보여주어 우리가 그들에게 더욱 유망하고 안전한 미래를 줄 수 있다고 느끼게 만들어야 한다.

우리가 이런 것들을 한다면 우리가 살기에 적합한 세상에서 살아남을 기회를 잡을 수 있을 것이다. 하지만 우리가 물질적으로나 도덕적으로나 세상의 이익을 곧 우리의 이익으로 받아들여야만 비로소 세상을 얻을 수 있음을 깨닫지 못한다면 우리는 멸망하고 말 것이다. 멸망해도 싸기 때문이다.

미국의 과학자들에 대한 마녀사냥은 전후에 정부와 과학의 결혼이 완성되는 순간부터 위너가 머릿속에 그렸던 여러 가지 암울한 시나리오 중 하나에 불과했다. 계약에 의해 정부에 발목 잡힌 그의 동료들이나, 고분고분하게 의회 앞에 불려나온 동료들과 달리 위너는 정부의 탄압이 갖고 있는 위험, 떼돈의 과학의 위험, 그리고 핵무기의 비도덕성과 비인간성에 대해 거침없이 목소리를 높였기 때문에 그는 정부 안에 있는 선동 정치가들로서는 두려워하지 않을 수 없는 적수가 됐다.

결국 위너는 무시하기에 너무 위험한 존재는 아니었다. 한때 그는 무시하기에는 너무 위험한 존재가 되고자 했고, 그것을 달성한 후에는 스스로 자랑스러워했었다. 이제 그는 무시하지 않기에는 너무 위험한 존재였다. 그리고 이번만큼은 건들기에는 너무 위험한 존재였다. 매카시의 시대가 막을 내릴 때 그의 굴하지 않는 독립심은 그에게 도움이 됐다. 하지민 그 때문에 그 이후로 그는 세상 속을 혼자만의 걸음으로 나아가게 된다.

14장

위너웨그 Ⅲ

베르테르는 종종 바쁜 발걸음을 늦추었고, 갑자기 걸음을
멈출 때도 많았다. 돌아갈까 생각하는 듯 보였으나 다시, 또다시
그는 자신의 발걸음을 앞으로 내디뎠다.

— 괴테, 『젊은 베르테르의 슬픔』

1950년대를 거치는 동안 위너는 MIT의 복도를 따라 매일 순회 산책을 다니며 정부에 대한 반격을 이어갔다. 위너의 정부 자금 지원 연구 보이콧에 동참하는 사람은 없었지만 그에 대해서는 모두들 알고 있거나, 위너가 자기 주변에 접근하면 알게 됐다.

의지 간의 충돌로 인해 위너웨그에서 보기 드문 장면이 연출되기도 했다. 제리 레트빈은 폴란드 태생의 수학자 스타니스와프 울람Stanislaw Ulam에 대해 얘기하며 이렇게 회상했다. 울람은 로스앨러모스에서 폰 노이만과 함께 연구했었고, 두 이론가가 컴퓨터로 원자 폭발을 모형화할 때 사용한 통계적 표본추출 방법도 고안한 사람이었다. "당시 울

람이 이곳에 있었습니다. 위너는 울람과 대화 나누기를 좋아했죠. 하지만 그의 사무실로 들어가기는 거부했습니다. 그의 말로는 그 사무실은 연방 정부의 영토였기 때문이죠. 그래서 울람은 자기 사무실에 앉아 있고, 위너는 문턱에 서 있는 상태로 대화가 오갔죠."

그의 빨랐던 발걸음은 늘어나는 나이와 체중을 따라 느려졌고, 맥컬럭 및 그의 양아들들과 결별한 시간 즈음해서 시작된 정신의 뚜렷한 쇠퇴 때문에도 느려졌다. 자신의 가장 창의적인 협력자를 잃고, 마거리트가 그들을 비난하는 바람에 위너는 깊은 마음의 상처를 입었다. 그와 동시에 공공의 무대에서 도덕적인 힘으로서의 그의 악명이 높아짐에 따라 그는 자신의 홈그라운드에서 더욱 외로움을 느끼게 됐다. MIT에 있는 수많은 그의 동료들은 그를 그냥 기벽이 있는 사람이 아니라 망신이라 바라보았고, 당장은 아니지만 자기네가 정부, 기업과 맺은 계약에 점점 더 예측 불가능한 위협으로 자리잡게 되리라 여겼다.

그가 1952년 1월에 멕시코에서 MIT로 돌아온 후로 2년 동안 위너는 자기 핵심집단의 와해로 괴로워했으며, 그 시간 중 상당 부분을 깊은 우울증에 빠져서 보냈다.

젊은 프랑스 수학자 브누아 망델브로는 1952년 여름에 그 상태에 놓여 있던 위너를 만났다. 망델브로는 소르본대학교에서 박사학위를 취득한 후에 미국으로 건너왔고, 그곳에서 위너와 함께 연구하고 싶었다. 위너는 오래도록 그의 롤모델 중 한 명이었다. 하지만 망델브로가 MIT에서 만난 그 남자는 불과 1년 전에 파리에서 함께 식사를 했던, 콩을 엄청 잘 먹고 쾌활하고 자신감 넘치던 그 사람이 아니었다. 망델브로는 이렇게 회상했다. "그는 전혀 집중을 하지 못했고, 대단히 불행한 상태였습니다. 그는 강의에 들어와서 몇 마디를 하고는 무슨 말을 했는지 잊어버렸습니다. 내가 도착했을 때는 이렇게 말했죠. '함께 연구해 보세.' 그는 아주 열정적이었습니다. 그는 한동안 칠판 위에서 연구를 하다가 갑자기 이렇게 말했습니다. '미안하네, 내가 지금 너무 피곤해서.' 그리고는 사라져 버렸죠."

당시 위너는 최악의 고통 속에 놓여 있었지만 망델브로는 무엇이 그를 괴롭히고 있는지 알 길이 없었다. 그는 계획한 연구를 진행하려고 했지만 위너의 걱정스러운 상태가 MIT의 많은 사람들에게 짐이 되어 가고 있음을 느낄 수 있었다. 망델브로는 이렇게 말했다. "아주 어려웠습니다. 그는 심한 우울증에 빠져 있었고, 점점 심해지고 있었죠. 한번은 교수식당에서 점심식사를 하고 있었는데 위너가 들어왔습니다. 저를 초대해 준 분이 고개를 돌리더군요. 모든 사람이 고개를 돌렸습니다. 위너를 피하고 있었죠. 저는 위너가 얼마나 고립되어 있는지, 그가 어느 누구와 함께 연구를 한다는 것이 얼마나 어려운 일인지 깨달았습니다. 저는 그곳에 한 달 동안 머물렀지만 거기서 아무런 성과도 얻을 수 없으리라는 것을 알게 됐습니다. 실망스러웠죠. 저는 위너와 무언가 함께 해내고 싶었지만 불가능했습니다."

위너는 결별 이후로 1년 넘게 강연 일정을 줄였고, 보스턴, 그리고 뉴햄프셔 주의 조용한 시골집 말고는 다른 곳으로 거의 여행을 다니지 않았다. 학자로서의 생산성도 곤두박질쳤다. 1952년에는 전시 검열의 제한으로부터 자유로워진 이후 처음으로 그는 수학논문이나 과학논문을 단 한 편도 발표하지 않았다.

위너는 과학 대신 자신의 회고록에서 위안을 찾았다. 그가 멕시코에서 돌아온 지 얼마 되지 않아 고통스러운 자서전, '구부러진 가지'를 출판하자는 제안을 받았다. 이 제안은 뉴욕의 출판사인 사이먼 앤드 슈스터Simon and Schuster의 헨리 사이먼Henry W. Simon으로부터 직접 온 것이었다. 그리고 이 출판에는 조건이 있었다. 위너가 원고를 광범위하게 새로 써서 더 매력적이고 일반 대중이 더 쉽게 접근할 수 있는 글을 내놓아야 한다는 것이었다. 그 후로 사이먼이 위너의 원고를 살펴보는 과정에서 몇 달 동안 꼼꼼한 의견교환이 이루어졌고, 누락된 부분, 모순이 있는 부분에 대한 지적이 있었다. 그리고 위너의 유년 시절 인물에 관한 비난이나 분노 중에는 사이먼이 보기에 통째로 빼버려도 아무 문제 없는 무의미한 부분도 있었다.

새로이 초점을 맞추어 마무리 된 원고는 『신동 출신: 나의 아동기와 청년기Ex-Prodigy: My Childhood and Youth』로 제목을 바꾸었다. 이 책은 위너의 탁월함과 그의 인간적 관심사에 대한 증언이었다. 이 책은 좋은 평가 속에 〈타임〉, 〈뉴스위크〉에 소개되었고, 1953년 3월에는 NBC 텔레비전 방송국의 새로운 아침 프로그램인 '투데이 쇼'에 게스트로 나가게 됐다. 이것은 그가 거의 3년 만에 처음으로 미국에서 대중 앞에 모습을 드러낸 것이었다. 사이먼은 며칠 후에 방송에서 듣게 된 또 다른 인터뷰에 대해 위너에게 이렇게 써서 보냈다. "훌륭합니다! 우리 모두는 저자 목록에서 발견한 진정한 용사에 대해 모두 자랑스럽게 생각하고 있습니다."

위너의 문학적 성취에 모든 사람이 감격한 것은 아니었다. 아버지의 냉정한 가정교육 아래 지적으로 훈련받았던 어린 시절과 어머니가 자신의 유대인 자녀들을 비유내인으로 키우겠다고 판단하면서 생긴 영적인 혼란에 대한 신랄한 설명은 위너가 부모를 상대로 하는 마지막 반항의 행동이었다. 이 회고록은 특히나 책이 출판될 당시에 아직 살아있었던 어머니에게 큰 아픔을 주었다. 하지만 60이 다 되어가는 나이에도 위너는 계속해서 어린 시절의 악령을 몰아낼 필요가 있었고, 그것은 가족의 체면보다 우선하는 것이었다. 그리고 위너가 회고록을 쓴 데는 더 중요한 동기가 있었다. 그는 자신의 추종자와 비방자 모두에게 자신을 과장되게 '구부러진 가지'로 만들었던 개인적, 사회적 힘을 설명하고, 세상이 모든 신동들에게 가하는 상상도 하기 힘든 압박을 증언하고 싶었다.

마거릿 미드는 위너의 성년 이야기에 담긴 메시지를 파악했다. 그녀는 한 학술지에 이렇게 적었다. "이 이야기는 고통으로 가득 차 있지만, 그럼에도 위너는 거의 신과 같은 객관성과 관대함을 달성하고 있다." 이것은 그가 좋아하는 리뷰였고, 자연의 '우화 속 괴물'에 대한 더 큰 이해와 연민에 대한 위너의 진심 어린 간청을 인정해 준 많은 리뷰 중 첫 번째 것이었다.

『신동 출신』의 성공으로 위너는 가장 가까운 동료들을 잃어버린 것에 대해 어느 정도 위안을 찾을 수는 있었지만, 맥컬럭과 전자공학연구실의 양아들들에게는 도움이 되지 않았다. 시간이 지나면서 이들은 결국 위너와의 결별을 최종적인 것으로 받아들이게 됐다. 이들의 연구는 계속 되었지만 길을 밝혀 줄 위너가 없다 보니 신경생리학 연구소와 그 안에서 일하는 모든 사람의 머리 위로 구름이 끼었다.

결별 이후로 맥컬럭은 모든 연구실 실험을 멈추어 사실상 30년 동안 현대 신경과학연구의 선구자로서 군림하던 것을 마무리하고, 그 대신 디지털 모형의 이산 논리와 추상적인 뇌 메커니즘 연구에 빠져들었다. MIT의 그의 후원자들은 그를 지지했지만 그에게 그가 기대했던 직함이나 특전을 제공해 주지는 않았다. 전자공학연구실 근처의 한 건물에 자리 잡은 그의 사무실은 창문이 없는 좁은 지하 공간이었다. 나중에 들어온 한 제자는 이렇게 회상했다. "방 한가운데 책상 네 개를 한데 이어붙여 놓았습니다. 벽에는 파일꽂이와 책꽂이가 줄지어 있었고, 한 작은 틈에는 포장 상자가 놓여 있어서 사람들이 그 위에 서서 칠판에 자신의 아이디어를 분필로 적고는 했었죠."

위너와의 접촉을 잃어버린 후에 월터 피츠는 시야에서 사라져 전자공학연구실, 노동자 계층이 다니는 케임브리지의 술집 등 MIT 주변에서 불규칙적으로 나타났다 사라졌고, 그 빛나는 정신의 희미한 불꽃이나 주인을 잃은 옷만을 뒤로 남겼다. 그의 가장 친한 친구 레트빈은 이렇게 회상했다. "모자, 재킷, 스카프 같은 그의 일부 조각들만 나타났습니다." 1950년대 중반 즈음 피츠는 알코올로, 나중에는 신경안정제 바르비투르barbiturate로 가파르게 쇠락하고 있었다. 레트빈과 다른 사람들은 그의 정신적, 신체적 건강에 대해 크게 염려하기 시작했다. 그는 이렇게 기억했다. "1952년 이후로는 완전한 내리막길이었습니다. 그를 다시 꺼내올 방법이 없었죠. 저는 밤새 도시 이곳저곳을 그를 찾아 돌아다니기도 했습니다. 항상 그가 어디에 있을지 걱정이 됐죠." 이 모든 것을 지켜본 레트빈의 아내 매기도 피츠의 쇠락이 위너가 한 행동이 점진적으로 미친 영향 때문이라는 남편의 생각에 동의했다. "위너가 그런 식으로 관계를 단절한 이후로 피츠는 완전히 파괴되고 말았어요. 그 이후의 시간은 사실 아주 느린 자살이나 다음 없었죠. 그는 어떻게든 스스로를 파괴할 수 있는 방법을 찾아 나섰어요."

하지만 케임브리지 너머에서는 피츠의 전설이 계속 자라나고 있었다. 1954년 6월에 그는 물리학자 리처드 파인만Richard Feynman과 줄리언 슈윙거Julian Schwinger, DNA의 공동발견자 제임스 왓슨James Watson, 유전학자 조슈아 레더버그Joshua Lederberg 등과 함께 〈포춘〉에서 미국과학계의 떠오르는 샛별로 선정한 10명의 젊은 과학자 중 한 명으로 뽑혔다. 그 후로 12년 만에 〈포춘〉이 미소를 보냈던 젊은 과학자 중 5명이 자신의 분야에서 노벨상을 수상하게 된다. 하지만 그동안 피츠는 자신의 동료와 천재성으로부터 멀어지고 있었다.

위너는 맹세했던 대로 사이버네틱스 메이시 학회와도 연을 끊었다. 이 학회는 위너의 과학적 관심사를 따라 진화해 왔었다. 주요 신경생리학자와 심리학자들은 "뇌 기능이 디지털보다는 더욱 아날로그적으로 기능한다"라는 새로운 증거를 가져왔다. 이는 위너가 동물과 기계의 통신에 지속적으로 접근해 온 방식을 확인해 주는 발견이었다. 벨 연구소에서 온 섀넌, 러시아 출생의 하버드대학교 언어학자 로만 야콥슨Roman Jakobson, 롱아일랜드 콜드스프링하버에 있는 새로운 생물학 연구센터에서 찾아온 독일 태생의 물리학자 출신 유전학자 막스 델브뤼크Max Delbrück 등 새로운 참가자들이 학회로 계속 찾아들었다. 하지만 이것으로는 위너를 붙잡아두기에 부족했다.

1950년 3월에 열린 제4차 메이시 학회가 그가 출석한 마지막 학회였다. 그리고 아무 설명 없는 그의 갑작스러운 이별은 행사에 구멍을 남겼다. 학회는 계속 이어졌고, 맥컬럭은 모임의 의장으로서 자리를 지켰지만 그의 오래된 철학적 재능 중 상당 부분은 사라지고 없었다. 피츠는 몸은 그곳에 있었지만 심리적으로는 악화되고 분리되어 있는 상태였다. 그리고 폰 노이만은 위너가 떠난 이후로는 더 이상 메이시 학회에 참석하지 않았다. 그레고리 베이트슨과 마거릿 미드는 모임을 떠나지 않고 지켰고, 처음부터 위너와 함께 공유했던 사회적 약속을 고수했지만, 위너가 없으니 메이시 학회의 특성은 변할 수밖에 없었다.

모임은 세 번 더 이루어졌다. 전 세계에서 다른 저명한 과학자들이 찾아와 행사에 활력을 불어넣었지만 보조적인 두뇌의 힘을 아무리 보태 봐도 위너의 부재를 채울 수는 없었다. 사이버네틱스의 큰 그림에 대한 그의 비전과 초점이 사라진 상태에서 메이시 학회는 그저 소소하고 기술적인 발표로 쪼그라들고 말았다. 초기 모임에서 수많은 참석자들을 끌어들인 자석 역할을 했던 목적의 개념, 목적론, 순환적 인과관계 등 그가 대화에 불어넣은 강력한 이론적, 철학적 개념들이 모임의 의제에서 빠졌다. 매카시 시대의 정치적 냉기 속에서 긴급한 사회적, 문화적 이슈에 대한 논의는 의도적으로 피할 수밖에 없었고, 그 기간 동안 위너의 가장 우선적 사명이었던, 인간 조건을 개선하고 고통을 경감하고 예방하기 위해 메이시 과학자들이 구체적으로 할 수 있는 것이 무엇이냐는 주제에 대한 이야기는 거의 없었다.

끝날 무렵에는 맥컬럭 자신도 학회가 성취한 부분이 무엇인가에 대해서 절제되고 운명론적인 입장을 취했다. 1953년 5월의 마지막 학회에서 발표된 요약문에서 그는 모임에 초점이 결여되어 있고, 이해 못할 연구실 은어와 전문용어 사용이 계속되고 있음을 인정했다. 그는 이렇게 말했다. "우리의 가장 고귀한 합의는 우리가 서로에 대해 조금 더 잘 알게 되고, 셔츠 바람으로 공정하게 싸우는 법을 배웠다는 것입니다." 슬픔 속에서 맥컬럭은 모든 사람의 마음속에 자리잡고 있지만, 그 자리에는 없는 한 사람에 대해 이야기했다. "우리의 모임은 노버트 위너와 그의 수학, 통신공학, 생리학 분야의 친구들이 주재해서 시작된 것이었습니다. 위너가 여전히 우리와 함께 하고 있었다면 정말 좋았을 것입니다."

＊＊＊

    메이시 학회와 위너의 협력 연구가 많은 성과를 낳았던 시기가 막을 내리고, 사이버네틱스가 레트빈이 말하는 '발달' 단계로 들어가면서 그의 새로운 과학도 스스로 방황에 들어섰다.

    그것은 베이트슨이 스스로 혁명을 이끌었던 심리학과 사회과학에서도 방황했다. 전쟁 후의 위너와 마찬가지로 베이트슨 역시 자신의 지식을 인간을 해치는 일에는 절대로 사용하지 않겠다고 맹세했고, 새로운 통신 도구를 임상의와 사람들의 손에 직접 전해주어 그들의 자기이해와 사회적 관계를 증진시키는 일에 착수했다. 1950년에 마거릿 미드와 이혼한 후에 베이트슨은 샌프란시스코로 적을 옮겨 전통적인 심리분석이론을 정보, 통신, 피드백, 시스템의 측면에서 새로 써내려 가야 한다는 위너의 명령에 따라 즉각적으로 행동을 취했다. 그의 첫 번째 임상적 돌파구는 '이중구속double bind'의 발견이었다. 이중구속은 병적인 소통과정으로, 베이트슨은 이것이 조현병 발현의 한 요소로 작용한다고 보았다. 그의 이중구속 이론은 비논리적이고 모순적인 메시지의 파괴적인 심리적 영향을 기술하고 있으며, 베이트슨과 그의 임상 동료들은 이것이 혼란, 공황, 분노, 머릿속에서 들리는 불안한 목소리, 더욱 극단적인 편집증적 상태를 촉발할 수 있음을 밝혀냈다. 그의 이론은 위너가 메이시 학회와 『사이버네틱스』에서 표현했던 걱정으로 거슬러 올라간다. 모순 상태가 사람과 컴퓨터에 가할 수 있는 위험에 대한 걱정이었다. 이런 모순 상태는 멈출 수 없는 순환 과정을 촉발해서 비슷한 형태의 정신적, 기계적 붕괴로 이어질 수 있다. 베이트슨의 이론은 정신의학 분야에서 널리 받아들여졌고, 새로운 유전학적,

신경화학적 설명이 등장하면서 통신적 접근방식이 빛을 잃을 때까지 20년 이상 주요 모형으로 군림했다.

1950년대의 다른 사회과학자들은 메이시 학회의 연구를 따라 사이버네틱스의 모형과 방식을 소집단과 대규모 조직에서의 통신 연구에 적용했다. 베이트슨과 쿠르트 레빈의 집단역학 제자들, 그리고 전쟁이 끝나고 미국으로 온 다른 유럽 심리학자들의 도움을 받아 새로운 인본주의 심리학자 칼 로저스Carl Rogers, 에이브러햄 매슬로Abraham Maslow, 롤로 메이Rollo May는 프로이트 학파를 뛰어넘어 새로운 통신 기반의 개인 및 집단치료 방식을 개발했다. 이것은 정신 건강 영역을 완전히 바꾸어 놓고 미국 문화 전체에 영향을 미치게 된다. 그와 동시에 MIT에 있는 위너의 동료 칼 도이치Karl Deutsch부터 시작해서 정치과학자들은 사이버네틱스의 원리를 통치체제의 기술과 과학에 적용하게 된다. 이것은 그런 개념을 역사적으로 적용한 최초의 사회적 사업이었다. 또 한 명의 새로운 열렬한 지지자인 미시간대학교의 경제학자 케네스 볼딩Kenneth E. Boulding은 침울한 과학에 사이버네틱스의 신선한 아이디어로 힘을 불어 넣으려는 자신의 사명을 도와달라고 개인적으로 위너에게 요청을 했었다. 볼딩은 베르탈란피의 일반체계이론과 함께 이것을 현대기술사회의 다른 복잡한 문제들을 해결하는 필수 도구로 올려놓았다.

그리고 1950년 여름에 미국 국경 바로 너머 캐나다에서는 토론토대학교를 졸업한 젊은 미국인 내학원생 도날드 테알Donald Theall이 자신의 영어 교수 마샬 맥루한Marshall McLuhan에게 위너의 연구와 사이버네틱스 그룹의 새로운 사고방식에 대해 소개했다. 테알은 맥루한에게 『사이버네틱스』와 『인간의 인간적 용도』를 건네주고 반응을 살펴보았다. 테알은 이렇게 떠올렸다. "맥루한의 마음속에서 위너의 관련성은 통신 네트워크를 '통신과 제어의 시대'의 현대적 상징으로 바라본 위너의 이미지와 관련이 있었다. 위너의 아이디어는 맥루한의 생각을 자극해서 그로 하여금 예술 통신의 현대적 이론의 토대를 닦게 만들었다. 이것은 사이버네틱스의 아이디어가 예술, 문학, 전체 대중문화로 흘러들어가는 통로가 됐다.

1953년에 맥루한은 토론토대학교에서 '문화와 통신'에 대한 유명한 세미나를 개최했다. 10년 후에 그는 분수령이 된 자신의 책 『미디어의 이해Understanding Media』에서 누구의 것이라 말하지 않고 위너의 아이디어를 자유롭게 사용했다. 이 책은 텔레비전을 포함한 모든 통신 미디어가 인간의 의식과 문화에 미치는 영향에 대해 해부했다. 이 책의 부제인 '인간의 확장The Extension of Man'과 그 안에 담긴 "미디어가 곧 메시지다"라는 신탁과도 같은 선언, 그리고 전자 미디어가 세상을 '지구촌'으로 바꾸어 놓았다는 말은 위너가 『인간의 인간적 용도』에서 "메시지의 전달은 인간의 감각을 세상 한 쪽 끝에서 다른 쪽 끝으로 확장하는 역할을 한다" 그리고 "사회는 메시지, 그리고 그 사회에 속한 통신 시설에 대한 연구를 통해서만 이해할 수 있다"라고 한 말을 그대로 따라한 것이었다.

늘 그랬듯이 위너의 연구를 가장 열성적으로 지지하는 사람들은 미국 바깥에도 있었다. 1950년대 초반에 사이버네틱스는 국제적인 과학 운동으로 빠르게 자리 잡고 있었다. 1950년에 프랑스의 과학자들은 사이버네틱스를 위한 최초의 과학학회를 결성하고 '사이버네틱스 연구 서클'이라는 적절한 이름을 붙였다. 이탈리아에서는 노벨상을 수상한 물리학자 엔리코 페르미Enrico Fermi가 1954년에 로마대학교에서 사이버네틱스를 주제로 한 세미나를 홍보했고, 1957년에는 나폴리의 이론물리학연구소에 사이버네틱스 분과가 만들어졌다. 그리고 같은 해에는 벨기에에서 최초의 '국제 사이버네틱스 학회'가 결성됐다.

사이버네틱스에서 가장 중요한 발전 중 일부는 영국에서 일어나고 있었다. 1949년 말에 새로운 과학에 열정적으로 관심을 갖게 된 젊은 생리학자, 수학자, 공학자들에 의해 미국 전통의 소규모 학제적 저녁 식사 모임이 런던에서 결성됐다. 그 이유는 알 수 없지만 라티오 클럽Ratio Club으로 알려진 이 모임에는 앨런 튜링, 뇌파 연구의 선구자이고 최초의 이동로봇을 만든 신경생리학자 그레이 월터W. Grey Walter, 위너 이후로 사이버네틱스 이론의 주도적 개발자가 된 또 다른 신경학자 로스 애슈비W. Ross Ashby 등 일부 저명한 인사들도 포함되어 있었다.

1950년대 중반에는 다른 두 명의 영국 사이버네틱스 학자가 위너의 개념들을 대규모로 실전에 옮긴다. 잉글랜드 중부지방 출신의 열정적인 영국인인 고든 패스크Gordon Pask는 사이버네틱스의 원리를 기반으로 최초의 전자식 교육 기계를 만들고 새로운 학습 사이버네틱스 이론을 고안했다. 건장한 런던 시민 스태포드 비어Stafford Beer는 사이버네틱스의 원리를 조직에 적용했다. 비어의 '경영 사이버네틱스'의 과학은 영국의 사업체와 정부에서 폭넓게 실천에 옮겨졌고, 나중에는 캐나다, 멕시코, 우루과이, 그리고 한때는 칠레의 전체 경제에서 정부 프로그램을 관리하기 위한 야심찬 프로젝트에 영감을 불어넣었다.

한편 케임브리지에서는 한 명은 미국인, 한 명은 영국인인 두 명의 젊은 생물학자가 사이버네틱스를 바탕으로 생물학을 재발명했다. 제임스 왓슨과 프란시스 크릭Francis H. C. Crick은 유전물질 DNA의 분자 구조를 발견하는 데에 사이버네틱스와 정보이론의 새로운 도구를 활용했다. 1953년에 〈네이처〉지에 보낸 글에서 왓슨은 홀데인이 초기에 사이버네틱스의 개념들을 유전학에 투입했던 것을 뛰어넘어 박테리아 수준에서 사이버네틱스가 미래에 가서는 중요해질지도 모른다는 힌트를 제시했다. 몇 주 후에 왓슨과 크릭은 DNA 분자가 서로 맞물리는 두 가닥의 생화학 메시지로 이중나선 구조를 하고 있다는 모형을 발표하여 모든 생명체의 생명 과정을 지배하는 유전 암호를 해독했다. 그리고 동시기의 생물학 역사 전문가에 따르면 그 후로 머지않아 크릭은 정보를 생물학적 시스템의 근본적 속성이라 공식화하며 10년 전 노버트 위너의 모형과 놀라울 정도로 유사한 모형 속에서 생명의 새로운 사실들을 상세히 밝혀냈다.

사이버네틱스의 고조는 위너의 개념, 섀넌의 공식, 폰 노이만의 유전자 같은 '세포 오토마타cellular automata'에 대한 추측에 추진력을 얻어 새로운 통신 모형과 생생한 기술적 비유의 파도 속에서 유전학과 분자생물학을 관통하여 물결쳤다. 곧이어 생리학, 면역학, 내분비학, 발생학, 진화 생물학에도 사이버네틱스와 정보이론에서 나온 아이디어들이 넘쳐났다. 파리의 파스퇴르 연구소에서는 철학적 사고방식을 가진 세포 생물학자 자크 모노Jacques Monod와 프랑수아 자코브François Jacob가 위너의 원리들을 포괄적인 효소에 의한 사이버네틱스에 구현하여 생명체와 생명 그 자체를 '수많은 지점에서 화학적 활성을 지배하고 통제하는 사이버네틱스 시스템'이라고 새로 정의했다. 이들은 또한 새로 부활한 위너의 철학적 개념인 목적론을 재구성해서 '목적론적 법칙teleonomy'이라는 새로운 유기적 원리를 만들어냈다. 이것은 목적과 계획을 부여받은 모든 시스템에 존재하는 공통적인 속성으로 모노는 이것을 '모든 생명체에 예외 없이 공통적인 근본적인 특징 중 하나'라 설명했다.

* * *

그 시기 동안 사이버네틱스와 정보 이론은 과학과 기술에 심오한 영향을 미치게 될 다른 새로운 두 영역의 토대를 닦는 데 도움을 준다. 바로 '인지과학cognitive science'으로 알려지게 될 확장된 학제적 모험과 '인공지능'이라는 이름을 염원한 특수한 기술 프로젝트였다.

새로운 인지과학은 1956년에 MIT에서 열린 한 심포지엄에서 탄생했다. 이곳에서 심리학자, 뇌 과학자, 컴퓨터 이론학자들은 빠르게 진화하는 자신의 분야들을 타가수정他家受精을 통해 발전시키기 위해 새로운 동맹을 결성했다. 곧이어 인간의 정보처리 능력의 물리적 한계에 대해 흥미로운 발견을 했던 하버드대학교의 심리학자 조지 밀러George Miller가 신경생리학자 칼 프리브람Karl Pribram, 심리-수학자 유진 갤런터Eugene Galanter와 획기적인 책 『계획, 그리고 행동의 구조Plans and the Structure of Behavior』에서 힘을 합쳤다. 이 책은 위너가 1943년에 로젠블루에스, 비글로와 발표한 선언문을 바탕으로 발전시킨 것이었다. 이 새로운 분야의 역사가가 기술한 바에 따르면 이 세 이론가는 행동, 피드백 루프, 그리고 피드백을 바탕으로 한 행동의 재조정이라는 측면에서 행동에 대해 사이버네틱스 접근방식을 취했다. 그것을 출발점으로 해서 인지과학은 새로운 통신 개념과 컴퓨터 분석이라는 새로 떠오르는 도구를 이용해서 성신의 주관적 과정을 더욱 정교하게 과학적으로 이해하기 위한 모형을 만들면서 급속도로 발전한다.

이런 인지적 측면이 새로운 통신 개념과 조사 도구를 이용해서 인간의 의식 자체가 매 순간, 매 장소에서 정보와 통신에 의해 빚어지고 유지되는 방식을 탐구하고 싶어하는, 그리고 경험, 언어, 문화의 통합된 영향력에 대해 탐구하고 싶어하는 젊은 세대의 사회과학자, 언어학자, 철학자들을 끌어들였다. 1950년대에 시작된, 심리학에 대한 두 가지 통신 기반 접근방식은 연구실에서 모습을 갖추어가는 새로운 마음의 과학이자 심리치료의 관행을 바꾸어 놓는 인본주의 심리학의 새로운 제 3의 힘이었으며, 그 대상들에게 서로 다른 관점에서 다가왔다. 하지만 종합적으로 보면 그 이후의 시간을 거치면서 이들은 마침내 심리학이 프로이트 심리학과 행동주의 모형을 깨뜨리고 나오는 데 도움을 주게 된다.

컴퓨터 과학의 새로운 하위분야를 그 창립자들은 인공지능artificial intelligence, 혹은 그냥 간단히 AI라 불렀는데 이것은 사이버네틱스와 정보이론에서 자연스럽게 비롯되어 나온 결과물이자, 디지털 컴퓨팅 분야에서 급속한 발전이 이루어지고 있다는 증거였다. 폰 노이만의 아키텍처가 승리를 거두면서 대학, 기업, 정부 연구소에서 사용되는 디지털 컴퓨터의 수가 기하급수적으로 많아지기 시작했고, 컴퓨터 과학의 최전선에서 이루어지는 행위가 하드웨어를 만드는 것에서 그 기계를 운영하는 데 필요한 프로그램을 작성하는 것으로 바뀌었다. 그런 요구를 충족하기 위해 새로운 컴퓨터 이론가와 프로그래머 집단이 전면에 나섰다. 그리고 그 집단을 이끄는 사람은 프린스턴 출신의 젊은 수학 교육자 존 매카시John McCarthy, 하버드대학교의 떠오르는 수학 스타 마빈 민스키Marvin Minsky, 그리고 위너의 학생이었던 올리버 셀프리지 등이었다.

셀프리지는 AI의 진화에서 중추적 인물로 등장한다. 1949년에 MIT를 중퇴한 그는 2년 후에 MIT의 링컨연구소로 돌아와 연구소의 활윈드 컴퓨터 연구진에게 위너의 학생 시절에 배웠던 황홀한 개념들을 불어넣고, 훨윈드의 프로그래밍 천재로 혜성처럼 등장했다. 1950년대 중반에 그는 최초의 인공지능 프로그램 중 하나를 발표했다. 기괴한 '팬더모니엄Pandemonium' 패턴인식 프로그램으로, 이것을 사용하면 훨윈드는 글자와 기하학적 형태를 알아볼 수 있었다. 팬더모니엄은 맥컬럭과 피츠가 범용 형태를 인식할 수 있게 만들었던 신경 네트워크 계획의 정교한 소프트웨어 버전이었다. 더욱 인상적인 것은 프로그램이 자신의 성공으로부터 배우고, 약점을 솎아내면서 점점 더 정확한 패턴 인식자이자 의사결정자로 진화할 수 있는 능력을 갖추고 있다는 점이었다.

위너의 핵심집단 중 제일 어린 구성원이었던 셀프리지가 이제 길을 이끌어가고 있었던 반면, 그의 스승들은 자신의 아이디어가 영감을 불어넣었던 새로운 분야를 오히려 피하고 있었다. 맥컬럭은 AI를 지지했지만 정작 본인은 그것과 거리를 두었다. 피츠는 AI나 디지털 컴퓨터에 전반적으로 무관심했다. 그리고 위너는 이 새로운 분야에 발을 들이지 않았다. MIT나 다른 곳에서의 군사 프로젝트와 긴밀하게 엮여 있었기 때문이다.

링컨연구소에서 일하기 위해 1957년에 MIT로 와서 1년 후에는 전자공학연구실에서 인공지능 연구소를 시작한 마빈 민스키는 새로운 사업에 대해 어떤 통찰을 얻을 수 있을까 해서 위너를 찾아갔지만 별 도움을 받지 못했던 것으로 기억하고 있다 민스키의 말이다. "위너는 인공지능에 대해 별로 생각이 없었습니다." 하지만 이 두 수학자는 서로 다른 궤적을 따르고 있었다. 민스키는 디지털 컴퓨터 과학의 또 다른 새로운 영역을 만들어내고 있었던 반면, 위너는 아날로그 모드에서 자신이 좋아하는 프로젝트를 쫓고 있었다. 여기에는 그가 그레이 월터로부터 약간의 도움을 받아 전자공학연구실에서 공학자들과 함께 만들었던 두 유형의 이동식 로봇이 포함되어 있었다. 하나는 빛을 쫓아다니는 '나방'(출입구가 열려 있는 곳이면 모두 찾아 들어가는 그의 '자동 술집귀신')이었고, 그 대응물인 빛을 피해 다니는 '빈대'가 있었다.

AI는 사이버네틱스보다는 디지털 컴퓨팅과 정보이론에 더 많은 신세를 졌다. 섀넌과 폰 노이만은 논문을 쓰고 새로운 운동에 힘을 실어주는 학회를 홍보하며 매카시, 민스키, 셀프리지가 이 분야를 개시할 수 있게 도왔다. 그리고 이것의 급속한 발전은 위너의 사이버네틱스 핵심집단이 해체된 후로 디지털적 사고와 기술이 MIT와 다른 모든 곳에서 얼마나 깊이 뿌리 내렸는지 보여주는 또 하나의 증거였다. 클로드 섀넌이 1958년에 MIT로 돌아온 것, 미국의 지휘통제 시스템에서의 디지털 기술 발전, 산업 자동화 기술의 발전이 아날로그에서 디지털 모드로 바뀐 것 등은 디지털 변화를 분명히 보여주었다.

그 시점에는 위너의 도움이 있든 말든 자동화 공장은 앞으로 전진하리라는 것이 분명해졌다. 1950년대 초반에 제너럴일렉트릭은 제조과정을 자동화하기 위해 독창적인 '레코드-플레이백record-playback' 시스템을 테스트하기 시작했다. 이 엄격한 아날로그 시스템은 숙련된 기계 운전자의 손동작을 천공 종이테이프punched paper tape나 자기테이프magnetic tape로 포착한 다음 그것을 노동자가 없는 기계에 입력하면 기계운전자의 운동을 하나, 혹은 수백 개의 드론에 정확하게 재현할 수 있었다. 노동자의 임금보다 훨씬 적은 비용으로 말이다. 하지만 미공군이 제트비행기와 유도미사일 부품을 대량으로 제조하기 위해 MIT의 서보기구 연구소 공학자들의 도움을 받아서 또 다른 시스템이 개발

되었다. 이것은 순수하게 수학적인 프로그래밍 방식과 디지털 컴퓨터 기술을 이용하는 방법으로, 곧 미국의 산업 자동화 분야를 휩쓸었다.

* * *

위너는 링컨연구소, 서보기구 연구소, 그리고 MIT의 다른 군-산업 벤처 프로젝트에서 진행되는 연구에 관여하는 것을 고지식할 정도로 피했지만, 전자공학연구실 순회는 계속 이어갔다. 비록 더 이상 맥컬럭과 그의 팀과의 협동연구는 없었고, 심지어 말조차 건네지 않았고, 1950년대에 전자공학연구실을 이끌었던 위즈너와도 호의적인 관계가 아니었지만 그는 사이버네틱스의 기술적 영역과 생물학적 영역 모두에서 혁신적인 연구의 영감을 계속 불어넣으며 전자공학연구실의 촉매로 남아 있었다. 위즈너는 나중에 이렇게 확인해 주었다. "그의 역할을 촉매라 표현하는 것은 너무 미적지근한 표현이었죠."

위너가 1950년대에 열의를 불어넣은 다양한 전자공학연구실 프로젝트 중에는 연구실의 정보 처리 및 전송 그룹, 감각 통신 그룹, 그리고 그가 전자공학연구실의 통신생물물리학연구실에서 개인적으로 감독하고 있었던 연구 등이 있었다. 통신생물물리학연구실은 오스트리아 태생의 공학자로 1951년에 하버드에서 MIT로 넘어온 월터 로젠블리스Walter Rosenblith가 조직한 새로운 학제적 벤처 프로젝트였다. 위너가 이끄는 세미나에 참석했다가 그의 저녁만찬 모임에 가입하게 된 로젠블리스는 최신 전자장치와 위너식의 분석 기술의 도움을 받아 생물학적 통신 과정을 연구하기 위한 자기만의 그룹을 결성했다. 위너가 제일 분석해 보고 싶었던 과정은 그레이 월터가 영국으로 여행하는 중에 그에게 소개했던 과정, 즉 뇌파라는 신비로운 현상이었다. 위너는 사람의 뇌가 밤낮으로 내보내고 있는 이 희미한 전자기 에너지 폭발이 심안心眼으로, 그리고 뇌의 선천적인 사이버네틱스 과정으로 들어가는 창을 열어줄 것이라 믿었고, 그의 젊은 전자공학연구실 동료들도 생각이 같았다.

위너의 열정과 호기심에 자극을 받은 로젠블리스와 그의 연구진은 보스턴에 위치한 매사추세츠 종합병원의 신경생리학자들과 협력하여 특수 목적용 컴퓨터를 개발했다. 이들은 이 컴퓨터를 '상관기correlator'라 불렀다. 인간 실험대상의 뇌파를 기록하고 분석하는 용도의 컴퓨터였다. 이 컴퓨터는 아날로그 모드로 운용되었고 위너가 사반세기 앞서 만들어낸 일반화 조화분석의 원리를 바탕으로 작동했다.

이 상관기는 위너의 자식으로, 그의 통계적 방법을 뇌 기능의 분석에 자동으로 적용하는 최초의 아날로그 컴퓨터였다. 위너는 전자공학연구실의 기계공장에서 장치가 설계, 구상되는 과정을 보살피며 마무리된 기계가 생명을 얻는 것을 지켜보았다. 그 그룹의 젊은 박사 존 발로우John Barlow는 이렇게 회상했다. "그 장치는 달가닥거리는 소리를 엄청나게 냈습니다." 한 파장을 다른 파장과 상관 지어주는 중앙처리장치인 고속 리피터repeater에 들어 있는 24개의 중계기가 자기들끼리 쉬지 않고 조잘거렸다. 1초에 40,000번 회전하는 자기 기억 드럼magnetic memory drum도 자기만의 소리를 만들어내며 상상 불가능한 온갖 소리를 냈다. 각각의 상관마다 철커덕 소리가 20분 정도 지속되다가 기계가 완성된 자기 상관 함수 도표correlogram를 토해내고 만족스럽게 멈추었다. 위너는 이 소음을 사랑했다. 발로우는 이렇게 기억했다. "그는 매료되었습니다. 출력되어 나오는 인쇄물에 완전히 정신을 뺏겼죠."

이 프로젝트에서 위너의 목표는 뇌파를 해독하는 데 필요한 중요한 열쇠를 찾아내는 것이었다. 그는 무작위적이고, 이해 못할 것으로 보이는 이 신호들이 지각, 인지, 그리고 지능의 본성 그 자체에 대한 열쇠를 쥐고 있다고 믿었다. 기계가 일상적인 뇌파의 단순한 상관관계를 처음으로 경험한 후로 연구진은 뇌의 이국적인 '알파파alpha wave'의 연구로 방향을 돌렸다. 알파파는 뇌가 깨어 있는 상태에서 가장 침착하게 심사숙고하는 동안에 방출하는 느린 진동의 파장으로, 위너를 비롯한 다른 사람들은 이것이 정신의 통찰력을 구체적으로 측정할 수 있는 방법이라 생각했다. 자신의 지능을 뒷받침하는 토대에 호기심이 생긴 위너는 스스로 상관기의 실험용 쥐가 되기를 자청했지만 동료 연구자들은 위너의 알파파를 깨끗하게 판독하는 데 어려움을 느꼈다. 이들은 위너의 만성적인 무호흡에 대해 알지 못했기 때문이다.

발로우는 이렇게 말했다. "그가 테이블 위에 누우면 우리가 말했습니다. '좋습니다. 노버트, 이제 긴장을 푸세요!' 그럼 위너는 바로 잠에 빠져들었고 당연히 그의 알파파 활성은 사라졌죠." 마침내 연구진은 측정 가능한 기록을 얻기는 했지만 상관기에서 평가한 위너의 알파파는 그의 기대와 달리 정상치를 벗어나지 않았다. 발로우는 이렇게 밝혔다. "깨어 있는 상태에서 위너의 알파파 활성은 솔직히 1등급은 아니었습니다. 더 비규칙적이었지만 정상적인 범주 안에 있었죠. 알파파가 별로 잘 생기지 않아 위너가 실망하는 것이 느껴졌습니다." 발로우의 기억에 따르면 위너의 경우가 최악은 아니었다. "그레이 월터의 경우는 칵테일 두 잔을 나실 때까지 알파파가 아예 나오지 않았습니다."

통신생물물리학연구실의 뇌파 연구는 주목할 만한 성공을 거두어 전자공학연구실의 자랑거리였다. 위너의 그의 젊은 동료들은 그들의 발견에 대해 널리 공개했고, 위너는 『사이버네틱스』 2판에서 이 연구에 대해 직접 글을 써서 뇌에서 발생하는 수십 억 개의 개별 신경 흥분이 어떻게 자발적으로 자기조직해서 뇌의 표면 전체에서 탐지 가능한 일관성 있는 전자기 전류를 만들어내는지 설명했다. 이 연구는 뇌의 아날로그 정보 처리에 관한 데이터를 제공해 주었고, 위너의 설명은 인간의 뇌, 그리고 모든 살아있는 존재가 어떻게 엔트로피와 조직 해체의 흐름을 뚫고 물결을 거슬러 올라갈 수 있는지에 대해 깊은 통찰을 제공해 주었다. 위너는 자신의 통계적 방법을 뇌파 연구에 적용하는 것이야말로 자기가 생리학에서 해 본 가장 중요한 연구이며, 자신과 아르투로 로젠블루에스가 십 년 전에 시작했던 연구의 완성이라 여겼다.

* * *

위너는 맥컬럭과 그 연구진을 잃어버렸지만, 전자공학연구실의 새로운 연구진은 그 상실을 부분적으로 보충해 주었고, 1950년대 중반에는 새로운 똑똑하고 젊은 대학원생과 박사후 과정 학생들이 MIT에서 위너 주변으로 모이고 있었다. 위너의 새로운 아이들은 사이버네틱스 기사단같이 유대가 긴밀한 집단은 아니었지만 다양한 능력을 갖춘 사람들이었기 때문에 이들과 함께 그는 몇몇 분야에서 괜찮은 연구도 할 수 있었고, 말년에 그의 영혼을 구원해 줄 우정도 나눌 수 있었다.

그리고 위너는 50대에 만난 또 다른 우정으로 커다란 만족을 느끼게 된다. 1953년 가을에 위너는 젊은 전기공학자 아마르 보스Amar Bose를 만났다. 그는 공학과에서 박사 과정을 밟고 있었다. 나중에 보스는 MIT의 음향연구소에서 소리 재현에 대한 연구를 시작하고 이것이 결국 자신의 이름을 딴 음향 전자공학 사업으로 이어진다. 이 두 사람의 만남은 그냥 뜻밖의 만남이 아니라 전자공학연구실에서 이루어진 필연이었다. 보스는 이렇게 기억했다. "제롬 위즈너가 저를 선발해서 위너와 함께 연구하게 만들었죠." 당시 그는 위너와 맥컬럭 그룹 사이에 있었던 결별, 바로 1년 전에 있었던 위너와 위즈너 자신 사이의 결별, 혹은 위즈너가 위너의 아이디어가 계속 전자공학연구실로 유입되게 만들 방법을 찾으려고 안달이 나 있었다는 사실에 대해 아무것도 알지 못했다. "처음에는 꽤 짜증이 났습니다. 하지만 그것은 제 인생에서 가장 훌륭한 결정 중 하나였어요. 그 후로 10년 동안 저와 위너는 거의 매일 만나게 됐죠."

위너는 자기보다 못한 많은 사람들에게 의지했던 것처럼 보스에게 의지하게 됐다. "위너가 한 강연에 제가 참석하고 있었던 경우에는 그가 강연이 끝나고 내게 와서 이렇게 물었죠. '보스, 나 어땠어? 잘 했나?' 그의 강연 수준은 저보다 한참 높았지만, 그는 꼭 그렇게 물어보아야 직성이 풀렸습니다." 보스는 위너에게 그가 간절히 필요로 하는 피드백, 그리고 그 이상의 무언가를 주었다. 보스는 위너를 좋아해서 그의 기벽이나 그의 결함에 대한 편견 없이 자기만의 방식으로 그를 만났다. 그리고 다른 사람들이 기벽을 보는 곳에서 보스는 위너의 강점을 보았다. 심지어 그는 무작위로 보이는 위너의 MIT 산책 뒤에 숨어 있는 깊은 목적도 발견했다. 보스는 이렇게 주장했다. "그 산책은 무작위가 아니었어요. 그는 공학에서 몇 명, 정치과학에서 몇 명, 철학에서 몇 명 정도를 골라서 찾아갔습니다. 그는 매일 그들을 방문해서 15분 정도만 대화를 나누면 그 모든 분야에서 일어나고 있는 일들의 핵심을 파악할 수 있었죠." 말하자면 위너의 실용적인 학제적 접근방법이었던 것이다. 보스에게 있어서 이런 위너웨그는 과학과 학문의 모든 영역의 경계를 뛰어넘어 자유롭게 지식을 교환하는 것에 대한 위너의 신념을 보여주는 전형이었다. 그는 가장 유용한 통찰을 찾아 여기저기 돌아다니며 이것을 꾸준히 실천에 옮겼던 것이다.

보스는 위너의 더 밝은 면도 보았다. 어느 날 MIT의 교수식당에서 두 사람이 함께 점심식사를 마친 후에 위너가 외투 보관실에 있는 수십 벌의 비슷한 외투 중 자기의 런던포그 레인코트를 찾을 수 없었다. "위너가 말했습니다. '보스, 내게 아이디어가 있어. 우리 로비로 나가서 이런저런 얘기나 나누고 있자고, 그럼 결국은 모두들 나올 것이고 그 중 하나 남은 코트가 내 것이겠지!' 우리는 외투 보관실 밖에서 1시간 반 정도 태양 아래 모든 것에 대해 이야기를 나누었습니다. 그랬더니 결국 코트가 몇 개만 남았고, 그도 자신의 코트를 찾을 수 있었죠."

또 한 번은 위너가 또다시 보스에게 자신의 많은 나이와 공개적으로 표명한 입장 때문에 요청을 받아들일 수 없는 중요한 강연에 자기를 대신해서 연설해 달라고 부탁했다. 오하이오 주 라이트-패터슨 공군 기지에 있는 공군의 신기술 메인 연구 센터에서의 연설이었다. "위너가 제게 와서 말했습니다. '보스, 내가 어떤 장군한테 라이트 비행장으로 와서 내 이론에 대해 강연을 해달라는 초대를 받았네. 자네가 가서 나 대신 강연을 좀 해주게.'" 그 후 그 일에 대해 한 마디 말도 없이 몇 주가 흘렀다. 결국 보스는 위너가 그 편지를 잃어버리고 그 편지를 보낸 장군의 이름도 잊어버렸다는 것을 알게 됐다. "그가 와서 얘기했습니다. '라이트 비행장에서 서투른 일이 좀 있었네.'" 며칠 후에 또 다른 박사과정 학생이 위너를 수학과 우편물실에서 보았다. "거기에 큰 쓰레기통이 있었습니다. 그리고 그 안에 위너의 엉덩이가 삐죽 나와 있었고, 그 통에서 편지들이 날아올라 바닥에 떨어지고 있었습니다." 머지않아 보스는 위너의 비서로부터 호출을 받았다. "그 비서가 말하더군요. '위너 교수님이 방금 제게 편지 받아쓰기를 시켰습니다. 그리고 그 편지를 이 주소로 보내달라고 하더군요. [오하이오 주, 데이턴, 라이트-패터슨 공군기지, 누구든 노버트 위너와 연락했던 사람 앞으로] 제가 어떻게 해야 할까요?'" 그러자 보스가 그 비서에게 얘기했다. "'어릴 때 산타클로스한테 편지를 보내 본 적 있으세요? 그냥 그렇게 보내세요.' 물론 우리는 답장을 받지 못했고, 강연은 이루어지지 않았죠."

보스에 따르면 위너가 자기 주변에 모여든 아랫사람들에게 전해줄 수 있는 힘은 '담장 너머를 볼 수 있는 능력'에서 오는 것이었다. 이것은 위너가 직접 한 표현이다. 보스는 이렇게 회상했다. "수학과에 있는 수학자들은 다음 5년 동안 연구에 매달릴 만한 아이디어를 얻을 수 있을까 싶어 꽃에 모여든 벌처럼 그의 사무실 근처를 맴돌고는 했습니다. 아주 뛰어난 수학자가 있어도 위너는 그 사람에 대해 이렇게 말했죠. '그 사람의 문제는 담장 너머를 보지 못한다는 거야.'" 보스가 생각하기에 이 이미지는 가능한 것이 무엇인지 머릿속에 구상할 수 있고, 자신의 수학과 모든 개념들이 과학과 기술에서 현실화되었을 때 미칠 영향력, 그것이 머나먼 미래에 사회에 미칠 영향력을 이해하는 위너의 능력을 잘 담아내고 있었다. 보스는 이렇게 말했다. "그는 말 그대로 어떤 노력이 어떤 최종 결과를 낳을지 볼 수 있었습니다. 그는 할 수 있는 것은 무엇이고, 할 수 없는 것은 무엇인지 알았죠. 그리고 그는 남들이 그 담장을 어떻게 기어서 넘어갈지에 대해서는 걱정하지 않았습니다. 넘어갈 수 있음을 그냥 알았으니까요."

위너의 담장 너머를 보는 능력은 뛰어난 단체 노력으로 이어졌다. 그의 선구적 뇌파 분석은 그로 하여금 응용 수학에서의 난제에 도전하게 만들었다. 비선형 무작위 과정 nonlinear random process의 분석이었다. 이것은 신경생물학, 전기공학, 물리학, 경제학, 기타 많은 분야에서 접할 수 있는 머리를 어지럽게 만드는 현상으로, 단순한 선형 분석이나 좀 더 전통적인 통계 분석 방법으로는 좀처럼 답을 구할 수가 없다. 보스의 학위 논문을 지도하고 있던 위너는 보스에게 그 프로젝트에 대해 자기와 함께 연구해 보자고 요청했다.

보스는 이렇게 회상했다. "위너는 2, 3년에 걸쳐 제 칠판 위에 매일 방정식을 적었습니다. 한 손에는 분필을 들고 반대쪽 손에는 지우개를 들고 있었죠. 그는 머릿속에서 모든 방정식을 계산한 다음 계속 적어나가면서 동시에 지워나갔습니다. 칠판 위에 절대 2줄을 적는 경우가 없었죠. 그러다 어느 날 그가 들어와 최종 결과를 적더니 이렇게 말하더군요. '좋아, 보스. 이거야. 이걸 적어두게!'" 보스는 할 말을 잃었다. "제가 말했습니다. '적어 두라니 무슨 말씀인가요? 칠판 위에는 딱 한 줄밖에 없는데요? 모두 지우셨잖아요.'"

보스는 위너의 오랜 협력자인 전기공학과의 연장자 이육윙에게 도움을 구했다. 그리고 두 사람은 위너의 비선형 창조 과정에 대한 새로운 해법을 제시했다. 이들은 위너의 새로운 수학을 발표할 수 있도록 돕기 위해 그에게 그 수학을 처음부터 칠판 위에 재구성하도록 설득했다. 위너는 MIT 대학원생 중 일부를 선발해서 그들을 대상으로 일련의 강의를 하면서 자신의 연구 내용을 다시 반복해서 적었다. 이번에는 그들도 준비가 되어 있었다. "우리는 그를 강의실로 데려와 모든 내용을 다시 적게 만들었습니다. 우리는 그 강의 내용을 사진으로 촬영하고, 녹화했고, 그럼 대학원생들과 내가 집으로 가서 그 내용을 필사했죠." 머지않아 보스와 다른 사람들은 위너와 함께 연구하는 딜레마를 발견했다. 그와 앞서 협력했던 사람들 모두 경험했던 딜레마였다. "우리는 매일 와서 이렇게 말했죠. '오, 우리가 위너 교수님의 실수를 찾아냈어. 교수님이 여기, 여기서 실수를 하셨네!' 그걸 찾아내고 우리는 아주 뿌듯해 했죠. 위너 교수님은 이런 작은 실수들을 종종 했습니다. 그런데 놀라운 점이 무언지 아세요? 그럼에도 최종 결과가 틀리는 경우는 한 번도 없었다는 겁니다."

결국 이육웡과 보스가 무작위 이론에서의 비선형 문제Nonlinear Problems in Random Theory에 대한 위너의 강의를 사진 촬영하고 녹화해서 수고스럽게 필사를 하고, 수정한 결과물이 해당 주제에 관해 영어로 출판된 첫 책으로, 1958년에 미국과 영국에서 동시에 출판됐다.

그의 새로운 친구들과 프로젝트는 그가 맥컬럭과 결별한 후에 빠져들었던 깊은 수렁에서 그를 꺼내 주었고 1950년대 중반 즈음 위너는 모든 영역에서 다시 활동을 하고 있었다. 그가 1954년 1월에 하이데라바드에서 열린 전인도 과학학술대회에 찾아가고 이어서 인도 아대륙에서 열심히 7주에 걸쳐 강연 투어를 다닌 것이 그가 마거리트 없이 해외로 여행을 다닌 몇 안 되는 사례 중 하나였다. 몇 달 전 딸 페기는 부모에게 자기도 MIT 출신의 젊은 공학자와 결혼할 것이라 알렸다. 존 블레이크John Blake라는 이름의 보스턴 명문가 출신의 사람이었다. 그래서 마거리트는 딸의 결혼 준비를 돕기 위해 위너를 따라가지 않았다. 위너는 바바라의 결혼에서 기뻐했던 것처럼 페기의 결혼에도 기뻐했고, 이것을 유명한 수학자외 설명할 수 없는 유전을 추가로 증명해 준 것이라 생각했다. "이렇게 해서 나는 내 가족을 통해 수학적 능력이 장인에게서 사위에게로 전달되는 특이한 유전학의 전형적인 사례를 보여주었다." 그는 새로 들어온 두 명의 가족 구성원 모두를 자랑스러워했다.

그 해가 위너에게는 분수령이었다. 그가 인도에서 보낸 시간이 대단히 성공적이어서 그 다음 해에 또 초청을 받았다. 집으로 돌아오는 길에 그는 일본 강연 투어를 하고, UCLA에서는 사이버네틱스에 관한 여름 학기 강의를 했다. 그는 UCLA 강의를 두 번의 여름에 걸쳐서 했고, 이탈리아 바렌나 Varenna에서 다른 여름 학기 강의를 하고, 그 다음에는 나폴리대학교에서 새로운 사이버네틱스 프로그램에서 객원교수로 한 학기를 보냈다. 그의 가족은 여행 일정을 쫓아가기도 빠듯하고, 늘어가는 그의 방언을 쫓아가기도 힘들었다. 바바라는 이렇게 기억했다. "아버지는 '제일 싼 시가가 뭡니까?'를 어떤 언어로도 말할 수 있었어요. 보통 원어민 억양으로 말했죠." 하지만 이 힘든 일정이 그의 몸과 정신에 타격을 주었다. 밀드레드 시겔 Mildred Siegel은 이렇게 기억했다. "그는 완전히 진이 빠졌어요. 그가 가는 곳마다 사람들은 그의 뇌를 쥐어짰고, 그는 그저 일하고, 또 일 했죠. 그렇게 하고 집으로 가면 며칠씩 잠을 잤습니다. 마거리트는 그의 활동 시간을 줄여보려고 했지만 그는 멈추려 하지 않았어요. 그런 활동이 바로 그가 삶을 살아가는 이유였으니까요."

그가 이탈리아와 인도의 과학자들과 새로이 구축하고 있던 유대는 유럽과 아시아에서 사이버네틱스의 새로운 전선을 열어주고 있었다. 하지만 위너는 미국 땅에서는 그다지 행복하지 않았다. 현실 세계의 사건들, 즉 고조되는 냉전과 핵무기 군비경쟁, 인간을 기계로 대체하기 위해 군과 산업이 함께 손을 잡은 새로운 동맹, 점점 더 암울해지는 미래에 대한 그의 전망 등이 그를 슬프게 만들었다. 파지 레빈슨은 이렇게 회상했다. "위너가 굉장히 우울했을 때 그를 본 기억이 납니다.

그가 의자에 앉아 있으면 얼굴 위로 눈물방울이 흘러내렸죠. 그는 이렇게 말했었습니다. '내가 할 수 있는 일이 없어요.' 그리고 이런 몸짓을 했죠." 그녀가 자기 목을 손가락으로 긋는 시늉을 했다. 위너의 박사 친구 존 발로우는 그의 고통, 그리고 그가 깊어지는 우울증의 파도를 뚫고 가기 위해 개인적으로 취한 행동들을 지켜보았다. "국제 정세가 불안해지면 그는 내게 이렇게 물었습니다. '자네 생각에는 전쟁이 일어날 것 같나?' 농담으로 하는 소리가 아니었습니다. 그는 그런 문제에 대해 정말 걱정이 컸습니다. 가끔씩 그는 며칠씩 MIT의 병원시설에 입원했는데 그것이 그때마다 그의 머리를 채우고 있는 생각 중 하나였죠."

마거리트는 그 시기 동안 이상하게 자신감이 넘쳐 보였다. 그녀가 위너의 명성에 위협이 될 존재로 보았던 맥컬럭과 그 양아들들은 그림에서 사라졌고, 보스턴을 떠나 결혼생활을 위해 떠나간 두 딸도 함께 사라졌다. 이 부부와 두 딸 간의 관계는 감정적으로도 거리가 있었다. 심지어 바바라가 위너의 첫 손자를 낳은 후에도 그랬다. 하지만 그 주변의 모든 이들은 위너 자신을 포함해서 마거리트의 성격이 현저히 좋아진 것을 눈치 채고 있었다. 맥컬럭과 결별한 지 몇 달 후에 멕시코의 로젠블루에스에게 보낸 편지에서 위너는 지나가는 말로 이렇게 적었다. "마거리트는 건강하고 행복합니다." 제리 레트빈은 그 당시에 그녀를 보면 아주 쾌활해 보인다고 생각했다. 바바라는 자신의 어머니가 마침내 위너의 인생과 경력에 대한 완전한 통제권을 두고 벌인 최후의 전투에서 승리를 거둔 것이라 믿었다. 마거리트가 위너의 사교생활을 MIT에서 새로 생긴 친구 및 그 아내들, 그리고 위협이 안 되는 다른 젊은 부부들을 중심으로 꾸려나가는 동안 그녀의 쾌활함은 위너의 불안정한 상태와 날카로운 대조를 이루었다.

* * *

위너는 사이버네틱스의 운명을 두고 괴로워했다. 그는 자신의 과학이 오용되지 않게 보호하려 노력했지만, 그 자신이 누구보다 잘 알고 있었듯이 사이버네틱스는 이미 그의 손아귀를 떠나 있었다. 존 발로우도 이렇게 확인해 주었다. "초기 시절에 사이버네틱스가 갖고 있는 문제 중 하나는 그것이 사방팔방에 퍼져 있었다는 것이고, 이것이 위너를 괴롭게 했습니다." 그는 사이버네틱스를 저열한 목적에 사용하려는 사람이든, 고귀한 목적에 사용하려는 사람이든 아무런 도움이나 위로를 주지 않았다. 더크 스트루이크는 이렇게 증언했다. "심지어 그는 사이버네틱스를 대의로 삼는 사람들에 대해서도 회의적이었습니다. 당시에 그는 사이버네틱스를 일종의 만병통치약으로 보는 사람이 있어서 아주 걱정이 컸습니다. 그는 제게 이렇게 말하고는 했죠. '나는 위너학파 사람이 아닙니다.'"

1952년 여름에는 그의 인내심이 바닥났다. 그는 몇몇 추종자를 호되게 비난하고, 한 젊은 작가에게 부적절한 분노를 쏟아내기도 했다. 뉴욕의 찰스 스크리브너즈 선즈 출판사Charles Scribners Sons publishers의 한 편집자가 커트 보네거트 2세Kurt Vonnegut, Jr라는 이름의 29세 참전용사가 쓴 첫 소설에 대해 위너에게 평가를 부탁하는 편지를 보냈다. 보네거트는 자동화기계와 새로운 엘리트 계층의 공학자와 기술관료에 의해 지배되는 사회에 관한 미래의 이야기를 소설로 쓰기 위해 뉴욕 주 스키넥터디에 있는 제너럴일렉트릭 연구소에서 하던 일을 그만 둔 상태였다. 이 미래 사회는 제너럴일렉트릭의 산업연구소에서 모양을 잡아가고 있는 미래 사회 brave new world와 아주 비슷한 장소였다.

위너와 보네거트는 미래를 위한 싸움에서 자연스럽게 동맹 관계일 수밖에 없었다. 두 사람 모두 제너럴일렉트릭에 고용된 적이 있었기 때문이다. 하지만 그해 여름에 위너는 누구에게도 너그러운 마음을 가질 수 없었다. 보네거트의 소설 『자동 피아노 Player Piano』는 위너를 자동화에 의해 찾아올 인간의 위기를 예언한 사람으로 칭송했다. 그 소설 속에는 폰 노이만 von Neumann이라는 이름을 가진 가상의 인물도 있었다. 보네거트는 이 사람을 현대의 신기술 반대를 주창하는 반란의 주동자로 그렸다. 위너는 이것을 읽고 불같이 화를 냈다. 보네거트의 편집자에게 보낸 편지에서 그는 이 초보 저자에게 이렇게 조언할 것을 충고한다. "살아있는 사람의 이름을 아무렇게나 사용하다가는 처벌을 면하지 못합니다." 그는 전후 공상과학소설을 새로이 숭배하고 있는 이 젊은 작가를 공격했다. 그는 자신의 미래 시나리오를 이용해서 현재의 과학 관행에 대한 직접적인 비판은 피해가려 한다고 보네거트를 다른 사람들과 뭉뚱그려 비난했다. 며칠 후에 보네거트는 개인적으로 위너에게 편지를 보내서 불쾌하게 만들었다면 미안하다고 사과를 했지만, 자신의 책은 현재 운영되고 있는 과학의 폐단에 대한 고발이라 옹호했다.

위너 자신도 그 창작 영역에 조금씩 손을 대고 있었다. 여러 해 동안 그는 추리소설과 공상과학소설을 쓰려는 개인적인 열정을 조용히 좇고 있었다. 아주 부낭한 필명인 W. 노버트 Norbert라는 이름으로 발표된 그의 소설들은 MIT의 〈테크 엔지니어링 뉴스〉에 처음 등장했고, 주류 출판사의 레이더에 포착됐다. 그 중에는 새로운 공상과학 컬트의 바이블인 〈판타지 & 사이언스 픽션〉 잡지도 있었다.

그의 소설은 그의 대화처럼 대단히 문학적이고, 과학적 세부사항에서도 영락없이 정확했고, 기발한 방백傍白들이 여기저기 삽입되어 있었다. 이 소설들은 또한 카타르시스가 있어서 그의 천박한 유머를 배설하는 관장제의 역할과 그의 사회적 염려에 대한 2차 배설구 역할도 해주었다. 그리고 창작활동을 통한 그의 외도는 책에 국한되지 않았다. 힘들었던 1952년에 위너는 영화 제작을 위한 어두운 이야기의 아이디어도 발전시켰다. 그리고 그는 그것을 자신의 영화 영웅 히치콕에게 팔려고 했다. 문의하는 한 편지에서 그는 멕시코의 한 과학 연구소를 기반으로 펼쳐지는 이야기에 대해 홍보했다. "멕시코에서 저는 선생님께서 전문가인 서스펜스 호러 영화 유형에 이상적으로 들어맞는 등장인물과 상황의 조합을 우연히 만나게 됐습니다." 히치콕은 답장을 하지 않았지만 위너는 이미 다음 집필 프로젝트를 열심히 진행 중이었다.

어린 시절 회고록의 성공으로 위너는 1920년대 초반에서 1950년대 중반까지 성인이 된 이후의 삶과 경력에 관한 두 번째 자서전 집필을 시작한다. 1954년 봄에 출판사 더블데이Doubleday에 있는 그의 새로운 편집자이자 젊은 급진 개혁파 제이슨 엡스타인Jason Epstein은 그에게 '발명의 철학'에 관해 일반 대중을 상대로 작은 비전문 서적을 써볼 것을 요청한다. 엡스타인은 이 책을 자신이 미국 시장에서 홍보하고 있었던 새로운 페이퍼백으로 출판할 계획을 세우고 있었다. 이 휴대가 간편하고 비용도 저렴한 출판 양식은 위너에게 전후 시대의 과학과 발명에 관한 그의 우려를 표현할 수 있는 새로운 장을 제공해 주었고, 그는 엡스타인의 제안을 받아들였다. 몇 주 안으로 그는 한 책의 초고를 완성하고 『발명: 아이디어를 보살피고 먹이기Invention: The Care and Feeding of Ideas』라 이름 붙였다. 이 책은 고대 그리스 시대부터 그의 시대에 이르기까지 대부분 그의 방대한 기억 저장고에서 끌어온 과학적 개념과 발명에 대한 자유로운 회고록이었다.

3년 동안 그는 거의 완성된 원고를 만지작거렸다. 그리고 그 중간에 그는 두 번째 자서전, 『나는 수학자다I Am a Mathematician』를 발표했다. 이 책에서 그는 위험에 빠진 미국 과학의 상태에 대해 좀 더 개인적으로 열정적으로 얘기했다. 미국의 과학자들로 하여금 미국산 치즈의 길을 걷게 만들었던 '표준화에 대한 미국의 욕망'을 비난했던 『신동 출신』에서처럼 그는 비잔티움 제국이 문관들을 무력화시키려 했던 것처럼 과학자들의 이성을 뿌리 뽑고 싶어하는 미국의 과학 귀족들의 새로운 소망에 대해 비난했다. 그리고 이번에도 역시 위너는 자신의 동료 및 경쟁자와의 해묵은 원한을 갚을 순간을 놓치지 않았다. 비록 맥컬럭, 피츠, 레트빈, 셀프리지, 그리고 사이버네틱스가 형태를 잡아가던 중요한 시기 동안의 생산적인 상호작용에 대해서는 아무런 언급도 하지 않고 자신이 내면 가장 깊숙한 곳에서 느껴지는 감정을 말해주는 침묵의 비난이라는 패턴 속에서 이루어졌지만 말이다.

1957년 8월에 위너는 자신의 편집자에게 편지를 써서 발명에 관한 자신의 책을 버리겠다는 뜻을 전한다. 그는 엡스타인에게 말하기를 책에 들어 있는 한 가지 에피소드가 자신의 상상력을 사로잡아서 그 프로젝트에 대한 마음을 바꿔 먹었다고 했다. 영국의 괴짜 물리학자 겸, 수학자 겸, 전신기사인 올리버 헤비사이드Oliver Heaviside와 신호를 증폭해서 장거리 전화를 가능하게 해주는 그의 장하코일loading coil 개념에 대한 이야기였다. 위너 이전의 통신공학 이론을 사실상 통째로 구성하고 있던 다루기 힘든 연산자법operational calculus의 창시자 헤비사이드는 장하코일의 개념을 1887년에 발표했지만 그것을 굳이 특허 낼 생각을 하지 않았다. 그리고 1900년에 가난한 세르비아 출신 이민자 소년인 컬럼비아대학교의 공학교수 마이클 푸핀Michael Pupin이 헤비사이드에 대한 언급은 일절 없이 그의 장하코일 개념을 직접 특허내고, 그 권리를 당시에는 천문학적인 거금인 750,000달러를 받고 AT&T에 팔아넘겼다. 이는 초기 통신기술 역사에서 가장 논란이 많은 일화 중 하나이다.

업계 내부자들은 그 거래는 AT&T가 헤비사이드의 보호받지 못한 아이디어를 시장에서 독점하기 위해 사전에 계획된 것이었다고 얼버무렸지만 이들에 대한 비판은 결국 수그러들었다. 푸핀은 계속해서 명성과 더 많은 재산을 얻고, 가난뱅이에서 부자가 된 이야기로 퓰리처상까지 받았지만, 불행한 헤비사이드는 무일푼으로 가슴에 한이 맺힌 상태에서 절반쯤 미친 상태로 1925년에 영국의 외딴 해변 오두막에서 죽어갔다.

위너는 자신이 몇 년 전에 벨연구소에서 만났던 나이 많은 과학자들이 사기를 친 것과 푸핀과 AT&T의 행동으로 여전히 고통 받고 있는 사람들에 관한 진실에 대해 알게 됐다. 새로운 기술 시대에 대한 시기적절한 도덕이 겸비된, 과학적 발명과 기업의 음모에 관한 따끈따끈한 이야기가 위너의 마음을 끌어당겨 그는 그냥 단순하게 발명에 대해 설명하는 책이 아닌 그 이상의 글을 써보자는 생각이 들었다. 그리고 그는 엡스타인에게 이 이야기를 허구의 이야기로 꾸며보고 싶다고 말했다. 당시 출판사 더블데이에서 랜덤하우스로 적을 옮기고 있던 엡스타인은 마지못해 『발명』을 포기하고 아직 이름이 붙여지지 않은 위너의 소설을 함께 가져가기로 동의했다.

엡스타인의 도움으로 이 소설은 1959년 10월에 『유혹자 The Tempter』라는 이름으로 발표된다. 이 소설은 괴테의 불멸의 역작『파우스트』를 새로운 기술 시대의 우화로 재구성한 이야기다.『유혹자』는 걸작은 아니었지만 문학계와 과학계에서 놀라울 정도로 호의적인 평가를 받았다. 위너의 의도대로 이 책은 헤비사이드와 푸앵에 대한 역사적 기록을 바로 잡기 위한 새로운 원동력을 제공해 주었고, 전후 세대의 과학자와 공학자들에게 경고를 전달해 주었다. 하지만 첫 소설을 펴낸 다른 소설가들과 마찬가지로 위너 역시 자신의 문학작품에 대해 어떤 반응이 나올지 초조해했다. 그는 매일 MIT의 서점에 가서 몇 권이나 팔렸는지 확인했다. 그가 수학과의 한 동료에게 자기 소설을 읽었는지 묻고, 그 사람이 읽었다고 하자 위너는 다시 이렇게 물었다. "그럼 '1908'이라는 섹션에서 무슨 일이 일어났는지 말해보게."

더크 스트루이크는 그에게 솔직히 말했다. "그가 내게 그다지 호의적이지 않은 리뷰를 들고 왔습니다. 그는 아주 크게 실망하고 있었죠. 그래서 제가 말했습니다. '하지만, 위너. 천하의 아인슈타인도 도스토옙스키가 될 수는 없어요.'"

* * *

위너는 자신의 문학적 외도를 자랑스러워하고 즐겼지만 그가 자신의 즐거움을 위해 글을 쓴 것은 아니었다. 그의 모든 대중적 집필과 마찬가지로 소설에서도 그는 과학 너머의 영역에서 진리를 찾고, 자신의 반항적인 아이디어들을 직접 사람들과 소통하는 것을 추구하고 있었다. 하지만 무대 뒤에서는 그의 개인적 탐구가 그를 새로운 방향으로 이끌고 있었다.

1950년대 말에 의학은 드디어 모든 상태의 뇌에 영향을 미치는 수많은 신경화학물질neurochemical, 그리고 인간의 감정과 정신의 고등인지능력 간의 긴밀한 상호작용에 대해 해독하기 시작했다. 이 새로운 발견들은 관계자 모두에게 보내는 이 수수께끼 같은 '관련자 제위' 메시지, 즉 혈류에서 뇌로 흘러들어가는 다양한 호르몬, 뇌 자체의 신경호르몬과 화학적 신경전달물질 등의 영향에 대한 위너의 초기 추측들 중 일부를 확인해 주었다. 그는 『사이버네틱스』에서 이런 메시지들을 정신질환의 가능한 원인으로 지목하고 처음으로 그에 대해 글을 썼었다. 정신질환에 대한 새로운 이해가 위너의 머릿속에서 펼쳐지기 시작하면서 자꾸 재발되는 그의 조울증, 우울증, 감정적 폭풍을 화학적으로 뒷받침하는 것에 대한 새로운 추측들이 쏟아져 나왔다.

최초의 조현병 치료제가 승인을 받았을 때 이제는 50대가 된 위너의 동생 프리츠는 30년 동안 집으로 삼았던 매사추세츠 주립 정신병원에서 퇴원할 수 있었다. 위너는 결코 프리츠를 머릿속에서 지워본 적이 없었고, 자기도 역시 본격적인 정신질환에 빠져들지 모른다는 깊은 두려움에서 완전히 벗어나 본 적이 없었기 때문에 프리츠의 재등장은 고무적인 일이었다. 프리츠는 새로운 약 때문에 떨림이 생기기는 했지만 조현병 증상을 관리 가능한 수준으로 만들어주었기 때문에 보스턴 서쪽으로 140킬로미터 떨어진 그린필드의 피클 공장에서 바닥을 청소하는 일자리를 얻을 수 있었다. 가끔씩 프리츠는 위너와 형수를 방문하기 위해 벨몬트로 찾아왔고, 그럼 형수는 그를 친절하게 대해주고, 두 형제의 비슷한 기질과 확연히 다른 운명을 떠올려주는 상징으로서 그의 존재를 존중해 주었다.

위너는 1950년대에 정신질환과 다시 직접 대면하게 됐다. 그리고 이번에도 역시 자신이 10년 전에 예측했던 새로운 신경생화학적 현실을 바로 가까이서 목격했다. 위너는 1951년 봄에 MIT에 도착한 23살의 늠름한 수학자 존 포브스 내시 2세$^{John Forbes Nash, Jr.}$를 만났다. 내시는 프린스턴과 랜드 회사에서 게임이론으로 첫 업적을 막 이룬 상태였다. 위너는 처음부터 내시에게 반했다. 내시의 전기 작가에 따르면, "그는 열정적으로 그를 받아들였고, 해당 주제에 관한 내시의 관심이 커지는 것을 격려했다. 이것이 결국 내시를 그의 가장 중요한 연구로 이끌었다." 이것은 위너 자신이 위대함의 여정을 시작할 수 있게 했던 것과 동일한 주제, 즉 유체 난류의 통계적 분석이었다. 이 복잡한 주제는 내시가 게임이론에서의 평형상태에 대한 자신의 주장을 입증할 수 있게 도와주었고, 나중에는 그에게 노벨경제학상을 안겨준다. 하지만 내시는 먼저 자기 자신의 난류를 정복해야 했다.

1959년 겨울에 내시는 몇 년 간 쌓여왔던 비현실적인 우월감 grandiosity(자신을 실제보다 위대하고 소중한 존재로 생각하는 것 - 옮긴이)과 피해망상의 열병에 굴복하고 말았다. 그리고 자신의 의사와 무관하게 급성 조현병을 치료하기 위해 보스턴의 매클린 종합병원에 수감된다. 위너는 내시에게 무슨 일이 일어나고 있는지, 그리고 그 앞에 어떤 역경이 기다리고 있는지 즉각적으로 이해한 몇 안 되는 교수진 중 한 명이었다. 9개월 후, 악화되는 망상 속에 매클린 종합병원에서 나와 파리로 달아난 후에 내시는 MIT에 있는 위너에게 연락을 취했다. 은박으로 장식된 편지지에 횡설수설 적어 놓은 편지였다. "그곳에 계신 교수님께 편지를 쓰니 어둑어둑한 구덩이 속에서 새어 들어오는 한 줄기 빛에게 글을 쓰고 있는 것처럼 느껴집니다." 두 수학자는 계속 연락을 하며 지냈고, 4년 후에 내시가 미국으로 돌아와 새로운 약물과 진보적인 심리치료 방식을 조합한 치료에 반응을 하기 시작하자, 그는 프린스턴 근처의 사립 정신병원에서 다시 위너에게 편지를 써서 자신의 질병에 대해 힘겹게 이해하게 된 것을 말했다. 내시는 이렇게 말했다. "제 문제는 본질적으로 통신의 문제로 보입니다."

『뷰티풀 마인드A Beautiful Mind』라는 책과 동명의 영화를 통해 소개된 그의 유명한 사례는 위너가 『사이버네틱스』에서 상정했던 정신질환에 대한 새로운 이론을 더 확실하게 뒷받침해 주었다. 결국 비슷한 병을 앓고 있는 사람들이 공유하는 내시의 강박적 사고, 피해망상, 다른 조현병 증상들을 '활성 상태의 뇌가 유지하는 순환 정보'와 그 밖의 '통신에서의 2차적인 교란'에 의한 기능 장애로 보게 됐다. 이것은 뇌를 조절하는 새로운 약물과 통신 기반의 치료법으로 효과적인 치료가 가능했다.

그 즈음해서 뇌 과학에서 또 다른 혁신이 일어나 인지과학, 인공지능, 그리고 다른 많은 분야에서 큰 인기를 끌게 된 디지털 컴퓨터 모형을 거부하게 되었다. 신경과학 이론과 실험실 연구에 대한 완전히 새로운 접근방식을 바탕으로 이루어진 이 발견은 인간의 뇌가 정보를 디지털 기계와 같은 방식으로 처리하지 않음을 확인해 주었다. 이 새로운 발견은 기존의 모든 추측과 위너를 비롯한 모든 사람의 상상을 뛰어넘는 것이었다. 그리고 역설적이게도 이 소식은 MIT에 있는 맥컬럭의 신경생리학 연구소에서 곧장 날아든 것이었다. 하지만 이번에 뇌과학을 새로운 방향으로 이끈 사람은 맥컬럭이나 피츠가 아니라 제리 레트빈이었다.

전자공학연구실 기술자들의 전문적 지원을 등에 지고 레트빈과 그의 영국인 동료 패트릭 월은 뇌와 신경계에서 제일 작은 세포와 신경섬유가 희미하기 그지없는 흥분을 통해 만들어내는 약한 신호도 포착할 수 있는 고성능 탐침용 미소전극을 개발했다. 두 사람은 일련의 혁신적인 조사를 시작했고, 소규모의 재능 있는 젊은 연구자들과 함께 맥컬럭의 연구소가 척수, 감각신경경로, 그리고 시각과 후각을 뒷받침하는 뇌 메커니즘 연구의 최전선으로 어마어마한 명성을 날리게 만들었다. 활력을 잃어버린 맥컬럭은 자신의 연구실을 피해 다니고, 피츠는 실험실 해부에 그저 무기력하게 참여했지만 레트빈은 연구 프로젝트를 보고하는 중요한 논문에 최소의 참여밖에 하지 않은 그들의 이름을 추가해서 동료들의 명성을 유지해 주었다.

그러다가 레트빈과 그의 연구진은 반세기 동안의 신경과학 연구를 완전히 뒤집어 놓는 발견을 하게 된다. 이들은 개구리의 시력을 연구해 보았는데 뇌의 가장 기본적인 정보처리 작동이 전에는 결코 가능할 것이라 생각해 보지 못했던 수준의 아날로그적 방식을 통해 수행되고 있었던 것이다. 이들은 개구리의 눈 속에 들어 있는 뉴런들이 이미지 감지와 분석 같은 정교한 활동을 수행할 수 있고, 개구리의 시야에 들어온 대상의 크기, 형태, 운동을 판단하는 등의 복잡한 과제를 각기 신경세포의 구조와 통신 작용에 선천적으로 내재되어 있는 아날로그 과정을 통해 일상적으로 수행하고 있음을 발견했다. 레트빈이 연구소에서 일하는 젊은 칠레 연구자 움베르토 마투라나Humberto R. Maturana와 함께 쓴 논문은 1959년 11월에 〈개구리의 눈이 개구리의 뇌에 대해 말해주는 것〉이라는 제목으로 발표되어 감각지각과 뇌의 인지작용에 대해 알려져 있고, 추정되어 왔던 모든 것에 대해 갑자기 새로이 생각하게 만들었다.

이 새로운 발견이 위너에게 커다란 딜레마를 안겨주었다. '개구리

눈' 논문은 그가 항상 좋아했던 정보 처리의 아날로그 모드를 확인하는 것이었다. 그리고 뇌와 신경계라는 밑바닥 토대 위에서 그 행동에 대해 반박 불가능한 증거도 제공해 주었다. 이 논문은 사이버네틱스의 생물학적 토대를 강화하고 뇌에서 일어나는 살아있는 정보 처리 과정의 새로운 질서를 드러내 보여주었다. 그때만 해도 그런 아날로그 과정과 사이버네틱스 전반의 유기적 측면들이 해당 분야의 기술적 응용에서 외면당하고 있었을 때였는데 말이다. 위너는 자기가 버린 바로 그 사람들에 의해 자신의 과학이 전면에 다시 등장하는 모습을 먼 곳에서 지켜보았다.

하지만 그는 맥컬럭이나 피츠, 레트빈에게 다가가지 않았다. 대신 그는 사이버네틱스의 사절로서 계속해서 전 세계를 돌아다니며 수많은 청중에게 새로운 기술 시대의 약속과 위험에 대해 강연을 했다. 가끔 그는 기업의 최고경영책임자들이 MIT에 들르면 기업들과 어울리는 것에 대한 반감을 누그러뜨리고 그들을 만나보기도 했다. 하지만 그는 예측가능한 사람이 아니라서 군산업 기득권층에서 찾아온 중요한 방문객을 무시하거나 매서운 언어로 그들을 모욕하기도 했다.

위너의 발걸음, 지적 업적, 다양한 언어를 유창하게 말하는 능력 등에 관한 새로운 이야기들이 MIT 캠퍼스 안에서 회자됐다. 그는 교수 식당에서 그곳을 방문한 그리스 고위 관리를 소개받고는 갑자기 그리스의 국가를 큰 소리로 부르기 시작했다. MIT에서 길을 따라가다 보면 있는, 그가 좋아하는 중국 식당 조이스 첸스 Joyce Chen's에서 점심을 먹는 동안에 그는 웨이터에게 주문을 할 때도 자기가 표준 중국어 Mandarin 로 알고 있는 최고의 식탁용어로 주문했다. 1950년대 중반에 그는 매주 여는 저녁식사 세미나 장소를 메모리얼드라이브에 있는 조이스 첸스의 새로운 식당으로 옮겼다. 이곳은 그가 머무는 2번 건물 사무실에서 불과 몇 걸음 떨어져 있었다. 그곳의 여주인은 위너가 제일 좋아하는 음식인, 갈색 소스에 버섯을 곁들인 두부 요리를 준비할 때만큼은 자기가 직접 관리했다.

하지만 대부분 위너는 소박한 루틴을 고집했다. 그는 워커 기념관의 작은 식당에서 평소에 늘 먹던 대로 우유 한 통과 감자튀김 한 봉지로 점심을 대신했다. 그는 MIT의 학생들과 어울리며 자신에 대해 농담을 하는 것도 허용했다. 몇몇 용감한 MIT 학생들은 습관처럼 그에 대해 최근에 돌아다니는 이야기를 풀어놓아 그를 즐겁게 만들었고, 그럼 그는 보통 기분 좋게 받아들였다. 그리고는 땅콩을 입에 던져 넣으며 느긋하게 자신의 갈 길을 갔다.

더크 스트루이크는 위너가 그의 제자와 비판자들처럼 자신을 항상 진지하게 받아들인 것은 아니었고, 조롱하는 듯한 태도를 보일 때도 많았음을 인정했다. 밀드레드 시겔은 위너의 건강한 광기, 그리고 인격형성기 동안에 트리니티대학의 약삭빠른 교수들로부터 배운 교훈을 상기시켜 주는 그의 유명한 넋놓기에 담겨 있는 더 심오한 방법을 이해하고 있었다. "그가 넋 놓고 있었다고요? 물론 그는 넋을 놓고 있었죠. 하시만 여우같은 넋 놓기였어요."

* * *

1950년대 말에 위너는 사람들로부터 한 걸음 물러섰다. 그는 마지못해 다음과 같은 사실을 인정했다. "내가 과학에 무엇이라도 좀 더 기여를 하고 건강을 유지하려면 에너지를 아껴야 한다." 하지만 여전히 그와 공명하는 사람들은 그의 존재로부터 무언가 특별한 것을 계속 경험했다. 그는 멕시코에서 만났던 젊은 정신의학자 모리스 샤페츠와 개인적으로 가까운 관계를 유지했다. 샤페츠는 미국으로 돌아와 매사추세츠 주립 종합병원에 들어간 상태였다. 샤페츠와 그의 아내 마리온Marion은 위너와 만나는 과정에서 자신들의 세계관이 통째로 바뀌게 되었다고 했다. 샤페츠는 위너가 자신에게 미친 영향을 이렇게 전했다. "말로 설명하기가 참 어렵습니다. 그는 사회를 받아들이고, 그 자체를 뛰어넘었습니다. 그리고 우리를 위해 그것을 했죠. 정신만 영향을 받은 것이 아니었습니다. 그는 저의 감정을 받아들이고, 자기인식을 받아들이고, 기술적으로 그랬던 것처럼, 하지만 개인적인 의미에서 장벽을 허물었어요. 그리고 저를 자유롭게 했죠. 그는 글로벌한 관점을 가지고 있었어요. 그는 모든 것을 바라보았죠." 마리온은 위너의 힘이 자연의 위대한 계획에서 나오는 것이라 느꼈다. "그는 우리의 마음 속에 있는지도 몰랐던 곳간이 존재한다는 것을 깨닫게 만들었어요." 존 발로우도 MIT와 매사추세츠 주립 종합병원에서 위너와의 개인적 '강령회'를 하는 동안 비슷한 것을 경험했다. "나는 그의 존재 앞에서는 내 수준 자체가 달라진다고 생각했어요. 수학의 수준이 아니라 직관적인 수준이었죠."

아마르 보스는 위너와 가까이 교류하는 10년 동안 그런 형언할 수 없는 경험을 많이 겪었다. "제가 박사학위 작업을 하고 있으면 위너 교수님이 제 사무실로 찾아왔습니다. 하지만 제 학위논문에 대해서는 아무런 얘기도 하지 않았죠. 그의 머릿속에는 온갖 생각들이 가득 했고, 그는 그런 것들에 대해 얘기했죠. 그러고 나서 좀 있으면 이상한 일이 일어납니다. 그가 떠난 후에 내가 하고 있었던 일로 되돌아오면 안 풀리던 문제가 술술 풀리는 겁니다! 정말 놀라웠습니다. 처음에는 우연이라 생각했죠. 하지만 그런 일이 계속 반복해서 일어나는 겁니다. 그를 머릿속에 떠올리기만 해도 사고방식이 한 차원 더 높아졌죠."

보스에게는 위너의 뛰어난 정신이 갖고 있는 비밀과 여기저기 순회하며 돌아다니던 그의 천재성을 이끌어준 힘을 요약해 주는 마지막 기억이 하나 있다. "제가 그를 마지막으로 보았던 시기에 있었던 일입니다. 우리는 교수식당에서 점심식사를 했습니다. 그리고 제가 그를 차로 배웅해 드렸죠. 헤어지면서 제가 물었습니다. '교수님, 어떻게 수학과 과학에 그런 믿기 어려운 기여를 하실 수 있었던 겁니까?' 그가 나를 보더니 딱 한 마디를 하시더군요. '채워지지 않는 호기심 덕분이지.'"

15장

코끼리 새끼에 대한 경의

— 노버트 위너의 채워지지 않는 영혼

> 신에 관한 논쟁에서 종종 그렇듯이
> 논란을 벌이는 사람들은
> 상대방이 뜻하는 바를
> 전혀 모르는 상태에서
> 서로를 비난하고
> 아무도 본 적이 없는
> 코끼리에 대해 떠들어댄다.
> — 존 가드프리 색스 John Godfrey Saxe, '맹인과 코끼리'

1950년대에는 위너의 초점에 큰 변화가 있었다. 그리고 그의 인도 여행이 이 변화의 주요 변수로 작용했다. 그는 1953년 12월에 보스턴을 떠나 사이버네틱스의 사절로서 가장 야심찬 임무에 나섰다.

인도 정부는 몇 년째 그에게 이 고대의 땅으로 와서 과학자와 시민 지도자들에게 자동화 공장 체제 아래 급속한 산업 발전을 할 수 있는 인도의 잠재력에 대해 일깨워 주기를 간곡히 요청하고 있었다. 이 신생 독립국가가 오랜 기간의 내적 갈등과 정치적 혼란으로부터 벗어나고 있다는 것을 그도 잘 알고 있었다. 그도 이 새로운 국가를 자신의 눈으로 직접 보고, 그 사람들과 문화를 알고 싶은 마음이 간절했다. 그는 또한 이렇게 강력히 믿고 있었다. "두 번의 세계대전 이후로 지적, 도덕적으로 쇠약해지고 있는 서양을 보완하려면 우리는 점점 더 동양이 필요해질 것이다."

이 여행은 인도의 과학과 기술뿐만 아니라 위너 자신에게도 전환점이 되어준다. 그는 봄베이에서 외국 고위관료에게나 어울릴 환대를 받는다.

그는 비행기에서 인도 원자력에너지 위원회의 위원장과 만났다. 그는 위너를 세관 통과시킨 다음, 도시의 오래된 구역 한가운데서 항구를 면하고 있는 빅토리아 시대의 눈부신 궁전인 타지마할 호텔에 자리를 잡아 주고, 그를 해변으로 데려가 야자나무 아래서 차를 마셨다.

인도의 지도자들은 서구 과학 기술의 도움을 받아 국가를 현대화하기 위해 위너의 지혜와 사이버네틱스의 지름길을 구하려 했고, 그래서 그를 한 단계 수준 높여 극진히 대접했다. 봄베이에 새로 생긴 원자력에너지 위원회에서 위너는 인도의 총리 자와할랄 네루$^{Jawaharlal\ Nehru}$의 환대를 받았다. 며칠 후 하이데라바드에서 네루는 당시 세계 최고의 갑부였던 하이데라바드의 군주^{Nizam}와 함께 과학학술대회를 개최했다. 이는 인도가 국가의 미래 청사진에서 과학을 최우선하고 있음을 분명하게 보여주는 일이있다. 위너는 러시아의 대표단과 그들을 감시하러 온 소련 비밀경찰들을 놀리며 과학학술대회에서 즐거운 시간을 보낸 후에 인도의 다양한 주와 과학기관을 돌아다니며 강연을 진행했다. 그는 푸나^{Poona}에 있는 국립화학연구소에서, 그리고 방갈로르에 있는 인도 과학아카데미에서 강연했다. 그는 캘커타에 있는 인도 통계학교에서 일주일을 보낸 후에 봄베이에 있는 타타^{Tata} 기초연구소에서 다시 일주일을 보냈다.

제3부 그 이후   539

거의 한 달 동안 그는 가르치고, 강연하고, 인도 아대륙에 대해 자신도 배워가며 보냈다. 그는 인도 과학자들의 집에 머물면서 그들의 가족과 함께 식사를 했다. 그는 인도의 풍부한 역사를 맛보았고, 수많은 민족들이 하나의 독립국가라는 화려하고 새로운 옷에 짜여 들어간 것도 엿보고, 그들의 갈망과 열망에 대해서도 느꼈다. 그러고서 그는 인도의 수도이자, 그들의 계획이 펼쳐질 허브인 델리로 이동했다.

델리에서 위너는 자기 여정의 주요 주제인 '인도의 미래에서 자동화 공장의 중요성'에 대해 광범위하게 강연을 이어갔다. 인도를 여행하는 동안 그는 인도의 잠재력, 그리고 인도가 과학계와 산업계에서 추구하는 지위에 대해 숙고해 보았다. 그는 인도의 과학자들의 지적 수준이 여느 국가 못지않다는 것을 직접 자신의 눈으로 확인했다. 하지만 앞서 중국과 일본을 여행했을 때와 마찬가지로 이들 국가들이 안고 있는 특별한 문제들 또한 목격했다. 위대한 지적 능력을 엄청난 가난과 조화시키는 문제, 그리고 국제 과학의 무대에 제대로 들어선 지 얼마 되지 않았다는 문제였다. 이런 초기 통찰을 바탕으로 위너는 주최측인 인도가 영국의 '어두운 사탄의 공장'이 시작된 이후로 서구식 발전의 엔진으로 작동했던 낡은 산업화 조직과 대규모 공장 노동을 버리고, 그 대신 자기만의 속도와 자기만의 방식으로 더 새롭고 지적인 기술을 바탕으로 하는 미래를 향해 밀고 나갈 것을 조언했다.

그는 광범위한 산업화를 추구하는 국가에게 있어서 낡은 모형이 유혹적이라는 점, 그리고 그 낡은 모형이 인도에게 막대한 인구라는 엄청난 자산을 활용할 수 있는 기회를 부여해 준다는 점을 인정했다. 하지만 과연 그것이 인간이 겪어야 할 불행만큼의 가치가 있을지는 의문이었다. 그런 불행이 인도의 옛 왕국에서 쌓아올린 빛나는 사원과 높이 솟은 유적으로 가득한 인도의 전설적인 도시들을 인도의 기근과 맨체스터의 칙칙함이 결합된 불쾌한 풍경으로 바꾸어 놓을지도 모르기 때문이다.

위너는 인도를 현대화해서 인도 곳곳에 계획 중인 새로운 공장에 자동화 기술을 적용하면 그런 운명을 원초적으로 피할 수 있을 거라 희망하고 있었지만 전적으로 확신하지는 못했다. 그는 네루와 인도의 다른 지도자들이 사이버네틱스를 통해 산업화로 가는 길을 추구하고 싶어 안달이 나 있음을 알고 있었고, 그는 분명한 기술적, 경제적 이점으로 인해 생산 능력의 증가를 가져올 자동화 공장이 인도의 산업기반을 빠르게 확장시키고, 번영하는 산업국가로 나아갈 수 있는, 그 어떤 대안보다도 효과적인 길이라는 네루의 신념을 확인해 주었다. 하지만 미국에서 이미 드러나고 있는 조짐들을 지켜보며 그는 인도 사람들에게 이렇게 경고하고 싶은 마음을 느꼈다. "자동화 공장을 온실처럼 보호하는 분위기는 악을 경감하기보다 오히려 더 키울 수도 있다."

위너는 또 다른 대안이 인도의 지평선 너머로 다가오는 곳을 보았다. 그는 인도의 도전과제는 인도의 산업을 번영시켜 줄 자동화 공장을 충분히 만들어내고, 인도의 유명한 연구기관에서 세계적인 수준의 과학자들을 더 많이 배출하는 것에서 그치지 않고, 숙련된 기술자 계층, 혹은 위너의 표현을 빌리자면 '과학 및 기술 하사관' 계층을 구축해서 완전히 새로운 종류의 기술 사회를 창조하는 것이라 말했다. 인도의 경우 산업 기반과 숙련된 공장 노동자가 애초에 미국보다 훨씬 부족한 상황이기 때문에 자동화 공장은 밑바닥 수준이 아니라 아주 높은 수준의 과학자-공학자 수준에서, 그리고 그 다음 수준인 고도로 숙련된 문제 해결 및 관리 인력 수준에서 인력의 수요가 더 커질 것이다.

그리고 그는 인도가 수십 년 안으로 이 양쪽의 수요를 충분히 충족할 수 있을 것이라 믿었다.

위너는 인도의 기술적 모험에 참여할 수 있어서 행복했다. 그는 활력을 크게 다시 회복한 상태에서 1954년 2월에 미국으로 돌아왔다. 이 여행을 통해 그의 영혼은 활기를 되찾았고, 그의 과학, 그리고 그 과학을 통해 가능해진 새로운 기술에 대한 인도의 갈증을 보며 자신감을 얻었다. 그의 새로운 친구들은 그에게 계속해서 가르침을 얻기 위해 그를 초대했고, 그는 1955~56 학년도에 인도로 돌아가 캘커타에 있는 인도통계대학교에서 객원교수로 일했다. 이곳에서 그는 60번 이상의 강의를 하고 인도 최고의 과학자, 수학자들과 일대일로 함께 연구했다.

위너의 방문 이후로 네루의 지휘 아래 인도는 전국적인 기술연구소 시스템을 구축하고 새로운 세대의 과학자와 공학자들을 훈련시키기 시작했다. 그리고 인도는 머지않아 이 인력들을 미국과 다른 국가들로 수출하기 시작하고, 그곳에서 그들은 머지않아 세계에서 제일 똑똑한 지성이자 최고로 각광받는 기술 노동자로 자리를 잡게 된다. 인도는 미국의 컴퓨터 및 통신 산업의 발달에서 가공할 힘으로 자리잡고, 캘리포니아 주 실리콘밸리의 외국인 노동자 중 가장 많은 수를 차지하게 된다. 그리하여 1990년대 즈음에는 실리콘밸리의 회사 중 거의 절반이 인도 공학자와 사업가들에 의해 창립된다.

그리고 '과학 및 기술 하사관'이라는 새로운 계층이 필요하다고 했던 1950년대 위너의 비전은 인도의 지도자들에게 미래를 위해 훨씬 값진 것을 안겨주었다. 그것을 통해 그들은 새로운 기술 서비스 경제를 처음으로 엿보고, 인도와 전 세계 정보 경제를 21세기로 이끌어갈 교육수준이 높고 기술이 뛰어난 젊은 기술 노동자들을 처음으로 만나게 된 것이다.

＊ ＊ ＊

위너가 인도에 머물렀던 시간은 그의 마음 깊숙한 곳에 울림을 주었다. 그는 어느 문화권을 가나 그랬듯이 인도의 장엄한 도시의 바람 시원한 산책로를 따라 걷고, 뒷골목과 사람들이 북적거리는 시장을 돌아다녔다. 인도 동부 해안에 있는 마드라스에서 그는 오랜 친구인 비자야라가반T. Vijayaraghavan과 며칠을 함께 했다. 그는 케임브리지에서 하디의 학생으로 있던 사람으로 결국 인도수학협회의 회장이 되었다. 젊은이였던 1930년대에 비자야라가반은 위너의 벨몬트 집에서 하숙을 했었다. 위너의 어린 딸들은 그를 무척 좋아해서 그의 상투를 덮고 있는 하얀 터번을 가지고 놀았었다. 이 터번은 인도의 카스트 제도에서 가장 높은 신분인 브라만 계급의 상징이었다. 이번에는 비자야라가반이 위너를 자신의 집으로 초대해서 1950년대 초반 카스트 제도의 폐지와 함께 찾아온 그의 도시적인 토플리스 차림을 자랑스럽게 보여주었다. 그의 가족은 위너를 따뜻하게 맞이했고, 위너는 무척 만족했다. 특히 그는 이렇게 적었다. "내가 힌두교 기준으로 따지면 믈레차mlechchha, 즉 외지인에 해당하며 한 세대 전만 해도 브라만 계급 사람들이 내 존재만으로도 자신이 오염되었다고 생각했을 거라는 점을 생각하면 대단히 각별한 일이다."

위너와 비자야라가반은 벵골만 해변으로 터벅터벅 걸어가 인도양의 파도 속에서 이른 아침 수영을 즐겼다. 비자야라가반은 위너의 손자와 또래였던 자신의 어린 손자를 함께 데려갔다. 이 존경받는 수학자들은 모래를 따라 걸으며, 과학과 세상사의 문제에 대해 이야기했다. 위너는 이렇게 회상했다. "우리는 우리 손자들이 살아갈지도 모르는 삶에 대해 이것저것 추측해 보았다. 그리고 손자들이 과연 종교적 편견과 인종적 편견이 줄어들고, 모든 인류가 보편적 인류애의 분위기 속에서 모든 목적을 위해 만날 수 있는 더 나은 세상에서 살게 될지에 대해 얘기했다."

위너는 영국과 미국에서 많은 인도 수학자들과 알고 지냈었고, 인도인의 삶에서 종교가 어떤 중심적 역할을 하는지도 잘 알고 있었다. 하지만 그는 인도 아대륙 여행을 통해 인도의 역사와 문화에 걸쳐 있는 영적 영향력에 대해 새로 눈뜨게 됐다. 공식 여정과 사적인 방랑 속에서 그는 아잔타Ajanta와 엘로라Ellora에 있는 고대 동굴 사원을 보았다. 그곳의 거대한 석상 조각들은 부처의 삶과 힌두교의 탄생에서 나오는 장면들을 묘사하고 있었다. 그리고 인도 동료들을 방문했을 때는 가문의 가장들 사이에서 군림하고 있는 자랑스러운 힌두교의 전통을 보았다. 그는 그 주름진 사람들, 그리고 그들이 인도 사회에서 역사적으로 담당했던 역할에 주목했다. 그들은 세상사에 대한 능동적인 참여와 신에 대해 깊이 생각하는 일상의 몸부림에서 물러나 산야시sannyasi라는 종교적 고행의 역할을 담당했다.

위너는 순수하게 명상에만 빠져 있는 삶은 수세기 동안 반복되어 온 인도의 가난과 고통을 해결할 해법을 제공해 주지 않는다는 것을 알고 있었다. 그리고 그는 인도의 존경받는 현인들이 너무도 쉽게 자신의 종교적 충동을 자신의 공동체를 위해 복무하는 방향으로 재설정하고, 어떤 개인적 동기나 물질적 이득을 추구하지 않고 자신의 지혜를 전해주는 것을 보고 감명을 받았다. 그는 인도의 변혁에서 이 나이든 현인들이 맡은 새로운 역할에, 그리고 인도인들 스스로 자신의 성서들로부터 좀 더 세속적이고 실용적이면서도 똑같이 영적인 산야시의 소명을 위한 지지를 이끌어냈다는 사실에 감탄했다. 위너가 보기에 인도의 현인들은 인도의 과학자, 비종교 지도자들, 그리고 국민들에게 값을 매길 수 없을 정도로 귀중한 서비스를 제공하고 있었다. 그는 이렇게 말했다. "그 어떤 나라도 그냥 외부에서 전달받기만 한 동기나 행동양식을 제대로 사용할 수는 없으며, 새로운 문제를 충족하는 데 필요한 발전을 위한 도덕적 승인을 자신의 전통과 영혼 어딘가에서 반드시 찾아내야 한다."

위너는 자신이 방문했던 모든 국가에서 그들의 오래된 문화적 전통을 존중했다. 하지만 그가 믿는 사람은 과학자, 수학자, 공학자, 그리고 미래로 향하는 길에서 그가 돕게 된 어린 학생 등 '현대적인 사람들'이었다. 이제 그는 처음으로 어디서나 보이는 우아한 노인들에 대한 경외심을 갖게 됐다. 서구의 옷을 입은 사람도 경외했고, 자기네 문화의 장신구들을 그대로 유지하고 있는 사람들은 더욱 경외했다. 그는 이렇게 말했다. "단순한 모직 숄이라도 아름답고 온화한 늙은 현인들의 어깨 위에 두르니 얼마나 귀족적인가!"

그는 한 번도 종교적 삶의 팬이 아니었지만 인도와 떠돌이 현인들에게는 자신의 영적 욕망, 평생의 채식주의와 선천적인 금욕주의, 끝없이 이어지는 내면의 질문, 그리고 새로운 기술 시대의 원로 정치가로서의 자신의 성숙한 역할을 연결해 주는 무언가 있었다. 심지어 위너는 자기가 만나본 수많은 인도인들로부터 느꼈던 지식에 대한 갈망과 그 밖의 현대화의 욕망 속에서 모제스 멘델스존Moses Mendelssohn과 다른 개혁주의자들이 자신의 민족을 세속적 학습과 과학의 세계로 이끌었을 때 유럽에서 시작된 유대교 문화의 현대화와 비슷한 자각을 느꼈다. 이 각성은 위너의 선조들이 앞장서서 이끌었던 자각이었다. 몇 년 후 심포지엄에서 그는 비슷한 이 두 문화적 현상에 대해 언급했다.

인도에서는 예전에 위대한 베다 학자와 형이상학자들이 자리잡고 있던 바로 그 집단, 심지어 바로 그 마을이 요즘에는 현대적 전통을 따르는 자연과학자, 수학자, 경제학자, 철학자들을 놀라울 정도로 많이 배출하고 있습니다. 한 세기 전에 유대인들에게서 보였던 것과 동일한 이동이 사람들 사이에서 일어나고 있습니다. 전통적 학자에 대한 존경이 좀 더 현대적인 연구 분야로 옮겨가고 있는 것이죠. 이 사람들 사이에서는 똑같은 생명의 약동, 아무도 꺾을 수 없는 똑같은 호기심, 그리고 공부를 하는 일은 도전적인 일이고 최선의 노력을 다할 가치가 있는 일이라는 똑같은 확신이 존재합니다.

1950년대 중반에 한동안 위너는 평소의 그답지 않게 미국에서 인도로 꽃을 피우고 있는 새로운 기술사회의 전망에 대해 낙관적인 태도를 보여주었다. 그리고 그는 여전히 기술적 유토피아로 이어지는 새로운 과학에 대해서는 제한적인 비전을 제시했다. 그는 이렇게 장담했다. "만약 우리가 인간의 생산수단보다 인간이 우선한다는 것을 받아들인다면 기계의 시대가 인간의 문화가 최고로 번창하는 시대가 되지 말라는 법도 없다." 하지만 몇 년 후에 그는 미국의 기술사회에 대해 그렇게 낙관적으로 생각하지 않게 됐다. 그는 인간의 노동에 대한 편견, 핵무기의 도달 범위와 무력에서의 비약적 도약, 그리고 그의 또래 과학자와 젊은 과학자, 공학자들 사이에서 느껴지는 정부 및 기업과의 계약에 대한 커지는 갈망과 함께 제너럴일렉트릭과 MIT에서 자동화의 새로운 추진력이 쌓여가는 것을 보았다. 이런 것들은 앞날에 대한 그의 전망을 조금씩 그늘지게 만들었다. 그 1950년대가 지날 무렵 그는 떼돈을 따라 움직이는 전후 과학의 시대에 대해 그 어느 때보다 격렬하게 비난하게 됐다. 그는 이것이 앞으로의 모든 과학연구에 사악한 영향을 미치게 되리라 믿었다.

위너는 인도를 향해 떠나기 전부터 이미 자기 사명의 초점을 새로 맞추기 시작했었다. 30년에 걸쳐 수학과 과학을 정복하고 나니 이번에는 그 안에 잠들어 있던 철학자가 들고 일어서서 역사의 긴 초점 렌즈를 통해 새로운 기술사회를 면밀히 조사하면서 그 사회에 닥친 새로운 윤리적 딜레마와 그것이 인간에게 미칠 영향에 대해 고민하기 시작했다. 〈세인트 루이스 포스트 디스패치St. Louis Post-Dispatch〉에 투고한 몇 편의 글 중 하나에서 그는 새로이 등장하는 신기술애호가technophile를 정조준 했다. 그가 보기에 이 신기술애호가들은 자신의 창조물인 새로운 장치들을 마치 자신의 주인인 것처럼 받들어 모시는 유치한 오류로 빠져들고 있었다. 첫 인도 여정에서 돌아 왔을 때 위너는 그가 장치 숭배자들의 광신도집단이라 생각하는 미국인의 비율이 높아지는 것에 대해 구두 공격을 시작했다. 그는 생기 넘치는 언어와 상상력을 동원해서 기술계와 재계의 열혈 일벌레들이 자동화라는 신생 과학을 열심히 밀어붙이고 있는 것에 대해 점점 더 불쾌감을 표현했고, 자신이 창립을 도왔던 분야의 미래에 대해 도덕적 책임감을 표현했다. 그의 공격은 더 이상 개인을 대상으로 한 싸움이 아니라, 자기 과학의 영혼을 위한, 그리고 새로운 기술 시대에 인류의 생존을 위한 더 큰 싸움의 시작이었다.

이제 위너는 스스로 현자의 역할을 자처하고 나섰다. 그는 큰 사례금을 주겠다며 자문을 요청해 오는 사람과 자신의 입장을 공개적으로 지지해 달라고 찾아오는 사람들을 퇴짜 놓으며 기득권을 모두 내려놓은 노년의 정치인처럼 자신의 동료 과학자들에게 연설하기 시작했다. 이제 그의 행동주의는 자신의 새로운 과학과 그 윤리적 측면에 대한 철학적 차원으로 옮겨갔다.

1957년에 컬럼비아대학교에서의 한 연설에서 그는 인도 과학자들과의 교류에 대해 언급하면서 다음 세대의 미국 과학자와 공학자들에게 신랄한 메시지를 전달했다. 그는 현대의 인도 과학자들을 계몽된 19세기 유럽의 유대인 학자들에 비유했고, 젊은 미국인들에게 과학에서의 경력은 이윤이나 개인의 이득을 위해서가 아니라 내면의 외침과 헌신의 사례로서 도전적인 일이고 최선의 노력을 다할 가치가 있는 일이라는 확신을 가져줄 것을 호소했다.

1959년 미국과학진흥협회의 연설에서 그는 '자동화의 일부 도덕적, 기술적 영향'에 대해 상세히 얘기했다. 탄생 첫 십 년 동안에 응용되었던 사이버네틱스 제어 과정과 그 사회적 영향을 돌아보며 그는 많은 사람이 그 진정한 위험을 제대로 이해하지도 못한 채 새로운 사이버네틱스 기술의 위험을 묵살해 버렸다고 주장했다. 그는 새로운 자동화 기계의 속도 속에, 그리고 사회의 주요 시스템에서 번창하고 있는 그 신속한 속도 속에 잠재되어 있는 위험에 대해 경고했다. 그는 자신의 전쟁 초기 연구에 대해 언급하며 사람의 모든 정보 처리 활동에서 피할 수 없는 선천적인 생물학적 시간 지연을 그 증거로 제공하고, 점점 커져만 가는 두려움에 대해 이렇게 목소리를 높였다. "인간의 활동 속도가 대단히 느리기 때문에 기계에 대한 우리의 효과적인 통제가 효력을 잃게 될 수도 있다."

 이 시기 동안에 위너가 제일 심각하게 걱정한 부분은 다른 많은 과학자들과 마찬가지로 군의 핵무기 자동화 시스템과 안전장치가 전자장치의 빠른 속도와 자동반응 전략 때문에 핵전쟁에 대한 궁극의 결정권을 인간 의사결정자의 손에서 빼앗아갈지도 모른다는 것이었다. 하지만 그의 걱정은 사회의 모든 영역으로 확장됐다. 폰 노이만의 게임이론에 바탕을 둔 자동화 메커니즘과 전략이 최고 등급의 국가적 정책에서부터 제일 낮은 관료 수준까지 미국의 모든 군사, 정부, 경제 시스템으로 스며들고 있었다. 그와 동일한 이상화된 논리와 계산 원리가 새로운 인공지능 프로그램 속에 자세히 새겨진 지시에 따라 자신의 실수와 성공으로부터 배울 수 있는 능력을 갖춘 새로운 세대의 고속 디지털 컴퓨터에 프로그램되고 있었다. 이런 컴퓨터들이 미국의 AI 연구실에서 쏟아져 나오기 시작했다.

 위너는 그런 전략이론과 프로그램들이 인간의 이성과 의사결정에 관한 가장 기본적인 가정에서부터 근본적인 결함이 있으며, 그런 원리에 입각해서 전자 시스템을 신뢰하고 있는 사람과 사회는 스스로를 엄청난 위험에 빠뜨리고 있는 것이라 믿었다. 하지만 그는 동료 신동 출신과의 그런 결정적인 차이를 끝내 해소할 수 없었다. 폰 노이만은 53세의 나이로 1957년 초에 골암으로 사망했다. 그의 골암은 핵무기 실험에서 나온 방사선 노출로 생겼을 가능성이 크다. 그의 개념들은 디지털 컴퓨팅과 오토마타 이론 분야에 스며들어 있었다. 학습하고 자가생산하는 기계가 자애로운 힘을 갖고 있다는 그의 신념은 AI 분야에 깊게 파고들었고, 컴퓨터 과학자, 경제학자, 군사계획 입안자들의 마음속에도 파고들어 있었다.

현재 새로운 오토마타 이론과 인공지능 프로그램을 추종하는 많은 사람들은 위너가 새로운 군산업 관료주의의 기계 속 톱니바퀴라 매도했던 바로 그 사람들이었고, 자신의 책임을 바람에 내던졌다가 그것이 돌개바람이 되어 되돌아오는 것을 보게 될 것이라 두려워했던 바로 그 사람들이었다. 그는 국가의 보안 조직을 운영하는 마스터 컴퓨터나 게임, 뇌, 인간의 동기에 관한 결함 있는 이론에서 유도되어 나온 원리를 바탕으로 프로그램된 컴퓨터를 그 운영자들이 그 기본적 작동방식에 대한 명확한 이해 없이 운영하게 될까 봐 두려워했다. 그는 그런 기계가 인간이 도저히 따라잡을 수 없는 속도로 입력 데이터에 반응할 수 있는 능력을 갖추게 되면 사람들이 그 기계의 판단을 기각하기도 전에 해로운 방식으로 작동하게 되지 않을까 두려웠다.

위너는 폰 노이만의 오토마타 이론으로 가능해진 또 다른 측면에 대해서도 걱정했다. AI 이론과 프로그래밍 방법의 발전 때문에 스스로 프로그래밍하는 자동화 기계를 창조하는 것이 실현 가능해졌다. 새로운 프로그램은 폰 노이만과 그의 제자들이 살아있는 생명체의 세포 작동을 바탕으로 모형화해서 구상했던 온전한 기능의 오토마타, 즉 자가 프로그래밍, 자가 생산하는 자동화 기계를 만드는 데 필요한 마지막 요소였다.

끝없이 복제하면서 자신의 인공 스마트 컴퓨터 프로그램의 돌연변이를 만들어내는 기계의 망령은 위너에게 있어서 새로운 기술 시대가 가져올 궁극의 악몽 시나리오였다. 그런 시나리오를 전망하자 그의 상상 속에는 걷잡을 수 없는 파괴, 생산, 복제의 장면이 가득 떠올랐고, 복잡한 기술적 의문과 그보다 더 심란한 도덕적, 철학적 의문이 함께 떠올랐다. 그는 미국의 제일 큰 과학협회에 소속된 동료들과 대중에게 1960년 봄에 〈사이언스〉에 재발표된 연설을 통해 이렇게 말했다. "우리가 자신의 목적을 달성하기 위해 일단 작동을 시작하면 그 작동이 너무 빠르고 변경 불가능해서 완전히 마무리되기까지는 개입할 수단이 없고, 따라서 우리가 중간에 효율적으로 개입할 수 없는 기계 대리자를 이용한다면, 그 기계에 입력한 목적이 우리의 진정한 목적을 겉만 화려하게 흉내만 낸 것이 아니라 우리가 정말로 바라는 목적이라고 확신할 수 있어야 할 것이다."

이런 시스템에 대한 그의 균형과 견제는 모든 과학자, 공학자들의 마음이었다. 그는 이 사람들이야말로 세계에 등장하고 있는 기술사회를 변화시키고 통제할 주요 주체라 보았다. 그는 동료들에게 프로그래밍을 할 때, 그리고 전문적인 노력을 기울일 때 더 많은 피드포워드feedforward(실행 전에 결함을 예측하고 전향으로 정보를 주어 피드백 과정을 자동 제어하는 것)를 행사하고, 자기 시대의 과학혁명에 대한 자신의 기여를 과학의 거대한 시간 척도 위에서 바라보고, 모든 경우에서 자신의 이해나 자기 고용주나 소속 기관의 이해가 아니라 인류의 이해를 위해 행동할 것을 촉구했다.

* * *

그의 연설과 대중적인 글들은 그 범위가 점점 더 역사적이 되어가고 있었다. 그의 언어와 상상력은 항상 기백과 힘이 넘쳤지만, 이제 그는 자기 밑에 있는 최고의 학생들에게 그랬던 것처럼 물밀듯 들어오는 기술에서 보이는 탈인간화 성향에 대한 경종을 울리기 위해 자신의 동료와 대중에게도 더 높은 차원에서 소통하기 위해 손을 뻗었다. 그리고 그런 위협을 막기 위해 필요한 새로운 윤리적 행동을 촉구했다. 그는 다음과 같이 경고했다.

기계와 함께 살기 원한다면 기계를 숭배해서는 안 된다. 다른 사람들과 함께 살아가는 방식에 많은 변화를 가져와야 한다. 그리고 비즈니스, 산업, 정치의 지도자들도 사람들을 자기하고는 상관없는 일이라 무시하지 않고 자신의 일로 생각하는 마음을 가져야 한다.

위너는 자신의 긴급한 메시지를 세상에 전할 때 우화, 동화, 민담을 점점 더 많이 활용하게 됐다. 그는 못된 장난을 시작했다가 멈출 수 없었던 괴테의 불행한 마법사 견습생의 이야기를 거듭해서 꺼냈다. 그리고 『아라비안나이트』에 나오는 램프의 요정 지니 이야기도 꺼냈다. 지니는 이렇게 훈계했다. "당신에게 세 개의 소원이 주어지면 자기가 소망하는 것이 무엇인지 아주 신중하게 생각해야 합니다." 그리고 새로운 기술의 위험을 보여주는 또 다른 어둠의 은유도 이야기했다. 영국의 작가 W. W. 제이콥스Jacobs의 단편소설 〈원숭이 발The Monkey's Paw〉이다. 1902년에 쓴 제이콥스의 이 섬뜩한 이야기에서 가난한 노동계층의 영국인이 인도에서 온 마법에 걸린 원숭이 발을 받는다. 이 발은 그것을 갖고 있는 사람에게 세 가지 소원을 들어준다. "그 사람은 100파운드를 갖게 해달라고 빌었다. 그리고 결국 그의 문 앞에 아들이 일하는 회사 사람이 찾아와 공장에서 사망한 아들에 대한 사망위로금이라며 100파운드를 건넸다." 위너에게 있어서 제이콥스의 원숭이 발은 의사결정을 내릴 목적으로 만들어진 기계는 모든 목적을 그저 토씨 하나 틀리지 않고 곧이곧대로 따르게 될 것이며, 이 기계에게 인간다운 결정, 혹은 인간이 수용할 만한 결정을 내려야 한다는 의무감 따위는 없을 것임을 떠올려주는 이야기였다.

위너는 1950년대 전반에서 과학자와 사회에 '기계를 팔라리스의 황소brazen calf'로 숭배하지 말라고 경고하기 위해 이 우화들을 사용했다. 그의 우화 속에는 새로운 기술이 선천적으로 갖고 있는 막강한 힘과 그것이 체화하고 있는 강력한 통신 과정, 이것들이 그 발명가들에게 부과하는 새로운 윤리 표준, 이제 모든 시민, 정부기관, 기업이 새로운 지식과 기술을 인류의 이득을 위해 현명하게 사용해야 할 책임감에 관한 영원한 진리와 교훈이 함축되어 있었다. 그는 이런 윤리적, 도덕적 책임감이 이타주의적 옵션이 아니라, 새로운 기술 과학 자체와 떼어놓을 수 없는 보편적 계율로서 반드시 실천해야 할 의무라 여겼다.

1960년대 초반에 위너는 공학, 생물학, 사회에서의 사이버네틱스 혁명의 핵심부에서 요동치기 시작한 윤리와 도덕에 관한 민감한 질문들을 모두 모았다. 그의 관심사가 그의 마지막 대중 서적의 주제가 된다. 짧은 분량 안에서 많은 것을 생각하게 하는 이 책의 제목은 『신과 골렘 주식회사: 사이버네틱스가 종교에 영향을 미치는 특정 지점에 대한 논평God & Golem, Inc.: A Comment on Certain Points Where Cybernetics Impinges on Religion』이었다.

이 책은 위너가 1962년 1월에 예일대학교에서 한 일련의 강의인, '과학과 철학에 비추어 본 종교'에 관한 테리 강의Terry Lectures와 그해 여름 파리 외곽에서 루아요몽 철학회Société Philosophique de Royaumont가 개최한 과학 철학에 관한 세미나에서 그가 발표했던 '인간과 기계'로부터 진화해 나온 것이다. 이 새로운 작품에서 위너가 의도한 바는 종교와 과학을 전체적으로 다루는 대신, 종교의 영역에 영향을 미치고, 현세대의 인류가 빠지기 쉬운 가장 중요한 도덕적 덫을 포함하고 있는 통신 및 제어 과학의 특정 부분에 대해 논의하는 것이었다.

그는 전통적인 신학적 논란과 '지식'과 '힘'의 현실세계 문제를 전지전능한 존재의 측면에서만 생각했을 때 발생하는 논리적 역설, 그리고 하나의 하느님이라는 측면에서만 숭배한다는 개념에 얽혀드는 것을 거부했다. 그는 자신의 격렬한 비판을 위한 전제 조건으로 새로운 사이버네틱스 기술에 의해 제기되는 지식, 힘, 숭배의 도덕적 딜레마는 인정받는 신학과는 별개의 인간적 검토가 필요한 사실이라 주장하면서 지식의 모래에 선을 그었다. 그리고 지적이고 정직한 문필가이자 지적이고 정직한 성직자이기도 한 과학자들에게 자신의 개인적 선입견과 사회적 터부를 벗어버리고 새로운 시대의 불쾌한 현실과 위험한 비교를 직면하여 바라볼 것을 요청했다.

그는 이렇게 주장했다. "비겁함은 여기에 어울리지 않는다. 그것은 신성모독이다."

위너가 가장 위험하게 여기는 것은 인간의 역사적 역할은 신이 자신의 형상을 따라 만들어낸 가장 똑똑한 창조물이었는데, 이것이 스스로 창조자가 되어 자신의 형상을 따라 다른 기계를 만들어내는 훨씬 더 위험한 지적 기계의 창조자가 되는 역할로 바뀌는 것이었다. 이런 새로운 역할은 심각한 실질적, 도덕적 딜레마를 일으켰고, 그 중에는 단순한 게임이나 치명적인 현실 세계의 경쟁에서 자신의 창조자를 이길 수 있는 학습 기계가 제기하는 딜레마도 포함되어 있었다. 위너는 그런 기계가 '기괴한 노련함'과 '그 설계자나 프로그래머가 부여하지도 않은 예상치 못한 지능'을 갖게 될까 봐 두려웠다. 그는 이 시나리오를 『실락원』, 『욥기』 그리고 신이 반항하는 자신의 창조물, 악마, 데미우르고스demiurgos(세계를 형성하고 물질적 세계를 지배하는 존재)와 기지를 겨루고, 그들의 예상치 못했던 교활한 잔인함에 좌절하는 다른 종교 경전에 묘사된 천상의 갈등에 비교했다.

이제 그는 구세계에서 나온 최신의 우화를 꺼냈다. 골렘Golem이라는 중세의 이야기에 등장하는 존재는 프라하의 랍비가 초자연적인 주문으로 생명이 없는 흙에 생명을 불어넣어 만든 창조물이다. 전설에 따르면 16세기에 거대한 골렘이 프라하의 유대인들을 살인적인 약탈자 무리로부터 지켜주었지만, 그 후로는 이 골렘이 미쳐 날뛰기 시작해서 잘못을 깨달은 랍비가 비밀 주문으로 그 괴물을 다시 흙으로 되돌릴 때까지 프라하의 선량한 사람들을 살육한다. 위너에게 있어서 이 진부한 골렘 이야기는 스스로 작용하는 사이버네틱스 기술의 새로운 시대에 어울리는 가장 시기적절한 은유였다. 그는 이렇게 주장했다. "기계는 프라하의 랍비가 만든 골렘의 현대적 대응물이다." 그리고 위너의 이야기처럼 이들은 최근에 다시 화신으로 등장했을 때 현대 세계에서 미친 듯 날뛸 수 있는 기회가 엄청나게 많았다. 완벽한 프로그래밍과 인간의 쉼 없는 감독이 없다면 군대의 골렘들은 안전장치 메커니즘을 우회해서 대량 파괴의 핵무기 통치를 촉발할 수도 있다. 이들의 사회적, 경제적 영향을 적절히 계획하고 주의를 기울이지 않으면 산업의 골렘은 통제되지 않는 대량 생산과 대량 실업이라는 파괴적인 결과를 가져올 수 있다.

위너는 이렇게 경고했다. "이런 기술은 양날의 검이다. 그리고 이 검은 조만간 당신을 깊숙이 찌르고 들어올 것이다." 그는 새로운 기술 시대의 골렘과의 경쟁에서 자기가 어디에 위치하는지에 대해 의문을 남기지 않았다.

아니다. 새로운 기계 노예들이 우리가 생각을 내려놓고 쉴 수 있는 휴식을 제공해 주리라 기대하는 사람들에게 미래의 희망은 없다. 그들이 도움이 될 수는 있지만, 그 대가로 우리의 정직과 지능에 엄청난 요구를 할 것이다. 미래의 세계는 로봇 노예들의 시중을 받으며 편하게 누워 쉴 수 있는 편안한 침대가 아니라 우리의 지능의 한계와 싸우는 훨씬 힘든 싸움이 될 것이다.

* * *

'신과 골렘'에 대한 위너의 강연은 그의 새로운 과학에 대한 기술적 질문을 훨씬 광범위한 도덕적, 윤리적, 영적 함축이 담긴 더 큰 철학적 논쟁으로 바꾸어 놓았다. 그리고 그는 동이 트는 정보 시대의 현자이자 부족의 연장자로서의 새로운 역할을 온전히 시작하게 됐다. 이 공개적인 전환은 그의 개인적 오디세이에서 다음 단계를 나타내는 것이기도 했고, 그를 오랫동안 억눌려왔던 영적 갈망에 대한 개인적인 고찰로 이끌었다.

그는 어린 시절부터 유대교에 대해 모순되는 감정을 마음에 품고 살았다. 그의 아버지와 할아버지처럼 그도 조직화된 종교, 특히 마거리트와 딸들이 다니던 중도파의 유일신교에는 다닐 일은 없었다. 바바라는 그럼에도 위너가 요한계시록에 대해 잘 알고 있었다고 단언하면서 이렇게 기억했다. "아버지는 이렇게 말씀하셨어요. '그것은 뜨겁지도, 차갑지도 않아서 입에서 뱉었다.'" 하지만 인도 곳곳을 누빈 그의 여행이 그 나라의 오래된 전통과 연결된 그의 영혼 속 무언가를 두드렸다. 그는 캘커타에 있는 인도통계학교에 머무는 동안 근처의 힌두교 사원으로 한 번 넘게 찾아가서 그의 과학 연구에 대해 생각했었다. 그리고 그는 비힌두교도에게 최근에 들어서야 개방됐던 사원의 내실로 안내받아 들어갔다. 위너는 그 잠깐의 만남에 대해 아무런 얘기도 하지 않았지만, 인도의 산야시를 소개받고 영혼이 흔들렸던 것처럼 인도 아대륙의 영적 삶에 깊은 인상을 받았고, 미국으로 돌아왔을 때 자신의 경험을 바탕으로 놀라운 행동을 했다.

1950년대 중반에 MIT로 돌아온 그는 MIT에 있던 유대교 사제인 랍비 허만 폴락Herman Pollack과 따뜻한 우정을 나누게 됐다. 위너처럼 폴락도 거침없이 말하는 원칙적인 사람으로 정의의 투사였고, 두 사람은 함께 다양한 사회적, 정치적, 영적 모험에 나섰다. 그 시기 동안 MIT에 있는 다른 영향력 있는 인물들도 윤리적, 영적 문제에 관심을 돌리고 있었다. MIT의 총장 킬리언은 핵무기와 전후 시대의 신기술의 등장으로 제기된 심각한 주제들에 대해 MIT의 학생과 교수진 사이에서 토론을 자극하고, 이런 기술들이 과학자와 기술자에게 제기하는 윤리적, 도덕적 도전에 대해 솔직담백하게 이야기를 꺼낼 수 있는 조치들을 취했다. 주류 종교와 그 사제들에게는 캠퍼스 생활에서 더 높은 명성이 주어졌고 핀란드의 건축가 에로 사리넨Eero Saarinen에게 모든 종교인과 비종교인이 모이는 토론의 장이 되어 줄 교내 예배당의 설계를 맡겼다. 한 캠퍼스 목사는 킬리언과 이 프로젝트의 다른 주동자들이 교회처럼 생기지 않은 새로운 유형의 예배당을 원했었다고 기억했다.

사리넨의 설계는 그들의 비전을 충족시켜 주었다. 세상에 있을 것 같지 않은 MIT의 창문 없는 타원형의 붉은 벽돌로 조성된 새 예배당은 중세 핀란드 성 꼭대기의 작은 탑과 핵발전소의 냉각탑을 합쳐 놓은 모습이었다. 이 예배당 꼭대기에는 우아한 종과 위로 휘어지며 올라가는 알루미늄 첨탑이 설치됐고, 전체 구조물을 해자로 둘렀다. 사리넨은 이 성의 중심부를 '자족적이고 내면을 향하는 느낌'을 전달하면서 동시에 '속세를 떠난 영적 분위기'를 낼 수 있게 설계했다. MIT에서는 이 예배당을 '사색에 빠질 수 있는 고요한 섬, 도시의 부산함에서 오는 산만함으로부터 자유로운 안식처'라 칭송했다.

위너는 매사추세츠가에 있는 MIT 정문 건너편 낡은 기숙사 뒤로 솟아오른 이상한 모양의 이 건물에 어리벙벙해졌다. 밀드레드 시겔은 이렇게 회상했다. "그 건물을 지었을 때 그가 이렇게 말했습니다. '저 건물 때문에 모든 사람이 자기 입에 신의 이름을 올리겠군. 저 건물을 보면서 다들 오 마이 갓이라고 외칠 테니까 말이야.'" 하지만 그가 그 예배당을 직접 찾아가 보니 사리넨이 의도했던 대로 그곳은 평화로운 생각의 섬이었다. 그곳의 고요함을 깨뜨리는 것은 해자에 비쳐 탑의 아래쪽 아치를 뚫고 들어와 일렁이는 햇빛밖에 없었다. 그는 랍비 폴락과 그곳에 자주 찾아가 새로 활기를 찾은 MIT 부서들이 후원하는 과학과 기술의 윤리적 문제에 대한 프로그램에 참석했다.

그렇게 방문했다가 한 번은 위너가 예배당 뒤쪽 자리에서 일어나 신앙의 도약을 했다.

보스턴 라마크리슈나 베단타 협회의 성직자로 1954년 12월에 MIT의 새로운 힌두교 예배당과 계약을 맺은 스와미 사르바가타난다Swami Sarvagatananda가 환생에 관한 설교를 진행했다. 스와미의 기억에 따르면 그가 결론을 내리자 위너가 자기에게 걸어와 악수를 하며 이렇게 말했다고 한다. "스와미 선생님, 선생님께서 환생에 대해 말씀하신 것을 저는 받아들입니다. 당신이 옳다는 것을 저는 알고 있습니다."

환생은 개인이 한 생에서 다음 생으로 넘어가면서 보여주는 도덕적 행동에 의해 결정되는 일종의 신성한 피드백인 업보karma에 의해 지배되는 죽음과 재탄생의 주기에 따라 영혼이 새로운 육신에서 다시 태어난다는 힌두교의 교리로, 위너가 이 교리에 대한 믿음을 표현한 것에 스와미는 그리 놀라지 않았다. 하지만 평생 무신론자로 살아오면서 스스로를 '상속권을 박탈당한 유대인'이라 묘사해 왔으며, 유명한 랍비, 그리고 동부 유럽의 개혁가와 역사상 가장 위대한 히브리 현인들과 가족관계로 알려진 사람의 입에서 나왔다고 하기에는 정말 놀라운 고백이었다. 게다가 새로운 과학기술 시대의 창시자로부터 그런 신비주의적 신념에 대한 이야기가 나왔으니 더욱 놀라운 일이었다. 하지만 평생 자연의 루프와 주기에 대해 연구해 온 사람이 한 얘기라고 생각하면 그리 무리도 아니었다.

환생의 아이디어가 위너에게 그냥 지나가는 유행 같은 것은 아니었다. 스와미는 금요일마다 MIT에 왔고, 위너는 거의 매주 예배당의 상담실로 그를 찾아갔다. 1990년대 말에 스와미는 60대 초반의 위너가 어떻게 세상에서 제일 오랫동안 끊이지 않고 실천이 이어져 온 종교의 주요 교리를 받아 안게 됐는지 설명해 주었다. 그는 자신의 옴니버스식 천재성의 기원에 대한 위너의 독특한 신념이 어디서 왔는지 알수 있게 해 준 두 사람 사이의 대화를 떠올렸다.

"그가 제 사무실로 왔을 때 내가 물었습니다. '당신은 왜 환생에 그렇게 관심이 많습니까?' 그가 말하더군요. '저는 환생을 믿습니다. 왜냐고요? 아시다시피 제가 어린 시절에 수학을 공부할 때 저는 그것을 이미 모두 알고 있었습니다. 시험을 볼 때 그 내용이 모두 떠올랐죠. 전생에 다 배운 내용이니까요. 전생에 뛰어난 수학자였다 보니 다시 태어나서도 그것을 구현할 수 있는 것이죠. 그것을 까먹고 있다가 다시 기억해 보니 모두 그냥 제 저장고 속에 들어 있었습니다.' 그는 정말로 환생을 믿고 있었습니다."

전생을 살면서 배웠었다는 원초적인 경험이 어린 시절부터 위너의 창고에 쟁여져 있었는지도 모른다. 이제 이것이 말년이 된 그에게 자신의 조숙한 정신에 대해 새로이 이해할 수 있게 해주어 그가 아버지의 이기적인 주장에서 찾아오던 오랜 고통을 내려놓고, 동시에 그에게 자신의 과학적 통찰에 관한 내적 지지의 새로운 원천을 제공해 준 듯 보인다.

사실, 환생에 대한 믿음은 신동과 신동 출신들 사이에서 그렇게 기이한 신념은 아니었다. 많은 신동들을 조사해 본 터프츠대학교의 심리학자 데이비드 헨리 펠드먼David Henry Feldman은 이렇게 말했다. "신동들 사이에서는 과거의 세대나 시간과 연결되어 있다는 느낌이 마음 깊이 흐르고 있고, 자신의 놀라울 성취를 환생이라는 개념으로 설명하는 경우도 없지 않았다." 위너의 유명한 사례에 대해서는 알고 있었지만 스와미가 밝힌 내용에 대해 전혀 알지 못하고 있던 펠드먼은 신동들의 삶에서는 신비하고, 형이상학적이고, 이상한 상황들이 반복된다고 했다. 그가 조사했던 사람들은 전생에 살았던 영혼들의 다양한 영향력과 함께 전생의 경험에 대해 자기가 먼저 나서서 보고하는 경우가 많았고, 성장과 함께 이런 경험들은 희미해졌다.

위너는 자신의 과학 저술이나 자서전에서 환생에 대해 한 마디도 한 적이 없었지만 사회과학자들이 다른 신동들로부터 이런 패턴을 구별해 내기 몇십 년 전에 이미 스와미에게 자신의 신비로운 경험에 대해 생생하게 설명했었다.

"아, 우리는 그 부분에 대해 여러 번 얘기를 나왔죠. 하루는 그가 제 상담실로 와서 물었습니다. '스와미 선생님, 이 환생 이론에 대해 설명해 주시겠습니까? 어떻게 그런 일이 일어나나요? 선생님은 어떻게 생각하고 계십니까?' 그럼 제가 말했죠. '우리가 세상을 떠나도 우리의 정신적 잔재는 남아 있습니다. 지식, 경험, 잠재력 모두 남아 있죠. 그리고 다음 생에서 그것을 더욱 키워나가는 것입니다.'"

위너는 이런 설명을 불편하게 여기지 않는 듯했다.

스와미는 위너와의 개인적인 대화에서 있었던 다른 흥미로운 내용들도 기억하고 있었다. 그리고 위너가 매주 방문하면서 장난스럽게 이야기했던 경우도 기억했다. "그가 비서에게 이렇게 말하고는 했습니다. '스와미 선생님한테 수염쟁이 학생이 왔다고 좀 전해주세요.' 그리고 그는 찾아올 때마다 하루 종일 있다가 갔습니다. 여러 가지 내용에 대해 대화하는 것을 아주 재미있어 했으니까요."

하지만 위너는 들어올 때는 그렇게 장난스럽게 들어왔다가도 침울해지고, 불길한 예감으로 가득 채워지는 경우가 많았다.

스와미는 이렇게 말했다. "우리는 철학, 인간의 진보, 자동화의 잠재력 등에 대해 이야기했습니다. 그는 세상이 처해 있는 상황에 대해 그리 행복하지 않았죠. 그는 많은 것에 대해 비관적이었습니다. 미국 문화, 전 세계 문화의 경향 같은 것에 대해서 말이죠. 그는 이렇게 말했습니다. '가장 중요한 것은 사람들이 인간애의 필요성, 인간의 인간적 용도에 대해 이해하지 못한다는 것입니다.' 이것이 그에게는 너무도 중요했죠. 지금에 와서 보면 그가 예측했던 것들이 모두 눈에 보이고 있습니다."

스와미는 위너의 새로운 지식에 대해 긍정적으로 말하면서도 위너의 경고를 전했다. "1950년대 말 어느 날 그가 제게 말했습니다. '스와미 선생님, 이 컴퓨터들이 모든 사람의 뇌를 망쳐놓을 겁니다. 몇몇 사람이 그 컴퓨터를 프로그래밍하면 대중 전체가 기계적으로 그것을 따를 것입니다.'" 그는 컴퓨터화된 의사결정 시스템으로 전환되고 나면 시간이 지나면서 인간이 스스로 생각하고 의사결정을 내리는 능력이 침식될 것이라 위너가 걱정했던 것을 떠올렸다. "아시다시피 그는 그 부분에 관해서는 굉장히 솔직했습니다. 그는 이렇게 말했습니다. '사용하지 않는 것은 결국 잃게 됩니다. 컴퓨터는 엄청난 잠재력을 갖고 있지만 사람의 뇌를 망쳐 놓을 겁니다. 스와미 선생님, 당신은 살아서 다음 세기에 그것을 보겠지만 그때면 저는 여기에 없을 겁니다.'"

그와 위너의 대화는 십년 동안 이어졌고, 두 사람은 무거운 질문들에 대해 깊이 생각했다. 하지만 환생에 대해 엄숙한 대화를 나누었음에도 불구하고 스와미는 자신이 위너의 종교적 상담자이자 영혼의 조언자였다는 얘기에 대해서는 단호하게 부정했다. "저는 그에게 아무것도 조언하지 않았습니다. 우린 친구였어요. 친구로서 대화를 나눴죠." 위너는 스와미가 있는 자리에서 자신의 내적 혼란, 그의 감정의 폭풍, 혹은 그를 괴롭혔던 가족 내의 긴장에 대해 털어놓았던 적이 한 번도 없었다. 그리고 MIT 동료들과의 불화에 대해서도 입 밖에 꺼낸 적이 없었다. 스와미와 만날 때면 위너의 주파수는 더 높은 차원에 맞춰졌다. 하지만 위너가 MIT에서 인생을 헤치며 사는 동안 그의 주변을 떠돌던 조롱과 경멸에 대해서는 스와미도 잘 알고 있었다. 그는 그런 비난이 위너의 유명한 기벽에 대한 반응이 아니라, 그가 강인하고, 정직하고, 거침없으며, 가식을 경멸하고, 하찮은 정치공작에 끼어들기를 거부하는 사람임을 보여주는 증거라 여겼다.

스와미는 이렇게 말했다. "아시다시피 그는 직설적이었습니다. 굉장히 직설적이었죠. 저는 그를 따라 교수진 모임에 간 적이 있습니다.

사람들이 그를 피하더군요. 그가 항상 입바른 소리를 했기 때문에 사람들은 그를 두려워했습니다."

스와미는 위너가 항상 아이 같고 때로는 감정과 행동이 유아적일 때도 있다는 비판에 대해서도 답을 갖고 있었다. "유아적인 것이 아니죠. 정직한 사람들은 원래 그런 식입니다. 그가 아이 같고, 정직하고, 속임수를 모르는 사람이었다는 것은 말씀드릴 수 있습니다. 그는 그 어떤 숨겨진 동기도 없이 순수하게 사람들을 염려했어요. 그는 아이의 눈에만 보이는 것을 볼 수 있었죠."

세상 모든 종교의 조화를 역설하는 종교적 신념을 갖고 있던 스와미는 위너가 보편적 인본주의라 불렀던 인간에 대한 살아있는 신념과 개인적 철학을 존경했다. "그 영혼을 보면 노버트 위너는 생명에 대해 폭넓은 태도를 갖고 있는 사람이었어요. 편협하고 독단적인 태도는 없었죠. 나는 위너의 내면에서 위대한 인간, 문명화된 인간을 보았습니다. 위너가 위대했던 이유는 사람들을 염려하되, 그냥 이 사람만 염려하지 않고 모든 사람을 염려했기 때문입니다. 제가 볼 때는 그것이 바로 영성의 의미입니다. 그것이 바로 제대로 된 인간이 되는 것이죠."

스와미의 관점은 많은 사람이 잘 알고 있다고 주장했지만, 모두가 서로 다른 각도에서 묘사했던 한 남자에 관해 또 하나의 독특한 관점을 제공해 주었다. 맹인들이 코끼리의 모양을 설명하려고 애썼다는 오래된 인도 이야기가 코끼리 새끼에게 딱 적합해 보였다.

스와미는 이렇게 말했다. "그게 바로 노버트 위너였습니다. 그는 순수한 영혼이었어요. 저는 압니다."

그 우화를 언급하며 그는 사람들에게 정보 시대가 펼쳐지는 동안에도 위너의 연구와 경고를 계속 유념하고 있어야 한다고 촉구했다.

"아, 그가 우리에게 어떻게 경고했는지가 가장 중요한 부분입니다. 그는 우리에게 맹인이 되지 말라고 경고했어요."

* * *

위너의 가장 원초적인 신념에 대한 스와미의 통찰은 위너가 실제로 인류의 역사에서 결정적인 순간에 '이 지구 위에서 우리 인류가 존재를 이어가는 쪽으로 균형추를 기울이는 데 도움이 될지 모를 무언가'를 우리에게 말해주기 위해 나타난 보기 드문 옴니버스 신동 중 한 명이었다는 주장에 힘을 실어주었다. 하지만 위너의 영적인 믿음이 난데없이 나타난 것은 아니었다. 마이모니데스가 자신의 선조임을 발견하며 시작된 그의 동양 여행은 반세기에 걸쳐 이루어진 것이었고, 그는 이렇게 결론 내렸다. "단순한 유대인 출신을 넘어 어떤 의미에서 보면 동양은 우리 가문 전통의 일부였다." 회교도 공동체에서 존경 받는 삶을 살았던 유명한 선조를 둔 사람으로서 위너는 이렇게 물었다. "동양을 거부하고 서양에서만 배타적으로 자신의 정체성을 확인하려고 했던 나는 대체 누구였을까?"

그는 서양과 동양의 과학적 결혼을 열심히 추구했다. 그가 목적론과 순환적 인과관계에 친밀감을 느꼈던 것은 그의 사고방식이 서구적 논리보다는 동양적 사상과 더 양립하는 것이었음을 보여준다. 하지만 위너의 후예나 동료 중에는 그 어떤 종교에도 관심이 크지 않았던 이 신동 유대인이 힌두교 신앙의 핵심 교리인 환생을 진지하게 믿을 수 있었을 거라 상상한 사람은 없었다. 딸 바바라는 이렇게 말했다. "저는 못 믿겠어요. 아버지가 내가 전혀 모르는 삶을 살고 있었던 것이었다면 모를까." 더크 스트루이크 역시 대단히 회의적이었다. 그는 이렇게 말했다. "저는 위너에게서 그런 모습을 본 적이 없어요. 우리는 철학에 대해 이야기했습니다. 만약 그가 영적인 측면을 갖고 있었다면 제가 분명 알았을 겁니다." 하지만 위너가 그렇게 뛰어난 이유에 대해 물어온 MIT의 신학교수를 깜짝 놀라게 만든 사람이 바로 평생 공산주의자였던 스트루이크 자신이었다. "내가 그 교수한테 말했죠. 위너는 우리보다 신에 조금 더 가까운 사람이라고요."

자신이 인도 조상을 두고 있던 위너의 젊은 동료 아마르 보스는 사와미 사르바가타난다를 잘 알고 있었지만, 자기와 위너가 하루가 멀다 하고 만나던 그 시절에 위너가 스와미의 '수염쟁이 학생'이었다는 소식을 듣고는 깜짝 놀랐다. 뒤돌아보니 그도 위너의 여러 가지 얼굴들 사이에서 조금씩 스쳐 지나던 영적인 측면이 보였지만, 당시에는 전혀 눈치 채지 못하고 있었다.

보스는 이렇게 말했다. "조금씩 엿보이는 경우는 있었을지도 모르지만, 아마도 그는 자신이 그런 얘기를 꺼내면 사람들이 자기를 놀릴까 봐 겁이 났을 겁니다."

위너는 자신의 영혼과 관련된 문제는 혼자만 간직하고 있었지만 생명에 대한 자신의 철학은 세상에 내놓았다. 훗날의 집필에서 그는 새로운 기술 시대를 위해 "인간이 본성이 무엇이고, 인간의 내재적인 목적이 무엇인지" 새로이 설명하는 도전에 나섰다. 그는 생명과 조직화organization, 혹은 슈뢰딩거의 표현으로는 음의 엔트로피 사이의 근본적인 생물학적 관련성을 바탕으로 자연에서 가장 높은 형태의 조직화, 즉 인간의 본성에 도달하기 위해 정보에 대한 새로운 과학적 용어를 통해 인간에 대한 새로운 이미지를 구체적으로 기술했다. 생명의 정보를 간직하고 있는 DNA 분자의 구조가 발견되기 3년 전에 위너는 모든 생명이 조립되고 결국 인간이 등장하는 기원이 된 전례 없는 '조직화된 복잡성organized complexity'의 패턴으로 이루어진 무작위 물리적 우주의 등장과 함께 일어난 자연의 도약을 사이버네틱스의 용어로 기술했다. 위너는 이렇게 말했다. "그 조직화 패턴이야말로 우리의 개인적 정체성의 초석이다. 살아가는 동안 우리의 조직은 변화한다. 우리가 먹는 음식과 들이마시는 숨이 우리의 살과 뼈가 된다. 우리는 끝없이 흐르는 강물 속에서 나타나는 소용돌이 패턴에 불과하다. 우리는 머무르는 물질이 아니라 스스로 영속하는 패턴이다."

몇 년 후 자신의 두 번째 자서전, 『나는 수학자다』를 거의 다 써 갈 무렵 그는 삶의 의미에 관해 좀 더 심오하고 개인적인 진술을 했다. 몇몇 간결한 문단에서 그는 통신의 과정을 혼란의 우주를 조직화하는 힘이며, 개인과 사회의 삶에서 본질적인 것으로 보았다. 그는 전쟁의 공포 후에 폭넓게 퍼져 있던 비관론과 정신적 문제들에 대해, 그리고 1950년대 실존주의 철학자들의 암울한 관점에 대한 한 가지 해답으로 자신의 새로운 사이버네틱스 관점을 제시했다.

우리는 조직해체의 거대한 난류를 거슬러 헤엄쳐 오르고 있다. 여기서 우리의 주된 임무는 질서와 시스템의 자의적 영토를 세우는 것이다. 이것이 우리에게 가능한 최대한 승리이고, 과거에도 그래왔고, 앞으로도 그럴 것이다. 우리가 아무리 패배한다고 한들, 우리에게 무관심해 보이는 이 우주 속에서 잠시라도 존재할 수 있는 성공을 우리로부터 빼앗아가지는 못할 것이다.

이것은 패배주의가 아니다. 우리의 본질을 선언하고 무질서로 향하려는 자연의 압도적인 경향과 맞서 싸워 조직화의 영토를 구축하는 것은 신에게 거역하는 오만이자, 그 신들이 부과하는 냉혹한 필연성iron necessity이다. 여기에 비극이 존재하지만, 영광 또한 존재한다.

나는 이 모든 것을 통해 내가 실존주의자들의 비관주의에 무언가 긍정적인 것을 보탤 수 있었다고 믿는다. 나는 실존의 우울함을 폴리애나Pollyanna(천진하고 때묻지 않은 소녀가 어둡고 우울하던 마을에 생기를 불어넣었다는 이야기 - 옮긴이) 식 의미의 낙관주의 철학으로 대체하지는 않았다. 하지만 우주에 대한, 그리고 그 안에서 살아가는 우리의 삶에 대한 긍정적인 태도로 대체했다고 생각한다.

평생 사람을 무력하게 만드는 우울증으로 고통받았던 사람으로부터 나온 것이었음을 생각하면 인간에 대한 그의 개인적 철학과 새로운 해석에 대한 마지막 공식적 표현으로서는 아주 호소력 있는 긍정이었다.

위너는 『나는 수학자다』를 희망적인 분위기에서 마무리하고, 미래에 나올 자신의 작품을 내다보며 이미 자신의 인생 이야기 3편을 기대하고 있었다. 그 이야기는 '후폭풍'이라 부를 수밖에 없음을 그도 알고 있었다. "60세의 나이에도 나는 과학적 흥미가 사라지지 않았고 부디 내 과학적 성취도 여기서 끝나지 않기를 바란다. 과연 앞으로 나에게 허락된 세월이 얼마나 될지는 나로서도 알 수 없다. 하지만 지금도 나는 내 과학 경력이 아주 일찍 시작되기는 했지만, 아주 늦게까지 이어지리라 확신할 수 있다."

16장
어린 시절의 끝

> 우리 중 일부는 우리가 죽은 후에도 모든 인간들 사이에서, 그리고 모든 자연 곳곳에 퍼져서 살아남는다. 이것이 영혼의 불멸이다. 엄청나게 큰 영혼도 존재한다. 그런 사람은 죽은 후에도 최고의 삶을 살게 된다. 그의 영혼은 다가올 오랜 시간 동안 살면서 성장할 것이고, 따라서 우리에게 도달하는 데 오랜 시간이 걸리는 과거의 밝은 별 중 하나로서 수백 년 동안 빛나게 될 것이다.
> – 올리버 헤비사이드(맥스웰의 죽음에 관한 글)

위너의 첫 손자는 1949년 여름, 레오 위너의 생일에 태어났다.

바바라는 이렇게 회상했다. "아버지는 손자가 태어나자 정말 기뻐하셨어요. 그리고 제가 아이의 이름을 마이클 노버트라고 붙이자 정말 흥분하셨죠. 제 생각에 아버지는 자신의 후계자를 정말로 원하셨던 것 같아요."

이 두 노버트는 서로를 자주 보지 못한다. 어린 마이클 노버트 라이스벡Michael Norbert Raisbeck은 태어나서 첫 12년을 뉴저지에서 보냈다. 위너는 그 시간 중 상당 부분을 다른 나라에서 보냈다. 하지만 바바라와 토비는 위너가 뉴햄프셔 주에서 보내는 여름에는 아이들을 그곳으로 데려왔고, 바바라는 아버지가 자기와 이름이 같은 손자와 서로 잘 알고 지낼 수 있게 특별히 노력을 기울였다. 그녀는 이렇게 말했다. "그것이 두 사람 모두에게 중요한 일이라고 생각했어요."

위너가 어린 딸과 사우스탬워스의 다른 아이들과 함께 베어캠프 폰드에서 수영을 하고, 그 아이들을 데리고 화이트 산맥으로 활기차게 산행을 다니던 1930년대 이후로 위너의 여름 놀이는 변한 것이 없었다. 1960년대로 접어들면서 그의 걷는 속도는 느려졌지만 자신의 방랑벽, 그리고 어린 시절부터 돌아다녔던 완만한 산맥들에 대한 사랑을 손자에게 전해주면서 그는 가슴이 벅찼다. 마이클은 이렇게 기억했다. "할아버지와 저는 산책을 다녔습니다. 할아버지는 아주 느리게 걸었죠. 그리고 내가 나이를 먹으면서 할아버지의 체력은 더 나빠졌습니다. 할아버지는 체중도 많이 늘고, 혈압도 크게 높아져 있었죠. 할아버지는 그냥 아주, 아주 느리고, 조심스럽고, 편안한 속도로 걸으셨어요. 할아버지는 그것을 좋아하셨고, 저 역시 좋아했죠."

1950년대의 한여름 위너는 외국에 나갔다가 들어오는 길에 마이클의 넋을 빼놓을 멋진 선물을 가지고 들어왔다. 진짜 연료로 만들어진 작은 펠릿pellet(알갱이)을 태워서 움직이는 장난감 증기기관이었다. 이 장난감에는 작은 보일러, 작은 굴뚝, 그리고 꼭대기에 작은 조속기governor가 달려 있었다. 이 조속기는 제임스 와트James Watt가 산업시대의 여명기에 발명했던 오리지널 장치처럼 빙글빙글 돌았다. 위너는 뒤쪽 현관에 있는 낮은 탁자로 몸을 숙여 손자를 위해 엔진에 불을 붙여주었다. 네 살밖에 안 됐던 마이클은 이 원형의 사이버네틱스 장치가 얼마나 멋진 것인지 완전히 이해할 수 없었지만 50년이 지난 후에도 그 기억은 지워지지 않았다. 마이클은 이렇게 말했다. "그 증기기관이 기억납니다. 연료를 넣어주면 딸깍딸깍 소리를 내면서 조속기가 속도를 조절했어요. 정말 신나는 경험이었죠."

시간이 흐를수록 위너는 마이클과 세 명의 다른 손자를 볼 일이 점점 줄어들었다. 위너가 맥컬럭 집단과 결별하고 10년 동안 바바라와 부모와의 관계는 심각한 긴장 상태에 놓여 있었다. 1960년대 초에 토비 라이스벡은 기술자문회사에 일자리를 구해서 가족과 함께 보스턴으로 돌아왔다. 하지만 이 이사로 바바라와 어머니 사이의 긴장이 더 높아졌다. 어머니는 여전히 자기 딸을 희생양으로 삼아 위너와 그 주변 사람들을 통제하고 있었다. 심지어 한 번은 마거리트가 바바라의 자식들에게 바바라에 대해 맹렬히 비난하기도 했다. 그 바람에 아버지와의 관계도 악화되고 말았다.

위너는 전자공학연구실에 있는 맥컬럭의 연구실에서 제리 레트빈의 지휘 아래 나온 '개구리 눈' 논문에 큰 흥미를 느꼈다. 그는 세포 수준에서 일어나는 뇌의 인지 정보처리 활동의 아날로그 작용을 기술한 이 논문의 놀라운 발견에 큰 인상을 받았다. 이것은 위너가 뇌와 신경계에서 오래 전부터 상정했던 아날로그 기능에 새로운 차원의 작용을 보태주는 것이었다. 위너는 사이버네틱스의 생물학적, 신경학적 응용을 이해하는 데 있어서는 맥컬럭 그룹을 감히 따를 자가 없고, 자신의 과학을 공학과 기술 너머의 영역으로 확장하려는 마스터플랜에서 맥컬럭 그룹이 여전히 중요한 역할을 담당할 수 있음을 알고 있었다. 그래서 이제 그는 감정의 응어리를 풀 준비가 되어 있었다.

위너는 바바라에게 이런 생각을 말하며 반응을 떠보았다. 십 년 동안 소원한 관계로 보냈지만 그는 이제 맥컬럭과 화해를 하고 전자공학연구실에서 공동 연구를 다시 시작해 볼까 생각 중이라고 말이다.

맥컬럭 그룹이 바바라를 건드렸던 것에 대해서는 충분히 처벌이 이루어졌고, 적어도 과학을 위해서는 자기도 그들을 용서할 준비가 되어 있다고 믿은 위너는 자신의 계획에 대해 바바라의 의견을 구하며 딸에게 허락을 받으려 했다. 아버지와 딸 사이에 이런 조심스러운 대화가 오간 것만 봐도 위너와 맥컬럭 그룹의 결별은 MIT의 돈 문제나 후원자들로 인해 오염된 연구 자금과 관련된 것이 아니었다는 레트빈의 주장에 더욱 힘이 실린다. 맥컬럭 그룹에서 내놓은 혁신적인 논문을 보면 그 프로젝트가 육군, 공군, 해군, 그리고 위너가 지긋지긋하게 생각하는 벨연구소 등 위너가 매도해 왔던 악당 같은 정부와 기업들의 자금을 지원받아 이루어진 것이라고 분명하게 밝히고 있기 때문이다.

위너의 화해 계획을 듣고 바바라는 등골이 오싹했다. 그녀 역시 위너의 동료들, 특히 월터 피츠와의 우정이 그리웠다. 그녀는 자기라도 그들과 화해를 하고 싶어 맥컬럭 그룹 사람들과 관계 회복을 위한 조치를 했었지만, 접근을 거부당했었다. 이제 그녀는 만약 그 오랜 상처가 다시 열린다면 또 비난과 개인적인 공격이 일어나지 않을까, 그리고 다시 한 번 자신이 희생양이 되지 않을까 두려웠다. 위너는 바바라는 걱정할 일은 아무것도 없다고 말했다. 그는 맥컬럭과 그의 사내들에 대한 비난을 마거리트가 꾸며낸 것임을 여진히 모르고 있었고, 바바라 역시 자기 어머니가 다시 자신의 음모를 위해 자신을 희생양으로 사용했었다는 사실은 여전히 모르고 있었다. 나중에 위너가 다른 이들에게 자신의 계획에 대해 얘기해 보았더니 뒤섞인 반응이 나왔다. 그래서 결국 그는 버려진 자신의 옛 동료들과 결코 화해하지 않았다.

그리고 위너는 MIT와 어둡고 눅눅한 전자공학연구실의 복도를 고독하게 계속 떠돌아 다녔다. 수십 년 동안 MIT의 모든 문과 연구실을 찌르고 다닌 끝에 그는 '인스티튜트 교수Institute Professor'(독립적인 학문기관으로 대우하는 교수)라는 존중받는 자리에 임명됐다. 이 자리에 오른 그는 이제 더 이상 수학과에만 소속되지 않고, 학과의 경계를 완전히 넘나들 수 있게 됐다. 옴니버스 신동으로서의 그의 지위는 이렇게 공식적으로 인정받게 됐고, 그는 동료들에게 이제 자신이 '정통'이 되었다고 자랑스럽게 선언하며 MIT의 복도를 오고갔다. 아마르 보스는 이렇게 회상했다. "그가 사무실로 들어오자 제가 물었습니다. '그게 무슨 의미인가요?' 그러자 위너가 이렇게 말하더군요. '내가 이제 원하는 것은 뭐든지 할 수 있다는 의미. 그것이 내가 지난 50년 동안 해온 일이기도 하고.'"

위너의 65번째 생일이 막 지난 1960년 봄에는 MIT의 정책에 따라 위너는 은퇴를 해야 할 상황이었다. 하지만 위너에게 그것은 형식상의 절차에 불과했다. MIT에서는 그에게 은퇴식 저녁 만찬을 열어주었고, 그의 직함도 인스티튜트 명예교수로 바뀌었지만, 그는 MIT에서도, 사이버네틱스를 세상에 알리는 사절로서의 역할에서도 활발한 활동을 유지했다. 그는 이탈리아로 와서 나폴리대학교에서 가을 학기를 보내달라는 초청을 받았다. 나폴리대학교는 사이버네틱스 이론과 연구의 선두주자 자리를 MIT로부터 빼앗아온 상태였다. 위너는 몇 년 전 인도의 과학자들과 그랬던 것처럼 이탈리아와 유럽 곳곳의 과학자들과 함께 연구할 수 있는 기회를 반겼다. 그는 이 과학자들에게 그들이 주도하는 곳이 어디든 그곳에서 새로운 문제를 쫓을 수 있는 폭넓은 호기심과 진실성을 심어줄 수 있기를 희망했다.

그러다가 1960년 여름에 위너의 연구에 담긴 긍정적인 목적이 새로운 국제적 차원을 띠게 됐다.

***

처음에 소련은 사이버네틱스를 우호적으로 바라보지 않았다.

냉전 초기에 소련 당국이 과학에 부과했던 엄격한 이데올로기적 통제에 따라 소련 공산당 기관들은 위너의 과학을 노동자들의 처지를 기계의 연장이자 제국주의적 반응의 무기로 바꾸기 위해 부패한 서구에서 반포한 '부르주아적 타락'이라 규탄했다. 한번은 소련 정부에서 공산당 기관지 〈프라우다Pravda〉의 지면을 빌려 위너를 '자본주의의 전쟁광'이자 '기업가들의 시가를 피우는 노예'라 부르며 인신공격한 적도 있었다. 위너는 이 두 가지 인신공격을 좋아했다. 그는 소련에서 자신을 시가를 피우는 자본주의자로 묘사한 것은 절반만 맞는 말이라며 자랑하고 다녔다. 이런 날카로운 공격은 위너의 과학과 과학자들을 공식적으로 거부하는 오랜 전통의 일부로, 이런 전통은 스탈린 시대 초반에 시작해서 1948년에 유전학을 통째로 폐기했던 소련의 이데올로기 유전 학교인 리센코학설Lysenkoism(소련의 트로핌 리센코Trofim Lysenko가 획득형질이 유전된다고 주장했던 라마르크설의 한 가지 형태 - 옮긴이)의 촌극에서 정점을 찍었다.

1953년 봄에 스탈린이 사망하면서 소련 과학계에 대한 이데올로기 통제가 느슨해졌다. 그리하여 국제적 교류의 창이 열렸고, 사이버네틱스는 그 진공 속으로 쏟아져 들어온 신선한 공기의 첫 들숨 중 하나였다. 1년 안에 소련의 과학자들은 자기네 기관과 학술지에, 그리고 소련 경제와 사회 전반의 심각한 문제들과 씨름하고 있는 당중앙위원회 앞에서 사이버네틱스의 원리를 적극적으로 제안하기 시작했다. 그리하여 1958년 봄에는 사이버네틱스 과학위원회가 결성됐다.

이 새로운 과학은 척박한 소련의 토양에서도 번창했다. 공학자들은 컴퓨터와 자동화 기계를 생산하기 위한 단기 집중 프로그램을 시작했다. 생리학자와 의사들은 혁신적인 생물 사이버네틱스 응용장치들을 고안했다. 사회과학자들은 사이버네틱스의 원리를 공공행정의 문제와 소련의 헝클어진 사회 구조를 개혁하는 문제에 적용했다. 물리학자들은 사이버네틱스를 '말 그대로 물질 존재의 모든 형태에 열쇠를 제공해 주는 새로운 과학'으로 반겼다. 철학자들은 역사의 동력과 사회주의의 운명에 대해 새로운 사이버네틱스 관점을 공식화했다. 그 시기 소련의 과학역사 연구에서 선도적인 서구의 역사가였던 로렌 그레이엄Loren Graham에 따르면, "1960년대 초에 사이버네틱스의 적용 범위가 워낙 광범위하게 확대되다 보니 일부 소련의 학자들에게는 이 학문이 마르크스주의의 라이벌로 비쳤다." 그레이엄은 소련의 과학자들과 대중들 사이로 파고들었던 사이버네틱스의 파도를 추적하여 이런 결론을 내렸다. "소련의 역사에서 특정 과학 분야의 발달이 사이버네틱스처럼 소련 작가들의 상상력을 사로잡았던 순간은 없었다. 더 대중적인 글에서는 사이버네틱스의 효용성을 공산주의의 등장과 공산주의 혁명의 완성과 동일선상에 놓고 보기도 했다."

그리고 이 새로운 과학의 아버지인 위너는 소련 사이버네틱스 혁명의 영웅으로 추앙받았다. 1960년에는 그의 기술적 연구가 러시아어, 체코어, 폴란드어로 출판됐다. 그리고 그의 자서전들 및 미국의 군부와 기업에 대한 그의 신랄한 비판이 담긴 『인간의 인간적 용도』도 곧이어 유고슬라비아, 루마니아, 헝가리에서 국가 소유의 인쇄기를 동원해서 출판됐다. 위너를 시가를 피우는 미국 수학자라며 조롱했던 공산당 기관들도 이제는 사이버네틱스의 창시자를 소련의 철학자들이 비난하는 것은 범죄행위나 다름없다고 했다.

그리하여 당연히 위너에게 초대장이 날아왔다. 1950년대의 마녀사냥이 공식적으로 종료되고, 위너가 MIT에서 명예교수 자리를 받고 한 달 후인 1960년 6월에 위너는 나폴리대학교에서 가을 학기 교육을 담당하러 가기 전에 모스크바에 들러 '제어 및 자동화에 관한 제1차 국제회의'에서 강연을 하기로 한다. 그가 소련에 도착했을 때 환영행사가 열렸는데, 소련의 기준에서 보면 이것은 몇 년 후에 영국의 록밴드 비틀즈가 미국에 도착했을 때 받았던 환영에 버금가는 것이었다.

러시아에 한 달 머무는 동안 위너는 모스크바, 키이우, 레닌그라드에서 학회에 참석하고 강연을 했다. 그는 〈프라우다〉와 다른 공산당 기관지에 있는 기존의 적들로부터 스타 대우를 받았다. 그는 동구권에서 출판된 자신의 책에서 나온 첫 인세도 받았다. (그의 누적 수익은 러시아 루블화만 결제가 가능했는데 루블화는 서구에서는 가치가 없었기 때문에 대신 저렴한 러시아 캐비아와 샴페인으로 받는 조건을 받아들였다. 그는 이것을 뉴햄프셔에 있는 집의 지하저장고에 보관해 두었지만 별로 맛보지는 못했다.)

이제 소련 과학계의 국가 공인 실무자들 모두 위너를 러시아의 품에 끌어들였지만 위너는 모스크바 학회에서 자본주의자의 도구도, 공산주의자의 도구도 아니었다. 철의 장막 양쪽 진영에서 맹렬해지는 냉전에 익숙해져 있던 그는 균형감각을 잃지 않고 신중하게 언사를 골랐다. 그는 언제나처럼 새로운 과학과 그 기술들을 옹호하면서 그 잠재력에 환호하고, 그 위험에 대해서는 미리 경고했다. 그리고 그는 그로 인한 결과에 대해서는 양쪽 진영의 권력자 모두에게 책임을 물었다.

위너는 서쪽에서 그랬던 것처럼 동쪽에서도 이렇게 목소리를 높였다. "과학은 정치적 이데올로기의 편협한 제약에서 자유로워야 한다."

위너는 '자유 기업 체제와 이윤 동기 경제'를 추구하는 진영과 프롤레타리아 독재와 마르크스주의와 공산주의를 슬로건으로 하는 진영, 이렇게 냉전 양쪽 진영의 과학자와 관료들에게 장치 추종자들과 권력 추종자들이 인간의 생존에 가하는 위협에 대해서 경고했다. 하지만 그의 날카로운 경고도 동쪽에서 그의 과학의 발전 속도를 늦추지는 못했다. 위너가 방문한 다음 해에 열린 22차 당대회에서 당중앙위원회는 사이버네틱스를 '공산주의 사회 창조의 주요 도구 중 하나'로 지지했고, 소련의 수상 흐루쇼프Nikita Khrushchev는 개인적으로 이렇게 단언했다. "생산, 연구, 계획, 회계, 통계, 국가 경영 문제에 있어서 사이버네틱스의 응용분야를 더 폭넓게 조직화하는 것이 시급하다."

위너의 네덜란드 공산주의자 친구 더크 스트루이크는 위너의 모스크바 행군 이후에 이렇게 말했다. "내가 알기로 러시아를, 그것도 단독으로 정복한 사람은 위너밖에 없다."

* * *

서구의 과학자들은 소련의 사이버네틱스 프로그램의 범위에 충격을 받았다. 일군의 영국 과학자들은 1960년 학회에서 돌아온 후에 자동화에서 소련이 이룬 업적에 깜짝 놀랐으며, 소련의 프로그램이 서구의 모든 프로그램을 넘어섰다고 인정했다. 소련이 위너에 대해 새로이 애정을 갖게 된 것에 대해 미국 정부에서도 모르고 넘어갈 리 없었다. MIT에서 활동하던 FBI의 정보원들은 미국을 방문한 소련 과학자들이 위너에게 『사이버네틱스』를 러시아어로 번역한 『쿠에프헤무아KuepHemua』를 건네주었을 때도 지켜보고 있었다. 그리고 1960년대 초에는 사이버네틱스에 대한 소련의 애정 행각이 CIA의 관심을 끌었다. 위너가 모스크바에 있는 동안 CIA의 국외정보부에서는 CIA 관료들이 '소련 사이버네틱스'라 부르는 눈덩이 효과를 추적하고 있었다.

한동안 CIA의 과학정보국에서 일하는 소련 전문가 존 포드John J. Ford가 이끄는 CIA 정보분석팀이 동구권에서의 사이버네틱스의 폭발적 확산을 감시해 오고 있었다. 서구는 소련의 과학적 진보에 두 번에 걸쳐 허를 찔렸다. 한 번은 1949년에 이루어진 소련 최초의 핵폭탄 기폭 실험이었고, 두 번째는 1957년에 최초의 지구 궤도 인공위성 스프투니크Sputnik 호를 깜짝 발사한 것이었다. 미국 정부는 다시 방심하다가 허를 찔리고 싶지 않았다. 스프투니크 호가 하늘로 올라간 그 해에 포드는 자신의 자원을 구축해서 소련에서의 사이버네틱스 발전에 대한 정보를 수집하기 시작했다. 케네디 행정부가 워싱턴에서 권력을 차지할 즈음에는 핵무기의 확산으로 냉전이 최대로 위험한 시기에 진입해 있었고, 포드는 이미 '소련에서 사이버네틱스의 의미'에 관해 일련의 정부 내부 보고서와 기밀 정보 제안서를 돌리고 있었다.

동구권 내의 기관 자산으로부터, 소련 정부의 출판물과 과학기술 학술지로부터, 그리고 산업, 정부, 노동, 금융, 학계에서 익명의 정보원으로부터 취합한 포드의 방대한 데이터베이스는 놀라운 이야기를 전하고 있었다. 포드는 소련의 사이버네틱스 개념이 미국에서 통용되는 의미보다 훨씬 광범위하다는 것을 알게 됐다.

포드에 따르면 소련 사이버네틱스 위원회는 사이버네틱스 방식을 이용해 '새로운 공산주의 인간'을 훈련시킬 광범위한 실험적 프로그램의 윤곽을 도출해 냈다. 위원회의 17곳의 기술 부문과 수천 개의 하위 부문은 100개의 연구 개발 시설을 사이버네틱스 프로젝트에 할당했다. 그리고 소련이 산업 자동화 부분에서 힘찬 걸음을 내딛고 있는 동안 한편에서는 경제의 최적화된 통제를 위한 사이버네틱스 기술을 개발하고, '생각하는 인공두뇌장치thinking cybernatons'를 통한 서비스 기술의 혁명을 계획하고 있었다.

컴퓨터 기술에 있어서는 서구가 압도적 우위를 차지하고 있다는 것을 포드도 알고 있었지만 소련이 그 간격을 좁히고 있다는 조짐이 그의 눈에 들어왔다. 심지어 그는 소련에서 인터넷 스타일의 전국 정보망, 즉 '통합 정보 네트워크'를 개발할 계획을 세우고, 소련 전역에서 산업 활동과 경제 활동을 조율하기 위한 프로젝트가 이미 진행 중임을 밝혀내기도 했다. 포드는 과연 사이버네틱스가 소련의 경제적, 사회적 병폐를 모두 치료해 줄 수 있을지 확신할 수는 없었지만, 새로운 정보가 그의 레이더에 포착될수록 그가 초기에 느꼈던 자신감은 점점 우려로 변해갔다.

1년 후에 또 다른 기밀 보고서에서 포드와 그의 팀은 소련 사이버네틱스의 범위 확장에 대해 미국 정부에 경종을 울렸다. 이 126쪽짜리 보고서는 소련이 사이버네틱스를 위한 마스터플랜을 운용 가능한 것으로 만들기 위해 신속하게 행동에 나서고 있으며, 방위, 우주 비행체 유도, 도시 계획 등의 다양한 영역으로 활동을 확장하고 있음을 보여주었다. 소련은 위너가 꿈으로만 꾸었던 것을 달성하기 위해 나가는 중이었다. 사이버네틱스의 여러 가지 파생 분야와 하위 분야, 그리고 모든 새로운 통신과학과 제어과학을 '사이버네틱스'라는 하나의 이름 아래 통합하는 것이었다. 더욱 거대한 소련의 프로그램은 자동화 기계와 전국적인 통신 네트워크의 생산을 인공지능 — 소련에서는 인공지능을 '자동지능autointelligence'이라 불렀다 — 이라는 새로운 분야의 야심찬 연구개발 프로그램과 결합시켜 놓았다.

이 보고서는 또한 소련의 사이버네틱스 학자들이 혼돈 이론과 복잡성 이론의 초기 과학에 대한 연구를 시작했고, 폰 노이만 스타일의 세포 오토마타 설계를 위한 계획도 수립했음을 보여주었다. 그리고 보고서는 위너가 강한 흥미를 느끼는 분야인 의학에서 폭발적으로 활동이 증가하고 있다는 것도 밝혀냈다. 여기에는 동구권에서 전쟁에서 살아남은 수백만 명의 부상자들의 지속적인 수요를 충족시키기 위한, 사이버네틱스를 통해 강화된 새로운 세대의 보철 장비 개발도 포함되어 있었다. 시각장애인을 위한 자동 독서 기계, 보철 팔다리, 그리고 '사이보그cyborg'로 알려지게 될 사이버네틱스 기관cybernetic organs 등은 이미 그 원형이 전시되어 있었다. 심지어 소련은 인간-기계 상호작용에 관한 연구를 통해 위너의 가장 큰 사회적 관심사인 '사이버네틱스 기술이 인간에게 미치는 영향', 그리고 자동화의 심리적, 사회적 영향도 다루고 있었다.

CIA의 평가에 따르면 소련 프로그램의 장기적인 목표는 사이버네틱스의 원리와 기술을 이용해서 소련의 시스템을 사회적 진화의 더 높은 단계로 끌어올리고, 이것을 쿠바, 베트남, 동독, 북한을 비롯해서 소련의 영향력 아래 있는 모든 국가로 확장시키는 것이었다. 소련 사이버네틱스 위원회의 장은 다음과 같이 주장했다. "이런 방식을 통하면 사이버네틱스의 방법론은 자본주의 체제보다 우월한 사회주의 체제의 근본적인 장점을 완전히 실현하게 될 것이다."

포드와 그 동료들은 '군사 사이버네틱스' 혹은 '지휘통제'가 특히 걱정스럽다고 경고했다. 하지만 포드가 보기에 소련 사이버네틱스의 가장 위협적인 발전은 전략적 발전이 아니었다. 사이버네틱스 이론에서 소련의 진보는 위너, 맥컬럭과 피츠, 폰 노이만의 창립 연구 이후로 미국 과학자들이 대체로 무시해 온 주제였다. 하지만 소련의 발전을 보면 소련이 머지않아 사이버네틱스를 실용적인 문제에 적용하는 부분에 있어서 새로이 도약을 할 것이고, 그럼 소련이 차츰 응용과 관련된 특정 영역에서 우위를 차지하고, 컴퓨터 기술에서 현재 서구가 일시적으로 누리고 있는 주도권이 약해질지도 모른다는 뚜렷한 조짐이 드러나고 있었다.

소련의 철학자들은 사이버네틱스 세계관을 통째로 개발 중이었고, 실용적으로 접근하는 사람들은 젊은 컴퓨터 프로그래머 2백만 명 배출을 목표로 하는 소련 전역의 특수 기숙학교에서 이미 '미래의 신 소련인'의 원형을 만들어내고 있었다. 포드의 팀은 소련이 경제와 군사 분야에 적용할 새로운 계열의 디지털 컴퓨터 생산을 시작했고, 소련의 인공지능 연구자들이 미국의 연구자들이 답하지 않고 방치해 두었던 일련의 의문에 대한 해법을 찾기 위한 여정을 시작했음을 확인했다.

대부분의 실용적 적용에 있어서 소련이 여전히 미국보다 한참 뒤처져 있다는 것은 포드도 인정했다. 하지만 그는 전 지구적 영향력을 가진 초강대국 사이에서 격화되고 있는 사이버네틱스 경쟁에서 서구가 현 상태로 안주했을 때 생길 위험에 대해 경고했다. 그는 많은 소련인이 동구와 서구의 경쟁에서 소련의 사이버네틱스 프로그램이 결정적인 역할을 하리라 믿고 있음을 강조했다. 그리고 사이버네틱스 프로그램이 전 세계의 개발도상국들이 따를 모형 역할을 할 것이고, 미국의 정책에 적대적인 방향으로 미래의 발전 경로에 영향을 미치게 되리라는 그들의 관점에 포드도 동의했다.

포드는 비관론자도 아니고 반공산주의자도 아니었지만 CIA 고위층이 자기 팀의 발견을 진지하게 여기지 않는 것을 보고 걱정이 많아졌다. 케네디 행정부 초반에 그는 대통령의 동생인 로버트 프랜시스 케네디Robert F. Kennedy 법무장관과 그의 핵심집단 사람들과 주기적으로 만나 소련의 사이버네틱스에 대해 논의하고, 미국의 정책 입안자들이 동구와 서구의 사이버네틱스 격차를 좁히기 위해 취할 수 있는 조치에 대해 고려했다.

1962년 10월 15일 저녁에 포드는 케네디의 사유지와 다른 행정부 관료들의 집에서 열리는 히코리 힐 세미나Hickory Hill seminar에서 특별 연사로 나섰다. 그날 밤의 세미나는 국방장관 로버트 맥나마라Robert S. McNamara가 주최했고, 로버트 케네디를 비롯한 다른 정부 고위 관료들이 참석했다. 하지만 포드의 강연이 진행되던 도중에 CIA의 또 다른 요원이 더 긴급한 정보를 가져오면서 포드의 발표가 중간에 끊기고 말았다. 그 정보는 쿠바에 소련의 핵미사일이 존재하는 것을 확인해 준 최초의 공중정찰사진이었다.

그 때까지 포드의 발표에 대한 케네디의 반응은 대단히 긍정적이었고, 다른 참가자들 역시 그 내용에 흥미를 느끼고 더 많이 알고 싶어했다. 하지만 쿠바로부터 최신 소식이 도착한 그날 밤, 미국 사이버네틱스 프로그램에 대한 정부의 지원을 이끌어내려던 포드의 비공식적 계획은 두 초강대국 사이의 미사일 위기가 펼쳐지는 동안 미국의 다른 모든 사업과 함께 모두 중단되고 말았다.

* * *

냉전이 정점을 찍던 그 시절에 포드는 학계, 산업계, 정부에서 광범위한 연락망을 구축했지만, 위너와의 공식적, 비공식적 연락은 한 번도 없었다. 그는 FBI의 '수사 과정에서 어떤 식으로든 FBI 요원이 접촉해서는 안 될 인물'의 목록에 남아 있었기 때문이다. 대신 그는 위너와 함께 연구한 적이 있는 MIT 사람들, 그리고 사이버네틱스의 다른 전문가들과 만났고, 소련이 사이버네틱스 경주에서 승리하고 있다는 자신의 염려를 공유하는 사람들과 워싱턴에서 기술자문과 정부관료들로 비공식적 토론집단을 조직했다.

하지만 이렇게 선발된 사람들이 아닌 그 밖에서는 미국의 과학과 기술에서 일어난 다른 발전이 사이버네틱스보다 훨씬 뜨거운 관심을 끌고 있었다.

케임브리지에서는 게슈탈트 훈련을 받은 심리학자이며, 위너가 참석한 마지막 메이시 학회에서 발표자였고, 위너가 개최한 화요일 저녁 식사 모임의 충실한 지지자였던 조셉 리클라이더Joseph C. R. Licklider가 기계와 인간이 함께 참여하는 공동사업의 새로운 시스템 접근방식에 대한 위너의 요청에 반응해서 자체적으로 연구를 진행하고 있었다. 링컨 연구소에서 그는 SAGE 방공네트워크를 위한 최초의 인간-컴퓨터 인터페이스의 작성을 도왔다. 그리고 1960년에는 컴퓨팅과 인공지능에 대한 최신의 개념들을 결합해서 네트워크로 연결한 컴퓨터로 구성된 전 세계적인 슈퍼 공동체 안에서 인간과 기계가 공생관계로 함께 일하는 새로운 비전을 담아내는 역사적인 논문을 발표했다. 2년 후에 리클라이더는 자신의 비전을 결실로 맺기 위해 워싱턴으로 갔다.

쿠바 미사일 위기와 같은 달인 1962년 10월에 리클라이더는 국방부 산하 미국고등연구계획국ARPA에 새로 생긴 정보처리기술부의 책임자로 뽑혔다. ARPA는 소련의 스푸트니크 호 발사에 대응해서 전시에 활동했던 과학 연구 및 개발 사무국OSRD을 모델로 삼아 군에 의해 소집되었다. ARPA에서 리클라이더는 군을 위한 새로운 전 세계 지휘통제 컴퓨터 네트워크를 고안하기 위해 연간 1,200만 달러를 지원받아 미국 곳곳의 과학자들에게 나누어 주는 역할을 맡게 됐다. 1963년 3월에 그의 사무실에서는 대화형 시분할 네트워크 개발을 위해 MIT의 정보 이론학자 로버트 파노Robert Fano와 리클라이더의 SAGE 프로그래밍 동료 올리버 셀프리지가 감독하는 MIT의 새로운 '프로젝트 맥Project MAC'에 230만 달러를 제공했다. 몇 년 후에 이 대화형 시분할 네트워크는 최초로 구현된 인터넷의 모체인 아르파넷ARPAnet으로 탄생한다.

새로운 컴퓨팅 네트워크의 '지능형 보조물'을 제공하기 위해 ARPA에서 프로젝트 맥에 처음 제공한 지원금에서 1백만 달러는 MIT의 새로운 인공지능 연구소로 전달되었다. 이어서 더 많은 자금이 흘러들어가 그 후로 10년 동안 리클라이더와 그의 후임이 스탠퍼드의 새로운 AI 연구소, 카네기멜론대학교Carnegie Tech, 랜드회사, 그리고 다른 10곳의 인공지능 연구센터에 지원한 액수와 함께 해당 분야에 총 거의 1천만 달러 정도가 투입되었다. 이런 넉넉한 지원금을 통해 인공지능 연구를 국가적으로 뒷받침하게 됐고, 새로운 분야를 본격적인 과학 사업으로 세워주었다.

마빈 민스키는 군의 제한 없는 지원금과 ARPA의 파이프라인을 통해 꾸준히 흘러들어오는 MIT 인력 덕분에 전성기를 맞게 되었다. 당시 MIT에 있는 그의 인공지능 연구소는 ARPA의 넉넉한 지원금 덕분에 크게 번창했었다. "리클라이더는 워싱턴으로 갔습니다. 그는 나와 아주 친한 친구였기 때문에 어느 날 파노와 제가 그곳으로 가서 그와 대화를 나누었죠. 그가 말했습니다. '우리는 시분할 시스템이 필요해요. AI를 하는 큰 프로젝트를 시작하면 어떨까요? 저는 1년에 300만 달러를 받아올 수 있어요.' 이것을 제자 출신 학생이 관리하고 있었고,

10년 동안 그 중 한 명이 싫증이 나면 다른 박사후 과정 사람을 거기에 대신 보내면 됐어요. 아주 천국이었죠. 아무런 제한도, 위원회의 간섭도 받지 않는 자기 학생이 운영하는 아주 인심 후한 기관이었죠. 물론 그 많은 돈을 다 쓸 방법도 없었기 때문에 우리는 기계들을 만들었고, 그 후로 몇 년 동안 저는 프로젝트를 두고 어느 쪽에 자금을 지원할지에 대해 어려운 결정을 내릴 필요가 없었습니다. 그냥 모두 진행하면 되니까요."

컴퓨터 네트워크와 인공지능 연구에 막대한 지원금이 쏟아지던 그 기간 내내 ARPA에서 사이버네틱스 분야 연구에 지원한 돈은 없었다. 하인츠 폰 푀르스터는 일리노이대학교에 새로 만든 생물학적 컴퓨터 연구소 때문에 항상 지원금이 필요한 상태였지만, ARPA와 인공지능이 무대에 등장하고 '인공지능'이 미국 과학관료들 사이에서 새로운 유행어로 자리잡고 난 이후로는 사이버네틱스 연구에 대한 관심이 차갑게 식는 것을 지켜보았다.

폰 푀르스터에 따르면 미 군부가 인공지능을 끌어안고, 소련에서는 사이버네틱스를 끌어안은 것이 미국의 사이버네틱스 학계에게는 커다란 불운이었다고 한다. 당시는 이데올로기 갈등이 첨예하던 시절이었기 때문이다. "사람들은 최대한 빨리 사이버네틱스를 몰아내고 싶어 했습니다. 사이버네틱스를 억압한 것은 아니었지만 무시하면서 모든 자금을 인공지능이든, 천연지능이든 지능intelligence 쪽으로 쏟아붓기 시작했죠." 폰 푀르스터는 냉전 시대의 첩보 활동의 중요성에 새로이 눈뜬 정부의 자금 지원 기관들과 접촉했을 때 그들의 태도를 이렇게 설명했다. 그는 인공지능에 대해 이렇게 말했다. "나는 그 사람들과 거듭 대화를 하면서 이렇게 말했죠. '인텔리전스intelligence라는 용어를 잘못 이해하고 계신 겁니다(intelligence는 지능이라는 의미로도 쓰이고, 첩보 혹은 정보라는 의미로도 쓰이는데 정부기관에서 인공지능의 intelligence를 첩보의 의미로 잘못 이해하고 있음을 지적하는 말이다 - 옮긴이).' 그럼 그 사람들은 이렇게 말했습니다. '아니요, 아닙니다. 우리가 어디에 자금을 지원하고 있는지 정확하게 알고 있습니다. 바로 첩보(intelligence)죠!'"

시간이 지나면서 폰 푀르스터가 과학 연구지원금을 받으러 돌아다니는 곳마다 사이버네틱스와 인공지능은 각각 냉각 버튼과 가열 버튼이 됐다. "일리노이대학교에서 인공지능으로 불리지 않는 큰 프로그램을 진행하고 있었죠. 그 프로그램은 사이버네틱스로도 부르고, 인지 연구로도 불렀지만, 가는 곳마다 이런 소리를 들었습니다. '보세요, 폰 푀르스터, 당신이 인텔리전스 쪽으로 관심을 두지 않는 한 우리는 자금을 지원할 수 없어요.'" 폰 푀르스터는 생각이 꽉 막혀 있고, 사이버네틱스와 그 과학적, 사회적 가치를 이해하지 못하는 연방 관료와 기관들을 비난했다. 그와 달리 여러 국가, 특히 소련의 과학자와 정부는 사이버네틱스에 열광했다.

폰 푀르스터가 들려준 이야기는 1960년대 초부터 한편으로는 미국 과학계의 내부 정치 때문에, 한편으로는 과학과 기술 분야에서의 냉전 경쟁 때문에 미국의 사이버네틱스 연구가 내리막길을 걷게 되리라는 전조였다. 폰 푀르스터는 이렇게 말했다. "거의 사망 선고였죠. 사람들은 이렇게 말했습니다. '사이버네틱스에서 벗어납시다. 그것이 미국적 사고방식을 약화시키고 있으니 말입니다.'"

오랫동안 위너는 새로운 과학을 군사적 목적에 사용하는 것을 비난하면서 그런 활동을 보이콧해 왔다. 그런데 이제 그의 과학은 신, 그리고 미국 과학 귀족들에게 응징을 받고 있었다. 외국의 땅에서 성공을 거둔 것에 대해, 그리고 그 창립자가 지금까지 보여준 반항적인 말과 행동에 대한 대가를 치르는 것이었다.

* * *

공식적인 결정에 대해 상황을 잘 알 수는 없었지만 결코 그런 결정에 무관심하지는 않았던 위너는 계속해서 독자적인 길을 걸어갔다. 60대에 접어든 그의 초점은 어린 시절에 처음 느꼈던 본능, 즉 고통받고 불구가 되는 것에 대한 공포, 그리고 그가 전쟁 후에 일차적 해결 과제로 삼았던, '자신이 연구했던 전쟁 무기로 인해 발생한 손상을 회복하는 것'으로 되돌아갔다. 그가 제롬 위즈너와 진행했던 첫 번째 프로젝트는 말을 촉각으로 전환해서 청각장애인이 말을 들을 수 있게 해주는 '듣는 장갑hearing glove' 개발이었지만 위너가 맥컬럭과 위즈너와 결별하는 바람에 늪으로 빠져들고 말았다. 하지만 사이버네틱스로 인해 가능해진 새로운 전망이 계속해서 그의 상상력을 자극하고 있었다. 사람 신경계의 전기 신호와 공생적으로 작동하는 전자 '감각 보철물'을 설계하는 것이 바로 그것이었다. 그러다 어느 날 위너는 또 한 번의 도약을 하게 되고, 이것이 인류에 공헌하는 그의 마지막 대규모 사이버네틱스 프로젝트로 이어졌다.

위너는 소련에서 돌아오고 1년 후인 1961년 9월에 7번 건물에서 이동하다가 계단에서 굴러서 엉덩이뼈 골절로 결국 강 건너 매사추세츠 주립 종합병원에 들어가게 되었다. 의사들은 위너가 자기네 병원에 와서 치료를 받고 있는 것을 보고 자기들에게 굴러들어온 이 행운을 믿을 수 없었다. 이 병원 최고의 정형외과의사들이 최근에 모스크바에서 소련 사이버네틱스의 첫 승리를 목격하고 돌아온 상태였다. 전자장치로 구동되고 센서, 서보기구, 그리고 다른 사이버네틱스 메커니즘에 의해 정교하게 제어되는 보철손을 보고 온 것이다. 한 의사의 말에 따르면 이 미국 의사들은 그 시연을 보고 한 번 충격을 받고, 소련인들이 하는 말을 듣고 또다시 충격을 받았다고 한다. "당신들도 이것에 대해서는 당연히 다 알고 있겠죠. 이 아이디어들 모두 위너에게 들은 것이니까요." 이 의사들은 위너가 어디 있는지 찾아내서 자기네 보철 개발 프로젝트에 그를 반드시 참여시켜야겠다고 단단히 마음을 먹고 돌아왔는데, 막상 돌아와 보니 그가 자기네 병원 VIP 병동에 누워 있는 것이었다. 아마르 보스는 이렇게 회상했다. "짜잔! 그가 이미 포로로 잡혀와 있었던 것이죠. 의사들이 그에게 모여들어 물었습니다. '저희가 소련에서 보고 온 게 다 뭡니까?' 그러자 위너가 말하기를 자기가 10년 전에 이미 그들에게도 다 말해주었던 것이라고 했죠."

실제로 1950년대 초반에 위너는 하버드의대에서 의학에서 전자공학의 미래에 대해 강연을 한 적이 있었다. 그는 기계식 사지나 철폐iron lung(철제 호흡 보조장치 - 옮긴이) 같이 수동적으로 작동하는 원시적인 생체장치를 더 이상 사용할 필요가 없다고 말했다. 그는 신경말단이 잘려나간 경우에도 팔다리나 폐로부터 살아있는 전기 신호를 포착해서 그것으로 지능형 전자장치를 제어할 수 있다고 설명했다. 보스는 이렇게 회상했다. "당시에 MIT에서 온 몽상적인 수학자들의 미친 소리라며 그를 무시했었죠." 하지만 10년이 지나서 소련의 보철손을 보고 온 후에는 당시 그 자리에 있었던 의사들 중 일부가 뒤늦게 반응을 보였다. 이들은 위너의 침대 곁에서 그를 지켜보며 그냥 보철손이 아니라 높은 위치에서 팔이 절단된 사람들을 보조해 줄 보철팔을 만드는 프로젝트를 진행하게 도와달라고 요청했다.

보스는 그 자리에 없었지만 그 이후에 일어나는 사건들에서 단순한 목격자 이상의 역할을 하게 된다. 그는 앞서서 위너가 몇몇 공동연구에 그를 징집했던 경우와 똑같은 방식으로 '보스턴 팔 프로젝트Boston Arm project'에 끌려 들어간다. 그는 그때를 이렇게 기억했다. "매사추세츠 주립 종합병원 외과의사 몇 명이 제게 전화를 해서 이렇게 말하더군요. '이번 주에 첫 모임이 잡혔습니다.' 그래서 제가 말했죠. '무슨 모임이요?' 그러니까 그 사람들이 이렇게 말하더군요. '무슨 말씀이십니까? 선생님이 모임의 장을 맡으셨는데! 그제야 저는 위너가 저를 추천했다는 것을 알게 됐습니다."

침대맡에서 자기가 신뢰하는 박사후 과정 연구원과 새로운 팀을 구성한 위너는 최초의 사이버네틱스 팔을 위한 구체적인 설계를 내놓았다. 그가 구상한 장치를 보면 끈으로 착용자에게 부착된 보철팔은 전기 센서를 이용해서 절단부 위쪽 지점의 팔 피부에서 발생하는 신경 흥분을 포착한다. 기계장치와 전자장치는 생체공학적으로, 즉 환자의 생각만으로 제어되고, 피드백 훈련을 통해 점진적으로 가다듬어 나가게 된다. 보스는 이 프로젝트를 감독하면서 의사, 전기공학자, 생물학 기술자로 구성된 연구진을 형성 단계부터 이끌었다. 연구 시설은 매사추세츠 주립 종합병원, MIT, 하버드의대에서 제공했고, 보스턴에 본사를 둔 리버티뮤추얼보험회사에서 추가로 자금을 지원했다. 이 회사는 자기네 보험 상품에 가입된 많은 장애 노동자들을 대표해서 이 프로젝트에 큰 관심을 나타냈다.

2년의 연구와 개발 끝에 연구팀은 첫 장치 테스트를 준비하고 있었는데 하버드에서 프로젝트에 늦게 합류한 한 젊은 의사가 보스를 한쪽으로 데려가 말했다. "그가 말했죠. '위너가 이 일에 관한 비밀을 누설하고 있어요. 선생님이 그에게 가서 더 이상의 누설은 곤란하다고 말씀하셔야 할 것 같습니다. 프로젝트에 안 좋은 영향을 미칠 수 있어요.'" 그래서 보스는 그 의사의 요청을 받아들였다. "제가 위너에게 갔더니 그는 꼭 아이 같았습니다. 너무 미안해했죠. 그가 말했습니다. '누군가에게 이 이야기를 했는지 기억은 안 나지만, 아마 하긴 했을 거야. 정말 미안하네.' 나중에 보니 그는 누구에게도 이야기를 꺼낸 적이 없었습니다. 하지만 이 의사는 스스로 발표할 수 있기 전까지는 위너가 모든 것을 참아주기를 바랐던 것이죠."

마침내 그 날이 찾아왔다. 보스는 이렇게 회상했다. "우리는 실제로 팔을 만들어냈고, 높은 위치에서 팔이 절단된 환자도 찾아냈죠. 우리는 그 팔을 환자에게 부착했습니다. 그 반응이 생생하게 기억납니다. 그 사람은 자리에 앉아 있었고, 팔이 올라왔습니다. 그 사람이 펄쩍 뛰면서 말했죠. '맙소사, 팔이 나를 쫓아와요!' 하지만 10분 정도가 지나자 그 사람도 그 장치를 무리없이 착용할 수 있었습니다." 연구진은 신이 났다. 특히 그 중에서도 위너가 제일 신났다.

그러다 1963년 12월에 이 프로젝트에 대한 언론의 첫 보도가 〈새터데이리뷰 Saturday Review〉에 등장했다. 이 기사는 위너에 대해서는 관련된 초기 이론들을 발표했던 사람이라며 지나가듯이 언급했고, 대신 하버드대학 출신으로 리버티뮤추얼 소유의 병원에서도 일했던 그 젊은 의사의 이름을 지목하며 '과학적인 관점에서 볼 때 위너의 이론을 현실화한 공로로 칭송을 받을 자격이 있는 사람'이라고 했다. 보스는 이런 무시에 대해 위너가 침묵으로 반응했던 것을 떠올렸다. "제가 그 잡지를 위너에게 갖다 주었습니다. 그가 그 기사를 전부 읽고는 옆으로 치워 놓더군요. 단 한 마디도 하지 않았습니다. 비판도 없고, 아무 말도 없었죠."

보스는 보철팔을 처음 공개 시연했을 때 뒤따라온 언론의 흥미 위주 보도를 기억했다. "〈뉴욕 타임스〉에 나온 보도를 보니 모든 것이 이 의사의 공이라고 설명하고 있더군요. 그건 거짓말입니다. 그 사람은 프로젝트에 아무것도 기여한 것이 없었어요. 마지막 날에 그 자리에 있었을 뿐입니다. 우리가 사람에게 전극을 장착해서 작동시켰을 때 그가 언론을 데리고 등장해서 사진에 찍힌 거죠."

보스턴 팔 프로젝트의 마지막 장은 과학계의 배신과 기업의 음모에 대해 다룬 위너의 소설 『유혹자』의 한 장면처럼 펼쳐졌다. 몇 년 후에는 최초의 착용 가능한 보철팔인 '보스턴 팔'에 특허가 나서 리버티뮤추얼에 양도됐다. 리버티뮤추얼에서는 그 장치를 제조해서 마케팅을 진행했다. 이 프로젝트를 시작할 때부터 위너는 이렇게 조건을 명시했었다. "만약 특허를 취득하게 된다면 그것은 좋은 사람의 손에 제조를 맡기기 위함이지, 이윤을 얻고자 함이 아니다." 하지만 하버드의대 출신 의사와 그 후원자의 강압에 의해 위너의 인본주의적 노력은 상업적인 사업으로 변질되고 말았다.

위너의 보스턴 팔 설계는 사이버네틱스의 대단한 성취였고, 그의 과학이 사람들의 일상생활에 도움이 될 인간-기계 상호작용을 발전시켜 나갈 힘을 갖고 있음을 보여주는 사례였다. 위너는 이 장치로부터, 혹은 그 이후에 꽃을 피워 막대한 수익을 올린 전자 보철장치 산업으로부터 그 어떤 이득도 취하지 않았다. 하지만 그는 자신의 윤리적 기준을 끝까지 준수했으며, 뜻하지 않게 일군 이 성취에 자부심을 느꼈다. 더크 스트루이크는 이렇게 회상했다. "위너가 낙상사고로 찾아온 불행을 장애인들을 위한 승리로 바꾼 일을 얘기할 때처럼 행복한 표정은 좀처럼 본 적이 없었습니다."

＊＊

1963년에는 위너의 엉덩이뼈 상태가 나아졌지만 최고의 건강 상태는 아니었다. 그는 체중이 더 불어서 90킬로그램이 넘어갔다. 의사는 그를 2형 당뇨병으로 진단하고 이뇨제를 처방해 주었다. 이 약은 그의 몸에 들어 있던 잉여 체액을 상당 부분 덜어주었다. 하지만 그의 심장은 그리 강하지 못했다. 그는 앞서 겪었던 협심증으로부터 완전히 회복되지 못해서 치료를 위해 강심제 디기탈리스digitalis를 처방받았다. 그의 청력도 떨어지고 있었다. 그는 보청기를 구입했지만 이것은 잡음도 심하고 필터도 없는 원초적인 전자장치였기 때문에 끄고 다닐 때가 많았다. 이것이 마거리트를 짜증나게 만들었다.

마거리트는 남편에게 변함없이 헌신하고 있었지만 그녀도 더 이상 위너가 의지할 수 있는 처지가 아니었다. 1960년대 초반에 마거리트는 대장암 진단을 받았다. 그래서 대장절제술은 성공적으로 마쳤지만 몸이 계속 쇠약해져서 두 사람 모두에게 큰 부담이 됐다. 마거리트의 대장암은 위너에게 큰 타격을 주었다. 밀드레드 시겔은 이렇게 회상했다. "위니는 우리 집에 종종 찾아왔는데 아내를 잃을지 모른다는 생각만 해도 눈물방울이 떨어졌습니다." 파지 레빈슨 역시 위너의 고통을 목격했다. "그는 아내 얘기를 꺼내면 눈물이 차올랐습니다. 그에게는 아주 힘든 일이었죠. 그는 책임감을 느끼고 있었습니다."

이렇게 병약해지는 가운데서도 1964년은 큰 희망과 함께 시작됐다. 위너는 미국 국가 과학훈장 수상자로 선발되었다는 사실을 알게 됐다. 이 상을 받는 것은 미국 과학계에서 최고의 명예였다. 이 과학훈장은 전시와 평화시에 그가 과학에 기여한 부분을 국가적 차원에서 인정받게 됐다는 의미였고, 위너에게는 그보다 훨씬 더 큰 의미도 있었다. 자기 동료들로부터의 인정이었다. 미국에서 제일 저명한 과학자와 수학자로 구성된 심사위원단이 그를 후보자로 지명했고, 케네디 대통령이 직접 최종 수상자를 선정했다.

전 세계의 과학적 전통에 깊이 빠져들어 담금질되어, 국제적인 과학 무대에서 자신과 자기 조국의 명예를 드높인 탁월한 미국 과학자로서 위너에게는 이때가 자기 경력의 정점이었다. 그리고 여전히 FBI의 보안 파일에 이름이 올라 있는 사람치고는 그리 사나운 일진도 아니었다.

케네디는 위너와 악수를 나누기도 전에 암살당했고, 1964년 1월에 위너, 마거리트, 페기는 미국의 새로운 대통령 린든 존슨Lyndon B. Johnson이 주재하는 백악관 시상식에 참여하기 위해 워싱턴으로 갔다. 바바라는 다섯째 아이를 임신하고 있어서 참석할 수 없었다. 하지만 양쪽 부모와의 관계가 워낙에 악화된 상태였기 때문에 어떤 상황이었어도 축하행사에 합류하기는 힘들었을 것이다. 가족은 백악관의 오래된 행정부 청사에 있는 대통령 과학고문 제롬 위즈너의 사무실에 모였다. 위즈너는 케네디 대통령에게 임명되어 린든 존슨 대통령 밑에서는 몇 개월만 일했다. 위너는 십 년 넘게 위즈너와 거의 아무런 연락도 없었지만, 이번 행사에서만큼은 두 사람도 서로를 반갑게 맞이했다. 그러고 나서 위즈너는 사람들을 데리고 행정부 청사와 백악관을 연결하는 지하 터널망을 통해 안내했다. 페기는 이렇게 회상했다. "아버지는 거기서 아주 큰 기쁨을 느끼셨어요." 그리고 위너는 백악관 도서관으로 가서 발표를 했다.

이날 자리에 모인 사람들은 백악관에 모였던 과학인들의 조합 중에서도 가장 특이한 경우였다. 그리고 가장 어색한 조합이기도 했다. 공인 자격으로 참석한 위즈너를 비롯해서 위너의 오랜 친구이자 오랜 적이며, MIT의 동료 겸 전시 상관이었던 바네바 부시도 그 해 수상자로 선발되어 자리에 참석하고 있었다. 그는 위너의 초기 디지털 컴퓨터 설계를 발표하지 못하게 막고, 나중에는 그를 과학적 전쟁 지원 활동에서 내쫓은 인물이었다. 그리고 벨연구소의 통신연구 책임자인 존 피어스John R. Pierce도 참석하고 있었다. 그는 벨연구소 동료 클로드 섀넌의 이론을 편들며 정보이론에 위너가 기여한 바를 묵살했던 인물이었다.

위너는 동료 수상자들 옆에 차렷자세로 뻣뻣하게 서 있다가 존슨 대통령의 호명에 앞으로 나갔다. 존슨 대통령은 그에게 메달을 수여하고 표창장에 적힌 글을 읽어나갔다. 존슨 대통령은 텍사스의 느린 말투로 위너를 극찬했다.

> … 공학과 생명과학 분야로 과감하게 파고들어 순수 수학과 응용 수학 분야에 걸쳐 놀라울 정도로 다재다능하고 독창적인 기여를 하였으므로 …

위너가 대통령, 동료들과 포즈를 취하고 있을 때 그의 안경 렌즈에서 플래시 전구가 반사되어 번쩍거렸고, 잠시나마 그는 스포트라이트를 받았다. 하지만 그날 그는 상태가 그리 좋아 보이지 않았다. 최근의 건강 문제로, 그리고 항상 위너만을 걱정해 왔던 마거리트에 대한 걱정으로 그는 창백하고 핼쑥해 보였다. 이제 키 큰 존슨 대통령 옆에 서 있으니 그는 위대하면서 동시에 작아 보였지만, 더 이상 아이 같아 보이지는 않았다. 이제 69세가 된 위너는 가늘고 하얀 머리카락이 더 성겨졌고, 촘촘한 염소수염도 헬쑥해진 턱을 배경으로 거의 보이지 않았다. 그가 늙고 지쳐 보이는 것은 처음이었다.

하지만 한 달 후에 그는 다시 활동에 나섰다. 그는 자신의 박자에 맞추어 다시 걸음을 나섰고, 그 걸음은 그를 나라 밖으로, 그리고 자신의 과학을 둘러싸고 벌어지고 있던 영역 싸움과 이데올로기 전쟁 밖으로 데리고 나갔다. 그와 마거리트는 1964년 2월에 유럽으로의 여행을 계획했다. 위너는 네덜란드의 중앙 뇌 연구소에서 객원교수 및 신경사이버네틱스 명예회장으로 봄 학기를 보낼 예정이었다.

페기는 워싱턴에서 부모와 작별했지만 바바라는 아버지와 어머니에게 작별인사를 하지 않았다. 그녀는 몇 년 동안 양쪽 부모님과 아무런 연락을 하지 않고 살았고, 공교롭게도 영원히 결별할 최악의 순간을 고르게 됐다. 떠나기 전날 밤에 위너는 사랑하는 장녀에게 다시 한 번 전화를 걸었다. 하지만 과거의 사건들로 깊은 마음의 상처가 남아 있었던 바바라는 전화를 받지 않았다. 바바라는 이렇게 말했다. "아버지와 마주할 수가 없었어요. 그럼 아버지는 제게 다시 돌아오라고, 다시 한 번 친구가 되자고 애원했을 것이고, 저는 그런 아버지의 부탁을 차마 거절하지 못했을 거예요. 저는 그냥 입을 다물고 있는 게 낫겠다고 느꼈어요." 그리고 며칠 후에 위너와 마거리트는 암스테르담으로 날아갔다.

위너는 네덜란드에서의 일정과 사이버네틱스에 필수적인 뇌 연구를 추구할 수 있는 기회가 열린 것에 들떠 있었다. 그가 맥컬럭과 전자공학연구실 그룹과 결별한 이후로 그는 이런 연구에 참여할 수 있는 기회로부터 차단당해 있었기 때문이다. 그는 또한 오랜 친구 더크 스트루이크와 함께 보낼 시간도 기대하고 있었다. 매카시 시대 이후로도 오랫동안 이어지던 냉랭한 분위기에 스트루이크는 MIT에서 명예교수 자리를 얻을 수 없었고, 미국 안에서는 다른 교수자리를 찾을 수도 없었다. 그래서 그는 다시 자신의 조국으로 돌아왔고, 위트레흐트 대학교University of Utrecht에서 그를 받아주었다. 두 사람은 부부동반으로 멋진 재회를 계획했다. 하지만 위너는 암스테르담에 자리를 잡은 지 얼마 되지도 않은 시점에서 노르웨이와 스웨덴에서 일련의 강의를 하기 위해 몇 주 동안 네덜란드를 비워야 했다. 그는 떠나기 전에 스트루이크에게 전화를 했다. 스트루이크의 말이다. "그가 말했습니다. '스칸디나비아에서 몇 가지 처리할 일이 좀 있어요. 일을 마치고 돌아오면 함께 식사를 합시다.'" 하지만 그런 기회는 찾아오지 않았다.

위너를 비판하는 사람들은 나중에 그가 노벨상을 받기 위해 로비를 하러 스웨덴에 간 것이라고 말했다. 노벨상은 많은 분야에 시상하지만 수학 부문의 시상은 없었다. 클로드 섀넌과 통신이론에 근본적인 기여를 한 다른 세계적 수학자들처럼 위너도 개인적으로 보나, 수학이라는 학문 분야에서 보나 이것이 부당하다고 느꼈다. 하지만 위너가 스웨덴에 간 이유는 노벨상 위원회에 간청을 하거나 질책을 하기 위한 것이 아니라 말년에 다른 곳을 다녔을 때와 마찬가지로 사이버네틱스의 교육자 겸 사절로 간 것이었다. 노르웨이 트론헤임에서 나흘을 강의한 후에 그는 3월 중순에 스톡홀름에 도착해서 왕립과학아카데미에서 강연을 했다. 그 다음날에는 스웨덴 동료들과 그를 위해 마련한 오찬회에 참석해서 그의 연구에 대해 활발한 토론을 이끌었다. 그 후로는 스웨덴왕립공과대학교를 찾아가 그곳의 새로운 통신 연구소를 관람했다.

위너와 스웨덴의 주최자들이 공과대학교의 긴 계단을 따라 올라가는 길에 위너의 호흡이 거칠어지고 심장이 미친 듯이 뛰기 시작했다. 그러다 갑자기 위너가 발작을 일으켜 쓰러지더니 의식을 잃고 말았다. 그리고 그곳 층계에서 심장마비가 찾아와 호흡이 멈추었다. 그는 1964년 3월 18일 오후 3시 30분에 근처 병원에 도착 즉시 사망 선고를 받았다. 갑작스럽게 벌어진데다 위너가 명망이 있는 사람이었기 때문에 부검이 진행됐고, 사망원인은 폐색전증pulmonary embolism으로 밝혀졌다. 치명적으로 작용하는 경우가 많은 이 증상이 찾아온 이유는 엉덩이 뼈 골절과 그 뒤로 길게 이어진 요양기간이 뒤늦게 영향을 미쳤거나, 혹은 스칸디나비아 주변을 돌아다니면서 너무 오래 앉아 있었던 탓이었을 것이다.

MIT에서는 위너의 사망 소식이 복도를 따라 신속하게 퍼져나가 전자공학연구실의 합판 궁전까지 전달됐다. 사람들이 모여 소식과 자신의 추억을 공유하느라 연구가 중단되었고, 45년 동안 이 복도를 돌아다니다 쓰러진 교수에게 경의를 표시하기 위해 대학 깃발이 조기로 게양됐다.

그날 밤 선별된 사람들이 마지막으로 위너의 저녁만찬 모임에 참석하기 위해 조이스 첸스 식당에서 모였다. 누군가가 바인더에서 리필용 종이를 한 장 찢어내어 단어를 몇 개 휘갈겨 썼다. 그리고 위너의 첫 대학원생인 이육웡, MIT의 서보기구연구소의 창립자 고든 브라운Gordon Brown, 전쟁 기간 동안 래드랩에서 벨연구소의 사격제어 연구팀과의 연락을 담당했던 물리학자 제롤드 자카리아스Jerrold Zacharias, MIT 링컨연구소의 첫 책임자였던 앨버트 힐Albert Hill, 전자공학연구실 통신생물물리학연구실의 창립자 월터 로젠블리스, 정보이론학자 로버트 파노, 최근에 워싱턴에서 MIT로 돌아온 제롬 위즈너, MIT의 총장 줄리어스 스트래튼Julius Stratton, 워렌 맥컬럭, 조이스 첸을 비롯한 21명의 사람이 그 글에 서명을 해서 마거리트에게 보냈다.

'우리는 그를 사랑했습니다.'

위너의 사망 원인에 대한 공식적인 규명이 마무리된 후에 마거리트는 스톡홀름에서 작은 장례식을 진행했다. 위너의 시신은 화장됐고, 그의 유골은 미국으로 보내졌다. 그리고 그 동안 마거리트는 독일로 가서 친족들을 만난 후에 집으로 돌아갔다. 위너의 소망에 따라 그의 유해는 사우스탬워스의 비툼 힐 묘지Vittum Hill Cemetery의 한쪽 구석, 사탕단풍 스탠드 그늘 아래 자존심 강한 뉴잉글랜드 사람들 곁에 안장됐다. 위너는 뉴잉글랜드 사람들의 진지한 품위와 전설적인 과묵함을 사랑했었다. 마거리트는 위너를 묻으면서 다시 한 번 작은 장례식을 열었고, 이 장례식은 동네 감독교회에서 온 성직자가 주재했다.

몇 주 후 다시 벨몬트로 돌아온 마거리트는 자신과 딸들이 자주 다녔던 유니테리언 교회에서 공개 추도식을 열었다. 이 추도식에는 MIT와 보스턴 지역에서 많은 사람이 모였지만 이 모든 기독교 전통 의식과 관련해서 무언가가 마거리트의 마음에 들지 않았다. 비통함 속에서 불편한 마음이 커지자 마거리트는 전화 수화기를 들어 MIT 예배당의 스와미 사르바가타난다에게 전화했다.

"정말 위대한 인물을 잃었습니다!" MIT의 모든 사제들을 대표해서 애도를 표하며 스와미가 마거리트에게 말했다. 하지만 다른 무언가가 마거리트의 마음을 짓누르고 있었다.

스와미는 이렇게 기억했다. "위너 부인이 제게 전화해서 말했습니다. '스와미, 노버트가 행복하지 않아요.' 저는 그 말을 듣고 충격 받았죠. '그게 무슨 뜻입니까? 노버트가 행복하지 않다니요?' 그녀가 신호를 받았다고 말했습니다. 제 생각에는 그녀가 악몽을 꾸었던 것 같습니다."

마거리트가 스와미에게 호소했다. "선생님은 우리 가족 추도식에 참석하지 않으셨잖아요. 그리고 그는 당신을 제일 사랑했죠. 사람들은 영어로 추도했지만 그는 산스크리트어를 사랑했어요." 그녀는 MIT 예배당에서 추도식을 열어줄 것을 부탁했다. 마거리트는 이렇게 말했다. "그럼 저도 기쁘고, 위너도 아주 기뻐할 거예요."

금요일로 날이 잡혔다 스와미는 유대교, 가톨릭, 개신교를 가리지 않고 MIT의 모든 사제들을 초청했다. 그리고 전례 없던 많은 사람이 참여했다. "그날 예배당은 물론이고 복도, 예배당 바깥까지 사람들로 꽉 찼습니다! 제가 보니까 사람들이 들어설 장소가 없더군요. 가톨릭 사제는 군중을 뚫고 들어오지 못해 쩔쩔 매고 있었습니다."

1964년 6월 2일에 스와미 사르바가타난다는 마이모니데스의 자손이자, 사이버네틱스의 아버지이자, 스스로 공언한 불가지론자인 노버트 위너를 추모하며 MIT에서 힌두교 성서인 우파니샤드Upanishads, 바가바드 기타Bhagavad Gita의 글을 산스크리트어로 암송하며 추도식을 주재했다. 위너의 마지막 배웅은 위너의 보편적 인본주의를 기리는 세계 3대 종교 성직자들의 합동 기도와 함께 잔뜩 몰려든 MIT 사람들 속에서 진행됐다.

헌사가 쏟아져 들어왔다. 위너의 사진과 사망기사가 〈뉴욕 타임스

〉의 1면, 통신사의 보도 기사, 그리고 〈미국수학협회보〉, 〈신경정신질환 학술지〉, 〈뉴욕 리뷰 오브 북스〉 같은 다양한 출판물에 등장했고, 그를 추종하는 사람과 폄하하는 사람 모두 마지막으로 이 코끼리 새끼를 떠나보내기 전에 만나보려 했다. 〈타임스〉에서는 위너를 '동료들과 차별화될 정도로 인생관이 비판적이고 유머가 부족했던 사람'이라 묘사했다. 〈타임〉에서는 그를 '중세의 학자처럼 대학에서 대학으로 떠돌아다녔지만 강의실 밖 거대한 세상에서는 거의 이방인으로 머물렀던' 학제적 사상가로 칭송했다. 〈뉴스위크〉에서는 "그는 양육된 것이 아니라, 인간 유니백처럼 프로그래밍 됐다"라고 말했다.

그의 MIT 동료들이 위너가 어떤 사람이었는지 포착하는 데는 더 나았다. 오랜 기간 동안 위너의 핵심집단에서 쫓겨나 있었던 워렌 맥컬럭은 자기가 만나보기도 전에 이미 신화가 되어있던 남자의 본질을 누구보다도 잘 담아냈다.

> 노버트 위너는 발명의 상상력만 갖고 있던 것이 아니라 유용한 것과 선한 것에 관한 자신의 개념을 공유하려는 불타는 열망도 갖고 있었습니다. … 우리는 그와 너무 가까이 있었기 때문에 그의 위대함을 거시적으로 바라보지 못했습니다. 그와 같은 천재성은 굳이 시간이나 수고를 들여 거친 세상으로부터 자신을 지켜줄 갑옷을 키우려는 경우가 드뭅니다. 그래서 어린 시절의 매력을 평생 유지하지요. 한 가지는 분명합니다. 의학이든, 공학이든, 수학이든 그가 세상에 없었더라면 결코 지금과 같지 않았으리라는 것입니다.

그의 사망 부고가 〈보스턴 글로브〉에 올라오자 FBI 보스턴 현장사무소의 요원들은 오려낸 사망 부고 기사를 위너의 파일에 추가하고 17년 전에 열었던 보안수사를 종결했다. 이제 위너의 운명은 역사의 평가에 맡겨지게 됐지만, 위너의 정신적 소산인 사이버네틱스는 그리 안전하지 못했다.

케네디 대통령의 특수보좌관 아서 슐레진저 2세Arthur Schlesinger Jr.의 요청으로 로버트 케네디의 히코리 힐 세미나에서 발표가 이루어진 이후로 CIA의 소련 과학기술 전문가 존 포드는 소련의 사이버네틱스에 관한 요약보고서를 준비했고, 슐레진저는 이 보고서를 대통령에게 직접 가져가 전달했다. 이 문제의 중요성을 두고 케네디와 그의 보좌관들은 의견이 크게 엇갈렸다. 쿠바 미사일 위기가 완화되자 케네디 대통령은 과학고문 제롬 위즈너에게 대통령 직속 과학자문위원회 안에 특별히 '사이버네틱스 패널'을 조직해서 포드의 보고 내용을 독립적으로 평가하고, 소련의 위협에 대해 자체적으로 평가해 볼 것을 지시했다. 첫 모임에서 패널은 포드의 염려에 대해 거의 만장일치로 동의했지만 어떤 실질적인 정책적 판단을 내리기도 전에 케네디가 암살당하면서 그의 행정부, 그리고 그 안에서 활동했던 진보적 사상가들이 미국의 과학과 냉전 외교정책에 미치던 영향력도 끝나고 말았다.

5년 동안 내부에서 옥신각신 논란을 벌이고, 1년 동안 대통령 직속 과학자문위원회와 말다툼을 하다가 마침내 1964년 2월에 CIA는 소련의 사이버네틱스에 관한 포드의 기밀보고서 중 첫 번째 것을 국방부, 국무부, NASA, 원자력위원회, 1급 비밀 미국국가안전보장국, CIA 자체의 방첩 및 심리전실에 돌렸다. 하지만 포드의 보고서에 대한 정부 관료들의 반응은 미적지근했다. 군대의 연구개발 관료들은 인공지능, 대화형 처리 시스템, 산업 자동화 등의 프로젝트에는 넉넉하게 자금을 지원했지만, 군기관과 민간기관 모두 사이버네틱스에 대해서는 대놓고 적대적이었다. 대부분은 사이버네틱스에 관해서는 아주 기초적인 것조차도 이해하지 못하고 있었다. 사이버네틱스를 바로 무시해 버리는 사람도 있었고, 미국 정부의 눈으로 보기에는 이미 사이버네틱스가 불쾌한 붉은 기운으로 오염되어 있다는 조짐을 보여주는 사람도 있었다.

포드가 윗사람들한테 불평했던 것처럼 미국의 군과 민간 관료들은 사이버네틱스 기계에 대해 근시안적으로 사로잡혀 있었다. 그리고 하드웨어를 중심으로 거짓된 도취상태에 빠져 있다 보니 사이버네틱스의 생물학적, 사회적 차원에 대해서는 대체로 무지한 상태로 남아 있었다. 반면 소련은 이런 차원 역시 사이버네틱스 기술과 병행해서 발전시키고 있었다. 개인적으로 포드는 동료와 가족에게 이렇게 말했다. "그 인간들은 아무것도 몰라."

미국의 과학계와 정부 고위층에서 사이버네틱스에 대한 부정적 반응이 퍼져나가는 것을 보고 좌절과 불안을 느끼는 사람이 포드만 있는 것은 아니었다. 위너가 사망하고 얼마 지나지 않아 워렌 맥컬럭은 워싱턴에 있는 포드의 사이버네틱스 모임에 합류했다. 더 이상 위너가 없는 상황에서 미국에서 사이버네틱스를 전진시킬 수 있는 사람은 자신과 이 분야를 주도하는 몇몇 인물들밖에 없음을 알고 있었기 때문이었다. 맥컬럭은 하인츠 폰 푀르스터, 마거릿 미드, 위너의 예전 공동연구사 이육윙, 줄리안 비글로, 아르투로 로젠블루에스 등 미국 사이버네틱스 집단의 다른 수장들도 데리고 왔다.

1964년 7월에 포드와 그의 새로운 지지자 집단은 공식적으로 '학문의 발전을 도모하고, 사이버네틱스의 영향력을 예측하고, 사이버네틱스에 관한 최신 정보를 제공하는 것'을 목적으로 하는 미국사이버네틱스협회를 출범시켰다. 이 모임은 특히 젊은이들에게 사이버네틱스를 공부하고 연구하도록 촉구하는 데 힘을 썼다. 맥컬럭은 위너가 사회 개혁가가 되려는 사람들이 자신의 과학을 이용하는 것을 반대했음을 잘 알고 있었고, 자기가 위너의 핵심집단에서 쫓겨난 처지라는 것도 잘 알고 있었다. 하지만 그와 미국사이버네틱스협회의 다른 창립자들은 오히려 그와는 반대로 기회주의자와 공상적 개혁가를 미연에 방지하고, 위너가 구상했던 대로 사이버네틱스를 과학, 그리고 사회 전체에 제공할 수 있는 가치 있는 지식을 갖고 있는 새로운 분야를 통합하는 힘으로 인정받을 기회를 얻는 것이 자신의 역할이라 생각했다. 맥컬럭은 희망적으로 이렇게 말했다. "아마도 우리는 성공할 수 있을 것입니다. 러시아에서도 성공했으니까요."

결국 사이버네틱스는 냉전 기간 동안 소련에게 승리의 패를 가져다주지 못했다. 1960년에 위너 자신이 모스크바를 방문해서 경고했던 것처럼 사회주의 시스템의 중앙집권적 계획 수립과 경직된 하향식 권위주의적 통치는 사이버네틱스 시스템의 가장 기본적인 원리와 충돌했고, 소련에 잠재되어 있는 그런 구조적 결함이 결국에는 구조 전체를 무너뜨리는 역할을 했다.

30년 후에 소련의 시스템이 여러 가지 이유로 재앙처럼 무너졌을 때 역사가들은 소련 사이버네틱스를 보며 배운 뼈아픈 교훈을 확인해 주었다. '정보의 자유와 통제의 분권화'가 기술 시스템뿐만 아니라 사회 시스템에도 필수적이며, 사회의 컴퓨터화는 정보 과정의 상대적 독립성, 그리고 시스템 전반에서 사람들의 자유와 유효한 반응 수준의 정도를 보존하고 키우려는 지역적 성향을 가능한 모든 방식으로 강화한다는 교훈이었다. 소련의 붕괴와 동구권의 해체가 일어난 데는 이러한 정보시대의 근본적인 요구가 무시되거나 부정된 것이 큰 역할을 했다. 소련의 지도자들은 개인용 컴퓨터, 방대한 데이터 뱅크, 통합된 정보 네트워크 등의 새로운 통신 장비와 그것을 이용하는 사람들을 철권통치로 통제할 수 없음을 너무 늦게 깨달았다.

이런 치명적인 결함으로 소련 시스템의 붕괴를 설명할 수 있다. 그리고 소련 사이버네틱스가 기술적 진보와 동구권의 사회적 변화를 추진하는 힘으로 작용하지 못하고 쇠퇴한 이유도 함께 설명할 수 있다. 하지만 미국의 시스템에도 결함이 있었다. 이런 결함이 미국에서도 사이버네틱스가 동시에 쇠퇴하는 데 기여했다. 1960년대 말과 1970년대에 마거릿 미드와 미국사이버네틱스협회의 동료들은 평화로운 목적의 사이버네틱스 응용을 지원하고, 해당 분야에서 학제적 연구, 초강대국들 사이에 범문화적 협동, 전 세계 사람들 간의 열린 소통을 촉진해야 한다고 정부 관료들을 열심히 설득했다. 하지만 소련의 사이버네틱스가 성장하고 소련의 통합 정보 네트워크가 형태를 자리잡기 시작하자 미국 정부 집단 안에서 새로운 공포가 퍼져나가는 것이 마거릿의 눈에 보였다. 소련의 시스템이 완전히 사이버네틱스화되어 수천 개의 거대 컴퓨터가 시로 연결되어 전례 없던 막강한 효율성을 가진 시스템이 등장할지도 모른다는 공포였다. 마거릿은 미국 과학계의 주요 인물들에게 호소했다. "경쟁과 공포라는 측면에서만 소련의 컴퓨터화에 대해 논의를 이어간다면 하나의 사고방식으로서의 사이버네틱스는 더 이상 이데올로기로부터 자유로울 수 없을 것입니다." 그녀는 그 대신 미국 사회의 필요를 비판적으로 평가하고, 사이버네틱스를 이용해서 미국의 시스템을 더 세련되게 다룰 수 있는 방법을 개발해야 한다고 촉구했다. 그녀는 이것이 관심을 기울여야 할 엄중한 상황이라 믿었다.

마거릿 미드는 사이버네틱스가 정치화되어 국내외의 과학자들 사이에서 냉전의 희생양이 되었다고 생각했다. 하인츠 폰 푀르스터는 당시에 만연했던 연구비 지원 전략, 특히나 군후원자들에게 체계적인 새로운 '첩보intelligence' 공급원을 약속하는 MIT와 다른 기관의 인공지능 연구소에 우호적이었던 전략이 생물학, 생체공학, 사회과학, 범문화 소통 등의 분야에서 좀 더 인본주의적 프로젝트를 추구하고 있던 사이버네틱스 연구자들에게 결정적인 타격을 가했다고 생각했다. 40년이 지난 후에도 폰 푀르스터는 새로운 통신과학의 거함이 기울기 시작한 그 전환점을 돌아보며 여전히 간담이 서늘해지는 것을 느꼈다. "막대한 수의 연구 프로젝트가 무너졌습니다. 그 때 일어난 일을 보면 정말 놀랍지 않습니까? 이 사이버네틱스의 개념들은 자신과 타인을 이해하는 데 엄청나게 중요합니다. 윤리적 행동과 협력적 상호작용에도 큰 도움이 될 수 있었죠. 그런데 당시에는 이런 점들이 무색해지고 말았습니다."

사이버네틱스는 두 학문 분야 사이에서 벌어진 지원금 전쟁과 영역 싸움에서 패배했지만, 폰 푀르스터가 이해한 바와 같이 위너의 과학은 새로운 기술 시대라는 더 넓은 영역에서 사람들의 마음을 얻는 전쟁에서는 승리를 거두었다. 그는 이렇게 지적했다. "사이버네틱스는 수많은 분야에 새로운 사고방식을 도입했습니다. 이 사고방식은 그 속에 암시되어 있을 뿐 공공연하게 사이버네틱스로 불리지는 않았죠. 누구도 그것을 사이버네틱스라 부르지는 않지만, 그것이 전체론적이고 통합적인 형태의 사고라는 것은 이해하고 있죠. 저는 하나의 분야로서의 사이버네틱스가 다른 많은 분야로 녹아든 것이라 말하고 싶습니다." 미국사이버네틱스협회의 창립 멤버인 존 딕슨John Dixon도 생각이 같았다. "사이버네틱스의 개념이 다른 영역으로 형태를 바꾸어 흘러들어갔습니다. 사이버네틱스라는 단어는 떨어져나갔지만 위너의 연구는 다른 이름으로 계속 이어지고 있죠. 뇌 연구, 수학적 모델링, 컴퓨터, 네트워킹 같은 분야의 발전을 보세요. 이 모든 것이 사이버네틱스라고 해도 과언이 아닙니다."

위너가 사망하고 10년 동안 사이버네틱스는 살아남아 미국의 일부 과학과 사회 부문에서 번창했다. 이것은 어떤 조직적인 노력을 통해 이루어진 것이 아니라 사이버네틱스가 갖고 있는 새로운 개념적 도구와 실용적 문제 해결 능력, 그리고 대중의 마음속과 책꽂이에 여전히 남아 있는 위너의 존재감 덕분이었다. 사이버네틱스의 원리는 계속해서 학제적 연구와 대화에 영향을 미쳤고, 위너의 타협 없는 윤리적 원칙은 젊은 세대에게, 그리고 베트남전에 대한 정부의 정책에 협조하지 않겠다고 맹세한 수많은 과학자와 학자들에게 큰 호소력으로 다가갔다.

1970년대 말 즈음해서 사이버네틱스는 서구에서 점점 힘을 잃어갔고, 그와 함께 위너의 이름과 유산도 대중의 의식에서 옅어지기 시작했지만 그의 지혜와 경고들은 부정되지 않았다. 위너의 많은 거칠었던 예측이 그가 수십 년 전에 세웠던 야심찬 시간표보다 살짝 뒤늦게 터져 나오기 시작했다. 새로운 기술과 그것이 사회에 미치는 영향에 대한 그의 예측은 스티브 하임즈의 말처럼 당시의 시대를 앞서간 예언에 가까운 것이었다.

1960년대에 미국 산업노동자의 수가 역사적으로 감소하기 시작했다. 첫 파동에서는 백만 명이 넘는 공장 노동자가 자동화 때문에 일자리를 잃었고, 그 중에는 월터 루터의 전미자동차노동조합 조합원 16만 명도 포함되어 있었다. 1970년대에는 마이크로칩 기술의 등장으로 산업계에서 자동화 및 노동인력 감축 압력이 가속화됐다. 미국 사회가 위너가 예언했던 노동자 없는 미래로 방향을 틀면서 제조업 분야에서 실직이 늘어나고 이것이 결국 서비스 산업, 그리고 전문직종과 관리직으로도 퍼져나갔다.

생물학과 뇌 과학에 대한 위너의 예측은 훨씬 더 선견지명이 빛났다. 신경호르몬과 '관련자 제위' 메시지에 대한 그의 예감은 뇌와 혈류를 통해 불규칙한 경로로 이동하는 새로운 수백 가지 신경전달물질 분자의 발견으로 확인됐다. 그리고 사이버네틱스의 의학적 응용에 대한 그의 여러 가지 미래 예측은 당시에는 순수한 환상에 불과한 것으로 여겨졌지만, 결국 실제로 구현되기에 이른다. 사망하기 두 달 전 영국의 잡지 〈뉴사이언티스트〉와의 인터뷰에서 위너는 몸 안에 설치한 센서 장치를 통해서 질병을 감지하는 의학 사이버네틱스의 새로운 방법을 내다보았다. 그는 1984년 즈음이면 살아있는 재료가 컴퓨터의 부품으로 사용될 것이며, 살아있는 세포 안에서 유전 정보를 실어 나르는 복잡한 핵산이 기계에 사용될 것이라 예측했다. 이런 예측의 오차는 십 년 정도에 불과했다. 1990년대에는 의학 연구자들이 환자가 삼킬 수 있는 알약 크기의 진단용 카메라를 시험하기 시작했고, DNA 토막을 이용해서 유전적 결함과 일련의 생물정보학bioinformatics 표식을 감지하는 하이브리드 실리콘 '바이오칩biochip'이 시장에 나오기 시작했다.

그 즈음해서는 새로운 레이저 기술과 광섬유 기술로 인해 위너가 초기에 꿈꾸었던 광학 컴퓨팅이 현실이 되었고, 개인용 컴퓨터가 폭넓게 보급됐고, 대화형 컴퓨팅 네트워크가 공공 영역으로 확산되어 위너의 기술적인 예언을 충족시켜 주었다. 위너의 편집자 제이슨 엡스타인은 1960년대 초반 어느 날 오후에 워커 기념관에서 우유와 감자튀김을 앞에 놓고 위너와 얘기하다가 컴퓨팅의 미래에 관해 대담하기 이를 데 없는 선언을 들었다. "위너는 반도체 장치가 진공관을 대체함에 따라 십년 이내에 방 크기만한 현재의 컴퓨터가 소형화될 것이라고 예측했습니다. 그는 그 장치의 궁극적인 크기를 보여주기 위해 손바닥을 앞으로 내밀면서 그만한 크기의 소형 장치가 무선이나 유선으로 도서관과 다른 정보원에 연결되어 지구상의 모든 사람이 이론적으로는 무한한 데이터에 접근할 수 있게 되고, 모든 것을 아우르는 피드백 루프를 통해 끝없이 스스로를 수정하고 업데이트하게 될 것이라 예측했습니다." 그때 엡스타인은 이런 비전을 무시했다. "내가 위너의 예언을 진지하게 받아들이지 못한 것은 내 자신의 세계관이 갖고 있는 한계 때문이었습니다. 위너가 가동 활자나 내연기관보다 더 심오한 기술적 변화에 대해 얘기하고 있었다는 것을 제가 알아차렸어야 했습니다. 하지만 위너는 우리와는 차원이 다른 사람이었죠. 그의 예언들이 제게는 너무 비현실적으로 보여서 무시해 버렸습니다."

사반세기 후에 젊은 공상과학소설 작가 윌리엄 깁슨William Gibson은 위너의 예지력과 과학을 인정하는 의미에서 인터넷의 폭발적 성장을 표현하는 새로운 단어를 만들었다. 바로 사이버스페이스cyberspace였다. 『뉴로맨서Neuromancer』라는 소설에서 깁슨은 위너의 비전보다 훨씬 더 생생한 표현으로 사이버스페이스를 정의했다. "모든 국가에서 합법적인 수십억 명의 운영자에 의해 일상적으로 경험되는 합의된 환각. … 인간의 시스템 속에 있는 모든 컴퓨터의 저장소로부터 추상화된 데이터의 그래픽 표현. 상상할 수도 없는 복잡성. 정신의 비공간, 데이터의 집합과 무리에 배열되어 있는 빛의 선. 약해지는 도시의 불빛과도 같은….”

위너의 정신적 소산은 그의 비전이 충족되기도 전에 쇠퇴했다. 그는 사이버네틱스의 핵심을 표현하고 새로운 기술시대를 위해 새로운 용어로 인간의 본성과 목적을 정의하려는 탐구에서 아직 해야 할 일이 많다는 것을 알고 있었다. 하지만 영국의 젊은 사이버네틱스 학자 고든 패스크Gordon Pask는 1950년대에 다음과 같이 인식했었다. “위너는 취해야 할 단계가 하나 더 있음을 깨달았지만 어떻게 해야 할지는 알지 못했다. 그는 다른 누군가가 바통을 이어받아 자신이 시작했던 주제의 구성을 마무리해 주기를 기다렸다.”

살아있을 때처럼 죽어서도 그는 계속해서 헌사를 받았다. 그가 마지막으로 펴낸 비과학 서적인 『신과 골렘 주식회사』는 1964년에 사후 출판되어 전미도서상 과학, 철학, 종교상을 받았다. 그리고 미국수학협회와 산업 및 응용수학협회에서 공동으로 시상하는 응용수학 노버트 위너상, 미국사이버네틱스협회에서 제정한 사이버네틱스 노버트 위너 메달, 공익단체인 사회적 책임을 위한 컴퓨터 전문가 모임에서 매년 시상하는 '사회적 전문적 책임을 위한 노버트 위너상' 등 그의 이름을 붙인 상도 많이 나왔다. 1970년에는 달 궤도 탐사위성이 달의 표면을 지도로 작성했는데 국제천문연맹에서 먼 쪽에 위치한 둘레길이 376킬로미터의 분화구 이름을 '위너Wiener'라고 지었다.

* * *

위너의 동료들과 사랑하는 이들은 다양한 운명을 맞이했다. 어떤 이는 성공을, 어떤 이는 비극을 맞이했다.

워렌 맥컬럭은 전자공학연구실의 신경생리학 연구소에 그대로 남았지만 위너와의 결별을 끝내 극복하지 못했다. 1968년에 그는 자기가 보기에도 노인이 되어 있었다. 메리 캐서린 베이트슨Mary Catherine Bateson은 그해에 그를 보고 '기쁨과 슬픔, 호전성과 온화함이 기이하게 뒤섞여 있는 사람'이라 생각했다. 올리버 셀프리지는 이렇게 말했다. "그가 아무래도 술을 너무 많이 마셨고, 또 점점 더 많이 마시는 것 같아 걱정입니다." 맥컬럭은 그해 9월 70세의 나이에 코네티컷 올드라임에 있는 자신의 농장에서 조용히 눈을 감았다.

월터 피츠는 1960년대를 술집을 전전하며 보내서 알코올진전섬망delirium tremens으로 고생했다. 그래서 문장 두 개를 말하기도 전에 통제 불가능하게 몸이 떨려 왔다. MIT는 그의 강사 자격을 유지해 주었지만 그는 절대 캠퍼스에 발을 딛지 않았다. 심지어 MIT에서는 피츠에게 박사학위를 주려고도 했다. 그저 피츠가 박사학위를 받아들인다는 서류 한 장에 자기 이름만 서명하면 될 일이었지만 그는 거부했다. 피츠는 1969년 5월에 케임브리지의 하숙집에서 급성 알코올중독의 합병증으로 46세의 나이에 고독사를 맞이했다.

마거리트 위너는 남은 생을 사우스탬워스에서 살았지만 결혼을 통해 얻으려 했던 평온은 찾지 못했다. 그녀는 대장암으로 인한 결과를 품위 있게 감당했고, 자신의 건강 문제에 대해 불평하는 일도 거의 없었지만, 뉴햄프셔 주 이웃들에게 자기 딸들에 대해 험담하는 것은 절대 멈추지 않았다. 그녀는 1989년에 95세의 나이로 사망했고, 그녀의 유골은 비툼 힐 묘지에 있는 남편의 무덤 옆에 안장됐다.

몇 년 후에 위너와 관련된 서류가 들어 있는 마지막 상자 몇 개가 MIT 기록보관소에 배달됐다. 그 가족 유품 상자에는 천으로 장정한 마거리트의 분홍색 일기장이 들어 있었다. 그 일기장에 가족에 대한 이야기들과 마거리트 자신의 생각이 담겨 있었다. 일기장 한 편에 마거리트는 작은 경구 하나를 적어놓았다. 이것은 그녀가 인생의 좌우명으로 삼았던 철학과 위너의 교수 아내로서 역할을 하면서 따랐던 전략을 말해주는 듯했다.

> 귀족으로 태어나지 못했을 때 귀족이 될 수 있는 한 가지 방법은 모든 형태의 자유를 삼가는 것이다.

이 격언은 위너-맥컬럭 결별의 수수께끼에 대한 마지막 단서를 제공하고, 맥컬럭 그룹의 자유분방한 보헤미안들이 위너의 아내, 그리고 높은 사회적 지위를 차지하려는 그녀의 꿈에 왜 그렇게 큰 위협이 되었는지도 설명해 준다.

위너의 딸 페기는 독성학 toxicology 에서 박사학위를 받고 뉴욕 주 경찰 범죄연구소에서 법의독성학자로 일했다. 1988년에 그녀는 텔레비전 퀴즈쇼 '제퍼디!Jeopardy!'에 나와서 22,000달러의 우승 상금을 받아갔다. 그녀는 2000년에 암으로 사망했다. 큰딸 바바라는 발생생물학 박사학위를 받고 노스이스턴대학교에서 조교수로 학생들을 가르쳤다. 2003년 12월에 그녀와 남편 토비 라이스벡은 결혼 55주년, 다섯 명의 자녀, 열한 명의 손자손녀, 그리고 1년 앞서 태어난 첫 증손자를 기념했다.

 위너의 이름을 딴 첫 손자 마이클 노버트 라이스벡은 보스턴의 첨단 기술 단지의 중심인 128번 도로에서 변호사 겸 소프트웨어 엔지니어가 됐다. 이제 2명의 아들을 거느린 중년이 된 그는 증조할아버지 레오가 노버트 위너에게 한 실험적 교육에 대한 의문, 그리고 할아버지 노버트 위너와 위대한 사람이 되기도 하고, 재앙을 맞이하기도 한 다른 유명한 신동들의 운명에 대한 의문이 계속해서 머릿속에 남아 있었다. 그는 이렇게 물었다. "10명의 아이에게 그렇게 해서 그 중 9명은 망가지고, 1명은 천재로 성공하면 세상이 더 나아질까요? 아이에게 그래서는 절대 안 된다는 생각도 듭니다. 하지만 한 발 뒤로 물러서서 문명의 발달을, 그리고 우리가 어디로 가고 있는지를 바라봅시다. 인류가 전진하기 위해서는 그런 천재성이 필요할까요? 모든 사람이 그냥 행복한 보통 사람, 행복한 농부로 길러진다면, 인류가 진짜 심각한 도전에 직면하게 됐을 때 과연 대처할 수 있을까요? 전 세계적인 환경 재앙이나, 질병, 아니면 또 다른 히틀러가 등장했을 때 말입니다. 만약 모든 사람이 그리 똑똑하지는 않지만 아주 잘 적응해서 살고 있는 세상을 창조했다면, 그런 도전에 직면했을 때 필요한 도구가 갖춰져 있을까요?"

 마이클은 할아버지와 이 질문에 대해 한 번도 토론해 본 적이 없었지만 위너는 손자의 질문에 대한 답을 남기고 떠났다. 찰스 강의 강둑을 거닐며 채워지지 않는 호기심으로 세상을 널리 돌아다녔던 제일 놀라운 소년이자 이 코끼리 새끼는 세상을 근본적이고 비가역적으로 바꾸어 놓은 놀라운 아이디어들을 남겼고, 어쩌면 이것이 이 지구 위에서 우리 인류가 존재를 이어가는 쪽으로 균형추를 기울이는 데 도움을 주었는지도 모른다. 그는 좋은 의미로 다크 히어로였고, 세상을 변화시키는 통신의 힘, 그리고 사람이 기계보다 중요하다는 흔들림 없는 신념을 바탕으로 과학기술 혁명을 이끌어낸 걱정 많고 반항적인 영혼이었다.

그의 빛나는 정신, 불굴의 영혼, 그리고 모든 인간 속에 빛나는 작은 불꽃에 대한 끝없는 사랑은 여전히 그가 불을 붙인 혁명 위에서 맴돌고 있고, 우리를 섬기는 모든 새로운 지식과 기술 속에, 그리고 글로벌 정보 사회와 광대한 사이버스페이스 곳곳에 살아 숨 쉬고 있다.

후기

미래: 글로벌 사회에서 살아남기

> 나는 이 모든 파괴적인 발명을 분유처럼 병에 담아 먹이면 대체 무슨 일이 일어날지 정말 궁금하다. 우리는 불경기에 대비해서 재화에 대한 수요에 스스로를 옭아맸기 때문에 좀 더 합리적인 수준에서 다시 움직이기가 쉽지 않을 것이다. 이것으로 인해 사람들이 얼마나 불행하고 외로워질지 두렵다. 우리의 필요를 더욱 잘 이해하고, 그런 이해에 적합한 시스템에 우리를 다시 끼워 맞추는 것은 아주 길고 고된 과제가 될 것이다. 하지만 반드시 이루어져야 할 일이다. 부디 그것이 이루어질 수 있기를 바라자.
>
> — 노버트 위너, '물질주의 세상에서 과학자의 딜레마'

위너가 멀리 내다보았던 비전은 21세기의 글로벌 사회에 와서 일상의 현실로 자리잡았다. 그리고 새로운 현실은 정보 시대의 다크 히어로로서의 그의 역할을 다시금 확인해주고 있다.

『사이버네틱스』가 출판되고, 위너가 『인간의 인간적 용도』에서 자신의 생각을 처음으로 밝히고 반세기가 지난 후에 보니 그가 개척한 원형으로부디 나온 신기술의 폭발적 성장에서, 인간과 기계에 의해 수행되는 일에 대한 국가 내, 국가 간의 충돌에서, 사람들이 새로운 기술 사회에서 생존하고 그런 삶에 적응하기 위해 싸우는 과정에서 겪게 되리라 그가 예언했던 인간적 위기와 영적 혼란 속에서 그의 경고가 너무도 정확했음이 분명해졌다.

그가 1920년대에 구상했던 광학 컴퓨팅 분야에서의 최근의 발전에서 시작해서 그가 창시한 또 하나의 분야인 생체공학의 진보, 그가 전기회로와 네트워크를 뇌의 신경네트워크처럼 3차원으로 모형화하기 위해 1940년대에 월터 피츠와 함께 개발했던 과감한 아이디어의 첫 실용적 응용에 이르기까지 위너가 초기에 기술적으로 설계했던 것 중 상당수가 21세기가 된 지금도 최첨단 영역에 속해 있다. 위너가 피츠와 결별하고 프로젝트가 버려진 지 50년이 지난 후에 컴퓨터 이론학자와 제조사들은 더 빠르고 다재다능한 전자회로와 실리콘 마이크로칩을 생산하기 위해 마침내 3차원 구조를 설계에 반영하기 시작했다. 유명한 컴퓨터의 마법사 레이 커즈와일Ray Kurzweil은 새로운 밀레니엄의 시작과 함께 이렇게 선언했다. "다음에 찾아올 패러다임은 3차원이 될 것이 확실하다." 그는 다음에 찾아올 3차원 회로와 컴퓨팅 장치가 인간의 뇌보다 기술적 수행 속도가 백만 배 빨라질 것이며, 이 기술이 그 후로 수십 년 동안 전자산업을 지탱하리라 예측했다.

위너의 아이디어로부터 흘러나온 중요한 통찰 중에는 신경과학 분야 그 자체에서 나온 것도 있다. 위너와 그의 동료들이 뇌의 복잡한 아날로그 정보 처리 작용을 처음 밝혀낸 이후로 연구자들은 기관의 수많은 화학적 전달물질과 호르몬 메신저, 그리고 1950년대에 위너가 처음 과학적으로 이해했던 뇌파의 작동방식에 살을 붙여 구체화했다. 이들의 발견은 어디에나 존재하면서 수많은 인간의 과제를 도맡아하게 된 '전자두뇌'가 인간의 두뇌와는 전혀 닮지 않았으니 인간의 모든 일을 그 전자두뇌에 맡겨둘 수는 없다고 했던 위너의 경고를 다시금 강조해 줄 뿐이었다.

이러한 현실을 보여주는 증거들이 점점 더 많이 드러나고 있다. 위너는 사이버네틱스 기술을 핵무기에 처음 응용했을 때도 미군과의 사이가 아주 안 좋았지만, 미군이 신뢰성이 입증되지 않은 컴퓨터화된 무기 시스템에 점점 더 의존하는 것 때문에 지금까지 살아있었어도 미군과 여전히 사이가 나빴을 것이다. 1990년대 초반부터 중동 전쟁 지역에 도입된 미군의 고급 레이더 유도 방공 시스템과 미사일방어시스템은 위너가 제2차 세계대전 동안에 설계를 도왔던 자동화 대공포의 직계 후손이다. 이 시스템은 인간 감독관이 컴퓨터화된 프로그램의 실수를 감지하고 차단할 수 있는 시간을 몇 초만 준 후에 아군 항공기를 적군으로 오판해서 무차별적으로 발포하는 사고가 반복되고 있다. 미국의 무기고에 들어 있는 다른 '스마트' 무기들도 현장에서 엉뚱하게 아군과 무고한 시민을 죽이는 일이 있었고, 국내 전선을 보호하기 위해 미군에서 계획한 국가 미사일 방어망도 훨씬 심각한 실패의 위험을 겪고 있다. 이런 부분을 거침없이 비판한 MIT의 한 교수는 미군의 분노를 사는 동시에 '사회적 및 전문적 책임을 위한 노버트 위너 상'을 받기도 했다.

* * *

다른 여러 기준으로 볼 때 글로벌 사회는 번영하고 있다. 위너의 연구로 인해 촉발된 지식과 발명의 폭발적 증가가 위너와 그 동시대 사람들이 기여하기 바랐던 여러 가지 이득을 세상에 안겨주고 있다. 일상생활은 더욱 편리해졌고, 대량생산 된 제품들이 넘쳐나고, 정보의 양은 무한해졌으며, 새로운 생의학 기술이 사람들의 삶의 질을 개선하고 수명을 늘려 주었다. 이런 혁명으로 인해 수백만 개의 새로운 일자리, 새로운 산업과 직업이 생겨나고, 국가 간 무역의 국경과 장벽을 무너뜨렸다. 이 혁명은 사회를 안팎에서 변화시켰고, 전 세계 사람들이 서로 통신하는 방식도 바꾸어 놓았다. 하지만 이런 기술적 발전은 위너가 물려준 유산 중 일부일 뿐이다. 그는 이 방정식에 들어 있는 인간적인 요소에 더 관심이 많았다.

위너는 사이버네틱스 기술이 세상 사람들에게, 그리고 기업에서 인간 노동자의 필요성에 가져올 고통스러운 변화를 예견했다. 그가 1950년에 제시했던 가장 심각한 예측, 즉 지능형 기계의 등장으로 말미암아 1930년대의 대공황이 우스워 보일 정도로 심각한 실업 사태가 찾아오리라는 예측이 20세기에는 현실화되지 않았다. 하지만 1990년대에 기술 버블이 터지고 나니 새로운 공황이 찾아와 많은 산업, 심지어 새로운 기술을 바탕으로 세워진 산업마저도 붕괴시킬 것이라던 그의 경고가 더 이상 억지스러운 얘기로 보이지 않게 됐다. 그리고 21세기 초반에 찾아온 기술 주도형 주식시장의 붕괴와 제조업과 신기술 산업 자체에서 전 세계적인 오프쇼링offshoring(아웃소싱의 한 형태로, 기업들이 경비를 절감하기 위해 생산, 용역 그리고 일자리를 해외로 내보내는 현상) 추세로 인해 위너가 경고했던 것처럼 기술만으로는 전 세계 사람들을 위한, 하다못해 미국인들을 위한 유토피아도 건설할 수 없으며, 가장 유망한 기술이라 해도 인간에게 막대한 대가를 치르게 할 것임을 뼈저리게 느끼게 됐다.

오늘날 고용주, 경제학자, 미디어 시사평론가들은 자동화의 결과로 찾아오는 가혹한 현실에 대해서는 말을 아낀다. 그 대신 기술이 산업 전반에 걸쳐 가져온 놀라운 생산성(인간의 노동 시간당 재화 및 서비스의 단위 생산량) 향상에 대해, 그리고 새로운 글로벌 경쟁 시대에서 살아남기 위해 싸우는 회사와 국가들이 효율성 향상으로 얻은 이득에 대해서만 얘기한다. 하지만 일거리가 없는 수백만 노동자들의 입장에서 보면 생산성이란 일자리 제거를 사회적, 정치적으로 수용할 수 있는 완곡한 어구로 표현한 말에 불과하다. 그리고 아직 고용되어 있는 사람에게 있어서는 점점 늘어나는 업무 스트레스와 불확실성을 의미하는 말이 됐다. 결국 기술과 글로벌 경쟁이라는 이 두 가지 힘이 모든 산업화 국가에서 만성적인 실업 상태와 노동의 구조적 변화를 일으키고 있다. 그리고 이것은 위너가 예언했던 전 세계적 실업과 고통의 첫 번째 파문에 불과한 것인지도 모른다. 정보 경제에서 가장 활발한 부분인 컴퓨터 프로그래밍과 기술 서비스 분야도 그 자체가 자동화 기술과 프로그래밍 기술에 점점 예속되면서 경험이 풍부한 수백만의 고학력 노동자들도 점점 남아돌게 되어 국제기업의 새로운 비용 방정식에서는 지나치게 비싼 잉여 노동력으로 점점 인식되고 있다.

위너가 1950년대에 인도 정부에 새로운 세대의 '과학 및 기술 하사관'을 육성하라고 조언했던 것은 인도나 다른 개발도상국이 더 수월하게 번영 국가로 넘어갈 수 있는 기회를 제공하는 데는 새로운 기술 산업이 다른 어떤 대안보다도 나을 것이라는 그의 희망 때문이었다. 사이버네틱스 혁명 그 자체와 글로벌 통신으로 연결된 전 세계의 막대한 수의 저임금 고숙련 인력이 증가함에 따라 국가 간 경제적 충돌의 근원이 되리라는 것은 그도 어렴풋하게 머릿속에 그렸을 뿐이다.

발전하고 번영하기 위해서는 각각의 국가가 자기만의 고유한 역사와 문화를 토대로 안정적이고, 사이버네틱스적으로 건강한 기술 사회를 구축해야 한다는 것을 위너도 알고 있었다. 그리고 많은 개발도상국들이 바로 그렇게 하고 있다. 인도와 중국은 새로운 기술을 이용해서 국민들이 가난과 물질적 결핍의 세기에서 빠져나오게 이끌고 있는 반면, 옛 소련권 국가들은 20세기에 겪어야 했던 상실을 이제 막 되찾기 시작했다. 지금까지는 인도의 공학자와 사업가들이 위너가 지도로 그려준 발전 경로를 따라 가장 큰 성공을 거두고 있다. 이들의 숫자는 전체 인구와 비교하면 여전히 작지만 낡은 산업 모형의 문제점 없이 위너가 생각했던 이득을 많이 거두어들이고 있다. 중국의 사업가와 정부 관료들은 두 가지 길을 걷고 있다. 하나는 정신없이 빠른 속도로 새로운 기술과 기술자들을 개발, 육성하는 것이고, 하나는 그와 동시에 많은 인구를 최신의 자동화 제조방식으로 무장한 종래의 산업과 공장에 동원함으로써 낡은 발전 경로에 새로운 옷을 입혀 따라가는 것이다. 두 가지 접근방식 모두 생산적인 것으로 입증이 되었으나 여기에도 위험이 없지는 않다.

물질 재화의 대량생산에 크게 의존하는 중국식 접근방식은 중국과 전 세계 경제를 위너가 수십 년 전에 내다보았던 더 큰 위험으로 빠뜨릴 수 있다. 수많은 원천에서 대량 생산된 제품들이 쏟아져 나오는데 전 세계 소비 경제가 그 생산량을 모두 흡수할 수 없어서 생기는 과잉생산의 위기다. 괴테의 '마법사의 제자 Sorcerer's Apprentice'에 나오는 마법의 빗자루처럼 과잉 공급으로 인해 잉여 재화가 글로벌 경제에 넘쳐나기 시작했고, 에너지와 원재료 공급의 부담을 가중시켜 기초생필품의 가격을 상승시키고, 그와 동시에 시장 가격에는 디플레이션의 힘으로 작용하고 있다. 이것이 불안전한 요동을 발생시킬 수 있고, 위너는 이것이 어떤 시스템이라도 무너뜨릴 수 있음을 알고 있었다.

경제적 힘 사이의 정교한 균형은 다양한 구성요소 간의 상호 작용에 의존하는 새로운 글로벌 사회의 사이버네틱스적 속성을 보여주는 사례이자, 위너가 전시에 처음 연구를 하면서 걱정했던 '지나치게 뛰어난 피드백'의 위험도 보여주는 사례이다. 하지만 생산과 가격에 미치는 이런 물질적 영향은 위너가 내다보았던 그 다음에 찾아올 문제의 파도를 얼핏 보여줄 뿐이다. 이런 문제들은 이미 글로벌 경제 정보 부문의 노동자와 기업에 영향을 미치기 시작했다. 그리고 이것은 정보의 가치 그 자체, 그리고 그와 관련된 모든 새로운 기술과 인간 활동에 생겨나고 있는 위기도 보여주고 있다.

위너는 사회가 모든 형태의 정보에 스스로 부여한 경제적 가치를 전체적으로 다시 생각하고 재평가해야 한다고 촉구했지만, 그의 다른 당부와 마찬가지로 이런 주장도 대개 무시됐고, 그 실패가 곳곳의 정보 사업자에게로 돌아와 그들을 괴롭히고 있다. 모든 양식의 정보, 지식, 인간 경험 자체가 쉽게 전송 가능하고, 자유롭게 재현이 가능한 비트로 환원됨에 따라 음반 및 영상 산업에서 컴퓨터 소프트웨어 산업에 이르기까지 정보 경제의 많은 부문이 물질 재화나 서비스처럼 간단하게 생산, 보호, 판매될 수 없는 무형 재화의 판매자로 전락했다. 정보의 가치, 정보 기술, 정보 생산물의 법적 권리와 보호, 그리고 그런 정보를 생산하는 인간의 가치에 대해 새로운 합의가 이루어지지 않는다면 고도로 숙련된 전문가나 기술직으로 발전한 산업이라도 위너가 경고한 바와 같이 "정보는 정보지, 물질이나 에너지가 아니다. 이 사실을 인정하지 않는 유물론자는 현대에 살아남지 못할 것이다"라는 사실을 너무 뒤늦게 깨닫게 될 것이다.

정보에 관한 그의 경고는 자동화와 세계화에도 똑같이 적용된다. 정부와 기업체들이 계속 새로운 기술, 그리고 고용 전략의 비용과 이득을 위너가 오래 전에 거부했던 척도인 '시장과 비용 절감'의 측면에서

만 따지는 국가에서는 이 세 가지 요인 모두 산업, 공공 서비스, 그리고 심지어 예술 분야에 종사하는 사람들에게 압박을 가할 것이다. 오늘날에도 우리가 나아가야 할 길은 위너가 새로운 기준을 설정했을 때와 다르지 않다. 그는 파고 사는 것을 넘어 인간적 가치관을 바탕으로 일의 우선순위를 재정리해야 한다고 사회에 촉구했다. 그리고 위너의 시절과 마찬가지로 오늘날에도 많은 통찰과 계획, 그리고 투쟁이 필요하다.

그런 투쟁 중에 또 다른 인간의 위험이 글로벌 사회 위에 맴돌고 있다. 이것은 국가들 간의 숙의에서 실질적인 요인으로 자리잡았다. 위너는 과도기에 찾아오는 전통 문화의 문제와 그 전통 문화와 현대 기술의 충돌 문제에 대해 민감했지만 그것만으로는 21세기에 발생한 종교-정치 테러의 세계적 파도에 대비하지는 못했을 것이다. 이 새로운 테러리즘은 원자폭탄을 보며 기술에 의해 '수천 명 정도의 집단이 수백만 명을 완전히 파멸시키겠다고 위협할 수 있는' 새로운 시대가 열렸을 때 위너가 느꼈던 공포를 그대로 따르고 있었다.

분명 그는 그의 유명한 선조인 모세 마이모니데스를 카이로에서 품어 안았던 수학자, 천문학자, 건축가들의 조예 깊은 문화를 이어받은 현대의 이슬람 극단주의자들이 서구의 기술과 글로벌 사회의 공개 통신 네트워크를 미국과 다른 국가를 상대로 벌이는 성전聖戰의 도구로 바꾸어 놓은 것을 보고 간담이 서늘해졌을 것이다. 이들이 새로운 통신기술을 찬탈하고 첨단 무기를 사용하는 것은 위너가 자신의 마지막 수수께끼 같은 책, 『신과 골렘 주식회사: 사이버네틱스가 종교에 영향을 미치는 특정 지점에 대한 논평』에서 예고했던 심오한 도덕적, 영적 도전을 훨씬 뛰어넘는 것이다.

새로운 테러리즘은 복잡한 역사적, 종교적, 정치적 영향력의 산물이지만 이 현상 자체는 위너와 사회과학 분야의 동료들이 개척했던 새로운 통신적 관점을 통해 조명해 볼 수 있다. 위너는 『사이버네틱스』에서 처음부터 '통신 수단의 통제'를 현대사회의 안정성, 혹은 불안정성을 지배할 가장 중요한 요인이라 생각했다. 이 통제 요인은 폭력과 증오를 촉발하는 중동지역의 사회에서 거듭해서 입증되어 왔다. 이 지역에서는 인공위성 방송네트워크, 인터넷, 그리고 아랍 문화의 비공식적 통신 채널이 테러리스트들이 자신의 성전을 선전하는 주요 도구가 되어 왔다. 통신과 정신건강 사이의 긴밀한 관계를 꿰뚫어 보았던 위너의 통찰을 통해 극단주의자들을 조종하는 배후 인물이 자신의 사상을 어떻게 퍼뜨리고, 왜곡된 성전 속에 들어 있는 정보와 세뇌, 정치적 선전 선동, 그리고 다른 왜곡된 메시지들이 어떻게 평범한 정신생활을 완전히 파괴할 수 있는 과정으로 자라날 수 있는지 설명할 수 있다. 그런 통신 관행에 의해 아무 의심 없이 따르는 성전의 전사와 종교적 순교자들로 구성된 군대는 그런 '살과 피를 가진 기계'의 가장 최신이자, 가장 위험한 사례가 될 것이다. 위너는 수십 년 전에 이미 인간이라는 원자가 자신이 사용되는 조직에 짜여 들어가되, 책임 있는 인간으로서의 완전한 권리를 가지고 들어가는 것이 아니라 기계 속 톱니바퀴로 들어가 그 안에서 사실상 기계 속 하나의 부품이 되어버린다면 이런 '살과 피를 가진 기계'가 등장할지도 모른다고 예견했었다.

새로운 테러리즘은 여러 가지 심오한 원인과 시사점을 갖고 있지만 새로운 인원을 확보하는 작동 방식과 용이성이라는 측면에서 보면 글로벌 사회의 등장에 대한 극단적인 반응이자, 동시에 그 산물이다. 이것은 또한 인간이나 인간적 가치관에 대한 존중이 없이 채용된 통신

기술이 갖고 있는 파괴적 잠재력을 추가로 증명해 준다. 그런 점에서 보면 새로운 테러리즘에서 얻는 교훈과 그 궁극의 해결책은 명확하며, 위너가 1950년대에 공산주의의 치유에 대해 상술했던 내용과 다르지 않다. 중동의 취약한 사회들과 권리를 박탈당한 다른 인구집단들에게 현대화, 교육, 편견 없는 통신 채널로 나아갈 수 있는 실현 가능한 경로를 제공해 줘야 하고, 글로벌 기술 사회의 이득을 공유하면서 그와 동시에 자신의 종교적, 문화적 전통 속에 역사적으로 체화되어 있는 인간적 가치관을 자기만의 방식, 자기만의 속도로 이끌어 나갈 수 있게 해줄 더욱 보람찬 생활도 제공해 주어야 한다.

* * *

기술과 인간의 통신 잠재력이 충돌하면서 생기는, 언제 폭발할지 모르는 이런 분위기 속에서 위너의 과학적 아이디어로부터 등장한 최신 기술들이 위너가 제시한 윤리적 지침이 인류의 생존에 필수적이라는 추가적인 증거를 제공하고 있다. 이 기술은 디지털 장비가 아니라 위너가 자신의 경력 내내 연구하며 개인적으로 디지털 기술보다 더 선호했던 아날로그 영역의 발전이다. 그리고 이것은 가장 유망하고, 또 잠재적으로는 지금까지 고안됐던 것 중 가장 위험한 기술이다.

요즘 들어 생명공학, 유전공학, 로봇공학에서 아주 작은 분자와 원자 수준의 나노기술 영역에 이르기까지 모든 분야에 걸쳐 있는 아날로그 영역에서의 최근 발전은 정보를 물리적으로 체화해서 세상 속에서 실체적인 작용을 수행하는 21세기 기술의 재등장을 알리고 있다. (이것은 정보를 추상적인 0과 1의 문자열로 부호화해서 서로 간에 주로 통신하는 디지털 장비와 대조적이다) 새로운 아날로그 발명품들은 강력한 센서sensor와 실행기effector(외부 자극에 반응하도록 되어 있는 인체 조직이나 세포) 기술을 이용한다. 이것은 위너가 일찍이 1950년에 컴퓨터와의 결합을 예견했던, '감각 기관의 본질적 요소와 외부세계에 작용하는 실행기'의 개선된 버전이다. 이렇게 새롭게 구체화된 기술이 의학에 혁명을 가져와 실험실과 인체 내부에서 진행하는 진단을 개선하고, 보철물을 강화하고, 수술을 보조하고 일부 경우에서는 심지어 수술을 직접 시행하고 있다. 이 기술은 산업계로 폭넓게 침투해서 '고도자동화 사이버제조hyperautomated cybermanufacturing'의 새로운 시대를 열고 있다. 이것이 생산라인의 속도를 끌어올리고, 공장 내, 그리고 대륙 간 작동을 조화시키면서 품질관리의 새로운 기준을 설정하고 있다. 그리고 이것들이 상업시장으로 진출을 시작했다. 인공 설계된 생명공학 제품, 저렴한 센서, 실행기, 그리고 로봇 등이 새로운 세대의 스마트 장치와 소비자 제품에서 머리를 내밀고 있다. 예를 들면 방안의 물체를 피해가며 길을 찾아다니는 지각이 있는 로봇 진공청소기, 신속하게 판단해서 충돌을 회피하는 자동차 시스템, 그리고 착용자의 활동이나 날씨의 변화 등에 자동으로 적응하는 새로운 유형의 스마트 의복과 가사제품 등이다.

이런 아날로그 기술들은 디지털 혁명 자체에도 광범위한 영향을 미치고 있다. 한 선도적인 예측가에 따르면 새로운 아날로그 발명품들이 우리가 지금은 당연하게 여기고 있는 디지털 질서 전체를 침식하기 시작했다. 아날로그 발명품은 실체적인 작용을 하기 때문에 실용적인 응용에 있어서 디지털 비트에 비해 결정적인 장점을 가지고 있고, 디지털 방식으로는 여러 가지 바람직한 목표를 달성하기에 더 이상 충분치 않은 기술의 전환이 다가오고 있음을 보여준다. 가까운 미래에는 양쪽 진영의 장점만을 결합한 아날로그-디지털 하이브리드 기술이 번창하겠지만 길게 보면 디지털이 점점 굼떠 보이면서 그 중요성이 떨어질 것이라는 예측도 있다. 버려졌던 아날로그 패러다임이 다시 한 번 미래의 파도가 되어 과학자와 기술자들로 하여금 20세기 중반의 기술 기록을 다시 뒤져 21세기에 사용할 새로운 열쇠를 찾아다니게 만들 것이다.

불과 몇 년 전까지만 해도 말도 안 되는 소리로 들렸던 이 대담한 예측은 다시 유행하는 아날로그 영역이 위너의 말과 경고를 다시 검토해 보아야 할 새로운 이유를 제공하면서 글로벌 사회에서 빠른 시간 안에 또 하나의 피할 수 없는 현실로 자리잡고 있다. 그는 분명 오늘날의 혁신을 매혹과 공포가 뒤섞인 복잡한 감정으로 바라보았을 것이다. 그는 자기가 동료들과 함께 조립한 최초의 사이버네틱스 '빈대'와 '술집귀신'에서 진화해 나온 새로운 로봇과 소형기계를 보며 개인적으로 자부심을 느꼈을 테지만, 새로운 아날로그 장치들이 대체할 다음 세대의 인간 노동자들을 생각하며 크게 걱정했을 것이다. 그는 자신이 1950년대에 생명과학에 주입한 사이버네틱스 관점에서 자라나온 생명공학의 혁신들을 보며 경이로워했을 것이다. 하지만 그는 원자 수준에서 분자와 물질의 변덕스러움을 잘 알고 있었기 때문에 생명을 가장 근본적인 수준에서 조작하는 것에 대해, 그리고 새로운 생명공학이 풀어놓을지 모를 파괴적이고 잠재적으로 치명적인 생명체에 대해 깊은 두려움을 느꼈을 것이다.

디지털 정보 혁명이 그 정보처리 기술의 속도와 크기에 있어서 스스로의 물리적 한계에 부딪힘에 따라 새로운 아날로그 기술이 좋든 나쁘든 위너의 궁극적인 유산이자 위너의 모든 경고와 지혜로운 우화가 암시했던 더 큰 위험으로 다가올지도 모른다. 새로운 기술은 실질적 달성 가능성이라는 측면에서 처음으로 위너의 최악의 시나리오를 가능하게 만들었다. 그 시나리오란 바로 유기물질이나 무기물질로 만들어져 어떤 제한이나 인간적 통제도 없이 변이를 일으키고 복제할 수 있는 자동화 기계라는 망령이다. 이들은 디지털 형제보다 더 복잡한 동시에 더 단순하다. 그 중에는 정확한 프로그래밍이 필요하지도 않으며, 확률론의 통계적 원리나 생물학에 기반한 규칙을 이용해서 자율적 주체autonomous agent나 생명과 비슷한 세포 오토마타처럼 작동하는 것도 많다. 그리고 미래에 등장할 형태는 전적으로 자가 프로그래밍을 기반으로 하게 될 것이다. 더군다나 그 속성상 많은 아날로그 시스템은 자기조직하고, 변화하는 입력과 환경 조건에 지속적으로 반응할 때 그냥 속도만 빠른 것이 아니라 실시간으로 작동이 이루어진다.

그리고 거기에 위험이 존재한다. 위너의 가장 큰 걱정 중 하나는 지능형 기술의 속도와 복잡성이 인간의 능력을 초월해서 더 이상 인간이 기계에 반응하지 못하고, 그 기계들을 온전히 인간의 통제 아래 묶어 둘 수 없게 되는 것이었다. 인터넷에서 주식시장, 군의 지휘통제 작전에 이르기까지 사회의 핵심 영역에 채용된 많은 디지털 시스템과 프로그램이 이미 그런 문턱을 넘어섰다. 그리고 새로운 아날로그 시스템은 이런 잠재력을 한계치까지 밀어붙일 것이다. 인공 생명체와 나노단위 장치들은 빠른 실행 속도와 분산 운영dispersed operation 때문에 자체 메커니즘으로 오류를 수정할 시간이 별로 없을 것이고, 인간의 반응 속도로는 그것을 수정할 시간은 꿈도 꾸기 힘들어질 것이다. 아날로그 시스템을 사용할 때는 어느 주어진 순간에 그 시스템이 대체 무슨 일을 하고 있는지, 그리고 자기에게 부여된 과제를 수행하는 과정에서 대체 어떤 결정을 내리고 있는지 정확히 아는 것이 불가능한 경우가 많다.

이런 불길한 가능성을 놓고 생각하면, 기업 연구실, 군의 연구센터, 대학교, 민간 스타트업 회사에서 일하는 새로운 아날로그 개발자들은 위너의 과학적 통찰과 함께 그의 경고까지도 함께 마음에 새기고 인류와 지구 전체를 위험에 빠뜨릴 수도 있는 기술을 개발할 때는 엄격한 통제 하에 신중하게 접근해야 할 것이다.

* * *

오늘날의 디지털 기술과 아날로그 기술 모두 전례 없는 도전을 제시하고 있다. 이 도전은 비단 공학자와 사업가들만이 아니라 일상생활을 하는 사람들, 그리고 그 어느 때보다도 긴밀하게 연결되어 있으면서 동시에 분열되어 있는 세상에게도 해당된다. 이런 도전은 그에 따르는 기술적, 인간적 복잡성을 이해하고 완화해 줄 새로운 사고방식, 새로운 개념 도구를 필요로 한다. 그리고 위너의 과학적 원리와 윤리적 교훈은 그 일을 하는 데 필요한 새로운 도구 몇 개를 제공해 준다.

그가 처음부터 분명하게 밝혔듯이 사이버네틱스의 보편적 과정과 원리, 즉 정보, 통신, 피드백, 순환적 인과관계 혹은 상호 영향, 목적론 혹은 목적의식적이고 목표지향적인 행동은 기술, 생물학, 모든 복잡한 사회 시스템에 동일하게 적용된다. 사이버네틱스의 생물학적, 사회적 차원은 기술이 차지하는 부분이 점점 커짐에 따라 위너의 살아생전, 그리고 그의 사망 이후로 수십 년 동안 대체로 간과되어 왔다. 하지만 위너의 과학에서 무시되어 왔던 그런 측면들은 사이버네틱스에서 얻을 수 있는 가장 막강한 통찰을 담고 있고, 우리의 삶을 빚어내고, 거기에 영향을 미치는 복잡한 힘을 이해하는 그 어떤 기술적 도구 못지않게 중요하다.

사이버네틱스의 개념적 도구를 이용하면 더욱 효과적이고 생산적인 방식으로 생각하고, 창조하고, 혁신하고, 심지어는 위너가 재능이 특출한 제자들이 자기처럼 담장 너머를 볼 수 있게 만들어 주었던 높은 수준에서 상상의 나래를 펼쳐볼 수도 있다. 사이버네틱스와 그 자매 과학인 정보이론과 시스템이론, 그리고 그 새로운 복잡성과 인간 통신의 과학에서 파생되어 나온 학문들은 과학자와 비과학자 모두에게 체계적이고 전략적으로 생각하고, 문제를 해결하고, 시나리오를 쓰고, 재앙이 닥치기 적에 잠재적 문제점을 확인할 수 있는 새로운 사고방식을 제공해 준다. 삶의 시스템이 속도가 빨라지고 점점 복잡해짐에 따라 그런 기술을 습득해서 일상 및 전 세계 경제와 문화의 더욱 큰 문제에 적용하는 것이 개인으로서 취할 수 있는 최선이고, 글로벌 사회의 학습 곡선 중 다음 단계가 될지도 모른다.

위너의 암울한 예측이 21세기의 일부 관찰자들에게는 기우로 비쳐질 수도 있고, 어쩌면 한 컴퓨터 과학자가 말했듯이 그의 시기적절한 경고 덕분에 우리가 그가 예견했던 문제들을 피할 수 있었던 것일 수도 있다. 하지만 그의 가장 중요한 경고는 무시되고 말았다. 그를 격정시켰던 다수의 기술적, 인간적 위험이 이제야 현실이 되고 있다. 노동의 미래와 노동자들의 생계를 위해 어전히 장기적인 계획이 필요한 상황이다. 기술의 발전과 인류의 보다 넓은 이해관계 사이에서 어려운 선택을 내려야 할 수도 있다. 그리고 과학자와 기술자들이 이제 자신의 창조물이 만들어낸 결과와 직면하고 있는 것처럼 통신과 문화의 일상 영역에서도 그와 비슷한 윤리적 선택이 넘쳐난다.

오늘날의 모든 사람은 글로벌 사회의 삶을 함께 공유하며 모든 매체를 통해 교환하는 메시지를 통해, 그리고 새로운 정보와 통신 기술의 사용을 통해 그 사회의 핵심적 과정에 직접적, 간접적으로 참여한다. 이들의 선택과 행동 하나하나가 메시지를 보내며, 이 메시지가 지구 반대쪽에 있는 정부와 기업의 행동에 영향을 미칠 수도 있기 때문에 그런 힘을 행사할 때는 책임감 있게 해야 한다. 바이러스 제작자, 웹사이트 해커, 지적 재산권 도둑, 더욱 악의적인 사이버범죄자 등 사이버 공간에서 서성거리는 젊은 신동이나 말썽꾼들, 그리고 이들과의 대척점인 오프라인에서 활동하고 있는 테크노테러리스트와 반세계화 무정부주의자 등의 극단주의자들은 글로벌 사회의 바리케이드를 상대로 한 싸움에서 위너를 자신의 다크 히어로이자 모범으로 세워 재능과 기술을 건설적으로 사용하는 것에 능숙할 것이다.

특히 미국인들은 글로벌 무대에서 새로운 기회와 책임을 갖게 됐다. 위너의 혁명이 탄생한 장소로서 미국은 새로운 사회와 경제를 가능하게 만든 혁신을 개척했다. 이제는 그 리더십 역할을 공유하고 확장해서 국내 발전과 글로벌 발전의 다음 라운드, 새로운 기술적 및 인간적 기술, 그리고 글로벌 통신, 상업, 문화의 평화롭고 생산적인 시대를 여는 데 필요해질 사회적 및 경제적 구조를 이룩하는 데 힘써야 한다. 거기에 필요한 연구 중 일부는 지금 진행 중이고, 희망적인 신호가 지평선 위로 보이기 시작했다. 미국과 다른 국가의 개인과 조직들이 함께 힘을 합쳐 과학적 책임, 기술의 윤리적 사용, 그리고 환경과 공공의 영역으로 침투하고 있는 새로운 생명공학과 다른 아날로그 기술의 안전성에 관한 중요한 안건들을 상정하고 있기 때문이다. 어떤 이들은 컴퓨터 사용자와 사이버공간 시민들의 권리와 사생활을 공격적으로 옹호하는 반면, 어떤 사람들은 새로운 기술에서 나오는 이득에 접근할 수 있는 권한을 부유한 개인과 국가 너머로 확장하기 위해 애쓰고 있다.

분명 위너는 군의 인터넷을 공공의 영역으로 가져와 월드와이드웹을 창조하고도 그로부터 단돈 한 푼도 받지 않았던 젊은 선지자, 새로운 지식과 기술은 소유주의 것이 아니라 공공이 사용하고 모든 사람이 혜택을 받는 공공재라는 위너의 윤리의식을 공유하며 '오픈 소스' 소프트웨어 운동을 주도한 반항적 프로그래머 등 신기술을 자선적 목적을 위해 이용하는 오늘날의 영웅들을 보며 갈채를 보냈을 것이다. 그는 21세기의 동료들이 유전공학과 나노기술의 위험에 대해 경고음을 울리는 것을 보고 기뻐했을 것이다.

위너는 앞으로 생겨날 새로운 기술들이 인류가 미래에 직면하게 될 문제와 위험에 대한 해법을 제공하지 않으리라는 것을 알고 있었다. 하지만 그는 사람들이 자기 앞에 놓인 선택과 자신의 노력이 낳게 될 결과를 내다볼 수 있는 토대를 마련했다. 그는 우리에게 지식과 기술의 한계, 그리고 정부, 기업, 군 등 우리 사회를 지배하는 기관들이 갖고 있는 결함도 보여주었다. 그는 물질과 에너지의 원리와 경제적 가치관을 기반으로 정보 사회를 운영하는 것이 오류임을 보여주었다. 그리고 그는 우리의 문화적, 종교적 편견이 갖고 있는 오만함과 맹목성도 보여주었다. 그리고 그는 지능형 기술의 세상에서 우리만의 인간적인 능력 중에 어떤 것을 보존하고 보호해야 하는지 배워야 한다는 명확한 지시도 남겼다. 그는 인간이 이런 도전에 맞서 싸워 인간적 가치관의 보편적 기반 위에서 글로벌 사회를 구축하거나, 아니면 기술이 힘들이지 않고 인간에 대한 통제권을 장악해서 우리가 알고 있는 인간과 생명 그 자체가 살아남을 수 없는 세상을 만들게 되리라는 것을 알고 있었다.

위너의 유산과 인간의 진보에 관한 이야기가 이어지는 이 시점에서 만약 사람들이, 특히 미국인들이 사회를 개선하고, 그와 동시에 인류의 이해관계를 자신의 이해관계로 받아 안겠다는 결심을 한다면 우리는 지금의 혼란, 그리고 문턱에 와 있는 새로운 기술에서 살아남아 더 안전하고, 더 분별력 있고, 더욱 풍요로운 글로벌 사회를 만들 수 있을 것이다. 그리고 그 과정에서 우리는 위너가 그토록 소망했듯이 자신의 본성과 목적을 이해하고, 인간의 인간적 용도를 자신의 목적이자 최고선으로 받아 안는 세상을 만들 수 있을지도 모른다.

참고문헌

Ampère, A. M. Essai sur la Philosophie des Sciences. Paris: Bachelier, 1845.
Anon. "The Case of the Wiener Children." (type- script, ca. 1913) MIT Institute Archives, MC22, box 33, folder 903.
_____, "Master Mind." MD, June 1975.
Arbib, Michael A. "Comments on 'A Logical Calcu- lus of the Ideas Immanent in Nervous Activity." In McCulloch 1989, I.
_____, "Warren McCulloch's Search for the Logic of the Nervous System." Perspectives in Biology and Medicine, 43.2, 2000 (muse.jhu.edu/ demo/pbm/43.2arbib.html).
Ashby, W. Ross. Design for a Brain: The Origin of Adaptive Behavior. London: Chapman & Hall, 1952.
_____, An Introduction to Cybernetics. London: Chapman & Hall, 1956.
Aspray, William. "The Scientific Conceptualization. of Information: A Survey." Annals of the His- tory of Computing, 7:2, Apr 1985.
_____, and A. L. Norberg. "Interview of J. C. R. Licklider." (Cambridge, MA, Oct 28, 1988), OH 150, Charles Babbage Institute, Univ. of Minnesota, Minneapolis, MN(www.cbi. umn.edu/oh/display.phtml?id=87).
Augarten, Stan. BIT by BIT: An Illustrated History of Computers. New York: Ticknor & Fields, 1984 (www.stanford.edu/group/mmdd/Silicon Val- ley/Augarten/Chapter5.html.)
Ayer, A, J. Russell. London: Wm. Collins, 1972.
Barlow, J. S. "The Early History of EEG Data Processing at the Massachusetts Institute of Technology and the Massachusetts General Hospital." International Journal of Psychophysiology, 26: 443-454, 1997.
Bateson, Gregory. "Circular Causal Systems in Society." (New York Academy of Sciences Conf., Oct 21-22, 1946), Library of Congress, Wash- ington DC, Margaret Mead Papers,

Box 104.

———, Steps to an Ecology of Mind: A Revolutionary Approach to Man's Understanding of Himself. New York: Chandler/Ballantine, 1972; Chicago: Univ. of Chicago Press, 2000 (with a new foreword by Mary Catherine Bateson).

———, Mind and Nature: A Necessary Unity. New York: Dutton, 1979/Bantam, 1979.

———, and Jurgen Reusch. Communication: The Social Matrix of Psychiatry. New York: Norton, 1951, 1968.

———, G. D. Jackson, J. Haley and J. Weakland. "Toward a Theory of Schizophrenia." Behavioral Science, 1: 1956 (in Bateson 1972, 201-227).

Bateson, Mary Catherine. Our Own Metaphor. New York: Knopf, 1972.

———, With a Daughter's Eye: A Memoir of Margaret Mead and Gregory Bateson. New York: Morrow, 1984.

Beckett, Andy. "Santiago dreaming." The Guardian (U.K.), Sept 8, 2003. (www.guardian.co.uk/chile/story/0,13755,1037547,00.html).

Beer, Stafford. Cybernetics and Management. New York: Wiley, 1959.

———, Brain of the Firm: The Managerial Cybernetics of Organization. New York: Herder and Herder, 1972; 2nd ed. New York: Wiley, 1981.

———, "Fanfare for Effective Freedom: Cybernetic Praxis in Government." The Third Richard Goodman Memorial Lecture. Brighton Polytechnic (U.K.) Feb 14, 1973. (www.stafford-beer.com/papers/Fanfare%20for%20Effective%20Freedom.pdf).

Bello, Francis. "The Information Theory." Fortune, Dec 1953.

———, "The Young Scientists." Fortune, June 1954.

Bennett, Stuart. "A Brief History of Servomechanisms." IEEE Control Systems, 14: 2, 75-79, Apr 1994a.

———, "Norbert Wiener and Control of Anti-Aircraft Guns." IEEE Control Systems, 14:6, 58-62, Dec 1994b.

———, "A Brief History of Automatic Control." IEEE Control Systems, 16:3, 17-25, June 1996.

Berg, E. J. "Oliver Heaviside: A Sketch of His Work and Some Reminiscences of His Later Years." Journal of the Maryland Academy of Sciences, 1: 105-114, 1930.

Bergman, Peter G. "Notes on the Extrapolation." Dec 14, 1942, Records of NDRC, Sec 2, Div D, National Archives & Records Service, Washington DC.

Bertalanffy, Ludwig von. "The Theory of Open Systems in Physics and Biology." Science, 111, 23-29, 1950a.

———, "An Outline of General System Theory." Brit. J. Philos. Sci. 1, 139-164, 1950b.

———, General System Theory: Foundations, Development, Applications. New York: George Braziller, 1968.

Bigelow, J. "Conference at Bell Laboratories, Julian H. Bigelow and Professor Norbert

Wiener." Confidential memo, June 4, 1941, declassified Aug 2, 1960. Records of NDRC, Sec 2, Div D, Record Group 227, Project #6, National Archives & Records Service, Washington, DC.

Birdwhistell, Ray. Kinesics & Context: Essays on Body Motion Communication. Philadelphia: Univ. of Pennsylvania Press, 1970.

Black, Harold S. "Stabilized Feedback Amplifiers." (paper presented at winter convention of AIEE, Jan 23-26, 1934), Bell System Technical Journal and Electrical Engineering, Jan 1934. Blackman, Hendrick Bode, and Claude Shannon. Monograph on Data Smoothing and Prediction in Fire Control Systems. Feb 1946. Records of NDRC, Sec 2, Div D, National Archives & Records Service, Washington, DC.

Born, Max. My Life: Recollections of a Nobel Laureate. New York: Scribner's, 1975.

Bose, Amar G. "Ten Years with Norbert Wiener" (centennial ceremony speech, transcript). Cambridge, MA: MIT, Oct 12, 1994.

Boulding, Kenneth E. A Reconstruction of Economics. New York: Wiley, 1950.

———, The Organizational Revolution: A Study in the Ethics of Economic Organization. New York: Harper, 1953.

———, The Image: Knowledge in Life and Society. Ann Arbor: Univ. of Michigan Press, 1956.

Brand, Stewart. "For God's Sake, Margaret" (interview with Gregory Bateson and Margaret Mead). CoEvolutionary Quarterly, June 1976 (www.oikos.org/forgod.htm).

Brockman, John, ed. About Bateson: Essays on Gregory Bateson. New York: Dutton, 1977.

Brooks, Paul. Two Park Street: A Publishing Memoir. Boston: Houghton Mifflin, 1986.

Browning, Robert. "In a Balcony." 1884. In Poems and Plays, Vol. II: 1844-1864. New York: Dut- ton, 1963.

Bruce, H. Addington. "New Ideas in Child Train- ing." The American Magazine, July 1911.

Bryant, Bill. "Nature and Culture in the Age of Cy- bernetic Systems." (epsilon3.georgetown. edu/~coventrm/asa2000/panel3/bryant.html).

Buderi, Robert. The Invention That Changed the World: How a Small Group of Radar Pioneers Won the Second World War and Launched a Tech- nological Revolution. New York: Simon & Schuster, 1996.

Burks, Alice R. and Arthur W. Burks. The First Elec- tronic Computer: The Atanasoff Story. Ann Arbor: Univ. of Michigan Press, 1988.

Burks, Arthur W. Essays on Cellular Automata. Ur- bana, IL: Univ. of Illinois Press, 1970.

Bush, Vannevar. Operational Circuit Analysis (appendix by N. Wiener) New York: Wiley, 1929.

———, "As We May Think." Atlantic Monthly, July 1945a (www.press.umich.edu/jep/ works/ vbush/vbush-all.html).

———, "Science The Endless Frontier." Washing- ton, DC: U.S. Govt Printing Office: July 1945b (www.nsf.gov/od/lpa/nsf50/ vbush1945.htm).

_____, Pieces of the Action. New York: Morrow, 1970.

Cadwallader, Mervyn, L. "The Cybernetic Analysis of Change in Complex Social Organizations." The American Journal of Sociology, 65:154-157, 1959 (in Smith, A.G.).

Campbell, George A., and Ronald M. Foster. Fourier Integrals for Practical Applications. New York: Bell Telephone Laboratories, 1931.

Cannon, Walter B. "Organization for Physiological Homeostasis." Physiological Review, 9, 1929.

_____, The Wisdom of the Body. New York: W. W. Norton Co., 1932.

Carnap, R. The Logical Syntax of Language. New York: Harcourt, Brace and Company, 1938.

Carroll, Lewis. Alice's Adventures in Wonderland & Through the Looking-Glass (1865, 1871). New York: New American Library, 1960.

Casti, John L. The One True Platonic Heaven: A Scien- tific Fiction of the Limits of Knowledge. Washing- ton DC: Joseph Henry Press/National Academies Press, 2003 (books.nap.edu/books/0309085470/html/158.html).

Cirincione, Joseph. "The Performance of the Patriot Missile in the Gulf War: An Edited Draft of a Report Prepared for the Government Opera- tions Committee, U.S. House of Representa- tives." Carnegie Endowment for International Peace, Oct 1992/Nov 2003 (www.ceip.org/ files/projects/npp/resources/georgetown/Patriot Paper.pdf).

Cohen, I. B. Howard Aiken: Portrait of a Computer Pi- oneer. Cambridge, MA: MIT Press, 1999.

Cohen, Louis, Heaviside's Electrical Circuit Theory (in- troduction by M. I. Pupin). New York: Mc- Graw-Hill, 1928.

Cowan, Jack. "Epilogue." 1989a (in McCulloch 1989, I).

_____, "Neuronal Nets." 1989b (in McCulloch 1989, III).

Clark, Ronald W. JBS: The Life and Work of J. B. S. Haldane. New York: Coward-McCann, 1968, 1969.

Crick, F. H. C. "The Biological Replication of Macromolecules" (paper presented to Society for Experimental Biology, 1957). Symp. Soc. Exp. Biol. 12: 138-163, 1958.

Davidson, Mark. Uncommon Sense: The Life and Thought of Ludwig von Bertalanffy (1901-1972), Father of General Systems Theory. Los Angeles: J. P. Tarcher, 1983.

Davis, Harry M. "An Interview with Norbert Wiener." New York Times Book Review, 4.10.49.

Dechert, Charles, R., ed. The Social Impact of Cyber- netics (Papers presented at a Symposium on Cybernetics and Society, Washington, DC, Nov 1964, under the sponsorship of George- town University, American University, and George Washington University, with the co- operation of the American Society for Cy- bernetics). Notre Dame, IN: Univ. of Notre Dame Press, 1966/New York: Clarion/Simon & Schuster, 1967.

Detzer, David. The Brink: Cuban Missile Crisis, 1962. New York: Crowell, 1979. Deutsch, Karl W. "Mechanism, Teleology and Mind." Philosophy and Phenomenological Re- search, 12: 1951a.

———, "Mechanism, Organism and Society." Phi- losophy of Science, 18: 1951b.

———, The Nerves of Government: Models of Political Communication and Control. London: Free Press of Glencoe, 1963.

Dixit, Avinash K., and Barry J. Nalebuff. Thinking Strategically: The Competitive Edge in Business, Politics and Everyday Life. New York: Norton, 1991.

Doob, Joseph L. "Review of C. E. Shannon. 'The Mathematical Theory of Communication.'" Mathematical Reviews, 10: 133, Feb 1949.

———, "Norbert Wiener Centennial Speeches" (transcript). Cambridge, MA: Royal East Restaurant, Oct 9, 1994.

Dubarle, Dominique. "A New Science: Cybernet- ics." Le Monde, 12.28.48.

Dyker, David. "The Computer and Software Indus- tries in the East European Economies: A Bridgehead to the Global Economy?" www.sussex.ac.uk/spru/publications/im- print/steepdps/27/steep27.doc.

Edman, Irwin. "Mind in Matter." The New Yorker, 10.14.50.

Edwards, Paul N. The Closed World: Computers and the Politics of Discourse in Cold War America. Cambridge, MA: MIT Press, 1996 (www.stanford.edu/group/mmdd/Silicon Val- ley/Edwards/ClosedWorld1995.book).

Einstein, A. "Über einen die Erzeugung und Verwand- lung des Lichtes betreffenden heuristischen Gesicht- spunkt" ("On a Heuristic Point of View about the Creation and Conversion of Light"), An- nalen der Physik, 17: 132, March 1905a.

———, "Über die von der molekularkinetischen Theorie der Wärme geforderte Bewegung von in ruhenden Flüssigkeiten suspendierten Teilchen" ("On the Motion of Small Particles Suspended in a Stationary Liquid According to the Molecular Kinetic Theory of Heat"). Annalen der Physik, 17: 549, May 1905b.

———, "Zur Electrodynamik bewegter Korper" ("On the Electrodynamics of Moving Bodies"), An- nalen der Physik, 17: 891, June 1905c.

———, "Zur Theorie der Brownschen Bewegung." An- nalen der Physik, 19: 371, 1906 (translated as "Investigations on the Theory of the Brown- ian Movement," 1926).

Eliot, T. S. "Four Quartets." In Collected Poems 1909-1935. New York: Harcourt, Brace, 1936.

Epstein, Jason. Book Business: Publishing Past, Present, and Future. New York: Norton, 2001.

Fano, Robert M. Transmission of Information: A Statis- tical Theory of Communication. Cambridge, MA: MIT Press, 1961.

Fast, Julius, Body Language. New York: M. Evans/Lippincott, 1970.

Feldman, David Henry with Lynn T. Goldsmith. Nature's Gambit: Child Prodigies and the

Devel- opment of Human Potential. New York: Basic Books, 1986; Teachers College Press, 1991.

Ferry, D. K., and R. E. Saeks. "Comments." Wiener 1979/NW CW II, 137-139. Reprinted in Annals of the History of Computing, 9: 183-197, 1987.

Festinger, Leon. A Theory of Cognitive Dissonance. Evanston, IL: Row Peterson, 1957.

Finnemann, Niels Ole. Thought, Sign and Machine: The Computer Reconsidered (Tanke, Sprog og Maskine). Copenhagen: Akademisk Forlag, 1994; translated by Gary Puckering for e-text ed., rev. and abridged by the author, Mar 15, 1999. www.hum.au.dk/ckulturf/pages/publications/nof/tsm/contents.html.

Ford, John J. "Soviet Cybernetics and International Development." In Dechert.

Franchi, Stefano, Güven Güzeldere, and Eric Minch. "Constructions of the Mind" (inter- view with Heinz von Foerster). Stanford Hu- manities Review, 4: 2, June 26, 1995 (shr.stanford.edu/shreview/4-2/text/interviewvonf.html).

Frank, Lawrence K., G. E. Hutchinson, W. K. Liv- ingston, W. S. McCulloch, and N. Wiener. "Teleological Mechanisms" (New York Acad- emy of Sciences Conf., Oct 21-22, 1946). Annals of the New York Academy of Sciences, 50: 4, Oct 1948.

Gardner, Howard. The Mind's New Science: A History of the Cognitive Revolution. New York: Basic Books, 1985, 1987.

Gerovitch, Slava. "Mathematical Machines' of the Cold War: Soviet Computing, American Cy- bernetics and Ideological Disputes in the Early 1950s." Social Studies of Science, 31: 2, 253-287, Apr 2001a.

——, "Russian Scandals': Soviet Readings of American Cybernetics in the Early Years of the Cold War." Russian Review, 60: 4, 545-568, Oct 2001b.

——, "Love-Hate for Man-Machine Metaphors in Soviet Physiology: From Pavlov to 'Physio- logical Cybernetics.'" Science in Context, 15: 2, 339-374, 2002a.

——, Newspeak to Cyberspeak: A History of Soviet Cybernetics. Cambridge, MA: MIT Press, 2002b.

Gesteland, R. C., J. Y. Lettvin, and W. H. Pitts. "Chemical transmission in the nose of the frog." Journal of Physiology (U.K.): 181: 525-559, 1965.

——, "The Olfactory Adventure." In McCulloch 1989, III.

Gibbs, J. Willard. Elementary Principles of Statistical Mechanics. New York: C. Scribner's Sons, 1902.

Gibson, William. Neuromancer. New York: Ace/Berkeley, 1984.

Gilbert, Edgar N. "History of Mathematics at Bell Labs." 00cm.bell-labs.com/cm/ms/center/history.html.

Glanville, Ranulph. "A Cybernetic Musing: In the Animal and the Machine." Cybernetics & Human Knowing, 4: 4, 1997.

Gleick, James. "Bit Player." NYT, 12.30.2001.

Gödel, Kurt."Über formal unentscheidbare Sätze der Principia Mathematica und verwandter Systeme, I" ("On Formally Undecidable Propositions"). Monatshefte für Mathematik und Physik, 38: 173-198, 1931.

Goethe, J. W. von. The Sorrows of Young Werther (1774). New York: Modern Library/Random House, 1971, 1993.

Goldstine, Herman H. The Computer from Pascal to von Neumann. Princeton: Princeton Univ. Press, 1972.

Graham, Loren R. Science, Philosophy, and Human Be- havior in the Soviet Union. New York: Colum- bia Univ. Press, 1987.

Grattan-Guiness, I. "The Russell Archives: Some New Light on Russell's Logicism." Annals of Science, 31, 1974.

――, "Wiener on the Logics of Russell and Schröder. An Account of his Doctoral Thesis, and of his Discussion of it with Russell." An- nals of Science, 32, 1975.

Greenberg, D. S. "The National Academy of Sci- ences: Profile of an Institution." Science, Apr 14, 21, 28, 1967.

Haldane, J. B. S. "A Mathematical Theory of Natural and Artificial Selection." Transactions of the Cambridge Philosophical Society, 1924-1933 (parts 1-9); Genetics, 1934 (part 10).

Hall, Edward. T. The Silent Language. New York: Doubleday, 1959.

――, The Hidden Dimension. New York: Double- day, 1966.

――, and George Trager. The Analysis of Culture (Foreign Service Institute training manual). Washington, DC: U.S. State Department, 1953.

Halmos, P. "The Legend of John von Neumann." American Mathematical Monthly, 80, 1973.

Halperin, Morton, Jerry Berman, Robert Borosage, and Christine Marwick. "The Bureau (FBI) in War and Peace." Excerpt from The Lawless State: The Crimes of the U.S. Intelligence Agencies. New York: Penguin Books, 1976, www.thirdworldtraveler.com/NSA/ Bureau_War_Peace_LS_html.

Hapgood, Fred. Up the Infinite Corridor: MIT and the Technical Imagination. Reading, MA: Addison Wesley, 1993.

Hart, Shane. "Computing in the Former Soviet Union and Eastern Europe" www.acm.org/ crossroads/xrds5-3/soviet.html (Association for Computing Machinery).

Hartley, R. V L. "Transmission Limits of Telephone Lines." Bell Laboratories Record, 1:6, 225-228, Feb 1926.

――, "Transmission of Information." Bell System Technical Journal, 7: 535-563, 1928.

Hauben, J. R. "Norbert Wiener, J. C. R. Licklider and the Global Communications Network." 1996, www.columbia.edu/~jrh29/licklider/lick-wiener.html.

Hauben, Michael, and Ronda Hauben. "Cybernet- ics, Time-sharing, Human-Computer Symbiosis and Online Communities: Creating a Supercommunity of Online Communities.' Chapter 6 in The Netizens and the Wonderful World of the Net: On the History and the Impact of the Internet and Usenet News (online manu- script, Jan 10, 1994, www. columbia.edu/ ~hauben/netbook; latest version: www.co- lumbia.edu/~rh120. Published as Netizens: On the History and Impact of Usenet and the In- ternet. Los Alamitos, CA/ Hoboken, NJ: IEEE Computer Society Press/John Wiley & Sons, 1997.

Hazen, Harold L. "Theory of Servomechanisms. Journal of the Franklin Institute, Sept 1934a.

———, "Design and Test of a High Performance Servomechanism." Journal of the Franklin Insti- tute, Nov 1934b.

Hedger, Leigh. "Analog Computation: Everything Old Is New Again." www.indiana.edu/~rca-pub/v21n2/p24.html.

Heims, Steve J. John von Neumann and Norbert Wiener: From Mathematics to the Technologies of Life and Death. Cambridge, MA: MIT Press, 1980.

———, Introduction to The Human Use of Human Beings. London: Free Association Books, 1989.

———, Constructing a Social Science for Postwar Amer- ica: The Cybernetics Group, 1946-53. Cam- bridge, MA: MIT Press, 1991, 1993.

Hillis, W. Daniel. The Connection Machine. Cam- bridge, MA: MIT Press, 1985.

———, "The Connection Machine." Scientific Amer- ican, Vol. 256, 108-115, June 1987.

Holton, Gerald. "From the Vienna Circle to Har- vard Square: The Americanization of a Euro- pean World Conception." In Stadler, F., ed. Scientific Philosophy: Origins and Developments. New York/Dordrecht (The Netherlands): Kluwer Academic Publishers, 1993.

Hopper, Grace Murray. "The Education of a Com- puter." Proc. ACM Conference, reprinted in Ann. Hist. Comp., 9:3-4, 271-281, 1952.

Howard, Jane. Margaret Mead. New York: Ballantine, 1984.

Howland, B., J. Y. Lettvin, W. S. McCulloch, W. H. Pitts, and P. D. Wall. "Reflex inhibition by Dorsal Root Interaction." Journal of Neurophysiology, 19: 1-17, 1955.

Hunt, Linda. Secret Agenda: The U.S. Government, Nazi Scientists and Project Paperclip. New York: St. Martin's Press, 1991.

Hutchins, John. "From First Conception to First Demonstration: The Nascent Years of Ma- chine Translation, 1947-1954. A Chronology." Machine Translation, 12:3, 1997a, 195-252 (ourworld.compuserve.com/homepages/wjhutchins/PPF-2.pdf).

Hutchinson, G. E. "Circular Causal Systems in Ecology." (New York Academy of Sciences Conf., Oct 21-22, 1946), in Frank et al.

Itô, Kiyosi. "On Stochastic Processes (Infinitely Di- visible Laws of Probability)." Japanese Journal of Mathematics, 18: 1942.

Jackson, Allyn. "Dirk Struik Celebrates his 100th." Notices of the AMS, 42:1, Jan 12, 1995.

Jacobs, William Wymark. "The Monkey's Paw." In The Lady of the Barge. New York/London, Harper & Brothers, 1902.

James, H. M., N. B. Nichols, and R. S. Phillips. The- ory of Servomechanisms. New York: McGraw- Hill, 1947.

James, William. William James Talks to Teachers on Psy- chology and to Students on Some of Life's Ideals. New York: H. Holt, 1899; Cambridge, MA: Harvard Univ. Press, 1983.

———, Pragmatism, A New Name for Some Old Ways of Thinking. New York: Longmans, Green, 1907.

Jeffress, L.A., ed. Cerebral Mechanisms in Behavior: The Hixon Symposium. New York: John Wiley & Sons, 1951.

Jerison, David and Daniel Stroock. "Norbert Wiener." Notices of the American Mathematical Society, 42:4, Apr 1995.

Jerome, Fred. The Einstein File: J. Edgar Hoover's Se- cret War Against the World's Most Famous Scien- tist. New York: St. Martin's, 2002.

Joy, Bill. "Why the Future Doesn't Need Us." Wired, Apr 2000a.

———, "Will Spiritual Robots Replace Humanity by 2100?" Symposium organized by Douglas Hofstadter, Symbolic Systems Program, Stan- ford Univ., Apr 1, 2000b, technetcast.ddj. com/ tnc_play_stream.html?stream_id=258.

Kalmus, H. "A Cybernetical Aspect of Genetics.' Journal of Heredity, 41: 19-22, 1950.

Kaplan, Fred. "How Smart Are Our Smart Bombs? They're better than ever, but they still won't topple Saddam." Slate, 10.17.02(slate.msn.com/id/2072709).

Kay, Lily. Who Wrote the Book of Life? A History of the Genetic Code. Stanford, CA: Stanford Univ. Press, 2000.

Kelly, Kevin. Out of Control: The New Biology of Ma- chines, Social Systems, and the Economic World. Reading, MA: Perseus Books, 1994.

Kipling, Rudyard. Just So Stories. New York: Penguin Books, 1974.

Koopmans, Matthijs. "From Double Bind to N-Bind: Toward a New Theory of Schizophrenia and Family Interaction." Nonlinear Dynamics, Psychology, and Life Sciences, 5:4: 289-323, Oct 2001.

Kraeplin, Emil. Clinical Psychiatry: A Textbook for Physicians. New York: Macmillan, 1913.

Kubic, Lawrence. "A Theoretical Application to Some Neurological Problems of the Proper- ties of Excitation Waves Which Move in Closed Circuits," Brain, 53: 166-178, July 1930.

Kurzweil, Ray. "Will Spiritual Robots Replace Hu- manity by 2100?" Symposium organized by Douglas Hofstadter, Symbolic Systems Pro- gram, Stanford Univ., Apr 1, 2000, technet- cast.ddj.com/tnc_program.html?program_id=82.

Lane, Edward William, trans. Stories from the Thou- sand and One Nights. New York: Collier & Son, 1909.

Latil, Pierre de. Thinking by Machine: A Study of Cybernetics (Y. M. Golla, trans.). London: Sidgwick and Jackson, 1956 (orig. Le Pensée Artificielle. Paris: Gallimard, 1953).

Leaver, Eric W., and Brown, John J. "Machines Without Men." Fortune, Nov 1946.

Leavitt, Harold J., and Ronald A. H. Mueller. "Some Effects of Feedback on Communication." Human Relations, 4:401-401, 1951 (in Smith, A. G.).

Lee, J. A. N., Stanley Winkler, and Merlin Smith. "Key Events in the History of Computing" (summary prepared for IEEE Computer So- ciety 50th Anniversary), 1996, ei.cs.vt.edu/~history/50th/30.minute.show.html. Virginia Tech.

Lee, Yuk Wing. Synthesis of Networks by Means of Fourier Transforms of LaGuerre's Functions. Dis- sertation for Sc.D. Elec. Eng., MIT (com- pleted in 1930), J. Math, and Physics, 11: 261-278, 1932.

———, Applications of Statistical Methods to Commu- nications Problems. Cambridge, MA: MIT Re- search Laboratory of Electronics, 1950.

———, Statistical Theory of Communication. New York: Wiley, 1960.

Lettvin, J. Y. "Introduction." McCulloch 1989, I, 7-20 (1989a).

———, "Warren and Walter." McCulloch 1989, II, 514-529 (1989b).

———, H. R. Maturana, W. S. McCulloch, W. H. Pitts. "What the Frog's Eye Tells the Frog's Brain." Proceedings of the IRE, 47:11, 1940-51, Nov 1959 (in McCulloch 1989, IV, 1161-1172).

Levinson, Norman. "Prediction of Stationary Time Series by a Least Squares Procedure." Report produced under U.S. Army Air Force Air Corps Meteorological contract about Mar 1942. Records of NDRC, Sec 2, Div D, Record Group 227, Project #6, National Archives & Records Service, Washington, DC.

———, "Report of Conference on the Methods of N. Wiener, Oct 3, 1944." Statistical Research Group/Division of War Research/Columbia University. Records of NDRC, Sec 2, Div D, National Archives & Records Service, Wash- ington, DC.

———, "Wiener's Life." Bulletin of the American Mathematical Society, 72: 700, Jan 1966.

Levinson, Zipporah (Fagi). "Norbert Wiener Cen- tennial Speeches" (transcript). Cambridge, MA: Royal East Restaurant, Oct 9, 1994.

Lewin, Kurt. "Frontiers in Group Dynamics." Human Relations, 1: 5-153, 1947.

Lewis, F. L. Applied Optimal Control and Estimation. New York: Prentice-Hall, 1992 (www.theo- rem.net/theorem/lewis1.html).

Lewis, Harry R. "Computing's Cranky Pioneer" (review of I. B. Cohen). Harvard Magazine, May-June 1999.

Lewis, Michael. The New New Thing: A Silicon Valley Story. New York: Norton, 1999.

Licklider, J. C. R. "Man-Computer Symbiosis." IRE Transactions on Human Factors in Electronics, HFE-1, 1960 (memex.org/licklider.pdf).

―――, and Robert Taylor. "The Computer as a Communication Device." In Science and Technology: For the Technical Men in Management, 76: Apr 1968 (memex.org/licklider.pdf).

Lipset, David. Gregory Bateson: The Legacy of a Scien- tist. Englewood Cliffs, NJ: Prentice Hall, 1980.

Liversidge, Anthony. "Father of the Electronic Infor- mation Age" (Claude Shannon interview). OMNI, Aug 1987.

Lombreglia, Ralph. "The Believer" (rev. of Epstein). Atlantic Unbound, 1.18.01 (www.theatlantic.com/unbound/digital-reader/dr2001-01-18.htm).

Lorente de Nó, Rafael. A Study of Nerve Physiology. New York: Rockefeller Institute, 1947.

MacColl, LeRoy A. A Fundamental Theory of Servo- mechanisms. New York: Van Nostrand, 1945.

Macrae, Norman. John von Neumann: The Scientific Genius Who Pioneered the Modern Computer, Game Theory, Nuclear Deterrence and Much More. New York: Pantheon, 1992.

Malory, Sir Thomas. Le Morte Darthur. etext.lib.virginia.edu.

Mandrekar, V. R. "Mathematical Work of Norbert Wiener." Notices of the AMS, 42:6, 664-669, June 1995.

―――, with Pesi R. Masani, eds. Proceedings of the Norbert Wiener Centenary Congress (Michigan State University, Nov 27-Dec 3, 1994). Amer- ican Mathematical Society, 1997.

Manley, Jared (rewrite by James Thurber). "Where Are They Now? April Fool!" The New Yorker, Aug 14, 1937 (www.sidis.net/newyorker3.htm).

Mann, R.W. "Sensory and Motor Prostheses in the Aftermath of Wiener." Norbert Wiener Cente- nary Congress, Proceedings of Symposia in Applied Mathematics (Ann Arbor, MI centennial). Providence, RI: American Mathematical So- ciety, 52: 401-439, 1997.

Masani, Pesi R. Norbert Wiener 1894-1964 (Vita Mathematica Series). Boston: Birkhauser, 1990.

―――, and R. S. Phillips. "Antiaircraft Fire-Con- trol and the Emergence of Cybernetics." In Wiener 1985/NW CW IV, 141-179.

Mason, Stephen F. History of the Sciences. New York: Collier-Macmillan, 1962 (originally published as Main Currents of Scientific Thought. Abelard- Shuman Ltd, 1956).

Massachusetts Institute of Technology. "The Legacy of Norbert Wiener: A Centennial Sympo- sium" (program notes prepared with the assis- tance of Tony Rothman). Cambridge, MA: Oct 8-14, 1994.

Materialist (pseudonym). Komu Sluzhit Kibernetika? ("Whom Does Cybernetics Serve?"). Voprosy Filosofii (Problems of Philosophy) 7: 210-219, 1953 (Pav, in Wiener 1981/NW

CW III, 778-779).

Maxwell, James Clerk. "On Governors." Proc. Roy. Soc. London, 16: 270-283, 1868.

May, Rollo. Psychology and the Human Dilemma. New York: Norton, 1967, 1979.

Mazuzan, George T. "NSF- The National Science Foundation: A Brief History." (NSF 88-16) 1994 (www.nsf.gov/pubs/stis 1994/nsf8816/ nsf8816.txt).

McCartney, Scott. ENIAC: The Triumphs and Tragedies of the World's First Computer. New York: Walker, 1999.

McCulloch, Warren Sturgis. "A Recapitulation of the Theory, with a Forecast of Several Extensions" (New York Academy of Sciences Conf., Oct 21-22, 1946), in Frank et al.; McCulloch 1965a; McCulloch 1989, II.

———, "An Account of the First Three Conferences on Teleological Mechanisms." New York: Josiah Macy, Jr. Foundation, Oct 1947.

———, "Through the Den of the Metaphysician" (lecture at the Univ. of Virginia, 1948). Brit. J. Phil. Sci. 5: 1954 (also in McCulloch 1965a; McCulloch 1989, III).

———, "The Brain as a Computing Machine" (address to AIEE winter general meeting, NY, NY, Jan 31-Feb 4, 1949), in McCulloch 1989, II.

———, "The Past of a Delusion" (speech to Chicago Literary Club, Jan 28, 1952), in McCulloch 1965a/McCulloch 1989, II.

———, "Summary of the Points of Agreement Reached in the Previous Nine Conferences on Cybernetics." Transactions of the Tenth Conference (Apr 22-24, 1953). New York: Josiah Macy, Jr. Foundation, 1955 (also in McCulloch 1965a; McCulloch 1989, III).

———, Embodiments of Mind. Cambridge, MA: MIT Press, 1965a.

———, "Norbert Wiener and the Art of Theory." Journal of Nervous and Mental Disease, 140:1, 1965b (in McCulloch 1989, IV).

———, "Recollections of the Many Sources of Cybernetics." ASC Forum, VI: 2, Summer 1974 (in McCulloch 1989, I).

———, (Rook McCulloch, ed.). Collected Works of Warren S. McCulloch, Vols. I-IV. Salinas, CA: Intersystems Publications, 1989.

McCulloch, W. S., and Walter H. Pitts. "A Logical Calculus of Ideas Immanent in the Nervous System." Bulletin of Mathematical Biophysics 5: 115-133, 1943 (in McCulloch 1965a/ McCulloch 1989, I).

———, "How We Know Universals: The Perception of Auditory and Visual Forms." Bulletin of Mathematical Biophysics, 9: 127-147, 1947 (in McCulloch 1965a/McCulloch 1989, II).

McLuhan, Marshall. Understanding Media: The Extensions of Man. New York: McGraw-Hill, 1964; Signet/New American Library, 1966.

———, with Quentin Fiore. War and Peace in the Global Village: An Inventory of Some of the Current Spastic Situations That Could Be Eliminated by More Feedforward. New York:

McGraw-Hill, 1968.

Mead, Margaret. Coming of Age in Samoa: A Psycho- logical Study of Primitive Youth for Western Civili- sation. New York: W. Morrow & Company, 1928.

_____, (review of Ex-Prodigy), Virginia Quarterly Review, Summer 1953.

_____, Continuities in Cultural Evolution. New Haven: Yale Univ. Press, 1964.

_____, Soviet Attitudes Toward Authority: An Interdis- ciplinary Approach to Problems of Soviet Charac- ter. New York: McGraw-Hill, 1951; Westport, CT: Greenwood Press, 1979; New York/Ox- ford, U.K.: Berghahn Books, 2001.

_____, "Cybernetics of Cybernetics." In Purposive Systems: Proceedings of the First Annual Sympo- sium of the American Society for Cybernetics (Washington, DC, Oct 25-27, 1967). New York: Spartan Books, 1968.

Meron, Gabi. "The Development of the Swallow- able Video Capsule (M2A)." Gastrointestinal Endoscopy, 52: 6, 2000.

Mikulak, Maxim W. "Cybernetics and Marxism-Leninism" (in Dechert).

Miller, George A., E. Galanter, and K. Pribram. Plans and the Structure of Behavior. New York: Holt, Rinehart & Winston, 1960.

Miller, James Grier, Living Systems. New York: McGraw-Hill, 1978.

Mindell, David A. "Opening Black's Box: Rethink- ing Feedback's Myth of Origin." Technology and Culture, July 2000.

_____, Jérôme Segal, and Slava Gerovitch. "From Communications Engineering to Communi- cations Science: Cybernetics and Information Theory in the United States, France, and the Soviet Union." In Walker 2002/2003 (jerome-segal.de/Publis/science_and_ideology.rtf).

Minorsky, Nicolas, "Directional Stability of Auto- matically Steered Bodies." J. Am. Soc. Naval Eng, 34: 284, 1922.

Mirowski, Philip and Esther-Mirjam Sent. Science Bought and Sold: Essays in the Economics of Sci- ence. Chicago: Univ. Chicago Press, 2001.

Mollenhoff, Clark R. Atanasoff: Forgotten Father of the Computer. Ames: Iowa State Univ. Press, 1988.

Monk, Ray, Bertrand Russell: The Spirit of Solitude, 1872-1921. New York: Free Press, 1996.

Monod, Jacques. Chance and Necessity: An Essay on the Natural Philosophy of Modern Biology (Aus- tryn Wainhouse, trans.). New York: Knopf, 1971/Vintage, 1972.

Monod, Jacques and François Jacob. "Teleonomic Mechanism in Cellular Metabolism, Growth, and Differentiation." Cold Spring Harbor Sym- posia on Quantitative Biology, 26: 389-401, 1961.

Morrison, Philip and Phylis Morrison. "100 or So Books That Shaped a Century of Science." American Scientist, 87:6, Nov-Dec 1999.

Nahin, P. J. Oliver Heaviside: Sage in Solitude: The Life, Work, and Times of an Electrical

Genius of the Victorian Age, New York: IEEE Press, 1988.

Nasar, Sylvia. A Beautiful Mind: A Biography of John Forbes Nash, Jr., Winner of the Nobel Prize in Economics, 1994. New York: Simon & Schuster, 1998/Touchstone, 1999.

Nathan, Otto. Einstein on Peace. New York: Avenel/Crown 1960, 1981.

National Research Council. Funding a Revolution: Government Support for Computing Research. Washington, DC: National Academy Press, 1999.

Nemeroff, Charles B. "The Neurobiology of De- pression." Scientific American, June 1998.

Noble, David. Forces of Production: A Social History of Industrial Automation. New York: Oxford Univ. Press, 1984.

Norberg, Arthur, and Judy E. O'Neill. Transforming Computer Technology: Information Processing for the Pentagon, 1962-1986. Baltimore: Johns Hopkins Univ. Press, 1996.

Northrop, F. S. C. "On W. S. McCulloch." McC CW I.

Nyquist, H. "Certain Factors Affecting Telegraph Speed." Bell System Technical Journal, 3: 324-346, 1924.

Ott, H. Noise Reduction Techniques in Electronic Sys- tems. New York: John Wiley & Sons, 1976.

Owens, Larry. "Mathematicians at War: Warren Weaver and the Applied Mathematics Panel, 1942-1945." In Rowe, D., and McCleary, J., eds. The History of Modern Mathematics, Vol. II (287-305). Boston: Academic Press, 1988.

Pangaro, Paul. "Cybernetics: The Center of Science's Future." Address to Philosophical Society of Washington, Feb 2, 1991, www.pangaro.com/ abstracts/philos-wash-cybersci.html.

Pask, Gordon. "Automatic Teaching Techniques." British Communications and Electronics, Apr 1957.

———, "Teaching Machines." Proc. 2nd Cong. Intl. Assn. Cybernetics (Namur 1958). Paris: Gau- thier Villars, 1960a.

———, "The growth process in the cybernetic ma- chine." Proc. 2nd Cong. Intl. Assn. Cybernetics (Namur 1958), Gauthier-Villars, 1960b.

Pav, P. "Soviet Cybernetics. A Commentary." In Wiener 1981/NW CW III, 777-783.

Phillips, Ralph S. "Servomechanisms." Cambridge, MA: MIT, Radiation Laboratory Report No. 372, May 11, 1943.

Pierce, John R. "Communication." Scientific American, 227, Sept 1972 (reprinted in Com- munications: A Scientific American Book. San Francisco: W. H. Freeman, 1972).

———, "The Early Days of Information Theory." IEEE Transactions on Information Theory, 19:1, Jan 1973, 3-8.

Poundstone, William. Prisoner's Dilemma: John von Neumann, Game Theory and the Puzzle of the Bomb. New York: Anchor Books, 1993.

Prescott, Samuel C. When MIT Was "Boston Tech." Cambridge, MA: The Technology Press,

1954.

Pribram, Karl H. "The Cognitive Revolution and Mind/Brain Issues." American Psychologist, 41: 507-520, 1986.

―――, Brain and Perception: Holonomy and Structure in Figural Processing. Hillsdale, NJ: Lawrence Erlbaum Associates, 1991.

―――, "What Is Mind That the Brain May Order It?" In Mandrekar and Masani, 1997.

Pupin, Michael I. From Immigrant to Inventor. New York/London: Scribner's Sons, 1923.

Raisbeck, Barbara. "Viewing." Columbia, 11: 1986.

Raisbeck, Gordon. "Comments on 'The Early Days of Information Theory," IEEE Transactions on Information Theory, 19: 6, Nov 1973.

Raven, Paul. Deep Roots and Lofty Branches: The His- tory of a Great Family. London: (privately pub- lished), 1980.

Reed, Sidney G., et al. DARPA Technical Accomplish- ments, Volume 1: An Historical Review of Selected DARPA Projects. Alexandria, VA: Institute for Defense Analysis, 1990.

Rheingold, Howard. Tools for Thought: The History and Future of Mind-Expanding Technology. Cam- bridge, MA: MIT Press, 2000.

Ridenour, Louis. "Military Support of American Science, a Danger?" Bull. of Atomic Scientists, 3: 8, Aug 1947.

Roberts, John. "Family or Fate? A Critical Evalua- tion of a Psychogenic and a Genetic Theory of Schizophrenia." www.ahisee.com/con- tent/schiz1essay.html, 2001.

Rogers, Everett M., William B. Hart, Yoshitaka Miike. "Edward T. Hall and the History of In- tercultural Communication: The United States and Japan." Keio Communication Review, 24: 2002 (www.mediacom.keio.ac.jp/pdf2002/Rogers.pdf).

Roos, John. "WarBots: Eyes and Ears for MOUT [Military Operations in Urban Terrain]." Armed Forces Journal International, 139: 4, 2001.

Rosenberg, Seymour, and Robert L. Hall. "The Ef- fects of Different Social Feedback Conditions upon Performance in Dyadic Teams." Journal of Abnormal and Social Psychology, 57: 271-277, 1958 (in Smith, A. G.).

Rosenblith, Walter A. "From a Biophysicist Who Came to Supper." In Research Laboratory of Electronics, R.L.E.: 1946+20. Cambridge, MA: RLE/MIT Press, 1966 (rleweb.mit.edu/Publications/currents/6-?hack.htm).

―――, and Jerome Wiesner. "From Philosophy to Mathematics to Biology." Bulletin of the Ameri- can Mathematical Society, 72: 700, Jan 1966.

Rumelhart, David E., James L. McClelland, and the PDP Research Group. Parallel Distributed Pro- cessing: Explorations in the Microstructure of Cog- nition. Vols. 1 and 2. Cambridge, MA: MIT Press, 1986.

Russell, Bertrand, The Autobiography of Bertrand Rus- sell. London: Allen & Unwin, Vol. 1, 1967. "Are Human Beings Necessary?" Everybody's (U.K.), Sept 15, 1951.

Saffo, Paul. "Sensors: The Next Wave of Infotech In- novation." www.saffo.com/sensors.html,1997/2002.

─────, "Smart Sensors Focus on the Future." CIO Insight, Apr 15, 2002.

Samuelson, Paul A. "Some Memories of Norbert Wiener." Proceedings of Symposia in Pure Math- ematics, 60: 37-42, 1997.

Saxe, John Godfrey. "The Blind Men and the Ele- phant" (in Sillar, FC and RM Meyler, Elephants Ancient and Modern. London: Studio Vista, 1968), www.milk.com/random-humor/elephant_fable.html.

Schramm, Wilbur. "Information Theory and Mass Communication." Journalism Quarterly, 32:131-146, 1955 (in Smith, A. G.).

─────, ed. The Science of Human Communication: New Directions and New Findings in Communi- cation Research. New York: Basic Books, 1963.

Schrödinger, Erwin. What Is Life? Cambridge: Cam- bridge Univ. Press, 1944 (home.att.net/~p.caimi/Life.doc).

Selfridge, Oliver G. "Some Notes on the Theory of Flutter." Arch. Inst. Cardio. Mexico 18: 177-187, 1948.

─────, "Pattern Recognition and Modern Com- puters." IRE Proceedings of the 1955 Western Joint Computer Conference, 1955.

─────, "Pandemonium, a Paradigm for Learning." Proc. Symp. Mechanisation of Thought Processes, Teddington (U.K.), Natl. Physical Lab., Nov 1958 (in D.V. Blake and A. M. Utley, eds. Pro- ceedings of the Symposium on Mechanisation of Thought Processes. London: H. M. Stationery Office, 1959).

Shannon, Claude E. "A Symbolic Analysis of Relay and Switching Circuits." Trans. Amer. Inst. Elec. Eng. 57: 713-723, 1938.

─────, "A Mathematical Theory of Communication." Bell System Technical Journal, 27: 379-423, 623-656, July and Oct 1948.

─────, "The Bandwagon." IEEE Transactions on In- formation Theory, Mar 1956.

─────, (Sloane, Neil, J. A., and Aaron D. Wyner, eds.). Collected Papers. Piscataway, NJ: IEEE Press, 1993.

─────, and John McCarthy, eds. Automata Studies. Princeton: Princeton Univ. Press, 1956.

─────, and Warren Weaver, The Mathematical Theory of Communication. Urbana, IL: Univ. of Illinois Press, 1949.

Sheehan, Helena, Marxism and the Philosophy of Sci- ence: A Critical History: The First Hundred Years. Atlantic Highlands, NJ: Humanities Press Intl, 1985/1993.

Sidis, William J. The Animate and the Inanimate. Boston: Gorham Press, 1925.

———, (John W. Shattuck, pseud.). The Tribes and the States. ca. 1935/Scituate, MA: Penacook Press, 1982.

Simon, Herbert A. "Allen Newell." Biographical Memoirs, vol. 71. Washington, DC: National Academies Press, 1997 (stills.nap.edu/readin- groom/books/biomems/anewell.html).

Smalheiser, Neil R. "Walter Pitts." Perspectives in Bi- ology and Medicine, 43: 2, 2000.

Smith, Alfred G., ed. Communication and Culture: Readings in the Codes of Human Interaction. New York: Holt, Rinehart and Winston, 1967.

———, "The primary resource." Journal of Communication, 25: 2, 15-20, 1976.

Smith, Mark K. "Kurt Lewin: Groups, Experiential Learning and Action Research." National Grid for Learning (U.K.), 2001, www.infed.org/thinkers/et-lewin.htm.

Sophocles. Electra (Jebb, R. C., trans.). classics.mit.edu/Sophocles/electra.html.

Sperling, Abraham. Psychology for the Millions. New York: F. Fell, 1946.

Stibitz, George R. "Note on Predicting Networks." Feb 1942. Records of NDRC, Sec 2, Div D, Record Group 227, Project #6, National Archives & Records Service, Washington, DC.

Struik, Dirk Jan. "Norbert Wiener-Colleague and Friend." American Dialog, Mar-Apr 1966.

———, "The Struik Case of 1951." Monthly Review, Jan 1993.

———, "Norbert Wiener Centennial Speeches." (transcript), Cambridge, MA: Royal East Restaurant, Oct 9, 1994.

Tanenbaum, Sandra. Engineering Disability: Public Pol- icy and Compensatory Technology. Philadelphia: Temple Univ. Press, 1986.

Taylor, Geoffrey I. "Turbulent Motion in Fluids." Cambridge (U.K.), 1915.

Theall, Donald. The Virtual Marshall McLuhan. Mon- treal/Ithaca, NY: McGill-Queen's Univ. Press, 2001.

Tolstoy, L. N. Complete Works (24 vols.) (L. Wiener, trans.). Boston: D. Estes & Co., 1904-1905.

Toulmin, Stephen. "The Importance of Norbert Wiener." New York Review of Books, Sept 24, 1964.

Trager, George. "Paralanguage: A First Approxima- tion." Studies in Linguistics, 13, 1-12, 1958.

Trebek, Alex with Peter Barsocchini. The Jeopardy! Book: The Answers, the Questions, the Facts, and the Stories of the Greatest Game Show in History. New York: Harper Perennial, 1990.

Turing, Alan M. "On Computable Numbers with an Application to the Entscheidungs Problem." Proceedings of the London Mathematical Society, 42:2, 230-265, 1936; rev. 1937.

———, "Computing Machinery and Intelligence." Mind, LIX: 236, Oct 1950.

Ulam, S. "John von Neumann, 1903-1957." Bulletin of the American Mathematical Society, 64: 3:2, May 1958.

———, Adventures of a Mathematician. New York: Scribners, 1976.

Ullman, Deborah. "Kurt Lewin: His Impact on American Psychology, or Bridging the Gorge between Theory and Reality." 2000, www.sonoma.edu/psychology/os2db/history3.html.

von Foerster, Heinz, ed. Cybernetics: Circular, Causal and Feedback Mechanisms in Biological and Social Systems. Transactions of the Ninth Conference. New York: Josiah Macy, Jr. Foundation, 1953.

———, Cybernetics: Circular, Causal and Feedback Mechanisms in Biological and Social Systems. Transactions of the Tenth Conference. New York: Josiah Macy, Jr. Foundation, 1955.

Vonnegut, Kurt, Jr. Player Piano. New York: Charles Scribner's Sons, 1952; Avon, 1967.

von Neumann, John. "Zur Theorie der Gesellschaft- spiele" (Theory of Parlor Games). Mathematis- che Annalen 100, 295-320, 1928 (in von Neumann 1963, 6: 1-28).

———, "First Draft Report on the EDVAC." (Moore School of Electrical Engineering, Univ. of Pennsylvania, June 30, 1945) IEEE Annals of the History of Computing, 15:4, 27-75, 1993 (qss.stanford.edu/~godfrey/von- Neumann/vnedvac.pdf).

———, "The General and Logical Theory of Au- tomata" (paper presented at Hixon Symposium, Oct 1948). In Jeffress (crl.ucsd.edu/ ~elman/Courses/cog202/Papers/vonneumann.pdf).

———, "Probabilistic Logics and the Synthesis of Reliable Organisms from Unreliable Components." In Shannon and MacCarthy; von Neumann 1961-1963 (Collected Works), 1956.

———, Theory of Self-Reproducing Automata (Arthur Burks, ed). Urbana: Univ. Illinois Press, 1966.

———, The Computer and the Brain. New Haven: Yale University Press, 1958.

———, (A. H. Taub, ed.). Collected Works, Vols. I-VI. New York: Macmillan/Pergamon Press, 1961-1963.

———, (William Aspray and Arthur Burks, eds.). Papers of John von Neumann on Computing and Computer Theory, Charles Babbage Institute Reprint Series, Cambridge, MA/Los Angeles: MIT Press/Tomash Publishers, 1987.

Waldrop, M. Mitchell. "Claude Shannon: Reluctant Father of the Digital Age." Technology Review, 104: 6, July/August 2001.

Walker, Mark. "Atomic Secrets and the Red Scare" (review of Wang, 1999). Physics World, May 1999 (physicsweb.org/article/review/12/5/1).

———, ed. Science and Ideology: A Comparative History. London: Routledge, 2002/2003.

Wall, Patrick. "An Assessment of the Significance of the Physiological Contributions after 1950" (in McCulloch 1989, III).

———, "Oral History Interview with Patrick Wall" (Aug 10 1993). John C. Liebeskind History of Pain Collection (ms. no. 127.2), Darling Bio- medical Library, Univ. of California,

Los An- geles, www.library.ucla.edu/libraries/ biomed/his/wall-oralhistory.htm, 1993.

Wallace, Amy. The Prodigy: A Biography of William James Sidis, America's Greatest Child Prodigy. New York: Dutton, 1986.

Wang, Jessica. American Science in an Age of Anxiety: Scientists, Anticommunism and the Cold War. Chapel Hill, NC: Univ. North Carolina Press, 1999.

_____, "Edward Condon and the Cold War Poli- tics of Loyalty." Physics Today, 54:12, Dec 2001. (www.physicstoday.org/vol-54/iss-12/ p35.html).

Watson, James D. "Terminology in Bacterial Genet- ics." Nature, 171: 701, 1953.

_____, Genes, Girls & Gamow. New York: Knopf, 2002.

Weaver, Warren. Scene of Change: A Lifetime in Ameri- can Science. New York: Scribner, 1970.

Weiss, Paul, Principles of Development. New York: Henry Holt, 1939.

Wiener, Leo. "Stray Leaves from My Life." Boston Evening Transcript, Mar 19, 26, Apr 2, 9, 16, 26 and 30, 1910.

_____, Africa and the Discovery of America. Philadel- phia: Innes & Sons, 1920-22; Brooklyn: A & B Books, 1992.

Wiener, Norbert. "The Theory of Ignorance." MIT Institute Archives, MC22, box 10, folder 421, 1905.

_____, "The Rationalism of Descartes, Spinoza and Leibniz." MIT Institute Archives, MC22, box 26D, folder 434, circa 1912a.

_____, "The Place of Relations in Knowledge and Reality" (Bowdoin Essay), MIT Institute Archives, MC22, box 27A, folder 448, 1912b.

_____, "Bertrand Russell's Theory of the Nature of Reality." MIT Institute Archives, MC22, box 27A, folder 452, 1913a.

_____, "On the Rearrangement of the Positive In- tegers in a Series of Ordinal Numbers Greater than that of any Given Fundamental Sequence of Omegas." Messenger of Mathemat- ics, 3: 511, Nov 1913b.

_____, "A Simplification of the Logic of Rela- tions." Proceedings of the Cambridge Philo- sophical Society, 27:5, 1914a.

_____, "The Highest Good." Journal of Philosophy, Psychology and Scientific Method, 9: 19, 1914b. "Relativism." Journal of Philosophy, Psychol- ogy and Scientific Method, 9: 21, 1914c.

_____, "The Shortest Line Dividing an Area in a Given Ratio." Journal of Philosophy, Psy- chology and Scientific Method, V: 12, 1915a.

_____, "Studies in Synthetic Logic." Proceedings of the Cambridge Philosophical Society, 28: 1, 1915b.

———, "The Average of an Analytical Functional and the Brownian Movement." Proceedings of the National Academy of Science, 7: Oct 1921. "Verallgemeinerts Trigonometrische Entwicklun- gen." Gött. Nachrichten, 1925.

———, and Max Born. "A New Formulation of the Law of Quantization for Periodic and Aperiodic Phenomena." Journal of Mathematics and Physics, 5: 2, Feb 1926a.

———, "The Operational Calculus." Mathematical Annals, 95: 4, Feb 1926b.

———, "The Harmonic Analysis of Irregular Mo- tion" (1st paper), Journal of Mathematics and Physics, 5: 2, Feb 1926c.

———, "The Harmonic Analysis of Irregular Mo- tion" (2nd paper), Journal of Mathematics and Physics, 5: 3, Mar 1926d.

———, "Generalized Harmonic Analysis." Acta Mathematica, 55: 117-258, Sept 1930.

———, "Back to Leibniz! Physics Reoccupies an Abandoned Position." Technology Review, 34: 1932a.

———, and E. Hopf. "Uber eine Klasse Singularer In- tegralgleichungen." Sitzungsber. d. Preussischen Akad. d. Wissensch., 696, 1932b.

———, The Fourier Integral and Certain of its Applica- tions. Cambridge: Cambridge Univ. Press, 1933.

———, and R. E. A. C. Paley, Fourier Transforms in the Complex Domain. New York: American Mathematical Society Colloq. Publications, 19: 1934.

———, "The Historical Background of General- ized Harmonic Analysis." Amer. Math. Soc. Semicent. Publs. Vol. II, Semicentennial Ad- dresses, 1938.

———, "Memorandum on the Scope etc. of a Sug- gested Computing Machine" (memo to Van- nevar Bush, National Defense Research Committee) Sept 1940. MIT Institute Archives, MC22, box 28A, folder 558.

———, "The Extrapolation, Interpolation, and Smoothing of Stationary Time Series" (monograph), Report 370, Feb 1, 1942. Records of NDRC, Sec 2, Div D, National Archives & Records Service, Washington, DC.

———, A. Rosenblueth, and J. Bigelow. "Behavior, Purpose and Teleology." Philosophy of Science, 10: 18-24, 1943.

———, and A. Rosenblueth. "The Mathematical Formulation of the Problem of Conduction of Impulses in a Network of Connected Ex- citable Elements, Specifically in Cardiac Mus- cle." Arch. Inst. Cardiol. Méx., 16, 205-265, 1946a.

———, A. Rosenblueth, and J. García Ramos. "Muscular Clonus: Cybernetics and Physiol- ogy." (written ca. 1946, not published until Wiener 1989) 1946b.

———, "Time, Communication and the Nervous System." (New York Academy of Sciences Conf., Oct 21-22, 1946), in Frank et al. 1946c.

———, "A Scientist Rebels." Atlantic Monthly, 79: January 1947a.

———, "The Armed Services Are Not Fit Al- moners for Research." Bull. of Atomic Scientists, 3: 8, Aug 1947b.

———, Cybernetics: Or Control and Communication in the Animal and the Machine. Cambridge, MA: The Technology Press and New York: John Wiley & Sons; Paris: Hermann et Cie., 1948a; 2nd ed., 1961.

———, "Cybernetics." Scientific American, 179: 5, Nov 1948b.

———, "A Rebellious Scientist After Two Years." Bull. of Atomic Scientists, 4: 11, Nov 1948c. A. Rosenblueth, W. Pitts, and J. Garcia Ramos. "An Account of the Spike Potential of Axons." J. Comp. Physiol., Dec 1948d.

———, "A New Concept of Communication En- gineering." Electronics, 22: 1, Jan 1949a.

———, Extrapolation, Interpolation and Smoothing of Stationary Time Series, with Engineering Applica- tions. Cambridge, MA: The Technology Press and New York: John Wiley & Sons, 1949b.

———, "Sound Communication with the Deaf." Philosophy of Science, 16: 3, July 1949c.

———, and L. Levine. "Some Problems in Sensory Prosthesis." Science, 110: 2863, Nov 1949d.

———, The Human Use of Human Beings: Cybernet- ics and Society. Boston: Houghton Mifflin, 1950a; 2nd ed., 1954; New York: Avon Books, 1967; New York: Da Capo Press, 1988; Lon- don: Free Association Books, 1989 (with a new introduction by Steve J. Heims).

———, "The Mathematical Theory of Communi- cation" (review of Shannon and Weaver), Physics Today, 3:31-32, Sept 1950b.

———, "Problems of Sensory Prosthesis." Bulletin of the American Mathematical Society, 56, 1951.

———, (W. Norbert, pseud.). "The Brain." Tech En- gineering News, Apr 1952a (reprinted in Con- klin, Groff, ed. Crossroads in Time. New York: Doubleday, 1953).

———, (W. Norbert, pseud.). "Miracle of the Broom Closet." Tech Engineering News, Apr 1952b (reprinted in Fantasy and Science Fiction, Feb 1954).

———, "The Concept of Homeostasis in Medi- cine." Transactions and Studies of the College of Physicians of Philadelphia, 4: 20: 3, Feb 1953a.

———, "The Future of Automatic Machinery." Me- chanical Engineering, Feb 1953b.

———, Ex-Prodigy: My Childhood and Youth. New York: Simon & Schuster, 1953c; Cambridge: MIT Press, 1964.

———, "Problems of Organization." Bull. Menninger Clinic, 17:34, 1953d.

———, and A. Siegel. "A New Form for the Statis- tical Postulate of Quantum Mechanics." Phys- ical Review, 91:6, Sept. 1953e.

———, "The Machine as Threat and Promise." St. Louis Post Dispatch, Dec 13, 1953f (Wiener 1985/NW CW IV, 673-678).

———, "Men, Machines, and the World About." Medicine and Science, 16 (New York Academy of Medicine Lectures to the Laity). New York: International Universities Press, 1954a (Wiener 1985/NW CW IV, 793-798). "Conspiracy of Conformists." (n. r.), May 1, 1954b (Wiener 1985/CW IV, 752).

———, and Donald Campbell (Assoc. Professor of Elec. Eng., MIT). "Automatization: Norbert Wiener's Concept of Fully Mechanized In- dustry." St. Louis Post Dispatch, Dec 5, 1954c (Wiener 1985/NW CW IV, 679-683).

———, "On the Factorization of Matrices." Com- mentarii Mathematici Helvetici, 29: 2, 1955.

———, and A. Siegel. "The 'Theory of Measure- ment' in Differential Space Quantum The- ory." Physical Review, 101: 429-432, Jan. 1956a.

———, I Am a Mathematician: The Later Life of a Prodigy. New York: Doubleday, 1956b; Cambridge, MA: MIT Press, 1964.

———, "Brain Waves and the Interferometer." J. Physiol. Soc. Japan, 18: 8, 1956c.

———, "The Role of the Mathematician in a Ma- terialistic Culture (A Scientist's Dilemma in a Materialistic World)." (Proceedings of the Second Combined Plan Conference, Oct 6-9, 1957), Columbia Engineering Quarterly, 22-24, 1957a (in Wiener 1985/NW CW IV, 707-709).

———, "Rhythms in Physiology with Particular Reference to Encephalography." Proceedings of the Rudolf Virchow Medical Society in New York, 16: 109-124, 1957b.

———, and P. Masani. "The Prediction Theory of Multivariate Stochastic Processes." Parts I and II, Acta Mathematica, 98: 111-150, 1957c; 99: 93-137, 1958a.

———, "Science: The Megabuck Era." New Repub- lic, Jan 27, 1958b.

———, Nonlinear Problems in Random Theory. Cam- bridge, MA: The Technology Press and New York: John Wiley & Sons, 1958c.

———, The Tempter. New York: Random House, 1959.

———, "Some Moral and Technical Consequences of Automation" (adapted from a lecture to the AAAS Committee on Science in the Pro- motion of Human Welfare. Chicago, Dec 27, 1959). Science, 131: 1355-1358, Dec 6, 1960. "Science and Society." Voprosy Filosofii (Problems of Philosophy), 7: 1961.

———, Contribution to: Proc. of Int'l Symposium on the Application of Automatic Control in Prosthetics Design. Opatija, Yugoslavia, Aug 27-31, 1962.

———, "The Mathematics of Self-Organizing Sys- tems." Recent Developments in Information and Decision Processes. New York: Macmillan, 1962, "Introduction to Neurocybernetics" (with J. P. Schade) and "Epilogue." Nerve, Brain and Memory Models (in Progress in Brain Research, vol 2.). Amsterdam: Elsevier, 1963.

———, God & Golem, Inc.: A Comment on Certain Points Where Cybernetics Impinges on Religion. Cambridge, MA: MIT Press, 1964a.

———, Selected Papers of Norbert Wiener, including Generalized Harmonic Analysis and

Tauberian Theorems (with contributions by Y. W. Lee, N. Levinson and W. T. Martin). Cambridge, MA: MIT Press, 1964b, 1965.

―――, A. Siegel, B. Rankin, W. T. Martin, eds. Dif- ferential Space, Quantum Systems, and Prediction. Cambridge, MA: MIT Press, 1966.

―――, 1894-1964 (Pesi Masani, ed.). Mathematical Philosophy and Foundations; Potential Theory; Brownian Movement, Wiener Integrals, Ergodic and Chaos Theories, Turbulence and Statistical Mechanics (Collected Works, vol. I). Cambridge, MA: MIT Press, 1976.

―――, 1894-1964 (Pesi Masani, ed.). Generalized Harmonic Analysis and Tauberian Theory, Classi- cal Harmonic and Complex Analysis (Collected Works, vol. II). Cambridge, MA: MIT Press, 1979.

―――, 1894-1964 (Pesi Masani, ed.). The Hopf- Wiener Integral Equation; Prediction and Filtering; Quantum Mechanics and Relativity; Miscellaneous Mathematical Papers (Collected Works, vol. III). Cambridge, MA: MIT Press, 1981.

―――, 1894-1964 (Pesi Masani, ed.). Cybernetics, Science, and Society; Ethics, Aesthetics, and Liter- ary Criticism; Book Reviews and Obituaries (Col- lected Works, vol IV). Cambridge, MA: MIT Press, 1985.

―――, Invention: The Care and Feeding of Ideas (with an introduction by Steve Joshua Heims). Cambridge, MA: MIT Press, 1993.

Wiesner, Jerome. "The Communication Sciences." In Research Laboratory of Electronics, R.L.E.: 1946+20. Cambridge, MA: RLE/MIT Press, 1966.

Wigner, E. Symmetries and Reflections. Cambridge, MA: MIT Press, 1970.

Wittner, Lawrence S. (Review of Wang 1999). Bull. of the Atomic Scientists, 55: 4, July/Aug 1999 (www.thebulletin.org/issues/1999/ja99/ja99reviews.html).

Zachary, G. Pascal. Endless Frontier, Vannevar Bush, Engineer of the American Century. New York: Free Press, 1997.

"개인의 위기가 과학혁명을 어떻게 파괴할 수 있는지 보여 주는 흥미진진한 이야기."
● 「뉴욕타임스 북 리뷰」

"콘웨이와 시겔만은 위너의 개인적 삶에 담긴 매력적이고 구체적 상황들을 성공적으로 파헤치고 있으며, 기술의 사회적 함축에 관해 대중과 정치인들에게 경고하기 위해 그가 어떤 노력을 했는지 제대로 보여 주고 있다. 수많은 새로운 기술이 등장하고 있는 요즘 기술이야말로 양날의 검이며, 조만간 그 검이 우리를 깊숙이 찌르고 들어오리라고 했던 그의 메시지를 기억하는 것이 그 어느 때보다도 중요해지고 있다."
● 「뉴 사이언티스트」

"위너가 겪어야 했던 정신적 상처들에 대해 읽고 나니 전자 컴퓨팅의 메커니즘을 밝혀내는 일의 가치가 훨씬 높아졌다."
● 「와이어드 매거진」